KB201358

한국의 사회복지 2012-2013

한국복지연구원 엮음

이 도서의 국립중앙도서관 출판시도서목록(CIP)은 서지정보유통지원시스템 홈페이지(http://seoji.nl.go.kr)와 국가자료공동목록시스템 (http://www.nl.go.kr/kolisnet)에서 이용하실 수 있습니다. (CIP제어번호 : CIP2013028691)

한국의 사회복지 2012-2013

발간사

『한국의 사회복지 2012-2013』은 1996년부터 매해 발간된 『한국사회복지 연감』의 열두 번째 연감형 도서이고, 2002년 『한국의 사회복지』로 이름을 바꾼 뒤 격년으로 발간하는 여섯 번째 결과물이다.

저자들은 이 책을 기획하면서 두 가지 목적을 줄곧 설정해왔다. 첫째는 한국 사회복지의 변화사를 기록으로 남기는 일이었고, 둘째는 한국의 사회복지 전반을 연도별로 한눈에 살펴볼 수 있을 만한 책을 펴내자는 것이었다. 이는 해마다 변화하는 사회복지의 내용을 한꺼번에 살펴볼 수 있는 자료를 제공함으로써 사회복지 정책결정자나 사회과학 연구자, 사회복지 실무자, 학생들이 최근 한국 사회복지의 전반적 흐름과 내용을 손쉽게 파악하는 데 도움을 주기 위함이었다. 최근에는 외국에서 한국의 사회복지에 대한 관심이 많아지면서 외국의 여러 도서관에서도 이 책을 요청하고 있어 한국의 사회복지를 알리는 좋은 자료가 되고 있다. 기회가 된다면 향후에는 영문으로 된 『한국의 사회복지』를 펴내고자 한다.

2012-2013년은 대선을 전후하여 복지의 확대와 경제민주화 논쟁으로 온 나라가 몸살을 앓은 해였다. 특히 복지 확대에 필요한 재정 확보를 어떻게 할 것인가와 관련하여 많은 논쟁이 있었다. '증세 없는 복지'와 '경제 민주화'를 슬로건으로 내걸고 있는 박근혜 정부하에서 향후 지속가능한 사회복지발전을 위해서는 어떤 대책들이 마련되어야 할지가 우리 사회구성원 모두의 관심사라 할 수 있다. 이 책은 우리 사회의 문제와 그 문제 해결을 위해 구축된 각 제도들의 내용을 비교적 상세하고 폭넓게 다룸으로써 한국 사회복지에 대한 청사진을 마련하는 데 필요한 기초자료를 제공하고 있다.

우선 이 책에서는 "한국 사회복지의 쟁점"으로 무상급식과 보편복지 논쟁에 대한 특집을 다루고 있다. 이러한 특집을 통해 한국 학교급식이 무상에서 유상으로, 그리고 다시 무상으로 이어져 온 과정과 역사를 살펴보면서 무상급식 논쟁이 보편복지 논쟁으로 이어질 수 있는 조건과 여건을 규명해볼 수 있을 것이다. "한국 사회복지의 현황과 과제"에서는 한국의 사회복지재정을 I부에서 다루면서 각 사회복지제도들을 유지하기 위한 사회복지재정의 전체적인 그림을 이해할 수 있도록 했다. II부에서는 공공부조제도로서 국민기초생활보장제도를 설명하고 있다. III부에서는 기초노령연금제도를 포함한 국민연금제도, 특수직역연금제도, 국민건강보험제도, 산업재해보상보험제도, 고용보험제도, 노인장기요양보험제도 등에 대해 설명하고 있다. IV부에서는 취약계층에 대한 복지서비스인 노인복지서비스, 장애인복지서비스, 아동복지서비스, 청소년복지서비스, 가족복지서비스, 정신보건서비스, 의료복지서비스, 학교사회복지서비스, 여성복지서비스 등을 각 취약계층의 동향과 함께 다루고 있다.

　한국복지연구원은 1983년 한국복지연구회로 창립된 이래로 25년간 변함없이 매월 연구발표와 토론을 지속하고 있다. 2003년부터는 '삶과 복지' 포럼을 열어 일반에도 개방하고 있다. 『한국의 사회복지 2012-2013』이 집필된 시기는 대선을 통한 정권교체 시기였다. 새 정부가 들어선 후 사회복지 전반을 담당하는 몇몇 정부 부처의 폐지 및 합병이 있었고 구조와 명칭에도 변화가 있었다. 따라서 집필진들은 이미 집필이 끝난 원고를 다시 살펴 새로운 정부 부처의 명칭에 맞게 수정을 해야만 했다.

　바쁜 시간을 쪼개어 옥고를 주신 집필위원들, 출간이 되기까지 노고를 아끼지 않은 김혜성 편집위원장께 감사의 마음을 올린다. 그리고 이 책의 출간을 위해 노력해주신 도서출판 한울에 감사드린다.

아무쪼록 이 책이 외국과 국내의 사회복지학 연구자, 대학생, 대학원생과 정책 관련자, 실무자, 그리고 사회복지에 관심이 있는 독자들이 함께 사회복지의 발전과 더 나은 사회를 위해 일할 때 공유할 수 있는 한 부분으로 자리매김할 수 있게 되기를 바란다.

2013년 11월
사단법인 한국복지연구원장 엄명용

한국의 사회복지 2012-2013

CONTENTS

한국 사회복지의 쟁점

무상급식과 보편복지논쟁_남찬섭

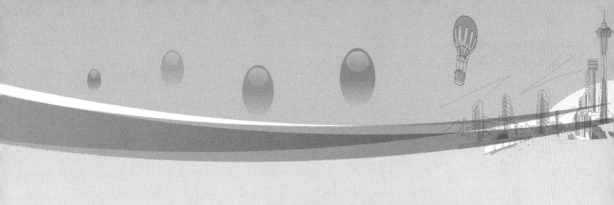

무상급식과 보편복지논쟁

┃ 남찬섭*

1. 들어가는 말

2012년 4월 총선 전까지 한국현대사에서 유례가 없을 정도로 벌어지던 복지논쟁은 총선 후 약간 잦아드는 것 같다. 하지만 복지논쟁이 의미하는 바의 사회경제개혁 자체는 선거와 관계없이 계속 중요한 과제가 되고 있다. 범사회적으로 벌어진 복지논쟁은 그것을 촉발시키는 어떤 근본적인 사회경제적 문제로부터 나타난 것이지만 한국사회의 복지논쟁은 표면적으로 볼 때 이른바 무상급식논쟁이 그 중요한 계기가 되었던 것으로 보이며 이렇게 나타난 복지논쟁은 이른바 보편복지 혹은 무상복지를 둘러싼 논쟁으로 전개되었다.

무상급식은 학교급식을 무상으로, 다시 말해서 학교급식을 공적재정을 통해 보편적 방식으로 시행하자는 것인데 이것이 무상급식 자체와 관련해서 그리고 복지논쟁과 관련해서 중요한 논쟁점이 되었다는 것은 분명하지만 무상급식과 보편복지 간의 관계와 관련해서는 생각해볼 점이 있는 것 같다. 우선 무상급식이 범사회적인 쟁점으로 떠오르기 전에 한국사회에서 학교급식이 전형적 의미의 복지제도로 간주된 바가 있었는가 하는 점을 생각해볼 필요가 있다. 필자가 생각하기에 한국사회에서 학교급식은 그냥

* 동아대학교 사회복지학과 교수.

학교급식이었지 전형적인 의미의 복지제도의 하나로 간주된 적은 없었던 것 같다. 물론 학교급식을 복지와는 완전히 무관한 제도라고도 생각하지는 않았던 것 같지만 그렇다 하더라도 그것을 복지제도에서 중요한 비중을 차지하는 제도로 간주하지는 않았던 것으로 보인다. 이런 점에서 복지제도로 간주되지 않았거나 그렇게 간주되더라도 그리 중요성이 크다고 할 수 없었던 학교급식이 어떻게 그처럼 큰 복지논쟁의 근원이 되었는지를 생각해볼 여지가 있다는 것이다. 또한 무상급식은 한국사회에서 보편복지를 유례가 없는 정치쟁점으로 만드는 근원이 되었지만 논쟁이 진행되는 과정에서 반드시 전형적 의미의 복지의제로만 진행된 것은 아니며 또 일단 무상급식이 실현되고 나자 보편복지를 견인하거나 확대시키는 데 큰 힘을 발휘하지 못하는 것으로 보인다. 그처럼 큰 논란을 불러일으켰던 쟁점이 문제가 해결된 다음에는 왜 큰 힘을 발휘하지 못하는가도 생각해볼 필요가 있다.

이런 문제의식에 기초하여 이 글에서는 무상급식이 쟁점으로 떠오르게 된 과정에 대해 살펴보고 이어서 무상급식의 실현 후 이것이 왜 보편복지의 견인차 역할에 한계를 보이는지에 대해 생각해보고자 한다.

2. 학교급식의 전개과정

앞서 말한 것처럼 무상급식은 공적재정을 통한 보편적 학교급식을 말한다. 그래서 여기서는 무상급식의 쟁점화 이전 단계로서 학교급식의 전개과정에 대해 먼저 살펴보고자 한다. 학교급식은 한국전쟁 후 외국의 양곡원조에 의해 초등학교를 대상으로 처음 시작되었다. 이때 학교급식은 경제적 비용 면에서만 보면 국가적 차원에서나 개인적 차원에서나 그야말로 무상급식이었다. 외원에 의한 무상급식은 1953년부터 1972년까지 무려 20년간 시행되었고 1953~1962년까지는 연 120만 명이 대상이었고 1963~1972년까지는 연 200만 명이 대상이었으며, 급식 내용은 우유, 옥수수빵, 건빵 등이 주를 이루었다(김기남, 2000).

원조에 의한 학교급식(무상급식)은 외원이 중단되면서 1972년에 중단되고 1973년부터 원조 없이 국고로만 실시하게 된다. 이때부터 무상급식은 급격히 감소하여 1976년에는 15만 명 정도로 줄어들었고 반면에 자부담급식이 증가하여 1970년대에는 자부담급식 인원이 120만 명 선을 유지했다(김기남, 2000). 학교급식을 외원 없이 국고로만 실

시하게 되면서 급식 내용을 한국인에게 맞는 식품으로 구성하는 문제와 학교급식이
영양과 발육, 건강에 미치는 영향, 학교급식과 교육을 연계시키는 문제, 학교급식을 위
한 인프라 구축문제(급식운영체제, 식자재 공급경로, 영양사의 고용 및 근로조건 문제 등), 학
교급식의 위생문제(식중독 등의 부작용 대처문제를 포함하여) 등이 학교급식을 둘러싼 문
제로 부상하게 되었다. 하지만 1970년대와 1980년대까지는 학교급식과 영양 및 발육,
건강 간의 관계, 그리고 학교급식과 교육의 연계문제가 주요 쟁점이었다. 그리하여 이
런 문제와 관련하여 모자보건학이나 식품영양학, 교육학 등을 중심으로 주로 논의가
이루어졌다.

국고에 의한 학교급식이 시행된 지 10여 년에 가까워가던 1981년에「학교급식법」이
제정되었으나 학교급식의 본격적인 확대는 1990년대에 들어와서 이루어지기 시작한
것으로 보인다. 하지만 이 학교급식의 확대는 국고의 증액이 아닌 학부모의 자부담 증
액을 통한 것이었다. 김영삼 정부는「학교급식법」을 개정(1994년)하여 학교급식후원회
를 통한 급식경비 조달을 가능하게 했고 이후 1998년에는 거의 모든 초등학교가 학교
급식을 실시하게 되었다. 그리고 국민의 정부 때인 1999년에는 고등학생들의 석식에
대한 학교급식이 시행되었고 2003년에는 중학교 전면 학교급식이 시행되었다. 그리하
여 2000년의 경우 초등학교의 99.9%, 중학교의 56.6%, 고등학교의 94.7%가 학교급식
을 시행하기에 이르렀으며 급식 학생도 같은 해에 초등학생은 88.1%, 중학생은 40.4%,
고등학생은 57.4%에 이르게 되었다(한국교육개발원, 2011).

학부모의 자부담이 주된 재원이기는 했지만 이처럼 1990년대에 들어와 학교급식이
급속히 확대되면서 1970년대와 1980년대와는 쟁점사항들이 약간 달라진 것 같다. 즉,
학교급식과 우리 농산물의 연계방안이나 급식운영체제의 구축, 식중독 등 부작용 대처
등이 1990년대에는 더 중요한 쟁점으로 떠오르게 되었고, 영양이나 발육, 그리고 식사
예절 교육문제 등은 조금 후순위로 놓이게 된 것 같다. 그리고 영양이나 교육과 관련
된 쟁점이라도 이것이 1990년대 이후가 되면 서구화해가는 가정식과 학교식단의 조화
문제나 공동체교육 등이 강조되는 방향으로 성격이 약간 전환된 것으로 보인다. 그리
하여 쌀 전량 수매와 학교급식 완전 실현을 연계하려는 노력(이빈파, 2002; 전국여성농민
회총연합, 1992; 학교급식전남운동본부, 2008)이 나타나기도 했고, 학교급식의 운영체제를
둘러싼 논쟁이 나타나기도 했으며, 학교급식과 교육의 연계도 중요한 논의거리가 되고
있다(이빈파, 2006; 이경애·김봉생·강희자, 2007).

이 중 특히 학교급식 운영체제와 관련된 논쟁은 아직도 지속되고 있는 것으로 학교

급식에서는 매우 큰 논쟁이다. 학교급식 운영체제는 급식으로 인한 사고(식중독 등) 예방이라는 목적 외에 학교 당국 및 지역의 업체 등 다양한 이해관계가 얽힌 문제인데 학교급식의 확대와 함께 큰 쟁점으로 부각되었다. 급식운영체제 문제는 학교급식의 급속한 확대를 따르지 못한 급식인프라 문제와 이 문제를 민간공급자 유치로 해결하려한 정책의 결과이다. 1996년 김영삼 정부는 「학교급식법」을 개정하여 급식시설이 없는 학교의 경우 급식업자와 계약을 맺어 외부급식이 가능하게 함으로써 위탁운영을 도입했다. 이때부터 급식운영체제를 둘러싼 논란이 본격화하게 되었는데 위탁운영을 찬성하는 측이나 반대하는 측이나 모두 각자가 주장하는 운영체제가 위생이나 급식인력의 근로조건 등에서 더 유리하다고 주장했다. 직영을 주장하는 측의 논리가 공공부문에 의한 급식을 강조한 것이라면 위탁운영을 주장하는 측의 논리는 시장논리를 앞세운 것이라고 할 수 있다. 그 후 참여정부가 들어선 2003년부터 학교 직영으로의 전환이 점진적으로 추진되어왔는데 그러던 중인 2006년 6월에 수도권의 위탁운영 급식을 하던 학교에서 대형 식중독 사고가 발생하면서 직영으로의 전환이 본격화했다(교육인적자원부, 2006 참조). 이것은 2006년 7월에 개정된 「학교급식법」에 의한 것이었는데이 법 개정에 대해 보수세력들은 사회주의적 발상이라고 크게 반발했고 지금도 그러하다(예컨대, 김정래, 2009 참조). 물론 이에 대해 다수의 학교급식 직영론자들은 반대의주장을 펴고 있다(예컨대, 김영식, 2003; 박범이, 2003; 우리교육, 2009 등 참조). 학교급식 운영체제에 관한 논의는 이 정도로 하고 지금까지 개략적으로 살펴본 학교급식의 전개과정을 통해 다음의 몇 가지 점을 발견할 수 있다.

첫째, 무상급식이라는 용어는 과거 외국원조에 의해 무려 20년간 실시되었던 학교급식과 관련되어 사용된 것이라고 생각된다. 교환에 기초한 시장거래를 중시하는 자본주의 사회에서 무상이라 하면 소비자가 어떤 재화를 소비할 시점에 그 재화의 소비에 상응하는 비용을 지불하지 않는 것을 의미한다고 할 때 당시 외국원조에 의한 학교급식은 그야말로 무상급식이라 할 수 있다. 그러나 당시의 무상급식이 보편급식이었던 것은 아니다. 최근에 쟁점이 된 무상급식은 무상급식이기도 하지만 보편급식이기도 하기 때문에 이를 무상급식으로 표현하는 것은 정확한 것이 아니다. 하지만 우리 사회의 역사에서 무상급식이 실시된 바 있었고 이것이 사회적 기억으로 남아 있기 때문에 무상급식이라는 용어가 사용된 것으로 보인다.

둘째, 외국원조에 의한 무상급식이 소비 당시의 비용지불 여부로만 보면 무상이 맞지만 이를 제외하면 이것이 진정으로 '무상'급식이었는지는 회의적이다. 당시 무상급식은 양곡원조로 인한 농업 황폐화 등의 사회적 비용뿐만 아니라 정치적·대외적으로 많은 비용을 치른 것이었다. 1990년대에 우리 농산물과 학교급식을 연계시키려는 전략이 나타난 배경도 이러한 점과 연관이 있는 것이었다. 그리고 이런 전략은 우리 사회의 진보세력들이 주로 추진한 전략이기도 했다.

셋째, 학교급식은 외원이 종료된 1972년 후부터 학부모의 자부담을 재원으로 하여 시행되었으며 이는 학교급식이 본격적으로 확대된 1990년대 이후에도 마찬가지였다. 그리하여 2007년의 경우에도 학교급식 총예산 4조 2,000억 원 중 학부모 부담금은 그 71.7%나 되는 3조 원에 이르고 있었다(한국교육개발원, 2011). 그리하여 우리 사회에서 학교급식의 확대는 공적재정에 의한 것이 아니라 민간재정에 거의 전적으로 의존한 것이었다. 그렇지만 무상급식이 정치적 쟁점으로 부상하기 전까지 학부모 부담이 정치적 쟁점으로 부상하지는 않았던 것으로 보이며 학교급식과 관련해서는 주로 운영체제나 급식위생문제, 우리 농산물과의 연계, 공동체교육 등이 많이 논의되었고 논란이 되었던 것으로 보인다. 물론 학교급식과 관련해 경제적 비용문제가 아무런 문제가 되지 않았던 것은 아니었지만 그것은 주로 '가난한 학생들'에 대한 정부대책의 미진함을 지적하는 것으로 제기되었다.[1] 수도권의 위탁급식 학교에서 대형 식중독 사고가 발생한 2006년 6월 이후 참여정부가 발표한 학교급식개선종합대책도 위탁급식의 직영 전환, 급식시설현대화 등 운영체제의 전환이나 위생문제 개선에 초점을 맞추고 있으며 학부모 부담분의 경감에 초점을 두지는 않았으며 학부모 부담분 경감은 저소득층 지원의 문제로 다뤄지고 있었다(교육인적자원부, 2006).[2] 그리고 그 이전에는 학부모의 경제적 부담문제가 경제위기와 맞물려 결식아동의 문제로 제기되는 경우가 많았고(예컨대, 이혜원, 1999 참조), 결식아동의 문제가 제기될 때 이것은 학교급식과 연관되기도 했지만 그렇지 않기도 했다.

따라서 결론적으로 학교급식은 1973년부터 주로 학부모의 자부담을 재원으로 확대되어왔고 이는 본격적인 학교급식이 이루어진 1990년대 이후에도 마찬가지였지만 학

---

1) 예컨대, ≪초등우리교육≫ 통권 제98호(1998.4)에 실린 "학교급식 못 먹는 아이들이 늘고 있다"라는 기사 참조.
2) 물론 이는 당시 종합대책이 대규모 식중독사건으로 촉발된 것이었다는 점도 작용했을 것이다. 당시 종합대책의 주요 사업은 ① 위탁급식 직영 전환, ② 학교급식시설 현대화, ③ 학교조리실 냉방시설 설치, ④ 품질이 우수한 식재료 사용여건 조성, ⑤ 저소득층 및 농산어촌학생 급식비 지원 확대, ⑥ 조리사 등 '비정규직 급식종사자' 처우 개선의 6가지였다.

교급식을 둘러싼 쟁점은 학부모의 자부담보다는 그 외의 다른 문제를 중심으로 전개 되었다고 볼 수 있다. 그리고 학교급식은 이것이 무상급식으로 쟁점화하기 전까지는 결식아동문제와 연관되는 경우나 저소득층에 대한 지원과 연관되는 경우를 제외하고 는 한국사회에서 사람들이 흔히 복지라고 생각하는 것과 연관되지 않았다. 오히려 그 보다는 교육문제와 더 많이 연관되었다(예컨대, 이빈파, 2002, 2006 참조).

3. 무상급식의 쟁점화와 논란

그러면 학교급식에서 학부모 자부담을 경감시키는 것을 뼈대로 하는 무상급식이 어 떻게 해서 그처럼 큰 정치적 쟁점으로 떠오르게 되었으며 또 그것이 보편복지와 연관 되게 되었는가?

표면적으로 무상급식의 정치쟁점화는 경기도 교육감의 무상급식 확대와 연관되어 나타났다. 즉, 무상급식 논쟁은 2009년 4월 첫 민선교육감 선거에서 경기도 교육감에 당선된 김상곤 교육감이 추진한 무상급식 확대정책에 대해 경기도의회가 예산을 삭감 하면서 시작되었다. 이 예산삭감과 관련해 여론이 반발하면서 경기도의회는 그 후 2009년 말에 무상급식예산을 교육청의 요청대로 통과시키게 되었다. 하지만 논란은 가 라앉지 않았다.

민주당은 2010년 6·2지방선거를 앞두고 무상급식을 공약으로 채택했고 이에 대해 당시 한나라당 원내대표였던 안상수 의원이 2010년 3월 주요 당직자회의에서 무상급 식공약은 좌파 포퓰리즘 공약이라고 공격하면서 논란이 다시 불거졌다. 하지만 안상수 의원의 지역구인 과천시가 2001년에 전국 최초로 초등학교 무상급식을 실시한 지역이 라는 사실과 한나라당 계열의 다수 지방자치단체장이 있는 지역에서 무상급식을 실시 하고 있다는 사실이 알려지면서 무상급식을 좌파 포퓰리즘이라고 공격한 한나라당은 수세에 몰리게 되었다. 그 후 경기도가 초등학교 무상급식을 시행하면서 잠시 잦아들 었던 무상급식논란은 당시 서울시장이었던 오세훈 시장이 서울시의회 결정에 대해 반 발하면서 2011년에 다시 쟁점화되었고 이때에는 경기도의 경우보다 훨씬 더 첨예한 논쟁으로 발전했다.

이런 과정을 보면 무상급식은 어떤 면에서 정치권의 과잉반응에서 비롯되어 정치쟁 점화한 것으로 보인다. 김상곤 교육감의 무상급식 확대에 맞서 예산을 삭감한 경기도의회의 행위나 민주당의 무상급식 공약에 대해 좌파 포퓰리즘이라고 과잉 공격한 한나라당의 대응이 무상급식의 정치쟁점화에 기여한 것으로 보인다는 것이다. 하지만 어떤 사안의 경우에는 정치권의 과도한 이념공세가 난무하는 경우 국민들의 짜증과 질타로 정치쟁점화하지 못하는 경우도 있다. 하지만 무상급식은 규모가 그리 큰 제도가 아닌데도, 그리고 무수한 이념공세에도 불구하고 정치쟁점화되었다. 이와 관련해서 무상급식이 정치쟁점화한 지역을 볼 필요가 있다.

민주당의 자료에 따르면 2009년 현재 전국 1만 1,196개 초중고교 중 무상급식을 실시하는 학교는 1,812개교로 16.2%(초등학교 중 무상급식을 실시하는 학교는 5,852개교 중 1,427개교로 24.4%)에 달했다(민주당 무상급식추진특별위원회, 2010). 그런데 지역별로는 편차가 심해 전라북도는 도내 751개 초중고교 중 472개교가 무상급식을 실시하여 실시비율이 62.8%로 전국에서 가장 높았다. 이 외에 충청남도가 41.2%, 경상남도 41.0%, 충청북도 32.5%, 전라남도 23.1%, 경상북도 18.4%로, 도 지역은 무상급식 실시비율이 전국평균을 상회하거나 전국평균에 근접하는 수준을 보였다. 그런데 같은 시기 서울은 1,263개 초중고교 중 무상급식을 실시하는 학교가 단 한 곳도 없었고 경기도는 2,065개 초중고교 중 84개 학교(4.1%)가 무상급식을 실시하고 있었다. 전국 초중고교의 56.9%가 서울과 경기도에 있지만 서울과 경기도를 합쳤을 때 무상급식을 실시하는 초중고교는 전국 무상급식 실시학교 1,812개교의 4.6%, 그리고 이 지역 초중고교의 2.5%에 불과했던 것이다. 도 지역의 초중고교의 18~60%에 달하는 학교가 무상급식을 실시했지만 그간 무상급식은 한 번도 전국적 쟁점이 된 적이 없었다. 하지만 무상급식 학교의 비중이 거의 미미했던 경기도에서 무상급식이 정책으로 제안되자 이것은 전국적인 쟁점으로 부상했다. 여기에는 수도권의 쟁점이 전국의 쟁점이 되는 한국사회의 중앙집중화 경향도 한몫을 했을 것이다.

하지만 이는 수도권 지역의 낮은 무상급식 비율은 이 지역 학부모들에게 점차 부담이 되어갔다는 추측도 가능하다. 앞서 말한 것처럼 한국에서 학교급식은 1990년대에 들어와 본격적으로 확대되었지만 그 재원은 주로 학부모의 자부담이었다. 학부모 자부담은 2007년에 3조 원에 달했고 그 이후에는 거의 늘지 않아 2010년에도 3조 원 정도였다. 그 사이 정부지원이 많이 증가한 것이다. 하지만 정부지원 증가가 수도권에 미친 영향은 크지 않았다. 위에서 본 것처럼 한국 인구의 거의 절반이 몰려 있고 한국 초중고교의 60% 가까이 몰려 있는 서울과 경기도는 무상급식이 쟁점화하기 직전까지 무상급식 실시학교가 가장 적은 지역이었다. 그리하여 학생 1인당 급식비 정부지원액(연간 정부지원총액/총학생 수)이 2010년에 전국 평균 3만 8,000원인데 비해 서울은 고작 2만 4,000원, 경기도는 2만 9,000원, 인천은 2만 8,000원으로 이들 지역이 최저수준이었다 (가장 낮은 곳은 울산으로 1만 9,000원). 따라서 서울의 학생 1인당 급식비 정부지원액은 이 금액이 가장 높은 전라북도의 9만 9,000원에 비해 24.2%였고 경기도는 29.3%, 인천은 28.3%에 불과할 정도로 낮았다. 2000년대에 한국사회는 양극화 등으로 중산층이 무너지고 사교육비가 증가하는 등 사람들의 삶은 점차 어려워져갔다. 그리하여 그리 크지 않은 학교급식비용이지만 수도권 지역 학부모들에게도 무상급식이 정책화하자 큰 지지를 받을 수 있었던 것으로 보인다. 이는 무상급식에 대한 찬반여론조사에서 저소득층보다는 중산층들이 무상급식을 더 많이 지지하는 것으로 나타난 조사결과(김진석, 2010)에서도 알 수 있다.

4. 무상급식, 그 이후

지금까지의 논의를 정리해보자. 학교급식은 그것이 정치쟁점화하기 전까지는 확실히 주로 교육문제였고 먹거리문제였으며 위생문제였고 운영체제의 문제였다. 다시 말해서 학교급식은 전형적인 의미의 복지제도는 아니었다. 다만 선별적 무상급식이 복지라면 복지라고 할 수 있는 것이었다. 하지만 학교급식은 무상급식이라는 것으로 갑자기 커다란 정치쟁점으로 떠올랐는데 그것은 위에서 말한 바처럼 중산층의 입맛에 맞는 정책이라는 점이 중요한 요인이었던 것 같다. 즉, 학부모 자부담을 주된 재원으로 하여 1990년대 이후 급속도로 확대된 학교급식은 비록 그 규모가 아주 큰 제도는 아니었지만 사람들, 특히 중산층의 이해관계에 중요한 영향을 미치는 잠재력을 안게 되었던 것이다.

서구의 경험도 중산층의 이해관계가 보편복지에 매우 중요하다는 점을 보여주는데 이러한 예는 한국에서도 비록 많지는 않지만 찾아볼 수 있다.[3] 한국에서 보편복지는 흔히 '무상'이라는 말로 표현되는데 그 중 대표적인 것이 무상의료이다. 무상의료는 당초 민주노동당이 2004년 총선 때 제기하여 사회적으로 널리 알려지게 되었다. 이 총선

---

3) 이하 소개할 사례는 오건호(2012)에서 발췌한 것이다.

에서 10석을 차지하여 원내진출에 성공한 민노당은 이듬해인 2005년에 무상의료를 추진하기 위해 먼저 '암부터 무상의료' 정책을 내놓았다. 그런데 이 '암부터 무상의료' 정책은 다른 중증질환도 많은데 왜 하필 암부터인가 하는 문제를 제기하며 특정 질병군에 한정된 무상의료에 반대한 주장과 '저소득층부터 무상의료' 정책이 더 올바른 정책이라는 주장에 부딪혀 제대로 추진되지 못했다.

무상의료의 이런 경험은 무상급식과 다르지만 적어도 정책의 선택지에서는 무상급식도 무상의료와 비슷한 대안이 제기된 바 있다. 2009년에 경기도 교육감이 현재 우리가 알고 있는 무상급식을 내놓기 전에 '5·6학년부터 무상급식안'과 '저소득층부터 무상급식안' 두 가지를 놓고 상당한 진통을 했다. '5·6학년부터 무상급식안'은 5·6학년을 대상으로 보편적 무상급식을 시행한 후 점차 저학년으로 확대하자는 안이었고 '저소득층부터 무상급식안'은 학년에 관계없이 모든 학년의 저소득층자녀부터 무상급식을 실시하자는 안이었다. 이 두 가지 안은 각자 나름의 근거가 있고 그 근거는 쉽게 거부하기 어려운 것이었다. 당시 경기도 교육감은 고민 끝에 '저소득층부터 무상급식안'은 저소득층 학생들에게 눈칫밥을 먹일 우려가 있다고 생각하여 최종적으로 '5·6학년부터 무상급식안'을 채택하고 이를 기초로 경기도 의회에 예산을 신청했다. 결과는 전면 무상급식으로 나타났다. 만일 당시 경기도 교육감이 '저소득층부터 무상급식안'을 채택했다면 어떻게 되었을까? 아마도 무상급식은 논란이 되지 못했을 것이다. 왜냐하면 저소득층 학생부터 무상급식을 하는 순간 무상급식은 우리 모두의 일이 아니라 그들의 일이 되어버렸을 것이고 따라서 중산층들이 관심을 가질 이유가 없는 정책이 되어버렸을 것이기 때문이다(오건호, 2012).

역사에 가정은 없다고 하지만 어떤 경우 가정은 사고실험에 유용하다. 한국사회에 보기 드문 경험이지만 무상의료와 무상급식은 매우 대조된 그러면서도 선명한 교훈을 준다. 저소득층부터 시행하는 정책이 언뜻 보기에는 재분배적이고 진보적인 것처럼 보인다. 하지만 그것은 사회에 그리 큰 영향을 미치지 못한다. 모두의 일이 아닌 것이다. 만일 2005년에 민노당이 암부터 무상의료를 추진했더라면 이것은 질병으로는 암에 한정되지만 극소수 상층을 빼고는 우리 모두의 암 치료 문제가 되었을 것이고 따라서 그 이후에는 암 외에 다른 중증질환으로 무상의료를 확대시키는 계기가 되었을 것이다. 우리 사회에서 무상이라는 형용사로 표현되는 보편복지는 이처럼 위력을 가진 것이며 서구의 경험에서 확인되는 바가 우리 사회에도 그대로 적용된다는 것을 보여준다.

그런데 공적재정에 의한 보편적 학교급식인 무상급식은 그것이 일단 실현되고 나자 그것이 논란이 되었을 때만큼 보편복지를 추동하는 데 강력한 힘을 발휘하지는 못한 것 같다. 그것은 왜일까? 무상급식은 학부모 자부담을 주재원으로 하던 것을 조세부담으로 전환시킨 것이다. 즉, 사적부담을 공적 부담으로 바꾼 것이다. 그리고 그 사적부담은 중산층에게도 점차 부담스러워지는 것이었다. 또 무상급식은 그처럼 공적 부담으로 바꾸면서도 그 혜택이 직접적으로 와 닿는 것이다. 아마도 무상급식이 갖는 이와 같은 점들이 그 후의 보편복지논쟁에서 적절히 조명되지 못하고 무상급식 이 외의 다른 정책으로 연계되지 못한 것이 무상급식이 보편복지논쟁을 촉발시키는 데에는 기여했지만 그 후에는 보편복지를 견인하는 강력한 요인이 되지 못한 한 원인이 아닌가 생각한다.

그리고 이렇게 된 데에는 많은 사람들이 지적하듯이 복지국가를 건설할 정치적 세력이 한국사회에 마땅하게 형성되어 있지 않은 데 원인이 있는 것 같다. 노동운동이 복지국가 건설에 크든 작든 중요한 역할을 했던 서구와 달리 한국사회는 노동운동이 취약한 편이다. 일부에서는 현재의 복지논쟁에 대해 노동 없는 복지라 하여 비판하지만 그렇다고 해서 노동운동이 성장할 때까지 마냥 기다릴 수도 없는 일이다. 한국사회는 한국사회의 특수성에 맞추어 복지국가 건설의 주체들을 꾸려갈 수밖에 없다. 여기에는 한국사회가 그동안 발휘해온 시민사회의 역량이 중요한 역할을 할 것이다(예컨대, 김영순, 2011 참조). 그리고 만일 시민사회의 역량이 결집되어 복지국가를 구축한다면 이것은 아마 새로운 실험이 될 것이며 그만큼 많은 시행착오가 있을 수 있지만 그렇기 때문에 한국적인 것이며 따라서 상상력이 필요할 것이다. 이런 상상력이야말로 지금의 저출산·고령화 시대 및 탈산업화 시대가 요구하는 복지국가 건설의 새로운 추진력이 아니겠는가!

참고문헌

교육인적자원부. 2006.12.20. 「학교급식 안전성 확보와 운영의 내실화를 위한 학교급식 개선 종합대책(2007~2011년)」.

김기남. 2000. 「한국 학교급식의 실시배경과 현황」. 한국모자보건학회 2000년 추계학술대회 연제집.

김영순. 1996. 『복지국가의 위기와 재편: 영국과 스웨덴의 경험』. 서울대출판부.

_____. 2011. 「보편주의적 복지국가와 복지동맹: 두 서구 복지국가의 경험이 한국에 주는 시사점」. 사회정책연구회 9월모임 발표자료.

김영식. 2003. 「우리 아이들의 건강보다 더 급한 일이 있는가? 민간위탁급식제도에서 학교직영급식제도로 전환해야 한다!」 한국교육개발원, ≪교육정책포럼≫, 제25호.

김정래. 2009. 「학교급식 직영화 및 무상화 방안의 타당성 검토」. 경기개발연구원, ≪CEO Report≫, 제25호, 11월호.

김진석. 2010. 「복지담론에 대하여」. ≪황해문화≫, 겨울호.

민주당 무상급식추진특별위원회. 2010. 민주당 무상급식추진특별위원회 지역본부 출범식 및 간담회 자료집.

박범이. 2003. 「아동의 인권과 학교급식」. ≪복지동향≫, 9월호.

오건호. 2012. 『나도 복지국가에서 살고 싶다』. 레디앙.

우리교육. 2009. 「대세를 알면서 '거꾸로 학교급식법 내놓나?」 ≪중등우리교육≫, 통권 제227호, 1월.

이경애·김봉생·강희자. 2007. 「학교급식을 통한 학급공동체 형성 프로그램 개발 및 적용」. ≪한국실과교육학회지≫, 제20권 제1호, 165~189쪽.

이빈파. 2002. 「우리 농산물 먹이는 것도 교육이다」. ≪월간 말≫, 12월호.

_____. 2006.8. 「학교급식이 '교육'이어야만 하는 이유」. ≪중등우리교육≫, 통권 제198호.

이혜원. 1999. 「결식아동문제의 현황과 과제」. ≪복지동향≫, 3월호.

전국여성농민회총연합. 1992. 「쌀 전량(1,200만 섬) 수매와 학교급식 완전실현 서명운동에 관한 연대활동을 제안합니다」. ≪정세연구≫, 통권 제40호, 171~183쪽.

≪초등우리교육≫. 1998. 「학교급식 못 먹는 아이들이 늘고 있다: 급식제도 개선책 마련 시급」. ≪초등우리교육≫, 통권 제98호, 1998년 4월호.

학교급식전남운동본부. 2008. 「지역과 학교를 성공적으로 연결짓다」. ≪초등우리교육≫, 통권 제221호, 7월.

한국교육개발원. 2011. 『학교, 안전하고 건강한가?』, 통계로 본 한국과 세계 교육시리즈 6.

한국 사회복지의 현황과 과제

I

사회복지재정

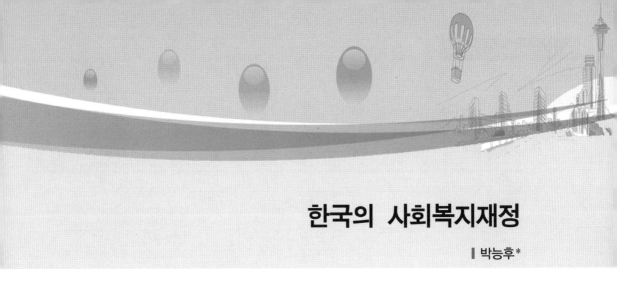

한국의 사회복지재정

박능후*

1. 사회복지재정의 개념과 구성

사회복지재원은 공공재원과 민간재원으로 구성된다. 이 중에서 공공재원은 국가에 의해 조달되는 것으로서 흔히 사회복지재정이라고도 한다. 사회복지재정은 단순히 복지지출만을 의미하는 것은 아니고 국가가 사회복지정책을 수행하는 데 소요되는 자금을 만들어 관리하고 이용하는 경제활동 전반을 의미한다. 국가는 중앙정부와 지방정부로 구분할 수 있는데, 여기서는 중앙정부에 의한 재원만을 다룬다.

중앙정부의 사회복지재정을 이해하려면 예산제도에 대한 예비지식이 필요하다. 중앙정부재정은 예산과 기금으로 구성된다. 2013년 현재 중앙정부 예산은 1개의 일반회계와 18개의 특별회계로 구성되어 있으며, 기금은 64개가 운영되고 있다. 특별회계와 기금의 종류는 수시로 변화된다. 따라서 중앙정부의 사회복지재정을 분석하려면 일반회계와 특별회계, 기금까지 모두 포괄하여 수시로 변동되고 있는 이들 내용을 살펴보아야 한다.

일반회계의 세입은 내국세, 관세, 교통세, 교육세, 종합부동산세 등 국세와 세외수입으로 구성된다. 세출은 사회복지, 교육, 교통 및 물류, 일반공공행정, 농림수산식품 등

---

* 경기대학교 사회복지학과 교수.

〈표 1〉 중앙정부재정의 구조(2013년)

구분	예산			기금	
	일반회계		특별회계		
개수	1개		18개	64개	
규모	총지출 기준 342조 원				
내용	세입	세출	기업특별회계(5개) -양곡관리 -조달 -책임운영기관 -우편사업 -우체국예금	사회보험성(6개)	국민연금기금 고용보험기금 등
	-내국세 -관세 -교통세 -교육세 -종합부동산세 -세외수입	-사회복지 -교육 -교통 및 물류 -일반공공행정 -농림수산식품 등		금융성(9개)	신용보증기금 수출보험기금 등
			기타특별회계(13개) -교통시설 -농어촌구조개선 -광역지역발전 -에너지 및 자원사업 등	계정성(5개)	공공자금관리기금 공적자금상환기금 등
				사업성(44개)	국민주택기금 남북협력기금 등
			18개	64개	

자료: 기획재정부(2013).

여러 분야로 구성된다. 특별회계는 양곡관리, 조달, 우편사업 등 5개의 기업특별회계와 교통시설사업, 농어촌구조개선사업 등 기타특별회계 13개가 운영되고 있다. 기금은 국민연금기금, 고용보험기금 등 사회보험성 기금 6개, 기술신용보증보험, 무역보험기금 등 금융성 기금 9개, 공공자금관리기금 등 계정성 기금 5개, 국민주택기금, 남북협력기금 등 사업성 기금 44개 모두 합하여 64개가 있다.

이상에서 열거된 일반회계, 특별회계, 기금을 모두 합하여 2013년 지출예정액은 342조 원이며, 이를 흔히 2013년 중앙정부재정 규모라고 한다. 이 중에서 보건·복지·노동에 사용되는 중앙정부재정 규모는 97조 4,000억 원으로서 전체 재정의 28.5%를 차지한다. 정부기능의 주요 분야 12개 중 보건·복지·노동분야(28.5%)의 예산비중이 가장 높고, 다음으로 일반공공행정(17.0%), 교육(13.3%), 국방(10.2%), SOC(7.9%) 순이다.

<표 2> 주요 분야별 예산액과 구성비율(2013년)

(단위: 조 원, %)

구 분	예산액	구성비
1. R & D	16.9	4.9
2. 산업·중소기업·에너지	15.5	4.5
3. SOC	24.3	7.1
4. 농림·수산·식품	18.4	5.4
5. 보건·복지·노동	97.4	28.5
6. 교육	49.8	14.6
7. 문화·체육·관광	5.0	1.5
8. 환경	6.3	1.8
9. 국방	34.3	10.0
10. 외교·통일	4.1	1.2
11. 공공질서·안전	15.0	4.4
12. 일반공공행정	55.8	16.3
합계	342.0	100.0

자료: 기획재정부(2013).

2. 복지·보건·노동분야 재정 세부 내역과 담당 주체

복지·보건·노동분야 예산 97조 4,000억 원의 세부 내역을 보면 다음과 같다. 이 분야의 예산비중은 사회복지(76.8%), 노동(14.3%), 보건(9.07%) 순이다. 사회복지분야 중에서는 공적연금(34.0%)과 주택(17.9%) 부문이 차지하는 비중이 압도적으로 높고, 다음으로 기초생활보장(8.8%), 노인·청소년(4.6%), 보훈(4.4%) 순이다. 보건분야에서는 건강보험지출(6.7%)이 대부분을 차지하고, 보건의료지출은 1조 9,510억 원(2.0%)에 그친다. 노동분야는 복지·보건·노동분야 예산의 14.3%를 차지한다.

사회복지분야 지출 중 공적연금과 주택 부문 지출이 차지하는 비중이 가장 높다는 사실은 이 부분의 지출 성격이 한국의 사회복지 지출의 특성을 규정짓는 데 주요한 역할을 함을 시사한다. 따라서 높은 비중을 차지하는 영역은 그 내역을 꼼꼼히 분석해 볼 필요가 있다.

정부 예산서상으로 보건·복지·노동분야로 분류되는 예산이 귀속되는 중앙부처는 보건복지부를 비롯하여 9개 부처에 이른다. 상술하면 복지분야의 주무부처인 보건복지부

〈표 3〉 2013년 복지·보건·노동분야 세부 내역별 예산액과 구성비율

(단위: 10억 원, %)

구분	예산	구성비율
합계	97,403	100
○ 사회복지분야	74,783	76.8
기초생활보장	8,560	8.8
취약계층지원	1,627	1.7
공적연금	33,138	34.0
보육·가족·여성	4,520	4.6
노인·청소년	4,464	4.6
보훈	4,315	4.4
주택	17,473	17.9
사회복지 일반	685	0.7
○ 보건분야	8,729	9.0
보건의료	1,951	2.0
건강보험	6,513	6.7
식품의약안전	265	0.3
○ 노동분야	13,891	14.3

자료: 기획재정부(2013).

는 기초생활보장, 취약계층지원, 공적연금 중 국민연금, 노인·아동, 사회복지 일반, 보건의료, 건강보험분야를 관장한다. 식품의약안전은 식품의약품안전처가 담당한다. 공적연금의 경우 국민연금은 보건복지부, 공무원연금은 안전행정부, 군인연금은 국방부, 사학연금은 교육부에서 담당한다. 여성가족부는 가족·여성 업무를 담당하며, 국가보훈처는 보훈업무를 관리한다. 주택은 국토교통부에서 관할하며, 노동분야는 고용노동부에서 담당한다. 이처럼 9개 중앙부처에서 국민의 보건복지노동과 관련된 업무를 수행하고 있는 것이다. 그렇다면 복지업무의 주무부처라 할 수 있는 보건복지부에서 관장하는 예산은 얼마일까? 보건복지노동분야 총예산 97조 4,029억 원 중에서 28조 5,860억 원(29.3%)이 보건복지부(식품의약품안전처 포함)가 직접 관장하는 예산이다. 보건복지부가 직접 관장하지 않는 부문 중에서 예산비중이 큰 주택과 공적연금 내역을 보면 다음과 같다. 주택 부문 예산 17조 4,733억 원의 대부분이 보금자리주택건설(10조 299억 원, 57.4%)과 주택구입·전세자금 지원(7조 6,500억 원, 43.8%)에 소요되며 이는 주택기금에 의해 조달된다. 정부의 일반회계예산에 의한 재정 투입액은 2,553억 원에 불과하며, 이는 노후 공공임대주택 개선, 재정비촉진사업 지원 등에 사용된다.

〈표 4〉 주택 부문 세부 예산 내역(2013년)

(단위: 억 원, %)

구분	예산액	구성비율
부문 계	174,733	100
○ 주택기금(소계)	172,180	98.5
- 보금자리주택건설	100,299	57.4
- 주택구입·전세자금	76,500	43.8
- 기타	1,006	0.6
○ 예산(소계)	2,553	1.5
- 노후공공임대주택개선	850	0.5
- 재정비촉진사업지원	1,100	0.6
- 기타	603	0.3

자료: 기획재정부(2013).

〈표 5〉 공적연금 세부 내역별 지출 규모와 구성비율

(단위: 억 원, %)

구분	2012년		2013년		2013년	
	예산액 (억 원)	비율(%)	예산액 (억 원)	비율(%)	연금수급자 수 (만 명)	비율(%)
합계	312,678	100	331,382	100	397.0	100
- 국민연금	118,419	37.9	128,303	38.7	349.0	87.9
- 공무원연금	104,347	33.4	109,188	32.9	34.8	8.8
- 군인연금	25,066	8.0	26,545	8.0	8.4	2.1
- 사학연금	18,918	6.1	20,264	6.1	4.8	1.2

자료: 기획재정부, 「2013 나라살림 예산개요」, 2013.

공적연금 부문에 사용되는 재원의 세부 내역은 다음과 같다. 공적연금에 사용되는
재원은 모두 각기 분리 운영되는 기금에서 조달된다. 공적연금 중 지출비중이 가장 큰
연금은 국민연금으로서 전체 공적연금 지출의 38.7%를 차지한다. 다음으로 2013년 기
준 공무원연금(32.9%), 군인연금(8.0%), 사학연금(6.1%) 순이다. 연금수급자 수 측면에서
도 국민연금, 공무원연금, 군인연금, 사학연금 순이다. 국민연금을 제외한 나머지 3개
연금, 즉 공무원·군인·사학연금은 이른바 특수직역연금으로서 국민연금보다 제도 시행
연륜이 길고, 급여산식이 국민연금보다 가입자에게 유리하게 책정되어 있어 상대적으
로 높은 연금액이 지급되고 있다. 국민연금 지출액은 전체 공적연금 지출액의 38.7%이
지만 국민연금 수급자 수의 비율은 전체 공적연금 수급자의 87.9%인 점에서도 이를

확인할 수 있다.

3. 복지재정 관련 주요 쟁점: 복지재정 적정수준

1) 복지재정 추이

한국 복지재정지출의 적정성 여부는 오랫동안 쟁점이 되어왔다. 지난 20여 년간 한국의 공공사회지출비 규모 변화를 보면 1997년까지 GDP 대비 3%대에 머물고 있었으나, 경제위기로 인한 사회안전망 확충 과정에서 급속히 규모가 증가하여 1999년에는 GDP 대비 6.3%로 일시에 상승했다(OECD, 2010a). 그러나 조속한 경제회복과 더불어 복지수요가 감소하면서 2000년에 공공사회지출비는 다시 GDP의 5.7%로 하락하기도 했으나 이후 복지지출이 지속적으로 증가하여 2007년에 8.3%, 2009년에는 10.5%로 집계되고 있다. 지난 20년간(1990~2009년) 사회복지지출비의 GDP 대비 비중은 연평균 16.7%의 증가율을 보였다.

2013년 기준 중앙정부재정의 28.5%를 차지하는 복지재정[1]의 적정성을 논하는 기준은 여러 가지가 있을 수 있다. 가장 흔히 사용하는 비교기준은 OECD 회원국의 복지재정 규모이다.

<표 7>에 나와 있듯이 2008~2009년 기준 한국의 정부재정 규모는 GDP의 30.4%를 차지하는 데 비해 한국을 제외한 OECD 국가들의 정부재정 규모 평균은 GDP의

〈표 6〉 사회복지지출 추이(1990~2009년)

(단위: 10억 원, %)

	1990	1995	2000	2005	2006	2007	2008	2009
지출액	5,989	14,984	34,312	61,873	73,467	81,130	93,065	111,741
GDP 대비	3.1	3.7	5.7	7.2	8.1	8.3	9.1	10.5
연평균증가율	16.7							

자료: 고경환(2012).

---

1) 여기서 복지재정은 정부재정 분류 시 사용하는 12개 세부 항목 중 보건·복지·노동 부문을 지칭하는 것이다.

〈표 7〉 OECD 국가들의 부문별 재정 규모 비교(2008~2009년)

(단위: GDP 대비, %)

	한국	한국 제외 OECD 평균	비율	복지국가 유형별*		
	(A)	(B)	(A/B, %)	자유주의형	사민주의형	조합주의형
총지출	30.4	47.3	64.3	41.9	53.5	51.5
보건+복지	7.7	23.9	32.3	19.5	29.4	28.7
이외지출	22.7	23.4	96.9	22.3	24.1	22.9
- 경제	7.7	5.6	137.8	5.0	5.3	5.2
- 공공+국방	8.3	9.8	84.9	9.4	10.0	10.4
- 교육	5.0	6.0	82.3	6.4	6.8	5.4
- 기타	1.7	2.0	85.4	1.6	2.0	1.8

주: * 자유주의형(미국, 영국, 뉴질랜드, 캐나다, 일본).
　　사민주의형(스웨덴, 덴마크, 핀란드, 노르웨이, 네덜란드).
　　조합주의형(독일, 프랑스, 벨기에, 오스트리아, 이탈리아).
자료: OECD(2010b). 박형수(2011)에서 재인용.

47.3%이다. 한국은 보건+복지 부문 재정지출이 GDP의 7.7%인데 비해 다른 OECD 국가들의 평균은 23.9%로서 한국은 이들의 32.3%에 불과한 복지재정 비율이다.

복지국가 유형별로 GDP대비 복지재정 규모를 보면 예상할 수 있는 대로 사민주의형(29.4%), 조합주의형(28.7%), 자유주의형(19.5%) 순인데, 한국의 보건복지재정 비율(7.7%)은 자유주의형 국가들의 평균보다도 현저히 낮다.

각국의 소득수준이 차이가 있으므로 유사한 소득수준에서 복지지출 수준을 비교하는 것이 더 타당할 것이다. 2000년 미국달러 가치로 환산하여 한국의 2007년도 1인당 국민소득수준 1만 5,158달러와 유사한 수준의 국민소득을 가졌을 때 각국이 지출한 사회지출 수준을 보여주는 것이 <표 8>이다. 한국은 1인당 1만 5,000달러 수준에서 GDP의 7.5%를 사회복지지출로 사용하고 있음에 비해 독일(22.0%), 스웨덴(21.6%), 스페

〈표 8〉 주요 국가별 유사한 소득수준에서의 사회복지지출 수준

(단위: 2000년 USD 가치 기준)

국가	한국	캐나다	프랑스	독일	이탈리아	일본	영국	스웨덴	스페인
연도	2007	1976	1978	1978	1987	1969	1977	1968	2003
1인당GDP	15,158	15,704	14,985	14,865	15,068	15,845	15,083	15,083	15,172
사회지출(%)	7.5	13.9	19.2	22.0	21.0	7.7	16.3	21.6	21.0

자료: World Bank Database(2011). 전병목(2011)에서 재인용.

인(21.0%), 프랑스(19.2%) 등 여타 국가들은 GDP의 20% 내외를 사용하고 있다. 일본만이 한국과 유사한 수준(7.7%)을 보였다.

이러한 수치를 근거로 한국의 복지지출 수준이 적정선보다 낮다는 주장이 제기된다. 그리고 이처럼 한국의 복지지출 수준이 낮은 것은 복지재원 중 가장 중요한 비중을 차지하는 정부의 복지재정지출이 낮기 때문이라고 설명한다. 그러나 현재의 낮은 복지지출 수준에도 불구하고 복지재정 팽창에 대한 우려의 목소리도 높다. 이러한 우려의 목소리는 1998년 국민의 정부 출범 이후 '생산적 복지'가 민주주의, 시장경제와 더불어 3대 국가목표의 하나로 대두하면서 복지분야에 대한 정부의 재정지출이 현저히 늘어나기 시작하면서부터이다. 여기에 더해 참여정부의 국가장기발전계획 '비전 2030'에서 국민의 삶의 질 향상과 성장기반 확충을 위한 선제적 투자의 관점에서 복지분야에 대한 적극적 투자가 강조되면서 복지재정의 빠른 증가로 국가재정운용에 어려움을 초래하고 있다는 주장은 더 힘을 얻게 되었다.

요컨대 한국의 현행 복지지출 규모는 선진국에 비해 낮은 수준이나 고령화율과 재정여건 등을 고려할 때 장기적인 지속가능성에 대한 우려가 대두하고 있는 것이다. 왜냐하면 복지지출은 여타 분야 지출과 달리 대부분 법정지출로서 경직적이라는 점, 복지사업은 반복적이며 영속적 사업이라는 점, 초기에는 규모가 작지만 일정 시점부터 급속도로 증가하는 경향이 있다는 점 등의 특성이 있기 때문이다. 따라서 현재의 복지지출 수준은 OECD 평균보다 현저히 낮지만, 빠른 속도로 증가하고 있는 복지재정지출에 대해 다음과 같은 질문이 제기된다.

첫째, 현재의 증가속도로 복지재정이 확대된다면 일정 기간 후 한국의 복지재정 지출 규모는 어디에 도달할 것인가? 특히 최근 심각한 사회경제적 문제가 되고 있는 저출산·고령화가 지속될 경우 재정에 미치는 영향은 어느 정도인가?

둘째, 복지재정이 지속가능하려면 어떤 과제를 해결해야 하는가? 즉, 어떻게 재원을 확보하며 지출 효율화 방안은 무엇인가 하는 점이다. 이러한 문제를 논의하려면 먼저 복지재정에 대한 장기전망 자료가 마련되어야 하는데 여기서는 기존에 제시되었던 중장기 재정전망 자료를 활용하여 논의를 전개하고자 한다.

2) 복지재정 장기추계

(1) 장기추계 연구사례

복지재정은 정부재정의 한 부문이므로 각 부문 간 경합이 치열한 재정의 속성상 복지재정 규모도 다른 부문의 영향을 받게 된다. 경제개발, 국가안보 등 여타 분야에 대한 정치적 요구가 클 경우 복지재정은 상대적으로 위축된다. 따라서 이러한 여러 요인들을 모두 감안하면서 중장기 복지재정 규모를 추론하는 작업은 쉬운 일이 아니다. 그럼에도 불구하고 미래를 설계하기 위해 반드시 필요한 장기 복지재정 전망은 끊임없이 이뤄져 왔다.

이러한 선행작업 중에서 2006년 8월 정부·민간합동작업반에서 발표한 "함께 가는 희망한국 VISION 2030"의 중장기 복지재정 전망은 당시 지대한 사회적 관심을 촉발했다는 점에서 되새겨볼 가치가 있는 재정전망 중 하나이다. 이 계획서는 2030년까지 선제적 투자를 통해 공공사회지출 규모를 2001년 OECD 평균인 GDP의 21.2%까지 확대할 것을 제안했다. 이는 저출산·고령화 문제에 대처하여 연금재정 안정, 국민의 기본수요 충족을 위한 의료서비스 확충 등 수요 증가에 대응하는 적극적 정책개입이 내포된 복지재정 확충방안이라 할 수 있다. 다만 늘어난 복지재정 수요를 어떻게 충당할 것인지에 대해서는 국민적 합의 위에서 추진하되 실제적 방안설계는 향후의 과제로 남겨놓고 있어 실효성이 확보되지 않은 복지재정 확대방안이란 비판에 직면한 바 있다.

"비전 2030"에 담긴 장기복지재정 전망은 단순한 객관적 전망이라기보다 정책의지가 담긴 적극적 복지재정 확충안의 성격을 가진 것이라 하겠다. 정책의지가 담긴 재정전망은 미래 방향을 가늠할 수 있다는 점에서 그 나름대로 의미를 가지고 있지만, 정치적 상황이 변하면 실효성이 상실되는 단점을 가지고 있다.

이러한 단점을 극복하는 방안으로서 정책의 방향성을 가능한 배제하고 현재의 제도를 기반으로 단순히 인구학적 변화만을 감안하여 앞으로의 사회복지재정 규모 변화를 전망하는 방법을 강구할 수 있다. 즉, 새로운 제도를 도입하거나 기존 제도의 적용대상을 인위적으로 급격히 늘리는 등의 정책의지 개입을 배제하고 현 제도를 기반으로 인구학적, 사회경제적 변화 수준만큼만 급여수준과 대상자 수의 변화가 일어나는 것으로 가정하여 사회복지재정의 중장기 변화를 전망하는 것이다. 이러한 방법의 재정전망은 사회복지 관련 제도 도입이 거의 완료되어 새로운 제도 도입의 가능성이 낮은 상태이거나 복지제도가 성숙기에 도달한 나라의 경우 유용할 수 있다.

〈표 9〉 공공사회복지지출 장기전망

(단위: GDP 대비, %)

	노령·유족	근로무능력	보건	가족	적극적 노동시장정책	실업	주거	기타	합계	
									계	(지방비추가)
2009	2.21	0.53	3.15	0.44	0.39	0.35	-	0.99	8.06	8.62
2010	2.33	0.53	3.26	0.48	0.37	0.34	-	0.99	8.30	8.85
2015	2.86	0.61	3.73	0.51	0.32	0.32	-	0.98	9.32	9.87
2020	3.55	0.67	4.13	0.60	0.34	0.34	-	0.99	10.62	11.18
2030	5.62	0.84	5.08	0.51	0.37	0.41	-	1.04	13.87	14.43
2040	7.86	1.03	5.90	0.41	0.37	0.39	-	1.15	17.11	17.67
2050	10.17	1.25	6.52	0.37	0.36	0.38	-	1.23	20.28	20.84

자료: 박형수·전병목(2009).

한국의 경우 아직 아동수당과 같은 몇몇 복지제도가 도입되지 않았지만 사회보험과 공공부조 영역은 대부분의 제도가 이미 도입되어 시행되고 있는 상태이다. 특히 복지재정 지출에 가장 큰 영향을 미치는 사회보험제도는 모두 도입된 상태이므로 현 상태를 기반으로 하는 장기복지재정 전망도 상당한 실효성을 가질 수 있는 경우라 하겠다.

한국조세연구원의 박형수·전병목(2009)은 향후 새로운 복지제도가 도입되지 않고 현재의 복지제도가 유지된다는 전제하에 중립적으로 중장기 복지재정 규모를 전망한 자료를 제시한 바 있다. 이 전망자료는 사회복지분야를 건강보험, 노인장기요양보험, 국민연금, 기초노령연금, 기초생활보장, 취약계층지원, 보육, 고용보험, 산재보험, 특수직역 등 10개 분야로 구분한 후 각 부문별로 추계모형을 사용하고 있다. 부문별로 보면 건강보험, 노인장기요양보험, 기초생활보장, 취약계층지원, 보육, 산재보험 등 6개 분야는 조성법(component method)에 기초한 추계모형을 사용하고, 국민연금과 3개 특수직역연금의 재정추계는 각 운영주체에서 추계한 가장 최근에 실시한 장기추계결과를 그대로 받아들였으며, 기초노령연금은 단순계산법을 사용했고, 고용보험은 보험수리모형을 사용하여 재정지출을 추계하고 있다. 각 분야별 재정추계모형에 공통의 인구추계 및 거시경제변수 전망치를 적용함으로써 한국조세연구원의 재정추계는 부문별 정확도와 전체적 일관성을 겸비하는 장점을 지니고 있다.

다만 유의할 점은 건강보험의 경우 통상적으로 국고지원액만 재정상의 총지출에 포함되고 있으나, 이 추계에서는 건강보험 급여지출 전액을 복지재정지출로 포함하고 있는 점이다. 그리고 재정수입 측면에서 이 추계는 사회복지 지출을 위한 재원이 사회보

〈표 10〉 주요 재정지표에 대한 중장기 재정추계 결과(GDP 대비 비율)

(단위: %)

연도	조세부담률	국민부담률	국가채무 비율
2009	20.45	26.50	38.50
2010	20.04	26.40	36.89
2040	20.76	29.82	64.91
2050	20.76	30.61	115.62

자료: 박형수·전병목(2009).

장기여금과 국채발행을 통해 조달되는 것으로 설정하고 있으며 조세부담률은 현재 수준이 유지되는 것으로 가정하고 있다.

박형수·전병목(2009)의 중립적 장기 전망자료에 의하면 2050년 한국의 공공사회지출 규모는 GDP의 20.84%로서 2005년 현재 OECD 국가의 공공사회지출 규모의 평균치(20.6%)에 근접하게 된다. 이는 복지제도를 특별히 추가적으로 확장하지 않더라도 현 제도의 단순 확대에 의해서도 한국은 2050년이 되면 지출 면에서 중(中)복지 유형에 속하게 되는 것을 의미한다.[2]

분야별로 보면 노령 및 유족 관련 분야가 증가 속도도 가장 빠르고 비중도 커진다. 2009년 GDP의 2.21%인 노령·유족 관련 복지재정지출이 2050년에는 GDP의 10.17%가되어 4.6배 증가할 것으로 추정되고 있다. 다음으로 보건분야인데 같은 기간 동안 GDP의 3.15%에서 6.52%로 2.1배 증가할 것으로 예측된다. 2050년 노령 및 유족(11.1%)과 보건분야(9.3%) 두 항목의 공공사회지출비는 전체의 80%에 이르게 된다. 즉, 향후 한국의 사회복지지출은 노령 및 유족을 위한 소득보장(공적연금)과 일반 국민의 건강보장을 위한 건강보험 비용에 의해 주도될 것임을 전망하고 있다.

세 번째 비중을 차지하는 근로무능력, 즉 장애인 관련 지출은 2009년 GDP의 0.53%에서 2050년 GDP의 1.25%로 2.4배 증가할 것으로 추정되고 있다. 근로무능력분야 지출은 증가속도는 보건분야보다 빠르지만 비중은 보건분야보다 낮다. 그 외 가족, 적극적 노동시장정책, 실업분야는 이 기간 동안 GDP 대비 비율 변화가 미미하다.

---

2) 동일한 추계모형을 사용하면서 최근 급격히 증가하고 있는 복지지출 실적을 반영하고 일부 가정을 좀 더 현실화한 경우 2050년 한국의 공공사회지출 규모는 GDP의 24.7%로 추정되고 있다(조세연구원 내부자료). 이 경우 2050년 한국의 복지지출 수준은 현재의 OECD 평균을 넘어서게 된다. 두 추계 자료 간에 3.86%(=24.7% - 20.84%)의 차이는 대부분 건강보험에 대한 전망 차이 2.78%(=9.3% - 6.52%)에 기인하고 있다.

〈표 11〉 연도별 조세부담률 및 국민부담률 전망

(단위: %)

	2011년*	2012년	2013년	2014년	2015년
조세부담률	19.3	19.2	19.4	19.5	19.7
국민부담률	25.1	25.1	25.3	25.5	25.7

주: * 2011년은 국회 확정예산 기준.
자료: 기획재정부(2011).

이상과 같이 추계된 사회복지지출 규모를 기초로 2050년까지 중앙정부재정을 전망할 경우 2050년에는 GDP 대비 국가채무 비율이 116%에 달할 전망이다. 다만 여기에는 늘어나는 복지지출을 추가적인 조세부담 없이 국가채무로 이를 감당하는 것을 가정하고 있음을 유의할 필요가 있다. 2050년 국가채무가 GDP의 116%라는 장기전망 결과는 EU 국가들의 2050년 국가채무 비율 전망치 125% 수준과 비슷한 수준이며, 이는 한국 국가채무 비율이 현 수준에서는 양호하지만 늘어나는 복지지출을 국가채무로 감당할 경우 향후 재정악화 속도가 EU 국가들에 비해 빨라 2050년에는 격차가 사라지게 됨을 시사한다.

(2) 전망자료의 유용성과 함의

박형수·전병목(2009)의 전망자료가 시사하는 바는 현재 복지제도의 기본틀을 유지하더라도 2050년 한국의 공공사회복지지출이 GDP의 20.84%가 되어 2005년 기준 OECD 평균에 도달하게 되며, 만약 확장 속도가 빨라 24.7%가 된다면 고복지 국가로 전환하게 된다는 사실을 적시한 점이다. 이 전망자료는 물가, 성장률 등 거시변수에 대한 전망과 함께 현행 복지제도를 유지한다는 가정하에 결과를 도출한 것이므로 가정된 변수값에 변화를 주면 결과도 이에 따라 변하게 된다. 즉, 제시된 전망치들이 한국의 미래 모습을 정확하게 담고 있다고는 주장할 수 없는 것이다.

그럼에도 불구하고 박형수·전병목(2009)의 추계자료는 현재의 복지재정 운용방식을 되짚어 보는 데 유용한 시각을 제공하고 있다. 특히 현행 복지제도를 유지한다는 전제하에 추계된 자료이므로 장래 복지재정 규모의 베이스라인(Base-line)에 해당할 수 있는 것이며, 향후 신규 제도가 도입되거나 또는 기존 제도의 수급요건을 완화할 경우 복지지출 규모는 더욱 증가할 수 있음을 의미한다. 반면에 정부의 적극적인 대응으로 저출산·고령화 추세가 당초 예상보다 낙관적으로 변화한다면 재정부담은 줄어들 수 있는 여지도 남겨놓고 있다.

〈표 12〉 주요국의 조세부담률과 국민부담률(2007년 기준)

(단위: %)

	한국 (2009년)	미국	일본	영국	프랑스	OECD 평균
조세부담률	19.7	21.7	18.0	29.5	27.4	26.7
국민부담률	25.6	28.3	28.3	36.1	43.5	35.8

자료: OECD Revenue Statistics(2009년); 기획재정부(2011).

　박형수·전병목(2009)의 전망결과는 향후 재정여건에 대한 여러 가지 정책적 함의를 제공하고 있다. 특히 이 추계자료는 2050년 한국의 사회복지수준이 현재의 OECD 평균지출 수준인 중복지국가에 도달함을 보여주는데, 이 경우 어떤 재정적 여건으로 중복지국가에 도달하게 될 것인지에 대해 논의할 필요성을 제기하고 있다. 추가적인 보험료 증대나 조세부담률을 증대하지 않고 적자재정으로 늘어나는 복지지출을 감당할 경우 국가채무가 급속히 증가함을 보여주는 이 추계자료는 이런 상황에 도달하지 않으려면 사전 준비가 필요함을 일깨워주고 있는 셈이다. 즉, 향후 정책운용 여하에 따라 재정건전성과 경제의 지속발전 가능성을 구비한 상태에서 복지지출 수준이 OECD 평균에 도달할 수도 있고, 이와는 반대로 복지지출 수준은 높게 상승하지만 재정건전성이 악화된 상태로 중복지국가에 도달할 수도 있는 것이다. 달리 말하면 경제성장률 이상의 복지지출 증가를 위해서는 국민부담률을 인상하거나 국가채무 증가가 필요하며, 역으로 복지재정 부담이 어려우면 복지지출을 최대한 억제하는 방안을 강구해야 하는데, 이러한 정책 수단을 어떻게 조합할 것인지에 대해 진지한 논의가 필요한 것이다.

　2011년 현재 한국의 국민부담률은 25.1%이다. 이 수준은 2007년 기준 OECD 평균 35.8%보다 10.7%p 낮다. 이는 한국이 저부담저복지 유형의 국가에 속함을 의미한다. 그러나 향후 복지재정 지출 확대가 불가피한 상황이므로 국민적 합의를 바탕으로 국민부담률을 적정 수준으로 인상하는 방안이 적극적으로 강구되어야 할 것이다.

　복지재정 확대가 불가피한 상황에서 단순히 국민부담률을 증대하는 방안만으로 늘어나는 복지재정을 감당하려 해서는 안 될 것이다. 국민부담의 증가 외에도 복지수요의 특성을 분석하여 좀 더 탄력적으로 대응함으로써 국민부담을 최소화하는 방안도 강구되어야 하는 것이다.

4. 사회복지재정 지속가능성 확보를 위한 모색3)

1) 복지지출의 특성과 정책개입 지점

복지지출은 경제적 수요(demand)와 구분되는 욕구(needs)에 대응하기 위한 비용이다. 욕구는 단순한 바람(desire)과는 달리 삶을 유지하기 위해 반드시 필요한 어떤 것으로 파악되는데, 기본적 의식주가 욕구의 대표적인 예이다. 그러나 욕구의 범위나 수준이 절대적인 것은 아니며 상대적이다. 빈곤개념이 절대적 빈곤에서 상대적 빈곤으로 전환되어 가듯이 사회적 충족을 필요로 하는 욕구의 범위와 수준도 유동적이라 할 수 있다. 즉, 삶을 유지하기 위해 반드시 필요한 욕구충족의 범위가 기본적인 의식주에서부터 건강, 교육, 사회적 관계망 형성으로 확대되고 있으며, 충족을 요하는 욕구의 수준도 사회경제적 환경에 따라 가변적인 것이다.

욕구가 충족되지 않은 곳에 복지수요가 발생하는데 욕구의 범위가 확대되고, 욕구수준이 높아짐에 따라 복지수요는 계속 증가하고 있다. 일단 발생된 복지수요는 어떤 형태로든 충족되어야만 하며, 원활한 욕구충족 과정이 제도화되어 있지 않을 경우 사회적 갈등과 긴장이 고조되어 부가적인 사회적 비용을 지불하게 된다.

2) 복지비 지출 구조와 정책개입

복지지출이 이뤄지는 과정을 보면 미충족된 욕구가 존재할 경우 사회적 문제로 이를 인지하게 되고 사회문제를 해결하기 위한 신규 복지제도가 도입되면서 신규 복지사업비가 발생한다. 도입된 제도에 대해 대상이 확대되거나 급여수준이 증대하게 되면 복지지출이 증가하게 된다. 이 과정에서 정책적으로 개입하여 복지지출을 가감할 수 있는 지점은 복지수요 발생 시점, 새로운 복지제도 도입 시점, 기존 제도의 대상자와 급여수준을 변동하는 시점이다.

정책적 개입에 의해 원천적으로 복지수요가 발생하지 않게 하거나 발생된 복지수요

3) 이 부분은 박능후, 「지속가능한 복지재정 구축방안」, 2010~2014년 국가재정운용계획 — 보건·복지분야 — 공개토론회 자료(국가재정운용계획 보건·복지분야 작업반. 2010) 자료를 발췌하여 정리한 것임.

〈그림 1〉 복지비 지출 구조와 정책개입 지점

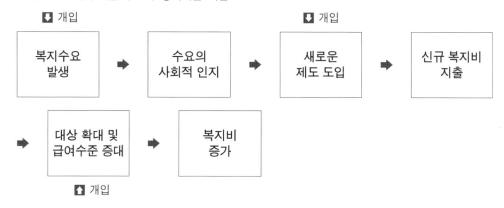

를 줄이면 복지지출을 절약할 수 있게 된다. 새로운 복지제도 도입과 관련해서 제도 도입의 시기와 대상자 요건, 급여수준의 기준 등에 의해 복지지출이 영향을 받게 된다. 시행 중인 기존의 복지제도와 관련해서는 대상자의 확대, 급여수준의 인상 등에 의해 복지지출이 증가하게 된다.

장기에 걸쳐 복지비 지출을 줄이거나 증가폭을 억제하고자 할 경우 위에 열거된 정책개입의 3개 지점을 염두에 둘 필요가 있다. 단기적으로는 기존 제도의 대상 확대와 급여수준 증대를 최대한 억제하는 것이 복지비 지출 증대를 제한하는 방법이 된다. 그러나 장기적으로 보면 더욱 효과적이고 효율적인 방법은 복지수요 발생 자체를 최소화하여 새로운 제도 도입 자체를 예방하는 초기 개입이 원활하게 이루어지는 것이다.

3) 복지비 지출 증가를 유발하는 요인

사회복지비 지출은 다음과 같은 요인들에 의해 증가한다. 첫째, 소득수준의 증가이다. 국민소득 수준의 향상은 그 자체로서 복지비 지출 증가를 초래하는 요인이 되기도 한다. 소득증가로 인한 국민 생활수준 향상은 국가의 복지기능에 대한 국민들의 기대감을 증대시켜 급여수준의 향상을 촉발하기 때문이다. 제도적으로 국민소득 수준과 급여수준을 연계지어 놓은 경우 소득수준 향상은 복지지출 증대로 곧바로 이어진다. 예컨대 가입자의 평균소득에 연동하여 운영되는 국민연금보험급여의 정액부분(A부문)이 이에 해당된다.

둘째, 소득격차의 심화 역시 복지비 지출 증가 요인이 될 수 있다. 왜냐하면 소득분배의 불균형은 절대적 혹은 상대적 빈곤인구를 증가시켜 사회복지제도에 의한 소득보장 수요를 발생시켜 복지비 지출을 초래하기 때문이다.

셋째, 빈곤선 혹은 공공부조급여기준선의 상향 조정은 이에 기초하여 지급되는 공공부조 예산 증가를 가져오고 그 결과 복지비 지출이 증가하게 된다. 국민기초생활보장제도에서 대상자 선정기준과 급여기준선으로 사용되고 있는 최저생계비 수준이 높아지면 그만큼 대상자 수가 늘어나고, 급여액도 증대하게 되어 복지지출이 증가하게 되는 것이 이러한 예에 속한다.

넷째, 기술진보도 복지지출 증가의 요인이 된다. 의료기술발전이 고가의 새로운 치료법을 가능하게 하고 이는 의료비용의 증대를 가져오는 경우와 생활 속의 급격한 기술진보가 재교육, 평생교육 수요를 증가시켜 복지지출의 증가를 가져오는 경우가 이러한 예가 된다.

다섯째, 인구의 노령화와 가족의 돌봄 기능 약화가 복지지출비 증대 요인이 된다. 평균수명이 길어짐으로써 발생하는 인구의 노령화는 연금수급기간을 연장시켜 노령소득보장비를 증가시키며, 다른 한편 노인인구의 보건의료수요 증대를 가져와 복지지출을 증대시킨다. 또한 노인인구 증가는 돌봄을 요하는 노인인구가 증대되어 돌봄서비스 수요를 증대시키고 이로 인한 비용증대를 초래하게 된다.

여섯째, 실업인구의 증가는 복지지출의 증대 요인이 된다. 실업인구가 늘어나면 이들에 대한 소득보장과 재취업을 위한 사회정책의 확대로 비용이 증가하게 되는 것이다. 1980년대 복지국가 위기 이후 실업인구의 증가는 각국의 사회복지비 지출을 증가시킨 주요한 요인이 되어왔다.

4) 사회복지재정 지속성 확보 방안

(1) 사회복지재정 관리체계 정비 및 재정 확충

사회복지지출은 대상의 지속성과 급여수준의 영속성으로 인해 장기간에 걸쳐 재정이 투입되는 특성을 가지고 있어 장기 예측과 대비가 필요한 부문이다. 이는 5년 단위의 국가재정운용계획과 별도로 복지지출은 30~50년간 장기 전망을 정기적으로 시행할 필요가 있음을 의미한다. 사회복지재정은 장기 전망을 토대로 복지제도 도입 및 확대 여부, 정부의 지원방향 및 재원조달방안을 연계하여 공론화할 필요가 있다.

향후 가장 빠른 지출 증가가 예상되는 건강보험 부문은 정부가 부담하는 재정부담분뿐만 아니라 국민이 부담하는 보험료 부분까지 복지지출에 포함하여 관리하는 방식을 강구해야 할 것이다. 구체적 방안으로서 건강보험 재정을 정부기금화하는 방안도 검토할 수 있을 것이다.

복지재정은 조세에 의한 일반재정, 사회보험료로 조달되는 사회보장부담금, 법률에 의해 기업이 부담하는 복지급여(예: 퇴직급여비) 등으로 구성되는데 향후 복지지출 증가가 불가피하다면 국민적 합의에 기초하여 복지재정 규모 자체를 확충하는 방안이 적극 추진되어야 한다. 복지재정 확충의 전제가 되는 국민적 합의가 도출되려면 복지지출 증대에는 반드시 부담의 증가가 선행되어야 가능하다는 인식의 확산이 필요하다. 즉, 지출증대에 소요되는 비용부담의 증액분을 사전에 명확히 밝히고 국민부담률과 복지지출 수준을 연계지어 증대해 나감으로써 복지재정의 지속성을 확보할 수 있도록 하여야 한다. 이를 위해 일차적으로는 수요가 증가하는 영역별로 사회보험요율을 인상하여 재정의 건전성을 확보해야 하며, 공공부조와 사회서비스의 재원이 되는 조세부담률도 인상을 적극적으로 고려해보아야 한다.

(2) 복지지출 효율화 제고

현제도의 틀을 유지한다는 전제하에 추계된 장기전망자료에 의하면 2050년 우리의 복지지출은 노령(10.17%)과 건강분야(6.52%)에 지나치게 편중되고, 가족(0.37%), 적극적 노동시장(0.36%) 등은 소홀히 될 전망이다. 이는 노령인구가 많아지고 이들의 정치참여율이 높아지면서 노령층을 위한 복지지출이 과도하게 늘어날 위험이 있는 반면, 미래의 근로계층인 아동은 정치적 대변세력이 분명하지 않아 이들에 대한 복지지출은 과소 반영될 위험이 있음을 의미한다. 이런 점을 감안하여 아동보육 부문에 대해서는 선제적 투자의 관점에서 정책적으로 복지지출의 우선순위를 높일 필요가 있다.

적극적 노동시장 부문도 비중 조정이 필요한 영역이다. 노동시장의 유연안정성이 강화되고 있는 추세에 비추어볼 때, 향후 적극적 노동시장에서의 정부 역할 강화가 요구되며 이를 뒷받침할 수 있는 복지지출의 증대가 필요할 것이다.

국민연금, 공무원·군인·사학연금 등 특수직역연금 등의 공적연금제도는 저부담·고급여 구조로 인해 장기적인 재정불안 요소를 안고 있어 개혁이 필요하다. 국민연금의 경우 수차례의 개혁으로 상당 기간 재정안정이 예상되고 있으므로 당분간 재정개혁 논의는 불필요하지만, 정기적인 재정재계산을 통해 지속적으로 재정상태를 모니터링하고 장기전략을 수립할 필요는 여전히 남아 있다. 국고지원이 매년 이뤄지고 있는 특수직역연금, 특히 공무원연금제도는 보험원리에 충실하도록 저부담-고급여 구조를 조속히 개혁할 필요가 있다.

또한 복지재정 장기 전망에서 가장 빠른 지출증대가 예상되는 의료 부문은 강도 높은 지출효율화가 강구되어야 한다. 지출효율화를 위해서는 무엇보다 현행의 행위별수가제를 포괄수가제 혹은 총액계약제로 전환하는 의료비 지불체계의 개편이 필요하다. 이러한 의료비 지불체계 개편이 현실적으로 실현되려면 새로운 의료비 지불체계를 받아들일 공공의료체계가 일정 수준 이상 확보되어야 하므로 이는 곧 공공의료체계 강화와 연결되어야 한다.

공공의료체계 강화를 위해 공적자금을 새로 투자해 의료시설을 신설하는 방안과 기존의 민간의료시설을 일정 요건하에서 공공의료시설로 편입하는 방안을 동시에 추진할 수 있을 것이다. 또한 먼저 출시된 복제약을 항구적으로 우대하는 가격구조를 개선하여 복제약 가격 거품을 제거하고, 시장형 실거래가제 도입을 통해 가격경쟁을 유도하고 리베이트 관행을 근절할 필요가 있다.

지출효율화의 속도보다 의료비 지출 증가 속도가 더 빠른 현실에서 건강보험재정 확충은 긴요한 문제이다. 건강보험재정의 일부가 국고지원에 의해 충당되고 있지만, 부족한 건강보험 재정을 메우기 위해 일반조세에 재원을 둔 국고지원에 의지하기보다 수익자 책무성의 관점에서 보면 가입자의 보험요율 인상을 통해 건강보험재정의 건전성을 유지하는 것이 더 바람직하다.

 참고문헌

고경환. 2012. 「사회복지지출(SOCX) 20년: 성과와 과제」. 『사회보장재정추계 및 통계발전을 위한 정책토론회 자료집』. 한국보건사회연구원.

기획재정부, 2011. 『2011~2015년 국가재정운용계획』.

_____. 2013. 『2013 나라살림 예산개요』.

노인철·김수봉. 1996. 『사회보장재정의 국제비교와 전망』. 한국보건사회연구원.

박능후. 2010. 「지속가능한 복지재정 구축방안」. 2010~2014년 국가재정운용계획 – 보건·복지분
　　야: 공개토론회 자료. 국가재정운용계획 보건·복지분야 작업반.

박형수. 2011. 「복지재정에 관한 몇 가지 논점」. 조세연구원.

박형수·전병목. 2009. 「사회복지재정분석을 위한 중장기 재정추계모형 개발에 관한 연구」. 한국
　　조세연구원.

정부·민간합동작업단. 2006. 「함께하는 희망한국 VISION 2030」.

OECD. 2010a. *Social Expenditure Database*.

_____. 2010b. National Account of OECD Countries.

_____. 2009. Revenue Statistics.

Ⅱ

공공부조제도

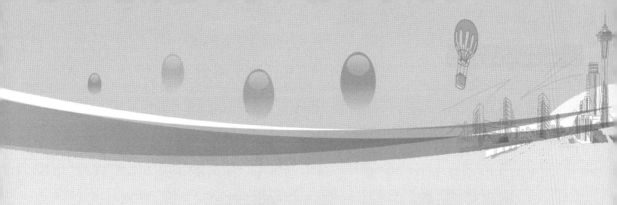

한국의 국민기초생활보장제도

❚ 이성기*

1. 서론

한국의 사회보장제도는 기여 여부와 수급자격조건, 그리고 서비스 제공방식에 따라 사회보험, 공공부조, 사회복지서비스로 구분되고 있다. 또한 사회보장에 관한 기본법인 「사회보장기본법」 제3조에서는 사회보장을 사회보험, 공공부조, 사회복지서비스 및 관련 복지제도로 구분하고 있다.

사회보장제도 중 공공부조는 '생활상의 곤란으로 경제적인 지원이 필요한 사람들에게 최저한의 생활을 보장하기 위한 사회보장제도'이다. 사회보험이 노령, 질병, 실업, 산재 등 사회적 위험에 대비한 잠재적인 사회보장제도인 반면, 공공부조는 현재의 빈곤 등에 대응하기 위한 직접적인 최저생활보장제도이다. 또한 사회보험은 위험의 분산과 공동부담이라는 보험원리에 입각해 수급자의 기여(보험료 납부)에 의존하는 반면, 공공부조는 수급자의 기여와 관계없이 국가의 일반조세에 의해 제공된다. 따라서 공공부조의 수급은 자산조사(means test)를 전제로 하며, 수급자의 신청을 원칙으로 한다. 한편 사회복지서비스는 물질적 보장을 주된 내용으로 하는 사회보험 및 공공부조에 비해, 물질적 보장에 더해 비물질적 보장을 내용으로 하는 개별 차원의 사회적 서비스를 의

* 인제대학교 사회복지학과 교수.

미한다(이인재 외, 1999).

한국의 공공부조는 국민기초생활보장제도를 근간으로 재해구호사업을 비롯한 일시 긴급구호사업 등으로 이루어지고 있다. 국민기초생활보장제도는 헌법에 보장된 인간다운 생활을 할 권리, 생존권, 사회권 또는 복지권 보장에 근거한 제도로서 공공부조수급권을 구체적으로 보장하기 위한 제도이다. 즉, 국민기초생활보장제도는 생활이 어려운 사람들에게 필요한 급여를 행하여 이들의 최저생계를 보장하고 인간다운 생활을 구현하기 위한 법적 제도로서 공공부조제도 가운데 핵심적인 지위에 있다.

국민기초생활보장제도는 1999년 9월 7일 제정된 「국민기초생활보장법」에 기초하여, 2000년 10월 1일부터 시행되고 있다. 이 제도의 전신은 생활보호제도로서, 생활보호제도는 1961년 제정된 「생활보호법」에 의해 지난 40년간 시행되었다. 생활보호제도는 노인, 장애인 등 생활무능력자에 대한 단순 생계지원 중심으로 시행되었으며, 급여대상, 급여내용, 급여지급 기준 등에서 여러 가지 문제점이 지적되어왔다. 특히 1997년 외환위기 이후 경제위기와 구조조정에 따른 대량실업으로 근로능력이 있는 빈곤인구가 급증하게 되었으나, 당시의 생활보호제도는 최후적인 사회안전망(safety net)으로서 역할을 다하지 못하는 한계를 드러냈다. 이러한 상황에서 근로능력과 관계없이 최저생계비 이하 저소득층의 기초생활을 보장하는 제도의 개선을 골자로 「국민기초생활보장법」이 제정되었고 국민기초생활보장제도가 시행되었다.

국민기초생활보장제도는 지난 40여 년간 시혜적 보호차원에서 시행되었던 생활보호제도의 국가책임을 강화한 종합적 빈곤대책으로서, 최저생계비 이하의 저소득층에 대한 기초생활을 국가가 보장하되 자활서비스를 함께 제공하여 생산적 복지를 구현하고자 했다.

2. 현황

1) 대상자

(1) 보장단위

국민기초생활보장제도는 가구(세대) 단위로 보장하는 것을 원칙으로 하되, 특히 필요하다고 인정하는 경우에는 개인을 단위로 하여 급여를 제공한다(법 제4조 제3항). 가구

단위로 보장하는 경우에는 보장가구에 속하는 모든 가구원이 대상이 되며, 개인 단위로 보장하는 경우에는 특정 가구원이 대상이 된다.

(2) 선정기준

국민기초생활보장제도의 수급자는 부양의무자가 없거나 부양의무자가 있어도 부양을 받을 수 없는 자로서, 소득인정액이 최저생계비 이하인 자이다(법 제5조). 즉, 수급자가 되기 위해서는 소득인정액 기준과 부양의무자 기준을 동시에 충족시켜야 한다.

가. 소득인정액 기준: 가구별로 산정된 소득인정액을 가구 규모별 최저생계비와 비교하여 수급자를 선정하고 급여액을 결정한다.

〈표 1〉 2012년 가구별 최저생계비

(단위: 원/월)

가구 규모	1인	2인	3인	4인	5인	6인	7인
2012	553,354	942,197	1,218,873	1,495,550	1,772,227	2,048,904	2,325,580
2011	532,583	906,830	1,173,121	1,439,413	1,705,704	1,971,995	2,238,287

주: 8인 이상 가구의 경우, 1인 증가 시마다 276,677원씩 증가(8인 가구 2,602,257원).

소득인정액은 소득평가액과 재산의 소득환산액의 합으로 계산한다. 소득평가액은 가구의 실제소득에서 가구특성별 지출비용과 근로소득공제 등을 차감하고 남은 금액을 의미하며, 재산의 소득환산액은 재산에서 기본재산액과 부채를 차감하고 남은 금액에 소득환산율을 곱해 산정한다. 소득평가액과 재산의 소득환산액이 마이너스인 경우에는 0원으로 처리한다.

- 소득인정액 = 소득평가액 + 재산의 소득환산액
- 소득평가액 = 실제소득 - 가구특성별 지출비용 - 근로소득공제
- 재산의 소득환산액 = (재산 - 기초공제액 - 부채) × 소득환산율

나. 부양의무자 기준: 부양의무자 기준은 ① 부양의무자가 없는 경우, ② 부양의무자가 있어도 부양능력이 없는 경우, ③ 부양의무자가 부양능력이 미약한 경우(수급권자 및 부양의무자가구 각각의 최저생계비 합의 130% 미만), ④ 부양능력이 있는 부양의무자가 있

어도 부양을 받을 수 없는 경우에 해당되어야 한다(보건복지부, 2012a). 부양의무자의 범위는 ① 수급권자의 1촌의 직계혈족(부모, 아들·딸 등), ② 수급권자의 직계혈족의 배우자(며느리, 사위 등)이다.

(3) 수급자 수

국민기초생활보장 수급자의 수는 계속 줄어들고 있다. 2012년 9월 18일 보건복지부 자료에 따르면, 지난 2001년 142만 명이었던 수급자 수는 2009년 157만 명으로 정점을 찍은 뒤 2010년 155만 명으로 준 데 이어, 2011년 147만 명, 2012년 9월 141만 명으로 줄었다. 이는 2003년 이후 8년 9개월 만에 최저치를 기록한 것이다(보건복지부, 2012b).

〈표 2〉 국민기초생활보장 수급자 수 변화

(단위: 만 명)

연도	2001	2002	2003	2004	2005	2006	2007	2008	2009	2010	2011	2012 (9월)
수급자 수	142	135	137	142	151	153	155	153	157	155	149	141

자료: 보건복지부.

2) 급여

(1) 급여의 기본원칙

가. **최저생활보장의 원칙**: 급여는 생활이 어려운 자에게 생계·주거·의료·교육·자활 등 필요한 급여를 행하여 수급권자의 최저생활을 보장한다.

나. **보충급여의 원칙**: 급여의 수준은 생계·주거·의료·교육·급여액과 수급자의 소득인 정액을 포함한 총금액이 최저생계비 이상이 되도록 지원한다.

다. **자립지원의 원칙**: 근로능력이 있는 수급자는 자활사업에 참여할 것을 조건으로 급여를 지급한다. 수급자 가구별로 자활지원계획을 수립하고 자활사업에 참여하도록 조건을 부여하며, 조건 불이행자에게는 수급자 본인의 생계급여의 일부 또는 전부를 지급하지 아니한다.

라. **개별성의 원칙**: 급여수준을 정함에 있어서 수급권자의 개별적 특수 상황을 최대한 반영한다. 이를 위해 수급권자 및 부양의무자의 소득·재산, 수급권자의 근로능력·취업상태·자활욕구 등 자활지원계획수립에 필요한 사항, 기타 수급권자의

건강상태·가구특성 등 생활실태에 관한 사항 등을 조사한다.

마. **가족부양 우선의 원칙**: 급여신청자가 부양의무자에 의해 부양될 수 있는 경우에는 기초생활보장 급여에 우선하여 부양의무자에 대한 보호가 먼저 행해져야 한다. 수급자에게 부양능력을 가진 부양의무자가 있음이 확인된 경우에는 부양의무자로부터 보장비용을 징수할 수 있다.

바. **타급여 우선의 원칙**: 급여신청자가 다른 법령에 의해 보호를 받을 수 있는 경우에는 기초생활보장 급여에 우선하여 다른 법령에 의한 보호가 먼저 행해져야 한다.

사. **보편성의 원칙**: 「국민기초생활보장법」에 규정된 요건을 충족시키는 국민에 대해서는 성별·직업·연령·교육수준·소득원 기타의 이유로 수급권을 박탈하지 아니한다.

(2) 급여의 종류

국민기초생활보장제도는 생계급여, 주거급여, 교육급여, 해산급여, 장제급여, 자활급여, 의료급여 등 7종의 급여를 제공하고 있다.

가. 생계급여

① **일반생계급여**: 일반생계급여는 국민기초생활보장 수급자 모두에게 지급된다. 그러나 ① 의료·교육·자활급여 특례자, ② 이행급여 특례자(희망키움통장 가입자), ③ 에이즈쉼터 거주자, ④ 노숙자쉼터 및 한국갱생보호공단시설 거주자 등 국가 또는 지방자치단체로부터 생계를 제공받는 자는 제외된다.

급여의 내용은 수급자에게 의복·음식물 및 연료비, 기타 일상생활에 기본적으로 필요한 금품을 지급하며, 가구별 생계급여액은 현금급여 기준(최저생계비에서 타 지원액을 공제한 금액)에서 가구의 소득인정액을 차감하여 산정한 금액 중 주거급여액을 제외한 금액이다(보건복지부, 2012a).

☞ 생계·주거급여액 산출예시

> ○ 소득인정액이 150,000원인 1인 가구 =
> 453,049 — 150,000 = 303,049(생계급여: 244,415, 주거급여: 58,634)

② **긴급 생계급여**: 급여실시 여부 결정전에 긴급히 생계급여를 해야 할 필요가 있는

〈표 3〉 2012년도 최저생계비 및 현금급여 기준

구 분	1인 가구	2인 가구	3인 가구	4인 가구	5인 가구	6인 가구	7인 가구
최저생계비 (A)	553,354	942,197	1,218,873	1,495,550	1,772,227	2,048,904	2,325,580
타 지원액 (B)	100,305	170,789	220,941	2,571,093	321,245	371,398	421,549
현금급여 기준 (C=A-B)	453,049	771,408	997,932	1,224,457	1,450,982	1,677,506	1,904,031
주거급여액 (D)	87,656	149,252	193,079	236,908	280,736	324,563	368,392
생계급여액 (E=C-D)	365,393	622,156	804,853	987,549	1,170,246	1,352,943	1,535,639

주: 8인 이상 가구의 최저생계비: 1인 증가 시마다 276,677원씩 증가(8인 가구 2,602,257원).
    8인 이상 가구의 현금급여 기준: 1인 증가 시마다 226,525원씩 증가(8인 가구 2,130,556원).

경우, 시장·군수·구청장은 직권으로 긴급생계급여를 실시한다.

긴급급여 대상자는 ① 주 소득원의 사망, 질병, 부상, 사고, 사업부도·파산 등으로 갑자기 생계유지가 어려운 경우, ② 부 또는 모의 가출, 행방불명 등으로 갑자기 생계유지가 어려운 경우, ③ 천재지변이나 화재 등으로 재산·소득 상의 손실이 발생하여 갑자기 생계유지가 어려운 경우, ④ 기타 시장, 군수, 구청장이 긴급생계급여가 필요하다고 인정하는 경우에 해당되는 자이다. 급여액은 최저생계비 중 식료품비(37.7%)에 해당하는 금액을 지급하며, 2012년도 지급액은 <표 4>와 같다(보건복지부, 2012a).

〈표 4〉 2012년도 긴급생계급여 지급액

가구 규모	1인 가구	2인 가구	3인 가구	4인 가구	5인 가구	6인 가구	7인 가구
지급액(원)	208,802	355,528	459,929	563,330	668,731	773,132	877,533

주: 8인 이상 가구는 가구원 1인 추가 시 104,401원 추가지급.

나. 주거급여: 수급자에게 주거안정에 필요한 임차료, 유지수선비 등을 포함하여 주거급여를 실시하고 있으며, 최저생계비 중 최저주거비를 분리하여 주거급여를 지급한다. 다만 주거급여가 불필요하거나 타 법령 등에 의해 주거를 제공받고 있는 경우에는 주거급여를 제공하지 않는다.

주거급여액은 현금급여 기준액에서 가구의 소득인정액을 공제한 금액에서 가구별 생계급여액을 제외한 금액이며, 주거현금급여와 주거현물급여로 나뉜다(보건복지부, 2012a).

〈표 5〉 2012년도 주거급여 한도액

(단위: 원/월)

가구 규모	1인	2인	3인	4인	5인	6인	7인
최저생계비	553,354	942,197	1,218,873	1,495,550	1,772,227	2,048,904	2,325,580
주거급여 한도액	87,656	149,252	193,079	236,908	280,736	324,563	368,392

주: 주거급여 한도액은 가구별 최저주거비(최저생계비의 15.84%).

〈표 6〉 2012년도 주거현물급여 기준액

(단위: 원/월)

가구원 수	1인	2인	3인	4인	5인
현물급여	26,000원	45,000원	58,000원	71,000원	84,000원

주: 5인 이상 가구는 1인 증가 시 13,000원 추가.

주거현금급여는 해당 수급자의 주거급여 중 가구별 현물급여액에 해당하는 금액을 차감한 나머지 금액을 지급한다. 또한 저렴한 비용으로 자가가구 등의 주거환경을 개선하고, 수급자가 참여하는 '집수리도우미사업'을 활성화하기 위해 주거현물급여를 제공하며, '자가가구'에 해당되지 않더라도 수선 및 점검서비스가 필요한 가구에 대해서도 주거현물급여를 제공한다.

다. **교육급여:** 교육급여는 수급자 중 중·고등학교에 입학 또는 재학하는 자 및 동등 학력이 인정되는 각종 학교, 「평생교육법」에 의한 평생교육시설의 학습에 참가하는 자에게 입학금·수업료·교과서대(부교재비)·학용품비 등을 지원하는 것이다. 교육급여는 금전 또는 물품을 수급자 또는 수급자의 친권자나 후견인에게 지급한다. 다만 보장기관이 필요하다고 인정하는 경우에는 수급자가 재학하는 학교의 장에게 수급품을 지급한다.

라. **해산급여:** 해산급여는 수급자에게 조산 및 분만 전과 분만 후의 필요한 조치와 보호를 위해 수급자가 출산을 한 경우에 지급한다. 해산급여는 출산 여성에게 1인당 50만 원을 현금으로 지급하며, 추가 출생 영아 1인당 50만 원을 추가 지급한다.

마. **장제급여:** 장제급여는 수급자 또는 차상위 의료급여 수급자가 사망한 경우 사체의 검안·운반·화장 또는 매장·기타 장제조치를 하는 데 필요한 금품을 지급하는 것이

다. 장제급여는 실제로 장제를 행하는 자에게 장제에 필요한 비용을 지급한다. 장제급여는 사망자 1인당 50만 원의 현금을 지급하고, 금전지급이 적당하지 않다고 인정되는 경우에는 물품으로 지급한다.

바. **자활급여**: 자활급여는 근로능력이 있는 수급자에게 자활에 필요한 사업에 참여할 것을 조건으로 생계급여를 지급하고, 자활지원서비스와 각종 자활사업 참여기회를 제공하는 것이다. 자활급여는 수급자의 자활을 조성하기 위해 다음과 같은 급여를 지급하고 있다(보건복지부, 2012c).

- 자활에 필요한 금품의 지급 또는 대여
- 자활에 필요한 기능습득의 지원
- 취업알선 등 정보의 제공
- 공공근로 등 자활을 위한 근로 기회의 제공
- 기타 대통령령이 정하는 자활조성을 위한 각종 지원

사. **의료급여**: 의료급여제도는 생활유지 능력이 없거나 생활이 어려운 저소득 국민의 의료문제를 국가가 보장하는 공공부조제도로, 「의료급여법」에 따라 제공된다.

의료급여의 대상자는 ① 국민기초생활보장 수급권자, ② 「의료급여법」에 의한 수급권자인 행려환자, ③ 「재해구호법」 등 타법에 의한 수급권자로 규정하고 있다(보건복지부, 2012). 의료급여 수급권자는 1종 수급권자와 2종 수급권자로 구분되며, 1종 수급권자는 ① 국민기초생활보장 수급권자 중 근로무능력가구, 107개 희귀난치성질환자가 속한 가구, 시설수급자, ② 행려환자, ③ 타법 적용자 등이며, 2종 수급권자는 국민기초생활보장대상자 중 1종 수급대상이 아닌 가구이다.

〈표 7〉 의료급여 본인부담금액

구분		1차(의원)	2차(병원, 종합병원)	3차(지정병원)	약국	PET 등
1종	입원	없음	없음	없음	-	없음
	외래	1,000원	1,500원	2,000원	500원	5%
2종	입원	10%	10%	10%	-	10%
	외래	1,000원	15%	15%	500원	15%

주: 상기 본인부담금은 급여청구분에 대한 것이며, 비급여 청구분은 전액 본인이 부담해야 함.

의료급여의 내용은 진찰·검사, 약재·치료재료 지급, 처치·수술, 예방·재활, 간호, 이송 등이며(「의료급여법」 제7조), 본인부담금은 수급권자의 종별에 따라 다르며, 구체적인 내용은 <표 7>과 같다(보건복지부, 2012).

3. 문제점과 개선방안

국민기초생활보장제도는 2012년 10월 1일로 시행 12년이 되었다. 지난 10여 년 동안 국민기초생활보장제도는 한국의 빈곤대책의 근간으로 자리 잡았으나, 국민기초생활보장제도가 제도 시행의 목적대로 전 국민의 최저생활을 보장하고 자활을 할 수 있도록 작동하고 있는지에 대해서는 아직도 많은 논란이 있으며, 이러한 논란은 주로 대상의 포괄성과 급여의 충분성에 초점이 맞춰져 있다.

1) 대상자의 포괄성

지난 10여 년간 국민기초생활보장제도의 보호를 받고 있는 수급자의 규모는 연도에 따라 약간의 차이는 있지만 2001년도 142만 명, 2009년 157만 명을 정점으로 2012년 9월 141만 명으로 줄고 있다. 2010년부터 수급자 수가 감소한 이유는 이명박 정부가 사회복지통합관리망을 도입해 대법원 가족관계기록부, 국세청 일용소득자료, 국민연금공단 연금소득자료 등 수백 종의 공적 정보를 연계했기 때문이다. 복지부는 이 시스템을 이용하여 부양의무자를 찾아내고 그들이 번 일용소득까지 낱낱이 찾아서 부양의무자 규정을 적용했다. 따라서 전체 인구의 3% 수준인 현재의 수급자 수가 전 국민의 최저생활을 보장하기에 적절한가 하는 문제와 함께 최근 급격히 감소한 이유에 대한 고찰도 필요하다.

이처럼 소득과 재산은 최저생계비 이하지만 국민기초생활보장제도의 보호를 받지 못하는 '기초생활보장의 사각지대'는 국민기초생활보장제도가 시행된 이후 계속해서 중요한 쟁점으로 남아 있으며, 쟁점의 핵심에는 '부양의무자 조건'이 자리 잡고 있다. 「국민기초생활보장법」 제5조 제1항에서는 수급요건을 '소득인정액이 최저생계비 이하이며, 또한 부양의무자가 없거나 있어도 부양능력이 없거나 또는 부양을 받을 수 없는 자'로 규정하고 있다. 따라서 이러한 부양의무자 규정에 의해 최저생계비 이하의 빈곤층이 기초생활보장을 받지 못하는 '비수급 빈곤층'으로 남아 있을 개연성은 항상 존재하는 것이다. 박능후(2010)의 연구들에 의하면, 소득과 재산을 모두 고려한 소득인정액을 기준으로 할 때, 빈곤인구의 규모는 대략 6%라고 한다. 따라서 이러한 기준으로 볼 때, 현재 3%대의 수급자 규모는 한국 전체 절대빈곤 인구의 약 절반 정도만 보호하고 있는 것으로 평가할 수 있다.

2000년 이후 두 차례에 걸쳐 부양의무자의 범위를 축소하기는 했으나, 여전히 부양의무자 규정으로 인해 '기초생활보장의 사각지대'가 존재하고 있는 것은 한국의 문화적 특성이다. 법적으로는 부양을 기피하거나 거부하는 경우 국가가 우선 보장을 실시하고 차후에 비용을 부양의무자에게 징수하도록 하고 있으나(법 제5조, 제46조), 자식에게 부담을 줄까 봐 신청 자체를 하지 않는 경우가 많으며, 차후 징수를 한다고 해도 여러 가지 문제로 인해 현실적인 어려움이 많기 때문이다.

또한 사회복지통합관리망의 도입은 대상자의 정확한 소득파악을 위해 불가피한 면이 있으나, 이를 기계적으로 적용해 수급 탈락이나 삭감을 통보하고, 부양의무자와 관계 단절을 본인이 입증하게 하는 방식은 인권침해적 요소가 크다고 할 수 있다. 빈곤사회연대 김윤영 사무국장은 "사통망이 도입되면서 부양의무자가 발견되면 무작정 수급 탈락을 통보하고, 수급을 유지하려면 드러내고 싶지 않은 개인사를 자료로 남겨야 하는 등 부작용이 속출해, 확인조사 때마다 빈곤층의 자살이 이어지고 있다"고 지적한다. 시민단체들은 부양의무자 조건 때문에 수급을 받지 못하는 빈곤층이 103만 명에 이를 것으로 추정하며, 이 가운데 70%가 전혀 도움을 받지 못하는 것으로 추정하고 있다(≪부산사회복지신문≫, 2012.10.2).

따라서 직계혈족 간 부양의무를 규정하고 있는 민법이 존재하는 한 국민기초생활보장제도에서 부양의무자 규정을 완전히 삭제하기는 어렵다는 주장도 있으나, 부양의무를 법으로 강제하기는 현실적으로 어려울 뿐만 아니라 부양의식이 점차 희박해지는 현실을 감안하여 부양의무자 규정을 폐지하는 것이 마땅할 것이다.

2) 급여의 충분성

국민기초생활보장 급여의 충분성은 급여 수준이 '건강하고 문화적인 최저생활'을 유지할 수 있는가에 달려 있으며, '건강하고 문화적인 최저생활'의 수준은 최저생계비로 구체화되어 있다.

현행 최저생계비 수준이 적정한가 하는 문제는 여러 가지 논란이 있을 수 있다. 2012년 최저생계비 수준은 평균 가계 지출의 40%를 차지하고 있어, 일반적으로 상대적 빈곤선이라고 하는 50%에는 못 미치고 있다. 그러나 20년간 기여를 하고 받는 노령연금과 비교해서는 낮지 않은 수준을 유지하고 있어, 전체적으로 사회보장 급여 수준이 낮은 한국에서는 기초생활보장 급여의 인상을 주장하는 데에는 한계가 있다고 할 수 있다.

또한 급여의 충분성 측면에서 제기되고 있는 또 다른 쟁점은 최저생계비 만큼 실제 급여가 주어지고 있는가 하는 문제이다. 현행 제도에서 3인 이상 가구의 경우 소득인정액이 현금급여액의 절반을 넘어, 최저생계비의 절반 정도만 현금급여로 지급되고 있다. 소득인정액이 가구의 근로소득과 재산의 소득환산액, 사적이전소득 등으로 구성되지만, 수급자의 낮은 취업률을 감안할 때, 소득인정액에서 재산의 소득환산액과 사적이전소득이 차지하는 비율이 상당히 높을 것으로 추정된다. 따라서 급여의 충분성을 확보하기 위해 재산의 소득환산제를 재조정하는 방안이 강구되어야 할 것이다.

 참고문헌

박능후. 2010. 「국민기초생활보장제도 10년의 성과평가」. 한국보건사회연구원. ≪보건복지포럼≫, 167호..

≪부산사회복지신문≫. 2012.10.2

보건복지부. 2012a. 『2012 국민기초생활보장사업 안내』.

_____. 2012b. 『국민기초생활보장 수급자 현황, 2012』.

_____. 2010c. 『2012 자활사업 안내』.

_____. 2010d. 『2012 의료급여사업 안내』.

이인재 외. 1999. 『사회보장론』. 나남출판.

한국복지연구원. 2010. 『한국의 사회복지 2009~2010』. 유풍출판사.

「국민기초생활보장법」(1999.8.12 제정).

「국민기초생활보장시행령」(1999.8.12 제정).

「국민기초생활보장시행규칙」(1999.8.12 제정).

「의료급여법」(2004.2.9 부분개정).

III

사회보험제도

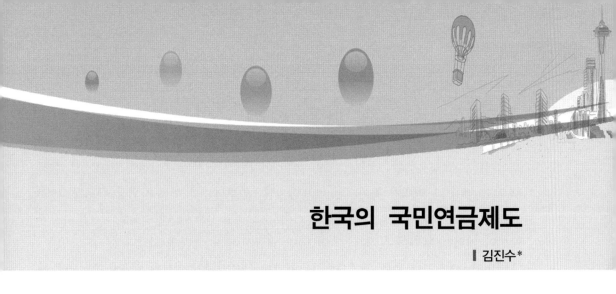

한국의 국민연금제도

▌김진수*

1. 머리말

　국민연금제도는 노령·폐질·사망 등 사회적 위험발생에 대비해 소득의 일부를 사전에 기여했다가 위험이 발생했을 때 연금급여를 지급함으로써 가입자와 그 가족의 경제적 생활안정과 복지증진에 기여함을 목적으로 하는 공적연금제도의 하나이다. 이러한 의미에서 국민연금제도는 크게 빈곤방지와 생활수준 유지라는 두 가지 기능을 담당하고 있다고 볼 수 있다. 즉, 국민연금제도는 노령이나 장애 그리고 사망이라는 사회적 위험발생으로 과거의 소득수준에 관계없이 최소한의 인간적 생활조차 위협받는 최저생활수준 미만으로 떨어지지 않도록 하는 빈곤방지 기능과 소득의 감소 및 상실에 대해 적절하게 보장해줌으로써 과거의 생활수준을 유지하도록 하는 생활수준 유지 기능을 담당하고 있는 것이다.

　한국 공적연금제도는 1960년 공무원연금제도가 실시된 이래, 1963년 군인연금이 공무원연금에서 분리되었고, 1975년 사립학교교직원연금 도입으로 특수직역을 대상으로 먼저 실시되었다. 일반 국민을 대상으로 하는 연금제도는 1973년 「국민복지연금법」의 제정으로 시행을 위한 기초는 마련되었으나, 당시 전 세계적인 석유파동 등으로 인한

---

* 연세대학교 사회복지대학원 교수.

국내·외적 경제상황의 악화로 시행이 보류되었다. 그 후 1986년에 「국민연금법」이 새롭게 제정되었고, 이를 근거로 1988년 1월 1일부터 제도가 시행되기에 이르렀다. 시행 초기에는 당연적용대상을 상시근로자 10인 이상인 사업장에 종사하는 근로자로 한정했으나, 점차 그 범위가 확대되어 1992년 1월 1일부터 5인 이상 사업장 근로자, 1995년 7월 1일부터 농·어업인 및 군 지역 거주자, 그리고 1999년 4월 1일부터는 도시지역 주민이 가입하게 되어 본격적인 '전 국민 연금시대'가 열리게 되었다.

국민연금제도가 도입된 지 25년 그리고 전 국민 연금이 실시된 지 14년이 지난 현재, 국민연금은 어느새 일부 노령계층의 주요 수입원으로 자리 잡아가고 있다. 2013년 5월 기준 60세 이상 국민연금 수급자는 약 290만 명으로, 이 중 65세 이상 국민연금 수급자는 약 190만 명으로 65세 이상 전체 노인의 30%에 이르고 있어 노령계층의 주요 소득원 역할을 하는 것으로 판단된다. 그러나 국민연금이 제도의 처음 목적대로 정상궤도를 유지하며 잘 발전할 수 있는가에 대해서는 좀 더 신중하게 판단할 필요가 있다. 현재 국민연금의 정상적 발전을 저해하는 부정적 신호들을 성공적으로 잘 극복했을 때에만 비로소 미래 노후보장의 중추적 역할을 기대할 수 있는 것이다.

특히 국민연금제도 도입 초기부터 제기되어온 재정불안정 문제와 사각지대 해소 문제는 국민연금에 대한 불신을 야기했다. 2007년 국민연금의 재정안정화를 위한 개혁은 같은 맥락에서 이해할 수 있다. 더구나 기초노령연금제도의 도입과 변화 그리고 재정조달에서 국민연금기금의 활용 등 복잡한 논의가 되고 있는 상황은 국민연금의 역할과 기능 그리고 장기적인 재정안정 등에 대한 전반적인 검토가 요구되고 있다.

이러한 현실 인식을 바탕으로 2장에서는 공적연금제도로서의 국민연금제도의 의의와 특징, 3장에서는 국민연금제도의 운영현황에 대해 살펴보고, 4장에서는 국민연금제도의 문제점 및 정책과제에 대해 고찰하고자 한다.

2. 국민연금제도의 의의와 특징

국민연금제도 실시의 의의와 특징을 논하기 위해서는 무엇보다도 사회적 위험에 대한 국가 개입의 필요성을 먼저 살펴볼 필요가 있다. 왜냐하면 노령, 장애, 사망 등의 사회적 위험으로 인한 소득의 상실 또는 감소에 의해 발생하는 생활불안정에 대응하는 수단에는 공적연금제도뿐만 아니라 공공부조제도와 기업에서 수행하는 기업연금(퇴직연금)이나 개인연금도 있기 때문이다. 따라서 공적연금제도로서 국민연금의 필요성, 국민연금제도의 특징, 공적연금제도와 다른 소득보장제도, 즉 공공부조제도 및 민영연금제도와의 관계를 살펴보고자 한다.

1) 국민연금제도의 필요성

오늘날 대부분의 선진국에서는 국가가 국민들의 최저생활 보장을 주로 책임지고 있다. 한국도 헌법 제34조 제2항에서 "국가는 사회보장·사회복지의 증진에 노력할 의무를 진다"고 규정해 최저생활 보장을 국가의 책임으로 규정하고 있다. 이와 같이 국가가 국민들의 최저생활수준 보장, 즉 생존권 보장을 책임져야 하는 당위성은 자본주의 경제체제의 발전과정에서 찾을 수 있을 것이다. 왜냐하면 국민생존권의 사회적 보장이라는 이념은 자본주의 발전의 특정 단계에서 등장한 역사적 개념이기 때문이다.

자본주의 확립기의 자유경쟁단계에서는 자유방임주의가 표방하는 사회적 책임에 의한 생존권 보장이라는 이념이 국가 차원의 정책과제로 등장할 수 있는 여지가 없었다. 빈곤은 개인의 책임이며 태만·부주의·무분별 등의 개인적 악덕의 결과로 여기는 지배계급의 이데올로기가 사회의 지도적 이념으로 수용되었기 때문이다. 그러나 자본주의 체제가 성숙됨에 따라 이러한 자유방임주의적 빈곤관은 그 타당성을 잃고 정책전환이 불가피해졌다. 19세기 말 부스(Booth)나 라운트리(Rowntree) 등이 실시한 일련의 사회조사에서 노동자 계급의 심각한 빈곤문제가 폭로되고, 이러한 빈곤의 원인이 고용불안정과 저임금과 같은 노동자들의 물적 조건의 약화 또는 상실에 기인하는 것이 확실해졌기 때문이다. 따라서 지배계층 사이에서 노동계급의 생활문제는 자유권을 토대로 하는 자본주의 질서의 유지·존속과 관련된 중대한 사회문제라는 인식이 생겨났는데,[1] 이러

1) 빈곤문제에 관한 지배계층의 인식을 변화시킨 요인은 대체로 다음과 같은 몇 가지로 분석할 수 있다. 첫째, 자본가들의 이익을 위해서는 건강하고 잘 훈련된 노동력의 지속적인 공급이 필요하다는 인식이다. 곧, 근로자들이 제대로 먹지 못해 영양상태가 나쁘거나 질병을 제대로 치료받지 못하거나 교육과 훈련을 제대로 받지 못하게 되면, 결국 현재 근로자들의 노동생산성이 낮아질 뿐만 아니라 이러한 가정에서 자라나는 아동들의 인적 자원의 질도 낮아져 미래의 생산성도 낮아지게 될 것이라는 인식이다. 둘째, 한 국가에 가난한 사람들이 많아지게 되면, 경제적 안정의 측면에서도 국가발전에 해가 된다는 인식이다. 곧, 빈곤한 사람들은 구매력이 없기 때문에 그 규모가 늘어날수록 산업활동이 위축되고 불경기가 장기간 지속될 가능성이 크다는 것이다. 셋째, 가난한 사람들이 많으면 개별적으로는 범죄행위가 늘어나고 집단적으로는 폭동행위가 많아지게

한 인식은 빈곤문제에 대한 국가 개입의 정당성을 확보하는 계기를 마련해주었다. 이 와 같이 생존권 보장이 국가의 책무로 등장하게 된 것은 자본주의 발달과정에서 일어 나는 여러 가지 문제들을 자본주의 사회질서의 틀 속에서 해결하려는 하나의 수정원 리로 볼 수 있을 것이다.

한편 이와 같은 국가 개입의 논거는 공적연금제도로서 국민연금제도의 필요성 내지 는 정당성을 뒷받침해준다. 사실 연금제도에서 국가 개입의 필요성 또는 정당성을 나 타내는 논거들은 매우 다양하나, 대체로 네 가지로 요약할 수 있다. 먼저 근로자들의 근시안적 사고 또는 미래 통찰력의 결여에서 그 정당성을 찾을 수 있는데, 퇴직에 대 비한 연금보험금 기여를 강제하지 않으면 근시안적인 사고를 가진 대부분의 근로자는 적절한 퇴직소득을 보장하는 수준의 저축을 하지 않을 것이고, 그렇게 되면 빈곤으로 추락할 것이라는 점이다(Thompson, 1998: 10). 둘째, 무임승차(free rider)의 방지 측면에서 그 정당성을 찾을 수 있다. 대부분의 국가는 그들의 구성원들에 대해 최저소득 수준을 설정하고 주로 공공부조제도를 통해 이를 충족시키고 있는데, 이러한 생존권적 기본권 의 보장은 많은 근로자들이 퇴직에 대비해 추가적인 저축을 하는 대신 여기에 의존해 서 최저생계를 보장받으려는 이른바 무임승차의 유인이 되고 있다. 이러한 상황으로 성실한 소득활동 및 저축을 하는 사람들은 조세를 통해 자신뿐만 아니라 불성실한 타 인의 퇴직 후 노후생활비용도 지불해야 하는 이중의 부담을 지게 된다. 따라서 국가는 퇴직 후 노후보장에 대한 비용부담 비용을 사회구성원 전체가 고루 부담할 수 있도록 개입할 필요가 있는 것이다. 셋째, 소득재분배를 통한 사회통합의 증진에서 그 정당성 을 찾을 수 있다. 자본주의 시장경제체제에서 이루어지는 소득의 분배방법은 생산요소 의 양과 생산성에 따라 결정되는데, 이러한 결정방식에 따른 소득불평등의 심화는 사 회정의 차원에서뿐만 아니라 자본주의 시장경제의 유지라는 차원에서도 시정될 필요 가 있다. 따라서 지나친 불평등을 완화하고 저소득자에 대한 최저생활수준의 보장을 위해서 고소득계층에서 저소득계층으로 소득을 이전하는 형태의 국가 개입이 필요한 것이다. 마지막으로 미래에 대한 불확실성의 해소에서 그 정당성을 찾을 수 있다. 즉, 퇴직 후 노령을 대비한 적정한 저축을 결정할 때 근로자들은 미래 소득활동의 지속 여 부, 소득수준, 경제성장률, 물가수준, 이자율, 기대수명 등과 같이 불확실한 변수들에

되어 자본주의 기본질서에 커다란 위협이 되고, 사회가 불안정해지게 됨으로써 국가발전에 해가 된다는 인식이다(강욱모, 2002).

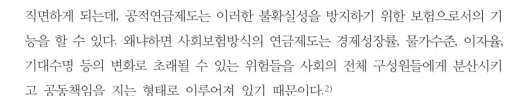

직면하게 되는데, 공적연금제도는 이러한 불확실성을 방지하기 위한 보험으로서의 기능을 할 수 있다. 왜냐하면 사회보험방식의 연금제도는 경제성장률, 물가수준, 이자율, 기대수명 등의 변화로 초래될 수 있는 위험들을 사회의 전체 구성원들에게 분산시키고 공동책임을 지는 형태로 이루어져 있기 때문이다.[2]

2) 국민연금제도의 특징

공적연금제도는 국가별로 다양한 체제[3]를 띠고 있을 뿐만 아니라 특정 유형의 연금제도 내에서도 다양한 형태[4]들이 존재한다. 따라서 이 절에서는 공적연금제도의 일반적 특징과 국민연금제도의 개별적 특징을 중심으로 살펴보고자 한다.

(1) 공적연금제도의 일반적 특징

가. 강제가입 원칙: 공적연금제도의 보편적 형태인 사회보험식 연금은 강제가입을 원칙으로 하고 있다.[5] 사회보험식 연금제도에서 강제가입 원칙을 채택하는 이유는 다양하다. 첫째, 임의가입에 따른 역선택(adverse selection)을 방지하기 위해서다. 둘째, 강제가입은 대규모의 가입자들을 포함해 위험분산 기능을 극대화할 수 있을 뿐만 아니라 규모의 경제를 통해 보험료의 저액화를 도모할 수 있기 때문이다. 셋째, 강제가입은 규모의 경제를 통해 관리운영비를 절감함으로써 더 많은 재원을 급여지출에 충당할 수 있기 때문이다. 또한 민간보험의 경우에는 신규 모집비, 광고비, 계약유지비 등 많은 부대비용이 따르지만 강제가입의 경우에는 그

---

2) 좀 더 자세한 내용은 김태성·김진수(2007) 참조.
3) 각국에서 시행되고 있는 공적연금제도는 재원의 원천, 연금수급요건 등에 따라 대략 사회부조식 공적연금제도, 사회수당식 공적연금제도, 그리고 사회보험식 공적연금제도로 구분해 살펴볼 수 있다. 이들 유형의 내용과 장단점에 관해서는 강욱모(2002) 참조.
4) 예를 들어 무기여연금과 기여연금, 정액연금과 소득비례연금, 확정급여식 연금과 확정기여식 연금, 적립방식과 부과방식 등 다양한 형태가 존재한다. 구체적인 내용에 관해서는 이인재 외 (1999) 참조.
5) 사회수당식 연금이나 사회부조식 연금의 경우 납세의무를 지닌 모든 국민들을 적용대상으로 하고 있다는 점에서 적어도 명목적으로는 강제가입에 기초하고 있다고 볼 수 있지만, 납세의무와 공적연금 수급권 간에 어떤 직접적인 연계가 존재하는 것이 아닐 뿐 아니라, 사회보험식 연금에서와 같이 가입 및 가입이력에 대한 관리를 하지 않기 때문에 사회보험식 연금에서 주로 강제가입 원칙이 적용되고 있다고 볼 수 있다.

러한 비용을 최소화할 수 있기 때문이다.

나. **급여에 대한 권리로서 수급권 인정**: 사회보험식 공적연금에서 급여는 권리로서 지급되기 때문에 수급요건으로 소득이나 자산 그리고 욕구에 대한 검증이 요구되지 않는다. 그렇다고 해서 사회보험식 공적연금에서 욕구가 전혀 고려되지 않는다는 의미는 아니다. 사회보험식 공적연금에서도 피부양자를 둔 수급자는 소득에 대한 욕구가 피부양자를 두지 않은 수급자에 비해 큰 것으로 간주되어 부모, 배우자, 자녀에 대한 부가급여 등과 같이 피부양자의 욕구를 고려한 급여가 지급되는 것이 일반적이기 때문이다.

다. **개별적 공평성과 사회적 적절성의 조화**: 공적연금의 재원이 잠재적 수급자의 기여금으로부터 나올 때 언제나 생길 수 있는 문제는 개별적 공평성[6]과 사회적 적절성[7]을 어떻게 반영할 것인가 하는 것인데, 공적연금체계는 통상 완전한 개별적 공평성과 완전한 사회적 적절성이란 양극단 사이에 존재하는 지점에서 급여를 결정하는 것이 보통이다. 일반적으로 공적연금제도는 비록 급여구조에서 개별적 공평성이란 가치를 반영하고 있음에도 불구하고 사회적 적절성을 더욱 강조하는 경향이 있는데,[8] 이는 모든 집단에게 최저수준의 소득을 보장하기 위해서다.

(2) 국민연금제도의 개별적 특징

가. **소득계층 간·직역 간 사회통합 강화**: 국민연금제도는 과거소득에 관계없이 누구에게나 동일한 급여를 보장하는 균등부분과 과거소득에 비례한 급여를 지급하는 소득비례부분으로 구성되어, 균등부분은 사회통합적 차원에서의 소득재분배 기능을 그리고 소득비례부분에서는 소득대체기능을 부여해 소득재분배와 소득보장을 적절히 조화시키고 있다. 또한 국민연금제도는 소득계층·직역에 관계없이 국

---

6) 개별적 공평성은 기여자가 기여금에 직접적으로 연계된, 즉 기여금에 보험수리적으로 상응하는 액을 연금급여로 지급받는 것을 의미한다.

7) 사회적 적절성은 모든 기여자들에게 어떤 일정 생활수준을 보장한다는 의미로서, 급여액은 적절한 수준의 신체적·정신적 복지를 제공하는 것이 바람직하다는 관점과 관련된 것이다(Gilbert, Specht and Terrell, 1993: 58).

8) 공적연금 급여의 사회적 적절성을 보장하기 위한 방법으로는 저소득층에게 유리한 연금급여 산식의 구조화, 연금수급자의 피부양자를 고려한 배우자급여나 어린 자녀에 대한 급여 지급, 초기 가입 노령세대에게 좀 더 유리한 혜택을 주는 방법 등이 활용되고 있다.

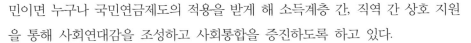

민이면 누구나 국민연금제도의 적용을 받게 해 소득계층 간, 직역 간 상호 지원을 통해 사회연대감을 조성하고 사회통합을 증진하도록 하고 있다.

나. **저소득층의 최저생활수준의 보장을 위한 소득재분배:** 저소득자는 자력으로 노후를 대비할 수 있는 여력이 부족하므로 이들의 노후생활 안정을 보장하기 위해서는 고소득계층으로부터 소득의 일부를 이전해야 할 필요성이 있다. 따라서 국민연금제도는 과거소득 대비 연금액의 비율(소득대체율) 면에서 중상소득계층에 비해 상대적으로 저소득계층에게 유리하도록 설계해 이들에게 최저생계수준을 보장하고 소득불평등의 완화를 추구하고 있다.[9)]

다. **경제성장에 따른 보험료의 단계적 인상:** 공적연금 급여지출에 필요한 재원은 매년 급여지출을 평가해 그에 상응하는 보험요율을 결정하는 부과방식과 제도 도입단계부터 영구적으로 총수입과 총지출이 균형 있도록 고정보험요율(a constant rate)을 적용하는 완전적립방식 또는 평균보험료방식에 의해 충당될 수도 있다. 그러나 국민연금제도는 수정적립방식인 단계적 보험료인상방식을 채택해 보험료의 급격한 인상에 따른 국민경제의 충격을 최소화하면서 제도 초기에 축적된 재원으로 경제성장을 위한 정책수행에 필요한 재원을 마련하고 있다.

라. **세대 간 상호부조원칙을 통한 재원부담:** 국민연금제도는 수정적립방식의 채택으로 제도 도입 초기 단계에 낮은 보험요율을 적용함으로써 현 근로세대의 노후보장비용의 일부를 미래근로세대가 부담하도록 설계되어 세대 간의 상호부조가 이루어지도록 하고 있다. 즉, 완전적립방식의 재원부담원칙에 의거했을 경우 제도 시행 초기 단계의 가입세대는 자신의 노후소득보장을 위한 보험료부담(공적부담)과 부모세대 부양 부담(사적부담)을 동시에 지는 이중부담문제가 발생하게 되는데, 이러한 현 세대의 이중부담문제를 단계적 보험료 인상방식의 채택을 통해 상당부분 해소하고 있으며, 부양부담의 세대 간 형평성을 제고하고 있다.

---

9) 국민연금의 소득재분배기능은 소득불평등도를 나타내는 지니계수(Gini Coefficient)를 통해 알 수 있다. 국민연금 사업장가입자의 부과소득과 그들의 연금수급액에 기초해 지니계수의 개선효과를 산정해보면, 0.32(근로세대의 소득불평등도)에서 0.16(연금수급세대 소득불평등도)으로 낮아지는 것을 발견할 수 있다(국민연금연구센터, 2000).

3) 국민연금제도와 타 소득보장제도와의 관계

(1) 공공부조제도와의 관계

앞서 언급한 바와 같이 한국에서 노령, 장애, 사망 등의 사회적 위험으로 인한 소득의 상실 또는 감소에 의해 발생하는 생활불안정에 대응하는 공적수단으로는 공적연금제도인 국민연금제도와 공공부조제도인 국민기초생활보장제도가 대표적이다. 일반적으로 공공부조제도인 국민기초생활보장제도는 공적연금제도인 국민연금제도의 보완적인 형태로 사용되고 있다. 즉, 국민기초생활보장제도는 공적연금의 급여를 받을 자격이 없는 경우에 그것을 대체하는 것으로, 혹은 충분하지 못한 보험급여를 보충하기 위한 수단으로 사용된다.

국민연금제도와 국민기초생활보장제도를 제도의 기능, 대상위험, 급여수준 및 조건, 재원을 중심으로 비교해보면 다음과 같은 차이가 나타난다. 첫째, 국민연금제도는 사회적 또는 신체적 사고와 욕구가 발생한 경우에 자산조사를 전제조건으로 하지 않고 기여에 대한 권리로서의 보험급여가 자동적으로 이루어져 빈곤한 생활 상태로 전락하는 것을 미연에 방지하는 빈곤에 대한 예방적 기능을 가진다. 그에 반해 국민기초생활보장제도는 자산조사에 의해 빈곤한 생활 상태에 있는 것을 확인한 후에 국가가 보장하는 최저생활보장수준까지 사후적으로 구제하는 것으로 빈곤에 대한 보호적 기능을 수행한다. 둘째, 국민연금제도는 노령, 폐질, 사망과 같은 획일적인 사회적·신체적인 사고와 욕구를 대상으로 하고 그것에 수반하는 수입 감소에 대해 획일적인 현금급여에 의해 대응하는 것인 데 반해, 국민기초생활보장제도는 자기의 자산과 능력으로는 최저생활비를 충당할 수 없을 정도로 생활이 곤란한 경우에 그 원인을 묻지 않고 최저생활보장수준 이하에 처한 빈민을 대상으로 그 필요에 대응하는 것이다. 셋째, 국민연금제도의 급여는 일정한 사고와 욕구에 대해 평균적인 생활수요를 충족하기 위해 사전에 설정된 수준에서 행해지는 데 반해, 국민기초생활보장제도의 급여는 자산조사를 실시해 국가가 정한 최저생활보장수준과의 부족부분에 대해 보충적인 급여를 행한다. 넷째, 국민연금제도의 수급자격과 급여내용은 획일적으로 사전에 결정되어 있고 실시기관의 재량이 없는 데 반해, 국민기초생활보장제도는 개별적인 욕구에 대해 현실적으로 상세하게 대응할 필요가 있기 때문에 실시기관에 일정 한도의 범위 내에서 어느 정도의 재량이 주어진다. 끝으로 국민연금제도의 재원은 피보험자와 사업주로부터 마련되는 데 반해, 국민기초생활보장제도는 전액 국가와 지방자치단체의 일반재원으로 충

〈표 1〉 국민연금제도와 국민기초생활보장제도의 비교

비교기준	국민연금	국민기초생활보장
기능	예방기능	보호기능
대상위험	노령, 장애, 사망(사회적 위험)	빈곤
급여수준	정형화된 수준	욕구에 따른 급여(차등급여)
급여조건	정형화된 조건	비정형화 원칙
재원	가입자부담원칙	국가부담

자료 : 국민연금연구센터(2000).

당된다. 이상의 국민연금제도와 국민기초생활보장제도를 관계를 요약하면 <표 1>과 같다.

(2) 기초노령연금과의 관계

기초노령연금은 2008년 국민연금개혁 과정에서 국민연금 적용에서 제외된 노령 계층에 대한 노후보장을 위해 도입된 사각지대 해소 차원의 제도이다. 기초노령연금은 공적부조라는 정부의 입장에도 불구하고 적용대상의 포괄성이나 급여 수준에서 기준 그리고 제도 지속의 불명확성 등 애매모호한 성격을 보이고 있다. 그런 이유에서 학문적으로는 노령수당적 성격으로 해석될 수 있다.

기초노령연금은 노령으로 인해 국민연금에 가입할 수 없는 노령계층에 지급되는 사회수당적 성격의 현금급여이다. 그렇기 때문에 일정 기간이 경과되면 그 성격을 다시 명확히 해야 하는 과제가 남아 있다. 기초노령연금의 지급대상은 65세 이상의 노인으로 전체 하위 70% 이하에 대해서만 급여가 지급된다. 급여 수준은 국민연금가입자 평균값(A)의 5%로 2013년 현재 1인의 경우 9만 6,800원이고 부부의 경우는 15만 4,900원이다. 이러한 제도의 모호성을 해결하기 위해 현 정부는 국민연금 수급자와 기초노령연금 수급자 간의 제도 연계방안을 고심하고 있다. 연계방안에 따라 기초노령연금은 국민연금과 연결되어 최저연금의 재원으로 사용될 수도 있다. 그러나 아직까지 합리적이고 논리적인 연계방안에 대한 논의가 필요한 상황이다.

이에 따라 기초노령연금은 한시적인 제도가 될 수도 있고, 국민연금과 별도의 노령수당제도로 남게 될 수도 있고, 국민연금과 연결되어 최저연금의 재원으로 사용될 수도 있다.

(3) 민영연금제도와의 관계

노령, 장애, 사망 등의 사회적 위험으로 소득이 상실되거나 감소될 경우 발생하는 생활불안정을 방지하기 위한 사회제도에는 앞서 언급한 공적수단인 사회보험제도와 공공부조제도뿐만 아니라 민영연금제도가 있다. 따라서 공적연금제도인 국민연금제도의 특징을 명확히 하기 위해서는 국민연금제도와 민영연금제도 간의 차이를 살펴볼 필요가 있다.

국민연금제도와 민영연금제도 간의 차이는 다음과 같은 여러 측면에서 살펴볼 수 있다. 첫째, 가입과 관련해 국민연금은 원칙적으로 가입을 법으로 강제화하는 반면, 민영연금은 개인의 자발적 선택에 의해 가입이 임의화되어 있다.[10] 둘째, 국민연금은 사회적 위험발생 시 표준적 또는 기초적 욕구의 충족을 목적으로 하기 때문에 급여수준 및 내용이 법에 의해 표준화·규격화되어 있는 반면, 민영연금에서는 기업이나 개인의 욕구와 부담능력에 따라 급여내용의 범위가 다양하게 선택될 수 있다는 점에서 차이가 있다. 셋째, 급여수준의 실질가치 유지와 관련해 국민연금은 일반적으로 물가수준의 변화에 연금급여를 연동시킴으로써 노후기간 동안 급여의 실질구매력을 유지시켜 주지만 민영연금에서는 이러한 기능이 없다. 넷째, 노령빈곤을 방지하기 위해서 국민연금은 최저급여보증, 저소득층에 상대적으로 유리한 급여산정공식 등의 소득재분배적 조치들을 통해 저소득층에게 상대적으로 후한 급여를 주고 있다. 반면 민영연금은 기본적으로 소득계층에 관계없이 기여금에 이식수입을 합산한 금액을 연금급여로 지급하기 때문에 민영연금에 대한 기여금 지불능력이 낮거나 거의 없는 경우 연금급여액이 매우 낮을 수밖에 없다. 다섯째, 기여와 관련해 국민연금의 기여는 기본적으로 가입자의 연령, 성, 직업 등을 불문하고 가입자 전체의 사고발생률에 대응한 평균보험료적인 성격을 지닌 것으로서 일반적으로 소득수준의 일정비율로 부과하는 정률부담원칙을 따르고 있다. 반면 민영연금에서의 기여는 급여수준과 기여수준을 일치시키는 수지상등의 원칙을 따른다. 끝으로 기여의 부담주체와 관련해 국민연금에서 피용자들은 통상 노사 공동으로 기여하고, 종종 보충재원으로서 국고부담이 이루어지는 반면 민영연금에서는 가입자의 기여에 전적으로 의존한다.

---

10) 민영연금과 달리 국민연금에서 강제가입이 이루어지는 것은 임의가입 시 위험발생률이 높은 사람만이 가입하게 되는 역선택을 방지하고, 규모의 경제를 통해 위험분산의 극대화, 기여의 저액화를 도모하며, 위험발생 시 스스로 대처할 수 없는 사람들을 미리 대비시키기 위한 것이다.

〈표 2〉 국민연금제도와 민영연금체계 비교

	공적연금	사적연금
위험책임	국가	개인
법적 근거	공법에 의한 제도	사법에 의한 제도
대상위험	사회적 위험(사람 관련 위험)	사람 및 재산 등 다양
보험관계의 성립	강제가입원칙(법규정)	임의계약원칙(자율원칙) 예외: 자동차배상책임보험, 원자력 시설보험 등
관리체계	국가 또는 공법인	사기업
가입자부담기준	소득비례원칙(정률제). 단 일부 다른 기준에 따라 조정	위험의 크기와 급여수준에 따른 수지상등의 원칙
급여지급수준	수지상등원칙. 단, 개인 및 가족의 사회적 상황고려(소득, 가족 수, 연령, 장애 정도 등)	
재정방식	적립 또는 부과방식	완전적립방식
부양가족연금액	배우자: 연간 약 24만 원 선 부모·자녀: 연간 약 16만 원 선	없음
연금지급기간	평생지급, 수급자 사망 시 유족에게 승계	계약 시 별도 설정
가입 중 사망·장애발생 시	유족·장애연금 지급	중도해지일시금 지급
급여의 실질가치	실질가치 항상 보장(물가상승률만큼 연금액 상승)	실질가치 보장 미흡
세제혜택	- 소액공제: 지역가입자에 한해 연간 납입보험료의 100%(상한액 없음), 사업장 가입자 납입 보험료 본인부담분(보험료의 50%) - 연금급여는 과세 - 연금급여 압류 불가	- 소득공제: 신개인연금의 경우 보험료 전액에 대해 소득공제 - 연금급여 비과세: 일정 기간 이내 해약 시 납입보험료에 대한 소득공제 추징

자료: 김태성·김진수(2007: 72); http://www.npc.or.kr에서 재구성.

이러한 차이점에도 불구하고 국민연금과 민영연금의 위험부담 영역은 각 국가의 정치적·사회적 성향, 역사적 발전 그리고 사회보험 및 민영보험의 발전정도에 따라 그 영역에 차이가 있는 것이 사실이다. 그러나 모든 국가의 발전 경향이 공적연금을 우선으로 하는 경향으로 발전하고 있어, 공적연금의 발전 형태에 따라 민영연금의 대응발전이 모색되고 그 영역을 확대하고 있는 것이 일반적인 추세다. 앞서 언급한 국민연금과 민영연금의 차이점을 정리하면 <표 2>와 같다.

3. 국민연금제도의 현황

1) 가입자

(1) 적용대상

전 국민 연금제도 실시 이후 국내에 거주하는 18세 이상 60세 미만의 국민은 국민연금의 가입대상이 된다(「국민연금법」 제6조).[11] 또한 이 법의 적용을 받는 사업장에 근무하는 외국인과 국내에 거주하는 외국인으로서 대통령령이 정하는 자를 제외한 외국인은 법 제6조의 규정에도 불구하고 당연히 사업장가입자 또는 지역가입자가 된다.[12] 이와 같이 국민연금제도는 몇 가지 적용제외대상을 두기는 했으나, 기본적으로 소득활동의 여부나 소득액에 관계없이 일정 연령에 해당하는 모든 국민을 적용대상으로 하고 있다.

(2) 가입자 종류 및 가입자 추이

「국민연금법」 제7조에 의해 국민연금 가입자는 사업장가입자·지역가입자·임의가입자 및 임의계속가입자로 구분된다. 사업장가입자는 사업의 종류, 근로자의 수 등을 고려해 대통령령이 정한 사업장(당연적용사업장)[13]의 18세 이상 60세 미만의 근로자와 사

---

11) 다만 「공무원연금법」, 「군인연금법」 및 「사립학교교직원연금법」의 적용을 받는 공무원·군인 및 사립학교 교직원 기타 대통령령이 정하는 자는 제외한다. 대통령령에 의해 제외되는 자는 노령연금의 수급권을 취득한 자 중 60세 미만의 특수직종 근로자, 조기노령연금의 수급권을 취득한 자이다(시행령 제18조).

12) 다만 이 법에 의한 국민연금에 상응하는 연금에 관해 외국인의 본국법이 대한민국 국민에게 적용되지 아니하는 경우에는 그러하지 아니하다(법 제126조 제1항). 또한 대한민국이 외국과 사회보장협정을 체결한 경우에는 이 법의 규정에도 불구하고 국민연금의 가입, 연금보험료의 납부, 급여의 수급요건, 급여액 산정 및 급여의 지급 등에 관해 당해 사회보장협정이 정하는 바에 의한다(법 제127조).

13) 당연적용사업장으로는, 상시 1인 이상의 근로자를 사용하는 사업장, 주한외국기관으로서 상시 1인 이상의 대한민국 국민인 근로자를 사용하는 사업, 그리고 사업장 상호 간에 본점과 지점, 대리점 또는 출장소 등의 관계에 있고 그 사업경영이 일체로 되어 있는 사업장 등이다(시행령 제19조). 한편 정부는 2002년 7월 1일부터 국민연금 사업장가입자에 대한 근로자의 범위를 현행 3개월을 초과해 고용하는 임시·일용직 근로자에서 1개월을 초과해 고용하는 임시·일용직까지 확대하는 한편 월 80시간 이상 근로하는 시간제근로자를 추가해 사업장가입자로 편입했다. 또한 국민연금 사업장의 적용기준을 상시근로자 5인 이상에서 상시근로자 1인 이상 사업장 근

〈표 3〉 연도별 사업장 및 가입자 추이(2013년 5월 현재)

(단위: 개소, 명)

| 구분 / 연도별 | 총 가입자 | 사업장가입자 | | 지역가입자 | 임의 가입자 | 임의계속 가입자 |
		사업장	가입자	계		
1988.12	4,432,695	58,583	4,431,039	-	1,370	286
1992.12	5,021,159	120,374	4,977,441	-	32,238	11,480
1995.12	7,496,623	152,463	5,541,966	1,890,187	48,710	15,760
1996.12	7,829,353	164,205	5,677,631	2,085,568	50,514	15,640
1999.12	16,261,889	186,106	5,238,149	10,822,302	32,868	168,570
2003.12	17,181,778	423,032	6,958,794	9,964,234	23,983	234,767
2004.12	17,070,217	573,727	7,580,649	9,412,566	21,752	55,250
2005.12	17,124,449	646,805	7,950,493	9,123,675	26,568	23,713
2006.12	17,739,939	773,862	8,604,823	9,086,368	26,991	21,757
2007.12	18,266,742	856,178	9,149,209	9,063,143	27,242	27,148
2008.12	18,335,409	921,597	9,493,444	8,781,483	27,614	32,868
2009.12	18,623,845	979,861	9,866,681	8,679,861	36,368	40,935
2010.12	19,228,875	1,031,358	10,414,780	8,674,492	90,222	49,381
2011.12	19,885,911	1,103,570	10,976,501	8,675,430	171,134	62,846
2012.12	20,329,060	1,196,427	11,464,198	8,568,396	207,890	88,576
2013.05	20,419,405	1,247,734	11,715,897	8,411,679	191,566	100,263

자료: 국민연금공단(2013.5).

용자는 당연히 사업장 가입자가 된다.[14] 또한 국민연금에 가입된 사업장에 종사하는 18세 미만의 근로자는 본인이 원하면 사용자의 동의를 얻어 사업장가입자가 될 수 있다(법 제8조 제2항). 지역가입자의 자격요건은 사업장가입자가 아닌 자로서 18세 이상 60세 미만인 자를 대상으로 한다.[15] 임의가입자는 사업장가입자와 지역가입자 외의 자

로자까지 확대했다.

14) 다만 「공무원연금법」, 「사립학교교직원연금법」, 「별정우체국법」에 의한 퇴직연금·장해연금 또는 퇴직연금일시금이나 「군인연금법」에 의한 퇴직연금·상이연금 또는 퇴역연금일시금의 수급권을 취득한 자(퇴직연금 등 수급권자), 「국민기초생활보장법」에 의한 수급자는 제외한다(법 제8조).

15) 다만 국민연금가입대상 제외자, 사업장가입자·지역가입자 및 임의계속가입자, 별정우체국 직원, 노령연금 수급자 및 퇴직연금 등 수급권자의 배우자로서 별도의 소득이 없는 자, 퇴직연금 등 수급권자, 18세 이상 27세 미만인 자로서 학생이거나 군복무 등으로 소득이 없는 자, 그리고 「국민기초생활보장법」에 의한 수급자는 제외한다(법 제9조).

로서 18세 이상 60세 미만인 자를 대상으로 한다(법 제10조). 끝으로 임의계속가입자는 국민연금가입 기간이 20년 미만인 가입자로서 60세에 달한 자이며, 특수직종근로자[16]로서 노령연금수급권을 취득한 자는 65세에 달할 때까지 임의계속가입자가 될 수 있다(법 제13조).[17]

2013년 5월 현재 국민연금가입 대상자는 <표 3>에서 보는 바와 같이 총 2,041만 9,405명이며, 사업장 가입자 1,171만 5,897명, 지역가입자 841만 1,679명, 임의가입자 19만 1,566명, 그리고 임의계속가입자 10만 263명으로 구성되어 있다.

2) 급여의 내용 및 수준

국민연금의 급여종류별 수급요건과 급여수준은 <표 4>와 같다. 노령연금의 수급권은 20년 이상 가입하고 60세가 된 자에게 주어지지만, 감액노령연금 및 조기노령연금의 연금수급을 위한 최소가입기간 요건은 10년이며, 조기노령연금의 경우 55세부터 수급이 가능하다. 유족연금은 가입자의 가입기간에 따라 기본연금(20년 가입기준 노령연금액)의 40~60%를 수급할 수 있으며, 장애연금은 장애정도에 따라 기본연금의 60~100%를 수급할 수 있다.

한편 국민연금의 급여액은 기본연금액과 가급연금액으로 구성되어 있다. 기본연금액은 사업장가입자 및 지역가입자의 평균소득을 기초로 해 산출되는 균등부분과 가입자 개인의 가입 기간 동안의 소득수준에 의해 산출되는 소득비례부분으로 구성되며, 기본연금액에 대한 연금종별 해당 지급률에 따라 실제로 지급될 연금액을 산출한다.[18]

---

16) 대통령령이 정하는 직종으로는 「광업법」 제3조의 규정에 의한 광업, 「선업법」 제3조의 규정에 의한 선박 중 어선에서 「수산업법」 제2조의 규정에 의한 어업을 말한다(시행령 제22조).

17) 2000년 12월 23일부터 계속해 가입할 수 있는 연령제한(65세)을 폐지했는데, 개정 전에는 국민연금에 가입하고 있는 자가 60세를 넘어 계속해 가입할 수 있는 연령이 65세로 제한되어 있었다. 이로써 최소한의 가입기간(10년)을 채우지 못해 연금을 탈 수 없는 경우를 방지해 가능한 일시금 대신 연금을 받을 수 있게 하고, 본인이 희망하는 경우 더 많은 연금을 탈 수 있는 기회를 보장했다. 다만 신청은 65세까지로 제한했다.

18) 연금액은 수급 전년도 전체 의무가입자의 소득을 평균한 금액과 자신의 가입기간 중 신고소득을 현재 가치화해 평균한 금액을 기준으로 계산되는데, 2000년 12월부터 연금액 계산에 사용되는 전체 의무가입자의 소득평균 값을 수급 전년도 1년치 대신 3년치(각각 물가상승률 반영)의 평균을 사용하도록 했다.

〈표 4〉 국민연금의 급여종류별 수급요건과 급여수준

급여유형		수급요건	가입기간 및 수급연령	급여수준
노령연금	노령연금	가입기간 20년 이상, 60세에 달한 자(단 55세 미만인 자는 소득이 없는 경우에 한함)	가입기간 20년 이상, 60세 이상	기본연금액 100% + 부양가족연금액
	감액	가입기간 10년 이상 20년 미만인 자로 60세에 달한 자(65세 미만이면 소득이 없는 경우에 한함)	가입기간 10~ 19년, 60세 이상	가입기간에 따라 기본연금액의 50%~95% + 부양가족연금액
	재직자	완전노령연금 또는 감액노령연금 수급권자가 65세 이전에 소득이 있는 업무에 종사하는 경우	가입기간 10년 이상, 수급연령 60~64세	수급연령에 따라 기본연금액의 50~90%(부양가족연금액은 해당 없음)
	조기	가입기간 10년 이상, 55세 이상인 자가 소득이 있는 업무에 종사하지 않고 60세 도달 전에 연금수급을 원하는 경우	수급연령 55~59세	가입기간에 따른 기본연금액×수급연령에 따라 70~94%를 곱한 금액 + 부양가족연금액
장애연금		가입 중에 최초 진단을 받았으며 질병 또는 부상으로 완치 후에도 장애가 있는 자	장해등급 1~4급	1~3급: 기본연금액의 100, 80, 60% + 부양가족연금액 4급: 기본연금액 225% (일시보상금)
유족연금		○ 다음의 자가 사망한 때 - 노령연금수급권자 - 가입자, 다만 가입기간 1년 미만인 경우 가입 중에 발생한 질병이나 부상으로 사망 - 가입기간 10년 이상인 가입자이었던 자 - 장애등급 2급 이상의 장애연금수급권자 ○ 가입기간 10년 미만인 가입자가 가입 중 발생한 질병 혹은 부상으로 초진 일로부터 2년 이내에 사망한 때	사망 당시 사망자에 의해 생계를 유지하고 있던 최우선순위의 유족 (배우자, 자녀, 부모, 손자녀, 조부모)	가입기간에 따라 기본연금액의 40%(10년 미만), 50%(10년 이상 20년 미만), 60%(20년 이상) + 부양가족연금액
반환일시금		○ 가입기간 10년 미만인 자로 60세에 달했을 때 ○ 가입자 또는 가입자이었던 자가 사망한 때(유족연금이 지급되지 않는 경우에 한함) ○ 국적상실 또는 국외이주한 때(10년 이상 가입한 경우 60세에 노령연금 청구가능)	가입자	연금보험료 + 가입기간 동안의 이자(3년 만기 정기예금이자율 적용) + 지급사유 발생일까지의 가산금(1년 만기 정기예금이자율 적용)
사망일시금		가입자(또는 가입자였던 자)가 사망했으나 유족연금 또는 반환일시금을 지급받을 유족이 없는 경우		반환일시금 상당액

기본연금액 산정식은 노령연금, 장애연금, 유족연금의 산정기초가 된다. 가급연금인 부양가족연금은 수급권자가 권리를 취득할 당시 가입자(유족연금은 가입자이었던 자)에 의해 생계를 유지하고 있는 자에 따라 지급하는 일종의 가족수당 성격의 부가급여이다.[19]

<표 5-1>은 2007년 연금개혁 이전의 기본연금액 산정식이다. 2007년 개혁 이후 기본연금액 산정식은 <표 5-2>에 나타난 바와 같다.

〈표 5-1〉 개혁(2007) 이전 기본연금액 산정식

$$기본연금액 = 1.8\,(A+B) \times (1 + 0.05\,n/12)$$

A : 연금수급 전 3년 동안의 전체 가입자 평균 소득월액
B : 가입자 개인의 전 가입기간 동안의 평균 표준소득월액
n : 국민연금 20년 이상 가입 개월 수

〈표 5-2〉 개혁(2007) 이후 기본연금액 산정식

2008년 기본연금액 = $1.5(A+B)(1+0.05n/12)$

2008 이후에는 상수 1.5는 매년 0.015씩 감소함

2028년 기본연금액 = $1.2(A+B)(1+0.05n/12)$

2012년 6월 현재 국민연금 급여종별 급여지급 현황은 <표 6>과 같으며, 급여종별 평균 지급액은 <표 7>과 같다.

---

19) 부양가족연금액은 2012년 4월 기준 배우자는 연 23만 6,360원, 자녀 및 부모는 연 15만 7,540원으로, 「국민연금법」 개정 전에는 장애·노령연금을 받는 도중에 배우자나 자녀가 생기거나 부모의 생계를 책임지는 경우 가급연금을 받지 못했으나, 「국민연금법」 개정으로 받을 수 있게 되었다. 가령 장애연금을 받을 당시 미혼인 사람이 결혼해 배우자, 자녀가 생겼을 경우 가급연금을 받을 수 있다.

〈표 6〉 연도별 급여종별 급여지급 현황

(단위: 건, 백만 원)

구분		1988 ~1998	2003	2008	2009	2010	2011	2012	2013.5	총계
총계	수급자	6,240,248	1,169,441	2,517,579	2,770,344	2,975,336	3,166,983	3,499,522	3,471,138	12,874,753
	금액	7,026,628	2,328,449	6,180,804	7,471,934	8,635,467	9,819,296	11,550,754	5,418,812	83,437,424
연금	소계 수급자	206,523	1,052,414	2,366,626	2,602,630	2,820,649	3,015,244	3,310,211	3,379,050	3,752,393
	소계 금액	848,686	2,017,911	5,764,986	6,946,490	8,107,420	9,273,039	10,837,244	5,081,237	67,659,918
	노령 수급자	115,008	819,800	1,949,867	2,149,168	2,330,128	2,489,614	2,748,455	2,808,328	3,070,468
	노령 금액	411,251	1,533,339	4,765,528	5,814,825	6,861,876	7,905,180	9,327,087	4,409,543	55,687,803
	장애 수급자	15,273	39,727	72,166	74,535	76,280	75,895	75,934	71,551	130,457
	장애 금액	101,596	131,921	268,100	287,016	296,305	305,547	314,463	134,051	2,971,314
	유족 수급자	76,242	192,887	344,593	378,927	414,241	449,735	485,822	499,171	551,468
	유족 금액	335,839	352,651	731,358	844,649	949,239	1,062,312	1,195,694	537,643	9,000,801
일시금	소계 수급자	6,033,725	117,027	150,953	167,714	154,687	151,739	189,311	92,088	9,122,360
	소계 금액	6,177,942	310,538	415,818	525,444	528,047	546,257	713,510	337,575	15,777,506
	장애 수급자	11,567	2,853	4,902	3,836	3,447	3,480	2,862	1,252	60,797
	장애 금액	30,276	21,978	47,921	40,940	37,299	41,919	34,654	16,073	491,026
	반환 수급자	6,015,169	108,740	137,654	154,119	141,347	136,628	175,716	86,043	8,954,324
	반환 금액	6,138,606	278,232	348,026	460,476	465,123	475,051	648,045	307,610	15,041,596
	사망 수급자	6,989	5,434	8,397	9,759	9,893	11,631	10,733	4,793	107,239
	사망 금액	9,060	10,328	19,871	24,028	25,625	29,287	30,811	13,892	244,884

자료 : 국민연금공단(2013.5).

〈표 7〉 급여종별 평균지급액(2012년 6월 기준)

✛ 연금종별 월평균 지급액

(단위: 원)

계	노령연금							장애연금				유족 연금
	소계	완전	감액	재직자	조기	특례	분할	소계	1급	2급	3급	
312,110	321,120	843,660	413,270	514,380	477,210	203,200	160,270	420,240	574,930	455,830	352,670	247,730

✛ 일시금 월평균 지급액

(단위: 원)

구분	반환일시금	사망일시금	장애일시금
평균	3,677,150	2,920,970	11,246,340

자료: 국민연금관리공단(2013.5).

<표 8> 연도별 기금관리 현황(매입가 기준)

(단위: 억 원, %)

구분	2005.12	2006.12	2007.12	2008.12	2009.12	2010.12	2011.12	2012.12	2013.05
조성	1,824,597	2,131,545	2,485,535	2,809,018	3,132,516	3,518,728	3,930,539	4,379,790	4,567,200
(증감률)	17.35%	16.82%	16.61%	13.01%	11.52%	12.33%	11.70%	11.43%	4.28%
연금보험료	1,294,981	1,496,504	1,713,206	1,943,061	2,181,642	2,434,496	2,708,842	3,010,119	3,140,401
운용수익	526,987	630,760	766,683	860,113	944,840	1,078,099	1,215,422	1,363,294	1,420,348
전입금	3	3	3	3	3	3	3	3	3
결산상잉여금	190	194	198	205	205	205	205	205	205
국고보조금수입	2,436	3,798	5,168	5,357	5,549	5,650	5,758	5,862	5,912
공단임대보증금	-	286	277	279	277	275	309	307	331
지출	261,768	309,403	365,468	431,518	510,668	601,478	704,598	825,280	881,246
(증감률)	17.86%	18.20%	18.12%	18.07%	18.34%	17.78%	17.14%	17.13%	6.78%
연금급여지급	248,175	291,777	343,604	405,412	480,131	566,486	664,679	780,186	834,415
공단운영비 등	13,294	17,257	21,366	25,527	29,881	34,263	39,098	44,186	45,904
복지타운관리 운영비	299	369	498	579	656	729	821	908	927
운용	1,562,829	1,822,142	2,120,067	2,377,500	2,621,848	2,917,250	3,225,941	3,554,510	3,685,954
(증감률)	17.26%	16.59%	16.35%	12.14%	10.28%	11.27%	10.58%	10.19%	3.70%
공공부문	-	-	-	-	-	-	-	-	-
복지부문	3,145	2,576	2,138	1,993	1,710	1,480	1,294	1,497	1,547
금융부문	1,556,151	1,815,936	2,114,265	2,371,745	2,616,239	2,911,667	3,220,366	3,548,650	3,672,652
기타부문	3,533	3,630	3,664	3,762	3,899	4,103	4,281	4,363	11,755

자료: 국민연금공단(2013.5).

3) 연금기금의 조성 및 운용

(1) 기금조성

한국 국민연금제도는 연금급여지급 등에 소요되는 비용을 충당하기 위해 가입자로부터 받은 연금보험료 및 그 이식금을 주요 재원으로 국민연금기금을 조성하는 적립방식으로 운용하고 있다. 보험료는 사업장가입자의 경우 근로자와 사용자 각각 4.5%씩 하여 총 9%이고(법 제88조), 지역가입자, 임의가입자 및 임의계속가입자는 보험료 전액을 가입자 본인이 부담하고 있는데 연금보험요율은 2005년 7월부터 8%에서 9%로 상향조정되었다.[20] 2013년 5월 기준 기금관리현황은 <표 8>과 같다.

(2) 기금운용

국민연금기금은 가입자의 노후생활보장을 위해 강제 저축된 장기신탁자산이어서 가입자들이 일정한 급여지급조건에 도달 시 의무적으로 지급해야 하는 장기부채성 책임준비금이다. 국민연금기금의 효율적 운용이 중요한 이유는 국민연금이 많은 국민들의 안정적인 노후생활을 위해 도입되었고, 적립기금이 장기 자본화되어 자본형성에 기여할 수 있으며 장기자본으로 축적되는 경우 경제성장의 밑거름이 되어 연금가입자 및 미래세대의 생활수준 향상에 일익을 담당할 수 있기 때문이다. 따라서 정부는 금융시장의 환경변화에 따라 다양한 수익원을 발굴·분산 투자함으로써 기금의 안정성과 수익성을 높이기 위해 「국민연금법」 시행령을 개정해 2001년 7월 1일부터 연금기금을 외부위탁투자, 해외투자, 코스닥 투자, 유가증권 대차거래 및 선물·옵션투자 등에 운용할 수 있는 근거를 마련했다. <표 8>에서 보는 바와 같이 국민연금기금은 2013년 5월 현재 적립금 규모가 414조 원에 이르고 있는데, 적립금은 공공부문, 복지부문 및 금융부문에 투자하고 있다.

4. 국민연금제도의 문제점 및 정책과제

1) 국민연금의 문제점 및 정책과제

국민연금은 제도발전 과정상 여러 가지 내·외부적 제약요인으로 인해, 근로자와 자영자 간의 형평성, 장기 재정안정화, 기초생활보장 수급에 대한 국민연금 적용, 공적연금 제도 간 연계 등의 여러 문제에 직면하고 있는데, 이를 구체적으로 살펴보면 다음과 같다.

(1) 근로자와 자영자 간의 형평성 문제

국민연금의 도시지역 확대 이후 야기된 문제 중 하나는 근로자와 자영자 집단 간의

---

20) 이와 같이 연금보험요율을 상향 조정하게 된 것은 1999년 4월 전 국민 연금을 실시하면서 지역가입자의 초기부담을 덜어주기 위해 3%에서 시작해 9%가 되는 2005년 7월까지 매년 1%씩 인상되도록 했기 때문이다.

형평성 문제이다. 그런데 국민연금에서 분류하고 있는 가입자는 사업장가입자와 지역가입자로 구분하고 있다. 그런데 여기서 근로자와 자영자의 형평성 문제는 사업장가입자와 지역가입자 간의 문제로 보아서는 안 된다. 사업장가입자에는 고소득 자영자가 모두 포함되기 때문이다. 즉, 자영자라 하더라도 1명 이상의 근로자를 두고 있으면 사업장 가입자로 분류되기 때문이다. 따라서 근로자와 자영자는 사업장가입자와 지역가입자 간의 형평성 문제가 아니라 가입 구분과 관계없이 자영자와 근로자 간의 형평성 문제로 파악하여야 한다. 근로자와 자영자 간 형평성 문제의 원인은 첫째, 조세제도의 미흡으로 전체 지역가입자 중 소득자료 보유자는 30%에 불과하고 또 소득탈루율이 높다는 점, 둘째, 부과체계의 결여 등으로 소득정보 인프라가 미흡해 수용성과 강제력이 있는 부과체계 설계에 한계가 있다는 점, 셋째, 소득의 과다노출에 대한 우려로 연금에 대한 사회 전반적인 인식 부족도 한 요인으로 작용하고 있다는 점 등을 들 수 있다.

근로자와 자영자 간에 야기되는 형평성 문제에 대한 바람직한 대응방안은 조세제도의 근본적인 개혁에 있으나 이는 단기적으로 한계가 있으므로 국민연금 부과체계의 확립과 병행을 추진하는 것이 바람직하다. 즉, 과세당국이 추진 중인 소득정보인프라의 구축, 부가가치세제의 개편, 기장의무제의 확대, 카드사용의 활성화 등 자영자 소득 파악을 위한 여건개선을 지속적으로 추진해야 할 것이다. 또 자체적으로는 과세소득, 재산 및 자동차보유수준 등을 활용한 합리적인 추정소득모형을 개발해 추정소득을 불성실신고자의 판별기준 및 불성실신고자의 소득조정 시 가이드라인으로 활용하는 부과체계를 확립하는 것이다. 그리고 연금에 대한 인식 부족을 해소하기 위한 대책도 꾸준히 추진되어야 할 것이다.

(2) 장기 재정안정화 문제

먼저 국민연금 재정 불안정 문제의 가장 근본적인 원인은 제도 자체에 있다. 국민연금제도를 설계할 때부터 적게 부담하고 많이 받도록 만들었기 때문이다. 국민연금의 재정이 안정되기 위해서는 가입자가 부담하는 보험료 수입과 연금지출이 장기적으로 균형을 이루어야 한다. 그동안 논란이 되어왔던 재정불안정 문제는 2007년 7월 국민연금 개정안이 통과되면서 일단락되는 듯 보인다. 재정안정화에 대한 논의 끝에 탄생한 「국민연금법」 개정안은 보험요율을 현행 9%로 유지하는 대신 연금급여의 소득대체율을 가입자의 평균소득 가입자(A=B)의 경우 40년 가입을 한 경우에 현행 60%에서 2008년에는 50%로, 그 이후에는 매년 0.5%씩 점차 줄여 2028년에는 40%까지 낮추는 것을 핵심으로 한다. 보험요율을 현행 9%로, 급여율을 60%에서 40%로 낮춤에 따라 2047년으로 다가올 연금 고갈시기도 2060년으로 늦췄다는 평가를 받고 있다. 그러나 이러한 재정 안정 개혁은 근본적인 문제를 해결한 것으로 보기는 어렵다. 우선 재정안정은 장기적으로 기금이 안정적으로 유지되어야 하는데, 연금 개혁으로 적자와 기금고갈 시기만이 늦어졌기 때문에 재정 안정문제를 해결했다고 보기 어렵다. 그런데 무엇보다도 중요한 것은 국민연금의 급여 수준을 획일적으로 낮춤으로 인하여(2.4 → 1.8 → 1.5 → 1.2) 모든 수급자의 연금이 동일한 비율로 낮아지게 되었기 때문에 저소득 계층이나 중간소득계층의 연금 수준이 너무 낮아져 최저생계비에 크게 못 미치는 결과가 발생하게 된 것이다. 이러한 현상은 공적연금수급자의 보장이 공적부조의 보장 수준보다 낮게 됨으로써 사회안전망의 역할과 기능에 역행한다는 비판이 제기될 수 있다. 또한 이러한 재정 불안정을 해결하기 위해 현재 보험료를 상향조정해야 한다는 주장이 제기되고 있으나(현재 9% →12.5%) 현재 연금급여 수준을 최저생계비 이하로 감액한 상황에서 보험료를 상향조정할 경우 국민적 반감을 해소할 수 없다는 근본적인 문제가 있다. 이러한 상황에서 오히려 국민연금에 가입한 세대 내에서 재분배를 통한 재정안정을 추진하여야 한다는 주장이 있다.

현재 국민연금보험료 부과대상 소득은 2013년 현재 월 398만 원으로 그 이상의 소득에 대해서는 보험료 부과를 하고 있지 않는 점을 개선해서 부과대상 상한선을 국민건강보험 상한선(월 7,810만 원) 수준으로 단계적으로 상향조정하고, 연금급여는 오히려 상한선을 마련하는 방법이 논의되고 있다. 고소득 가입자의 부과대상소득을 상향조정하는 대신에 연금급여의 상한선을 마련하여 실제 연금 수준을 낮추는 방안을 통하여 재정안정을 기대하도록 하는 방안이다.

이는 국민연금에서 고소득자의 부담은 상승하는 반면에 저소득자의 부담은 그대로 유지하고, 연금 급여에서는 최저연금제를 도입하여 저소득 가입자의 노후보장을 확고히 하되 고소득자의 연금수준은 상한선을 두어 제한하도록 하는 것이다. 이 경우 저소득계층의 경우는 소득재분배 효과에 의해 크게 도움을 받게 되지만 퇴직연금에서는 상대적으로 노후보장이 미흡하고, 반대로 고소득자의 경우는 국민연금에서는 소득재분배로 인해 노후보장에 필요한 수준에 훨씬 못 미치지만 퇴직연금에서 상당한 수준의 보장이 이루어질 수 있으며, 필요에 따라 민영보험을 통하여 스스로 노후를 보장할 수 있다는 점에서 다층보장체제가 구축될 수 있다고 볼 수 있다.

(3) 기초생활보장 수급자에 대한 국민연금 적용문제

2000년 10월의 「국민기초생활보장법」의 도입은 국민연금에서 새로 해결되어야 할 과제를 던져주고 있다. 기존 「국민연금법 시행령」(제18조)에서는 「생활보호법」에 의거한 생활보호대상자 중 자활보호대상자만 당연가입으로 하고 있으며, 시설 및 거택보호대상자는 적용 제외하고 있었다. 그런데 「국민기초생활보장법」에서는 거택보호대상자와 자활보호대상자와 같은 보호대상자 구분을 폐지했고, 노동능력이 있는 자에게도 생계급여를 실시하는 등 많은 변화가 있었기 때문에 기초생활보장제도의 수급자에 대한 적용처리 문제가 대두하게 된 것이다. 이러한 문제에 대응하기 위해 정부는 「국민연금법」을 개정하여 「국민기초생활보장법」에 의해 생계비를 받는 자의 가입자격을 '가입제외대상'에서 '임의가입대상'으로 변경해 2001년 4월 1일부터 시행하고 있다.[21]

그러나 「국민기초생활보장법」에 의해 생계비를 받는 자에 대한 국민연금 가입자격 부여는 일반 경제활동 계층과 현재 가장 쟁점이 되고 있는 차상위계층이나 재산규정으로 인해 「국민기초생활보장법」의 수급권에서 제외된 계층과의 형평성 문제 등과 관련해 신중히 고려되어야 할 것이다. 현재 일반 근로자나 농어민 그리고 자영자에 대한 국민연금 적용대상 중 기준소득월액 수준은 매우 낮아, 최저가입자는 100%의 연금을 받게 되어도 「국민기초생활보장법」에 따른 개인의 월 기초생활수급액보다도 낮아지게 된다. 현행 「국민연금법」의 적용규정에 따르면 본인의 소득수준이 「국민기초생활보장법」의 수급조건을 충족하더라도 국민연금 강제적용대상으로 당연히 가입되어야 한다. 이러한 상황은 자칫하면 국민기초생활보장 대상자에 대해 국가가 조세에 의해 기초생계를 보호하는 동시에 국민연금의 보험료까지 납부해주는 결과를 초래할 가능성이 야기되며, 이는 사회보험과 공공부조제도의 기본 취지에 어긋난다. 이러한 문제에 대한 해결방안은 국민연금의 최저가입 기준소득월액 수준을 국민기초생활보장 수급조건 수준으로 상향조정하는 것인데, 이를 위해서는 먼저 최저임금 수준을 상향조정할 수 있는 방안을 강구할 필요가 있다.

---

21) 이 시행령 개정은 기초수급자가 임의가입 기회를 더 많이 이용할 수 있도록 보험료 부과대상 소득을 조정한 것이다. 즉, 보통의 임의가입대상자는 임의가입할 때 중위수 소득 이상에 해당되는 보험료를 납부해야 하지만, 기초수급자는 자신의 실제소득(근로소득과 사업소득을 합한 금액)에 따라 보험료를 납부할 수 있도록 한 것이다.

(4) 공적연금제도 간 연계문제

특수직역연금제도와 국민연금제도 간 제도의 분립운영 및 연계성 결여로 소득재분배의 극대화가 미흡하고, 제도 간 이동 시 연금수급권이 보장되지 않는다면 제도 간 이동자의 소득보장문제가 대두될 수 있다. 제도 간 연계방안으로는 국민연금과 특수직역연금제도를 통합하거나 현행 분립체제를 유지하면서 가입기간 통산 및 연금자산의 통산 등이 있다. 공적연금 연계제도를 도입할 당시 비용부담 및 급여구조에서 두 제도의 차이가 크기 때문에 가입기간만 연계하고 급여는 각 연금의 가입기간에 기초하여 각기 산정, 지급하는 방안을 채택하였다. 이러한 공적연금 연계제도는 국민연금과 특수직역연금의 연금을 수령하기 위한 최소가입기간을 채우지 못하고 이동하는 경우 각각 일시금으로 받아야 했던 것을, 연금 가입기간 연계제도를 통하여 연금으로 받을 수 있도록 하고자 하였다. 제도 연계간의 부작용을 최소화하기 위해서는 단기적으로 가입기간 및 연금자산을 연계하는 방안이 효과적이지만 장기적으로는 두 연금제도 간 주요 제도적 요소의 조화 등 제도 간의 접근을 도모하여 노후소득보장 기능을 강화하는 것이 바람직하다.

2) 2007년 국민연금 개혁

2007년 국민연금 개혁은 한국 노후보장체제에서 매우 중요한 변화라고 할 수 있다. 급여수준을 단계적으로 2/3 수준으로 감액하는 내용을 결정했고, 기초노령연금제도를 도입했기 때문이다.

(1) 2007년 국민연금 개혁안 내용

첫째, 급여수준을 하향조정해 40년 가입 평균소득자 기준으로 종래의 60%에서 2008년부터 50%로 하향 조정하고, 2009년부터는 매년 0.5%씩 낮추어 2028년에는 40%로 조정되도록 했다. 둘째, 2008년 기준 65세 이상 전체 노인의 60%인 약 300만 명의 노인에게 기초노령연금을 지급하기로 개혁해 현재 시행 중이다. 셋째, 크레디트 제도를 실시해 2자녀 이상 출산 시 12개월에서 최고 50개월까지 추가인정하고 또한 6개월 이상의 현역병 및 공익근무요원에게 6개월을 추가인정하기로 했다. 넷째, 2개 이상의 급여조정 방식을 개선했다. 기존에 선택에 의해 1개만 지급하던 방식을 개선해, 유족연금 미선택 시 유족연금 20%를 추가지급하고, 반환일시금 미선택 시 사망일시금 상당액을 추가지급하며, 고용보험에서 구직급여를 받는 경우에도 노령연금을 전액 지급하는 방식으로 수정했다. 다섯째, 감액노령연금 지급수준을 상향조정해 가입기간 10년 이상 20년 미만 가입자가 받는 감액노령연금의 지급률을 현행보다 2.5% 상향조정해 추가지급하기로 했다. 여섯째, 유족연금 지급기준의 남녀차별을 해소해, 배우자의 조건을 남녀 모두 최초 3년간으로 하고, 소득 유무와 관계없이 유족연금을 계속 받을 수 있는 연령을 55세로 일치시켰다. 일곱 번째, 장애연금 수급권을 확대해 가입 전에 발생한 질병이라도 가입 중에 초진을 받은 경우라면 장애연금을 받을 수 있도록 했다. 여덟 번째, 여성수급권을 확대해 이혼한 배우자가 받을 수 있는 분할연금을 재혼 시에도 계속 받을 수 있도록 하고, 분할연금과 자신의 노령연금 수급권이 함께 발생하는 경우에도 두 가지 급여를 모두 받을 수 있도록 했다. 아홉 번째, 고령근로를 장려하는 연기연금제도를 도입해, 60세 이후 소득활동 시 받게 되는 재직자 노령연금을 연기하는 경우 1개월마다 0.5%의 가산율을 적용해 향후 받게 될 연금액을 증액 산정했다.

(2) 2007년 국민연금 개혁의 문제

첫째, 국민연금 개혁의 근본목적은 재정 안정화를 통한 제도의 지속가능성에 있다. 그런데 기금고갈 시점이 2047년에서 2060년으로 13년이 연장되어 그 효과가 미흡하다는 점을 들 수 있다. 둘째, 연금수준을 모든 연금수급자에게 일괄적으로 삭감해 가입기간이 짧거나 저소득자의 경우에는 연금액이 너무 낮아 노후보장의 역할을 기대할 수 없다는 것이다. 셋째, 도덕적 해이 현상이 발생할 우려가 있다. 국민연금수준의 과격한 삭감으로 최저생계비에도 미치지 못하는 연금수급자가 전체 수급자의 1/2~2/3에 이를 것으로 예상된다. 따라서 국민연금 가입 자체를 꺼리는 도덕적 해이 현상이 발생될 수 있다는 점에서 문제의 심각성이 있다. 넷째, 기초노령연금과 국민연금과의 관련성이 모호하다는 것이다. 국민연금 개혁과정에서 기초노령연금 도입은 현재 노인계층이 국민연금에 가입할 수 없다는 점과 다른 노후보장제도가 없다는 점 때문에 국가부담으로 노령수당을 지급하도록 한 것이다. 그런데 대상을 65세 이상 노인 70%로 하고 있어 실제 공적부조와 노령수당의 중간단계 성격이므로 정책으로서 애매한 위치에 있고 향후 국민연금 수급자에 한해 지급할 것인지 여부도 명확지 않아 제도정비가 필요한 상황이다.

(3) 기초노령연금제도

기초노령연금제도란 국가가 노인에게 매월 일정액의 연금을 지급해 삶의 질을 높이고자 하는 것으로, 개발시대 경제적 불이익을 받았음에도 불구하고 국민연금에 의한 보장에서 제외된 현재의 노인 계층을 보장하고자 2008년 1월부터 실시되고 있는 제도이다.

2011년 말 65세 이상 노인은 한국 전체 인구의 11.4%로서, 특히 문제가 되는 것은 이들 가운데 상당수가 극심한 빈곤상태에 빠져 있다는 점이다. 보건복지부 조사에 따르면 한국 노인인구의 32%는 재산 및 소득이 전혀 없어 복지시설이나 자녀의 부양에 의존하고 있다. 이들은 격동의 현대사를 모두 거치면서 한국이 선진국이 되는 토대를 마련했으나 정작 본인들의 노후를 대비하지 못해 경제적으로 어려움에 처하게 되었고, 이들을 부양하기 위한 자녀들의 경제적인 부담도 큰 편이다. 따라서 이 제도의 목적은 전체 노인 중 소득과 재산이 적은 70%의 노인에게 매월 일정액의 연금을 지급해, 노후의 생활안정을 지원하고 노인의 복지를 증진하는 것이라고 할 수 있다. 즉, 기초노령연금제도는 노인빈곤의 완화를 위해 국민연금제도의 과도기 단계에 도입되는 한시적인 공적부조제도라고 할 수 있다.[22]

기초노령연금액은 국민연금가입자의 연금 수급 전 3년간 평균소득월액(A값)의 5% 기준으로 책정이 되는데, 2013년도 4월부터 2014년 3월까지 적용되는 지급기준 및 액수는 노인 단독수급자는 매월 9만 8,800원, 노인 부부수급자는 매월 15만 4,900원 이하이다. 다만 수급자 중에서도 일부 소득이 높거나 재산이 많은 경우 감액된 연금을 받게 된다.

이러한 기초노령연금에 대한 의의 및 개선점은 다음과 같다. 첫째, 기초노령연금이 금액이 아니라 급여율로 도입되었다는 것이 한국 연금 역사에서 중요한 의미를 가진다. 정부는 처음에 기초노령연금을 공공부조로 간주해 금액으로 정했으나, 기초노령연금 급여액수가 국민연금 평균가입자 소득과 연동한 급여율로 정해지고, 이후 상향될 예정이어서 기초노령연금은 공공부조보다는 공적연금 또는 공적수당제도로서의 의미

---

22) 기초노령연금제도를 공적부조제도로 판단해야 할지 아니면 노령수당제도로 해야 할지에 대해서는 이론적 논란이 있을 수 있다. 실제 공적부조의 경우 자산조사에 의한 빈곤계층을 대상으로 보장이 이루어져야 하지만, 기초노령연금의 적용대상은 빈곤대상으로 보기에는 그 범위가 너무 넓다고 할 수 있기 때문이다.

를 가질 수 있다. 둘째, 기초노령연금이 목표 급여율을 10%로 명시만 했을 뿐, 상향 방법에 대해서는 후속 과제로 남겼기 때문에 향후 재정 부담을 이유로 일정기간 급여율을 5%로 유지할 수 있는 여지를 남겨두고 있다. 더구나 이 제도의 수급대상자를 국민연금이 도입될 당시 제외된 계층으로 한정하게 되면 미래에 이 제도는 소멸되게 된다. 반면에 이 제도가 국민연금과 연계되어 기초부분을 감당하게 되면 다른 형태로 바뀔 수 있다. 따라서 이에 대한 제도적 정립이 있어야 한다. 셋째, 기초노령연금의 지급대상의 범위가 애매하다는 문제가 있다. 지급대상이 2008년에는 65세 이상 노인의 60%, 2009년부터는 65세 이상 노인의 70%로 명시되어 있지만, 이것이 지속적으로 적용되는지에 대해서는 해석이 분분하다. 넷째, 「기초노령연금법」 심의 시 논란이 되었던 장애기초연금은 끝내 포함되지 않았다. 장애인은 연령과 무관하게 생계의 어려움을 겪고 있으므로 장애인에 대한 소득보장을 위한 제도적 장치와 기초노령연금과의 관계를 명확히 할 필요가 있다.

이와는 별도로 기초노령연금에 대해서 그 수준을 국민연금 가입 평균소득의 10%로 상향 조정하는 방안을 지속적으로 제시하고 있기 때문에 이를 구체적으로 제도화하는 문제와 재정조달을 위한 방안으로 국민연금 기금에서 일부를 조달하는 것을 고려하는 등 상당한 변화가 예상되기 때문이다. 따라서 노후보장을 위한 사회보험으로서 국민연금과 노령수당적 성격의 기초노령연금 그리고 기초생활보장제도에서의 보장체제가 상호 간에 조화를 이룰 수 있는 체제 정착이 중요한 정책과제라 할 수 있다.

참고문헌

강욱모 외. 2006. 『21세기 사회복지정책』. 청목출판사.

국민연금연구센터. 2000. 『2000년 국민연금법 개정관련 주요 쟁점사항 연구』.

김상균 외. 2005. 「국민연금 복지사업의 타당성 연구」. 서울대학교 사회과학연구원.

김상호. 2004. 「국민연금법 개정(안)과 소득재분배」. 한국사회보장학회. ≪사회보장연구≫, 20권.

김진수 외. 2006. 「국민연금기금 복지배분 당위성에 관한 연구」. 연세대학교 사회복지연구소.

김태성·김진수. 2007. 『사회보장론』. 청목출판사.

백화종. 2005. 「사회안전망 사각지대 해소를 위한 정책과제 및 우선순위 선정」. 한국보건사회연구원. ≪보건복지포럼≫, 제104호.

오건호. 2007. 「국민연금법 개정안 평가 및 연금장치」. ≪동향과 전망≫, 71호.

이인재 외. 1999. 『사회보장론』. 나남.

Gilbert, N., H. Specht and P. Terrell. 1993. *Dimensions of Social Welfare Policy*(3rd Ed). New Jersey: Prentice-Hall.

Tompson, L. 1998. *The Social Security Reform Debate: In Search of a New Consensus*. Geneva: International Social Security Association.

국민연금관리공단. 2012. 통계자료. http://nps.or.kr.

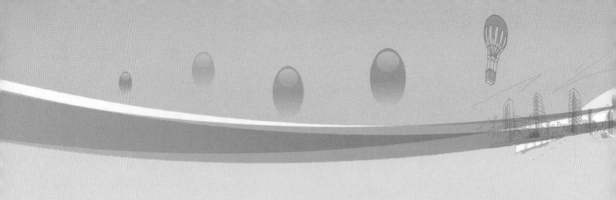

한국의 특수직역연금제도

▌안치민*

1. 특수직역연금의 개요 및 배경

특수직역연금 또는 직역연금은 현재 한국에서 시행되고 있는 공적연금 중 국민연금을 제외한 공무원연금, 군인연금, 사립학교교직원연금(이하 사학연금)을 통칭해 일반적으로 쓰고 있는 명칭이다. 공무원, 군인, 사립학교 교직원 등을 대상으로 하는 특수직역연금제도가 국민연금과는 별도로 독립적인 제도가 도입되어 운영되고 있는 것은 앞서 연금제도를 도입한 다른 나라의 경우처럼 공무원연금제도가 먼저 도입되고 공무원 외에 일반 국민을 대상으로 하는 국민연금이 나중에 도입된 데 연유하는데, 이는 한국 공적연금체계가 전형적인 선별주의 형태를 취하고 있음을 보여준다. 또한 공무원연금을 비롯한 특수직역연금제도도 법률에 의해 강제적으로 시행되는 공적연금제도의 하나이다.

특수직역연금에서 기준이 되는 제도는 1960년 가장 먼저 도입된 공무원연금제도이다. 군인연금은 도입 초기 공무원연금에 포함되어 있다가 1963년 분리되었으며, 사립학교교직원연금도 1975년 도입 이후 공무원연금 규정을 대부분 적용하도록 하고 있어

---

* 대진대학교 사회복지학과 교수.

제도적으로 같은 맥락에 있다. 이러한 특수직역연금은 대상만 다를 뿐, 제도의 목적은 같다고 할 수 있으며 공무원연금을 제도적 근간으로 하고 있다.

특수직역연금은 공적연금으로서의 기능, 즉 노령·사망·장애에 의해 발생하는 소득손실을 보장하는 역할을 수행할 뿐만 아니라 일반근로자의 경우 산재보험에서 보장하는 업무상 재해에 대한 비용발생과 소득손실에 대해서도 보장하는 포괄적인 제도이다. 물론 특수직역은 산재보험의 대상에서 제외된다.

특수직역연금 중 공무원연금제도는 공적연금의 기능을 수행하면서 공무상재해보험 그리고 재해부조에 이르기까지 포괄적인 보장 역할을 수행하고 있다. 다만 질병의 경우는 일반 국민과 같이 건강보험에 의해 보장하도록 하고 있으며, 공무원의 신분이 보장되기 때문에 실업위험에 대한 고용보험제도는 아직 실시하지 않고 있다. 다만 고용보험에서 실시하는 모성보호와 관련된 급여에 대해서는 별도로 보장하고 있다.

군인연금제도는 군인이 일정기간 복무하고 퇴직했거나 심신의 장해로 퇴직 또는 사망한 때, 또는 공무상의 질병, 부상으로 요양하는 때에 본인이나 그 유족에게 적절한 급여를 지급함으로써 본인 및 그 유족의 생활안정과 복리향상에 기여함을 목적으로 한다. 군인연금은 직업군인들의 소득보장을 위한 사회보장제도로서 장기복무 하사관 이상의 군인을 대상으로 하며, 타 연금제도에 비해 국가 보상적 성격이 강하다.

사학연금제도는 사립학교 교직원의 퇴직·사망 및 직무상 질병·부상·폐질에 대해 적절한 급여제도를 확립함으로써 교직원 및 그 유족의 생활안정과 복리향상을 목적으로 하며, 부담률과 급여의 내용 등 제도의 근간이 공무원연금제도와 동일하다.

다음으로 이러한 특수직역연금의 시행배경을 살펴보자. 한국에서는 1949년 8월 「국가공무원법」이 제정되면서, 법적으로 공무원(군인은 별도의 조항에 의거 운영)의 퇴직금과 공무상 재해보상에 대해서 규정했다. 그러나 한국전쟁 기간 및 전후 정리기를 거치는 동안 국가재정의 부족 및 화폐가치의 급격한 변동 등 사회경제적인 사정 때문에 공무원에 대한 연금제도의 실시가 지연되어왔다. 이후 제1공화국 말인 1959년에 들어서 당시의 중앙인사행정기관인 국무원 사무국에서 「공무원연금법」을 제정, 1960년 1월 1일에 공포·시행함으로써 공무원이라는 특수직역을 대상으로 국가의 책임하에 운영하는 공적연금제도인 공무원연금제도가 설립되었다. 현재 공무원연금제도의 운영에 관한 사항은 안전행정부에서 관장하고 있다. 군인연금제도는 군복무의 특수성을 감안해, 공무원연금제도에서 분리·독립해 1963년 1월 28일 「군인연금법」(법률 제1260호)을 제정·시행하고 있다. 군인연금제도의 운영에 관한 사항은 국방부장관이 관장한다.

〈표 1〉 공무원연금 적용대상

구분		범위
대상 공무원	정규 공무원	「국가공무원법」·「지방공무원법」, 그 밖의 법률에 의한 공무원
	그 외의 공무원	국가 또는 지방자치단체의 기타의 직원
제외대상 공무원		군인과 선거에 의해 취임하는 공무원(대통령, 국회의원 등)

〈표 2〉 공무원연금 기여금 부담금(보수월액, 2010년 이후 기준소득월액)

1960년	1969년	1970년	1996년	1999년	2001년	2010년	2011년	2012년~현재
2.3%	3.5%	5.5%	6.5%	7.5%	8.5%	6.3%	6.7%	7%

한편 사학연금은 「사립학교교원법」이 1973년 12월 20일에 제정·공포된 후 1975년 부터 시행되었다. 사학연금의 운영에 관한 사항은 교육부에서 관장한다.

2. 공무원연금

1) 적용대상

공무원연금제도는 「국가공무원법」·「지방공무원법」, 그 밖의 법률에 의한 공무원(정규공무원)과 기타 국가 또는 지방자치단체의 기타의 직원(정규공무원 외의 공무원)을 가입대상으로 하고 있다. 그러나 군인과 선거에 의해 취임하는 공무원(대통령, 국회의원 등)은 가입대상에서 제외되고 있다.

2) 재정

공무원연금의 각종 연금급여 지급 등 공무원연금 사업에 소요되는 비용을 충당하기 위해 연금수혜자인 공무원과 사용자인 국가 또는 지방자치단체가 공동으로 비용을 부담한다. 2013년 현재 공무원이 매월 기준소득의 7%를 기여금으로 납부하고 국가나 지방자치단체가 보수예산액의 7%를 부담금으로 납부하고 있다. 다만 사용자 책임급여인 재해보상급여와 퇴직수당에 소요되는 비용 및 재해부조금과 사망조위금에 소요되는

〈표 3〉 공무원연금급여의 종류

장기급여	퇴직급여	퇴직연금(또는 조기퇴직연금), 퇴직연금일시금, 퇴직연금공제일시금, 퇴직일시금
	장해급여	장해연금, 장해보상금
	유족급여	유족연금, 유족연금부가금, 유족연금특별부가금, 유족연금일시금, 유족일시금, 유족보상금, 순직유족연금 및 순직유족보상금
	퇴직수당	
단기급여	공무상요양비, 공무상요양일시금, 재해부조금, 사망조위금	

비용은 국가나 지방자치단체가 전액을 매년 부담한다.

3) 급여

공무원연금의 급여는 현재 장기급여 13종, 단기급여 4종 등 총 17종의 급여가 실시되고 있다. 단기급여란 공무원의 공무로 인한 질병·부상과 재해에 대해 지급되는 부조 성격의 급여를 의미하고, 장기급여는 공무원의 퇴직·폐질 및 사망에 대해 지급되는 소득보장 성격의 급여를 말한다. 장기급여는 보수월액과 재직기간을 기초로 산정되며, 이때 재직기간은 33년을 초과할 수 없다.

급여액 산정의 기준이 되는 것은 보수월액과 재직기간(공무상요양비는 제외)이다. 다만, 퇴직연금 및 유족연금의 산정 기초는 평균보수 월액이다. 그리고 일시금과 퇴직수당 등은 최종 보수월액을 기준으로 한다.

(1) 장기급여의 지급요건과 지급수준

장기급여 중 소득보장을 위한 급여에는 퇴직급여와 유족급여가 있다. 이 급여는 제도가입자가 퇴직이나 사망으로 소득을 상실했을 때 본인이나 유족에게 사회보험방식에 의해 지급한다. 가입기간이 20년 미만인 경우에는 일시금으로 지급하고, 20년 이상인 경우에는 연금, 일시금 또는 공제일시금 중에서 선택할 수 있도록 되어 있다.

가. **퇴직급여**: 공무원이 20년 이상 재직하고 퇴직한 때에는 퇴직연금(또는 조기퇴직연금)·퇴직연금일시금·퇴직연금공제일시금 중 한 가지 급여를 선택해 지급받을 수 있으며, 20년 미만 재직하고 퇴직한 때에는 퇴직일시금을 지급받을 수 있다. 퇴직수당은 사용자부담급여로서 민간의 「근로기준법」상의 퇴직금에 해당한다.

〈표 4〉 공무원연금 퇴직 관련 급여체계

종류		지급요건	지급액
퇴직급여	퇴직연금(또는 조기퇴직연금)	공무원이 20년 이상 재직하고 퇴직한 때	재직 기간과 기준소득을 기초로 산정
	퇴직연금 일시금	20년 이상 재직 후 퇴직한 공무원이 퇴직연금에 갈음해 일시금으로 지급받고자 할 때	
	퇴직연금 공제일시금	20년 이상 재직 후 퇴직한 공무원이 20년을 초과하는 재직기간 중 일부 기간을 일시금으로 지급받고자 할 때	
	퇴직일시금	공무원이 20년 미만 재직하고 퇴직한 때	
퇴직수당		공무원이 1년 이상 재직 후 퇴직 또는 사망한 때	

퇴직수당은 퇴직한 때에는 일시불로 지급한다. 재직연수 매 1년에 대해 기준소득
월액의 일정비율을 지급한다.

나. 유족급여: 공무원 또는 공무원이었던 자(장해연금 또는 퇴직연금 수급권자 등)가 사
망했을 때 유족에게 지급된다. 유족급여와 종류와 지급요건, 그리고 지급액은
<표 5>와 같다.

다. 장해급여: 공무수행 중 질병 또는 부상으로 폐질 상태로 퇴직한 때 또는 퇴직 후
3년 이내에 그 질병 또는 부상으로 폐질 상태로 된 때에는 그 폐질 정도에 따라

〈표 5〉 공무원연금 유족 관련 급여체계

종류	지급요건	지급액
유족연금	20년 이상 재직한 공무원이 재직 중 사망한 때 퇴직연금 또는 장해연금수급자가 사망한 때	퇴직연금액, 장해연금액 또는 조기퇴직연금의 70%(2010년 이후 임용자는 60%)
유족연금 부가금	20년 이상 재직한 공무원이 재직 중 사망해 유족연금을 청구한 때	퇴직연금일시금의 25%
유족연금 특별부가금	퇴직연금 수급권자가 퇴직 후 3년 이내에 사망한 때	퇴직 당시의 퇴직연금일시금 × 0.25 × (36 − 퇴직연금수급월수)×1/36
유족연금 일시금	20년 이상 재직한 공무원이 재직 중 사망해 유족연금에 갈음해 일시금으로 지급받고자 할 때	퇴직연금일시금과 동액
유족 일시금	20년 미만 재직한 공무원이 사망한 때	퇴직일시금과 동액
유족 보상금	공무상 질병 또는 부상으로 재직 중 사망하거나 퇴직 후 3년 이내에 그 질병 또는 부상으로 사망한 때	기준소득월액기준
순직유족연금 및 순직유족보상금	공무상 순직요건에 해당하며 사망한 때	기준소득월액기준

〈표 6〉 공무원연금 장해 관련 급여체계

종류	지급요건	지급액
장해연금	공무상 질병·부상으로 폐질 상태로 되어 퇴직한 때 또는 퇴직 후 3년 이내에 그 질병 또는 부상으로 폐질상태로 된 때	폐질의 정도(1~14급)에 따라 보수연액의 80%~15%
장해보상금	장해연금에 갈음해 일시금으로 지급받고자 할 때	장해연금액의 5년분

장해급여를 지급받을 수 있다.

(2) 단기급여의 지급요건과 지급수준

가. **공무상요양비**: 공무수행 중 질병 또는 부상을 입어 요양승인을 받은 경우 실제 요양기간인 2년 범위 안에서 요양에 소요되는 비용이 지급된다. 다만 의료보험수가 비적용 진료비(특진·특수약제 및 치료제 등)와 노동부 산재보험 요양비 산정기준 초과 및 비적용 요양비(체외고정기구·화상압력장갑·특수보조기 등)는 지급대상이 되지 않는다.

나. **공무상요양일시금**: 공무수행 중 질병 또는 부상을 입어 2년간 공무상요양비를 받아 치료했으나 완치되지 않은 경우에는 향후 1년간의 범위 안에서 요양에 소요될 예상비용을 일시에 지급받을 수 있다.

다. **재해부조금**: 공무원의 주택이 수재·화재·기타재해로 소실·유실·파괴된 경우는 재해의 정도에 따라 지급받을 수 있다. 그 요건은 공무원 또는 그 배우자 소유의 주택이거나 공무원이 상시 거주하는 주택으로서 공무원 또는 그 배우자의 직계

〈표 7〉 공무원연금 단기급여체계

종류		지급요건	지급액
공상급여	공무상요양비	공무상 질병·부상으로 요양기관에서 요양을 할 때	동일한 질병 또는 부상에 대해 실제 요양기간 2년 범위 내의 요양에 소요된 금액
	공무상요양일시금	공무상요양비를 받는 실제요양 기간이 2년을 경과해도 그 질병 또는 부상이 완치되지 아니한 때	공무상요양기간 경과 후 추가 소요될 비용으로서 1년간 요양에 소요될 비용의 범위 내
부조급여	재해부조금	공무원이 수재·화재 기타 재해로 재산상의 손해를 입은 때	주택건물의 소실·유실 또는 파괴 정도에 따라 차등
	사망조위금	공무원 또는 공무원의 배우자, 직계존속 및 배우자의 직계존속이 사망한 때	사망한 자의 사망일이 속하는 달의 당해 공무원의 직급·호봉에 상당하는 기준소득액 기준

존·비속 소유의 주택이 피해를 입은 경우로서 1인에게만 지급된다.

라. 사망조위금: 공무원 본인, 공무원의 배우자 및 직계존속과 배우자의 직계존속이 사망한 경우 지급된다. 다만 공무원의 계부모·계조부모·직계비속의 사망과 공무원의 주민등록표에 등재되지 아니한 배우자의 직계존속이 사망한 경우에는 지급대상이 되지 않는다.

4) 관리운영체계

공무원연금은 안전행정부장관이 제도의 관리운영을 관장하고 있으며, 공무원연금공단은 공무원연금업무의 집행을 담당한다. 참고로 1982년 공무원연금공단이 설립되어 기존의 공무원에 대한 후생복지사업이었던 대부사업과 주택사업에 복지시설사업 등이 추가되면서 현재 다양한 복지사업이 실시되고 있다.

3. 군인연금

1) 적용대상

군인연금은 현역 또는 소집되어 군에 복무하는 군인에게 적용하는데, 다만 지원에 의하지 아니하고 단기 의무복무로 임용된 하사관 및 병에게는 재해보상금에 한해 이를 적용한다.[1]

2) 재정

군인연금을 운영하기 위한 기금은 군인이 납부하는 기여금과 국고가 부담하는 부담금 및 그 이자로 조성한다. 군인연금특별회계에서는 매 회계연도의 예산에 계상된 적

---

1) ① 군인이 질병 또는 공무상 부상을 당하거나, 사망한 경우에는 재해보상금을 지급한다(<개정 87.11.28>). ② 제1항의 재해보상금의 액과 그 지급에 관해 필요한 사항은 대통령령으로 정한다(「군인연금법」, 제31조).

〈표 8〉 특수직역연금 평균 퇴직연령 비교

일반직 공무원	◦ 5급 이상 : 60세 ◦ 6급 이하 : 57세
교육공무원	일률적으로 62세(고등교육법에 의한 대학교원 등은 65세)
군인	계급에 따라 차이 ◦ 장교의 경우 대위 이하 43세, 대령 56세, 대장 63세 ◦ 준사관, 원사 55세, 상사 53세

립금 및 세입·세출의 결산상 잉여금을 기본 재원으로 하고 기금운영수익을 수익적 재원으로 하여 기금을 조성하고 있으며, 이렇게 조성된 연금기금으로 연금은 물론 군인의 전세자금 및 주택자금을 대부해주거나 복지증진사업을 실시하고 있다.

군인은 매월 기준소득월액 7%를 기여금으로 국고에 납부한다. 여기에서 기존소득월액이란 군인의 계급과 복무기간에 따라 지급되는 과세소득수준의 총소득이다. 다만 기여금 납부기간이 33년을 초과한 때에는 납부의무가 소멸된다.

국고부담금은 군인의 정원에 따라 책정되는 회계연도 보수예산의 7%이고, 이와 별도로 퇴직수당의 지급에 소요되는 비용과 관리에 소요되는 비용 역시 국가가 부담한다.

3) 급여

급여산정의 기초는 공무원연금과 동일하다. 즉, 퇴역연금 및 유족연금의 산정기초는 평균기준소득월액이다. 즉, 기준소득월액과 복무기간을 기준으로 하는데, 군인연금의 경우 전투종사기간을 3배로 계산한다는 점이 특징이다.

급여를 받을 권리는 양도, 압류 및 담보제공을 금지하고 있다. 그런데 예외적으로 「군인복지기금법」의 규정에 의한 기금의 대부 및 「국가유공자 예우 등에 관한 법률」의 규정에 의한 대부의 경우 국가에 대해 담보로서 제공할 때와 국세 또는 지방세를 체납할 때에는 예외로 한다.

그리고 퇴역연금 또는 상이연금을 받을 권리가 있는 자가 '국가나 지방자치단체의 기관 또는 「사립학교 교원연금법」 제3조 해당 학교기관' 등의 기관으로부터 보수, 기타 급여를 지급받고 있을 때에는, 그 지급기간 중 대통령령이 정하는 바에 따라서 퇴역·상이연금의 전부 또는 일부의 지급을 정지할 수 있다.

실제 군인의 경우 타 공무원에 비해 조기에 정년을 맞는다. 즉, 계급정년제로 인해

〈표 9〉 군인연금 퇴직 관련 급여체계

종류	지급요건	지급액
퇴역연금	군인이 20년 이상 복무하고 퇴직한 때(사망할 때까지 지급)	복무기간과 기준소득을 기초로 산정
퇴역연금일시금	20년 이상 복무하고 퇴직한 군인이 퇴직연금에 갈음해 일시금으로 지급받고자 할 때	
퇴역연금공제일시금	20년을 초과하는 복무기간 중 일정 기간을 일시금으로 신청하는 때(상한 13년)	
퇴직일시금	5년 이상 20년 미만 복무 후 퇴직한 때	
	5년 미만 복무 후 퇴직한 때	
퇴직수당	1년 이상 복무 후 퇴직한 때	

군인연금의 경우 지급개시연령이 급여수급조건에 포함되어 있지 않다는 점도 고려해야 할 사항이다. 또한 복무기간 산정에서 전투기간이 3배로 인정된다는 사실 역시 고려해야 한다.

(1) 퇴직급여

퇴역연금의 금액은 복무기간 매 1년에 대하여 평균기준소득월액의 1.9%이다. 다만 그 금액은 평균기준소득월액의 1,000분의 627을 초과하지 못한다. 그리고 퇴역연금과 상이연금의 지급사유가 동시에 발생할 경우 본인에게 유리한 급여를 택할 수 있다.

퇴직수당은 퇴역연금(일시금)이나 퇴직일시금 외에 별도로 받는 일시금이다.

(2) 유족급여

1996년 1월 1일부터 퇴역연금 또는 상이연금 수급권자가 퇴역연금 또는 상이연금 외에 유족연금을 함께 받게 된 경우에는 당해 유족 연금액의 2분의 1을 감해 지급한다. 「공무원연금법」 또는 「사립학교연금법」에 의한 퇴직연금 또는 조기퇴직연금을 받을 권리가 있는 자가 「군인연금법」에 의해 유족연금을 함께 받게 된 경우에는 당해 유족연금액의 2분의 1을 감해 지급한다.

(3) 재해보상급여

재해보상금의 급여 제한은 다음과 같다.

○ 법 제33조 제1항 또는 제3항에 해당하는 자
○ 본인의 고의 또는 중대한 과실로 인해 재해보상금의 지급사유가 발생한 자

〈표 10〉 군인연금 유족 관련 급여체계

구분	지급요건과 기간	지급액
유족연금	1. 퇴직연금을 받을 권리가 있는 사람이 사망한 경우 2. 상이연금을 받을 권리가 있는 사람이 사망한 경우 3. 복무 중 공무를 수행하다가 사망하거나 공무상 질병 또는 부상으로 인하여 사망한 경우	◦ 1, 2의 경우: 퇴직연금액 또는 상이연금액의 60% ◦ 3의 경우: 20년 미만 복무한 경우 사망 당시 기준소득월액의 35.75%, 20년 이상 복무한 경우 42.25%
유족연금 일시금	퇴직연금을 받을 권리가 있는 자가 군복무 중 사망한 경우 유족이 원할 때	◦ 퇴직일시금액 - 유족연금과 유족연금부가금과 갈음해 지급 ◦ 퇴직수당
유족연금 부가금	20년 이상 복무한 군인이 복무 중 사망해 유족연금을 청구한 경우	◦ 퇴직연금일시금액의 25%
유족 일시금	20년 미만 복무 후 공무 중 사망자의 유족	◦ 퇴직일시금액 ◦ 퇴직수당 ◦ 사망조위금, 사망보상금

〈표 11〉 군인연금 재해 관련 급여체계

구분	지급요건과 기간	지급액
상이연금	공무상 질병·부상으로 인해 폐질 상태로 퇴직한 때	상이등급에 따라 기준소득월액의 32.5%~52%
사망조위금	현역군인 및 그 배우자와 직계존속이 사망한 때	사망자에 따라 기준소득월액의 65%~195%
사망보상금	복무 중 사망한 때 * 보훈처 지급	전사, 순직 등 사망기준에 따라 기준소득월액의 23.4배~57.7배
장애보상금	복무 중 질병에 걸리거나 부상으로 군병원에서 전역하는 경우 * 각군 지급	장애등급에 따라 기준소득월액의 2.6배~7.8배
재해부조금	수재, 화재 등으로 재산상 손해를 입은 경우	손해정도에 따라 군인 전체 기준소득월액 평균액의 4배 범위 내

◦ 복무기간이 1년 미만(입원기간을 제외한다)인 자로서 공무 외의 원인으로 질병에 걸리거나 또는 부상인 자
◦ 외국에 파견된 자로서 그 파견기간 중에 질병에 걸리거나 부상 또는 사망한 자 중 정부로부터 이 영(令)에 의한 재해보상금 외의 재해보상금을 받게 된 자 등이다.

(4) 공무상요양급여

공무상요양비는 군인이 공무상 질병 또는 부상으로 요양을 요하는 경우에 이에 해당되는 치료비를 지급하는 보장형태를 의미한다.

이때 요양기간은 동일한 질병 또는 부상으로 요양하는 경우는 10일이며, 질병 또는 부상의 정도가 국방부장관이 정하는 기준에 해당하는 경우는 20일이다. 그리고 요양비 산정에서 요양비는 요양기간에 소요된 실질치료비를 말한다.

4) 관리운영체계

군인연금은 타 공적연금과 달리 별도의 기금운용을 위한 공단을 가지고 있지 않다. 국방부 인사복지실 복지보건관 군인연금과에서 군인연금 기획, 제도 및 재심위원회 운영을 비롯해 예산·집행·결산 등의 군인연금운영과 재해보상급여 심의회를 운영하고 기금관리(기금운용, 심의, 대부)를 담당한다.

4. 사립학교교직원연금

1) 적용대상

사학연금의 적용대상은 초등학교부터 대학교에 이르는 모든 사립학교와 사립특수학교, 그리고 이를 설치·운영하는 학교경영기관에서 근무하는 정규 교직원이다(당연적용).[2] 도입 시에는 교원만을 대상으로 했으나, 현재는 직원을 포괄한 교직원 전체를 대상으로 하고 있다. 또한 사립학교 중 유치원, 각종학교, 기술학교, 공민학교 등의 정규 교직원과 법률에 의해 대학원을 설치·운영하는 연구기관의 교수요원 및 연구요원도 소속기관이 교육부장관의 지정을 받으면 그 대상이 될 수 있다(임의적용).

한편 교직원 업무 수행자 중 임시적, 조건부 또는 무보수 교직원, 정원 외의 사무직원은 적용 예외자로서 적용대상에서 제외된다.

---

2) 국·공립학교 교직원은 그 신분이 공무원이므로 공무원연금 적용대상이 된다.

〈표 12〉 사학연금 적용대상

구분		범위
대상 교직원	교원	「사립학교법」 제54조의 규정에 의해 그 임명에 관해 관할청에 보고된 자
	사무직원	「사립학교법」 제70조의 규정에 의해 정관상 정원의 범위 내에서 임명된 자
법적용 제외 대상		임시로 임명된 자, 조건부로 임명된 자 및 보수를 받지 아니하는 자
적용범위		◦ 당연적용대상학교 　-「사립학교법」 제3조에 규정된 사립학교 및 학교경영기관 　-「초·중등학교법」 제3조 제5호의 특수학교 중·사립학교 및 학교경영기관 ◦ 임의적용대상학교 　- 기타 사립학교 중 교육부장관이 지정하는 사립학교와 학교경영기관 및 연구기관

2) 재정

부담금은 급여의 주요 재원이 되는 것으로 개인부담금(교직원 본인), 법인부담금(학교경영기관·법인), 국가부담금(국가), 재해보상부담금(학교경영기관·법인) 및 퇴직수당부담금(국가, 학교경영기관·법인, 공단)을 합한 금액을 말한다.

'개인부담금'은 교직원이 그가 임명된 날이 속하는 달로부터 퇴직한 날의 전날 또는 사망한 날이 속하는 달까지 이를 부담한다. 개인부담금 납부기간이 33년을 초과한 자는 개인부담금을 납부하지 아니한다. 한편 개인부담금은 기준소득월액의 7%이다.

'법인부담금'은 원칙적으로 학교경영기관이 부담하되, 학교경영기관이 당해 학교에 소요되는 법인부담금의 전액을 부담할 수 없을 때에는 그 부족액을 학교에서 부담하게 할 수 있다. 학교에서 법인부담금의 일부를 부담하는 경우, 교원은 개인부담금의 60%만 부담하지만 사무직원의 경우 개인부담금 전액을 부담한다. 다만 퇴직수당 지급에 소요되는 비용에 대해서는 공단이 그 일부를 부담할 수 있으며, 국가는 공단에서 부담하는 비용을 제외한 나머지 비용에 대해 그 일부 또는 전부를 부담한다.

2012년 이후 법인부담금은 개인부담금의 약 59%이며, 국가부담금은 개인부담금의 약 41%이다.

3) 급여

급여제도 등 제도의 기본내용은 공무원연금제도와 동일하다. 재직기간이 길수록 급

〈표 13〉 사립학교교직원연금 급여의 종류

재직 중 급여		공무상요양비, 공무상요양일시금, 재해부조금, 사망조위금
재직 후 급여	퇴직급여	퇴직연금, 퇴직연금일시금, 퇴직연금공제일시금, 퇴직일시금
	장해급여	장해연금, 장해보상금
	유족연금	유족연금, 유족연금부가금, 유족연금특별부가금, 유족연금일시금, 유족일시금, 유족보상금
	퇴직수당	

여율이 높아지고, 20년 이상이 되면 퇴직연금을 받을 수 있는 등 장기근속자를 우대한다. 교직원이 퇴직 시 지급받는 급여는 교직원 각자의 기준소득월액과 재직기간을 산정기초로 하고 있다. 급여의 계산에서 기준소득월액은 공무원연금과 동일하다. 다만 퇴직연금 및 유족연금의 산정기초는 평균 기준소득월액(급여사유가 발생한 이전 3년간의 기준소득월액의 평균치)이다.

급여는 장·단기 급여로 구분되는데, 교직원이 재직 중 직무로 인해 질병·부상이 있거나 화재·홍수 등으로 주택에 재해를 입었을 때 또는 교직원 배우자 또는 직계존속이 사망했을 때에는 단기급여를 지급하고, 교직원이 퇴직·폐질 또는 사망한 때에는 장기급여를 지급한다.

각종 급여는 그 권리를 가질 자의 신청을 받아 관리공단이 결정한다. 다만 대통령령으로 정하는 급여의 결정은 사립학교 교직원연금 급여심사회의 심사를 거쳐야 한다. 그리고 급여를 받을 권리는 이를 양도하거나 담보로 제공할 수 없다. 다만 연금인 급여를 받을 권리를 금융기관에 담보로 제공하는 경우 및 국세징수의 예에 의해 체납처분을 하는 경우에는 예외로 하고 있다.

(1) 장기급여

가. **퇴직급여**: 재직기간 20년 미만으로 퇴직할 때는 퇴직일시금을 지급하며, 그중 재직기간 5년 이상으로 퇴직할 경우 5년 미만의 '퇴직일시금'과 다른 계산방법으로 계산해 지급한다.

또한 20년 이상 재직하고 퇴직한 때에는 퇴직연금·퇴직연금일시금·퇴직연금공제일시금 중 한 가지 급여를 선택해 지급받을 수 있다. 즉, 재직기간 20년 이상으로 퇴직한 후 일부를 일시금으로 원할 경우 20년을 초과하는 재직기간 중 본인이 원하는 일부 기간 분은 일시금으로 지급되며 나머지 기간 분에 대해서는 연금으

〈표 14〉 사립학교교직원연금 퇴직 관련 급여체계

종류	지급요건	지급액
퇴직연금	재직기간 20년 이상으로 퇴직해 연금을 원할 때	재직년수와 기준소득월액을 기초로 산정
퇴직연금일시금	재직기간 20년 이상으로 퇴직해 일시금을 원할 때	
퇴직연금공제일시금	재직기간 20년 이상으로 퇴직해 일부는 일시금을 원할 때	
퇴직일시금	재직기간 5년 미만으로 퇴직할 때	
	재직기간 5년 이상 20년 미만으로 퇴직해 일시금을 원할 때	
퇴직수당	1년 이상 재직 후 퇴직 또는 사망한 경우	

〈표 15〉 사립교직원연금 유족 관련 급여체계

구분	지급요건과 기간	지급액
유족연금	재직기간 20년 이상인 교직원이 사망해 유족이 연금을 원할 때	퇴직연금액의 60%에 상당하는 금액
유족연금 부가금	재직기간 20년 이상인 교직원이 사망해 유족연금을 원할 때	퇴직연금일시금(생존퇴직시의 일시금) × 1/4
유족연금 특별부가금	퇴직연금 수급개시(퇴직일이 속하는 달의 다음 달) 후 3년 이내에 사망한 때	퇴직연금일시금/4 × (36 - 연금수급월수) / 36
유족연금 일시금	재직기간 20년 이상인 교직원이 사망해 유족이 일시금을 원할 때	퇴직연금일시금액과 동일
유족일시금	재직기간 20년 미만인 교직원이 사망한 때	퇴직일시금의 산정방식과 동일
유족보상금	직무상 질병·부상으로 재직 중 사망하거나 퇴직 후 3년 이내에 그 질병·부상으로 인해 사망한 때	기준소득월액의 23.4배

〈표 16〉 사립교직원연금 장해 관련 급여체계

종류	지급요건	지급액
장해연금	공무상 질병·부상으로 폐질상태가 되어 퇴직하거나 퇴직 후 3년 이내에 폐질상태가 된 때	장애등급에 따라 기준소득월액의 52%~97.5%
장해보상금	장해연금 대신에 일시금을 원할 경우	장해연금의 5년분에 상당하는 금액

로 받을 수 있다.

나. **유족급여**: 유족보상금은 재해보상급여로서 요건에 해당될 경우 퇴직급여 또는 유족급여를 받는 경우에도 함께 받을 수 있다. 그리고 급여 사유발생일로부터 5년 이내에 신청해야 한다.

다. **장해급여**: 장해연금이나 장해보상금은 재해보상급여의 요건에 해당될 경우 퇴직급여를 받는 경우에도 함께 받을 수 있다.

(2) 단기급여

교직원이 직무상 부상 또는 질병으로 요양을 하는 경우에는 직무상 요양비를 최장 2년까지 지급한다. 요양기간 2년이 만료된 후에도 완치되지 않았을 때에는 1년 이내에 소요될 소요진료비 전액을 직무상 요양일시금으로 지급한다.

화재·홍수·호우·폭설·폭풍·해일과 이에 준하는 자연적 또는 인위적인 재해로 교직원 또는 그 배우자 소유의 주택(공동주택의 지분을 포함한다), 교직원이 상시 거주하는 주택 으로서 교직원 또는 배우자의 직계존비속 소유의 주택이 피해를 입은 경우에는 재해 부조금을 지급받을 수 있다.

4) 관리운영체계

사학연금은 사립학교교직원 연금공단에서 관리·운영하는데, 연금 등 각종 급여의 지급과 이에 소요되는 비용의 징수, 조성된 연금자산의 운용 및 교직원을 위한 복지후생 사업을 수행한다.

5. 문제점 및 개선과제

특수직역연금의 문제점으로 가장 먼저 지적되는 것은 세 가지 연금제도에서 비록 시기의 차이는 있으나 공통으로 나타나는 재정불안정 문제라 할 수 있다. 우선 공무원 연금은 과거 재직세대의 경우 보험료와 연금급여 수준의 차이가 30년 가입하는 경우 5~6배나 되었고, 군인연금의 경우는 공무원연금보다도 비율이 더욱 높게 되어 있었다. 이에 따라 공무원연금은 1990년대 후반 이후 적자가 발생했으며 이후에도 계속 증가 할 것으로 예상된다.

이에 따라 2000년에 이어 2010년 「공무원연금법」 개정을 통해 재정안정대책이 도입 되었으나 재정의 상당 수준을 국가에서 국민이 낸 세금에 의해 충당하도록 하고 있어 한계를 드러내고 있다. 군인연금은 이미 1977년 이후 국고보조에 의해 연금급여지출을 충당했으며, 앞으로도 매년 6,000억에서 1조 원의 재정지원이 있어야 하는 실정이다.[3]

또한 최근 법 개정을 통해 공무원연금의 재정적자 누적으로 재정안정을 위한 제도개선이 이루어져 보험요율의 인상과 함께 매년 급여에 소요되는 부족분을 국고에서 보전하도록 했다. 그러나 이러한 개선 방식은 단기적인 재정안정 효과는 기대할 수 있으나, 장기적으로는 재정적자의 규모가 커지게 됨에 따라 국고보조도 급속히 증가하게 되어 장기적으로는 재정 불안정 요인으로 작용할 것으로 예상된다. 따라서 매년 특수직역에 모자라는 재정적자 분을 국고에서 전액 보전하는 현재의 방식을 재고할 필요가 있다.

따라서 우선적으로 필요한 과제는 법 개정에 따른 정확한 재정 추계와 국고지원수준의 변화를 예측하고 수급구조의 변화를 분석해 장기적인 재정 전망에 따라 국고지원의 방식에 대한 새로운 논의가 있어야 할 것이다.

다음으로 특수직역연금제도에서 공통적으로 제외되어 있는 공무상 재해 이외의 사고나 질병에 의한 장해나 사망에 대해 보장이 이루어지지 않고 있는 문제에 대해서도 시급히 개선이 이루어져야 할 것이다. 근로자는 산재보험뿐만 아니라 산재가 아닌 사고 등으로 인한 장해나 사망의 경우에 국민연금에 의해 보장이 이루어지고 있는 반면 오히려 특수직역의 경우는 20년 미만의 가입자에 대한 보장 규정이 마련되어 있지 않아 사회보장으로서의 기능에 커다란 한계를 드러내고 있는 점을 감안해 이에 대한 보장 기능을 확보하도록 하는 조치가 마련되어야 할 것이다.

이 외에 특수직역과 다른 사회보험 간의 제도적 연계가 이루어지지 않는 문제점 또한 해결되어야 한다. 현행 체제에 의하면 가입자가 특수직역 내에서 직업 이동이 있는 경우 이에 대한 연계가 자동으로 이루어지도록 되어 있으나, 국민연금의 가입대상이 되는 경우에는 가입에 대한 제도 간 연계가 이루어지지 않아 보장의 효율성이 떨어지게 된다. 따라서 직업이동에 따른 연결성 확보는 노동시장에서의 유연성 확보와도 직결되는 만큼 해결해야 할 중요한 과제라 할 것이다.

---

3) 특히 군인연금의 경우 그 직업적·신분적 특수성으로 인해 재정에 추가적인 영향을 미쳤는데 그 내용은 다음과 같다. ① 군인은 타 공무원에 비해 조기에 정년을 맞는다. ② 군인들의 근무환경이 열악하므로 많은 재해가 발생한다. ③ 군인들의 전투기간 근무는 2배수의 근무를 추가로 인정하게 된다. ④ 퇴역연금대상자 중 퇴역연금을 선택하는 사람이 퇴역일시금을 선택하는 사람보다 타 연금에 비해 많다(1963년부터 1982년까지 21년 동안 연금해당자에 대해 퇴역연금일시금 선택의 기회를 법적으로 부여하지 않고 퇴역연금만을 지급함). ⑤ 조기퇴직과 평균수명 연장에 따른 연금수령기간의 연장으로 기금의 조기적자 현상을 가중시켰다는 점이다.

참고문헌

강욱모 외. 2006. 『21세기 사회복지정책』. 청목출판사.

김성천 외. 2008. 『사회복지학의 원리와 실제』. 학지사.

김진수. 2006. 「국민연금기금의 복지사업 당위성과 정책방향 연구」. 한국사회복지학회. ≪한국
　　　사회복지학≫, 제58권 제3호.

김태성·김진수. 2006. 『사회보장론』. 청목출판사.

백화종. 2005. 「사회안전망 사각지대 해소를 위한 정책과제 및 우선순위 선정」. 한국보건사회연
　　　구원. ≪보건복지포럼≫, 제104호.

한국복지연구원 편. 2011. 『2010~2011 한국의 사회복지』. 한울.

Gilbert, N., H. Specht and P. Terrell. 1993. *Dimensions of Social Welfare Policy*(3rd Ed). New Jersey:
　　　Prentice-Hall.

Tompson, L. 1998. *The Social Security Reform Debate: In Search of a New Consensus*. Geneva: International
　　　Social Security Association.

공무원연금공단. http://www.geps.or.kr.

국민연금공단. http://www.nps.or.kr.

국방부. http://www.mps.go.kr.

사립학교교직원연금공단. http://www.ktpf.or.kr.

법령: 「공무원연금법」, 「군인연금법」, 「사립학교교직원연금법」.

한국의 국민건강보험제도

❙ 이혜경*

1. 서론

한국에서 1977년 의료보험이란 명칭으로 본격적으로 사회보험으로서의 건강보험제도가 도입되었다. 그 후 12년 후인 1989년 '전국민 의료보험'을 달성했고 2000년에는 조합주의에 입각하여 운영되던 의료보험제도가 통합되어 국민건강보험으로 거듭나게 되었다. 국민건강보험제도는 국민의 질병·부상에 대한 예방·진단·치료·재활과 출산·사망 및 건강증진에 대해 보험급여를 실시함으로써 국민보건을 향상시키고 사회보장을 증진하는 것을 목적으로 하는 사회보험제도이다. 국민건강보험제도를 크게 보면 질병 등의 의료로 인한 경제적 문제를 사회적으로 보장하는 의료보장에 포함되는데, 한국 의료보장은 공공부조의 일환으로서의 의료급여와 사회보험제도로서의 국민건강보험으로 이원화되어 있다.

사회보험의 원리에 입각한 건강보험의 원칙을 살펴보면 다음과 같다. 첫째, 사회적 연대의 원칙에 따라 기여의 형평성과 급여의 충분성이 보장되어야 한다. 둘째, 모든 국민에게 보편적으로 의료서비스가 제공되어야 하며 적용범위는 전 국민을 포함하는 포괄성을 지녀야 한다. 셋째, 충분한 재정을 확보해 재정의 안전성을 도모해야 하며, 이를 위해서는 가입자의 수가 충분히 커서 위험 분산이 이루어져야 한다. 넷째, 관리 기

---

* 평택대학교 사회복지학부 교수.

구를 통합하고 민주화해 관리운영의 효율화를 극대화해야 한다. 다섯째, 의료의 특성
상 의료가 지나친 이윤추구로 상품화되는 것을 방지해야 한다. 여섯째, 의료보험이 사
회보장제도로서 지니는 국민연대성 원칙과 국민적 통합을 이루어야 한다(남세진·조흥식,
1995: 258).

즉, 건강보험제도는 사회연대성 제고 및 소득 재분배 기능의 수행과 건강·사회보장
증진의 기능을 지니고 있으며, 그 특성으로는 ① 법률에 의한 강제가입과 강제적용, ②
1년 단위 재정수지 조정을 통한 단기보험, ③ 전 국민보험의 성격으로 질병보험의 범
주에 속하는 것 등이 있다. 또한 ④ 부담능력에 따른 보험료 차등부담, ⑤ 적용대상과
관리운영이 분리되어 있고 벌칙조항을 두고 있으며, ⑥ 예방보다는 치료 중심의 급여
제도라는 점이다(국민건강보험공단, 2005).

우선 건강보험제도의 연혁을 간단히 살펴보고자 한다. 건강보험은 한국 사회보험 중
에서 실질적으로 가장 오랜 역사를 지니고 있다. 1960년대 초 군사정권에 의해 임의보
험 형태로 소개된 이후, 1970년대 말에 와서 본격적으로 실시되다가 1980년대 말에 전
국민 의료보험이 달성되었고, 1990년에 와서는 조합주의로 운영되던 의료보험이 통합
되면서 건강보험제도로 명칭이 바뀌게 된다.

1963년 군사 쿠데타에 의한 국가재건최고회의에서 「의료보험법」이 제정되었다. 그
러나 당시 의료보험제도는 원하는 사업장만 실시하는 임의적용 방식이어서 일부 시범
사업만 실시되었지 사실상 유명무실했다. 이는 사회적 상황이 성숙하지 않았고 또한
경제적 상황도 뒷받침하지 않은 상태에서, 당시 군사정권은 정당성 확보 차원에서 「의
료보험법」 등 「사회보장법」을 제정했다고 평가할 수 있다. 1970년에 와서 강제 적용
하는 「의료보험법」으로 개정되어 종래의 근로자 이외에 공무원, 군인, 자영업자 등으
로 그 적용대상이 확대되었으나 당시의 사회적·경제적 여건과 성장 우선 논리에 밀려
그 시행령조차 마련하지 못한 채 사문화되었다.

그 후 1970년대 급격한 산업화에 힘입어 1976년 「의료보험법」이 전면 개정되었고,
1977년 7월 1일부터 500인 사업장을 대상으로 강제적용의 의료보험이 실시되었다. 즉,
한국에서 본격적인 의료보험제도가 출발하게 된 것은 1977년부터라고 할 수 있다. 당
시 도입된 의료보험제도의 특징을 살펴보면, 생활보호대상자를 제외한 전 국민을 대상
으로 하되 공무원, 사립학교 교직원, 군인은 별도로 적용시키고, 적용대상 인구를 직업
과 지역에 따라 분리해 독립적으로 설립된 의료보험조합이 적용대상자에 따라 운영하
는 조합방식이었다. 적용대상자는 종별로 구분해 1종 피보험자는 사업자의 일반근로자

〈표 1〉 의료보험제도의 주요 연혁 I

시기	내용
1997. 7. 1	500인 이상 사업장 의료보험 실시
1979. 1. 1	공·교의료보험 실시
1981. 1. 1	100인 이상 사업장 의료보험 당연적용
1981. 7. 1	지역의료보험 1차 시범사업 실시(홍천, 옥구, 군위)
1981. 12. 1	직종의료보험조합 발족
1988. 1. 1	농·어촌지역의료보험 전국 확대 실시
1989. 7. 1	도시지역의료보험 전국적 실시

를, 2종 피보험자는 나머지 인구를 설정했고, 이 중에서 2종 피보험자는 다시 지역주민을 대상으로 하는 지역의료보험과 특수직 자영자의 직종의료보험 대상자로 세분했다(보건복지부, 2004).

「의료보험법」은 강제가입 규정이 적용되나 보험료 부담 및 관리운영 측면을 고려해 1977년에는 500인 이상 고용사업장을 대상으로 실시했고, 1979년에는 300인 이상 사업장, 1981년에는 100인 이상 사업장으로 점차 확대되었다. 1982년에 와서는 100인 이하, 5인 이상 고용사업장에서도 원하는 사업장은 임의적용을 허용하다가 1986년에는 5인 이상 사업장에 대해서도 강제적용을 실시했고, 1981년에 개정된 법에 의해 이전에는 임의가입으로 되어 있던 농어민 및 자영자의 가입규정이 강제가입으로 바뀌었다(<표 1> 참조). 즉, 본격적인 의료보험제도가 도입된 지 12년 만인 1989년 '전 국민 의료보험'을 달성하게 된 것이다. 이는 가입대상자라는 측면에서 전형적인 '하향적 보편주의'를 취한 것이라 볼 수 있으며, 이런 발전과정을 보이는 가장 큰 요인은 사용자 및 가입대상자의 '재정부담 능력'을 고려한 행정적 결정이라는 점이다.

1990년대에 들어오면서 지역의료보험의 재정격차에 따른 문제점과 농어민의 과중한 보험료 부담, 국고지원 규모의 증가, 급여범위의 제한으로 인한 본인부담의 과중이라는 문제점이 나타났다. 결국 보험료의 부담과 형평성의 결여, 조합 간의 재정 불균형에 따른 급여수준의 하향, 다수 조합운영으로 인한 관리운영 체계의 효율성 등을 목표로 1997년 12월에 지역의료보험과 공·교의료보험을 통합하기 위한 「국민의료보험법」이 제정되고 1998년 10월 1일 동 법에 의한 국민의료보험관리공단이 출범하게 되었다. 이에 그동안 조합주의 방식이었던 의료보험제도 조직이 1차 통합되어 통합주의 방식으로 바뀌게 되었다.

1998년 2월 출범한 김대중 정부는 '신정부 100대 개혁과제'로 의료보험 통합을 선정

〈표 2〉 건강보험제도의 주요 연혁 II

시기	내용
1998. 10. 1	1차 의료보험 통합(공무원 및 사립학교 교직원 의료보험 및 227개 지역의료보험 통합)
2000. 7. 1	의료보험 완전 통합(국민의료보험관리공단과 139개 직장 조합) → 국민건강보험 관리공단 및 건강보험심사평가원 업무개시
2002. 1. 19	국민건강보험재정건전화특별법 제정
2003. 7. 1	지역·직장 재정 통합
2007. 7. 1	「노인장기요양보험법」 시행
2011	사회보험 징수통합(건강보험, 국민연금, 고용보험, 산재보험)

했다. 이에 따라 1999년 2월 「국민건강보험법」이 제정·공포되었으며 2000년 1월 1일 자로 의료보험 관리운영 체계의 완전 통합이 확정되었다. 이 법에 의해 2000년 7월부 터는 모든 의료보험조합의 관리운영을 국민건강보험관리공단으로 단일화하는 2차 통 합이 달성되었다. 그리고 2002년 1월에는 「국민건강보험재정건전화특별법」이 제정되 어 2003년 7월부터 건강보험의 재정이 통합되면서, 의료보험 역사 40년 만에 실질적으 로 운영과 재정이 통합된 건강보험제도가 출현하게 된 것이다.

2. 건강보험제도의 현황

1) 대상자

(1) 가입자 적용체계

현재 국내에 거주하는 국민은 모두 「국민건강보험법」에 의한 건강보험의 가입자 및 피부양자가 된다. 1977년 500인 사업장으로 실시된 의료보험의 대상범위가 계속 확대 되다가 1989년부터 '전 국민 의료보장'이 실시되어 모든 국민이 건강보험 혹은 의료급 여에 의해 의료보장을 받고 있다. <표 3>에서 보듯이 건강보험은 크게 임금소득자인 직장가입자와 비임금소득자인 지역가입자로 분류되며, 직장가입자는 다시 근로자와 공무원·사립학교 교직원으로 나뉜다. 2012년 3월 말 현재 건강보험 적용인구는 총 4,930만 명을 상회하고 의료급여 대상자까지 포함한 의료보장인구는 총인구와 유사한 5,000만 명 정도이다.

〈표 3〉 연도별 의료보장 적용인구 현황

(단위: 천 명)

구분		1980	1985	1990	1995	2000	2005	2010	2012.3
의료보장		11,368	21,254	44,110	45,429	47,466	49,154	50,581	50,951
건강보험	계	9,226	17,995	40,180	44,016	45,896	47,392	48,907	49,393
	직장계	9,161	16,425	20,758	21,559	22,404	27,233	32,384	33,549
	- 근로자	5,381	12,215	16,155	16,744	17,578	-	-	-
	-공·교	3,780	4,210	4,603	4,815	4,826	-	-	-
	지역	-	375	19,421	22,457	23,492	20,159	16,523	19,251
	직종	-	954	-	-	-	-	-	-
	임의	65	241	-	-	-	-	-	-
의료급여	계	2,142	3,259	3,930	1,413	1,570	1,762	1,674	1,557
	- 1종	642	642	695	498	811	-	-	-
	- 2종	1,500	2,616	1,959	915	759	-	-	-
	의료부조	-	-	1,276	-	-	-	-	-

주: 보험자는 연도 말 기준.
자료: 국민건강보험공단(2012).

(2) 자격관리

우선 가입자의 범위를 살펴보면 일차적으로 '국내 거주 국민 중 의료급여 대상자를 제외한 전부'이며 「국민건강보험법」 법령에 정한 취득요건을 갖춘 외국인 및 국내거소신고를 필한 재외국민 중 공단에 건강보험 적용을 신청한 자'도 포함된다. 가입자는 다시 직장가입자와 지역가입자로 나뉘는데, 직장가입자는 근로자, 사용주, 공무원·교직원 및 그 부양가족이며 지역가입자는 직장가입자를 제외한 도·농 지역주민이다.

적용 제외자로는 '「의료급여법」에 따라 의료급여를 받는 자'와 '「독립유공자 예우에 관한 법률」 및 「국가유공자 등 예우 및 지원에 관한 법률」에 의해 의료보호를 받는 자'가 있다.

피부양자의 범위는 점차 확대되어 현재 직장가입자에 의해 주로 생계를 유지하는 자로서 보수 또는 소득이 없는 자로, 구체적으로 직장가입자의 배우자, 직계존속(배우자의 직계존속 포함), 직계비속(배우자의 직계비속 포함) 및 그 배우자, 형제·자매까지 포함된다.

2) 급여

건강보험에서는 가입자 및 피부양자의 질병·부상에 대한 예방·진단·치료·재활과 출산·사망 및 건강증진에 대해 법령이 정하는 바에 따라 공단이 현물 또는 현금 형태로 급여를 제공하고 있다.

(1) 급여의 종류

건강보험의 급여형태는 의료비의 상환제도인 현금급여와 의료 그 자체를 보장하는 현물급여 두 가지 형태가 있으며, 한국은 현물급여를 원칙으로 하고 있다.

가. 현물급여

① 요양급여: 가입자 및 피부양자의 질병·부상·출산 등에 대해 진찰·검사, 약제·치료재료의 지급, 처치·수술·기타의 치료, 예방·재활, 입원·간호·이송에 대한 요양급여가 있다. 건강보험 가입자 또는 피부양자가 요양급여를 받을 때에는 그 진료비용의 일부를 본인이 부담해야 하는데, 요양급여비용 총액 중 종합병원은 50%, 병원은 40%, 의원은 30%(65세 이상은 1만 5,000원 이상은 1,500원, 1만 5,000원 초과는 요양급여비용 총액의 30%)를 자부담한다. 요양급여 일수는 365일 상한제를 실시했으나 고령자 및 만성질환자에 대한 진료편의를 위해 2005년부터 연간 요양급여 일수 제한이 폐지되었다.

② 건강검진: 건강검진은 정확한 건강검진을 통해 질병의 조기발견으로 가입자의 건강유지를 도모하고, 공단에서는 질병의 조기발견을 통한 조기치료로 재정지출을 최소화하기 위한 제도이다. 그 대상은 지역세대주, 직장가입자, 만 40세 이상의 피부양자 및 세대원이며, 당해 연도 검진 대상자 중 희망자를 대상으로 특정 암 검사를 실시하고 있다. 한편 사무직 근로자, 지역가입자, 직장피부양자는 2년마다 1회, 사무직 근로자를 제외한 직장가입자는 1년 1회 실시하고 있다.

2007년부터는 '생애전환기 건강진단제도'를 실시하고 있는데, 이는 건강상 생애 전환기 중 중년기로 접어드는 40세와 노년기로 접어드는 66세에 건강진단을 실시하는 제도이다.

〈표 4〉 건강보험의 현금급여 종류

급여종류	급여내용
요양비 (출산비 포함)	◦ 가입자 또는 피부양자가 긴급, 기타 부득이한 사유로 인해 요양기관에서 제외되는 의료기관 등에서 질병, 부상, 출산 등에 대해 요양을 받거나 출산을 한 경우 지급
본인부담액보상금	◦ 병·의원에서 진료 받고 납부한 법정 본인부담금이 매 30일에 120만 원을 초과한 경우, 그 초과금액의 50%를 보상
장애인 보장구 급여비	◦ 장애인복지법에 의해 등록한 장애인 가입자 및 피부양자에게는 보장구에 대해 보험급여 실시 - 보장구 구입금액이 유형별 기준액 이내: 실구입액의 80% - 보장구 구입금액이 유형별 기준액 초과: 기준액의 80%

자료: www.nhic.or.kr.

나. 현금급여

건강보험의 급여종류에는 요양비, 본인부담액보상금, 장애인보장구 급여비, 본인부담상한제 등이 있다. 장제비는 2008년 1월 1일부터 폐지되었고 출산전 진료비는 2008년 12월 15일 신설되었다(<표 4> 참조). 현재 한국의 건강보험은 서구 복지국가에 비해 현금급여의 종류도 다양하지 않고 그 급여수준도 매우 낮으므로 앞으로 크게 개선되어야 할 영역이다.

(2) 보험급여 실적

보험급여비 지급실적이 지속적으로 증가하고 있는데, 특히 2000년 의약분업 이후, 수차례의 수가인상으로 2001년에는 전년도 대비 46.3%나 증가했으나, 그 후 차츰 안정세를 찾아가고 있다(국민건강보험공단, 2006: 62). <표 5>에서 보듯이, 보험급여비는 계속 증가하고 있다. 2012년도를 기준으로 건강보험료에 의한 보험급여 총액은 약 39조 원이고 여기에 정부 보조금 및 담배 부담금까지 합하면 건강보험 재정은 총 46조 원을 상회하고 있다.

3) 전달체계

과거 한국 의료보험은 사회보험 형태로 다보험자 관리방식, 즉 조합주의를 택하고 있었다. 조합주의란 소득형태 등의 변수에 따라 유사한 집단별로 구분해 의료보험을 자치운영방식으로 분리 운영하는 것으로, 당시 의료보험은 전 국민을 임금소득자와 비

〈표 5〉 보험급여비 지급 추이

(단위: 억 원, %)

구분		2000	2005	2007	2009	2010.6	2011.6
계		90,418	183,659	245,755	299,697	165,134	174,707
현물급여	소계	89,026	182,241	243,830	296,415	165,190	173,234
	요양급여 (본인부담액상한제 사전지급)	87,893 (-)	179,886 (300)	239,557 (509)	289,164 (1,009)	159,736 (227)	168,299 (290)
	건강진단비	1,133	2,355	4,273	7,251	3,936	3,936
현금급여	소계	1,392	1,417	1,925	3,282	2,473	2,473
	요양비	264	175	169	213	96	96
	장제비	465	492	500	1	0	0
	본인부담보상금	601	276	204	6	0	0
	장애인 보장구 (본인부담액상한제 사후적용)	62 (-)	12 (151)	615 (436)	343 (1,690)	129 (1,584)	129 (1,584)
	출산 전 진료비	-	-	-	1,029	664	664

자료: 국민건강보험공단 www.nhic.or.kr.

임금소득자로 구별해 임금소득자 중 공무원 및 사립학교 교직원은 전국단위의 의료보험관리공단에서 관리하고, 직장 근로자들은 직장 조합별로 보험자가 구성되어 관리하며 또한 비임금소득자인 농어촌 주민 및 도시 자영자는 시·군 지역에서 별도로 보험자를 구성해 관리하고 있었다.

그러나 1997년 12월 31일 227개 지역의료보험조합과 공·교의료보험관리공단을 통합하는 「국민의료보험법」이 제정·공포되어 1998년 10월 1일부터 시행되었다. 이 법안의 시행으로 그동안의 조합주의적 다보험자체계에서 통합주의적 단일보험자 체계로 이행했으며, 이 시기 일반 근로자는 140개의 직장조합에 속했고 공무원·교직원과 도시자영자·농어민은 국민의료보험관리공단에 속했다.

1999년에 와서는 포괄적인 의료서비스 제공을 목표로 하는 「국민건강보험법」 법안이 제199회 국회에서 통과되어 2000년 7월부터 시행되면서 현재의 국민건강보험공단이라는 단일 관리체계로 완전 통합되었다.

현재 국민건강보험은 보건복지부가 건강보험제도의 관장자로서 건강보험 관련 정책을 결정하고 건강보험 업무 전반을 총괄하고 있으며, 건강보험 관련 전달체계 관련자로는 국민건강보험공단, 건강보험심사평가원, 요양기관이 있다. 국민건강보험공단은

〈표 6〉 재원조달(2012년도 기준)

구분	직장 근로자	농·어민 도시자영업자
보험료	보수월액의 5.8% - 사용자, 근로자가 각 50%씩 부담 - 사용자가 원천징수하여 공단에 납부 * 교직원은 본인, 학교경영자, 정부가 각 50%, 30%, 20%씩 부담	소득·재산(자동차 포함)의 등급별 적용점수를 합산한 보험료 부과점수에 점수당 단가를 곱한 금액
정부지원	당해 연도 보험료 예상수입액의 14%	
담배 부담금	당해 연도 보험료 예상수입액의 6%(단, 부담금 예상 수입액의 65% 이내)	

자료: www.nhic.or.kr.

건강보험 가입자 및 피부양자의 자격관리, 보험료 징수, 가입자의 건강증진업무 추진, 의료서비스 가격을 요양기관과 계약으로 정하는 등 보험재정 관리 및 포괄적 국민건강보장 주체로서의 역할을 하고 있다. 건강보험심사평가원은 심사·평가기구로서 요양기관이 제공한 의료서비스와 서비스비용의 적정성을 객관적으로 공정하게 심사·평가해 공단이 지급할 비용을 확정한다. 또한 요양기관 가입자에 대한 의료서비스를 제공하고, 서비스 비용은 공단과 계약으로 정하고 있는데, 2011년 6월 말 기준으로 8만 2,699개 기관이 등록되어 있다(www.nhic.or.kr).

4) 재원 조달

건강보험에서 주요 과제 중 하나는 재원의 효율적인 확보방안이다. 한국의 건강보험은 사회보험 방식에 의해 재원을 조달함을 원칙으로 한다.

(1) 보험료 부과·징수

<표 6>에서 보듯이, 재정은 직장가입자는 표준보수월액(소득세법상 비과세근로소득을 제외한 보수총액)을 기준으로 보험료를 산정하고 있는데 2004년도의 경우 보험요율이 4.31%였으나 2006년도에는 4.77%로, 2008년에는 5.08%, 2012년에는 5.8%로 급여수준이 향상됨에 따라 보험요율도 증가하고 있다. 지역가입자의 경우 소득금액이 500만 원 초과 세대의 경우 소득, 재산, 자동차에 따라, 소득금액 500만 원 이하 세대의 경우 생활수준 및 경제활동참가율, 재산, 자동차에 따라 보험료 부과모형을 적용해 보험료를 징수하고 있다.

건강보험의 기타 재원으로는 국고지원금과 담배 부담금이 있는데, 국고지원은 당해 연도 보험료 예상 수입액의 14%이고 담배 부담금은 당해 연도 보험료 예상 수입액의 6%이나 부담금 예상 수입액의 65%로 한정하고 있다.

(2) 보험료 경감

건강보험의 사회보험으로서의 성격을 강화하고자 다음과 같은 보험료 경감 조치를 취하고 있다. 우선 농어민·저소득 취약계층·도서·벽지 거주자는 보험료의 50%, 농어촌 거주자는 22%(의료기관 이용 접근성을 고려함), 생활이 곤란한 세대는 10~30%, 휴직자는 50%(육아휴직자는 60%), 재해세대는 30~50%(피해 정도에 따라 3~6개월)의 보험료를 감면하고 있다. 또한 65세 이상 노인 및 등록 장애인 세대는 장애인 등급 등에 따라 최고 30%까지 보험료를 감면하고 있다.

3. 건강보험제도의 문제점 및 개선방안

의료보험이란 명칭으로 시작된 건강보험제도가 본격적으로 시행된 지 35년이 지난 현재, 건강보험제도가 국민의 의료보장이라는 궁극적 목표를 일정 부분 달성한 것은 사실이나 아직 개선해야 할 문제가 산적해 있다. 2012년 7월 국민건강보험공단쇄신위원회에서는 『실천적 건강복지 플랜』을 발간했는데, OECD 대비 낮은 건강보험 보장성 문제, 만성질환 증가로 인한 의료비의 급증, 흑자·적자를 반복하는 보험재정의 불안정성, 보험료 부담의 형평성·공정성 문제 및 이로 인한 민원 급증, 보험자의 효율적 지출 관리가 어려운 거버넌스 구조 등 의료보험의 구조적 문제점들을 지적하고 있다. 이 보고서에서는 이러한 문제에 대처하기 위한 실천적 과제로 지속가능한 보장성 강화 방안, 소득 중심의 보험료 부과체계 단일화 방안, 평생 맞춤형 통합 건강서비스 제공 방안, 급여결정구조 및 진료비 청구 심사·지급체계 합리화 방안, 노인 장기요양보험제도의 개선방안을 제시하고 있다(국민건강보험공단쇄신위원회, 2012.7). 여기서는 이 보고서의 내용을 일부 포함하기는 하되, 건강보험제도의 문제점 및 개선방안을 적용대상, 급여, 전달, 재정이라는 네 측면에서 살펴보고자 한다.

1) 대상자의 문제점 및 개선방안

(1) 의료보장의 사각지대 해소

건강보험, 나아가 의료보장의 사각지대를 해소하기 위해서는 저소득층의 보험료 부담을 지원하고, 의료비 부담이 과중한 중증 질환자 등의 비용부담을 덜어주기 위한 제도적 장치가 필요하다. 우선 보험료 체납으로 급여자격을 상실한 사람들에 대한 대책이 마련되어야 할 것이다. 2006년 말 기준으로 볼 때, 장기체납자는 135만여 세대 266만 명으로 이는 전체 건강보험 대상자의 7.6%에 이른다. 이들 중 상당수가 생계형으로 파악되고 있는데, 이들에 대해 분할납부, 면제, 의료급여로의 전환 등의 조치를 더욱 확대할 필요가 있다. 또한 건강보험뿐만 아니라 공공부조의 일환으로 실시되는 의료급여 수급권자의 범위를 좀 더 확대하는 방안도 검토해볼 필요가 있다.

(2) 가입자 자격의 적정관리

현재 개인별 자격 데이터베이스를 구축·운영해 자격 점검 및 가입자에 대한 민원업무 처리와 자격변동 처리 체계가 가동되고 있다. 좀 더 효율적으로 관리를 위해 노령기 장기요양내역과 학령기의 학생검진결과를 추가하여 전 국민의 생애주기별 건강정보DB를 완성하여 만성질환 관리체계를 구축하고, 건강정보DB를 활용한 환자 맞춤형 건강정보를 제공하고, 환자 중심의 자가관리프로그램을 개발·지원하며, 공단 건강증진 사업의 수행근거를 정비할 필요가 있다.

(3) 보험가입자의 제도 참여

건강보험 가입자는 보험급여 및 가격결정과 같은 중요한 의사결정 과정에서 사실상 배제되어 있다. 이로 인해 가입자의 욕구와 보험재정의 수입과 지출이 상호 연계되지 못해 제도의 유연성이 떨어지고 있는 것이다. 건강보험제도에도 가입자들이 보험제도의 운영에 직접 참여하고 적극적으로 의견을 개진할 수 있는 제도적 장치가 좀 더 구체적으로 마련되어야 할 것이다.

2) 급여의 문제점 및 개선방안

급여에서 기본적인 현안은 급여 보장성의 확대이다. 급여 보장성은 1983년 33.4%에서 2005년 52.6%, 2008년 62%, 2010년 62.2% 등 지속적으로 증가하고는 있으나, OECD 평균 80.0%보다는 아직 현저히 낮다. 적정수준의 보험요율을 확보하는 것이 급여 보장성을 높이기 위한 전제라고 할 수 있다. 이 밖에도 건강보험 급여상의 문제점을 개선하기 위한 몇 가지 방안을 검토해보고자 한다.

(1) 고액·중증상병의 본인부담률 완화

암 같은 중증질환자의 보장률은 평균인 61.4%보다 더욱 낮은 47%(2004년 기준)로, 고액진료비로 인한 가계파탄 등의 문제가 대두되고 있다. 따라서 고액·중증상병인 암환자를 중심으로 본인부담률 완화가 절실하게 되었고, 2007년부터 본인부담률이 총진료비의 20%에서 10%로, 2010년 7월부터는 5%로 인하되었다. 제도 도입 초기에는 암, 심장질환, 뇌혈관질환 등 3대 질환만이 중증환자 등록대상이었는데, 2010년 7월부터는 중증 화상환자 및 희귀·난치성 질환자도 그 대상이다. 앞으로 중증상병의 범위가 확대되어 건강보험의 보장성이 더욱 강화되어야 할 것이다.

(2) 본인부담 상한제 개선

건강보험제도가 '질병 시 경제적 위험 대처'란 소기의 목적을 달성하기 위해서는, 고액·중증질환자에 대한 진료비 부담을 완화시킬 필요가 있다. 이런 문제를 해결하기 위해 2004년 5월부터 '건강보험적용 진료비 본인부담 상한제'를 도입했다. 본인부담 상한제는 2012년 기준으로 볼 때, 6개월간 진료비를 합산해 환자의 법정 본인부담금이 소득수준에 따라 200~400만 원을 넘는 경우에 초과진료비는 건강보험공단이 전액 부담하는 제도이다. 앞으로 보험급여 항목 간의 조정을 통해 본인부담 상한제의 지속적인 확대가 필요하다.

(3) 급여범위의 확대

급여범위를 확대할 때 과도한 재정적 부담이 없고, 의료이용·제공체계에 혼란이 없게 순차적·단계적 급여확대를 추진할 필요가 있다. 우선적으로 재난적 의료 부담을 해소해야 할 것이고, 선택진료 및 간병서비스를 급여화하며, 기타 비급여 항목을 단계적으로 급여화해가는 것이 필요할 것이다. 급여범위의 확대 문제는 항상 재정 문제와 직접적으로 연결된다. 현 건강보험 재정이 매우 불안정한 상태에서 급여범위를 확대해야 한다는 주장은 무리가 있는 것 같으나, 급여 내의 우선순위 조정, 재정의 효율적인 관리

등을 통해 필요한 급여범위는 확대하는 방향으로 정책 검토가 이루어져야 할 것이다.

(4) 노인 건강보장 강화

노인인구의 급속한 확대로 2011년을 기준으로 할 때 65세 이상 노인인구의 비중은 총인구의 11%를 차지하고 있으며 노인인구의 진료비도 총 건강보험 진료비의 33%를 상회하고 있다. 이렇게 노인인구 의료수요의 증가에 대처할 수 있는 급여 프로그램이 요구된다. 현재 노인장기요양보험이 시범사업을 걸쳐 2008년 7월부터 시행되고 있는데, 아직 보완해야 할 과제가 산적해 있다. 특히 인구고령화로 장기요양 신청자가 크게 늘어나고 있는 상황에서 매년 잦은 자격갱신에 따른 이용자 불편과 서비스의 질 문제점이 제기되고 있고, 방문요양서비스의 질 관리가 미흡하고, 주·야간보호서비스의 이용률이 저조하며, 방문간호 제고기관 부족 및 이용절차가 복잡한 등 여러 문제가 나타나고 있다. 이러한 문제점에 대처하기 위해서 인정대상자 수의 확대, 인정유효기간의 연장, 방문요양서비스의 질 향상, 주·야간보호 이용의 활성화 방안 강구, 방문간호 이용의 확대 등의 구체적 개선방안을 강구해야 할 것이다.

3) 전달체계의 문제점 및 개선방안

건강보험의 통합 이후 관리운영의 효율화가 크게 개선되었다. 우선 통합과정에서 관리운영 조직의 수가 감소했는데, 147개 조직을 감소시켜 37%의 조직 축소를 이루었다. 또한 건강보험공단 내부 인력도 감축했는데, 총 5,199명(33.2%)의 인력 감축은 단순히 인력 감소 및 예산 절감을 넘어 간부직원을 주 감축대상으로 함으로써 조직에 활력을 불어넣고 조직을 재편했다는 데서 그 의미를 찾아볼 수 있다.

그러나 건강보험제도 관리운영에서는 여전히 관리비 과다, 조직의 경직화, 획일화, 비전문화, 관료화의 문제점이 지적되고 있다. 좀 더 효율적인 건강보험제도 운영을 위해 보건복지부, 건강보험공단, 건강보험심사평가원 간 역할구분과 협력관계의 정립 방안이 모색되어야 할 것이다.

4) 재정의 문제점 및 개선방안

건강보험 재정은 최근 수년간 흑자·적자를 반복하면서 불안정한 행태를 보이고 있다. 급증하는 진료비를 조달하고 건강보험의 보장성을 강화하기 위해서는 적정한 수준의 보험료 부담을 통해 재정건전성을 확보해야 할 것이다. 이외에도 건강보험 재정의 건실화라는 문제를 해결하기 위해서는 다음과 같은 다양한 접근방법이 가능할 것이다.

(1) 보험재원의 효율적인 관리

김대중 정부 때 도입된 의약분업을 계기로 건강보험과 의료급여의 진료비가 급증해 국민건강보험은 재정위기에 처하게 되었다. 2001년 말에는 약 1조 8,627억 원의 차입 운영에 이르도록 재정이 악화되어, 이 문제를 해결하기 위해 정부는 ① 수가의 구조조정을 통해 실질적으로 수가를 인하했고, ② 허위 부정청구를 근절하기 위해 환자 수진 내역 조사를 강화하고 의료단체를 통해서만 진료비를 대행할 수 있게 했으며, ③ 보험료 징수율을 대폭 제고했다. 그 후 재정이 점차 개선되어 2004년 말 기준 단기수지 1조 5,670억 원의 흑자(누진 흑자 757억 원)를 달성했다(국민건강보험공단, 2005: 66).

최근 몇 년간 건강보험이 평균 98% 정도의 수지율을 보이고 2006년 말 누적적립금은 1조 1,798억 원, 2008년에는 2조 3,000억 원, 2011년에는 1조 7,000억 원으로 비교적 안정적인 재정을 나타내고 있다. 그러나 2013년의 경우, 보험급여 범위의 확대로 적립금이 감소할 것으로 예상되므로 보험재정 위기가 다시 오지 않도록 보험재원의 효율적인 관리가 절실히 요청된다고 할 수 있다.

(2) 국고지원금의 확대

복지국가의 주요 특성 중의 하나가 복지에 대한 '정부의 재정책임'이다. 실제 영국의 국민보건서비스(NHS)처럼 의료재정을 조세로 충당하는 국가가 있으며, 사회보험 형태를 취하고 있다고 해도 재정에서 3자(국가, 사용자, 본인) 부담의 원칙을 지키고 있다. 한국 건강보험제도는 다른 사회보험과 마찬가지로 국가는 제도만 만들고 재정은 사용자 및 본인이 전적으로 책임지는 정부는 '재정 중립'으로 출발했다. 건강보험에서 정부의 재정책임은 점차 확대되어 2011년 기준 총재정의 15.5%를 차지하고 있는데, 국민건강보험 자체 개혁안의 경우 국고지원금을 20%로 제시하고 있다(국민건강보험공단쇄신위원회, 2012: 29).

(3) 보험료 부담의 형평성 재고

건강보험제도의 통합 이후 지역과 직장 간의 보험료 부담의 형평성 문제가 계속 대두되고 있다. 고소득 자영업자 소득 파악을 위해 국세청과 과세자료 공유를 강화하고 지역가입자와 직장가입자 간 보험료 부담의 형평성을 제고해야 할 것이다. 2012년 9월 부터는 근로소득뿐만 아니라 재산소득에 대해서도 보험료를 부과하고 있는데, 이를 더욱 정교화하여 형평성과 공정성이 담보되어야 할 것이다.

4. 결론

한국 건강보험은 의료보험이란 명칭으로 1977년 본격적으로 실시된 이후 양적·질적인 측면에서 많은 변화를 겪었다. 1998년 10월부터 시행된 통합주의 단일보험자체계는 1999년 1월 통과되었고 1999년 12월 개정된 「국민건강보험법」에 의해 2000년 7월부터 통합된 국민건강보험제도로 거듭나게 된 것이다.

지금까지 건강보험제도가 양적 증가는 달성했으나 질적 수준은 아직도 미흡하다고 할 수 있다. 한국 건강보험의 보장수준은 2010년 기준으로 62.7%로 OECD 평균 80%에 크게 미달하고 있다. 더욱이 앞으로 소득 수준의 향상에 따라 국민들의 의료욕구가 더욱 높아질 것으로 예상되므로 이에 부응하는 방향으로 건강보험제도의 개선이 이루어져야 할 것이다. 특히 인구의 고령화로 인한 경제활동 인구 감소 및 의료욕구가 큰 후기 노령인구의 증가라는 사회적 상황에 건강보험제도가 적극적으로 대처할 필요성이 있다.

나아가 국민건강보험제도는 사회적 위험(Social Risk)에 대한 공동대처와 사회 불평등의 해소라는 사회보험의 궁극적 목표를 달성함으로써 사회연대성을 강화하는 방향으로 발전해나가야 할 것이다.

참고문헌

건강보험심사평가원. 2007. 『통계로 본 건강보험 30년』.

건강보험연구센터. 2003. 『OECD국가의 의료보장제도』. 국민건강보험공단.

고경석. 2003. 「건강보험제도의 발전방향」. ≪건강보험 포럼≫, 봄호.

국민건강보험공단. 2006. 『건강보험개요』.

국민건강보험공단. 2012. 「2011 건강보험주요통계」.

국민건강보험공단쇄신위원회. 2012.7. 『실천적 건강복지플랜』. 국민건강보험공단.

김창엽. 2001. 「국민건강보험의 과제: 보장성 강화」. ≪월간 복지동향≫, 8월호.

남세진·조흥식. 1995. 『한국사회복지론』. 나남출판.

보건복지부. 각 연도 『보건복지백서』.

서미경 외. 2003. 『보건의료서비스 공급체계 개선방안』. 한국보건사회연구원.

최병호. 2004. 「참여복지 5개년계획: 사회보험 분야」. 보건복지포럼.

국민건강보험공단. www.nhic.or.kr.

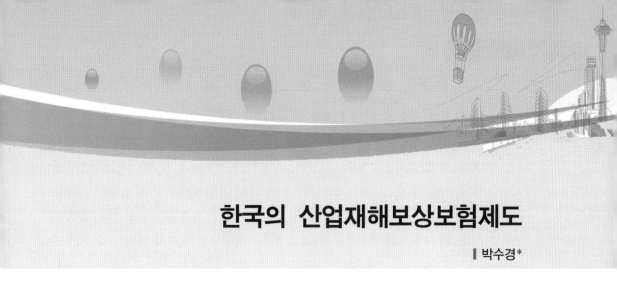

한국의 산업재해보상보험제도

▌박수경*

1. 산업재해보상보험의 발달배경 및 특성

산업재해보상보험(이하 산재보험)은 근로자의 과실 여부에 관계없이 사업장에서 업무상으로 발생하는 근로자의 재해에 대해 사용자의 보상책임을 담보해주는 사회보험제도이다. 대부분의 선진국에서 산재보험은 다른 사회보험보다 일찍 도입되었는데, 이는 산업화의 진전에 따른 산재사고의 증가로 피재근로자의 보상문제가 사용자 개인의 책임을 넘어 사고 위험이나 부담의 분산이라는 사회적인 대처의 필요성을 공감한 데서 기인한다.

일반적으로 산재보험의 보상은 업무기인성(out of employment)과 업무수행성(on the course of employment)에 기인하는 원인주의(Principle of Course)에 입각해 결정한다. 이는 사용자 또는 근로자의 과실 여부와 관계없이 사고의 원인이 업무수행성과 업무기인성이라는 사실만 확인되면 산재근로자에게 보상을 지급하는 무과실책임주의(Liability-without-Fault)에 입각해 적용하는 것을 의미한다(김진수, 1997a).

산업화 초기까지 산재보험의 사회보험제도화는 배상책임과 밀접한 관련이 있었다.

---

* 대진대학교 사회복지학과 교수.

초창기 근로자의 재해에 대한 문제는 과실책임주의에 입각해 근로자는 자신이 입은 재해가 사용자의 부주의와 과실에 기인했음을 증명해야만 사용자로부터 산재에 대한 보상을 받을 수 있었다. 이에 따라 산재근로자나 가족이 사용자 측의 과실을 입증해야 하는 어려움으로 실제 보상이 거의 불가능했으며, 이를 입증하고 소송에 이기더라도 보상은 즉시 이루어지기 어려웠다. 이후 이러한 민법상의 관계는 근로자의 재해에 대해 우선적으로 사용자의 책임을 원칙으로 하되, 사용자가 산재의 원인이 순수한 근로자의 부주의나 과실에 기인했음을 증명해야 배상책임에서 벗어날 수 있는 무과실 책임주의로 전환되었다. 그러나 산업화의 진전에 따라 사고가 대형화되고 빈번해짐에 따라 일반보험에 의한 보장이 어려워지게 되었고 따라서 근로자에게 빠르고 확실한 배상을 보장하고 기업의 안정적 발전을 위해 산재보험이 도입되었다(김태성·김진수, 2001: 283~284).

현재 산재보험은 거의 대부분의 국가에서 실시되고 있으며, 국가마다 경제사회적 여건과 문화적 배경에 따라 과실책임주의의 반영이나 사회보장적 요소를 포함하는 정도만이 다를 뿐 비슷한 산재보험제도를 발전시켜왔다. 선진 외국의 경우 산재보험은 산업화와 자본주의 발전에 따른 문제점과 불균형적 발전에 따른 사회문제, 특히 노사 간의 갈등문제에 대한 해결책으로 도입되어 발전해왔다.

이에 비해 한국 산재보험은 1964년에 사회보험제도로서는 최초로 도입되었으나, 훨씬 뒤에 도입된 의료보험이나 국민연금제도보다 적용대상의 제한이나 보험료 부담의 비형평성, 그리고 편협한 급여체제 등의 문제점을 내포하고 있어 운영 및 발전과정에서 매우 소극적이라는 평가를 받고 있다. 이는 산재보험제도의 도입이 선진외국과는 달리 산업화의 발전에 따른 부작용, 특히 노사 간의 갈등문제에 대한 해결책이라기보다는 산업화와 경제성장을 위한 준비조치로 출발한 데서 기인한다. 즉, 한국 산재보험은 과거 경제성장 우선정책의 결과로 나타난 각종 산재사고에 대한 유일한 보상제도로서의 중요성에도 불구하고, 양적·질적인 측면에서 여전히 개선할 점들이 많다. 그러나 산재보험은 지속적으로 적용범위가 확대되었고, 1991년 장해연금급여를 도입하고, 1995년에는 산재보험의 관리운영을 노동부에서 근로복지공단으로 이관한 점은 산재보험서비스의 질을 향상시키기 위한 노력으로 평가될 수 있다. 또한 2000년 7월 1일부터 산재보험 적용대상을 1인 이상의 사업장으로 확대했고, 간병급여, 급여의 최고상한제, 중소기업 사업주의 임의가입 등을 신설했다. 이와 함께 2001년 1월부터 직업재활상담원제도를 도입하고 재활 5개년계획을 수립함으로써 재활사업의 토대를 마련했고, 2008

〈표 1〉 산재보험의 당연적용대상

업종	규모
금융·보험업, 광업, 제조업, 전기·가스, 수도사업, 운수, 창고 및 통신업, 기타의 사업(수렵업 제외), 벌목업	1인 이상
임업(벌목업 제외), 어업, 농업, 수렵업	1인 이상 농업, 임업(벌목업 제외), 어업, 수렵업 중 법인이 아닌 경우 상시근로자 5인 이상
건설업	주택건설사업자, 건설업자, 전기공사업자, 정보통신공사업자, 소방시설업자, 문화재수리업자가 아닌 자가 시공하는 총 공사금액 2,000만 원 미만 건설공사 또는 연면적 100㎡ 이하의 건축물의 건축 또는 연면적이 200㎡ 이하인 건축물의 대수선에 관한 공사를 제외한 모든 공사

자료: 고용노동부(2012).

년 7월부터는 직업재활급여를 법정급여로 전환함으로써 재활사업의 정착화를 위해 노력하고 있다.

2. 산재보험제도 현황

1) 적용대상

산재보험 도입 당시에는 광업 및 제조업의 500인 이상 대규모 사업장에만 적용했으나, 1988년부터 5인 이상의 사업장으로 확대했고, 2000년 7월부터는 1인 이상 사업장까지 당연적용대상에 포함했으며, 2001년부터는 국가 및 지방자치단체에서 직접 행하는 사업까지 확대했다. 2004년에는 자영업자의 산재보험 가입근거가 마련되어 재해 노출 위험이 높은 근로자를 사용하지 않는 자영업자도 임의 가입할 수 있도록 했다. 또한 2008년 7월부터 보험모집인, 레미콘기사, 학습지교사, 골프장캐디 등 4개 특수형태근로종사자도 산재보험의 적용을 받을 수 있게 되었다.

산재보험 적용대상 추이를 보면, 1965년 도입 당시 1.9%에 불과하던 것이 1980년대에 30% 전후, 1990년대부터는 40%를 넘어섰고, 2008년 이후 55%를 넘기고 2011년 현재 57.2%까지 확대되었다.

〈표 2〉 산재보험의 적용대상 확대 추이

(단위: 개소, 명)

연도	사업장 규모	적용 업종
1964	500인 이상	광업, 제조업
1965	200인 이상	전기가스업, 운수보관업추가
1966	150인 이상	
1967	100인 이상 유기사업은 연간 연인원 25,000인 이상	
1968	50인 이상 유기사업은 연간 연인원 13,000인 이상	
1969		건설업, 수도업, 서비스업, 위생시설서비스업, 통신업, 상업 추가
1971		금융, 증권, 보험업 제외
1972	30인 이상 유기사업은 연간 연인원 8,000인 이상	상업, 서비스업 제외
1973	16인 이상 유기사업은 연간 연인원 4,200인 이상 건설공사는 공사금액 1,000만 원 이상	
1976	5인 이상	광업, 제조업 중 화학, 석탄, 석유, 고무, 플라스틱제품 제조업만 적용
1982	10인 이상 유기사업은 연간 연인원 2,700인 이상 건설공사는 공사금액 4,000만 원 이상	임업 중 벌목업 추가
1983	벌목업은 재적량 1,700m²이상	농수산물 위탁판매 및 중개업 추가
1986	5인 이상	14개 업종
1987	5인 이상	20개 업종 추가
1988	벌목업은 재적량 800m² 이상 유기사업은 년간 1,350인 이상 5인 이상	16개 업종 추가
1991	10인 이상	임업, 농업, 어업, 수렵업, 도·소매업, 부동산업, 개인 및 가사서비스업
1996	5인 이상	교육서비스업
1998	5인 이상	금융·보험업, 해외파견업
2000	1인 이상 건설업은 공사금액 2,000만 원 이상 또는 330m² 이상	금융보험업, 광업, 제조업, 전기·가스, 상수도업, 임업 중 벌목업
2001		국가 또는 지방자치단체에서 직접 행하는 사업 추가
2005		농업·임업(벌목업 제외)·어업·수렵업 중 법인에 대하여는 5인 미만 사업장까지 적용을 확대. 건설면허를 가지고 있는 사업장이 시공하는 모든 건설 공사에 대해 확대 적용
2008		보험모집인, 레미콘기사, 학습지교사, 골프장캐디 등 4개 특수형태근로종사자

자료: 고용노동부(2012).

〈표 3〉 산재보험 적용대상 추이

(단위: %)

연도	1965	1970	1975	1980	1985	1990	1995	2000	2001	2002
적용률	1.9	8.1	15.7	27.4	30.0	41.8	38.7	43.2	47.7	46.5

연도	2003	2004	2005	2006	2007	2008	2009	2010	2011	–
적용률	46.2	44.8	51.3	49.1	51.4	55.3	56.9	57.3	57.2	-

자료: 고용노동부(2012).

2) 보험료 부과체계

한국 산재보험 보험요율 부과체계는 크게 업종별 요율과 개별실적요율로 구분되며, 선납에 의한 개산보험료를 부과하고 회계연도 이후에 확정보험료와의 차액을 정산해 재조정하도록 하고 있다.

- 업종별 보험요율(100%) = 순보험요율(85%) + 부가보험요율(15%)
  - 순보험요율 = 보험급여지급률 + 추가 증가지출률
  - 부가보험요율(부가보험요율 산정을 위한 부대비용) =
    (전 산업에 균등하게 사용된다고 인정되는 비용) + (재해발생빈도에 따라
    사용된다고 인정되는 비용)
- 개별실적요율 = (해당사업 업종의 일반요율) ± (해당사업종류의 일반요율
  × 수지율에 의한 증감비율)

업종별 요율은 2011년 현재 업종별 위험등급에 따라 62개 업종으로 구분한 뒤 차등요율을 적용해 각 적용사업장의 임금총액에 곱해 보험료를 산출하는 순보험요율과, 관리운영 및 산재예방, 근로복지사업을 위한 부가보험요율을 적용하고 있다. 순보험료는 보험급여지출에 필요한 소요금액을 조달하는 것으로 해당 업종의 임금총액에 순보험요율을 적용·계산하고, 부가보험료는 관리운영비, 산재예방비, 근로복지사업, 신체장애자 건강촉진사업 등 보험사업에 소요되는 비용으로 각각 사업종류별 임금총액의 구성비율과 보험급여지급률의 구성비율에 따라 분할, 가감해 결정된다.

개별실적요율제도는 사업주의 산재예방 노력을 제고하기 위해 도입했는데, 이는 같

〈표 4〉 산재보험 보험요율 변화추이

(단위: %)

구분	1965	1975	1985	1990	1995	2000	2001	2002	2003
평균	2.3	1.32	1.49	1.64	15.0	17.6	16.7	14.9	13.6
최저	0.4	0.2	0.2	0.2	0.5	0.35	0.4	0.4	0.4
최고	6.5	9.0	14.3	24.4	35.1	30.4	31.1	31.9	34.3

구분	2004	2005	2006	2007	2008	2009	2010	2011	–
평균	14.8	16.2	17.8	19.5	19.5	18.0	18.0	17.7	
최저	0.4	0.5	0.5	0.6	0.7	0.7	0.6	0.6	-
최고	40.8	48.9	61.1	52.2	55.3	36.0	36.0	35.4	

자료: 고용노동부(2012).

은 업종이라도 산재발생률에 따라 보험료부담을 경감시키거나 가중시키기 위해, 업종별 요율을 기초로 사업장 단위의 보험수지율에 따라 법령에 따라 정해진 요율증감비율로 환산한 율을 업종별 요율에 가감한 것이다. 따라서 수지율(보험료 총액에 대한 보험급여총액의 비율)이 85%를 넘을 때 업종별 일반요율의 50% 범위 내에서 보험요율을 인상하며, 수지율이 75% 이하일 때는 50% 범위에서 보험요율을 인하한다.

산재보험 보험요율 변화추이를 살펴보면, 1990년대 들어 업종 간 보험요율의 차이가 급격히 커지다가 2006년을 최고점으로 2007년부터는 점차 다시 줄고 있다. <표 4>를 보면 2006년의 경우 최고요율이 최저요율의 약 122배로 높아졌다가 점차 낮아지고 있고 2008년부터 격차가 87배로 낮아졌고, 2011년에는 그 격차가 59배 정도로 낮아졌다.

보험요율이 가장 높은 업종은 석탄광업과 같은 사양산업이고, 보험요율이 가장 낮은 업종은 컴퓨터 및 법무회계서비스업, 금융보험업, 전자제품제조업·통신업이다.

3) 관리운영체계

산재보험업무는 노동부 근로기준국 산하의 산재보험과에서 직접 관리운영하다가 1995년부터 근로복지공단으로 산재보험업무를 위탁해 현재는 근로복지공단에서 관리운영하고 있다.

2011년 말부터는 고용노동부 노동정책실 산하 산재예방보상정책관 산하의 산재보상정책과에서 담당하고 있으며 자문기관으로 산업재해보상보험및예방심의위원회를 구

〈그림 1〉 산재보험 관리운영체계

자료: 고용노동부(2012).

성 운영하고 있고 산재보험 징수 및 산재근로자에 대한 보상과 관련된 행정심판기구로서 고용노동부 내 산업재해보상보험재심사위원회를 두고 있다. 산하 집행기관에 각종 보험급여의 지급 및 보험료 징수, 재활사업, 각종 근로복지사업을 담당하는 근로복지공단과 산재근로자의 치료와 재활을 위한 산재의료관리원으로 운영되었으나 2010년부터 공단에 통합되어 운영되고 있다.

4) 급여체계

산재보험의 급여는 현물급여와 현금급여로 구분되는데, 현물급여로는 요양급여가 있고, 현금급여로는 휴업급여, 장해급여, 유족급여, 상병보상급여, 간병급여, 장의비, 진폐연금 등이 있으며, 2008년 7월부터 신설된 직업재활급여는 현물과 현금이 동시에 제공된다.

산재보험 급여지급 추이를 살펴보면, 산재보험 시행 첫해인 1965년에는 약 2억 원

〈표 5〉 산재보험 급여종류 및 내용

급여종류	급여대상	급여수준	급여방식
요양급여	적용사업장의 근로자가 업무상 부상 또는 질병으로 4일 이상 요양한 경우	요양비 전액 요양기간 4일 이상일 때(3일 이내 치유되는 부상 또는 질병은 산재보험급여를 지급하지 않고 「근로기준법」에 의해 사용자가 재해보상)	현물급여
간병급여	치료 종결 후 간병(상시, 수시)이 필요하여 실제로 간병을 받는 자에게 지급	상시 간병 38,240원 수시 간병 25,490원	현금급여 (월 단위 지급)
장의비	업무상 사망에 대하여 장제를 행한 자에게 지급	평균임금의 120일분	현금급여 (일시금)
휴업급여	산재로 인한 휴업기간 중 소득보장을 위한 급여 * 취업한 장애인에게 제공하는 부분휴업급여도 있음.	1일당 평균임금의 70% 3일의 대기기간을 갖고 4일 이상일 때 적용 -최고보상기준: 1일 159,796원의 70% -최저임금(1일 34,500원) 미달최저임금 지급	현금급여 (단기성: 2년까지)
장해급여	재해로 인한 부상, 질병치유 후에도 장해가 남아 있는 경우	연금: 1급(329일)~7급(138일) 일시금: 1급(1,474일)~14급(55일)	현금급여 장해등급 1~3급: 연금 장해등급 4~7급: 연금 및 일시금 중 선택 장해등급 8~14급: 일시금
직업재활급여	장해 1~12급의 장해급여를 받은 자 또는 요양 중으로서 장해 1급~12급을 받을 것이 명백한 자 60세 미만 미취업자, 다른 훈련 미해당자	직업훈련비용 및 훈련수당 직장복귀지원금, 직장적응훈련비 및 재활운동비	현물급여 현금급여
유족급여	업무상 사망한 근로자의 유가족이 받게 되는 급여	수급자격자의 수에 따라 연금의 경우 67%(4인)부터 53%(1인)까지 지급	현금급여(장·단기성) 연금 또는 일시금을 선택적으로 지급
상병보상연금	요양급여 2년이 경과하고도 치료가 종결되지 않은 상태에서 폐질자로 판정된 경우에 요양급여와 함께 지급, 휴업급여의 대체적 성격으로 변경 못 함.	장해등급 1~3급과 동일 1급: 329일분 2급: 291일분 3급: 257일분	현금급여(장기성)
진폐연금	진폐재해자에 대해 진폐보상연금 및 진폐유족연금 지급. 다만, 요양 중 재해자는 제외	장해연금: 기초연금(최저임금 60%)+ 장해연금(연 24~132일분 지급) 유족연금: 장해연금 수준으로 지급	

규모였으나 1975년 약 100억 원, 1985년 약 1,860억 원, 1997년 약 1조 3,553억 원, 2007년 3조 242억 원, 2011년에는 3조 625억 원으로 증가했다. 총 급여에서 요양급여와 휴업급여 등이 차지하는 비율은 2005년 이후 감소하고 있는 반면, 연금급여는 점차 증가하는 추세이다.

연금지급 추이를 살펴보면, 상병보상연금, 장해연금급여 및 유족연금을 합한 연금급여액이 전체 보험급여액에서 차지하는 비중은 1985년 0.6% 수준에서 2011년 39%까지 급격하게 증가하고 있다. 이러한 경향은 특히 2004년 이후부터 강하게 나타나고 있다.

장해연금의 경우, 1982년 법 개정으로 일시금이나 연금으로 받을 수 있게 되었고, 1989년 장해등급 1~3급에 해당하는 중증장애자에게는 연금으로 지급하게 하는 선불지급제도(최고 4년분까지 허용)를 시행하면서 장해연금수급자가 급증했다. 2011년 장해연금급여지급액은 1988년과 비교해 약 998배로 급격하게 증가했고, 유족연금은 2,118배, 상병보상연금은 56배 정도 증가했다. 이러한 연금급여액의 급격한 증가는 장해급여를 연금으로 받는 비율이 높아졌기 때문이며 향후 연금급여의 증가추세는 앞으로도 지속될 것으로 예상된다.

〈표 6〉 산재보험 급여종류별 지급추이

(단위: 백만 원, %)

구분	총급여	요양급여	휴업급여	장해보상 일시금	유족보상 일시금	장의비	간병비	연금급여*
1965	202	114	39	7	38	3		-
	(100.0)	(56.4)	(19.3)	(3.5)	(18.8)	(1.5)		
1975	10,380	5,202	1,480	1,960	1,590	143		1**
	(100.0)	(50.1)	(14.3)	(18.9)	(15.3)	(1.4)		(0.0)
1985	185,999	82,362	34,428	45,551	20,721	1,873		1,040
	(100.0)	(44.3)	(18.5)	(24.5)	(11.1)	(1.0)		(0.6)
1987	241,255	105,235	47,122	60,867	23,576	2,143		2,312
	(100.0)	(43.6)	(19.5)	(25.2)	(9.8)	(0.9)		(1.0)
1989	369,305	135,369	98,037	85,184	37,520	3,543		9,652
	(100.0)	(36.7)	(26.5)	(23.1)	(10.2)	(1.0)		(2.6)
1990	539,351	173,629	156,026	117,361	69,228	6,372		16.736
	(100.0)	(32.2)	(28.9)	(21.8)	(12.8)	(1.2)		(3.1)
1992	931,564	281,053	281,053	225,103	118,064	10,962		36,387
	(100.0)	(30.2)	(30.2)	(24.2)	(12.7)	(1.2)		(3.9)
1993	872,531	224,021	268,737	219,490	106,383	9,941		43,960
	(100.0)	(25.7)	(30.8)	(25.2)	(12.2)	(1.1)		(5.0)

1994	998,563	249,186	303,595	236,123	142,668	13,395		53,686
	(100.0)	(25.0)	(30.4)	(23.6)	(14.3)	(1.3)		(5.4)
1995	1,133,577	279,418	357,981	254,183	159.604	13,981		69,148
	(100.0)	(24.6)	(31.6)	(22.4)	(14.1)	(1.2)		(6.1)
1996	1,355,337	342,974	435,729	287,341	177,618	16.598		95,076
	(100.0)	(25.3)	(32.1)	(21.2)	(13.1)	(1.2)		(7.0)
1997	1,556042	396,735	478,645	343,029	196,065	18,372		123,196
	(100.0)	(25.5)	(30.8)	(22.0)	(12.6)	(1.2)		(7.9)
1998	1,451,066	379,688	399,881	337,733	165,709	15,389		152,685
	(100.0)	(26.2)	(27.6)	(23.3)	(11.4)	(1.1)		(10.5)
1999	1,274,225	358,694	337,391	231,795	153,906	14,523		177,915
	(100.0)	(28.1)	(26.4)	(18.1)	(12.0)	(1.1)		(13.9)
2000	1,456,266	425,154	422,464	223,749	153,096	17,175	83	214,545
	(100.0)	(29.1)	(29.0)	(15.3)	(10.5)	(1.1)	(0.0)	(14.7)
2001	1,744,560	536,464	526,306	278,884	116,864	18,255	1.92	266,593
	(100.0)	(30.7)	(30.1)	(15.9)	(6.6)	(1.0)	(0.01)	(15.2)
2002	2,020,335	609,002	628,783	302,844	117,777	9,091	3,213	339,667
	(100.0)	(30.1)	(31.1)	(14.9)	(5.8)	(0.4)	(0.1))	(16.8)
2003	2,481,814	709,577	819,680	371,292	137,777	22,677	5,734	415,616
	(100.0)	(28.5)	(33.0)	(14.9)	(5.5)	(0.9)	(0.2)	(16.7)
2004	2,859,913	786,792	954,612	429,629	132,820	22,811	9,433	523,814
	(100.0)	(27.5)	(33.4)	(15.0)	(4.6)	(0.8)	(0.3)	(18.3)
2005	3,025,771	769,166	938,439	505,783	116,274	21,221	13,836	661,048
	(100.0)	(25.4)	(31.0)	(16.7)	(3.8)	(0.7)	(0.4)	(21.8)
2006	3,163,768	800,390	848,134	531,305	119,173	22,161	20,240	822,361
	(100.0)	(25.3)	(26.8)	(16.8)	(3.8)	(0.7)	(0.6)	(26.0)
2007	3,242,275	763,003	800,304	503,267	119,404	22,753	26,533	1,007,008
	(100.0)	(23.5)	(24.7)	(15.5)	(3.7)	(0.7)	(0.8)	(31.0)
2008	3,421,886	812,279	792,490	543,319	124,492	23,526	33,772	1,091,977
	(100.0)	(23.7)	(23.2)	(15.9)	(3.6)	(0.7)	(1.0)	(31.9)
2009	3,463,140	800,170	786,074	542,927	114,071	21,963	39,365	1,156,590
	(100.0)	(23.1)	(22.6)	(15.6)	(3.2)	(0.6)	(1.1)	(33.3)
2010	3,523,734	766,534	753,065	553,512	108,150	22,532	44,263	1,271,200
	(100.0)	(21.7)	(21.3)	(15.7)	(3.0)	(0.6)	(1.2)	(36.0)
2011	3,625,397	761,559	719,908	536,757	107,167	22,317	48,326	1,414,434
	(100.0)	(21.0)	(19.8)	(14.8)	(2.9)	(0.6)	(1.3)	(39.0)

주: * 연금급여 = 장해보상연금 + 유족보상연금 + 상병보상연금.
  ** 상병보상일시금.
자료: 고용노동부(각 년도).

〈표 7〉 산재보험 연금급여 지급추이

(단위: 백만 원, %)

연도	총급여지급액	총연금액	장해연금	유족연금	상병보상연금
1988	296,994(100.0)	4,134(100.0)	974(100.0)	127(100.0)	3,033(100.0)
	(100.0)	(1.39)	(0.33)	(0.04)	(1.02)
1989	369,305(124.3)	9,657(233.5)	4,209(432.1)	177(139.4)	5,266(173.6)
	(100.0)	(2.61)	(1.14)	(0.05)	(1.43)
1990	539,351(181.6)	16,736(404.8)	8,958(919.7)	282(222.0)	7,496(247.1)
	(100.0)	(3.10)	(1.66)	(0.05)	(1.39)
1991	701,514(236.2)	24,409(592.8)	13,990(1436.3)	367(289.0)	10,052(331.4)
	(100.0)	(3.48)	(1.99)	(0.05)	(1.43)
1992	931,564(313.7)	36.,88(878.5)	22,306(2,290.1)	467(367.7)	13,615(448.9)
	(100.0)	(3.91)	(2.39)	(0.05)	(1.43)
1993	872,531(278.6)	43,960(1063.4)	26,838(2,755.4)	670(529.0)	16,451(542.4)
	(100.0)	(5.00)	(3.08)	(0.08)	(1.89)
1994	998,563(336.2)	53,686(1298.6)	32,025(3,280.0)	1,100(866.1)	20,560(677.9)
	(100.0)	(5.40)	(3.21)	(0.11)	(2.01)
1995	1,133,577(381.7)	68,361(1653.6)	41,496(4,260.3)	1,307(1,029.1)	25,557(842.6)
	(100.0)	(6.10)	(3.66)	(0.12)	(2.25)
1996	1,355,337(456.3)	95,076(2,299.8)	60,410(6,202.2)	1,883(1,482.6)	32.782(1,080.0)
	(100.0)	(7.00)	(4.45)	(0.14)	(2.42)
1997	1,556,042(523.9)	123,196(2,980.1)	79,441(8,156.2)	2,573(2,025.9)	41,182(1,357.0)
	(100.0)	(7.90)	(5.11)	(0.17)	(2.65)
1998	1,451,065(488.5)	152,685(3,693.4)(10.52)	97,899(10,051.2)	2,992(2,355.9)	51,793(1,707.6)
	(100.0)		(6.74)	(0.20)	(3.57)
1999	1,274,225(429.0)	177,915(4,303.7)	111,997(11,498.7)	3,836(3,020.5)	62,082(2,046.9)
	(100.0)	(13.96)	(8.78)	(0.30)	(4.87)
2000	1,456,266(490.3)	214,545(5,189.8)	136,705(14,035.4)	6,161(4,851.1)	71,677(2,363.2)
	(100.0)	(14.73)	(9.38)	(0.42)	(4.92)
2001	1,744,560(587.4)	266,591(6,448.7)	168,119(17,260.7)	17,711(13,945.7)	80,761(2,662.7)
	(100.0)	(15.28)	(9.64)	(1.01)	(4.63)
2002	2,020,335(680.2)	339,668(8,216.4)	211,553(21,720.0)	33,980(26,755.9)	94,135(3,101.7)
	(100.0)	(16.81)	(10.47)	(1.68)	(4.66)
2003	2,481,814(835.6)	415.616(10,053.6)	254,930(26,173.5)	55,348(43,581.1)	105,337(3,473.0)
	(100.0)	(16.74)	(10.27)	(2.23)	(4.24)
2004	2,859,913(962.9)	523,814(12,670.8)	322,658(33,127.1)	78,013(61,427.5)	123,143(4,060.1)
	(100.0)	(18.31)	(11.28)	(2.72)	(4.30)
2005	3,025,771(1,018.7)	661,048(15,990.5)	416,402(42,751.7)	104,301(82,126.7)	140,345(4,627.2)
	(100.0)	(21.84)	(13.76)	(3.44)	(4.63)
2006	3,163,768(1,065.2)	822,361(19,892.6)	536,079(55,038.9)	134,702(106,064.5)	151,580(4,997.6)
	(100.0)	(25.99)	(16.94)	(4.25)	(4.79)

2007	3,242,275(1,091.6)	1,007,008(24,359.16)	667,379(68,519.4)	177,393(139,679.5)	162,236(5,349.0)
	(100.0)	(31.05)	(20.58)	(5.47)	(5.00)
2008	3,421,886(1,152.1)	1,091,977(26,414.53)	722,597(74,188.6)	193,222(152,143.3)	176,158(5,808.0)
	(100.0)	(31.91)	(21.1)	(5.64)	(5.15)
2009	3,463,140(1,166.0)	1,156,590(27,977.5)	748,155(76,812.6)	218,478(172,029.9)	189,956(6,262.9)
	(100.0)	(33.39)	(21.6)	(6.30)	(5.48)
2010	3,523,734(1,186.4)	1,271,200(30,749.8)	844,360(86,689.9)	243,974(192,105.5)	182,865(6,029.1)
	(100.0)	(36.07)	(23.9)	(6.92)	(5.18)
2011	3,625,397(1,220.6)	1,414,434(34,214.6)	972,487(99,844.6)	269,083(211,876.3)	172,863(5,699.4)
	(100.0)	(39.01)	(26.8)	(7.42)	(4.76)

주: 총급여지급액의 경우 1989년 124.3, 1990년 181.6가 의미하는 바는 1988년 100%를 기준으로 할 때, 1989년 24.3%, 1990년 81.6% 지급액이 증가한 것을 의미함. 또한 총급여지급액을 100%로 할 때, 총연금액이 차지하는 비율은 1988년 기준으로 1.39%, 장해연금은 0.33%, 유족연금은 0.04%, 상병보상연금은 1.02%임.
자료: 고용노동부(각 년도).

5) 재활서비스

현재 노동부와 근로복지공단에서 산재장애인의 재활사업의 중요성을 인식함에 따라 2001년 재활 5개년계획을 수립해 추진하고 있다. 최근 산재근로자의 직업재활의 중요성에 따라 2008년 7월부터 산재장애인에게 임의로 제공되었던 직업훈련비지원사업, 직업복귀지원금, 직장적응훈련비, 재활운동비 등의 직업재활서비스를 법정급여인 직업재활급여로 전환했다.

한편 의료재활 및 사회재활서비스는 여전히 필요한 경우 신청에 의해 제공되는 임의급여이며, 수행기관은 근로복지공단, 산재의료관리원, 근로복지공단으로부터 사회재활사업을 위탁받아 수행하는 민간기관 등이다. 또한 주요 재활서비스 전담인력으로는 근로복지공단의 재활상담사가 있으며, 재활계획의 수립과 재활과정의 사례관리 업무를 맡고 있다.

한국 산재보험의 재활 과정을 보면, 산업재해로 사고를 당한 산재근로자는 인근 산재지정병원으로 옮겨져 응급치료를 받게 되며, 장기적인 치료를 요하는 경우에는 산재병원이나 전문병원, 또는 종합병원에서의 의료적 치료 및 의료재활과정에 들어가게 된다. 요양치료 기간 중에는 작업치료의 연장으로 재활적응훈련을 받을 수 있으며, 치료가 종결되면 1~14급까지의 신체장해등급을 판정받고, 장해급여와 보장구를 받게 된다. 치료가 종결된 이후에도 후유증상이 있을 경우 다시 재요양 승인을 통해 요양을 하거나, 후유증상 진료제도를 통해 계속해서 치료를 받을 수 있다. 장해등급 판정을 받

〈표 8〉 산재보험 재활·복지사업 주요 내용

구분	사업명	사업내용
심리 재활	심리상담	요양 중 심리안정·재활의욕 고취를 위한 개별 심리상담
	희망키움	- 대상: (아)급성기 단계의 요양 중인 산재환자 - 내용: 산재근로자에게 요양 초기 사고로 인한 스트레스, 정신불안 해소 및 심리적 안정을 지원하여 조속한 사회 및 직업복귀를 촉진
	희망찾기 'We-Can'	- 대상: 회복기 단계의 요양환자 및 치료종결자 - 내용: 산재근로자들에게 지속적인 심리상담 및 치료서비스 제공 * 재활상담사들을 심리재활 프로그램 진행요원으로 양성하여 수행
의료 재활	합병증 등 예방관리제도	치료종결 이후 업무상 상병의 악화, 재활 또는 합병증 방지를 위한 진료비 및 약제비 지원
사회 재활	재활스포츠 지원	- 대상: 통원요양환자 및 산재장해인(60세 미만)으로 팔, 다리, 척추 등의 기능에 장해가 남은 자(예정자) - 내용: 스포츠활동에 대해 월 10만 원 이내의 수강료 지원
	사회적응 프로그램	- 대상: 업무상 재해로 입원, 통원요양 중인 자 및 산재장해인 - 내용: 장애인복지관 등 전문기관에 위탁(참여자는 1일당 교통비 실비, 식비 5,000원 지원)
	진폐환자 취미 활동반 지원	진폐 등 진행성 질병으로 입원 중인 산재근로자에게 취미활동 지원(월 4만 5,000원 이내의 실비 지원)
직업 재활	직업훈련비용 지원	- 대상: 요양 종결 후 직업에 복귀하지 못한 산재장해인(60세 미만) * 직업재활급여 대상: 제1급~제12급(장해판정일로부터 1년 이내) 및 통원요양 중인 자 * 예산사업 대상: 제1급~제12급(장해판정일로부터 1년이 지난 다음 날로부터 3년 이내) - 내용: 훈련비(12개월 범위 내 2회까지 연 600만 원 한도), 훈련수당(훈련시간·시간 등에 따라 차등지급)
	원직장복귀 지원	<직업재활급여> - 직장복귀지원금: 요양종결한 장해급여자(제1급~제12급)를 원직장에 복귀시켜 6개월 이상 고용을 유지한 사업주(2010년 4월 28일 이후 요양 중 포함) * 제1급~제3급 = 월 60만 원, 제4급~제9급 = 월 45만 원, 제10급~제12급 = 월 30만 원 - 직장적응훈련비: 원직장에 복귀한 장해급여자(제1급~제12급)에게 직무수행이나 직무전환에 필요한 직장적응훈련을 실시하고 종료한 다음날부터 6개월 이상 고용을 유지한 사업주(최대 3개월까지 월 45만 원 이내 실비 지원, 2010년 4월 28일 이후 요양 중 포함) - 재활운동지원: 원직장에 복귀한 장해급여자(제1급~제12급)의 직무수행능력 향상을 위해 재활운동을 실시하고 종료한 다음날부터 6개월 이상 고용을 유지한 사업주(최대 3개월까지 월 15만 원 이내 실비지원, 2010년 4월 28일 이후 요양 중 포함) * 단, 2010년 4월 27일 이전 종결자는 장해등급 제1급~제9급으로 한정

		<예산사업> - 위 직업재활급여 내용과 동일. 다만 직장적응훈련비는 월 40만 원 이내 실비를, 재활운동지원비는 월 10만 원 이내 실비를 최대 3개월까지 지급
	창업 지원	- 대상: 요양종결 후 직업에 복귀하지 못한 산재장해인(60세 미만)으로 직업훈련 수료자·진폐장해인·창업업종 관련 자격증 소지자. 2년 이상 종사한 업종으로 창업을 희망하는 자 - 내용: 1억 원 이내의 점포를 공단명의로 임대하여 최장 6년간 연리 3%로 지원
복지 사업	생활안정자금 융자사업	- 대상: 유족, 상병보상연금 수급자, 제1급~제7급 산재장해인, - 내용: 혼례비, 의료비, 장례비, 차량구입비, 주택이전비, 사업자금을 신용 1,000만 원 한도, 2년 거치 3년 분할상환, 연리 3%
	산재장학사업	- 대상: 유족, 상병보상연금 수급자, 제1급~제7급 근로자의 고등학생 자녀 - 내용: 고등학교 등록비 지원(185만 원 한도)
	대학학자금 융자사업	- 대상: 유족, 상병보상연금 수급자, 제1급~제9급 산재장해인, 장기(5년 이상) 요양 중인 근로자 본인, 배우자 및 배우자 및 자녀 - 내용: 1인당 해당 학기 실제 납부등록금을 산재근로자 1가구당 1,000만 원 한도 이내, 거치기간(이율 연 1%, 대부일~졸업 후 1년), 상환기간(이율 연 3%, 4년간 매월 균등분할상환)

은 후 원직 복귀를 하지 못하는 경우는 재활상담을 통해서 자격요건에 맞으면 직업훈련비용지원, 재활스포츠 비용 지원서비스를 제공받을 수 있고, 생활자금정착금 대부사업이나 자녀장학금사업, 자립점포임대 지원을 제공받을 수 있다.

3. 산재보험의 문제점과 과제

산재보험은 한국 사회보험 중 가장 먼저 도입되어 적용대상이나 보상수준에서 그동안 괄목할 만한 발전이 있었다. 그러나 이러한 적용대상이나 보상수준의 향상에도 불구하고, 현 산재보험은 보험요율체계, 급여체계의 비합리성 및 편협성 등으로 사회보험의 본래 목적 및 기능과는 차이를 보이고 있다. 현 산재보험제도의 문제점과 향후 개선해야 할 과제는 다음과 같다.

1) 적용대상의 제한성과 과제

2000년 7월 1일부터 상시 5인 미만의 근로자를 사용하는 사업체도 산재보험 당연적용대상에 포함하도록 하고 있어 산재사고가 많은 소규모 영세업체 근로자들도 산재보험에 의한 보상을 받을 수 있게 되었다. 또한 산재보험 적용대상에서 제외되었던 중소기업 사업주의 범위를 넓혀 상시 50인 이하의 근로자를 사용하는 사업주도 임의가입하도록 해 소규모 영세업체 사업주의 산재사고에 대한 보장까지 확대했다. 이후 2004년부터는 근로자를 사용하지 않는 자영업자의 경우도 임의 가입할 수 있는 근거를 마련했고, 2008년 7월부터는 보험모집인, 레미콘기사, 학습지교사, 골프장캐디 등 4개 특수형태근로종사자까지 본인이 희망할 경우 가입할 수 있도록 하고 있다.

그러나 지속적인 적용대상의 확대에도 불구하고 산재보험 적용대상의 확대 추이를 보면, 2011년 기준 산재보험 적용률은 57.2%로서 나머지 42.8%의 근로자는 산재위험에 그대로 노출되어 있다. 산재보험 적용제외 대상과 더불어 산재사고가 많은 건설업이나 제조업분야에서 당연적용 사업장임에도 불구하고 산재보험 가입을 기피하거나 산재보험에 가입했다 하더라도 산재사고를 은폐하려는 경향 때문에 산재보험의 실질적인 적용을 받지 못하는 경우가 발생하고 있다. 또한 최근 비정규직의 증가와 더불어 파견, 용역, 사내하청 등의 형태로 비정규근로자를 고용하고 있는 사업체의 경우 산재보험가입이 의무적임에도 불구하고 이를 기피하는 경우가 빈번해 산재보험가입이나 적용이 다른 사회보험에 비해 현저하게 낮은 것으로 나타나 이에 대한 대책 마련이 필요할 것으로 보인다.

2) 보험부담체계의 한계와 과제

한국 산재보험의 부담체계를 살펴보면, 민영보험의 특성이 강하다. 2011년 현재 산재보험부담체계는 62개의 위험등급에 따라 업종을 분류해 차등화된 요율을 적용하고 있으며, 같은 업종 내에서도 개별사업장의 산재발생 정도에 따라 개별실적요율을 동시에 적용하고 있다. 이와 같이 세분화된 보험부담체계는 업종 또는 사업장 간의 보험요율의 차이를 크게 만들어 사고위험 및 부담에 대한 분산이라는 사회보험의 기능보다는 수지상등원칙에 입각한 민영보험의 특성을 강하게 내포하고 있어 재분배의 역진적인 경향도 보인다. 또한 업종별 위험등급에 따라 결정된 보험요율에 임금총액을 곱해 산정하는 사업장별 순보험료는, 근로자 수가 적고 평균임금이 낮은 업종일수록 보험료 부담이 가중되고, 사양산업의 경우 근로자 수의 감소로 임금총액이 줄어들게 되어 산재율과 관계없이 보험요율이 상승하게 되는 문제점을 안고 있다. 선진국의 경우 산재보험 부담의 차이를 축소하고 있는 것과는 달리 한국은 오히려 보험요율체계를 세분화하려는 경향을 보인다. 따라서 산재보험의 부담체계는 보험요율의 세분화와 같은 보험기술상의 문제를 해결함과 동시에 장기적인 산재예방 노력을 통한 재정안정화 방안에 초점을 두는 것이 바람직할 것으로 판단된다.

3) 급여내용의 편협성과 과제

산재보험의 급여체계에 있어 나타나는 문제는 크게 현금급여에 편중되어 있다는 점과 급여수급자 간의 수급액의 편차가 심하다는 점이다. 현재 한국 산재보험 급여수준은 ILO 수준을 초과하고 있으며, OECD 국가와 비교해볼 때에도 결코 낮지 않다. 그동안 한국 산재급여의 내용은 주로 의료적 치료와 현금 위주로 제한되어 있어, 산재장애인들의 사회복귀에 실질적인 도움이 되지 못했다. 다행히 2008년 7월부터 직업재활급여를 법정급여로 전환해 체계적인 직업복귀를 유도하고 있지만 아직 직업재활시스템의 미흡성으로 실효성을 기대하기 어렵다. 또한 실근로일수가 통상근로자보다 적은 일용근로자에 대한 급여기준 또는 퇴직연령이 지난 65세 이상 노인에 대해 지급하는 과다한 현금급여, 산재급여수급자 간의 심각한 편차 등이 주요한 문제로 지적되어왔다.

이러한 급여수급자 간에 나타나는 불균형 문제를 해결하기 위해 2000년 7월 1일부터 실근로일수가 통상근로자보다 적은 일용근로자에 대해 실근로일수를 감안한 평균임금을 산정하거나 최고 보상한도액을 고시하는 방안, 65세 이상인 근로자의 휴업급여 수준을 평균임금의 65%로 낮추는 등의 조처를 취하고 있으나, 산재보험수급자 간의 불균형해소를 위한 추가적인 조처가 요구된다.

또한 근본적으로는 적극적인 예방사업이나 다양한 재활서비스 등을 제공하는 등 산재보험급여 내용을 다양화할 필요가 있다. 적극적인 산재예방사업은 결국 기업의 산재보험에 대한 부담을 경감시키고 생산적인 인력손실을 방지한다는 측면에서 볼 때, 산재보험의 모든 서비스나 사업에 우선한다. 또한 산재발생 이후 체계적이고 다양한 재활서비스는 생산성 있는 노동력의 손실을 최소화한다는 경제적인 측면 외에도 산재근로자의 사회통합을 촉진시킬 수 있다는 점에서 의의가 크다. 특히 산재보험 급여지급의 기준이 되는 장해등급 판정을 현대의 산업구조에 따라 현실화할 필요가 있다. 신체적인 장해뿐만 아니라 소득손실 정도를 동시에 반영할 수 있는 장해등급 판정체계를 도입해야 할 것으로 보인다.

4) 산재보험 책임의 이중구조화문제와 과제

현행 산재보험급여는 산재보험급여 이외에도 민사상의 배상책임에 따른 보상이 가능하도록 이중구조화되어 있어 산재보험의 사회보험으로서의 기능 및 성격규명을 어렵게 만든다. 산재보험의 의의는 급여수급권자에게는 안정적인 삶을 보장하고, 사용자에게는 배상책임의 부담을 경감하는 데 있다. 그러나 한국의 경우 여전히 산재보험제도를 통한 보상과 「근로기준법」상의 배상책임을 동시에 인정하고 있어 민간배상책임을 대체하기 위한 사회보험으로서의 한계를 보이고 있다.

실제로 독일이나 미국의 경우 사업주가 산재보험을 통한 보상과 민사배상의 이중책임을 지지 않도록 함으로써 사업주와 근로자 간의 불필요한 분쟁을 예방할 수 있도록 하고 있다. 독일의 경우 사업주는 근로자의 업무상 재해 시 인적 손해에 대한 민사상 손해배상책임을 부담하지 않도록 되어 있고 미국의 워싱턴 주는 산재근로자가 산재보험에 관한 보상과 손해배상청구권 중 하나를 선택할 수 있게 되어 있으며, 예외적으로 사업주가 고의로 근로자를 다치게 했을 경우에만 산재보험 보상청구권과 민사상 손해배상청구권을 인정하고 있다. 따라서 산재보험제도에 대한 근본적인 성격규명이 필요하며, 산재보험을 통한 보상을 받은 후 근로자가 사용자에게 다시 배상책임을 청구할 수 없도록 하는 산재보험의 민간배상책임을 보완하고 대체하는 역할을 강화하는 단계적인 노력이 필요하다.

5) 산재보험급여의 연금화에 따른 재정문제와 과제

한국 산재보험 재정은 단기적인 수지균형을 위한 부과방식을 택하고 있다. 하지만 1989년부터 장해급여의 연금화에 따라 수급권자가 연금급여를 선호하는 경향이 나타나고 있고, 실제로 2005년 이후 산재보험급여에서 연금이 차지하는 비율이 확연히 높아지고 있다. 이러한 연금급여가 지속적으로 증가할 경우, 현재와 같은 단기적 부과방식은 전체 지출을 증가시켜 다음 세대에 재정부담을 전가할 것으로 예측된다. 따라서 현재의 순부과방식을 개선해 단기급여에 대해서는 부과방식을, 장기급여에 대해서는 적립방식을 적용하는 혼합재정방식체계로 전환하는 등 재정부담체계의 개선이 필요할 것으로 보인다.

6) 직업재활급여의 정착을 위한 과제

현재 산재보험 재활사업은 2001년부터 5개년계획을 통해 추진되고 있으며, 2008년 7월부터는 법정 직업재활급여도 제공되고 있다. 이로써 재활급여가 치료와 보상과 더불어 산재보험의 주요 사업으로 자리 잡게 되었다. 그러나 그동안의 양적 성장에도 불구하고 초창기에 나타나는 기본 인프라의 부족으로 재활사업의 질적 성장에서 한계를 보이고 있다. 향후 산재보험 직업재활급여 사업이 효과적으로 운영되기 위해서는 적정한 직업재활급여 대상자를 선정할 수 있는 사정체계(Assessment system)를 구축할 필요가 있으며, 직업재활이 원활하게 이루어질 수 있도록 의료 및 사회 재활 프로그램을 연계하여 통합적으로 지원하는 노력이 요구된다. 이러한 통합적인 재활체계 구성을 위한 법적 근거를 마련하는 일 또한 긴급한 과제이다. 현재 의료, 심리, 사회재활과 관련된 법적 근거가 미비하여 서비스의 지속성과 질을 담보하기 어렵다. 또한 이에 따른 전문인력의 확충과 지역사회의 전문서비스 기관과의 연계 등 효과적인 재활서비스 전달체계를 구축하는 노력이 전제되어야 할 것이다. 구체적으로는 요양 초기부터 산재근로자에게 개입할 수 있도록 하는 사례관리(case management) 방법을 도입하되 근로복지공단의 재활상담사를 사례관리자로 활용할 수 있도록 업무체계를 구축할 필요가 있다.

참고문헌

고용노동부. 2012. 『2011년도 산재보험사업연보』.

김진수. 1997a. 「산업재해보상보험」, 『1997 한국사회복지연감』. 사회복지연구회.

_____. 1997b. 「산재보험 개선 및 발전에 관한 연구」. 한국사회보장학회. ≪사회보장연구≫, 제13권 제1호, 89~114쪽.

김태성·김진수. 2001. 『사회보장론』. 청목출판사.

김호경. 2001. 『산재보험과 사회안전망』. 한국노동연구원.

노동부. 1997. 『산재보험료 산정의 투명성 제고방안 연구』.

＿＿＿. 2000. 『산재보험 재활사업의 중장기 발전전략』.

＿＿＿. 2001. 『산재보험 재활사업 5개년계획 세부실천사업』.

박수경. 2001. 「산재보험 요양관리 실태와 합리화방안」, ≪사회보장연구≫, 제16권 2호, 59~82쪽.

박수경 외. 2003. 「산재보험 재활서비스 증대를 위한 재활상담원의 역할모형 개발에 관한 연구」. 노동부.

한국노동연구원. 1997. 『산재보험급여 및 관련임금체계에 관한 연구』.

한국보건사회연구원. 1995. 『산재보험 서비스전달체계의 개선방안』.

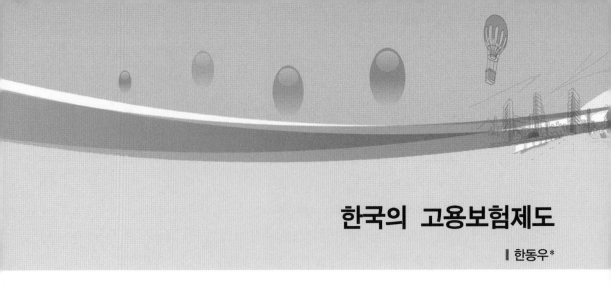

한국의 고용보험제도

▎한동우*

1. 고용보험제도의 개요

고용보험(employment insurance)제도는 근로자가 실직했을 경우, 실직 근로자에게 실업급여를 지급하는 제도로서 보험료납부와 급여지급이 사회적 연대 원칙과 법으로 강제되는 사회보험이다. 한국의 고용보험제도는 실업급여지급을 중심으로 하는 전통적 실업보험(unemployment insurance)이 갖는 특성과 아울러 근로자의 직업능력을 개발하고 노동시장의 구조조정 과정에서 실업을 예방하기 위한 적극적 노동시장정책을 포함하고 있다.[1]

자본주의 사회에서 실업은 소득의 감소 혹은 상실로 직접 연결되기 때문에 실업을 대비하는 사회보험은 사회보장제도의 핵심적인 요소 중 하나이다. 고용보험제도는 19세기 유럽 국가들에서 동업조합의 실업공제기금에서 시작되었다. 이후 노동자들의 실

---

* 강남대학교 사회복지전문대학원 교수.

[1] 「고용보험법」 제1조에는 고용보험의 목적을 "실업의 예방, 고용의 촉진 및 근로자의 직업능력의 개발과 향상을 꾀하고, 국가의 직업지도와 직업소개 기능을 강화하며, 근로자가 실업한 경우에 생활에 필요한 급여를 실시하여 근로자의 생활안정과 구직활동을 촉진함으로써 경제·사회발전에 이바지하는 것"으로 규정하고 있다.

〈그림 1〉 고용보험 당연가입대상자 추이

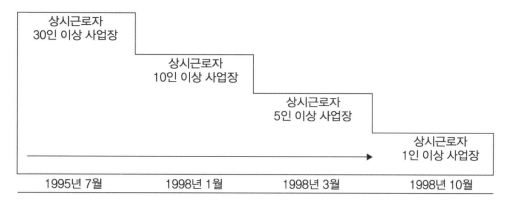

업공제기금에 정부가 보조금을 지급하는 방식을 통해 임의보험화되었다가 20세기에 들어서면서 강제적인 사회보험으로 발전하게 된다. 이후 20세기 중반부터는 전통적 의미의 실업보험에 적극적 노동시장정책을 포함하는 새로운 형태의 실업보험이 자리를 잡기 시작했다. 스웨덴이 1940년대 중반부터 취업알선서비스를 강화하고 근로자에 대한 교육훈련을 고용보험 재원에 의해 지원하기 시작했으며, 독일은 1929년 제정된 「직업소개 및 실업보험에 관한 법률」을 1969년에 「고용촉진법」으로 대체했다. 일본은 1947년에 제정된 「실업보험법」을 1974년에 「고용보험법」으로 대체했는데, 이는 실업급여 중심의 실업보험에서 적극적인 고용정책의 일환인 고용보험제도로 전환한 것이다.

한국은 1995년 7월 1일에 고용보험제도를 실시함으로써 이른바 4대 사회보험을 제도적으로 완비하게 되었다. 도입 초기의 고용보험제도는 상시근로자 30인 이상 사업장을 당연가입대상으로 규정했다. 이후 고용보험의 가입대상이 점차 확대되어 1998년 1월 1일부터는 상시근로자 10인 이상 사업장, 3월 1일부터 상시근로자 5인 이상 사업장으로 확대 실시되었고 10월 1일부터는 1인 이상 사업장으로 확대 적용됨에 따라 실업에 대한 기본적인 사회안전망을 구축하게 되었다. 2004년 1월 1일부터는 일용근로자, 60세 이후에 새로이 고용되는 자에 대하여도 고용보험 적용이 확대되었으며 시간제 근로자의 적용범위도 대폭 확대되었다. 아울러 국가·지방자치단체가 실업자의 고용 및 생활안정을 위해 직접 행하는 사업으로서 실업자에게 일시적으로 일자리를 제공하는 사업(공공근로)에 종사하는 자에 대해서도 고용보험을 적용토록 했다.

근로자가 실업을 하게 되면 소득의 감소 또는 상실로 인해 근로자 자신뿐만 아니라 부양가족의 생활까지도 위협받게 된다. 또한 실업으로 인한 구매력 감소는 수요 감소

〈표 1〉 당연적용대상 사업장 규모 변화

보험사업별	적용대상 사업장 규모						
	1995.7.1~ 1996.12.31	1997.1.1~ 1997.12.31	1998.1.1~ 1998.2.28	1998.3.1~ 6.30	1998.7.1~ 1998.9.30	1998.10.1~ 2003.12.31	2004.1.1~
실업급여	30인 이상		10인 이상	5인 이상		1인 이상	
고용안정· 직업능력개발	70인 이상		50인 이상		5인 이상	1인 이상	
건설업의 총공사금액	40억 원	44억 원	34억 원			3억 4,000만 원	2,000만 원

자료: 고용노동부(2012).

로 이어지고, 이는 다시 생산의 감소와 고용의 감소로 연결되어 국민경제를 어렵게 하는 요인이 된다. 따라서 근로자의 실업은 근로자 개인의 문제이기보다 사회적 문제가 되는 것이다. 실업에 대한 이러한 인식은 여타의 사회보험이 대응하고 있는 사회문제에 비해서는 상대적으로 늦게 형성된 것이다. 즉, 실업은 개인의 낮은 노동생산성의 결과로 이해되어왔다. 그러나 20세기 들어 대공황을 경험하면서 실업은 더 이상 개인의 문제가 아니라 사회의 구조적인 문제로 이해되기 시작했으며, 따라서 실업으로 인한 문제는 사회적으로 대응해야 할 사회문제(social problem)로 다루어지기 시작했다.

한국의 고용보험제도는 1970년대부터 도입에 대한 논의가 있었으나 정부부처와 학계에서 공식적으로 제기되고 본격적으로 논의된 것은 1986년에 발표된 제6차 경제사회발전 5개년계획에서이다. 이러한 논의를 거쳐 정부가 고용보험제도의 도입을 공식 결정한 것은 1990년 제7차 경제사회발전 5개년계획을 통해서이며, 이 계획에 따라 1992년에 고용보험기획단이 구성되어, 1995년 7월 고용보험을 도입하기에 이르렀다.

2. 고용보험제도의 운영

1) 적용대상

근로자를 사용하는 모든 사업 또는 사업장이 고용보험의 당연가입대상이 된다(「고용보험법」, 제7조). 여기에 농업, 임업, 어업 및 수렵업 중 상시근로자가 4인 이하인 사업

〈표 2〉 연도별 적용대상 변화

(단위: 천 개소, 천 명)

구분	1995.7.1	1998.1.1	1998.10.1	2000	2001	2002	2003	2004	2005	2006	2007	2008	2009	2010	2011
적용범위	30인 이상	10인 이상	1인 이상	1인 이상	1인 이상	1인 이상	1인 이상	1인 이상	1인 이상	1인 이상	1인 이상	1인 이상	1인 이상	1인 이상	1인 이상
적용범위	39	47	400	693	807	826	846	1,003	1,148	1,176	1,288	1,424	1,385	1,408	1,508
적용근로자	4,204	4,272	5,268	6,747	6,909	7,171	7,203	7,577	8,064	8,537	9,063	9,272	9,654	10,131	10,675

주: 2004년 이후 피보험자는 가장 마지막 이력기준으로 추출한 순수피보험자임.
자료: 고용노동부(2012).

장과 총공사금액이 매년 고용노동부장관이 고시하는 금액(2004년 1월 2,000만 원) 미만인 건설공사, 가사서비스업[2]의 경우에는 당연가입대상에서 제외[3]된다. 다만 사업주가 근로자 과반수의 동의를 얻어 고용노동부장관의 승인을 얻는 경우에는 임의 가입할 수 있다.

1995년 7월 1일 고용보험 시행 당시 30인 이상 사업장, 1998년 1월 1일에 10~29인 사업장, 3월 1일에는 5~9인 사업장, 10월 1일에는 1인 이상 사업장으로 적용대상이 확대됨에 따라 고용보험적용 사업장 수와 피보험자 수가 급격히 증가했다. 1995년 7월 1일 최초 적용 사업장은 3만 9,000개소에서 2011년 150만 8,000개소로 38배 이상 증가했고, 적용 근로자도 420만 4,000명에서 1,067만 5,000명으로 1.5배 이상 증가했다.

---

2) 가사서비스업이란 개인 가정에 고용된 각종 가사 담당자의 산업활동을 의미한다. 다만 인력공급업자에게 고용된 가사종사자의 경우에는 인력공급업자의 소속근로자로 적용해야 한다.
3) 한국 고용보험제도의 가입대상에서 제외되는 사람들은 다음과 같다. ① 65세 이상인 자(고용보험 피보험자가 65세에 도달한 날부터 적용대상에서 제외된다), ② 1월간 소정근로시간이 60시간(1주간의 소정근로시간 15시간) 미만인 자. 다만 생업을 목적으로 근로를 제공하는 자 중 3개월 이상 계속해 근로를 제공하는 자 및 일용근로자는 제외된다. ③ 「국가공무원법」 및 「지방공무원법」에 의한 공무원, ④ 「사립학교교직원연금법」의 적용을 받는 자(2000.1.12 개정), ⑤ 「별정우체국법」에 의한 별정우체국 직원, ⑥ 외국인의 경우 국내 거주 자격이 있는 외국인은 취업활동에 아무런 제한이 없으므로 당연적용대상으로 하되, 「출입국관리법」상 국내 취업활동이 가능한 체류자격을 가진 외국인의 경우에는 본인이 가입을 희망하는 경우에 적용토록 하고 있다. 다만 「출입국관리법」상 일정한 체류자격이 없는 외국인의 경우에는 국내 고용이 금지되어 있으므로 이른바 '불법취업근로자'는 당연히 고용보험의 적용대상이 되지 않고 있다.

2) 보험료

보험료는 고용보험사업에 소요되는 비용을 충당하기 위해 보험가입자인 사업주와 피보험자인 근로자로부터 징수하는 금액을 말하며, 보험료는 고용안정·직업능력개발 사업, 실업급여로 구분해 산정한다.

고용보험의 보험료 부담 주체는 국가마다 다양하다. 미국은 사업주가 전액 부담하지만 독일, 프랑스, 일본 등 대부분의 국가에서는 노사가 공동으로 분담한다. 한국 고용보험의 보험료는 근로자와 사용자가 분담하는데, 그 비율은 사업의 종류와 사업장의 규모에 따라 다르다.

고용보험의 보험요율은 보험수지의 추이와 경제상황 등을 고려해 1,000분의 30 범위 내에서 고용안정·직업능력개발사업 및 실업급여의 보험요율을 구분해 결정한다.

1995년 시행 초기에는 실업률 2~3%에 맞추어 실업급여 0.6%(노사 1/2씩 부담), 고용안정 0.2%(사업주 부담), 직업능력개발훈련 0.1~0.5%(기업 규모에 따라)를 부담했으나 실업률이 6~7%를 기록하던 외환위기 때(1999~2002년)에는 증가된 지출 규모에 대응해 실업급여 1.0%(근로자 0.5%, 사용자 0.5%), 고용안정 0.3%(사용자 전액 부담), 직업능력개발훈련은 기업 규모에 따라 0.1~0.7%(사용자 전액 부담)로 인상되었다.

한편 2002년 말에는 실업률이 3%대로 안정적으로 하향 유지됨에 따라 「고용보험법」 시행령을 개정해 2003년부터 적용할 보험료 중 실업급여는 임금의 1.0%(근로자 0.5%, 사용자 0.5%)에서 0.9%(근로자 0.45%, 사용자 0.45%)로 인하했고, 고용안정사업 보험료도 0.3%(사용자 전액 부담)에서 0.15%(사용자 전액 부담)으로 인하했다.

또한 2006년 1월 1일부터 재정운영의 탄력성 및 정책 추진의 효율성 제고를 위해 고용안정사업과 직업능력개발사업을 고용안정사업·직업능력개발사업으로 통합해 운영(보험요율 0.25%~0.85%)하고 있다.

(1) 개산보험료

사업주는 보험연도마다 1년간 근로자에게 지급할 임금총액의 추정액에 보험사업별 보험요율을 각각 곱해 산정한 액수를 매년 3월 31일까지 신고하고 납부해야 한다(다만, 건설공사 등 기간의 정함이 있는 사업으로서 70일 이내에 종료되는 사업의 경우 사업 종료일의 전일까지 신고하고 납부해야 한다).

보험연도 중에 보험관계가 성립된 경우에는 그 성립일을 그 보험연도의 초일로 보

〈표 3〉 고용보험요율(「보험료징수법」 시행령 제12조)

구분		1998.12.31까지		1999.1.1 이후		2003.1.1 이후		2006.1.1 이후		2011.4.1 이후	
		근로자	사업주	근로자	사업주	근로자	사업주	근로자	사업주	근로자	사업주
실업급여		0.3%	0.3%	0.5%	0.5%	0.45%	0.45%	0.45%	0.45%	0.55%	0.55%
고용안정			0.2%		0.3%		0.15%		-		-
고용안정 직업 능력 개발 사업	150인 미만 기업		0.1%		0.1%		0.1%		0.25%		0.25%
	150인 이상(우선 지원대상기업)		0.3%		0.3%		0.3%		0.45%		0.45%
	150인 이상~1000 인 미만 기업		0.5%		0.5%		0.5%		0.65%		0.65%
	1000인 이상 기업 국가 지방자치단체 (직업훈련의무업체)		(0.05%)		0.7%		0.7%		0.85%		0.85%

자료: 고용노동부(2012).

고 당해 보험연도 말까지 지급할 임금총액의 추정액에 보험사업별 보험요율을 각각 곱해 산정한 액을 성립일로부터 70일 이내에 신고·납부해야 한다.

- 실업급여 보험료
  = 당해 보험연도 보험가입자인 근로자의 전년도 보수총액 × 실업급여 보험요율
- 고용안정·직업능력개발사업 보험료
  = 당해 보험연도 보험가입자인 근로자의 전년도 보수총액 × 고용안정·직업
    능력개발 사업 보험요율

임금총액의 추정액이 전년도에 사용한 모든 피보험자인 근로자에게 지급한 임금총 액의 70/100 이상 130/100 이하인 경우에는 전년도에 사용한 피보험자인 근로자에게 지급한 임금총액으로 개산보험료를 산정한다. 건설공사의 경우 임금총액의 추정이 곤 란한 때에는 총공사금액에 「고용보험 및 산업재해보상보험의 보험료징수 등에 관한 법률」 제13조 제6항의 규정에 의해 고용노동부장관이 결정 고시한 노무비율을 곱해 산출된 금액을 임금총액으로 하여 개산보험료를 산정한다.

(2) 확정보험료

사업주는 매 보험연도 말일까지 보험사업별 피보험자인 근로자가 지급받은 임금총

액(지급하기로 결정된 임금 포함)에 보험사업별 보험요율을 각각 곱해 산정한 금액을 다음 보험연도 3월 31일까지 신고·납부하며, 보험연도 중에 보험관계가 소멸된 경우에는 그 소멸일 전일까지의 보험사업별 피보험자인 근로자가 지급받은 임금총액에 보험사업별 보험요율을 각각 곱해 산정한 금액을 소멸한 날부터 30일 이내에 보고·납부해야 한다.

확정보험료 산정의 기초가 되는 임금총액에는 당해 보험연도에 사용한 피보험자인 근로자가 지급받기로 결정한 모든 임금이 포함된다. 따라서 지급 결정된 임금에 대해 자금사정 등을 이유로 미지급한 금품도 포함된다. 확정보험료보고서는 공단지사에 제출하고, 보험료는 국고대리점, 국고수납대리점 또는 우체국에 자진 납부해야 한다. 사업주가 확정보험료보다 개산보험료를 부족하게 납부한 경우에는 그 부족액을 납부하고, 초과 납부한 경우에는 초과금액을 반환하거나 충당 신청할 수 있다.

한편 일용근로자(1개월 미만의 기간 동안 고용되는 자)는 고용안정 및 직업능력개발사업 보험료의 산정에는 포함되나 실업급여 보험료를 산정할 때에는 「고용보험법」 제30조의 규정에 의해 그 적용이 유예되어 있다가 2004년 1월 1일부터 실업급여 대상자에 포함되었다. 부과된 고용보험료는 노동부 고용정책실의 보험제도과의 계획과 관리에 따라 징수된다. 보험료 징수의 집행은 원칙적으로 근로복지공단에서 담당한다.[4] 지방노동관서는 「고용보험법」 제84조 및 시행령 제123조 제1항의 규정에 의해 공단의 체납처분 및 결손처분에 대한 승인, 그리고 공단의 요청에 의한 과태료의 부과 징수 등의 업무를 시행한다. 근로복지공단은 「고용보험법」 제84조 및 령 제123조 제2항의 규정에 의해 보험료 보고·납부안내문 및 납부서 발송업무, 보험료의 징수, 개산보험료의 조사징수·추가징수 및 감액조정(신청서 수리 및 전산입력 포함) 등 징수와 관련된 제반 업무를 위탁받아 시행한다.

또한 영세 규모 사업주의 고용보험사무 처리의 부담을 덜어주기 위해 사업주 등을 구성원으로 하는 단체가 근로복지공단지사장으로부터 인가를 받은 경우 고용보험사무조합을 두어 희망 사업주의 위탁을 받아 당해 사업주의 보험료 보고, 피보험자 신고 등 각종 보험사무를 대행해주는 제도를 운영하고 있다. 상시 100인 미만의 근로자를

---

4) 고용보험제도 도입 당시에는 산재보험료의 징수체계와 유사하여 징수업무 중 보험료 보고서의 접수·수리 등의 일부 업무를 근로복지공단에서 담당하고, 나머지 징수업무는 지방노동관서 관리과에서 담당했다.

〈표 4〉 연도별·사업별 고용보험료 징수현황

(단위: 백만 원, %)

구분		계	실업급여	고용안정사업	직업능력개발사업
2004	금액	2,904,101	1,851,632	320,434	732,035
	증가율	10.9	13.5	▽0.7	10.1
2005	금액	3,207,152	2,051,946	345,709	809,497
	증가율	10.4	10.8	7.9	10.6
2006	금액	3,446,703	2,211,793	1,234,910	
	증가율	7.5	7.8	6.9	
2007	금액	3,671,425	2,353,198	1,318,227	
	증가율	6.5	6.4	6.7	
2008	금액	4,001,372	2,600,048	1,401,324	
	증가율	9.0	10.5	6.3	
2009	금액	4,216,445	2,713,220	1,503,225	
	증가율	5.4	4.3	7.3	
2010	금액	4,247,804	2,736,206	1,511,598	
	증가율	0.7	0.8	0.6	
2011	금액	5,071,718	3,416,258	1,655,460	
	증가율	19.4	24.9	9.5	

자료: 고용노동부(2012).

사용하는 모든 사업주는 업종에 관계없이 보험사무의 위탁이 가능하며, 보험사무의 위탁을 희망하는 사업주는 업종별 단체 등 보험사무조합의 인가를 받은 단체에 위탁신청서를 제출, 위탁계약을 체결해야 한다. 이 경우 지방노동관서 또는 근로복지공단에서 행할 보험사무 관련 각종 신고·보고 및 통지는 보험사무조합을 통해 행하게 되며, 사무조합은 국가로부터 일정액의 징수비용교부금과 보험사무촉진지원금을 지원받게 된다.

3) 관리운영

고용보험제도 및 운영에 관한 주요 사항의 결정이나 기획에 관한 업무는 고용노동부 본부에 의해 이루어지고 있으며, 집행업무는 지방노동관서에 의해 이루어진다. 고용보험에 관한 주요 정책의 결정은 고용보험위원회 심의를 거쳐 고용노동부장관에 의해 이루어지게 된다. 이를 위해서 고용보험위원회 밑에 고용보험에 관한 전문적 심의

<그림 2> 고용보험 사업주체 업무처리 흐름도 및 주요 관리운영조직

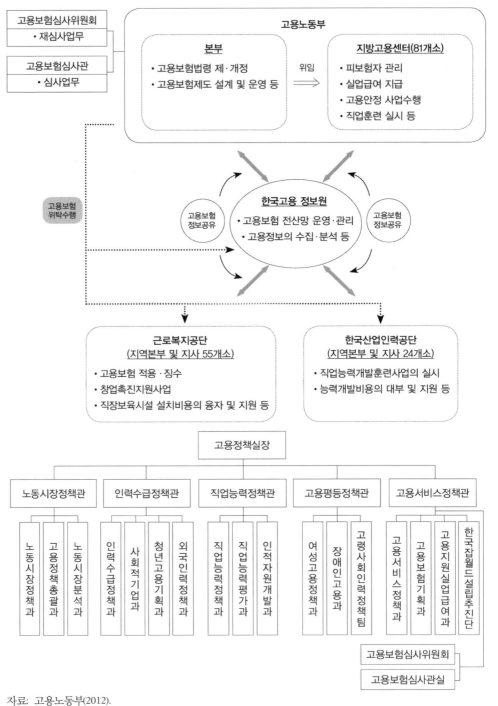

자료: 고용노동부(2012).

를 위해 고용보험운영전문위원회 및 고용보험평가전문위원회를 두었으며, 고용노동부 본부조직으로는 고용정책실 내에 노동시장정책관실, 인력수급정책관실, 직업능력정책관실, 고용평등정책관실, 고용서비스정책관실을 두어 고용보험업무를 처리하고 있다.

고용보험의 구체적 집행업무는 고용노동부 산하의 6개 지방고용노동청과 47개 지방고용노동지청(이하 지방고용노동관서)에서 행하고 있으며, 근로복지공단과 한국산업인력공단에서도 업무의 일부를 위탁받아 진행한다. 또한 고용보험 피보험자의 권리구제를 위해 고용보험심사관(지방노동청)과 고용보험심사위원회(노동부 본부)를 두고 이의신청에 대한 권리구제제도를 운영하고 있다.

3. 고용보험제도의 사업

앞서 언급한 바와 같이 한국의 고용보험제도는 전통적인 의미의 실업보험이 제공하는 실업급여와 적극적 노동시장정책을 포괄하고 있다. 실업보험이 실직자의 생계를 지원하는 사후적·소극적 사회보장제도인 반면, 고용보험은 실직자의 생계지원 외에 실업의 예방 및 고용안정, 노동시장의 구조개편, 직업훈련의 강화를 위한 사전적·적극적 차원의 고용정책 수단이라고 할 수 있다.[5]

고용보험제도를 구성하는 3대 사업은 실업급여, 고용안정사업, 그리고 직업능력개발사업이다. 고용안정사업은 근로자를 해고시키지 않고 고용을 유지하거나 구조조정으로 인한 실직자를 채용해 고용을 늘리는 사업주에게 소요비용을 지원함으로써 고용안정을 유지할 수 있도록 해주고, 직업능력개발사업은 근로자의 직업능력개발을 위한 직업능력개발훈련을 실시하는 사업주·근로자에게 일정비용을 지원하는 제도이다. 실업급여는 산업구조조정, 조직 및 기구 축소 등 기업의 사정으로 불가피하게 실직하는 근로자에게 급여를 지급함으로써 생활안정 및 재취직을 촉진할 수 있도록 지원해주는 제도이다. 여기에 여성근로자들의 모성을 보호하기 위한 모성보호급여제도가 2001년 11월부터 시작되었다.

---

5) 구직급여가 실업자의 생계를 안정시키기 위한 '실업자대책'이라고 한다면, 고용안정사업과 직업능력개발사업은 '실업대책'이라고 할 수 있겠다.

〈표 5〉 고용보험제도의 기본구조 및 개요

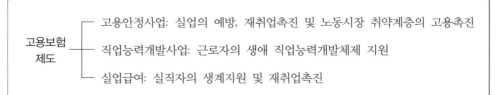

사업		내용
고용안정사업 (실업의 예방, 재취업 촉진 및 노동시장 취약계층의 고용촉진)	고용조정지원	고용유지지원금, 전직지원장려금, 재고용장려금
	고용촉진지원	고령자고용촉진장려금, 장기구직자고용촉진장려금, 여성고용촉진장려금, 중장년훈련수료자채용장려금, 신규고용촉진장려금, 직장보육시설지원 및 설치비용 융자
	건설근로자 퇴직고용안정지원금	
직업능력개발사업 (근로자의 생애 직업능력개발체제 지원)	사업주지원	직업능력개발훈련지원, 유급휴가훈련지원, 직업능력개발훈련시설·장비자금대부
	근로자지원	근로자수강지원금, 근로자학자금비용 대부, 실업자재취업훈련지원
실업급여(실직자의 생계지원 및 재취업촉진)	구직급여, 상병급여, 훈련연장급여, 개별연장급여, 특별연장급여, 취직촉진수당	
모성보호급여	근로자지원	산전·후 휴가급여, 육아휴직급여

자료: 고용노동부(2012).

1) 고용안정사업

고용안정사업은 적극적 노동시장정책의 핵심적 요소로서 근로자들의 일자리를 안정시키고, 나아가 고용을 촉진하도록 지원하는 사업이다.

고용안정사업은 기업의 고용조정 과정에서의 충격을 완화하고 근로자의 고용안정을 도모하기 위한 고용조정지원과 고령자·여성 등 노동시장 잠재인력 및 취약계층의 취업촉진을 위한 고용촉진지원, 근로시간 등 직무체계와 고용환경 개선 등을 통해 일자리 확대를 위한 고용창출지원, 그 밖에 여성근로자, 건설근로자의 고용여건개선 등을 위한 지원 등으로 이루어졌다. 고용안정사업은 현장의 다양한 수요가 반영되어 지원금의 종류가 너무 많고 복잡하며, 부정수급, 사중손실 등의 문제점이 제기되어왔다. 이에 고용안정사업 개편 작업을 추진하여, 복잡하고 다양한 사업을 통·폐합하고 부정수급과 사중손실을 차단하여 실효성 있는 사업이 이루어질 수 있도록 제도를 개선하여 2011

〈그림 3〉 고용안정사업의 체계

년 1월 1일부터 시행했다.

고용안정지원사업은 크게 3개 영역으로 구분할 수 있다. 첫째, 산업구조의 변화와 기술진보과정에서 발생하는 고용조정의 위험으로부터 근로자 실업을 예방하고 고용을 유지시키기 위한 '고용조정지원' 둘째, 고령자, 장애인, 여성가장 등 취업취약계층에

〈표 6〉 고용안정지원금 지원 현황

(단위 : 개소, 명, 천만 원)

구 분	2010				2011			
	중소기업 근로시간 단축	교대제 전환지원	중소기업 고용환경 개선	중소기업 전문인력 활용	중소기업 근로시간 단축	교대제 전환지원	중소기업 고용환경 개선	중소기업 전문인력 활용
사업장 수	1,135	36	805	4,709	1,076	15	1,035	2,971
연인원	4,236	714	2,936	19,174	4,879	193	3,005	12,243
금액	7,340	1,258	30,937	43,894	8,538	335	43,146	26,517

자료: 고용노동부(2012).

임금보조금을 지원하여 고용을 활성화하기 위한 '고용촉진지원' 셋째, 교대제와 장시간 근로의 직무체계를 개선하여 일자리를 늘리고, 고용환경 개선, 성장 유망 산업과 전문인력에 대한 고용지원을 통해 중소기업의 경쟁력을 높여 실업자 고용을 늘리기 위한 '고용창출지원'이 있다.

(1) 고용조정지원사업

고용조정지원사업은 고용조정이 있을 경우 기업의 부담을 줄이고 고용조정과정에서 발생할 수 있는 실업을 사전에 예방하며, 실직 근로자의 신속한 재취업 기회를 제공할 수 있도록 하기 위해 고용유지지원금제도를 시행했다.

고용유지지원금은 휴업, 휴직 등 사업주가 실시하는 4가지 고용유지조치를 지원하며, 그 주요 내용은 <표 7>과 같다.

고용유지지원금은 2009년에는 경제위기상황에서 제도에 대한 수요가 급증하여 3,102억 원이 집행되었고 하반기 이후 경제상황이 회복국면에 진입함에 따라 고용유지지원금 수급 사업장 집중점검을 실시하고 사업의 효과성 제고 및 내실화에 집중함에 따라 2010년에는 521억 원이 집행되었다. 2011년도는 경기여건 호전에 따라 제도 당초 사업계획보다 이용이 줄어 259억 원이 집행되었다.

〈표 7〉 고용유지지원금의 주요 내용

목적		근로자의 계속고용유지 지원
지원요건	휴업	1월간의 휴업규모율이 20/100을 초과하여 휴업을 행하고, 당해 휴업기간에 대해 휴업수당을 지불한 사업주
	휴직	근로자에게 1개월 이상의 유·무급 휴직을 부여한 사업주
	인력재배치	업종전환 후 종전 업종 종사근로자의 50% 이상을 새로운 업종으로 재배치한 사업주
	훈련	당해 사업에서 사용하는 피보험자를 대상으로 고용유지를 위해 적합한 훈련을 실시한 사업주
지원수준 및 기간		· 고용유지조치 기간 동안 사업주가 근로자에게 지급한 임금액 및 휴업·휴직 수당의 2/3(대규모기업 1/2)를 사업주에게 지원 · 무급휴직의 경우 1인당 20만 원 지급 · 훈련을 실시하는 경우 지급임금의 3/4(대규모기업 2/3) 및 훈련비를 지급 · 인력재배치의 경우 지급임금의 3/4(대규모기업 2/3)을 지급 · 지원기간은 휴업·훈련·휴직 등을 합하여 180일 범위 내에서 지원(인력재배치의 경우는 1년이 한도)

자료: 고용노동부(2012).

〈표 8〉 고용유지지원금 종류별 지원실적

(단위: 백만 원)

구분	2001	2002	2003	2004	2005	2006	2007	2008	2009	2010	2011
계	55,977	32,729	27,388	32,047	30,919	33,565	32,533	30,642	310,224	52,127	25,932
휴업	32,234	19,904	21,138	23,760	25,110	23,854	24,580	24,545	243,757	35,974	19,486
훈련	12,836	7,122	2,945	2,901	2,292	2,514	2,686	1,644	21,787	2,203	1,154
근로시간단축	185	14	81	65	-	-	-	-	-	-	-
휴직	9,973	5,191	3,015	5,303	3,411	7,105	4,825	4,036	43,609	12,921	4,939
사외파견	15	-	-	-	-	-	-	-	-	-	-
인력재배치	547	404	209	17	106	92	442	417	1,071	1,029	354
종업원인수	187	94	-	-	-	-	-	-	-	-	-

주: 종업원인수(2001.12월까지 시행), 근로시간단축(2004.2월 폐지), 사외파견(2000.12월 폐지),
　　교대제(2007.12월까지 시행).
자료: 고용노동부(2012).

(2) 고용촉진지원사업

고용촉진지원사업은 노동시장의 통상적인 조건하에서 취업이 특히 곤란한 고령자, 장기실업자, 여성 등의 고용기회를 확대하고, 이들을 위한 고용촉진시설을 설치·운영하는 경우에 비용의 일부를 지원하는 사업으로 고령자고용촉진장려금, 고용촉진지원금, 임금피크제 보전수당, 임신·출산 후 계속고용지원금, 육아휴직장려금, 육아기근로시간단축장려금 및 대체인력채용장려금이 실시되고 있다. 고용촉진지원사업은 일자리 창출과 취업기회를 제공하고 사회적 약자를 보호함으로써 궁극적으로 사회통합을 이루고자 하는 목적을 가지고 있다.

가. 고용촉진장려금: 노동시장에서 통상적인 여건하에서 취업이 어려운 취약계층의 고용촉진을 위해서 신규고용촉진장려금 제도를 시행했다. 지원대상은 사업 최초 시행 당시는 고령자, 여성가장, 장기구직자 중심으로 운영되어오다가 청년 실업이 심각해짐에 따라 2004년 10월 청년실업자, 장애인까지 확대하고, 2007년 임신·출산 또는 육아를 이유로 이직한 여성근로자도 지원대상에 포함했다. 2010년 12월 개정된 고용보험시행령에 따라 신규고용촉진장려금의 명칭을 '고용촉진지원금'으로 변경했다. 또한 일정한 실업기간을 충족하고 알선을 받은 경우 지원하는 방식을 폐지하고, 원칙적으로 구직등록 및 취업지원프로그램 참여자에 대하여 지원하는 방식으로 개편했다. 6개월 단위로 고용유지한 경우 지원금을 지급하도록 함으로써 지원대상자의 고용유지기능을 강화했고 사업장에서 자발적으로

〈표 9〉 취업지원 프로그램

연번	프로그램명칭(운영기관)	인정자격
1	「취업성공패키지」 (고용노동부)	1단계 마친 후 2~3단계에 참여 중인 자 3단계 이수자
2	경력단절여성지원센터(새로일하기지원센터)가 운영하는 「직업교육훈련 프로그램」 (고용노동부, 여성가족부)	이수한 자로서 만 40세 이상인 사람 (만 40세 미만이더라도 가구의 소득인정액 이 최저생계비의 130% 이하인 사람을 포함)
3	취약계층청소년 자립지원 프로그램 「두드림 존 프로그램」 (여성가족부)	1~2단계를 마치고 3단계 참여 중인 자 3단계 이수자
4	「출소자 허그일자리 지원 프로그램」 (법무부, 한국법무보호복지공단)	1단계 마친 후 2~3단계에 참여 중인 자 3단계 이수자
5	「장애인 취업지원프로그램」 (한국장애인고용공단)	1단계 마친 후 2~3단계에 참여 중인 자 3단계 이수자
6	「시험고용 프로그램」 (한국장애인고용공단)	이수한 자
7	「직업능력개발훈련 프로그램」 (한국장애인고용공단)	2개월 이상 참여하고 있는 자 또는 이수한 자
8	한국장애인고용공단이 훈련비용 등을 지원하 거나 위탁계약을 체결한 공공훈련기관 또는 민간훈련기관이 운영하는 「직업능력개발훈련 프로그램」 (한국장애인고용공단)	2개월 이상 참여하고 있는 자 또는 이수한 자
9	「직업재활 프로그램」 (한국장애인고용공단)	이수한 자
10	지방자치단체 또는 지방자치단체가 위탁하는 기관에서 운영하는 「자활근로」	2개월 이상 참여하고 있는 자
11	지방자치단체 또는 지방자치단체가 위탁하는 기관에서 운영하는 「희망리본 프로젝트」 (보건복지부)	2개월 이상 참여하고 있는 자 또는 이수한 자
12	한국보훈복지의료공단이 운영하는 「전직기본교육」 (국가보훈처, 한국보훈복지의료공단, 제대군인지원센터)	이수하고, 이수한 날부터 2년 이내에 제대군인지원센터가 운영하는 「취업워크숍」을 이수한 자

주: 취업지원프로그램 이수 면제자(중증장애인, 여성가장, 도서지역 거주자)는 예외적으로 취업지원 프로그
램을 이수하지 아니하여도 구직등록을 하고 1개월 이상 실업상태에 있는 경우 지원대상에 포함.

자료: 고용노동부(2012).

〈표 10〉 고령자고용연장지원금의 사업내용

구분	지원요건	지원수준
정년 연장 지원금	○ 정년을 폐지하거나, 기존에 정한 정년을 56세 이상으로 1년 이상 연장할 것 - 정년연장 전 3년 이내에 해당 사업장의 정년을 폐지하거나 단축하는 경우에는 지원대상에서 제외	○ 1인당 300만 원씩 지원 - 연장기간 1년 이상 3년 미만: 1년 - 연장기간 3년 이상: 2년 * 정년 연장한 날부터 5년 이내 종전 정년에 이른 후 정년연장으로 계속 근무하는 자에 한함 * 임금피크제 지원금을 지급받는 자는 제외
정년 퇴직자 재고용 지원금	○ 정년을 57세 이상으로 정한 사업장에서 18개월 이상 계속 근무한 후 정년이 도래한 자를 퇴직시키지 아니하거나, 정년퇴직 후 3개월 이내에 재고용한 사업주 - 1년 미만의 기간을 정하여 재고용하거나, 재고용 전 3년 이내에 정년을 단축하는 경우 등은 지원 제외 - 고용 전 3개월간 고용 후 6개월간 고용조정으로 근로자를 이직시킨 경우는 지원 제외	○ 계속고용 1인당 월 30만 원씩 지원 - 계속고용기간 1년 이상 3년 미만: 6개월(500인 이하 제조업 1년) - 계속고용기간 3년 이상: 1년(500인 이하 제조업 2년) * 임금피크제 지원금을 지급받는 자는 제외
고령자 다수 고용 장려금	○ 고용기간이 1년 이상인 55세 이상 고령자를 업종별 지원기준율 이상 고용한 사업주 * 매 분기 당해 사업의 월평균 근로자 수에 대한 월평균 고령자 수의 비율로 판단 * 2011년부터 신규지원은 하지 않고 있으나 지원기간 및 청구기간이 남아 있는 신청에 한해 지급함	○ 지원기준율 초과 고령자 1인당 분기 18만 원씩 5년간 지원 - 매 분기 근로자 수의 15% (대규모기업 10%) 한도

자료: 고용노동부(2012).

이직한 근로자를 이직일로부터 1년 이내에 고용한 사업주는 고용촉진지원금의 지원대상에서 제외하도록 했다.

나. **고령자고용연장지원금:** 현대사회가 점차 노령화되는 상황에서 고령자에게 취업기회를 부여하는 것은 대단히 중요하다. 이는 사회적으로 고령자를 유용한 인적자원으로 활용할 수 있고, 고령자에게는 생계수단을 제공할 수 있기 때문이다. 고령자 고용유지와 촉진을 위한 국가의 적극적인 지원책의 하나로 정년을 연장 또는 정년퇴직자를 계속고용하는 사업주에게 인건비를 보조하는 성격의 고령자고용연장지원금을 지원하고 있다.

다. **임금피크제 지원금:** 한국 기업의 임금체계는 일반적으로 연공급이어서 고령자의 경우 노동생산성에 비해 임금수준이 높아 구조조정의 필요성이 있을 때 조기퇴

〈표 11〉 임금피크제 지원금의 사업내용

지원요건	지원수준
○ 노사합의로 임금피크제를 도입·실시한 해당 사업장에서 18개월 이상 근무한 근로자로서 피크연도에 비해 임금이 기준감액률* 이상 하락한 근로자 * 정년연장형 및 재고용형(정년 전 임금감액)은 20%(우선지원대상기업은 10%), 재고용형(정년 이후 임금감액)은 30%(우선지원대상기업은 15%), 근로시간단축형은 50%	○ 피크임금의 소정 비율 금액과 당해 연도 임금과의 차액으로 하되, 연 600만 원(분기 150만 원) 한도로 임금과 지원금의 합이 연 5,760만 원(분기 1,440만 원)을 초과하지 않은 범위 안에서 지급 * 감액 후 연간 임금이 5,760만 원 이상인 자는 지급제외

출 등 고용불안 용인으로 작용하여 2006년부터 임금피크제 보전수당(2011년 임금피크제 지원금으로 명칭 변경)을 도입했다. 이 제도는 고용을 보장(정년연장 또는 정년 후 재고용)하고 임금이 기준감액률 이상 삭감된 근로자에 대해 피크임금의 소정 비율 금액과 삭감된 임금의 차액을 지원함으로써 고령자의 고용연장 및 기업의 임금부담을 완화하기 위한 사업이다.

라. 임신·출산여성 고용안정 지원금: 정부는 임신·출산여성의 고용안정을 지원하기 위해 육아휴직 등 장려금, 대체인력채용 장려금, 임신·출산 후 계속고용지원금

〈표 12〉 임신·출산여성 고용안정 지원금의 사업내용

구 분	요건	지원금액
육아휴직 (육아기 근로시간 단축)장려금	○ 근로자에게 육아휴직(또는 육아기 근로시간 단축)을 30일 이상 부여하고, 육아휴직 등 종료 후 30일 이상 그 근로자를 계속 고용한 사업주	○ 육아휴직(또는 육아기 근로시간 단축) 기간 동안 육아휴직자 1인당 월 20만 원
대체인력 채용장려금	○ 육아휴직(또는 육아기 근로시간 단축) 시작일 전 30일이 되는 날(산전후휴가에 연이어 육아휴직 등을 시작하는 경우에는 산전후휴가 시작일 전 30일이 되는 날)부터 신규로 대체인력을 채용하여 30일 이상 고용한 사업주에게 지원 * 채용 전 3월, 채용 후 6월간 고용조정으로 근로자를 이직시키지 않는 경우	○ 육아휴직(또는 육아기 근로시간 단축)기간 중(산전후휴가에 이어 사용할 경우 산전후휴가기간 포함) 대체인력을 사용한 기간 동안 1인당 월 20만 원(우선지원대상기업 월 30만 원)
임신·출산 후 계속 고용지원금	○ 임신 또는 산전후휴가 중인 계약직 및 파견근로자를 계약기간 종료 즉시 또는 출산 후 1년 이내 재고용한 사업주 지원	○ 1년 이상의 기간을 정하여 재고용한 경우 최대 240만 원(6개월간 월 40만 원) ○ 기간의 정함이 없는 근로자로 재고용한 경우 최대 540만 원(처음 6개월 월 30만 원, 이후 6개월 월 60만 원)

제도를 운영하고 있다. 육아휴직 등 장려금 제도는 육아휴직·육아기 근로시간 단축('이하 육아휴직 등'이라고 함)을 부여한 사업주의 간접노무비용을 지원함으로써, 육아휴직 등을 실시하고자 하는 사업장의 근로자 고용유지를 도모하고 육아휴직을 활성화하기 위해 마련되었으며, 대체인력채용 장려금 제도는 근로자의 육아휴직 등 기간 중 대체인력 사용 필요성이 있는 사업주에 대해 지원을 함으로써 육아휴직 등 제도의 조기정착 및 사업주의 부담완화를 통한 육아휴직 활성화를 도모하기 위해 마련된 제도이다. 임신·출산 후 계속고용지원금 제도는 임신 또는 산전후휴가 중에 계약기간이 만료되는 비정규직 여성근로자를 재고용하는 사업주를 지원하여 비정규직 여성근로자의 모성보호와 고용안정을 도모하기 위해 마련된 제도이다.

2) 직업능력개발사업

직업능력개발사업은 기업의 실정에 맞는 직업능력개발훈련을 실시할 경우 이를 지원하는 사업이다. 1995년 고용보험이 도입될 당시 직업능력개발사업은 상시근로자 70인 이상 전 사업체에 적용하되 제조업·건설업 등 6개 산업의 1,000인 이상 사업체는 「직업훈련기본법」에 의한 훈련의무제를 병행해 직업훈련제도가 이원적으로 운영되어 왔으나, 1999년부터는 「직업훈련기본법」에 의한 직업훈련의무제가 폐지되고 전 사업장이 직업능력개발사업의 적용을 받게 되었다. 직업능력개발사업은 사업주를 지원하는 사업과 근로자를 지원하는 사업으로 구분될 수 있다. 우선 사업주를 지원하는 사업으로는 직업능력개발훈련, 유급휴가훈련, 직업능력개발훈련시설·장비자금대부 등이 있고, 근로자를 지원하는 사업으로는 수강장려금, 근로자학자금대부, 실업자재취직훈련 등이 있다.

2011년도 고용보험 직업능력개발사업 적용 사업장을 보면 전체 150만 8,669개소이며, 근로자 수는 1,067만 5,437명이다. 직업능력개발훈련을 실시하는 사업장을 규모별로 살펴보면 사업장의 규모가 클수록 지원 비중이 높은 것으로 나타난다. 또한 '50인 미만' 사업장의 훈련지원금이 2011년에 34.72%로서 가장 높은 비중을 차지하고 있다.

(1) 사업주 지원사업: 직업능력개발훈련지원
사업주가 납부한 고용보험료를 재원으로 사업주가 소속 근로자, 채용예정자, 구직자

〈표 13〉 사업장 규모별 적용현황 및 재직자훈련 기업 규모별 지원 실적

(단위: 개소, 명, 백만 원, %)

구 분		계	50인 미만	50~ 100인	100~ 300인	300~ 500인	500~ 1000인	1000인 이상	분류 불능
고용보험	사업장	1,508,669	1,473,427	18,684	12,269	2,032	1,437	820	0
		100.0	97.7	1.2	0.8	0.1	0.1	0.1	
	피보험자수 (A)	10,675,437	5,473,590	966,006	1,408,404	471,466	601,312	1,754,659	
		100.0	51.3	9.0	13.2	4.4	5.6	16.4	
	납부보험료 (B)	1,655,463	485,744	75,253	183,312	91,519	148,730	670,904	
		100.0	29.3	4.5	11.1	5.5	9.0	40.5	0.0
지원실적	사업장	123,222	96,355	11,222	10,468	2,179	1,596	1,402	0
		100.00	78.20	9.11	8.50	1.77	1.30	1.14	0.00
	지원건수 (C)	3,341,118	929,737	235,923	493,234	208,042	312,839	1,161,278	65
		100.00	27.83	7.06	14.76	6.23	9.36	34.76	0.00
	지원금 (D)	370,416	128,626	24,420	47,113	19,865	28,718	121,656	18
		100.00	34.72	6.59	12.72	5.36	7.75	32.84	0.00
건수참여율 (C/A)		31.3	17.0	24.4	35.0	44.1	52.0	66.2	-
수혜율 (D/B)		22.4	26.5	32.5	25.7	21.7	19.3	18.1	-

주: 사업주 직업능력개발훈련(유급휴가훈련 포함), 수강지원금, 근로자능력개발카드제, 중소기업핵심직무능력 합계.

자료: 고용노동부(2012).

〈표 14〉 사업주에 대한 직업능력개발훈련 지원수준(2011년)

지원내용	지원대상	지원수준	근거 규정
훈련비	사업주	표준훈련비 80% (우선지원대상기업 100%)	「고용보험법」 제27조 및 시행령 제41조
유급휴가 훈련 인건비	사업주(소속 근로자 대상으로 유급 휴가를 부여하여 훈련 실시)	소정훈련시간×시간급 최저임금액 (우선지원대상기업 100분의 150)	
훈련 수당	사업주(채용예정자 등을 대상으로 1개월 120시간 이상 양성훈련을 실시하면서 훈련생에게 훈련수당을 지급)	1월 20만 원 한도 내에서 사업주가 훈련생에게 지급한 금액	
숙식비	사업주(훈련시간이 1일 5시간 이상인 훈련과정 중 훈련생에게 숙식을 제공)	기숙사비 1일 8,500원 한도	

자료: 고용노동부(2012).

〈표 15〉 전직실업자 직업훈련의 사업내용

지원요건	지원수준
○ 지방고용노동관서의 고용센터에 구직등록하고, 상담을 통해 직업능력개발계좌를 발급받아 고용노동부장관이 인정한 훈련과정을 선택하여 훈련에 참여	○ (훈련비) 단위기간 출석률 80% 이상인 경우 전액, 출석률 80% 미만인 경우 출석률을 곱한 금액을 지원(자부담금액은 지원제외) ○ (훈련장려금) 단위기간 출석률 80% 이상인 경우만 지원

의 직무능력 향상을 위해 직업훈련을 실시하는 경우 훈련실시에 따른 비용의 일부를 지원함으로써 직업능력개발훈련 실시를 촉진하고 있다.

(2) 근로자지원사업

가. **실업자 내일배움카드제:** 직업훈련의 성과를 높이고 훈련시장의 활성화를 위해 직업능력개발계좌제(내일배움카드제) 운영하고 있다. 직업능력개발계좌제는 구직자에게 상담을 거쳐 훈련의 필요성이 인정된 자에게 훈련비를 1인당 200만 원 상당의 가상계좌를 통해 지원하고, 그 범위 내에서 자율적으로 훈련에 참여할 수 있도록 했으며, 월 최대 11만 6,000원의 훈련장려금을 추가로 지급하여 성실한 훈련수강을 지원하고 있다. 또한 신중한 훈련선택 및 성실한 훈련수강을 위해 훈련직종별로 20~40%를 훈련생 본인이 부담하도록 하고 있다.

나. **재직자 내일배움카드제:** 고용보험 피보험자인 기간제·단시간·파견·일용직 근로자, 취업훈련을 신청한 날로부터 90일 이내에 이직예정인 자, 경영상 이유로 90일 이상 무급 휴직·휴업을 하고 복귀하지 못한 자가 재직자 계좌를 발급받아 고용노동부의 인정을 받은 훈련과정을 수강한 경우 연간 200만 원 한도 내에서 지원[6]받을 수 있다.

다. **근로자 학자금 및 훈련비 비용 대부:** 다양한 직업능력개발 기회를 제공하기 위해 근로자(고용보험 피보험자)가 전문대학 이상의 학교 또는 시설에 입학하거나 재학하는 경우 학자금과 고용노동부장관 인정 훈련과정을 수강하는 경우 훈련비를 장기 저리로 대부할 수 있도록 1996년도에 도입했다. 이 제도는 근로자의 자발적

---

6) 재직기간 5년간 300만 원을 초과하지 못함.

인 능력개발을 촉진함으로써 직업능력개발 향상을 도모하는 한편, 기업의 생산성 제고를 지원하기 위한 사업이다.

3) 실업급여

실업급여는 근로의사와 능력이 있음에도 불구하고 취업하지 못한 상태에 있는 실직자들의 생활안정을 도모하고 구직활동을 용이하게 하기 위해 지급되는 급여로서, 고용보험의 핵심적인 사업이다.

(1) 구직급여, 상병급여

수급자격자의 생활안정을 도모하기 위해 지급되는 기본적 성격의 급여이다. 구직급여를 지급받기 위해서는 첫째, 이직 전 18개월(기준기간) 중 180일 이상 적용사업의 피보험자로 고용되어 임금을 목적으로 근로를 제공했을 것, 둘째 정당한 이유 없이 자발적으로 이직하거나 자신의 중대한 귀책사유에 의해 해고된 것이 아닐 것, 셋째 근로의의사와 능력이 있음에도 불구하고 취업하지 못하고 있을 것, 넷째 구직노력을 적극적으로 할 것의 네 요건을 충족시켜야 한다. 이러한 요건이 충족된 피보험자는 피보험단

〈그림 4〉 실업급여의 내용

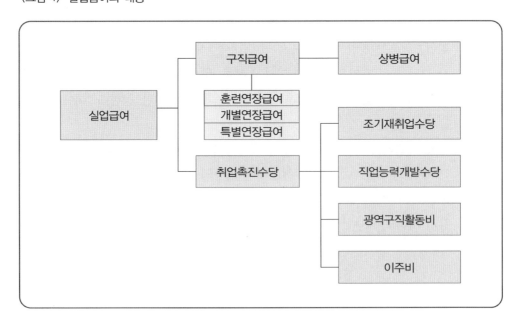

〈표 16〉 구직급여 소정급여일수

피보험기간 연령	1년 미만	1년 이상 3년 미만	3년 이상 5년 미만	5년 이상 10년 미만	10년 이상
30세 미만	90일	90일	120일	150일	180일
30세 이상 ~ 50세 미만	90일	120일	150일	180일	210일
50세 이상 및 장애인	90일	150일	180일	210일	240일

위기간 및 연령에 따라 90~240일간 구직급여를 받을 수 있다.

구직급여액은 이직 전 사업장에서 지급받던 평균임금(급여기초임금일액)의 50%이며, 상한액과 하한액이 설정되어 있고, 산정된 구직급여일액이 4만 원(2005.12.31. 이전 이직자는 3만 5,000원)을 초과하는 경우라 하더라도 4만 원까지 지급받을 수 있다. 수급자격자가 구직급여를 지급받기 위해서는 1~4주(2005.12.31 이전에는 2주)에 1회씩 직업안정기관에 출석하여 실업의 인정을 받아야 하고 구직급여는 실업의 인정을 받은 일수분

〈표 17〉 실업급여 종류별 지급현황

(단위: 백만 원)

구분	계	구직급여	취업촉진수당					상병급여
			소계	조기 재취업 수당	직업능 력개발 수당	이주비	광역 구직 활동비	
1997	78,732	75,943	2,577	2,558	19.0	0.0	0.0	212
1998	799,154	782,865	15,273	15,257	15.1	1.6	0.1	1,016
1999	936,185	911,308	22,237	22,225	4.5	7.0	0.0	2,640
2000	470,793	443,546	24,884	24,877	0.3	6.8	0.0	2,363
2001	845,109	783,861	57,149	57,120	2.2	27.4	0.0	4,099
2002	839,319	773,861	61,087	61,055	3.6	28.4	0.0	4,371
2003	1,030,304	945,599	79,880	79,853	-	27.0	-	4,825
2004	1,448,306	1,327,384	114,896	114,859	1.3	36.1	0.3	6,024
2005	1,751,974	1,602,875	143,260	143,209	7	42	2	5,839
2006	2,074,004	1,834,039	234,181	234,116	13.3	49.8	1.6	5,784
2007	2,434,032	2,117,168	310,538	310,475	16	47	1	6,326
2008	2,865,256	2,466,623	391,737	391,613	23	100	2	6,897
2009	4,116,404	3,590,007	517,430	517,083	14.8	330	2	8,921
2010	3,686,529	3,478,137	198,955	198,663	6	282	3	9,436
2011	3,561,353	3,337,295	214,763	214,555	4	203	1	9,296

〈표 18〉 연장급여의 종류 및 요건과 수급액

구 분	요건	수급액
훈련연장급여	○ 실업급여 수급자로서 직업안정기관장의 직업능력 개발훈련지시에 따라 훈련을 수강하는 자	○ 구직급여일액의 100% (최대 2년)
개별연장급여	○ 직업안정기관의 장의 직업소개 등에 3회 이상 응했으나 취업되지 못하는 등 취업이 특히 곤란하고 생활이 어려운 수급자격자	○ 구직급여일액의 70% - 60일 범위 내
특별연장급여	○ 실업급증 등으로 재취업이 특히 어렵다고 인정되는 경우 고용노동부장관이 고시한 기간 동안 실업급여의 수급이 종료된 자	○ 구직급여일액의 70% - 60일 범위 내

에 대해 지급한다. 구직급여 수급자의 특성별 재취업지원서비스 활성화를 위해 2010년부터 출석형 이외 인터넷 실업인정과 2, 3차 실업인정시에 별도의 재취업 활동 없이 집체형식의 교육으로 실업인정을 하는 등 새로운 실업인정 방식을 시범 운영했고, 2011년부터는 출석형 이외 인터넷 실업인정을 기본으로 수급자 수를 감안한 구조화된 집체교육을 도입하되, 4차 실업인정일에는 센터방문 예약제를 통해 심층상담 등 집중 관리하는 등 선택과 집중을 통한 새로운 실업인정 제도를 전국 센터로 확대 시행했다. 실직자가 실업급여를 지급받기 위해서는 직업안정기관에 구직등록을 해야 하며, 직업안정기관의 직업소개, 직업지도, 직업훈련지시를 거부하는 경우에는 구직급여지급이 정지된다.[7]

상병급여는 실업급여 신청 후 7일 이상의 질병, 부상, 출산으로 실업을 인정받지 못한 경우 구직급여와 같은 금액을 지급한다.

(2) 연장급여

연장급여는 구직급여 소정급여일 수가 종료되어 감에도 불구하고, 취업하지 못한 수급자격자로서 직업능력개발 훈련 등을 받으면 재취업이 용이하다고 판단되는 자에게 훈련 등을 지시하여 훈련을 받는 기간 동안 훈련연장급여를 지급하고, 취업이 특히 곤란하고 생계가 어려운 수급자격자로서 일정요건에 해당되는 자에게 60일간 개별연장

---

7) 수급자가 재취업을 위한 구직노력을 하도록 의무화하는 것은 적극적 노동시장정책의 핵심적 요소로서 근로 동기를 유지시키고자 하는 것이다.

〈표 19〉 취업촉진수당의 요건 및 수급액

구분	요건	수급액
조기재취업 수당	○ 대기기간이 지난 후 구직급여의 소정급여일수를 30일 이상 남기고 재취직한 사업주에게 계속하여 6개월 이상 고용(사업을 영위한)된 경우	○ 구직급여 잔여일수의 1/2(재취직 당시 55세 이상 및 장애인은 2/3) 지급
직업능력 개발수당	○ 수급자격자가 직업안정기관의 장의 지시에 의한 직업능력개발훈련 등을 받는 경우	○ 훈련기간 중의 교통비, 식대 등(5,000원/1일)
광역구직 활동비	○ 직업안정기관의 소개에 의해 구직활동을 거주지에서 멀리 떨어진 지역(50km 이상)에서 할 경우	○ 숙박료 실비(1일 4만 원 한도) ○ 운임: 실비(교통수단별 중등급) * 공무원여비규정 준용
이주비	○ 취업하거나 직업안정기관의 장이 지시한 직업능력개발훈련 등을 받기 위해 주거를 이전할 필요가 있는 경우	○ 실비(2.5톤 이상 실비의 80%를 지급하되 5톤 한도) 지급

급여를 지급하고, 실업의 급증 등으로 재취업이 특히 어렵다고 판단되는 경우에 특별연장급여를 발동하여 60일의 범위에서 구직급여를 연장하여 지급함으로써 취업 취약계층에 대한 생계보호 차원에서 마련된 제도이다.

(3) 취업촉진수당

취업촉진수당은 구직급여 수급자의 적극적인 구직활동을 통한 조기 재취업을 장려하기 위한 인센티브로 도입된 제도로서 조기재취업 수당, 직업능력개발수당, 광역구직활동비 및 이주비가 있으며, 사업 중 조기재취업 수당이 가장 큰 비중을 차지하며, 동 급여는 구직급여 소정급여일수를 남기고 안정된 직장에 재취직하거나 스스로 영리를 목적으로 사업을 영위하는 경우에 남은 소정급여일수의 일정액을 지급함으로써 조기 재취업을 촉진하고자 제도가 도입되었다.

4) 모성보호 및 일·가정 양립지원

여성은 임신과 출산을 통해 다음 세대의 노동력을 재생산하고 있으며, 특히 생산노동과 임신·출산 등 노동력 재생산을 동시에 수행하고 있는 취업여성에 대하여는 이에 상응하는 적절한 사회적 조치가 필요하다. 이러한 정책적 배려를 포괄적으로 담은 것이 모성보호정책으로 산전후휴가, 임산부의 시간외근로 금지 및 야간이나 휴일근로 제

〈표 20〉 여성근로자의 모성보호 범위

구분	정책내용
모성보호	유해·위험사업장 사용금지, 근로시간제한, 야간·휴일근로 제한
	산전후휴가(유산·사산휴가 포함)
일·가정양립지원	육아시간(수유시간), 직장보육시설에 대한 지원
	육아휴직, 육아기 근로시간 단축

한, 보건상 유해·위험한 사업장 사용금지, 생리휴가, 육아시간(수유시간) 등이 해당된다.

한편, '일 중심'에서 '가정생활과의 균형'을 중시하는 근로자들의 의식변화와 일·가정 양립지원을 통한 기업의 경쟁력 강화를 도모하고 국가에서는 이를 제도적으로 뒷받침하기 위해 각종 제도를 도입·시행하고 있다. 영유아의 양육을 위한 육아휴직, 근로자의 취업지원을 위한 수유·탁아 등 육아에 필요한 직장보육시설 설치 등이 이에 해당된다.

(1) 산전후휴가 급여

1953년 「근로기준법」 제정 시 60일의 산전후휴가제도를 도입하고, 2001년 11월부터는 30일을 연장하여 총 90일(산후 45일)의 산전후휴가를 보장하고 있다. 산전후휴가급여[8])액은 산전후휴가 개시일 현재의 「근로기준법」상 통상임금액에 상당하는 금액을 지급하되, 피보험자의 산정된 통상임금에 상당하는 금액이 135만 원을 초과하는 경우에는 135만 원을 산전후휴가급여로 지급한다.

(2) 육아휴직급여

육아휴직제도는 근로자가 피고용자의 신분을 유지하면서, 일정기간 자녀의 양육을 위해 휴직을 할 수 있도록 하는 제도로 근로자의 직장생활과 가정생활의 양립을 가능하도록 하기 위한 사회적 지원제도이다. 육아휴직급여[9])를 받을 수 있는 기간은 최대 1

---

8) ① 피보험자가 「근로기준법」 제74조의 규정에 의한 산전후휴가를 부여받았을 것, ② 산전후휴가 종료일 이전에 피보험단위기간이 통산하여 180일 이상일 것, ③ 산전후휴가 종료일로부터 12개월 이내에 산전후휴가급여를 신청할 것 등 3가지 요건을 모두 충족한 경우에 지급된다.

9) ① 「남녀고용평등과 일·가정 양립 지원에 관한 법률」에 따른 육아휴직을 30일 이상 부여받고 ② 육아휴직 개시일 이전 피보험단위기간이 통산하여 180일 이상이어야 하며 ③ 동일한 자녀에 대해 피보험자인 배우자가 30일 이상의 육아휴직을 부여받지 않아야 하며 ④ 육아휴직 개시일

〈표 21〉 연도별 모성보호급여 지원실적

(단위: 명, 백만 원)

구분	산전후휴가 급여		육아휴직급여		
	인원	급여	인원	급여	월급여액
2002	22,711	22,602	3,763(남 78, 여 3,685)	3,087	20만 원
2003	32,133	33,522	6,816(남 104, 여 6,712)	10,576	30만 원
2004	38,541	41,610	9,303(남 181, 여 9,122)	20,803	40만 원
2005	41,104	46,041	10,700(남 208, 여 10,492)	28,242	40만 원
2006	48,972	90,886	13,670(남 230, 여 13,440)	34,521	40만 원
2007	58,368	132,412	21,185(남 310, 여 20,875)	60,989	50만 원
2008	68,526	166,631	29,145(남 355, 여 28,790)	98,431	50만 원
2009	70,560	178,477	35,400(남 502, 여 34,898)	139,724	50만 원
2010	75,742	192,564	41,732(남 819, 여 40,913)	178,121	50만 원
2011	90,290	232,915	58,137(남 1,402, 여 56,735)	276,261	월 통상임금의 40%

자료: 고용노동부(2012).

년이며 육아휴직을 실시하는 근로자에 대해서는 월 통상임금의 40%(상한액 100만 원, 하한액 50만 원)를 육아휴직 급여로 지급하고 있다.

육아휴직제도는 만 6세 이하의 초등학교 취학 전 자녀를 가진 근로자가 그 자녀를 양육하기 위해 1년간 사용할 수 있다. 2010년부터 육아휴직 자녀 대상 연령이 생후 3년 미만에서 만 6세 이하의 초등학교 취학 전 자녀로 확대되었고(2008.1.1 이후 출생자에 한함), 2011년부터는 육아휴직급여 지급방식을 월 50만 원씩 지급하는 정액제에서 통상임금의 40%(상한액 100만 원, 하한액 50만 원)를 지급하는 정률제로 변경했고, 육아휴직 급여의 15%는 육아휴직 종료 후 6개월 후에 지급한다.

4. 고용보험의 과제

한국의 고용보험은 적극적 노동시장정책으로서의 특성을 강화하여 서비스의 질을 제고하고 사회안전망의 역할을 강화하고자 다양한 변화를 시도하고 있다. 고용보험 개

이후 1월부터 종료일 이후 12개월 이내 육아휴직 급여를 신청하여야 한다.

정안 시행으로 고용안정사업과 직업능력개발사업의 지원대상이 대학 졸업예정자 등 신규 구직자와 65세 이상 고령자까지 확대되었다. 영세 자영업자도 임금근로자로 전직할 수 있도록 직업훈련이 가능해졌다. 그동안 사업주에게만 지원했던 고용촉진지원금도 노동자에게 직접 줄 수 있도록 했으며, 육아휴직급여 신청기한도 휴직 종료일 후 6개월에서 12개월로 연장되었다. 2주에 한 번씩 확인하도록 규정되어 있는 실업인정주기는 1~4주 범위 내에서 탄력적으로 운영되며, 실업급여·안정지원금 부정수급 적발포상금제도가 도입되었다.

하지만 노동시장의 양극화 심화와 실업의 문제는 더욱 심화되고 있다. 2005년 노동부 집계에 따르면 1~11월까지 실업급여 신청자는 모두 51만 8,000명으로 사상 처음 50만 명을 넘어섰다. 외환위기 직후인 1998년의 43만 8,000명보다도 훨씬 많은 숫자이다. 실업급여 신청자 증가의 문제는 일자리 창출을 위한 사회적·국가적 실천의 문제와 결부되어 있다. 통계청 자료를 보면 1년 이상의 장기실업자 수가 1999년 이후 최대 수준이고 아예 구직을 포기한 사람들도 갈수록 급증하고 있다.

노동시장의 이런 변화는 결국 구조적 실업을 증대시킬 위험이 있으며, 노동시장의 분절을 가속화해 근로자 간의 소득불평등을 심화시킬 우려가 있다. 이런 변화를 전제로 우리 사회는 소극적인 실업대책뿐 아니라 적극적인 노동시장 정책을 더욱 강화해야 할 필요가 있다. 고용보험제도 역시 이러한 노동시장의 변화를 반영해야 할 것이다.

1) 고용보험 수혜 대상의 지속적인 확대와 제도적인 보완 필요

고용보험은 노동시장의 양극화 해소와 사회 통합을 위한 최소한의 사회안전망이다. 고용보험의 수혜 대상을 지속적으로 확대해, 변화하는 노동시장에 대응하고 근로자들의 고용을 안정시키기 위한 제도적인 보완이 이루어져야 한다. 앞으로는 현재보다 훨씬 빠른 속도로, 그리고 대규모의 고용조정이 상시적으로 발생할 가능성이 있다. 이러한 상황에서 고용보험은 기업의 고용조정 시 근로자들을 보호하고, 이들을 적응할 수 있도록 지원하는 방안을 더욱 신중하게 마련해야 할 것이다.

2) 인구구조의 고령화와 여성의 사회참여에 따른 지원 확대

현행 고용보험제도는 여성의 출산휴가를 지원하고 있지만 고용보험에 가입되어 있지 않은 노동자가 여전히 많기 때문에 유급출산휴가제도의 적용을 받지 못하는 여성 노동자의 수는 아직도 많다. 또한 여성의 일자리가 대부분 비정규직이라는 점도 여성의 노동시장 참여에 장애요인이 되고 있다. 이 밖에 보육시설의 문제, 노동시장 재편입 문제 등도 해결과제로 꼽힌다. 그 때문에 정부가 비용을 부담하는 출산휴가 기간의 연장 및 보육지원서비스 확충 등의 가족친화적 정책의 도입을 통해 여성의 노동시장 참여를 장려해야 한다. 육아문제 때문에 파트타임 등 시간제 근로를 희망하는 여성들을 위해 여성 친화적인 적합한 근로 모델을 개발·보급하고, 인센티브, 컨설팅 제공 등의 지원도 필요할 것이다.

또한 인구구조가 고령화됨에 따라 50세 이상 노동자의 경제활동 유지를 위한 정책의 중요성은 굳이 강조할 필요도 없게 되었다. 기업에서 정하는 퇴직연령을 완화하거나 기업 단독의 퇴직연령 설정을 금지함으로써 유효 퇴직 연령을 상향 조정할 필요가 있을 것이다. 기업에서의 임금피크제 등 임금 유연성을 증대해 '지속 고용'을 장려하는 것도 중요하다.

고용안정센터와 고령자 인재은행, 자치단체와의 유기적 연계를 통해 구인개척 및 취업알선을 강화함으로써 고령자의 고용을 지속적으로 촉진해야 할 것이다.

3) 비정규근로자의 고용 안정 등 양극화 현상 완화

대기업 대비 중소기업의 임금수준이 2001년 71%에서 2005년 초 64%대로 그 격차가 확대되고, 정규직 대비 비정규직 근로자의 임금수준도 2004년 65%에서 2005년도 62%대로 그 차이가 좀처럼 줄어들지 않고 있다.

비정규근로자들의 고용을 안정시키고 이들을 제도적으로 보호할 수 있는 방안을 구체화해야 한다. 비정규직 비율은 2004년 OECD 국가 중 2위를 차지하고 있으며 1년 이하 단기계약직이 절반 이상을 차지하고 있다. 비정규직 보호 입법을 통해 비정규직 차별금지, 3년 초과 사용한 기간제 근로자 해고 제한, 3년 초과 사용 시 사업주에게 파견근로자 직접 고용의무 부과 등을 통해 비정규직의 남용방지 및 고용안정을 도모하는 것도 중요하다.

OECD는 최근 「한국의 노동시장: 유연성 및 참여율 증대」라는 보고서를 통해 계속 증가 추세에 있는 비정규직 노동자는 노동비용 감소와 고용 유연성 증대라는 장점을 가지고 있음에도 장기적으로는 평등성과 효율성에 부정적 영향을 미칠 것이라며, "정규직 노동자에 대한 고용보호 완화와 비정규직 노동자를 위한 사회안전망 강화는 한국 노동시장의 양극화 심화를 완화하는 데 기여할 수 있을 것"이라고 언급하고 있다.

4) 실업자 유형과 특성에 부합하는 다양한 고용지원서비스 지원

직업능력개발의 정책환경이 급속히 변화함에 따라 지금까지 공급자 위주의 훈련방식을 수요자 중심으로 전환해 지역 및 산업 등 현장 수요에 부응하는 인력양성지원 등 새로운 방식의 직업능력개발사업을 추진해야 한다. 취업에서 사후관리까지 실업자 유형과 특성에 부합하는 다양한 개인별 고용지원서비스를 강화함으로써 적시에 적절한 일자리가 연계되도록 고용서비스 개선이 필요하다.

또한 기업의 직접훈련비를 지원하는 사업 위주에서 직업훈련비뿐 아니라 훈련사업에 대한 간접투자도 지원, 기업의 훈련투자를 촉진해야 한다. 정부의 훈련 프로그램 전달방식이 기업을 매개로 하고 있어 비정규직이나 중소기업 근로자들에게 제대로 전달되지 않고 있다. 앞으로는 근로자 주도의 직업능력개발이 이뤄질 수 있도록 하는 방식을 도입, 근로자에게 정부가 직접 수강비를 지원하고, 영세영업자들에게는 정부가 직접 상담을 통해 훈련할 수 있도록 해야 할 것이다.

5) 행정 절차 간소화하고 편의 도모

노동부는 2005년 10월부터 2006년 3월까지 서울, 인천, 경기지역의 총공사금액이 200억 원 이상인 건설현장을 대상으로 일용근로자 고용보험 전자카드 사업을 시행하고 있다.

현재 경인지역에 공사금액 200억 원 이상인 건설현장은 약 1,300개소인데 이번 시작 단계에서는 715개소(54.5%), 약 1만 3,500명이 참여할 예정이며 앞으로도 참여 업체를 계속 늘려갈 계획이다. 이 사업을 통해 건설업에 종사하는 일용근로자의 실업 급여 등을 신속, 정확하게 지급할 수 있을 것이다. 근로자들은 여러 현장을 옮겨 다니더라도 전자카드 한 개만 있으면 근로일 수를 쉽게 등록할 수 있다. 이처럼 행정절차를 간소화해 편의를 도모하고 지원을 확대하는 것이 중요한 과제일 것이다.

〈표 22〉 연도별 기금의 집행실적

(단위: 개소, 명, 백만 원)

구분	2009			2010			2011		
	사업장	연인원	금액	사업장	연인원	금액	사업장	연인원	금액
총계	388,942	8,214,997	6,724,539	280,316	6,462,369	6,001,084	241,906	5,350,293	5,933,912
고용안정·능력개발 계	388,942	6,616,155	2,153,580	280,316	5,039,779	1,797,756	241,906	3,951,860	1,702,711
○ 고용유지지원금	44,697	943,833	313,295	8,486	107,856	53,420	4,311	54,560	25,932
○ 고용창출지원금	22,248	30,558	79,882	19,402	27,139	83,546	14,340	21,581	87,585
○ 고용촉진지원금	168,057	421,509	153,550	106,694	281,678	139,565	84,113	224,028	108,767
○ 직장보육시설지원	782	6,894	17,319	1,828	16,980	24,593	2,739	26,753	32,739
○ 건설근로자고용	23,858	1,448	33,847	21,778	400	29,680	13,181	443	16,197
○ 직업능력개발훈련지원	126,619	4,503,595	432,942	119,335	3,764,139	346,763	120,745	3,004,691	284,890
○ 유급휴가훈련지원	2,681	13,294	15,320	2,793	10,873	10,951	2,477	11,257	11,505
○ 직업훈련 시설·장비대부	-	-	9,775	-	-	6,688	-	-	8,000
○ 실직자 재취업훈련	-	88,094	249,726	-	206,739	234,945	-	171,343	200,210
○ 수강지원금	-	280,667	56,033	-	262,689	49,614	-	162,992	28,635
○ 기타	-	326,263	791,891	-	361,286	817,991	-	274,212	898,251
실업급여 계	-	1,598,842	4,465,227	-	1,422,590	4,098,530	-	1,398,433	4,135,083
○ 구직급여	-	1,271,357	3,591,122	-	1,213,013	3,487,576	-	1,142,364	3,346,591
○ 취업촉진수당	-	221,525	517,430	-	92,103	198,955	-	107,603	214,763
○ 산전후휴가급여	-	70,560	178,477	-	75,742	192,564	-	90,290	232,915
○ 육아휴직급여 등	-	35,400	139,724	-	41,732	178,121	-	58,176	276,278
○ 기타	-	-	38,474	-	-	41,314	-	-	64,536
사업운영비	-	-	105,732	-	-	104,798	-	-	96,118

참고문헌

고용노동부. 2012.『고용노동백서』.

____. 각 연도.『고용보험백서』.

금재호. 2002.「향후 노동시장의 전망과 고용정책의 기조」. 고용보험 중장기 발전계획수립을 위한 토론회 자료집. 한국노동연구원.

김재은. 2011.「고용보험 사각지대에 관한 연구」. 고려대학교 대학원.

김주섭. 2002.「직업능력개발사업의 발전방향」, 고용보험 중장기 발전계획수립을 위한 토론회 자료집. 한국노동연구원.

유길상. 2002.「실업급여의 발전방향」. 고용보험 중장기 발전계획수립을 위한 토론회 자료집. 한국노동연구원.

____. 2012. 이행노동시장의 관점에서 본 고용보험제도 발전방안. 한국노동연구원.

한국노동연구원. 각 연도.『고용보험동향』.

한국산업인력공단 중앙고용정보원. 각 연도.『고용보험통계월보』.

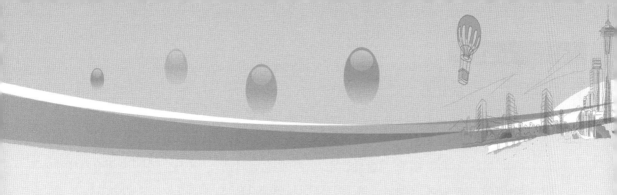

한국의 노인장기요양보험제도

❙ 김진수·전희정*

1. 들어가는 말

한국은 세계에서 가장 빠른 속도로 진행되고 있는 인구고령화 문제에 당면해 있다. 인구고령화 문제는 노인인구의 증가와 출산율 저하에 기인한다. 특히 실질적인 노인인구의 증가는 수명연장에 의한 결과이다. 이러한 노인인구의 증가로 나타난 대표적인 사회 문제로는 공적연금과 건강보험비용 증가를 들 수 있지만 무엇보다도 노인장기요양이라는 새로운 사회적 위험이 대두한 점을 꼽을 수 있다. 이는 고령화사회의 진전에 따라 치매·중풍 등 요양보호 노인이 크게 증가하여 수발을 받아야 할 노인이 급격히 증가하는 반면에 핵가족화 및 여성의 사회활동 증가 등으로 가족의 노인부양기능이 지속적으로 약화되면서 나타나게 되는 사회적 문제이다. 더구나 노인의 경우는 성격상 회복가능성이 매우 낮아 일단 장기요양보호 대상이 되면 의료와 요양서비스 형태가 동시에 필요하게 되는 경우가 많기 때문에 비용부담이 커지게 되어 가족 및 노인의 부담이 증가하게 되는 문제점을 갖고 있다.

이에 대처하기 위해 2000년 이후 본격적인 대안 마련을 위한 논의가 시작되었고, 사회보험방식을 기반으로 하고 재가복지서비스의 확충을 목적으로 새로운 사회보장제도의 도입을 위해 기획단 및 실행위원회를 거쳐 활발한 준비가 이루어졌다. 도입 및 이행을 위한 준비를 위해 시범사업이 세 차례 운영되었고 2007년 4월 「노인장기요양보험법」이 공포되어 2008년 7월 1일부터 '노인장기요양보험제도'가 시행되었다. 노인장기요양보험제도는 노인뿐만 아니라, 장기요양을 직접 담당하던 중장년층과 자녀 등 모든 가족에게 도움을 주는 제도로서 지속적으로 증가할 노인의 보건·의료·요양·복지 등 복합적인 욕구에 효과적으로 대응하는 사회연대원리에 기초한 한국의 5번째 사회보험이다.

노인장기요양보험 제도는 시행된 이후 제도의 목적을 수행하면서 상당한 성과를 올리고 있는 것으로 알려지고 있다. 그러나 제도의 초기 정착과정에서 나타나는 문제점과 시행착오 등 개선해야 할 현안이 상당히 제기되고 있다. 그러므로 이 글에서는 노인장기요양보험제도의 주요 특징과 이슈를 살펴보고, 문제점으로 제기되고 있는 사안을 중심으로 논의를 전개하고자 한다.

2. 노인장기요양보험제도의 특징

1) 적용대상 및 급여대상

노인장기요양보험제도는 국민건강보험제도와 동일하게 전 국민을 적용대상으로 한다. 이는 요양보호 문제를 국가 및 사회가 공동으로 해결하고자 하는 제도적 취지를 반영하는 것으로, 재정 부담을 노인 및 해당 가족뿐 아니라 국민 전체가 연대해 책임지는 것이 타당하다고 보고 노인장기요양보험의 가입자를 국민건강보험제도와 동일하게 전 국민을 가입대상으로 한 것이다. 다른 선진국의 예를 들면 독일도 전 국민을 적용대상으로 해 건강보험가입자를 수발보험(Pflegeversicherung) 가입대상으로 하고 있다. 그러나 일정 소득 이상의 고소득자인 경우는 가입대상에서 제외된다. 이와 달리 일본의 경우는 40세 이상인 자, 즉 요양급여 수급권자만을 가입자로 하고 있다.[1]

---

1) 전체 국민을 가입대상으로 할 경우에는 사회연대적 측면이 더 강하게 제도에 포함된다고 할 수 있다. 반면 일정 연령 이상 계층만 가입대상으로 할 경우에는 가입대상이 급여대상이 될 수 있

노인장기요양보험제도의 급여대상은 65세 이상의 노인 또는 65세 미만 노인성 질병을 가진 자로서 6개월 이상의 기간 동안 혼자서 일상생활을 수행하기 어려워 장기요양 서비스가 필요하다고 인정받는 자를 수급대상자로 하고 있다. 즉, 65세 이상 노인은 질병의 종류에 관계없이 장기요양등급 인정 시 급여혜택을 받을 수 있으며, 65세 미만인 자는 노화 및 노인성 질환에 한하여 수급이 가능하다. 65세 미만의 노인성 질병이 없는 장애인은 일단 급여대상에서 제외되는데, 향후 수급권자 포함 여부는 논의 중에 있다.

2012년 12월 말 기준 노인장기요양보험 등급 인정자 수는 약 34만 1,788명으로, 이는 전체 노인인구의 5.8%에 해당한다. 2012년 등급 인정자 수는 2011년 대비 5.4%, 2010년 대비 8.2%가 증가했다.

2) 재정부담

노인장기요양보험제도 운영을 위한 재원마련은 3자 부담으로 이루어진다. 즉, 건강보험 납부와 동일한 가입자가 부담하는 장기요양보험료와 정부지원에 의한 조세, 그리고 건강보험과 동일한 서비스 수급자의 본인부담을 통한 재원마련 방안이다. 따라서 건강보험 가입자의 경우는 건강보험 재원조달 방식과 동일한 보험료, 국고 지원, 본인부담을 통해 소요비용을 충당한다. 다만 국민기초생활보장제도의 수급자와 같이 공공부조대상자인 경우는 의료급여수급권자에 한해 의료급여제도와 같은 별도의 제도를 도입하는 것이 아니라 장기요양보험제도에 이들을 포함하되 보험료 부담이나 본인부담 전액을 정부재원으로 부담하도록 하고 있다.

장기요양보험료는 건강보험료액에 장기요양보험요율을 곱해 산정해 건강보험료와 통합 징수하되, 장기요양보험료와 건강보험료는 각각 구분하여 고지하게 된다. 징수 후 장기요양보험료와 건강보험료는 각각의 독립회계로 관리된다. 장기요양보험요율은 장기요양위원회 심의를 거쳐 대통령령으로 정하는데, 2013년 장기요양보험요율은 건강보험료의 6.55%이다. 그러나 2013년 건강보험요율이 5.89%로 인상되면서 실제로 납부하는 장기요양보험료가 소폭 상승하게 되었다. 국가지원은 매년 장기요양보험료 예상수입액의 100분의 20에 상당하는 금액을 국고에서 국민건강보험공단에 지원하고,

다는 점에서 가입자의 재정부담에 대한 반발은 적어질 수 있으나, 가입자 1인당 재정부담이 크다는 점에서 제도의 한계를 보일 수 있다.

〈표 1〉 장기요양보험료 산정(예시)

직장가입자 120,000원 건강보험료 납부 시(사용자+근로자)
사용자 = 120,000 × 50% × 6.55% = 3,930원
근로자 = 120,000 × 50% × 6.55% = 3,930원
지역가입자 120,000원 보험료 납부 시
지역가입자 = 120,000 × 6.55% = 7,860원
의료급여대상자(기초/기타): 보험료 부담 없음

국가와 지방자체단체는 국민기초생활수급권자의 장기요양급여비용과 관리운영비의 전액을 각각 분담한다.

국민건강보험에서와 마찬가지로 장기요양보험제도에서도 가입자가 급여비용의 일부를 부담하도록 하고 있다. 즉, 장기요양보험제도에서 제공되는 시설급여의 20%, 재가급여의 15%는 수급자 본인이 부담해야 하며, 차상위계층 등 소득과 재산이 일정금액 이하인 저소득층은 각각 1/2로 경감되고, 국민기초생활수급권자는 국가와 지방자치단체에서 부담한다. 장기요양보험료 산정 예시는 <표 1>과 같다.

3) 급여종류, 조건 및 수준

(1) 요양급여의 범위 및 종류

장기요양급여는 장기요양등급 인정자를 대상으로 하며, 신체적·정신적 장애에 대한 요양 및 복지서비스로 현물서비스 제공을 원칙으로 한다. 요양급여 한도는 평가판정에 의해 등급별 월 사용한도액 범위 내에서 급여를 선택·이용할 수 있고, 급여종류는 크게 재가급여, 시설급여 그리고 특별 현금급여로 나누어진다.

재가급여는 장기요양수급자가 가정에 거주하면서 요양보호사, 간호사 등의 서비스를 제공하는 전문직의 방문을 통해 서비스를 제공받거나, 지역사회 내에 설치되어 있는 통원 및 단기보호가 가능한 시설을 방문해 서비스를 제공받는 것을 말한다. 방문형 재가급여에는 방문요양, 방문목욕, 방문간호가 있는데, 구체적으로 식사 도움, 화장실 도움, 세면, 목욕, 집 안 청소, 말벗, 외출 동행 등의 일상가사지원서비스 및 간호서비스를 받을 수 있다. 통원형 재가급여에는 주·야간보호, 단기보호가 있는데, 이러한 서비스를 통해 하루 중 일정 시간 동안 또는 단기간에 걸쳐 기본적인 요양서비스를 제공받을 수 있으며, 그 외에도 신체 또는 정신 기능 유지 및 기능 향상 프로그램 등에 참

〈표 2〉 장기요양급여 종류

구분	급여 종류	급여 내용
재가 급여	① 방문요양	장기요양요원이 수급자의 가정 등을 방문하여 신체활동 및 가사활동 등을 지원하는 장기요양급여
	② 방문목욕	장기요양요원이 목욕설비를 갖춘 장비를 이용하여 수급자의 가정을 방문하여 목욕서비스 제공
	③ 방문간호	장기요양요원인 간호사 등이 의사·한의사 또는 치과의사의 지시서(방문간호지시서)에 따라 수급자의 가정 등을 방문하여 간호, 진료의 보조, 요양에 관한 상담 또는 구강위생 등을 제공하는 장기요양급여
	④ 주·야간보호	수급자를 하루 중 일정한 시간 동안 장기요양기관에 보호하여 신체활동 지원 및 심신기능의 유지·향상을 위한 교육·훈련 등을 제공하는 장기요양급여
	⑤ 단기보호	수급자를 보건복지부령이 정하는 범위 안에서 일정 기간 동안 장기요양기관에 보호하여 신체활동 지원 및 심신기능의 유지·향상을 위한 교육·훈련 등을 제공하는 장기요양급여
	⑥ 기타재가급여 (복지용구대여)	수급자의 일상생활, 신체활동 지원에 필요한 용구를 제공하거나 대여해 주는 것
시설 급여	노인요양시설 입소(노인전문병원 제외)	장기요양기관이 운영하는 노인의료복지시설 등에 장기간 동안 입소하여 신체활동지원 및 심신기능의 유지·향상을 위한 교육·훈련 등을 제공하는 장기요양급여
특별 현금 급여	① 가족요양비	「노인장기요양보험법」 제24조 규정에 따라 수급자가 가족 등으로부터 방문요양에 상당한 장기요양급여를 받을 때 지급
	② 특례요양비	「노인장기요양보험법」 제25조 규정에 따라 수급자가 장기요양기관인 아닌 기관 또는 시설에서 재가급여 또는 시설급여에 상당한 장기요양급여를 받은 경우 당해 장기요양급여비용 일부 지급
	③ 요양병원 간병비	「노인장기요양보험법」 제26조 규정에 따라 수급자가 의료법상 요양병원 입원 시 장기요양에 사용되는 비용의 일부를 요양병원간병비로 지급

여할 수 있다. 기타재가급여에는 복지용구 대여가 있는데, 특정의 복지용구를 대여하는 데 소요되는 비용의 일부를 지급받는 것을 말한다.

시설급여는 장기요양기관이 운영하는 노인요양시설 등에 장기간 입소하여 신체활동 지원 및 심신기능의 유지·향상을 위한 교육·훈련 등을 제공받는 장기요양급여이다. 즉, 요양에 필요한 시설과 설비 및 전문인력을 갖추고 있는 노인요양시설에 입소하여 전문요양서비스를 받는 것을 뜻한다.

현행 노인장기요양보험제도에서는 현물급여를 원칙으로 하되 특별한 경우에 한해 현금급여를 지급하고 있다. 이러한 것을 특별현금급여라고 하는데, 특별현금급여는 도서벽지 지역 등 요양시설이 없어 불가피하게 가족 등으로부터 요양을 받는 경우에 지원되는 현금급여를 의미한다. 이러한 특별현금급여에는 가족요양비, 특례요양비, 요양병원간병비가 있다.

위에서 살펴본 장기요양급여의 종류를 정리하면, <표 2>와 같다.

(2) 요양급여 수급절차

요양급여를 필요로 하는 노인장기요양보험 가입자는 먼저 본인의 신체적·정신적 상태에 따라 일정한 절차를 거쳐 장기요양등급을 인정받은 후, 장기요양등급에 해당하는 요양급여를 제공받을 수 있게 된다. 즉, 평가판정기준에 의거하여 '등급판정위원회'에 의한 요양보호 대상 여부 및 등급 판정 이후, 장기요양등급에 맞는 적절한 서비스를 이용할 수 있다.

장기요양등급판정을 위한 기준은 장기요양인정조사표(「노인장기요양보험법 시행규칙」서식5)에 명시되어 있으며, 장기요양인정표는 일상생활능력에 해당하는 ADL(Activities of Daily Living) 11항목, 간호처치 및 재활 21항목, 인지기능 8항목, 문제행동 22항목 등 총 63개의 판정항목으로 구성되어 있다. 이러한 판정항목을 통해 신청자의 장애상태 및 서비스 필요량 등을 고려해 3등급의 분류체계에 따라 본인의 요양등급을 인정받게 된다. 이후 장기요양등급에 따라 논의 중인 요양보호사와 같은 전문인력이 심신상태, 가정환경, 본인 및 가족의 의사 등을 고려해 서비스 계획을 작성하게 된다.

(3) 요양급여 수급상한조치 및 본인부담

장기요양급여는 요양등급별로 월 급여한도액 범위 내에서 제공되는데, 월 급여한도액을 초과하는 경우 초과분에 대해서는 건강보험제도와 동일하게 본인이 전액을 부담하도록 설계하고 있다. 급여한도액은 장기요양등급 및 장기요양급여의 종류 등을 고려하여 산정되는데, 재가서비스의 경우 요양등급별로 월 급여상한액 내에서 요양급여를 제공받을 수 있으며, 시설서비스의 경우는 수가에 의해 상한액을 설정한다. 독일의 경우는 서비스 종류와 요양등급별로 월 정액제를 시행하고 있으며, 일본의 경우는 재가서비스와 시설서비스에 따라 상한액에 차이가 있다.

또한 노인장기요양보험제도는 건강보험의 본인부담제도처럼 급여비용에 대한 본인일부부담제를 시행하고 있다. 현재 노인장기요양보험의 본인부담비율은 시설급여는 장기요양급여비용의 20%, 재가급여는 15%이며 저소득 계층이나 보훈대상자 등은 1/2

로 부담을 경감하고 있으며, 공공부조 대상자의 경우는 전액 조세로 지원된다.[2]

4) 관리운영체계

노인장기요양보험제도의 관리운영주체는 급여관리와 재정관리 주체의 일원화를 통해 관리운영의 책임성과 효율성을 높일 수 있도록 국민건강보험공단이 담당한다. 이는 건강보험체계를 활용해 관리운영비용 절감 및 서비스 질 향상을 도모할 수 있다는 장점을 지닌다.

관리운영주체인 국민건강보험공단 이외에도 장기요양위원회, 등급판정위원회, 장기요양심사위원회가 설치·운영되고 있다. 장기요양위원회는 보험요율 및 급여기준에 관한 심의기구로서 보건복지부 차관을 위원장으로 하는 16~22인으로 적용대상자 대표, 장기요양기관 대표, 그리고 공익 대표 등으로 구성된다. 등급판정위원회는 장기요양인정 및 등급판정 등을 심의하는 기구로서 지역 단위로 설치되며, 위원장을 포함한 16인 이내의 의료인, 사회복지사, 시·군·구 소속 공무원 및 관련 전문가들로 구성된다. 장기요양심사위원회는 장기요양인정·요양등급·요양급여·부당이득·장기요양급여비용 및 장기요양보험료 등에 관한 이의사항을 심리하는 기구로서 위원장 1인을 포함한 50인 이내의 위원으로 구성된다.

3. 노인장기요양보험제도 효과 및 개선 과제

노인장기요양보험제도는 2008년에 도입되어 아직은 제도 초기 단계라 할 수 있다. 그럼에도 제도 도입에 따른 효과를 살펴보면 다음과 같이 몇 가지로 요약된다.

첫째, 의료와 복지서비스의 분립 제공체제가 마련됨에 따라서, 치료·요양·재활·예방 등 통합적인 보건의료복지서비스 체계의 구축이 가능해졌다는 점이다. 즉, 질병이 아님에도 불구하고 적절히 머물 곳이 없어서 입원을 하는 사회적 입원 사례가 상당히 줄어들고 있음을 볼 수 있다. 둘째, 이용자 중심의 장기요양보험체계 구축으로 기존의 수

---

2) 본인부담에서 독일의 경우 시설서비스는 급여비의 50~60%, 재가서비스는 20~30% 수준이며, 일본은 시설 및 재가 서비스 모두 10% 수준을 부담하고 있다.

혜적 성격에서 벗어나 수급권 부여라는 권리의식과 함께 전문적인 요양관리(care man-agement) 제공으로 노인욕구에 부합하는 요양서비스 제공을 가능케 했다. 이러한 경향은 장기요양서비스가 기존의 열악한 시설에서 이루어진다는 개념에서 벗어나 일반 국민이 공감하고 부모를 맡길 수 있는 시설로 상향 조정되어감을 강력하게 보여주고 있다. 셋째, 노인장기요양보험제도의 도입은 노인요양에 대한 패러다임의 전환을 가능하게 한다고 볼 수 있다. 즉, 의료적 치료서비스와 수명연장의 목적에서 벗어나, 더욱 광범위한 관점에서 노인 삶의 질 향상을 도모하는 경향을 보이고 있다는 점이다. 따라서 심신의 건강상태 유지와 함께 노인 자신의 자립을 위한 지원에 중점을 두게 되고, 또한 병원 및 시설보다는 재가 및 사회에서의 노인요양을 격려해 노인이 가족 및 지역사회와 통합하는 것을 유도하며, 이를 위해 의료 인력을 포함한 다양한 전문가들의 팀구성으로 적절한 서비스가 제공될 기회가 마련되고 있다. 마지막으로 노인장기요양보험제도의 도입은 다양한 공급주체 및 활발한 민간참여를 촉진시키고 있다. 물론 이러한 공급기관의 양적인 증가로 인해 과도한 경쟁체계 진입 및 이에 따른 각종 편법과 위법 현상이 나타나기도 하지만, 결국에는 양질의 서비스 공급주체만이 생존한다는 점에서 긍정적인 결과가 예상된다.

위와 같은 노인장기요양보험 제도의 도입에 따른 효과에도 불구하고 해결해야 할 문제와 발전을 위한 주요 과제들이 산적해 있는 것이 사실이다. 선진국의 경우와 비교할 때 제도 도입을 위한 준비과정이 상대적으로 짧은 데다, 건강보험 도입 당시의 상황과 비교해도 상당한 어려움이 있음을 알 수 있다. 건강보험 도입 당시에는 이미 민간 병의원에 의해 의료서비스가 제공되고 있던 상황에서 사회연대적 재원조달을 통해 이용료 부담을 경감해주는 제도가 이루어진 것이라 한다면, 노인장기요양보험제도는 노인요양서비스가 제대로 이루어지고 있지 않은 상황에서 새로운 제도를 구축한 것이므로, 서비스 수요의 창출과 서비스 인프라 구축이 동시에 이루어졌기 때문에, 도입 초기에 상당한 혼란이 발생할 수밖에 없었다. 이러한 상황을 배경으로 하여, 향후 노인장기요양보험 제도의 개선과제를 다음과 같이 정리할 수 있다.

첫째, 노인장기요양보험제도에 대한 정교화 작업으로서, 앞서 살펴보았던 기본제도 내용에 대한 보다 구체적이고 올바른 제도설계가 요구된다. 특히 의료적 측면에서 건강보험제도와 중첩되는 기능이 발생하므로, 양 제도 간 역할 정립이 우선시되어야 한다. 또한 노인장기요양보험 제도 설계과정에서 급여대상의 일정 연령층을 제한하고, 장애인을 제외하는 규정이 주요 쟁점이었다. 이에 대한 해결노력으로 장애인에 대한 장기요양서비스 도입을 논의하고 있지만, 간단치는 않을 것으로 전망되고 있다.

둘째, 본인부담제도와 관련하여 요양보호가 장기적 급여성격을 갖고 있기 때문에 수급권을 처음부터 포기하거나, 이러한 장기적인 본인부담으로 인한 빈곤으로의 추락문제 그리고 이로 인한 요양서비스의 왜곡 현상이 발생하고 있다. 이에 대한 해결책으로 국민기초생활보장 수급권자에게는 무료로, 그리고 저소득 계층에는 본인부담을 1/2로 감액하는 등의 개선책이 시행되고 있다. 이러한 개선으로 시설입소보다 재가서비스를 유도할 수는 있으나, 본인부담의 문제를 근본적으로 해결하기에는 미흡하다. 그러므로 보다 적극적인 문제해결을 위해서는 본인부담에 대한 총액상한제 등의 조치와 지방정부의 추가적인 서비스 제공방안을 포함하여, 비영리단체나 민간단체에 의한 민간서비스와 개인에 의한 자원봉사 등을 연계한 종합적인 혼합복지 형태를 고려하는 체제 구축 노력이 필요하다.

셋째, 노인장기요양보험제도는 모든 국민이 가입하고 보험료를 납부하는 사회보험 형태이지만 도입 시 수급권을 중증 이상으로 제한하게 되면서 기여자와 수급권자가 일치하지 않는 모순을 가지고 있다. 제도 이행의 첫해인 2008년에 실제 장기요양급여를 받는 급여대상을 최중증(1등급~2등급)으로 한정했다가, 급여대상이 지나치게 협소하다는 지적에 대응하여 중등증(1등급~3등급)으로 확대되었다. 급여대상자에 비해 수급자 비율이 지나치게 낮은 문제는 앞으로 해결되어야 할 문제이며, 장기적으로 등급 외의 경우에도 재가서비스 급여를 제공하는 등으로 급여대상을 확대하는 것이 보편성의 원칙에도 부합될 수 있을 것이다. 특히 급여대상자 중 증상이 호전되면 등급이 하향조정되는데, 3등급의 경우 급여서비스 대상에서 제외되었다가 악화되면 다시 급여대상자가 되는 비효율성을 보이고 있다는 점에서 개선이 시급하다. 이를 개선하기 위한 방안으로 3등급 기준을 완화하기로 결정했다. 기존 장기요양 3등급 인정점수는 '53점 이상 75점 미만'이었으나, 시행령 개정을 통해 2013년 7월부터 '51점 이상 75점 미만'으로 확장된 범위가 적용된다. 이에 따라 약 2만 3,000명이 신규로 장기요양서비스를 받을 것으로 예상되고 있다. 그 외에도 2014년 하반기에 '치매특별등급'을 신설하여 장기요양등급외 판정을 받은 치매환자에게 특별 등급을 부여하는 방안을 검토 중에 있다.

넷째, 타 사회보험제도에서 제공하는 간병급여 및 재활급여와 중복급여 발생에 대해서 실제 현장의 발생 상황을 예측하는 사회복지적인 노력이 시급하다. 특히 현장에서 요양서비스의 제공이 간호 및 사회복지서비스의 조화에 의해 이루어질 수 있어야 한다.

다섯째, 가족요양비와 관련한 불법행위 개선과 요양보호사에 대한 처우개선 문제 등

질적인 부분에 대한 문제가 있다. 현재 노인장기요양보험에서는 장기요양의 급여 형태를 현물로 제한하면서 현금제공은 도입하지 않고 있지만, 일부 가족요양비와 관련한 예외규정을 두고 있는데, 이와 관련하여 가족동거자의 요양보호에 관한 위법행위들이 발생하고 있다. 또한 서비스 공급기관들의 과도한 경쟁으로 인해 비용절감을 위한 인건비 삭감 등 종사자들의 근로조건의 악화 등 시급히 해결되어야 하는 질적 문제가 해결과제로 남아 있다.

여섯째, 노인장기요양보험제도는 한국의 새로운 사회보험제도로서 기존 제도의 재편이나 추가가 아닌 완전히 새로운 체제가 구축된 것이므로 공급체제의 구축 및 시설, 인력 인프라 확보가 핵심과제이다. 장기요양기관의 지역적 분포와 규모는 장기요양서비스 이용의 형평성에 큰 영향을 미치게 될 것이다. 현재 시설 확충이 이루어졌다고 하지만 실제 지역적 편차가 심각하고, 시설 간 질적 편차도 시급히 해결해야 할 과제라 할 것이다. 또한 요양보호사 자격 남발은 장기요양보험제도의 근간을 위협할 수 있다는 점에서 요양보호사의 질적 수준의 확보가 필요하다. 이를 위해서 일정수준 이상의 능력을 갖춘 요양보호사 확보 방안 및 재교육 프로그램 등이 확립되어야 할 것이다.

참고문헌

김진수. 2004. 「한국의 요양보험제도 도입과 과제: 서울시의 조정 역할을 위한 정책과제를 중심으로」, 한일포럼, 한국사회복지정책학회.

_____. 2005a. 「한국공적요양보장제도의 도입과 과제」. 노인수발보장 한일사회복지포럼, 서울시.

_____. 2005b. 「고령화와 한국사회복지정책의 선택」. 고령화에 따른 보건복정책의 한일비교, 연세대학교 보건·복지연구소

_____. 2005c. 정부 노인수발보험 관리운영체제에 관한 국회 정책토론회 발표자료.

김진수·박은영·안수란. 2006. 「노인수발보장제도 도입의 쟁점과 정책과제」. 《한국사회정책》, 제13집, 한국사회정책학회.

김찬우. 2005. 「노인수발보장제도의 쟁점과 문제점에 관한 고찰」. 《한국사회정책》, 제12집.

김태성·김진수. 2007. 『사회보장론』. 청목출판사.

남현주·이현지. 2004. 「유럽의 주요 노인장기요양제도 수립 현황과 시사점」. ≪노인복지연구≫, 제26호, 한국노인복지학회.

보건복지부. 2006. 「외국의 노인수발보험제도」.

선우덕. 2000. 「노인장기요양보호정책의 기본방향에 관한 일고찰」. ≪보건과 복지≫, 제6집, 한국보건복지학회.

선우덕·석재은. 2001. 「인구고령화에 따른 장기요양보호정책에 관한 연구」. 한국사회복지학회 춘계학술대회 자료집.

유경선·문상호. 2006. 「노인수발보험제도의 정책설계」. 한국행정학회 2006 추계학술대회 발표논문집.

이용갑. 2000. 「독일의 장기요양보험과 일본의 개호보험」. ≪한국사회정책≫, 제7집 제1호.

차흥봉·석재은·양진운. 2006. 「수발보험의 재정 및 서비스 관리운영체계에 관한 연구」. ≪한국사회복지정책학회≫, 제27집.

최병호 외. 2007. 「노인장기요양보험제도 시범사업 평가연구(2차)」. 보건사회부 한국보건사회연구원.

한국보건사회연구원. 1999. 『장기입소노인시설 보건의료서비스 제공현황 및 개선방안 연구』.

_____. 2000. 『노인 장기요양보호 종합대책 방안』.

Bäcker, G., R. G. Heinze, und G. Naegele(Hg.). 1995. *Die Sozialen Dienste vor neuen Herausforderungen*. Münster.

Bundeskonferenz zur Qualittssicherung bei Pflegebedrftigkeit. 1995. "Stellungsnahme zur Rolle und Bedeutung der Kommunen und Länder im Zuge der Umsetzung des Pflegeversicherungsgesetzes," in: Igle, G., S. Khnert, G. Naegele(Hg.): *SGB XI als Herausforderung für die Komunen. Dortmunder Beiträge zur angewandten Gerontologie*, Bd. 4. Hannover.

Bundesministerium für Arbeit und Sozialornung(Hg.). 1995. *Übersicht über das Sozialrecht*. Bonn.

Catherine, Jones. 1985. *Pattern of Social Policy: An Introduction of Comparative Analysis*. Tavistock Publication.

Damkowski, W. and K. Luckez. 1990. *Neue Formen lokaler Sozial-und Gesundheitsdienste*. Köln.

Esser, H. 1991. *Soziologie*. Allgemeine Grundlagen. Frankfurt: New York

Fachinger, U. Rothgang(Hg.). 1995. *Die Wirkungen des Pflege-Versicherugnsgesetzes*. Berlin.

Philippa WEBB. 2003. "Legislating for care: a comparative analysis of long-term care insurance law in Japan and Germany." *Social Science Japan Journal*, Vol. 6, No. 1.

IV

사회복지서비스

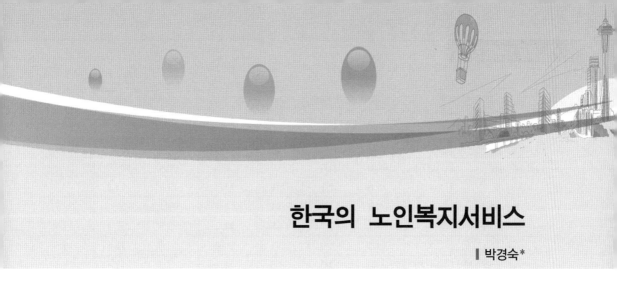

한국의 노인복지서비스

▌박경숙*

1. 노인, 노화의 개념과 고령화

노인은 생리적 및 육체적, 심리적, 사회적 과정 등 복합적 과정의 산물인 노화단계와 관련하여 정의된다. 노화단계가 개인마다 차이가 있기 때문에 노인에 대한 인지 및 자각은 사람에 따라 차이가 있을 수 있다. 그러나 일반적으로 노인을 역연령(曆年齡)에 의해 규정하기 때문에 UN이나 대부분의 산업국가에서는 제도적으로 노인복지의 대상자로 분류할 때 65세 이상을 기준으로 한다. 이러한 노인에 대한 정의는 단순한 노화현상뿐만 아니라 현대 산업사회의 퇴직제도와 급여연령을 결정하는 사회복지제도와도 긴밀한 연관을 가진다. 노인들 가운데는 기능이 연령별로 큰 차이가 나므로 노인을 세분화하여 65~74세의 중고령노인(middle old), 75~84세의 고령노인(old old), 85세 이상의 초고령노인(oldest old)으로 분류하기도 한다.

현대화에 따른 산업화, 도시화, 보건의료기술의 발달, 출산율 저하 등의 현상은 전 세계적으로 평균수명과 노인인구의 증가를 가져왔다. 선진 산업국가들은 이미 오래 전부터 인구의 고령화를 경험하고 있으며, 65세 이상 노인인구의 비율이 전체인구의 14% 이상을 차지하는 고령사회(aged society)가 되었거나 고령사회에 진입하고 있다. 영

---

* 경기대학교 사회복지학과 교수.

<표 1> 한국 연령계층별 인구 추이

(단위: %)

	1970	1990	2000	2012	2020	2030	2040	2050
총인구	100.0	100.0	100.0	100.0	100.0	100.0	100.0	100.0
0~14	42.5	25.6	21.1	15.1	13.2	12.6	11.2	9.9
15~64	54.4	69.3	71.7	73.1	71.1	63.1	56.5	52.7
65세 이상	3.1	5.1	7.2	11.8	15.7	24.3	32.3	37.4
65~74세	2.3	3.5	4.9	7.1	9.0	14.6	15.8	15.3
75~84세	(0.8)	(1.6)	2.0	3.8	5.1	7.2	12.4	14.4
85세 이상	-	-	0.4	0.9	1.6	2.5	4.1	7.7

자료: 통계청(2011).

국, 프랑스, 독일, 스웨덴 등 유럽 국가들은 이미 1970년대에, 그리고 일본은 1990년대에 고령사회가 되었으며, 미국, 캐나다 등 북미국가들도 앞으로 10년 이내에 고령사회에 진입할 추세이다.

한국의 노인인구는 산업화가 진전된 1970년대 이후 급속하게 증가해 2000년에 전체 인구에 대한 65세 이상의 노인인구 비율이 7% 이상이 되었고, 이에 따라 우리 사회는 고령화사회(aging society)로 진입했다. 그 후 노인인구는 계속 증가해 2012년 현재 11.8%에 도달했으며 전체 노인인구는 589만 명으로 추산되고 있다(<표 1> 참조).

노인인구의 부양비는 1970년 5.7%에서 2012년 16.1%로 증가했고, 2050년이면 71.0%에 달할 것이다. 노령화지수 역시 1970년의 7.2%에서 2012년 77.9%로 증가했고, 2050년이면 376.1%나 될 것으로 예상된다. 노인인구를 부양할 수 있는 생산인구수는 1970년 노인 1명당 17.7명에서 2012년에는 6.2명으로 감소했고, 2050년에는 1.4명으로 생산인구 3명이 노인인구 2명 정도를 부양해야 되므로 부양부담이 매우 커질 것이다(<표 2> 참조).

<표 2> 한국 노인인구의 부양비, 노령화 지수, 노인1인당 생산가능인구수 추이

(단위: %, 명)

	1970	1980	1990	2000	2010	2012	2017	2030	2040	2050
노년 부양비	5.7	6.1	7.4	10.1	15.0	16.1	19.2	38.6	57.2	71.0
노령화지수	7.2	11.2	20.0	34.3	67.7	77.9	104.1	193.0	288.6	376.1
노인 1명당 생산가능인구	17.7	16.3	13.5	12.4	6.7	6.2	5.2	2.6	1.7	1.4

자료: 통계청(2011).

〈표 3〉 한국과 OECD 국가의 평균수명

(단위: 세)

구분	한국 (2010)	독일 (2008)	미국 (2007)	영국 (2007)	일본 (2008)	프랑스 (2009)	호주 (2008)
남자	77.2	77.6	75.3	77.6	79.3	77.8	79.2
여자	84.1	82.7	80.4	81.8	86.1	84.5	83.7

자료: 보건복지부(2012b); OECD(2011).

〈표 4〉 2009년 성별 기대여명과 건강수명

(단위: 년)

구 분	남자	여자	계
0세에서의 기대여명	76.80	82.92	80.67
0세에서의 건강수명	71.38	73.37	72.63
남녀 기대여명 차이	6.12		
남녀 건강수명 차이	1.99		

자료: 정영호(2012).

　　고령화의 원인 중 하나는 평균수명의 급속한 증가인데 평균수명이 빠르게 증가하여 2010년 현재 남자가 77.2세, 여자가 84.1세가 평균수명이 되고 있다. 여자의 평균수명이 남자보다 6.8세 더 높은데 남자와 여자의 평균수명 모두 세계 최장수국인 일본에 근접하고 있다(<표 3> 참조).

　　고령화사회에서 기대수명만큼 중요한 지표가 건강수명이다. 건강수명은 완전하게 건강한 상태로 살 수 있을 것으로 기대되는 평균적인 연수로서 노인의 삶의 질을 나타내는 중요한 지표가 되고 있다. 2009년 한국 인구 전체 0세의 기대여명은 80.67세인데 0세에서의 건강수명은 72.63년으로 0세에서의 기대여명과 건강수명의 차이가 8.04년이 되고 있다. 성별 기대여명의 차이는 6.12년인 데 비해 건강수명의 차이는 1.99년이다(<표 4> 참조). 남성과 비교해 볼 때 여성의 경우 기대여명에 비해 건강수명이 상대적으로 더 짧아 여성노인의 삶의 질이 더 낮을 것으로 예측되고 있다.

　　고령화의 특성 중 관심을 가져야 할 것은 성비의 불균형 현상이다. 65세 이상 인구의 성비를 보면 여성노인의 수가 남성노인의 수에 비해 상당히 많다. 65세 이상 인구의 성비(여성 100명당 남자인구)는 2012년 70.1에 그치고 있다(통계청, 2011). 따라서 여성노인의 고독과 소외문제에 대한 사회적 관심이 필요하다.

　　한국 인구의 고령화는 출산율의 빠른 하락으로 인해 선진국들보다 더욱 급속하게

〈표 5〉 노인인구의 증가속도: 국제비교

(단위: 년)

노인비율	프랑스	미국	독일	일본	한국
7%	1864	1942	1932	1970	2000
14%	1979	2015	1972	1994	2018
소요연수	115	73	40	24	18

자료: 보건복지부(2006).

진행되고 있다(〈표 5〉 참조). 2011년도 합계 출산율이 1.24에 불과하다. 따라서 고령화사회에서 고령사회로 진입하는 데 프랑스는 115년, 미국은 73년, 독일은 40년, 일본은 24년 걸린 반면에 한국은 18년밖에 걸리지 않기 때문에 짧은 기간에 노령화를 준비해야 하는 부담을 안고 있다.

앞으로 인구의 고령화는 경제·사회·복지·고용 등 전 분야에 걸쳐 큰 변화를 가져올 것이다. 고령인구의 증가는 저축률의 하락, 노동생산성의 감소를 가져와 경제성장을 둔화시킬 것이다. 또한 고령화로 인해 공적 연금, 국민기초생활보장, 기초노령연금 등 소득보장을 위한 지출이 증가할 뿐만 아니라 국민건강보험, 장기요양보험, 보건의료서비스 등 의료보장지출이 증가할 것이다. 사회보장부담의 증가는 기여금의 인상이나 정부재정의 확대를 가져와 고용을 감소시키거나 경제성장을 저해할 것이며 부양부담의 정도와 주체문제로 세대 간의 갈등도 초래할 수 있다. 고령사회로 진입하면서 노인의 복지문제는 지난 세기는 물론 21세기에서도 계속 사회복지의 주요 화두가 될 전망이다. 고령사회의 도래로 빈곤노인, 병든 노인, 장애노인, 독거노인, 학대받는 노인 등 보살핌을 필요로 하는 노인이 계속적으로 증가하고 있다. 이에 따라 국가는 노인을 위한 소득보장, 의료보장, 주거보장, 노인복지서비스 등 각종 노인복지대책을 강화하고 있다.

앞으로 이러한 노인복지대책의 근간이 되는 중요한 개념은 '성공적 노화'라는 것이다. 성공적 노화란 질병과 장애가 없고 신체적 기능과 정신적 기능을 유지하면서 적극적으로 사회에 참여하는 것을 의미한다(Kahn and Rowe, 1999). 성공적 노화를 이끌도록 하여 사회에 참여하는 건강한 노인들이 많아지게 하는 것이 노인복지대책의 중요한 과제가 될 것이다.

이 장에서는 우선 노인문제현황을 살펴보고 이에 대응하는 노인복지제도의 현황 및 과제를 살펴보기로 한다. 특히 노인복지정책들 중에서 노인들에게만 적용되는 소득보장과 고용보장, 그리고 노인보건복지서비스에 해당하는 노인복지제도를 중심으로 논의하고자 한다.

2. 노인문제

노인이 되면 점차 신체적으로 약해질 뿐만 아니라, 퇴직 및 일자리 상실로 인해 경제적·사회적·심리적 문제에 직면하게 된다. 흔히 노인의 4고(苦)라 불리는 노인문제로는 빈곤문제, 건강문제, 역할상실의 문제, 소외 및 고독문제 등이 있다. 현대사회에는 효의식의 쇠퇴로 노인부양, 노인학대, 안전, 자살, 차별문제 등도 중요한 노인문제로 대두되고 있다.

한국 노인들의 빈곤실태를 가장 극명하게 드러내는 것은 노인의 상대적 빈곤율이 OECD 회원국 중 가장 높은 수준을 보이고 있다는 점이다. 중위가구소득 절반 미만의 소득자 비율로 측정되는 상대빈곤의 개념에 비추어볼 때 한국노인의 45%가 빈곤상태인데 이는 OECD 평균 13.3%에 비해 매우 높은 수준이이며, 전체 인구의 빈곤율보다도 월등히 높다(정경희, 2009).

한국 노인들은 타 연령층에 비해 근로소득이나 사업소득은 적고 재산소득, 이전소득, 비경상소득이 비중이 높다. 2012년 현재 타 연령층과 비교해 볼 때 60세 이상 가구주 가구 총소득은 282만 9,900원으로 30~59세 가구주 가구의 총소득의 60.4~69.4%의 수준에 머물고 있다(<표 6> 참조). 이 중 근로소득이나 사업소득은 40세 이상의 장년층에 비해 매우 적고 재산소득, 이전소득, 비경상소득이 타 연령층에 비해 매우 많다.

〈표 6〉 2012년 가구주 연령별 월평균 소득 구성

(단위: 천 원, %)

연도	39세 이하	40~49세	50~59세	60세 이상
총소득	4,075.5	4,684.4	4,623.8	2,829.9
경상소득	3,956.6	4,592.9	4,505.0	2,599.2
근로소득	3,117.7	3,275.2	3,076.7	1,239.5
사업소득	551	1,012.1	1,158.0	609.9
재산소득	8	12.5	10.1	59.0
이전소득	279	293.1	257.3	690.7
비경상소득	118.9	91.5	118.7	230.8

자료: 통계청(2012c).

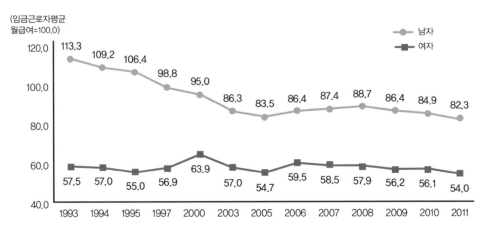

〈그림 1〉 연도별 전체 임금근로자의 월평균 급여 대비 60세 이상 근로자의 월평균 급여 비율 변화 추이

자료: 통계청(2012b).

　　전국노인실태조사의 패널자료에 의하면 65세 이상 노인패널가구의 근로·사업소득의
비중은 최근 감소하고 있는 경향이다. 2008년 전국노인실태조사의 노인패널가구의 월
평균 가구소득에서 근로·사업소득이 차지하는 비중은 48%였는데, 2011년 조사에서는
40.3%로 감소했다(정경희 외, 2012).

　　노인들의 근로소득의 비중이 낮아지고 있는 원인 중 하나는 타 연령층과 비교한 노
인 근로자의 월평균 급여 비율의 하락에 있다. 최근 타 연령층에 비해 상대적으로 계
속 낮아지고 있다. 전체 임금근로자의 월평균 급여를 100으로 할 때 60세 이상 근로자
의 월평균 급여의 비율이 1994년 전 100%를 넘었다가 그 이후 계속 하락하고 있다(통
계청, 2012b). 특히 60세 이상 남자근로자의 월평균 급여 비율의 하락이 가파르다(〈그림
1〉 참조).

　　노인의 소득원 중 이전소득의 비중이 높아지고 있는데 특히 공적이전소득의 비중이
점차 높아지고 있다. 패널조사인 2011년 전국노인실태조사에서는 노인가구의 이전소
득비중의 변화를 알 수 있다. 2008년에 비해 노인가구의 소득원 중 이전소득의 비중이
47.4%에서 49.4%로 높아졌는데 이는 공적이전소득의 증가에 기인한 것이다. 공적이전
소득은 3.7%가 증가한 반면 사적이전소득은 1.7%가 감소했다(〈표 7〉 참조). 65세 이상
노인 부부의 경우 공적이전소득은 기초노령연금이 55.1%로 가장 많은 비중을 차지하
고 있으며, 공적연금 31.9%, 기타공적급여 8.0%, 기초생활보장 급여 5.0% 순으로 공적
이전소득의 구성이 되어 있어 기초노령연금과 공적연금의 비중이 전보다 상당히 높아

〈표 7〉 노인가구의 소득원 변화추이

(단위: %)

구분	2008년	2011년
근로소득	48.0	40.3
재산소득	3.4	8.6
사적이전소득	26.8	25.1
공적이전소득	20.6	24.3
기타소득	1.2	1.7
계	100.0	100.0

자료: 정경희 외(2012).

진 것을 알 수 있다(정경희 외, 2012).

노인의 근로소득의 비중이 감소하는 것은 또한 취업의 어려움을 입증하는 것이다. 고령자의 경제활동참가율은 2003년 28.7%로 저점을 찍고 계속 증가하다 2007년 31.3% 고점을 찍고 하락하기 시작하여 2011년에는 29.5%에 머무르고 있다<그림 2> 참조).

고령자의 고용은 일반 근로자에 비해 취약하다는 문제도 가지고 있다. 2012년 현재 55~79세 고령자들은 21.9%가 농림어업, 68.8%가 사회간접자본 및 서비스업에 종사하고 있다(통계청, 2012d). 2012년 현재 60세 이상 임금근로자 144만 3,000명의 대다수인 70.5%가 비정규직으로 일하고 있다(통계청, 2012e).

〈그림 2〉 연도별 고령자의 경제활동참가율과 고용률

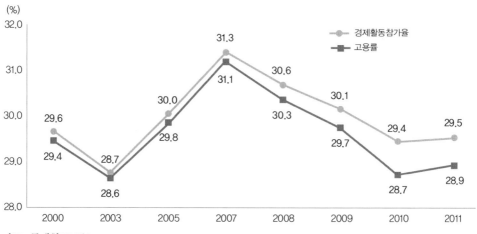

자료: 통계청(2012b)

취업률은 낮지만 노인들의 대다수가 취업을 원하며, 취업은 노인들에게 생활비를 마련하는 데 매우 중요한 수단이다. 2012년 55세~79세의 고령층 중 향후 취업희망자의 비율은 59.0%로 최근 계속 늘어나는 추세이다. 이들의 주된 취업희망 이유는 "생활비에 보탬이 되어서"가 54.4%로 가장 많은 비중을 차지했다(통계청, 2012b).

노인들에게는 약화되는 건강이 또한 중요한 문제이다. 2010년 현재 유병률은 20대 10.9%, 30대 11.1%, 40대 15.1%, 50대 28.8%, 60대 이상 45.8%로 연령이 높아질수록 유병률도 높아진다(통계청, 2012a). 2011년 전국노인실태조사에 따르면 65세 이상 노인 88.5%가 만성질환을 가지고 있으며 만성질환의 수는 평균 2.5개였다. 만성질환을 세 개 이상 지닌 경우도 44.3%나 되었다. 노인이 3개월 이상 앓고 있다고 본인이 인지하여 보고한 유병률이 가장 높은 질병은 고혈압이었으며(54.8%), 그다음으로는 골관절염/류마티스관절염(40.4%), 당뇨병(20.5%), 요통/좌골신경통(19.9%), 골다공증(17.4%) 순이었다. 우울증 척도(Geriatric Depression Scale)를 사용하여 조사한 우울증상이 심각한 수준인 노인은 29.2%에 달했다. 기본적 일상생활 수행능력(ADL)이나 도구적 일상생활수행능력(IADL) 측면에서 볼 때 노인의 85.1%는 기능제한이 전혀 없지만 7.7%는 도구적 일상생활수행능력의 제한을 경험하고 있고, 7.2%는 일상생활 수행능력의 제한까지 경험하고 있는 것으로 나타나고 있다(정경희 외, 2012). 또한 전국 치매유병률 조사에 의하면 2011년 현재 치매노인은 전체 노인의 8.9%나 되어 건강문제가 심각한 것을 알 수 있다(보건복지부, 2012a).

평균수명과 노인 인구수의 증가는 노인의료비의 증가로 이어진다. 2011년 현재 건강보험의 65세 이상 노인 의료비는 14조 8,384억 원으로 전체 건강보험 의료비 46조 760억 원의 32.2%를 차지했다. 노인진료비 구성비의 변화 추이를 보면 2003년 21.3%에서 2011년에는 32.2%로 빠르게 증가하고 있다(<그림 3> 참조).

노인인구의 증가로 만성질환을 가진 노인인구가 많아지고 있어 수발에 대한 욕구 또한 높아지고 있다. 2011년 현재 기본적 일상생활수행능력이나 도구적 일상생활능력에 1개 이상, 부분도움 이상의 도움을 받는 자 중 가족 등에 의해서 수발을 받는 비율은 73.6%였다. 수발을 제공하는 사람은 가족원이 72.1%로 가장 높았고 외부서비스를 이용하는 비율이 11.4%, 가족과 외부서비스를 함께 이용하는 경우가 13.1%였다. 노인장기요양보험제도가 도입된 이후 외부서비스를 받는 비율이 24.5%로 높아졌다. 가족으로부터 수발을 받는 경우 배우자의 비율이 53.3%로 과반수를 넘으며, 장남이 8.2%, 장남의 배우자가 12.3%로 장남가족의 비중이 20.5%를 차지하고 있고 그다음으로 딸의

〈그림 3〉 건강보험 노인의료비 비중 변화추이

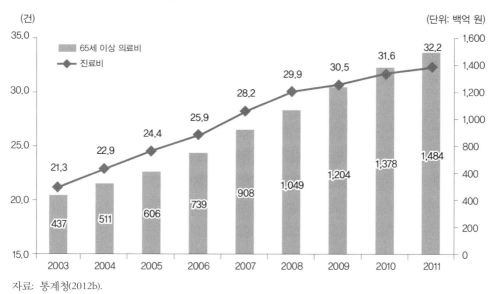

자료: 통계청(2012b).

비율이 10.3%로 높았다(정경희 외, 2012).

  마지막으로 역할상실과 소외 및 고독문제도 노인들에게는 심각하다. 통계청조사에
의하면 60세 이상 인구 중 현재 자녀와 동거하지 않고 있는 노인이 매년 증가하고 있
는데 2011년 현재 68.6%로 매우 높은 비중을 차지하고 있다. 농어촌은 79.1%로 더 높
다. 따로 사는 이유 중에는 "따로 사는 것이 편해서"가 가장 비중이 높아 노인들의 자
녀와의 동거에 대한 선호도가 자발적인 자녀로부터 분리로 옮겨가고 있는 것을 알 수
있다. 자녀에게 부담을 주고 싶지 않은 심리적 이유도 두 번째로 중요한 이유가 되고

〈표 8〉 2011년 현재 자녀와 동거 여부 및 이유(60세 이상 인구)

(단위: %)

	계	같이 살고 있지 않음	현재 자녀와 같이 살고 있지 않은 이유					
			소계	독립생활이 가능	자녀에게 부담이 될까 봐	따로 사는 것이 편해서	자녀의 직장, 학업 때문에	자녀와의 불화 때문에	기타
전국	100.0	68.6	100.0	18.1	24.0	34.7	18.3	1.4	2.8
도시	100.0	63.8	100.0	19.1	25.5	38.2	11.9	1.6	3.7
농어촌	100.0	79.1	100.0	18.4	21.3	28.7	29.4	1.0	1.2

자료: 통계청(2012b).

〈표 9〉 노부모 부양책임(15세 이상 인구)

(단위: %)

년도	스스로 해결	가족	가족·정부·사회	정부·사회
2006	7.8	63.4	26.4	2.3
2010	18.4	38.3	37.8	5.5

자료: 통계청(2006, 2012b).

있다(<표 8> 참조).

현재 한국의 노인부양은 여전히 가족이 주된 부양자 역할을 하고 있으나 국민들 가운데 가족이 부양해야 된다는 의식은 감소하고 정부와 사회가 함께 부양해야 한다는 의식이 빠른 속도로 증가하고 있다. 노인의 부양책임이 자녀한테 있다고 답한 15세 이상 인구가 1998년에는 89.9%로 자녀의 부모부양에 대한 인식이 보편화되어 있었다. 그러나 2006년과 2010년 4년간의 변화만을 볼 때에도 노인의 부양책임이 가족에게 있다는 비율은 63.4%에서 38.3%로 급격히 감소한 반면 가족과 정부, 사회에 공통적인 부양책임이 있다고 답한 비율이 26.4%에서 37.8%로 증가했고, 정부와 사회에 있다고 답한 비율도 2.3%에서 5.5%로 증가했다(<표 9> 참조).

노인부양의식의 감소는 노인학대로도 연결된다. 2011년 전국노인실태조사에 의하면 학대경험률이 12.7%였으며, 타인으로부터의 신체적 고통을 받은 노인은 0.5%, 타인의 말과 행동으로부터 고통을 받은 노인은 9.4%, 타인으로부터 금전적 피해를 받은 노인은 1.5%, 가족이나 보호자가 돌보아주지 않는 경우가 1.4%, 가족이나 보호자가 찾아오지 않거나 생활비를 주지 않는 경우가 2.5%인 것으로 나타났다(정경희 외, 2012). 실제 노인학대접수 건수는 2007년 2,312건에서 2011년 3,441건으로 매년 증가하고 있다(보건복지부, 2012b).

노인가구가 많아지면서 노인의 안전문제도 드러나고 있다. 노인 낙상과 이동문제는 노인안전문제로 관심을 가져야 하는 것이다. 2011년 전국노인실태조사에 의하면 지난 1년간 낙상 경험이 있는 65세 이상 노인은 20.1%나 되었다(정경희 외, 2012). 2011년 사망원인별 사망률을 보면 운수사고 사망률이 15~64세는 인구 10만 명당 평균 10.7인데 비해 65세 이상은 41.0으로 4배 정도 높다(통계청, 2012.1.23). 이는 노인들이 이동할 때 겪는 어려움을 말해주고 있다.

노인부부가구와 독거노인가구가 늘어나는데 이들의 사회참여는 매우 낮은 편이어서 소외 및 고독문제가 발생하고 있다. 2010년 65세 이상 가구는 308만 7,000가구인데, 이

〈표 10〉 65세 이상 가구 가구유형의 비중(2010, 2035)

(단위: %)

년도	계	1인 가구	부부	부부+자녀	한부모+자녀	3세대 이상	기타	비친족가구
2010	100	34.2	33.6	9.6	5.0	7.5	9.6	0.4
2035	100	38.0	32.3	8.8	6.5	5.2	8.9	0.2

자료: 통계청(2012f).

들이 전체 가구 중에서 차지하는 비중은 17.8%에서 2035년 40.5%로 급격하게 증가할 것으로 예측되고 있다. 65세 이상 가구 중 1인 가구는 2010년 105만 6,000가구로 노인가구의 34.2%를 차지하고 있는데, 2035년에는 38.0%에 달할 것으로 예측되고 있다 (<표 10> 참조). 노인 1인 가구와 부부가구를 합하면 2010년 현재에도 67.8%나 되고 2024년이면 70%를 넘게 되어 이들에 대한 관심이 요구된다.

2011년 전국노인실태조사에 따르면 65세 이상 노인들의 사회활동 중에서 단체활동 참여율은 친목단체 참여율이 37.4%, 동호회클럽 참여율이 3.8%, 정치사회단체 참여율이 0.7%로 주로 친목단체활동을 하고 있는 것을 알 수 있다. 여가문화활동 참여율은 27.3%인데 여가문화활동은 화투, 카드놀이, 등산, 화초가꾸기 등을 주로 하고 있다. 평생교육참여율은 6.7%로 매우 낮으며 자원봉사활동 경험이 있는 65세 이상 노인 역시 3.9%로 매우 낮은 수준에 머무르고 있다. 노인들이 가장 많이 이용하는 사회복지기관은 경로당인데 그 경로당 이용률은 34.2%이었고 이용자의 89.7%가 친목도모의 목적으로 이용하고 있다. 노인복지관 이용률은 8.8%에 불과하고 노인복지관 이용자의 57.9%가 여가프로그램을 이용하기 위해 이용하고 있다(정경희 외, 2012).

노인의 소외 및 고독문제는 높은 자살률로도 연결된다. 2011년 연령별 자살률을 보면 15~64세의 자살률이 인구 10만 명당 31.2명인 데 비해 65세 이상의 자살률은 79.7명으로 나타나 노인인구의 자살률은 다른 연령층에 비해 매우 높은 것으로 나타나고 있다(통계청, 2013.1.26). 한국 노인인구자살률은 세계 1위로 매우 높은 수준이다.

이러한 노인의 빈곤, 부양, 소외 및 고독문제를 해결하기 위해 정부에서는 다양한 노인보호서비스를 제공하고 있다. 그러나 그러한 서비스에 대한 노인들의 인지도는 아직 낮은 것으로 파악되고 있다. 2011년 전국노인실태조사에 따르면 노인보호서비스에 대한 정부사업 인지율이 노인돌봄종합서비스가 41.8%, 치매조기검진서비스가 41.3%로 가장 높은 사업이었으며, 노인보호전문기관에 대한 인지율은 22.7%, 치매예방프로그램에 대한 인지율은 22.3%, 치매치료관리비지원에 대한 인지율은 18.1%에 머물고 있다(정경희 외, 2012). 따라서 이러한 낮은 인지율을 높이기 위한 적극적인 홍보가 필요하다.

3. 노인복지제도

노인복지제도는 노인문제에 대한 사회적 해결 및 예방 대책으로서 공공 및 민간의 제반 노력을 포함한다. 노인복지를 위한 제도적 장치로는 노인을 포함한 전체 성원을 위해 만든 제도에 노인이 적용되는 경우도 있고, 노인만을 배타적 대상으로 하는 제도도 있다. 예컨대 소득보장과 같은 제도에서 전자의 경우는 국민연금제도를 예로 들 수 있으며, 기초노령연금제도는 후자에 속한다고 볼 수 있다. 흔히 복지제공방식을 기준으로 사회복지제도를 사회보험, 공공부조, 사회서비스로 분류할 경우 사회보험과 공공부조는 전자의 경우에 해당하는 제도이고 사회서비스는 후자의 경우에 해당하는 제도이다. 노인만을 위한 복지제도로서 노인복지서비스는 사회서비스의 하부 형태로 볼 수 있다.

복지급여의 형태 또는 내용에 따라 노인복지제도를 분류할 때, 흔히 노인문제의 영역에 따라 소득보장(빈곤문제), 의료보장(질병 및 건강문제), 그리고 노인복지서비스(부양, 역할상실, 소외·고독문제 등)로 구분하는데, 이는 지나치게 단순화되어 있다. 여기에 소득보장의 범주에 포함시킬 수도 있지만 간접적 형태이며 역할상실문제와도 관련된 고용보장, 주로 경제적 문제와 관련되지만 노인부양과 관련하여 복합적 문제인 주거보장을 포함하는 것이 바람직하다.

한국에서 노인문제에 대한 제도적 대책이 적극적으로 마련되기 시작한 것은 1981년 「노인복지법」이 제정된 이후이다. 「노인복지법」의 목적은 노인의 질환을 사전예방 또는 조기발견하고 질환상태에 따른 적절한 치료·요양으로 심신의 건강을 유지하고, 노후의 생활안정을 위하여 필요한 조치를 강구함으로써 노인의 보건복지증진에 기여하는 것이다(「노인복지법」 제1조). 「노인복지법」은 1981년에 제정된 후 수차례에 걸친 개정을 거쳐 노인복지의 발전을 가져왔다. 「노인복지법」의 기본정책은 점차 고령화되어 가는 사회의 변화를 반영하여 국민기초생활보장대상 노인 중심의 잔여적 서비스에서 일반 노인들을 대상으로 하는 보편적 서비스로, 가족보호원칙에서 국가보호를 강화하는 것으로, 수용시설보호에서 재가복지를 강조하는 것으로, 노인학대에 대한 법적 장치를 마련하여 노인인권을 강화하는 것으로 바뀌어왔다.

2004년부터 2007년까지는 정부가 고령화의 가속화를 인지하고 이에 적극적으로 대처하는 노인복지정책을 편 매우 중요한 해로 인식될 수 있다. 2004년 보건복지시책의 방향 내에 노인의 건강과 소득보장을 강화하고, 저출산·고령화추세에 적극적으로 대처하는 것이 설정되어 있어 이에 따라 그 후 중요한 노인복지시책들이 시행되었다.

이 기간 동안의 주요한 법·제도의 변화를 살펴보면, 2004년 1월에 「노인복지법」이 개정되어 긴급전화 및 노인보호전문기관의 설치 운영 등 노인학대 예방을 위한 법적 근거를 마련했고, 2005년 5월 「저출산·고령사회기본법」이 제정되었다. 이 법에 의해 2006년부터 2010년까지의 제1차 저출산·고령사회 기본계획이 마련되었다. 2010년 10월에는 제2차 저출산·고령사회 기본계획(새로마지플랜 2015)이 2011년부터 2015년까지 저출산·고령화 문제를 해결하기 위해 수립되었는데 대상과 영역이 확대되었다는 측면에서 제1차 계획과 차이가 난다. 제1차 기본계획에서는 고령화기본계획 대상이 65세 이상 소득이나 건강 면에서 취약한 노인이었고, 정책영역으로 소득보장과 요양보호에 주로 집중한 반면, 제2차 기본계획에서는 고령화기본계획 대상을 50세 이상 등 베이비붐세대로 확대하고 정책영역을 소득·일자리·건강·주거 등 전반적 사회시스템으로 확대했다. 제2차 기본계획에서는 주요 과제를 '베이비붐 세대의 고령화대응체계 구축', '안정되고 활기찬 노후생활보장', '고령친화적 사회환경조성'인 3대 분야로 구성했다. 베이비붐세대를 위해서는 중고령자가 계속 일할 수 있는 여건을 조성하고, 노후빈곤예방을 위해 연금제도를 내실화하며, 노인건강증진과 미래 의료비 절감 차원에서 사전예방적 건강관리체계를 구축하는 것을 기본방향으로 하고 있다. 현 세대 노인을 위해서는 일자리·연금·의료제도를 내실화하고, 활동적 생활을 위해 사회참여와 자원봉사활동의 기반을 마련하는 것을 기본방향으로 하고 있다. 마지막으로 사회환경 측면에서는 고령자가 편리하게 생활할 수 있도록 주거·교통사회 기반시설 전반을 고령친화적으로 개편하고, 독거노인 및 학대노인의 보호를 강화하는 것을 기본방향으로 하고 있다(보건복지부, 2010b).

2012년 10월에는 제2차 새로마지플랜 고령사회보완계획이 발표되었다. 이 보완계획에서는 정부와 지역사회, 민간이 함께 준비하는 활기찬 고령사회의 구축을 비전으로 하고 있으며 제2차 기본계획에서 주요 과제영역이 3대 분야였던 것에서 5대 분야 62개 핵심과제로 확대했는데 이 5대 분야는 소득, 건강, 사회참여, 주거교통, 노후설계로 구성되었다. 이 보완계획에서 새로 마련된 핵심과제는 첫째, 다층소득보장 체계를 위한 퇴직연금가입을 확산시키고 연금수령액 조회가 가능한 종합 포털시스템을 구축하는 것; 둘째, 노사정위원회 등 사회적 합의를 거쳐 정년연장과 같은 정년제 개선안을 마련하고 이에 따라 직무성과급 임금체계를 개편하고 임금피크제 개선 등의 보완책을 마련하는 것; 셋째, 고령사회정책 인프라로 「(가칭) 노후생활지원에 관한 법률」을 제정하는 것이다(보건복지부, 2012c).

그 외에 노인들의 삶의 질을 개선하기 위해 소득보장, 장기요양, 고용, 주거지원, 고령친화산업지원 등 다양한 영역에서 법들이 제정되었다. 2006년 12월에는 「고령친화산업진흥법」을 제정하여 고령친화산업을 지원·육성하고 그 발전 기반을 조성함으로써 노인의 삶의 질 향상과 국민경제의 건전한 발전에 이바지하고자 했다. 또한 2010년 7월에는 「고용상 연령차별금지 및 고령자 고용촉진법에 관한 법률」이 개정되면서 사업주가 근로자를 모집하거나 채용, 또는 해고함에 있어서 정당한 사유 없이 고령자나 준고령자임을 이유로 차별해서는 안 된다고 명시하여 노동시장에서의 연령차별을 방지할 수 있는 근거를 마련했다. 이 법은 2013년에 개정되면서 정년을 60세로 연장하도록 하여 고용을 통한 노소득보장을 강화했다. 2007년 4월에는 「노인장기요양보험법」을 제정하여 만성질환으로 고통받는 노인들의 삶의 질을 향상시키고 가족의 부양부담을 경감시키고자 했다. 2007년 4월에는 또 하나의 중요한 법이 제정되었는데 그것은 「기초노령연금법」이다. 2007년 8월에는 「노인복지법」 개정을 통해 독거노인을 지원할 수 있는 법적 근거를 마련했고, 「노인장기요양보험법」에 대응하기 위해 노인복지시설의 무료, 실비, 유료 구분을 삭제하고 새롭게 노인주거복지시설, 노인의료복지시설, 재가복지시설의 명칭을 변경했으며, 요양보호사 자격제도를 도입했다.

2007년 이후에도 계속 법적 제도가 보완되고 있다. 2010년에는 「노인복지법」 시행규칙개정에 의하여 재가노인지원서비스를 신설하여 재가노인에게 노인생활 및 신상에 관한 상담을 제공하고 재가노인 및 가족 등 보호자를 위한 교육과 각종 편의를 제공하는 등 지역사회에서 건전하고 안정된 노후생활을 영위하도록 했다. 2013년에는 「노인복지법」 개정에 의해 기존의 노인복지시설의 종류인 노인주거복지시설, 노인의료복지시설, 노인여가복지시설, 재가노인복지시설, 노인보호전문기관에 노인일자리지원기관을 더 추가하여 일자리지원을 통한 노후소득보장을 강화했다. 한국의 매우 높은 자살률을 낮추기 위해 2011년 3월 30일에 「자살예방 및 생명존중문화 조성을 위한 법률」을 제정했다. 이를 근거로 2012년 12월에 중앙 자살예방센터를 설치하고 광역정신보건센터를 확대하고 있어 노인자살예방을 위한 사업들이 좀 더 체계적으로 진행될 것

〈표 11〉 복지제도의 종류와 노인복지제도

복지제도종류	노인복지제도의 내용	
소득보장 및 고용보장	소득보장	공적연금(국민연금, 공무원연금, 군인연금, 사립학교교직원연금) 국민기초생활보장, 긴급복지지원 기초노령연금 퇴직금·퇴직연금과 주택담보노후연금 등 개인연금지원
	고용보장	고용촉진 생업지원, 일자리창출 직종개발과 보급
의료보장	국민건강보험 의료급여 노인장기요양보험 노인보건예방사업 치매·중풍 등 질환노인관리사업 노인의료복지시설 설치 및 운영사업	
주거보장	노인주거복지시설 설치 및 운영사업, 주거지원	
노인복지서비스	재가노인복지사업 노인보호전문기관운영 노인여가복지시설 설치 및 운영사업 노인사회참여지원 및 노인자원봉사활성화 사업 고령친화산업 육성사업 경로효친사상의 앙양 및 경로우대 세제감면·노부모가족수당·노인결연사업·효행자 특례입학 무료급식 등	

으로 예상된다. 2011년 8월에는 「치매관리법」을 제정하여 치매치료와 관리 전반에 대한 국가적 관리체계를 수립해 나가고자 했다. 2012년 8월부터는 「장애인·고령자 등 주거약자 지원에 관한 법률」이 시행되면서 저소득 노인가구를 위한 주택공급확대를 위한 제도가 마련되었다.

이러한 법 외에 노인복지서비스 관련법으로는 사회복지서비스 전체의 근간이 되는 「사회복지사업법」이 있다. 그리고 노인만을 대상으로 하는 제도는 아니지만 노인복지제도의 주요 내용이 되는 것으로는 「국민연금법」을 비롯한 공적 연금에 관한 법률, 「건강보험법」, 「의료급여법」, 그리고 「국민기초생활보장법」 등이 있다.

이러한 한국 노인복지제도를 기능별로 구분하면 ① 소득보장 및 고용보장 ② 의료보장 ③ 주거보장 ④ 노인복지서비스로 구분할 수 있다(<표 11> 참조).

위의 노인복지제도 중에서 국민 전체를 대상으로 하는 보편적인 사회보험과 노인장기요양보험, 국민기초생활보장제도, 의료급여 등의 제도는 다른 장에서 상세하게 다루기 때문에 사회보험 외에 노인만을 대상으로 하는 노인의 소득보장 및 일자리창출, 노인보건의료서비스, 주거보장, 노인복지서비스를 중심으로 한국 노인복지제도 현황을 살펴보고자 한다.

1) 노인의 소득보장 및 일자리창출

노인층을 대상으로 빈곤문제를 해결·예방하기 위한 소득보장제도는 전 국민을 대상으로 하는 공적연금이나 국민기초생활보장 외에 기초노령연금, 퇴직금·퇴직연금과 주택담보노후연금제도가 있으며, 간접적 소득보장제도로서 고용보장제도로는 고용보험 외에 노인을 위한 일자리창출사업들이 있다. 여기에서는 노인만을 대상으로 하는 기초노령연금, 퇴직연금과 퇴직연금제도, 주택담보노후연금제도, 일자리창출사업에 대해 알아보고자 한다.

(1) 기초노령연금

노인들을 위한 소득보장 중 1차 소득보장은 국민연금에 의해 이루어지며, 국민연금 수급자에서 제외되는 빈곤노인들을 위해서는 2차 소득보장으로 국민기초생활보장이 역할을 해오고 있다. 그러나 국민기초생활보장만으로는 생계비 보장이 충분하지 않고, 국민기초생활보장제도 혜택에서 탈락되는 저소득노인들도 빈곤으로 고통을 받고 있는 노인이 많기 때문에 1998년부터 경로연금이 지급되어왔다. 그러나 경로연금은 전체 노인의 약 13%에 그치고 있고 지급수준도 낮아 노인의 소득보장 사각지대해소에 한계가 있었다. 이에 따라 실질적으로 노인빈곤을 감소시키는 사회안전망을 좀 더 강화하고자 2007년 4월 「기초노령연금법」이 제정되고 2008년 1월부터 시행되기 시작했다.

2008년 1월 31일 일제히 시·군·구별로 지급되기 시작한 기초노령연금은 190만 명으로부터 시작하여 2012년 저소득노인 402만 명으로 확대되었다(보건복지부, 2013.1.26). 저소득노인의 기준은 전체 65세 이상 노인 중 소득과 재산이 적은 70%를 의미하며, 2013년 기준 소득인정액이 혼자 사는 노인은 83만 원 이하, 노인부부인 경우는 132만 8,000원 이하이다. 수급자에게는 노인단독가구의 경우 최고 9만 7,100원, 노인부부가구의 경우 최고 15만 5,400원이 매달 지급된다. 이 지급액은 소득과 재산에 따라 감액된다.

한편 노인들을 위한 소득보장이 국민연금, 국민기초생활보장, 기초노령연금 등 세

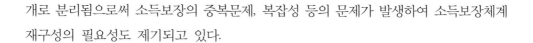
개로 분리됨으로써 소득보장의 중복문제, 복잡성 등의 문제가 발생하여 소득보장체계 재구성의 필요성도 제기되고 있다.

(2) 퇴직금과 퇴직연금제도

선진국에서는 근로자들의 노후소득보장이 주로 3층 보장으로 이루어진다. 기초보장인 1층 보장은 공적연금이고, 그를 보완하기 위해 2층 보장으로 퇴직연금제도가 있다. 그리고 더 풍요로운 노후생활을 위해 3층 보장은 개인연금으로 구성한다.

한국은 전통적으로 2층 보장으로 근로기준법상의 퇴직금제도가 존재해왔다. 퇴직금제도는 근로자가 퇴직 시 근속연수 1년에 대해 적어도 30일 이상의 평균임금을 지급받는 소득보장제도이다. 그러나 근로자의 직장이동이 많은 한국의 경우, 2012년 8월 현재 임금근로자의 평균 근속기간이 5.3년밖에 되지 않는 상황에서(통계청, 2013. 1.27) 공적연금과는 달리 직장의 이동에 따라 통산 적립되지 않으며, 연봉제가 증가하고 퇴직금을 정기적으로 중간정산하는 기업이 많아지고 있으며, 사용용도도 주로 생계비 마련을 위한 일시불로 지급되기 때문에 퇴직금제도는 노년기 소득보장대책으로 한계가 있다. 또한 일한 연수에 따라 임금이 많아지는 연공서열제에 적합했던 퇴직금제도는 성과주의 인사복지제도가 도입되는 최근에 들어서 오히려 기업의 부담을 높여 근로자의 퇴직을 재촉하는 요인으로 작용하고, 노인을 재고용할 수 있도록 하는 임금피크제 같은 새로운 제도의 도입에 장애요인이 되고 있다.

이에 따라 2005년 1월 퇴직연금제 도입입법인 「근로자퇴직급여보장법」이 국회를 통과하여 기존의 「근로기준법」상의 퇴직금제도가 이 법에 흡수되었고, 노후생활재원으로서의 역할이 강화된 퇴직연금의 시대가 열리게 되었다. 퇴직연금은 과거의 일시금으로 받던 퇴직금 대신에 사업주로 하여금 매월 또는 매년 일정금액을 사외 금융기관에 적립운용토록 한 후(확정기여형은 근로자가 운용) 근로자가 퇴직한 후 일시금, 또는 연금으로 받을 수 있도록 하는 것이다. 퇴직연금이 노후소득보장제도로 자리 잡도록 하기 위해서 근로자의 사업장 간 이동 시 받은 일시금을 개인퇴직계좌(Individual Retirement Accounts, IRA)에 임의로 가입할 수 있는 길을 열어놓았다. 일시금을 개인퇴직계좌에 거치할 경우 퇴직일시금에 대한 과세를 면제하고 나중에 근로자가 연금을 받을 때 과세하여 세금부담을 완화했다. 이 퇴직연금제도는 그동안 5인 이상 사업장에 적용되고 있었으나 2010년 9월 14일 「근로자퇴직급여보장법」 시행령 개정안이 의결됨에 따라 2010년 12월 1일부터는 상시 4인 이하 사업장의 근로자들에게도 퇴직급여제도가 적용되어 퇴직연금을 받을 수 있게 되었다(고용노동부, 2010).

퇴직연금제도의 도입 2년 만인 2008년 1월 5인 이상 사업장의 6.2%인 3만 1,339개 사업장, 55만 3,375명이 퇴직연금제도에 가입한 것으로 나타났으며, 적립금 규모도 2조 7,857억 원으로 집계되었다. 2012년 말 현재 퇴직연금 도입 사업장 수는 19만 4,209개로 전체 사업장의 12.8%로 증가했으며, 가입자 수는 420만 2,275명, 적립금 규모는 57조 6,247억 원으로 증가 속도가 매우 빠른 것으로 나타났다. 퇴직연금제도 유형별로는 확정급여형(DB)이 전체의 33.7%, 확정기여형(DC)이 49.1%, 확정급여형과 확정기여형을 동시에 도입한 유형이 2.1%, 기업형 퇴직계좌(IRP)가 15.1%로 나타났다(금융감독원, 2013.1.26).

(3) 주택담보노후연금제도

주택담보노후연금제도는 고령자의 소유주택을 담보로 사망 시까지 노후생활비를 연금방식으로 지급하는 제도로서 2007년 7월부터 시행되었다. 부부 모두 만 60세 이상이고 주택가격이 9억 원 이하일 때 주택연금을 취급하는 은행과 보험사에서 주택담보노후연금을 받을 수 있다(한국주택금융공사, 2013.1.26). 주택담보노후연금 수급자는 최근 급속히 증가하고 있다. 2008년 695명에서 2012년 말 현재 4,643명으로 4년간 6배 이상 증가했다(≪주택금융월보≫, 2012).

(4) 일자리 창출

정부는 노인의 삶의 질 향상과 더불어 사회적 부양부담을 경감하고 국가경쟁력을 높이기 위해 노인의 능력과 적성에 맞는 일자리를 창출하고 사회참여활동을 지원하는 데 노력을 기울이고 있다. 이를 위해 「고용상 연령차별금지 및 고령자고용촉진에 관한 법」으로 300인 이상 사업장에 대하여 55세 이상의 고령자를 3% 이상 고용하도록 권장하고 있으며, 공공시설 안에 일상생활용품의 판매를 위한 매점이나 자동판매기 설치 및 운영에 대한 허가 시 65세 이상 노인을 우선적으로 반영하고 있고, 연령에 의한 고용차별을 금지하고, 기존의 지역사회시니어클럽(CSC), 노인취업지원센터, 노인공동작업장을 운영·지원해왔다. 그러나 2010년 현재 300인 이상 사업장에서 3.0% 이상 고령자 기준고용률을 이행하고 있는 사업장은 58.9%에 그치고 있고, 평균 고령자고용률은 8.16%로 나타나는 등(한국노인인력개발원, 2012) 여전히 노인취업이 미흡한 것으로 평가되고 있다.

따라서 노인일자리를 더 만들기 위해 2004년부터는 노인일자리 사업이 시작되었다. 노인일자리 사업은 5가지 일자리 유형을 마련해 개별 노인들의 욕구와 상황에 적합한 일자리를 찾아주는 사업이다. 이들 5가지 일자리 유형은 환경, 교통 및 방범지킴이 등 공공성이 높은 공익형 일자리, 전문지식을 가진 특정 분야의 유경험자가 교육기관 등에서 강의하는 교육형 일자리, 홀로 사시는 노인을 직접 방문하여 보호서비스를 제공하는 복지형 일자리, 소규모 사업을 공동으로 운영하여 자체수익을 창출하는 시장형 일자리, 수요처의 요구에 의해 일정기간 동안 연속적인 활동의 대가로 보수를 지급받는 인력파견형 일자리이다.

2007년부터는 보건복지부와 지방자치단체가 일자리 창출효과가 우수하고 수익성과 자립가능성이 높은 시장형 사업을 선정하여 초기투자비를 지원하여 사업단의 조기정착을 도모하는 초기투자비 지원사업을 시범사업으로 추진했는데, 그 예로는 실버카페테리아, 신나는 먹거리 공장 등이 있다. 이후 이 일자리 유형은 창업모델형으로 자리를 잡아가고 있다. 또한 노인주유원, 노인시험감독관, 아파트택배원 등 틈새시장에 노인인력을 파견하는 노인적합형 민간일자리들이 발굴되고 있다. 2011년부터는 시장자립형 노인일자리사업이 새로 만들어졌다. 시장자립형 노인일자리사업은 시장경쟁력이 있는 기업설립을 지원하는 고령자친화기업지원사업, 인턴지원을 통한 고용을 유도하는 시니어인턴십 지원사업, 그리고 퇴직노인의 경험을 활용할 수 있는 단체설립을 지원하는 시니어직능클럽지원사업으로 구성되었는데, 2011년도에 3,643명의 시니어인턴을 지원하고 10개의 고령자 친화기업과 8개의 시니어직능클럽 설립을 지원했다(보건복지부, 2012a).

이러한 일자리는 보건복지부, 한국노인인력개발원, 지방자치단체와 지방자치단체에서 위탁을 받은 시니어클럽, 노인복지회관, 대한노인회, 노인복지센터, 사회복지관 중심으로 수행되고 있다. 중앙에 노인일자리 사업의 원활한 추진을 위해 중앙노인일자리 전담기관인 '한국노인인력개발원'이 2006년 1월에 설치되어서 일자리 개발, 교육, 평가, 모니터링, 홍보, 전산시스템 운영 등의 다양한 업무를 수행하고 있다. 2011년 12월 현재 1,214개 사업수행기관에서 22만 346명의 노인이 5,014개 사업단에 참여하고 있다(한국노인인력개발원, 2012).

또한 일자리 창출을 위해 대한노인회 취업지원센터에서 구직희망 노인의 상담, 알선, 취업, 연계조정, 사후관리서비스를 제공하고 있으며 장단기 인력파견형 일자리를 만들어내고 있다. 2011년 12월 현재 237개의 취업지원센터와 대한노인회 16개 연합회에서 총 1만 9,997개의 일자리를 창출한 것으로 나타났다(보건복지부, 2012a).

다양한 노인일자리사업은 노인의 소득을 보충하고 전반적인 삶의 질을 향상시키는 효과가 있는 것으로 평가되고 있다. 노인일자리 참여노인의 빈곤율이 참여 전 64.1%에서 참여 후 58.0%로 약 6.1% 감소효과가 있는 것으로 보고되고 있으며, 노인일자리에 참여할 경우 삶의 질, 삶의 만족도, 자아효능감이 증가하는 것으로 보고되고 있다(보건복지부, 2012a).

2) 노인보건의료서비스

국민건강보험과 장기요양보험, 의료급여 등 사회보험이나 국민 전체를 대상으로 한 의료보장제도 외에 노인의 질병 및 건강문제를 해결·예방하기 위한 노인보건의료서비스로는 노인보건예방사업, 치매·중풍 등 질환노인관리사업, 노인의료복지시설 설치 및 운영사업 등이 있다.

(1) 노인보건예방사업

노인건강진단은 노인질환을 조기에 발견하여 노인건강을 유지하거나 증진시키고자 하는 목적을 가진 의료서비스제도이다. 노인건강진단은 1983년부터 국민기초생활보장 수급노인을 대상으로 무료로 실시하고 있다. 2005년부터는 정부의 지방이양 방침에 따라 국고지원예산을 분권교부세에 포함하여 지자체에서 자체계획을 수립하여 자율적으로 실시하도록 하고 있다.

건강진단은 1, 2차로 구분하여 실시하고 있는데, 진단항목은 1차는 12개 항목의 기본검사이며, 2차는 1차 진단결과 질환의심자에 대해 실시하는 30개 항목의 정밀검사로 지역특성에 따라 검진항목을 조정할 수 있도록 되어 있다. 검사 후 유질환자는 보건소와 공공의료기관과 연계하여 방문보건서비스나 의료서비스를 받도록 하고 있다. 건강진단 외에도 저소득 노인에게 무료틀니를 지원하고 있다.

2003년부터는 저소득층 노인에 대한 안검진을 실시하고 필요하면 안경이나 돋보기를 제공하고 개안수술에 대한 시술비 지원도 하고 있다. 2011년도 노인 안검진 인원은 1만 2,718명, 개안수술 인원은 2,684명이었다(보건복지부, 2012a)

⑵ 치매·중풍 등 질환노인관리사업

치매노인이 2011년을 기준하여 65세 이상 노인인구의 약 8.9%인 49만 5,000명으로 추정되고 지속적으로 증가할 것으로 예상된다. 정부는 2008년도에 치매와의 전쟁을 선포하고 9월에 치매종합관리대책을 수립했다. 2011년 8월에는 「치매관리법」을 제정하여 치매치료와 관리 전반에 대한 국가적 관리체계를 수립해나가고자 했다. 「치매관리법」은 치매관리종합계획의 수립, 국가치매관리위원회의 구성과 운영, 중앙치매센터 지정, 치매검진사업, 의료비 지원 등의 내용을 담고 있다. 이 법에는 9월 21일을 '치매극복의 날'로 지정하여 사회적 관심을 제고하고자 했다.

치매조기검진사업은 2006년부터 보건소를 통해 실시되기 시작했다. 2010년부터 전국 모든 보건소에서 무료로 치매선별검사 및 진단검사를 받을 수 있게 되었으며 이를 통해 발견된 치매환자는 2011년까지 6만 4,119명에 이르고 있다(보건복지부, 2012a).

조기검진을 통해 발견된 치매환자들은 치매상담센터에 등록하도록 하여 필요한 서비스를 지원하고 있다. 전국 모든 보건소에 설치된 치매상담센터에는 치매상담전문요원 1인 이상을 지정·배치하여 치매노인사례관리를 실시하도록 했는데 이에 따라 2010년에 전국 77개 보건소에 치매치료관리비지원사업의 일환으로 치매노인사례관리지원인력을 배치했다. 치매상담전문요원은 재가치매노인에 대한 방문관리를 방문보건사업과 적극적으로 연계하여 수행하고 있다. 이 상담센터에서는 치매노인과 그 가족을 위해 일상생활 및 목욕보조용품, 대변보조용품, 와상노인 욕창치료 및 예방 관련 용품, 보행 보조용품, 치료 및 운동용품, 인지개선용품, 기타 다양한 치매노인 지원용품을 구비하여 대여하거나 제공하고 있으며, 치매노인 신원확인 팔찌를 보급하고 있다. 2010년 4월부터 치매 진단을 받고 치료제를 복용중인 환자들에게 월 3만 원의 상한의 치료관리비를 지원하기 시작하면서 등록환자가 급증하여 2011년 현재 약 15만 6,000명의 환자가 보건소 치매상담센터에 등록되어 있다(보건복지부, 2012a).

그 외 노인전문인력확충을 위해 2003년 12월 「의료법」을 개정하여 노인전문간호사제도를 도입했으며, 급성기병상을 요양병상으로 전환하여 노인전문병원 및 요양병상을 확충했다. 그러나 아직 노인전문간호사에 대한 건강보험수가체계나 별도의 보상체계가 없어 활성화되지 못하고 있는 형편이다.

⑶ 노인의료복지시설 설치 및 운영사업

노인의료복지시설은 노인을 입소시설에 보호하여 서비스를 제공하는 시설노인복지서비스의 일환이다. 현행 「노인복지법」 제31조에 의하면, 입소시설은 치료기능의 유무에 따라 노인주거복지시설과 노인의료복지시설로 구분된다. 노인의료복지시설 종류는 노인요양시설과 노인요양공동생활가정으로 되어 있다(보건복지부, 2010c).

○ 노인요양시설은 치매·중풍 등 노인성 질환 등으로 심신에 상당한 장애가 발생하여 도움을 필요로 하는 노인을 입소시켜 급식·요양과 그 밖에 일상생활에 필요한 편의를 제공하는 시설로서 2010년 말 현재 2,429개소에 10만 7,506명이 입소정원으로 되어 있다.

○ 노인요양공동생활가정은 치매·중풍 등 노인성 질환 등으로 심신에 상당한 장애가 발생하여 도움을 필요로 하는 노인에게 가정과 같은 주거여건과 급식·요양과 그 밖에 일상생활에 필요한 편의를 제공하는 시설로서 2010년 말 현재 1,346개소에 1만 1,361명이 입소정원으로 되어 있다.

3) 주거보장

노인의 경제적 문제 및 신체적·정서적 여건을 고려하여 평안하고 안락한 생활을 보장하기 위한 주거보장대책으로는 노인주거복지시설 설치 및 운영사업, 그리고 노인들이 사는 주택들에 대한 주거환경개선과 임대주택 제공 등이 있다. 노인주거복지시설은 노인을 입소시켜 급식과 기타 일상생활에 필요한 편의를 제공함을 목적으로 하는데 노인장기요양보험제도 도입에 대비하여 2007년 8월에 「노인복지법」을 개정하여 주거 및 의료복지시설의 무료, 실비, 유료의 구분을 없애고 양로시설, 노인공동생활가정, 노인복지주택으로 새로 분류하여 2008년 4월 4일부터 이 분류를 활용했다.

○ 양로시설은 노인을 입소시켜 급식과 그 밖에 일상생활에 필요한 편의를 제공하는 시설로 2011년 현재 303개소에 1만 7,450명이 입소정원으로 되어 있다.

○ 노인공동생활가정은 노인에게 가정과 같은 주거여건과 급식이나 그 밖에 일상생활에 필요한 편의를 제공하는 시설로 2011년 현재 87개소에 입소정원은 710명으로 되어 있다.

○ 노인복지주택은 주거시설은 분양 또는 임대하여 주거의 편의, 생활지도, 상담 및 안전관리 등 일상생활에 필요한 편의를 제공하는 시설로서 2011년 현재 24개소

에 4,231명이 입소정원으로 되어 있다(보건복지부, 2012a).

위와 같은 입소시설을 제공하는 것 외에 노인들의 주거환경이 열악함에 따라 노인들이 살고 있는 주거환경을 개선해주는 것도 주거보장의 한 부분이다. 2011년 전국노인실태조사에 따르면 노인의 55.7%가 단독주택에 거주하고 있다. 노인의 18.8%는 생활하기 불편한 구조에서 지내고 있는 것으로 나타났다(정경희 외, 2012). 노인들이 오래되고 낡은 단독주택에 살고 있고 주거환경이 열악하기 때문에 이를 개선하고자 2006년부터는 노인주거개선사업단을 노인 관련 기관과 단체를 중심으로 구성하여 운영하고 있다. 사업단에 참여하는 노인들은 노인가구를 방문하여 도배, 장판수리, 수도, 보일러수리, 형광등 교체 등 비교적 간단한 집수리사업을 하고 있다.

그 외 주거지원분야에서는 65세 이상 부모 부양자에 대한 보금자리주택 특별공급 및 영구임대주택 우선공급(주택공급에 관한 규칙 제19조, 제31조), 다가구 주택이나 단독 다세대 주택 주거환경개선을 위해 국민주택기금으로부터 융자받을 때 65세 이상 노인주택은 융자상환이자율을 1.0% 할인해 주는 것, 근로자·서민 주택 전세자금을 국민주택기금으로부터 융자받을 때 만 65세 이상 노인을 부양하는 세대에는 연 0.5% 이자율을 할인해 주는 것, 부도임대아파트 퇴거자 전세자금 융자 시 기초생활수급자나 독거노인의 경우 연 2.0%를 인하해주는 것 등의 혜택이 있다(국토해양부, 2013.1.26). 2012년 8월부터는 저소득 노인가구를 위한 주택공급을 확대하기 위해 매입임대주택 공급 시 저소득노인에게 가점항목을 추가하고 공공 장기임대주택 건설 시 3/100이상 범위 내 주거약자용 주택건설을 하도록 하고 있다(보건복지부, 2012a). 장기공공임대주택 총 세대 수의 5%(비수도권은 3%) 이상을 고령자용 주택으로 공급하도록 하는 '고령자용 보금자리주택 설계기준'은 2011년 4월부터 시행되었다. 2012년 8월부터는 「장애인·고령자 등 주거약자 지원에 관한 법률」이 시행되면서 저소득 노인가구를 위한 주택공급확대를 위한 제도가 마련되었다. 이에 따라 65세 이상인 노인을 포함한 주거약자의 주거안정과 주거수준 향상을 위해 주거지원계획을 수립하고 주거약자용 주택의 최저주거기준을 설정하도록 하며 대통령령으로 정하는 건설임대주택의 경우 지역에 따라 5%에서 8%까지 주거약자를 위한 임대주택을 의무적으로 짓도록 하였다. 또 한 주거약자의 주택개조비용을 지원할 수 있도록 하며 주거지원센터를 설치하도록 하였다.

4) 노인복지서비스

(1) 재가노인복지서비스

2012년 현재 65세 이상 전체 노인의 약 98%가 지역사회 내 일반가정에서 생활하고 있는 재가노인인데 이 중에 거동이 불편한 노인이나 치매노인 등 신체적 의존욕구가 높은 재가노인의 수발 문제는 이제는 더 이상 가족에 의해서만 전적으로 충족되기는 어려운 문제가 되어가고 있다. 노인장기요양보험에서 재가급여를 제공하고 있음에도 불구하고 지역사회에서 재가노인복지서비스가 여전히 필요한 이유는 노인 중에서 노인장기요양보험에 요양인정 신청을 한 신청자가 2012년 12월 말 현재 64만 3,409명으로 65세 이상 인구의 약 11%인데 이 중에 1~3등급 인정자는 34만 1,788명으로 65세 이상 인구의 5.8%에 그치고 있기 때문이다(국민건강보험공단, 2013.1.26). 등급외자 15만 3,657명과 신청했지만 등급판정도 받지 못한 14만 7,961명을 합한 약 30만 명의 노인들은 노인재가복지서비스에 대한 수요가 있음에도 불구하고 노인장기요양보험에서 재가급여를 받지 못하는 잠재적인 재가노인복지서비스 수요자로 예측된다.

노인이 살던 가정이나 지역사회 내에서 노인을 보호하기 위한 재가노인복지시설은 2007년 전에는 가정봉사원파견시설, 주간보호시설, 단기보호시설로 분류되었으나, 2007년 「노인복지법」 개정에 의해 2008년 4월부터는 방문요양서비스, 주·야간보호서비스, 단기보호서비스, 방문목욕서비스, 그 밖의 서비스 중 어느 하나 이상의 서비스를 제공함을 목적으로 하는 시설로 분류되고 있다(「노인복지법」 제38조). 장기요양보험실시 후 장기요양보험의 재가급여를 제공하는 시설은 재가장기요양기관으로 분류되고 있다.

2006년부터 2008년 사이 가정봉사원파견사업과 주·단기보호사업을 종합적으로 할 수 있는 농어촌 재가노인복지시설과, 재가시설이 부족한 도시지역 위주로 치매·중풍 등 노인성질환으로 장기요양을 필요로 하는 자에게 지역사회 내에서 가정봉사원파견사업, 주간보호, 단기보호서비스를 종합적으로 제공하는 재가노인지원센터가 만들어져 2010년부터 복합시설로 재가노인복지서비스를 제공하고 있다. 따라서 현재 재가노인복지서비스는 노인장기요양보험의 급여를 받는 노인을 위한 재가급여(방문요양, 방문목욕, 방문간호, 주야간보호, 단기보호, 복지용구)와 「노인복지법」상의 재가노인복지시설에서 제공하는 방문요양서비스, 주·야간보호서비스, 단기보호서비스, 방문목욕서비스, 재가노인지원서비스로 이원화되어 있다.

재가노인지원서비스는 「노인복지법」 제38조 제1항 제5호에서 명명한 재가노인복지시설에서 제공하는 '그밖의 서비스'를, 2010년 2월 24일 「노인복지법」 시행규칙을 개정하면서 재가노인에게 노인생활 및 신상에 관한 상담을 제공하고, 재가노인 및 가족 등 보호자를 교육하며 각종 편의를 제공하여 지역사회 안에서 건전하고 안정된 노후생활을 영위하도록 새로 신설한 서비스이다. 이에 따라 2010년 8월에는 「노인복지법」의 방문요양서비스와 「노인장기요양보험법」의 방문요양서비스의 내용을 동일하게 하고, 노인장기요양보험에 재가급여를 받을 수 있는 지역의 재가노인복지에 사각지대가 발생하지 않도록 재가노인지원서비스에 대한 지침이 만들어졌다(최경일, 2010). 따라서 이전까지 상담 및 교육, 노인결연에 관한 사항 등 관련 사업을 수행하며 방문요양서비스를 제공하는 재가노인복지시설은 재가노인지원서비스를 제공하는 재가노인복지시설로 되었다. 2008년 7월부터 노인장기요양보험제도의 시행 이후 민간 참여로 인해 재가시설이 양적으로 많이 팽창하여 최근의 재가노인복지서비스는 방문요양 설치기준 강화, 단기보호제도 개편, 요양보호사 처우개선 등 서비스 질을 높이기 위한 노력을 하고 있다.

재가노인복지시설의 이용대상은 「노인복지법」 시행규칙이 2007년 개정되면서 장기요양급여수급자와 심신이 허약하거나 장애가 있는 65세 이상의 자(이용자로부터 이용비용의 전부를 수납받아 운영하는 시설의 경우에는 60세 이상의 자)로 되었다(보건복지부, 2010a). 재가복지서비스의 종류는 다음과 같다(보건복지부, 2012a).

○ 방문요양서비스는 정신적 또는 신체적인 이유로 독립적인 일상생활을 영위하기 어려운 노인이 있는 가정에 요양보호사가 가정을 방문하여 신체활동 및 가사활동 등 각종 서비스를 제공하는 서비스이다. 서비스 내용은 신체적 수발에 관한 서비스(세면 도움, 구강관리, 머리 감기기, 식사도움, 목욕도움, 이동도움, 화장실 이용하기 등), 일상생활 지원에 관한 서비스(취사, 청소, 세탁 등의 가사지원서비스, 외출 시 동행 등 개인활동서비스, 안부전화 및 방문, 말벗 등 우애서비스), 상담 및 교육에 관한 서비스, 지역사회 복지자원발굴 및 네트워크 구축에 관한 서비스로 구성되어 있다. 2010년 말 현재 방문요양서비스를 제공하는 시설은 1,118개이다(보건복지부, 2011).

○ 주·야간보호서비스는 부득이한 사유로 가족의 보호를 받을 수 없는 심신이 허약한 노인과 장애노인을 주간이나 야간에 시설에서 보호하며 필요한 각종 편의를 제공하여 노인의 생활안정과 심신기능의 회복을 도모하는 서비스이며, 서비스의

내용은 생활지도 및 일상동작훈련 등 심신의 기능회복 및 강화를 위한 서비스 급
식 및 목욕서비스, 취미, 오락, 운동 등 여가생활서비스, 이용노인가족에 대한 상
담 및 교육 등으로 구성되어 있다. 2010년 말 현재 786개의 주·야간주간보호시설
이 있으며 입소정원은 1만 4,086명이다(보건복지부, 2011).

○ 단기보호서비스는 부득이한 사유로 가족의 보호를 받을 수 없어 일시적으로 보
호가 필요한 심신이 허약한 노인과 장애노인을 시설에 단기간 입소시켜 필요한
각종 서비스를 제공하는 서비스이다. 월 15일 동안 이용할 수 있으며, 급식, 치료,
그 밖의 일상생활에 필요한 편의를 제공하는 서비스와 그 외 노인요양시설이나
노인요양공동생활가정의 사업에 준하는 서비스를 제공하도록 되어 있다. 2009년
288개의 단기보호시설이 있었으나 2010년 말 현재 67개로 감소했으며 입소정원
은 706명이다(보건복지부, 2011).

○ 방문목욕서비스는 목욕장비를 갖추고 심신이 허약하거나 장애가 있는 재가노인
을 방문하여 목욕서비스를 제공하는 서비스로서 목욕준비, 입욕시 이동보조, 몸
씻기, 머리 말리기, 옷 갈아입히기 등의 서비스를 제공하는 것으로 2010년 말 현
재 525개소의 재가노인복지시설에서 제공하고 있다(보건복지부, 2011).

저소득층 노인을 위한 재가노인복지서비스로는 노인돌보미바우처서비스가 매우 중
요한 서비스이다. 노인돌보미바우처 지원서비스는 2007년부터 실시한 사회서비스로
혼자서 일상생활이 어려운 65세 이상 노인에게 가사 및 활동지원서비스를 바우처로
지원하는 것이다. 노인돌보미바우처 지원서비스는 노인돌봄기본서비스와 노인돌봄종
합서비스로 구성된다.

노인돌봄기본서비스는 2007년부터 실시한 독거노인생활관리사파견사업이 2009년부
터 노인돌보미바우처 지원서비스로 통합된 것으로 소득수준, 부양의무자 유무, 주민등
록상의 동거자 유무와 관계없이 실제 혼자 생활하고 있는 독거노인에게 생활실태 및
복지욕구 파악, 안전확인 및 생활교육실시, 노인 관련 보건 및 복지서비스 연계활동을
하는 것이다. 2011년에는 노인돌보미 5,485명을 파견하여 독거노인 약 15만 명에 대한
생활실태 및 복지욕구를 파악하고 안전확인 및 생활교육을 실시했으며, 노인 관련 보
건복지서비스를 연계하는 활동을 통해 독거노인에 대한 맞춤형 복지서비스를 제공했
다(보건복지부, 2012a).

노인돌봄종합서비스는 노인돌보미바우처서비스로 2007년 4월부터 시작되었으며 기

초생활수급자 및 차상위계층이면서 혼자 힘으로 일상생활을 영위하기 어려운 노인에게 가사 및 활동지원서비스를 제공하여 안정된 노후생활 및 가족의 사회적·경제적 활동기반을 조성하기 위한 서비스이다. 서비스 대상자의 선정기준은 건강과 소득기준이다. 소득기준은 시군구별로 서비스 수요를 감안하여 가구소득이 전국 가구 평균소득의 150% 이하인 가구로 한정하고, 건강상태 기준은 노인장기요양보험의 장기요양 등급외 A, B 판정을 받고 거동이 불편한 노인이어야 한다. 2010년부터는 그 전에 신체적, 정신적 이유로 원활한 일상생활과 사회활동이 어려운 국민기초생활보장수급자, 차상위계층 중 가사 및 간병도움이 필요한 자로 장애인(1~3급), 소년소녀가정, 조손가정, 한부모가정, 중증질환자, 기타 저소득 취약계층에 대하여 재가간병, 가사지원 등 사회복지서비스를 제공하던 가사간병방문서비스가 노인종합돌봄서비스와 통합되었다. 2011년 현재 3만 7,738명의 노인이 노인돌봄종합서비스를 이용했다(보건복지부, 2012a).

(2) 노인보호전문기관운영

날로 증가하는 노인학대문제에 대해 전문적이고 체계적으로 대처하여 노인학대에 대한 국민의 인식을 높이고 학대받는 노인의 삶의 질을 향상시키며 노인의 인권을 존중하기 위해 2004년 1월「노인복지법」을 개정하여 노인학대예방센터를 설치하도록 하고 2004년 7월부터 법을 시행하도록 했다. 2008년부터는 노인보호전문기관이 노인학대예방사업뿐만 아니라 노인인식개선교육, 노인자살 예방사업, 시설 내 노인권리보호 및 노인의 권익보호를 위한 사업을 하도록 되어 있다.「노인복지법」제39조 6에 노인학대 신고의무자를 지정하여 노인학대가 신고될 가능성을 높였는데 법에 지정된 노인학대 신고의무자는 의료기관에서 의료업을 행하는 의료인(의사, 치과의사, 한의사, 조산사, 간호사), 노인복지시설의 장 및 그 종사자, 장애인복지시설에서 장애노인에 대한 상담·치료·훈련·요양을 행하는 자, 가정폭력 관련 상담소의 상담원 및 가정폭력피해자보호시설의 종사자, 노인복지상담원 및 사회복지전담공무원이다. 2007년「노인복지법」개정에서는 누구든지 노인학대를 알게 된 때에는 노인보호전문기관 또는 수사기관에 신고할 수 있다는 조항을 마련했다. 노인보호전문기관은 2010년 말 현재 중앙 1개소, 지방 22개소를 운영하며 긴급전화(국번 없이 1389)를 설치하여 24시간 운영하고 있다(보건복지부, 2011).

나날이 증가하는 노인의 자살을 예방하기 위해 정부는 2004년 제1차 5개년 자살예방종합대책을 마련한 것에 이어 2009년 제2차 5개년 자살예방종합대책을 마련했다.

자살은 경제, 사회, 문화 등 여러 요인에 의한 것으로 단시간에 해결되기 어려운 것으로 보고 10대 과제를 선정하여 자살예방을 위한 정책을 시행하고 있다. 이 10대 과제는 자살에 대한 국민의 인식을 개선하는 것, 자살위험에 대한 개인과 사회적 대응역량을 강화하는 것, 자살에 치명적인 방법과 수단에 대한 접근성을 감소시키는 것, 자살에 대한 대중매체의 책임을 강화하는 것, 자살 고위험군에 대한 정신보건서비스를 강화하는 것, 지역사회 기반의 다양한 자살예방 인력에 대한 교육체계를 강화하는 것, 자살예방을 위한 법과 제도적 기반을 조성하는 것, 자살예방서비스 제공을 위한 인프라 구축을 적정화하는 것, 자살예방을 위한 연구감시체계를 구축하는 것, 자살예방정책평가 등 근거에 기반을 둔 자살예방정책을 개발하는 것으로 구성되어 있다. 노인자살을 예방하기 위해서는 독거노인에 대한 지원과 노인학대를 감소시키기 위한 정책들이 시행되고 있다.

한국의 매우 높은 자살률을 낮추기 위해 2011년 3월 30일에 「자살예방 및 생명존중 문화 조성을 위한 법률」을 제정했다. 이를 근거로 2012년 12월에 중앙 자살예방센터를 설치하고 광역정신보건센터를 확대하고 있어 노인자살예방을 위한 사업들이 좀 더 체계적으로 진행될 것으로 예상된다.

(3) 노인여가복지시설 설치 및 운영사업

노인의 사회적응력을 높이고 고독과 소외, 무위의 문제를 해소하기 위해 다양한 여가활동지원은 매우 중요한 노인복지서비스이다. 현행 「노인복지법」 제36조에 규정된 노인여가복지시설 종류에는 노인복지관·경로당·노인교실이 있다.

○ 노인복지관은 노인을 위한 각종 상담·건강증진·교육·여가선용 등의 서비스를 제공하고 있으며, 2011년 말 현재 전국에 281개소가 있다(보건복지부, 2012a).

○ 경로당은 2011년 말 현재 6만 1,537개소가 있다(보건복지부, 2012a). 2006년부터는 경로당을 대상으로 다양한 프로그램 및 서비스들이 제공되도록 지역사회 내의 프로그램과 서비스를 연계·조정·지원할 수 있는 경로당 순회프로그램 관리자를 배치하여 경로당 활성화를 꾀하고 있는데 2011년 말 현재 304명이 활동하고 있다(보건복지부, 2012a).

○ 여가 및 교육을 복합적으로 실시하는 기관은 노인교실이나 지역사회에서는 '노인대학', '노인교실', '노인학교' 등의 다양한 명칭으로 통용되고 있다. 2011년 현

재 1,557개소가 있다(보건복지부, 2012a). 노인교실에서는 건전한 취미생활, 노인건강유지, 소득보장 및 기타 일상생활과 관련한 학습프로그램을 제공하고 있다.

(4) 노인자원봉사 활성화

노인의 사회참여를 활성화하고 노인의 인적자원을 활용하기 위한 노인자원봉사프로그램들은 노인 스스로 자립하고, 존경받고, 공헌하고, 지혜로운 노인상을 수립하여 새로운 노인상을 제시하는 데 목적을 두고 있다. 2007년부터 전문 노인자원봉사 및 리더양성 프로그램을 개발하고 지원해왔으며 전국노인자원봉사대 축제를 매년 개최해왔다. 2009년부터는 200개의 노인자원봉사단을 조직화하고 자원봉사리더 양성을 위한 전문교육을 실시했다. 또한 2012년에는 대한노인회 노인자원봉사센터에서 경로당을 중심으로 노인자원봉사클럽을 전국에 1,500여 개가 운영되고 있다.

(5) 고령친화산업 육성사업

정부의 재원과 노력만으로는 빠른 속도로 진행되는 고령화에 대응하기 매우 어렵다. 정부는 이러한 현실을 직시하고 민간이 주체가 되어 고령자 및 중장년층의 건강, 편익, 안전을 위해 시장·경쟁원리를 토대로 상품이나 서비스를 제공하는 산업을 고령친화산업으로 부르고 이 산업의 육성에 노력을 기울이기 시작했다. 이러한 노력의 일환으로 2006년 12월 「고령친화산업진흥법」을 제정했다. 고령친화산업은 대체로 용품 및 기기, 금융, 주택, 요양, 의료, 여가, 교통, 의류, 장례산업으로 분류된다. 고령친화산업을 육성하기 위한 일환으로 성남시에 국내최초로 고령친화제품 종합체험관을 2008년 12월 개관했다. 이 종합체험관은 온 국민이 고령자와 관련된 다양한 전시 제품을 보고 체험하며, 제품과 관련된 정보도 얻고, 간단한 의료진료 및 고령자 커뮤니티 형성에 참여할 수 있는 프로그램을 운영하는 등 복합적 기능을 하는 장소이다. 앞으로 대구시, 광주시 등에 고령친화제품 종합체험관이 더 건축될 예정이다. 그러나 고령친화산업을 활성화시키기 위해 만들어진 고령친화산업과는 2009년 4월 21일 보건복지가족부 직제개편시 폐지되었으며, 고령친화제품을 개발하는 업체들이 영세하고 아직 「고령친화산업진흥법」의 시행규칙도 만들어지지 않는 등의 문제가 존재하며 고령친화산업이 활성화되기 위해서는 더 많은 정부의 노력이 필요하다.

(6) 경로효친사상의 앙양 및 경로우대

정부는 매년 10월 2일은 노인의 날, 10월을 경로의 달로 정하여 노인에 대한 사회적인 관심을 높이고 경로효친사상을 지속적으로 계승하도록 하고 있다. 또한 효행자와 노인복지사업에 업적이 많은 모범노인과 단체, 노인복지 기여자를 발굴하여 포상함으로써 웃어른을 공경하는 풍토를 조성하도록 하고 있다. 2007년 8월에 제정된「효행 장려 및 지원에 관한 법률」이 2008년 8월부터 발효됨으로써 효행장려 및 지원을 적극적으로 추진할 수 있는 기반을 구축했다.

1980년부터 70세 이상 노인에게 실시하던 경로우대제도는 1982년부터 65세 이상 노인에게 확대하여 도시철도, 고궁, 능원, 국·공립박물관, 국·공립미술관, 국·공립공원을 무료(국·공립국악원의 경우 50% 할인)로 이용하게 하며, 철도는 통일호의 경우 50%, 무궁화호의 경우 30%를 할인하여 이용하게 하고 있다. 1984년부터는 지하철 이용료를 무료화했다. 2004년부터는 새마을호 열차 및 고속열차 이용요금에 대해서도 주중에 30%의 할인혜택을 주고 있으며 국내항공기(운임의 10% 할인), 국내여객선(운임의 20% 할인)도 할인혜택을 주고 있다. 민영시설의 목욕, 이발, 시외버스 등은 권장사항으로 경로우대를 실시하고 있다. 그리고 1990년부터 버스 노인승차권을 지급해오다가 1996년부터는 현금으로 노인교통비(시·군·구 지역의 버스 승차권 12~20매 해당 금액)를 지급했는데, 2008년 기초노령연금제도의 도입으로 각 지방자치단체의 재정부담을 우려하여 폐지했다(보건복지부, 2012a).

(7) 세제감면 · 노부모 가족수당 · 노인결연사업 · 효행자 특례입학

노인과 동거하는 가족에게 세제감면으로서 상속세공제, 소득세공제, 양도소득세 면제제도가 있다. 상속세공제는 60세 이상 노인에게 인적공제를 1인당 3,000만 원씩 해주는 것이다(「상속세 및 증여세법」제20조). 소득세공제에는 노인을 부양하는 가족에게 부양가족공제로 연간 1인에게 150만 원을 공제해주고, 70세 이상 노인인 경우 경로우대공제를 연간 1인 100만 원을 공제해주며, 65세 이상 노인의 의료비 전액을 추가공제해주는 제도가 있다(「소득세법」제50, 51, 52조). 또한 양도소득세를 낼 때 1세대 1주택 특례조항에 60세 이상의 직계존속(배우자의 직계존속 포함)을 동거봉양하기 위해 세대를 합침으로써 1세대가 2주택을 보유하게 되는 경우 합친 날로부터 5년 이내에 먼저 양도하는 주택을 1세대 1주택으로 보아 양도소득세를 면제해주는 제도가 있다(「소득세법」시행령 제155조 4항).

또한 연금소득이 있는 자가 주택담보노후연금을 받은 경우 그 받은 연금에 대해 해당 과세기간에 발생한 이자비용 상당액을 해당 과세기간 연금소득금액에서 공제를 해주는 주택담보노후연금 이자비용공제제도를 2010년 1월 1일부터 시행하도록 2009년 12월 31일에「소득세법」을 개정했다. 이 경우 공제할 이자 상당액이 200만 원을 초과하는 경우에는 200만 원을 공제하고, 연금소득금액을 초과하는 경우 그 초과금은 없는 것으로 하도록 되어 있다(「소득세법」제51조의 4).

금융지원분야에서는 노인저축에 대한 세금우대제도(60세 이상 노인 1인당 3,000만 원 이하의 생계형 저축에 대한 이자소득 또는 배당소득 비과세.「조세특례제한법」제88조의 2, 2014.12.31일까지 가입하는 경우), 60세 이상 노인의 3,000만 원 이하 세금우대종합저축에 대해 이자소득 및 배당소득에 대한 원천징수세율을 100분의 9로 하고, 종합소득에 포함시키지 않으며, 지방소득세 소득분을 부과하지 않는(「조세특례제한법」제89조, 2014. 12.31까지 가입하는 경우) 제도가 있다.

한편 공무원에게 2013년 현재 부양가족에 포함된 직계존속 노인(남자 60세, 여자 55세) 1인당 월 2만 원의 가족수당을 지급하고 있으며(공무원 수당 등에 관한 규정 제10조), 노인결연사업으로 노인복지시설협회에서는 1986년 4월부터 노인복지시설에 입소되어 보호받고 있는 노인과 지역사회주민, 기업체, 공공단체 및 각종 사회단체 등과 결연을 통해 1구좌당 1만 원의 후원금을 지원하고 있다(한국노인복지중앙회, 2013. 1.26). 그리고 노인봉양의식 제고의 일환으로 효행자에 대한 대학 특례입학제도를 대학에서 자율적으로 시행하고 있다.

(8) 무료급식

1998년부터 경로식당사업을 시작하여 식사를 무료로 제공하고 있는데 경로식당의 급식대상은 가정형편이 어렵거나 부득이한 사정으로 식사를 거를 우려가 있는 60세 이상 노인으로 기초생활수급자나 차상위계층노인, 저소득독거노인은 무료로, 그 이상의 일정한 능력을 갖춘 노인에게는 실비 수준의 급식비를 받도록 하고 있다. 도시근로자 월평균소득 미만인 가구의 60세 이상 노인이 거동이 불편하여 경로식당을 이용할 수 없는 경우 무료식사 배달사업을 실시하고 있다. 2005년부터는 지방으로 이양되어 지자체 사업으로 진행되고 있다.

4. 노인복지의 과제와 전망

세계 유례가 없을 정도로 빠른 고령화를 경험하고 있는 한국은 현재 고령화사회를 지나 고령사회로 진입하고 있다. 노인은 과거보다 더 오래 살고, 더 건강하고, 더 활발한 노후를 보내고 있는 등 긍정적인 변화가 일어나고 있지만 반면에 고령화와 함께 발생하는 저소득층 노인의 증가, 여가시간의 증가로 인한 무위문제, 초고령층의 증가로 인한 만성질환자의 증가와 그에 따른 노인부양문제 등은 성공적인 고령사회로 진입하는 데 해결해야 할 과제로 남아 있다. 특히 노인빈곤, 취업, 치매, 노인학대와 자살은 노인문제해결에 매우 시급성을 요하는 과제이다.

정부는 고령화에 대비하기 위해 다양한 법을 제정 또는 개정하고 노인친화정책을 펼치고 있다. 2012년에는 제2차 저출산·고령사회기본계획인 새로마지플랜 2015을 보완하는 계획이 발표되었다. 주요 과제영역을 소득, 건강, 사회참여, 주거교통, 노후설계로 구성하여 고령화대책 영역에 주거교통, 사회참여, 노후설계라는 새로운 영역을 추가했다. 이는 성공적 노화를 경제적인 측면뿐만 아니라 사회적, 정서적인 측면도 고려하고 예방적인 대책의 중요성을 반영하는 것이라 보여진다. 그 외 2011년 3월에 제정된「자살예방 및 생명존중문화 조성을 위한 법률」, 2011년 8월에 제정된「치매관리법」은 노인의 치매예방 및 관리와 자살예방을 위한 대책마련을 위해 기초를 마련했다. 2012년 8월부터는「장애인·고령자 등 주거약자 지원에 관한 법률」이 시행되면서 저소득 노인가구를 위한 주택공급확대를 위한 제도도 마련되었다. 주거비의 비중이 매우 큰 빈곤노인들에게는 주거지원의 확대가 노인빈곤을 감소시키는데 이 법의 실행이 큰 역할을 해야 할 것이다.

새로마지플랜 2015과 같은 중장기 계획들을 실행하기 위해 앞으로 노인복지정책들이 보완되고 개선되어야 할 것들이 많이 있다. 국민연금과 국민기초생활보장제도에서 끌어안지 못하는 저소득노인들에게는 기초노령연금이 소득보장을 강화할 수 있도록 급여수준이 인상되어야 한다. 기업의 퇴직연금제도의 내실화와 주택담보노후연금의 활성화도 매우 중요한 과제로 남아 있다. 그러나 기초노령연금의 강화는 국민연금과 국민기초생활보장제도 등의 소득보장제도들과 함께 효율적이고 효과적으로 노인빈곤을 해결하기 위해 전체적인 소득보장제도 선상에서 조정되어야 할 것이다. 2013년 2월부터 출범하는 새 정부에서는 기초연금에 대한 논의가 시작되고 있다. 이를 계기로 노인의 소득보장이 좀 더 단순화되고 체계적이 될 수 있기를 기대한다.

또한 효과적으로 빈곤을 예방하고 활동적 노화를 촉진하기 위해 노인고용보장분야에서는 노인일자리 창출 및 연계사업이 복지·교육·고용서비스의 통합된 서비스제공을 통해 더 활성화되어야 하는 것은 아직 과제로 남아 있다. 이것은 전달체계의 문제로 서비스의 효과성과 효율성을 높이기 위해 반드시 실천되어야 할 부분이다.

장기요양보험이 정착되면서 노인부양부담문제가 완화되고 있는 긍정적 효과가 있다. 그러나 여전히 사각지대가 존재하며 노인재가복지서비스와 장기요양보험의 역할 분담의 명확화를 통한 사각지대를 해소해야 하는 과제가 남아 있다.

앞으로 중요한 과제는 노인의 건강수명을 늘려서 고령화에 따른 의료부분의 사회적 비용을 줄이는 것이다. 이를 위해서는 지역사회에서 노인건강유지를 위한 예방적 대책들이 실행되어야 한다. 노인장기요양보험집행기관, 보건소, 지자체 노인복지서비스 전달 공공기관, 재가복지서비스를 제공하는 민관기관 간의 네트워크 형성과 협력을 통해 노인들이 가진 다양하고 복합적인 욕구에 통합적인 서비스를 제공하기 위한 지역사회의 사례관리체계를 구축하고 예방적 대책들을 실제 각 노인들에게 맞춤형으로 제공되도록 할 수 있는 체계를 마련하는 것이 앞으로는 매우 중요한 과제가 될 것이다.

참고문헌

강은정·조영태. 2009. 「성별 교육수준별 건강수명의 형평성과 정책과제」. ≪보건복지포럼≫, 통권 제149호, 15~25쪽.

보건복지부. 2006. 「통계청 자료 및 저출산고령사회기본계획 대비 심층분석」.

_____. 2010a. 「2010 노인복지시설현황」.

_____. 2010b. 「저출산·고령사회 본격 대비를 위한 제2차 기본계획 확정-'제2차 저출산·고령사회 기본계획(2011~2015)' 국무회의 심의·의결」. 2010.10.26. 보도자료.

_____. 2011. 「2011 노인복지시설현황」.

_____. 2012a. 「2011 보건복지백서」.

_____. 2012b. 「2012 보건복지통계연보」.

_____. 2012c. 「선제적 고령사회 대응을 위한 제2차 새로마지 플랜 고령사회 보완계획 확정」.

보건복지부 보도자료. 2012.10.16.

정경희. 2009. 「국제비교를 통해 살펴본 한국노인의 소득 및 빈곤실태」. 한국보건사회연구원. 《보건복지 Issue and Focus》, 제1호..

정경희 외 13인. 2012. 『2011년도 노인실태조사』. 한국보건사회연구원.

정영호. 2012.11. 「한국 국민의 기대여명 및 건강수명」. 한국보건사회연구원. 《보건복지포럼》.

최경일 2010. 「토론문: 고령사회를 대비한 재가노인복지사업 비전 ― 재정립과 추진방향」. 제20회 전국재가노인복지대회 자료집. 2010.10.15. 한국재가노인복지협회. 92~96쪽.

통계청. 2006. 「사회조사」.

_____. 2011. 「장래인구추계」.

_____. 2012a. 「2011 한국의 사회지표」.

_____. 2012b. 「2012 고령자통계」.

_____. 2012c. 「가계동향조사」.

_____. 2012d. 「경제활동인구조사」.

_____. 2012e. 「근로형태부가조사」.

_____. 2012f. 「장래가구추계 시도편: 2010~2035」.

한국노인인력개발원. 2012. 「2011 노인 일자리 통계 동향」.

한국주택금융공사. 2012. 《주택금융월보: 통계편》, 12월호.

Kahn, R. and J. Rowe. 1999. Successful Aging. 최혜경·권유경 공역(2001) 『성공적인 노화』. 서울: 학지사.

OECD(2011), Society at a glance.

인터넷 자료

고용노동부. 2010. 「금년 12월 1일부터 전 사업장 퇴직급여제도 적용」. e고용노동뉴스 2010.9.14. http://www.moel.go.kr.

국민건강보험공단. 2013.1.26. 「노인장기요양보험 등급판정현황」. http://www.longtermcare.or.kr/portal/site/nydev/B0019/.

국토해양부. 2013.1.26. 「국민주택기금안내」. http://www.mltm.go.kr/USR/policyData/m_34681/dtl.jsp?id=536.

금융감독원. 2013.1.26. 「2012년 말 퇴직연금 영업실적 게시」. http://pension.fss.or.kr/fss/psn/bbs/view.jsp?url=/fss/pn/1295490315749&bbsid=1295490315749&idx=1358664527587&num=87.

보건복지부. 2013.1.26. 「기초노령연금 알기 쉬운 제도 안내」. http://www.mw.go.kr/front_new/jc/sjc0124mn.jsp?PAR_MENU_ID=06&MENU_ID=06240103.

보건복지부. 2013.1.26b. 「저출산 고령화 노인지원」. http://www.mw.go.kr/front_new/jc/sjc0109mn.jsp?PAR_MENU_ID=06&MENU_ID=0609030202

보건복지부. 2010c. 「노인전문병원, 요양병원으로 일원화」. 동영상자료, http://www.mohw.go.kr/front/jb/sjb070201vw.jsp?PAR_MENU_ID=03&MENU_ID=03070201&BOARD_ID=930&BOARD_FLAG=01&CONT_SEQ=239152&page=1.

통계청. 2013.1.26. 「사망원인통계」. http://kosis.kr/abroad/abroad_01List.jsp?parentId=D

통계청. 2013.1.27. 「근로형태별 평균근속기간 및 근속기간별 구성비」. 경제활동인구조사. http://kosis.kr/abroad/abroad_01List.jsp?parentId=A#jsClick.

한국노인복지중앙회. 2013.1.26. http://www.elder.or.kr.

한국주택금융공사. 2013.1.26. http://www.hf.go.kr/hindex.html.

한국의 장애인복지서비스

▌심석순*

한국은 2011년 12월 기준으로 「장애인복지법」에 의거하여 등록된 장애인 수가 251만 9,241명으로 1988년 장애인등록제도가 실시된 이후로 가파른 증가세를 보이고 있다. 장애인구 증가의 원인이 2000년과 2003년 두 차례에 걸친 장애범주 확대에서 기인하는 바가 없지 않지만, 그보다는 급속한 산업화와 도시화로 인한 각종 사고와 질병, 재해 그리고 인구 고령화에 따른 장애노인의 자연적 증가 등 경제적·사회적·인구학적 특성에서 나타나는 제반 환경의 변화들이 후천적 장애인구의 증가를 불러온 결과라 할 것이다.[1]

이 같은 장애인 인구의 증가와 함께 최근 한국에서 등장한 장애인 현장의 특징은 장애인들 스스로 그들의 권리를 찾고 적극적으로 제반 사회활동에 참여하고자 하는 움직임, 즉 장애인 당사자주의의 확산이다. 이는 이른바 1960년대 이후 미국과 유럽 등에서 시작된 탈시설화, 정상화, 자립생활, 사회통합 등 새로운 장애인복지이념과 패러다임을 적극적으로 받아들이고, 한편 이러한 이념과 패러다임을 서비스 영역에 적용하고자 하는 데서 시작되었다 할 것이다. 다시 말해서 지금까지 전문가에 의해 결정되었

---

* 부산장신대학교 사회복지상담학과 교수.

1) 한국보건사회연구원의 2011년 장애인실태조사에 따르면, 90.5%가 후천적 질환이나 사고로 인해 장애를 입는 것으로 나타났다(김성희 외, 2011: 9).

던 의료 및 재활 중심의 복지에서 장애인 당사자들이 서비스와 제도의 결정과정에 직접 참여하고 자신들의 의견을 개진·관철시킴과 동시에 직접 서비스도 제공하는 등 서비스와 제도상의 새로운 시스템 결정과정의 도입으로 볼 수 있다. 실례로 2007년 장애인 권리 보장과 차별 금지를 목적으로 제정된 「장애인 차별금지 및 권리구제 등에 관한 법률」과 장애인 사회참여 지원을 목적으로 2007년부터 실시되었던 '장애인활동보조사업'에 '장애인요양서비스'를 결부시켜 새롭게 제정된 「장애인 활동지원에 관한 법률」(2011), 장애아동의 특별한 복지적 욕구에 적합한 지원을 통합적으로 제공함으로써 장애아동이 안정된 가정생활 속에서 건강하게 성장하고 사회에 활발하게 참여할 수 있도록 하며, 장애아동 가족의 부담을 경감시켜주고자 하는 목적으로 제정된 「장애아동복지지원법」(2011) 등 최근 제정된 법과 제도들은 모두 장애인과 그들 가족인 당사자들의 적극적이고 끊임없는 요구와 함께 법률(안)의 제안과 제정과정의 참여를 통해 얻어낸 주요한 결실이다.

이 장에서는 이와 같은 한국 장애인복지서비스 환경의 변화에 입각하여, 최근 장애인복지서비스의 유형을 체계적이며 구체적으로 살펴보고자 한다. 이를 위해서 장애와 장애인에 대한 개념적 정의의 변화와 한국의 장애인 주요 현황과 문제점 그리고 장애인복지제도의 변화과정, 현재 시행 중에 있는 여러 장애인복지서비스들을 소개하고, 이를 토대로 미래 장애인복지서비스의 전망과 실천 과제를 제시하고자 한다.

1. 장애와 장애인복지의 개념

장애는 신체나 정신적으로 결함이 있는 상태이자 질환 등과 연관지어 일상생활에서 매우 폭넓고 빈번하게 사용되고 있다. 하지만 정작 이에 대한 개념은 매우 모호하고 논쟁의 소지가 많다. 장애용어의 모호성을 극복하고 이를 국제적으로 통용시키고자 하는 노력이 세계보건기구(WHO)에서 1980년에 시작되었다. 당시 WHO는 ICIDH(International Classification of Impairemnt, Disabilities, and Handicaps)라는 새로운 장애의 개념적 틀을 발표하고 이 분류기준을 장애를 규정짓는 데 사용할 것을 전 세계에 권고했다. ICIDH에 의하면 장애(disability)는 의학적 손상(impairment)으로 인해 나타나며, 장애를 입은 개인은 사회적 불리(handicap)도 경험하게 된다고 했다. 그 후 WHO는 장애를 단순히 개인의 손상의 결과로 치부했던 기존의 관점에서 벗어나 환경과의 상호관계 속에서 장

〈표 1〉 한국 장애인 관련법에 규정된 장애인개념

관련법	장애인 개념
「장애인복지법」	○ 장애인이란 신체적·정신적 장애로 오랫동안 일상생활이나 사회생활에서 상당한 제약을 받는 자
「장애인차별금지 및 권리구제 등에 관한 법률」(제2조 1항)	○ 장애는 신체적·정신적 손상 또는 기능상실이 장기간에 걸쳐 개인의 일상 또는 사회생활에 상당한 제약을 초래하는 상태를 말하며, 장애인이라 함은 제1항에 따른 장애가 있는 사람
「장애인고용촉진 및 직업재활법」(제2조)	○ 장애인이란 신체 또는 정신상의 장애로 장기간에 걸쳐 직업생활에 상당한 제약을 받는 자로서 대통령으로 정하는 기준에 해당하는 자
「장애인 등에 대한 특수교육법」(제15조)	○ 특수교육대상자의 기준으로 '시각장애, 청각장애, 정신지체, 지체장애, 정서·행동장애, 자폐성장애(이와 관련된 장애를 포함한다), 의사소통장애, 학습장애, 건강장애, 발달장애, 그 밖에 대통령령으로 특수교육을 필요로 하는 사람

애를 보다 포괄적으로 규정한 ICIDH-2(International Classification Impairments, Activities and Participation)를 1997년에 빌표하고 장애를 개인뿐만 이니라 시회적·환경적 맥락에서 설명하고자 했다. 2001년에는 개인적인 장애나 질병과 상황적 맥락(환경적 요소와 개별적 요소)과의 상호작용 가운데 장애를 설명하고자 했으며, 이러한 노력은 ICF(International Classification of Functioning, Disability and Health)를 통해 나타났다.

이처럼 장애의 개념에 대한 최근의 국제적 흐름은 과거 장애의 원인이 개인에서 유발되고 그 책임 또한 개인에게 있다는 개별 모델의 관점에서, 장애의 원인이 개인이 아닌 사회적·환경적 요인에서 기인한다는 사회적 모델의 관점으로, 더 나아가 이들 두 모델을 동시에 고려하는 통합모델로 발전되어 가고 있다. 장애인에 대한 정의 또한 개별적 모델과 사회적 모델 중 어느 모델을 선호하는지에 따라 달라진다.

그렇다면 한국은 장애인을 어떻게 규정하고 있는지, 제정된 주요 관련법들을 통해 살펴보면 <표 1>과 같다. <표 1>에서와 같이 장애인을 정의함에 있어, 개인이 입은 신체적·정신적인 손상과 기능상실 등을 강조하고 있음에 반해서, 상대적으로 사회·환경에서 기인한 점은 간과하고 있음을 알 수 있다. 이를 통해서 한국은 아직도 장애를 개인적 원인과 개인적 원인과 책임으로 보는 개별적 모델에서 크게 벗어나지 못하고 있음을 알 수 있다.

2. 장애인 사회문제 현황

1) 장애인 현황

한국에서 장애인등록제도가 처음으로 도입되고 시행된 1988년부터 2011년까지 장애인등록 현황을 5년 단위의 주기와 주요 사건을 기준으로 전체인구 대비 등록 장애인 수와 구성비의 변화를 살펴보면 <표 2>와 같다.

장애인등록이 전국적으로 확대 실시된 1988년 11월 1일 이후 1989년의 등록 장애인 수는 17만 6,000명으로 당시 총인구의 0.41%였다. 이후 1995년까지 등록 장애인비율은 전체 인구의 1%도 차지하지 못했다. 그러나 2000년을 기점으로 등록 장애인 수가 95만 8,000명으로 1995년에 비해서 약 3배 정도 급증하고 전체 총인구에서 차지하는 비율도 2.07%로 증가했다. 당시 장애등록인구가 급증하게 된 배경은 장애등록에 따른 기존의 사회적 편견이 감소하고 등록 장애인에 대한 각종 복지시책들이 확대된 이유도 있지만, 가장 큰 원인은 1999년 「장애인복지법」의 전면개정으로 2000년 1월 1일부터 장애범주를 기존 5개 유형에서 10개 유형으로 확대한 배경에서 찾을 수 있다.[2]

이후 2003년 7월 1일에 장애범주를 15개 유형, 즉 안면변형, 장루, 간, 간질, 호흡기 장애가 새롭게 장애범주로 확대됨에 따라서 전체 총인구에서 등록 장애인이 차지하는 비율이 3% 이상을 점유하게 되었다. 이후 등록 장애인 수는 꾸준히 증가하여 2009년 200만을 넘게 되었고 2011년 12월 현재는 250만 명 이상이다. 이는 전체인구대비

<표 2> 한국 법정등록장애인 현황

(단위: 천 명, %)

구분	1989	1990	1995	2000	2003	2005	2009	2011
총인구	42,449	43,411	44,609	46,136	47,859	48,139	48,747	49,779
등록 장애인	176	200	324	958	1,454	1,777	2,429	2,519
구성비	0.41	0.46	0.72	2.07	3.03	3.69	4.98	5.06

자료: 통계청(2011); 보건복지가족부(2009); 보건복지부. http://www.mw.go.kr(2011년 12월 등록장애인현황).

---

2) 2000년도 이전의 지체장애, 시각장애, 청각장애, 언어장애, 정신지체의 5개 유형을 2000년 1월 1일 이후 지체장애, 뇌병변장애, 시각장애, 청각장애, 언어장애, 자폐성장애, 정신장애, 신장장애, 심장장애와 같이 10개 유형으로 확대했다.

〈표 3〉 한국 장애유형별 법정 등록장애인 현황

(단위: 명, %)

구분			합계	구성비(전체 등록장애인 대비)
신체적 장애	외부 신체기능장애	지체장애	1,333,429	52.9
		뇌변병장애	260,718	10.3
		시각장애	251,258	9.9
		청각장애	261,067	10.3
		언어장애	17,463	0.6
		안면장애	2,715	0.1
	내부 기관장애	신장장애	60,110	2.3
		심장장애	9,542	0.4
		호흡기장애	14,671	0.5
		간장애	8,145	0.3
		장루·요루장애	13,098	0.5
		간질장애	8,950	0.3
정신적 장애		정신장애	94,739	3.7
		자폐성장애	15,857	0.6
		지적장애	167,479	6.6

자료: 보건복지부. http://www.mw.go.kr(2011년 12월 등록장애인 현황자료 편집).

5.06%에 해당되는 비율로 처음으로 5%를 초과했다.

2011년 12월 말 현재 등록 장애인 수를 장애유형과 전체 등록 장애인 대비 구성비를 기준으로 상세히 살펴보면 〈표 3〉과 같다. '장애유형'별로는 지체장애인이 133만 3,429명(52.9%)으로 가장 많고 다음으로 청각장애인 26만 1,067명(10.3%), 뇌병변장애인 26만 718명(10.3%), 시각장애인 25만 1,258명(9.9%) 등의 순으로 외부 신체기능 장애인구가 전체 장애인구의 80% 이상을 차지하고 있다. 반면에 내부기관장애에 속하는 신장장애인은 6만 110명(2.3%), 호흡기 장애인 1만 4,671명(0.5%), 간장애 8,145명(0.3%) 등으로 상대적으로 적음을 알 수 있다. 정신적 장애영역에서는 지적장애 16만 7,479명(6.6%)으로 가장 많고 자폐성 장애는 1만 5,857명(0.6%)으로 가장 적다.

2) 장애인의 문제

장애인과 그 가족은 살면서 사회적 편견과 물리적 장벽, 불합리한 제도들 때문에 소득·고용·교육·의료 등 모든 분야에서 사회참여의 어려움을 경험한다. 이들이 사회 속에서 겪는 어려움은 장애인이 정책적으로 개선해주기를 희망하는 요구사항에도 잘 드러나 있다. 한국보건사회연구원의 「2011년 장애인실태조사」에 따르면, 장애인들은 의료보장(30.1%), 소득보장(21.9%), 주거보장(15.4%), 고용보장(8.6%), 장애인 인권보장(5.7%) 등을 정책적으로 시급히 개선되어야 할 사안들로 요구하고 있다. 이에 대해서 소득문제, 의료문제, 고용문제 등으로 분류하여 구체적으로 살펴보고자 한다.

(1) 소득문제

장애인 소득과 관련하여, 장애인 가구의 월평균 소득분포 현황은 50~99만 원 사이(20.7%)가 가장 많았고, 100~149만 원(15.2%), 50만 원 미만(10.3%)이었다. 특히 전체 장애인의 46.2%가 월 150만 원 미만의 저소득상태인 것으로 나타났다.

전체 장애인 가구의 월평균 총소득은 <표 4>와 같이 198만 2,000원으로 이는 전국 월평균 가구소득(2011년 6월 기준)인 371만 3,000원의 53.4% 수준에 불과하다. 또한 장애인 가구는 비장애인 가구와 달리, 가족 구성원 중에서 장애인이 있다는 이유만으로 비장애인 가구에는 없는 별도의 추가비용이 발생한다. 장애인 가구에서 발생하는 추가비용은 장애유형에 따라 다소 편차[3]가 있지만, 전체 월평균 추가비용은 <표 5>과 같이 약 16만 7,000원이며, 이 중 의료비가 5만 6,000원으로 비중이 가장 높았다.

이처럼 장애인이 속한 가구는 전반적으로 소득수준이 비장애인가구에 비해 매우 낮을 뿐만 아니라 비장애인 가구에는 없는 장애로 인한 별도의 추가비용이 발생함에 따

〈표 4〉 장애인가구 월평균소득 현황

(단위: 천 원, %)

구분	전체가구	장애인 가구	구성비(전체가구 대비)
월평균소득	3,713	1,982	53.4
월평균지출	3,004	1,618	53.9

자료: 김성희 외(2011), 재구성.

---

3) 장애유형별로 추가비용을 살펴보면, 간장애가 59만 7,000원으로 가장 많았고, 그다음으로 자폐성장애 50만 3,000원, 뇌병변장애 27만 4,000원, 장루·요루장애 26만 3,000원, 지적장애 18만 8,000원의 순이었다. 특히 간장애의 추가비용 중 의료비가 약 51만 원으로 가장 많은 비중을 차지하는 것으로 나타났다(김성희 외, 2011: 19).

〈표 5〉 장애로 인한 추가비용(중복응답)

(단위: 천 원)

항목	의료비	장애인 보조기구 구입·유지비	교통비	보호· 간병	보육· 교육비	부모 사후 대비비	재활 기관 이용료	통신비	계
계	56.8	31.7	22.8	14.1	6.0	5.4	1.9	9.6	160.7

자료: 김성희 외(2011), 재구성.

라 장애인 가구의 소득수준은 비장애인가구보다 훨씬 열악할 수밖에 없는 상황이다.

(2) 고용문제

장애인에게 직업은 생계수단 그 이상의 의미가 있다. 직업은 그동안 가족이나 친척 등에 대한 의존적인 삶에서 벗어나 자립할 수 있는 기반과 동기를 심어주는 한편, 사회구성원으로 비장애인과 통합된 삶을 살아갈 수 있는 기회를 제공해줄 수 있다는 점에서 아주 중요하다. 그러나 실상은 장애인 실업률은 7.8%로 2011년 12월 통계청이 발표한 전체 실업률 3.2%에 비해 약 2.4배 정도 높다. 취업률에서는 더욱 심각하여 그 중에서도 중증장애인의 취업률은 16.3%로 경증장애인 취업률 41.4%보다 약 2배 이상 낮은 것으로 나타났다.

한편 취업한 장애인의 경제활동분야(직무)는 <표 6>과 같이 단순노무종사자가

〈표 6〉 장애인 경제활동분야(직무)

(단위: %)

구분	장애인	전국 경제활동인구
관리자	4.1	2.3
전문가 및 관련종사	7.1	19.6
사무종사자	6.5	16.4
서비스 종사자	6.8	10.3
판매종사자	8.2	12.1
농림어업 숙련종사자	12.2	4.8
기능원 및 기능종사자	12.5	9.4
장치기계조작/조립	12.4	11.6
단순노무종사자	30.1	13.5
계	100.0	100.0

자료: 김성희 외(2011), 재구성.

30.1%로 가장 높은 비율을 차지하고 있으며, 다음으로 기능원 및 기능종사자 12.5%, 농림·어업숙련종사자 12.2% 등의 순으로 조사되었다. 이는 전국경제활동인구들이 평균적으로 종사하는 분야들과 비교할 때 단순노무에 종사하는 비율이 월등히 높다.

이처럼 한국의 장애인고용문제는 취업률과 장애 정도 그리고 경제활동분야의 모든 면에서 비장애인보다 열악하며, 이는 장애인 가구의 빈곤과 사회참여와 직결된다 할 것이다.

(3) 의료문제

의료는 장애인의 신체기능과 능력을 최대화하고 장애로 인한 이차적인 질환을 예방·치료함으로써 건강한 삶을 살 수 있도록 해주는 장애인 문제 해결의 가장 기본이 되는 요소다.

실태조사에 따르면, 62.2%의 장애인들이 평소에 건강상태가 좋지 않은 것으로 나타났다. 자신이 입은 주된 장애와 관련한 재활, 치료 및 건강관리 등과 관련해 72.4%가

〈표 7〉 현재 치료, 재활, 건강관리 등 정기적 진료 여부

(단위: %)

구분	예	아니오	계
지체장애	67.7	32.3	100.0
뇌변병장애	87.4	12.6	100.0
시각장애	70.3	29.7	100.0
청각장애	70.5	29.5	100.0
언어장애	72.0	28.0	100.0
지적장애	49.7	50.3	100.0
자폐성장애	71.9	28.1	100.0
정신장애	96.1	3.9	100.0
신장장애	100.0	-	100.0
심장장애	100.0	-	100.0
호흡기장애	97.3	2.7	100.0
간장애	100.0	-	100.0
안면장애	61.1	38.9	100.0
장루·요루장애	93.2	6.8	100.0
간질장애	100.0	-	100.0
전체	72.4	27.6	100.0

자료: 김성희 외(2011), 재구성.

〈표 8〉 정기적 진료를 받지 않는 이유

(단위: %)

구분	전체
돈이 없어서	9.8
병의원까지 방문하기 불편해서	4.5
정기적인 진료를 받을 필요성이 없어서	69.5
진료받기 싫어서	3.2
시간이 없어서(바빠서)	4.8
의사가 정기적으로 오라고 얘기하지 않아서	7.6
기타	0.6
계	100.0

자료: 김성희 외(2011), 재구성.

재활, 치료, 건강관리 등을 정기적으로 받고 있으며, 장애유형별로는 신장장애(100.0%), 심장장애(100.0%), 간장애(100.0%), 호흡기장애(97.3%), 정신장애(96.1%) 등의 순이다(<표 7>).

반면에 장애인들은 자신의 장애상태와 건강을 위해서 재활, 치료를 받아야 함에도 불구하고 받지 않은 경우도 27.6%를 차지했다. 이들이 정기적 진료를 받지 않는 이유로는 '정기적인 진료를 받을 필요성이 없어서'가 69.5%로 가장 높았고, 그다음으로는 '돈이 없어서' 9.8%, '의사가 정기적으로 오라고 얘기하지 않아서' 7.6% 등의 순이었다(<표 8>).

이처럼 장애인은 비장애인과 다르게 일반적인 질병이나 질환이 아닌 자신이 안고 있는 장애를 치료 또는 재활하기 위한 목적으로 병의원을 찾는 특징이 있다. 그 결과 장애인은 비장애인에게 찾아볼 수 없는 별도의 추가의료비용이 발생하게 된다. 그러나 소득이 낮은 장애인은 추가비용에 대한 부담으로 적절한 재활치료를 받지 못할 가능성이 있으며, 이로 인해서 장애상태의 악화는 물론 장애로 인한 2차적 질환에 노출될 위험성이 높다. 따라서 장애인의 특성을 고려한 적절한 의료적 지원은 장애로 인해 야기될 수 있는 2·3차 장애발생의 예방 차원에서 중요한 서비스 영역이다.

(4) 교육문제

교육은 장애인과 비장애인 모두에게 성공적인 시민이 될 수 있는 기회를 주는 수단이 된다. 특히 장애인에게는 그들이 가지고 있는 잠재능력을 최대한 향상시켜 자신의

〈표 9〉 교육 정도

(단위: %)

구분	무학	초등학교	중학교	고등학교	대학 이상	계
지체장애	11.0	32.9	19.1	25.0	12.2	100.0
뇌병변장애	13.3	37.6	17.3	20.2	11.6	100.0
시각장애	12.5	30.9	18.8	23.3	14.6	100.0
청각장애	19.7	37.4	17.1	15.5	10.4	100.0
언어장애	8.7	31.6	15.9	28.3	15.6	100.0
지적장애	12.4	27.8	18.4	38.1	3.3	100.0
자폐성장애	10.3	49.0	8.2	27.5	4.9	100.0
정신장애	3.4	18.5	18.5	46.2	13.5	100.0
신장장애	4.9	21.3	21.1	34.2	18.4	100.0
심장장애	4.2	43.6	15.6	16.3	20.2	100.0
호흡기장애	11.7	45.5	8.9	24.9	9.0	100.0
간장애	0.0	29.5	6.9	10.8	52.8	100.0
안면장애	0.0	30.8	35.2	19.9	14.1	100.0
장루·요루 장애	12.6	42.4	15.1	16.3	13.6	100.0
간질장애	4.0	27.1	11.9	41.2	15.8	100.0
전체	11.8	32.9	18.3	25.0	12.0	100.0

자료: 김성희 외(2011), 재구성.

정체성을 확립하고 변화하는 환경에 적응할 수 있게 해줄 수 있는 수단이 될 수 있다는 측면에서 중요하다.

<표 9>에서 보는 바와 같이, 장애인의 교육 정도는 초등학교(32.9%), 고등학교(25.0%), 중학교(18.3%), 대학 이상(12.0%), 무학(11.8%) 등의 순으로 장애인의 교육수준은 비교적 낮고, 대학 이상의 학력은 12.0%에 불과한 것으로 나타났다. 학력을 중시하는 한국의 사회적 풍토를 고려할 때, 학력이 낮다는 것은 사회참여를 희망하는 장애인에게 비장애인보다 더 큰 장벽으로 작용할 수 있다. 그러므로 1995년부터 실시되고 있는 장애인 '특례입학제도' 등과 같은 각종 장애인 교육정책에 대한 재검토와 개선 그리고 새로운 제도의 도입이 필요하다.

3. 장애인복지의 변천과정

장애인복지의 시대별 구분방식은 이를 논하는 학자들과 단체에 따라 차이가 있다. 이들이 제시한 시대 구분방식에는 10년 주기별 연대구분방식, 장애 담론에 따른 구분방식, 정부의 법령에 따른 구분방식, 국제적 변화에 초점을 두고 구분하는 방식 등 다양하다. 이들 방식에 대해 자세히 살펴보면 다음과 같다.

김용득(2004)은 장애인에 대한 사회적 인식변화, 즉 시대적인 사회의 지배 담론에 입각하여 4단계로 구분했다. 첫 번째 단계는 수용보호단계(1961년부터)로 1961년 「생활보호법」에서 재활시설을 설립할 수 있는 근거를 만든 후 장애인시설을 통한 수용과 보호에 중점을 둔 시기이다. 두 번째 단계는 훈련 및 교육단계(1977년부터)로 이 시기는 장애 원인을 개인에게 두고 장애인을 변화시켜 장애인이 사회에 적응하도록 하고자 하는 목적으로 1977년 「특수교육진흥법」이 제정되었고 시설에서의 교육 및 재활 정책방향을 제시한 1978년 '심신장애자 종합보호대책'이 발표되었다. 또한 1981년 「심신장애자 복지법」이 제정됨에 따라서 시설에서의 직업재활시설과 이용시설 등이 생겨났고 1986년 노동부가 「직업훈련법」을 개정하여 장애인이 비장애인을 위한 직업훈련시설에서 직업훈련을 받을 수 있도록 한 시기이다. 세 번째 단계는 제한적인 경제적 지원단계(1989년부터)로 이 시기는 1989년 「장애인복지법」 개정과 1990년 「장애인고용촉진 등에 관한 법률」 제정으로 장애인의 생계와 고용문제에 관심을 기울임과 동시에 지역사회 장애인을 대상으로 전화요금감면(1989년), 장애인 승용자동차 LPG 연료 사용 허용(1990년), 지하철 무임승차(1993년) 등 경제적 지원을 확대한 시기이다. 네 번째 단계는 제한적인 사회적 지원단계(1998년부터)로 이 시기는 1998년 「장애인·노인·임산부 등의 편의증진보장에 관한 법률」의 시행, 1999년 「장애인복지법」과 「장애인고용촉진 및 직업재활법」의 개정으로 장애인의 경제적 지원과 더불어 사회환경의 개선 및 차별해소를 위한 움직임이 시작된 시기이다(김용득, 2004: 149~157).

조흥식(2006)은 장애 담론의 변천과 장애인복지제도 발달의 차원에서 7단계로 나누었다. 1단계는 방치단계(대한민국 정부수립 이후부터 1960년까지)로 장애인의 문제를 민간 자선사업이나 외국의 원조기관과 종교단체에 의존하던 시기이다. 2단계는 단순보호단계(1961~1976년)로 1961년 「생활보호법」 제정으로 정부가 장애인문제에 개입하고 장애인복지시설 등의 운영을 목적으로 1970년 「사회복지사업법」을 제정하는 등 장애인들을 수용하는 것에만 관심을 집중한 시기이다. 3단계는 재활초기단계(1977~1980년)로 장애아동에 대한 교육진흥을 제도화하고 장애인에 대한 입학거부 등 차별금지 법리를 최초로 도입한 1977년 「특수교육진흥에 관한 법률」이 제정되고 장애인의 교육과 훈련에 관심을 가진 시기이다. 4단계는 제도 도입단계(1981~1988년)로 1981년 「심신장애자복지법」의 제정과 장애인복지 전담기구로 보건사회부 내에 재활과를 신설하여 비로소 장애인복지정책의 제도화를 이룬 시기이다. 5단계는 복지사업추진단계(1989~1998년)로 장애인복지급여로서 경제적 지원이 시작된 1989년 「장애인복지법」 개정과 1990년 「장애인 고용촉진 등에 관한 법률」의 제정, 1994년 「특수교육진흥법」의 개정으로 통합교육원칙을 천명하고 개별화 교육원칙을 선언하는 등 특수교육환경변화를 모색하고 1994년 '특례입학제도' 실시로 장애학생들의 고등교육 기회가 확대되는 등 본격적인 장애인복지사업이 추진된 시기이다. 6단계는 복지인프라 구축단계(1998~2002년)로 이 시기는 사회적 지원이 확대될 수 있는 장애인 운동세력의 성숙과 '제1차 장애인복지발전 5개년계획'(1998~2002년) 수립과 추진, 1998년 12월 9일 대통령이 서명한 '한국장애인 인권헌장' 제정 선포, 1999년 「장애인복지법」 전면 개정에 따른 장애범주의 확대와 장애인 정보접근권보장에 대한 관심, 장애아동 부양수당 및 보호수당 등의 신설 그리고 1998년 「장애인 고용촉진 및 직업재활법」으로 개정함으로써 중증장애인의 특별지원을 위한 제도마련과 장애인에 대한 직업지도, 직업적응훈련, 직업능력개발훈련 등의 지원근거를 마련한 시기이다. 7단계는 무장벽사회 실현초기단계(2003~현재)로 장애인의 기본권리에 기초한 무장벽사회 실현을 목적으로 '제2차 장애인복지발전 5개년계획'(2003~2007) 등이 수립된 시기이다(조흥식, 2006: 73~93).

한국장애인개발원에서 발간한 『2008년 장애인백서』에서는 한국의 장애인정책을 국제적 흐름과 장애인정책의 주체세력의 변화와 그 맥락에 입각하여 5단계로 구분했다. 제1기는 태동기(1948~1969)로 대한민국정부수립 이후 1960년 말까지 6·25전쟁 이후 군사원호자와 국가유공자에 대한 대책이 주를 이룬 반면 일반 장애인문제는 국가의 적극적 개입이 없는 민간자선이나 외국원조 그리고 종교단체에 의존한 시기이다. 제2기는 시설보호 중심기(1970~1980)로 장애인에 대한 단순수용보호라는 소극적인 정부입장의 고수와 함께 국제적으로는 1970년대 후반 UN의 1981년 '세계장애인의 해' 선포에 따른 1978년 국내의 '심신장애인종합대책'을 마련하여 재활서비스에 관심을 기울이고 한편으로 장애인을 위한 최초 입법으로 「특수교육진흥법」이 제정된 시기이다. 제3기는 제도 도입기(1981~1988)로 한국 장애인복지제도의 기틀을 형성한 시기이다. 즉, 「심신장애자복지법」의 제정과 1988년 서울 장애인올림픽 개최에 따른 대통령 직속 '장애

〈표 10〉 한국 장애인복지 시기별 주요 변천과정

	시기	내용	제정법률
제도 도입 이전	수용보호기 (정부수립 후 ~1976)	○ 민간자선사업, 종교단체 및 외원 원조기관에 의존 ○ 상병군인·경찰과 그 유족에 초점 ○ 장애인·노인·아동 등 시설보호 관련 법령제정	○「전몰군경유족과 상이군경연금법」제정(1952) ○「군사원호보상급여금법」제정(1952) ○「생활보호법」제정(1961) ○「사회복지사업법」제정(1970)
	재활초기 개입기 (1977~1980)	○ 장애인 교육진흥 제도화 ○ UN 총회 1981년 '장애인의 해'로 선정(1976) ○ 생활시설 장애아동을 대상으로 한 직업훈련 강화 중심의 '심신장애인종합대책' 수립(1978)	○「특수교육진흥법」제정(1977)
제도 도입 이후	제도 도입기 (1981~1988)	○ 장애인복지의 근간이 되는 종합법률 제정 ○ 장애인취업알선사업 실시(심신장애자 취업알선 계획수립)(1982) ○ CBR시범사업을 통한 지역사회 중심 재활사업 토대 마련 ○ 1988년 서울장애인올림픽 개최와 장애자복지 대책위원회 설치	○「심신장애자복지법」제정 (1981)
	복지사업 추진기 (1989~1998)	○ 저소득 중증·중복장애인 생계보조수당 지급 및 의료비 지원(1990) ○ 경제적 부담 경감시책 대거 마련(자동차세 면세, 전화요금 감면, 항공료 및 지하철 무임 승차제 등) ○ UN 아시아·태평양 경제사회위원회(ESCAP)의 '아·태장애인 10년행동계획' 채택(1993~2002) ○ 장애학생 '특례입학제도' 실시(1995) ○ '노인·장애인복지종합대책' 수립(1996)	○「심신장애자복지법」→「장애인복지법」전면개정(1989) ○「장애인고용촉진 등에 관한 법률」제정(1990)
	복지사업 확대 및 무장벽 초기 (1999~2002)	○ '제1차 장애인복지발전 5개년계획' 수립 및 시행(1998~2002) ○ '한국장애인인권헌장' 제정(1998) ○「장애인복지법」전면개정(1999): 장애범주 10개로 확대, 장애인정보접근권 보장, 장애아동 부양수당 및 보호수당 신설 등 ○ 소규모 장애인 지역사회시설 설치: 주·단기보호시설(1996), 장애인 공동생활가정(1997) 등 ○ 중증장애인고용 특별지원을 위한 제도적 장치 마련 ○ '편의시설 확충 국가종합 5개년계획' 수립 (2000~2004)	○「장애인 고용촉진 등에 관한 법률」→「장애인 고용촉진 및 직업재활법」전면개정(1998) ○「장애인·노인·임산부 등의 편의증진보장에 관한 법률」제정(1997)

		○ '제2차 장애인발전 5개년계획'(2003~2007) 수립 및 종료와 '제3차 장애인정책발전 5개년계획' 수립(2008~2012) ○ 장애범주 2차 확대(10종 → 15종)(2003) ○ UN '장애인권리협약' 채택(2006) 및 '장애인권리협약' 비준(2007) ○ 장애인활동보조사업 시행(2007) ○ 장애아 가족아동양육 지원사업 시행: 여성가족부(2007) → 보건복지부(2008) ○ BF(Barrier-Free) 인증제도 시행 ○ 장애인장기요양시범사업 실시(2009) ○ 장애아동재활치료서비스 전국 확대(2009) ○ 중증장애인대상 장애연금 실시(2010) ○ 장애인활동지원제도 실시(2011) ○ 여성장애인교육지원사업 실시(2012) ○ 장애아동재활치료사업 → 발달재활서비스로 변경(2012)	○「교통약자의 이동편의 증진법」제정(2005) ○「장애인 기업활동 촉진법」제정(2005) ○「장애인 차별금지 및 권리구제 등에 관한 법률」제정(2007) ○「특수교육진흥법」폐지 →「장애인 등에 대한 특수교육법」제정(2007) ○「중증장애인 생산품 우선구매 특별법」제정(2008) ○「장애인연금법」제정(2010) ○「장애인활동 지원에 관한 법률」제정(2011) ○「장애아동복지 지원법」제정(2011)
	무장벽 확대 및 권리 중심 접근기 (2003~현재)		

자복지대책위원회'를 구성하고 탈시설화의 이념이 확대되어 시설보호 중심에서 지역사회보호 중심으로 정책방향이 전환되어 장애인복지관을 비롯한 다양한 지역사회재활시설 등이 설치되어 재가장애인을 대상으로 종합적인 서비스가 제공된 시기이다. 제4기는 제도발전기(1989~1997)로 장애인 욕구에 부응하고자 제도적 틀을 마련함은 물론 다양한 장애 관련 법률의 제정과 개정 그리고 장애인의 소득보전 및 생활지원을 위한 다양한 경제적 부담 경감시책이 대거 마련되었다. 또한 장애인복지시설 정책이 탈시설화, 사회통합화를 위한 재가서비스 전달체계로 제도적 개선을 시작한 시기이다. 제5기는 권리 중심 접근기(1998~현재)로 한국 장애문제를 대처하는 방식이 복지에서 인권적 관점으로 변화되어 장애인의 사회활동참여에 초점을 맞추었다. 이를 위해 '제1차 아태장애인 10년(1993~2003) 행동계획'에 따른 제1차 장애인복지발전 5개년계획(1998~2002)과 제2차 장애인복지발전 5개년계획(2003~2007), 제3차 장애인정책발전 5개년계획(2008~2012)이 수립되었고 2007년「장애인복지법」의 개정에 따른 장애인의 권익신장과 자립생활 강조, 2005년「교통약자 이동편의 증진법」제정을 통한 교통약자의 안전하고 편리한 이동보장을 통한 사회참여와 교통복지 증진 그리고 2007년「장애인차별금지 및 권리구제 등에 관한 법률」, 2007년「장애인 등에 대한 특수교육법」제정과 2007년 '장애인 활동보조지원사업' 등이 시행된 시기이다(한국장애인개발원, 2009: 47~75).

앞서 검토한 장애인복지 시기별 전개과정을 참고하여, 이 글에서는 장애인복지 시기를 1981년 「심신장애자복지법」이 제정된 연도를 기준으로 크게 장애인복지의 제도가 도입되기 이전시기와 제도 도입 이후의 시기로 구분하고 제도 도입 이전은 다시 수용보호기(정부 수립 후~1976)와 재활초기 개입기(1977~1980)로 세분화하고자 한다. 그리고 제도 도입 이후는 다시 제도 도입기(1981~1988), 복지사업추진기(1989~1998), 복지사업 확대 및 무장벽 초기(1999~2002), 무장벽 확대 및 권리 중심 접근기(2003~현재)로 구체화 했으며, 그 내용은 <표 10>과 같다. 각 시기는 장애인복지에 대한 국내·외 변화를 추진한 주요 내용 및 특성 그리고 주요 법률의 제정 시기에 입각하여 분류했다.

4. 장애인복지정책과 서비스 현황

1) 장애인복지정책과 서비스 분류

한국 장애인복지정책과 서비스를 분류하는 통일된 기준과 원칙은 없다. 다만 학자들마다 장애인복지정책에 입각한 개별 서비스와 사업들이 제정된 목적과 성격에 따라 상이하게 분류하고 있다.

손광훈(2007)은 장애인복지의 기본구조를 장애인복지 이념인 사회통합 구현과 장애인복지 체계의 내용을 중심으로 '사회보장' 부문(공공부조, 사회보험), '종합재활' 부문(의료재활, 사회심리재활, 교육재활, 직업재활, 재활공학), '환경개선' 부문(물리적 환경, 유기적 환경, 사회적·심리적 환경, 문화적 환경), '예방·계몽' 부문(모자보건, 산업안전, 교통안전, 질병예방)의 3가지 영역으로 구분했다(손광훈, 2007: 72~74). 윤상용·이민경(2010)은 OECD와 유럽연합(EU)의 장애인복지정책 유형화와 한국 장애인복지정책발전 5개년계획 등 정부보고서를 중심으로 정책분류기준에 따라 장애인복지정책을 소득보장, 의료지원, 직업재활, 주거지원, 지역복지, 자립생활지원서비스(활동보조서비스) 등 6개 항목으로 분류했다.[4] 이 밖에 권선진(2009)·정무성 외(2009)·이채식 외(2009)·임종호 외(2010) 등은 모두

---

[4] OECD에서는 장애인복지예산을 회원국 간 비교를 위해 '장애급여(disability benefits)', '질병급여(sickness cash benefits)', '장애인 고용 관련 프로그램(employment-related programmes for the disabled)'의 3가지 항목으로 구분하고 있으며, EU는 회원국 간의 장애인복지정책을 비교하기 위해

세부 항목별 구성내용들을 분류하는 방식에는 미묘한 차이가 있을 뿐 전반적으로 장애인복지정책과 서비스 영역을 공통적으로 '소득보장', '고용보장', '의료보장'의 세 가지 세부 항목으로 분류하고 있다. 이 같은 분류방식을 기준으로 현재 한국 중앙정부, 지방자치단체, 관련 기관에서 장애인을 대상으로 시행하고 있는 각종 복지정책과 서비스를 분류하면 <표 12>와 같다. 이 중 장애인복지서비스 영역은 사업의 성격과 목적이 기존의 분류방식인 직접적인 현금지원을 목적으로 하는 '소득보장' 그리고 취업과 직업재활을 목적으로 하는 '고용보장', 의료보장에 포함되지 않는 것으로 의료적 재활과 같은 비현금급여의 특성을 가지고 있는 항목은 별도 분류했다. <표 12>에서와 같이 한국 장애인복지정책과 서비스의 가장 큰 특징은 각 정책을 담당하고 시행하는 주체가 단일화되지 못하고 여러 곳으로 분산되어 있다는 점이다. 이처럼 장애인복지 관련 업무가 분산되어 있는 이유는 서비스 대상에 따른 부서분리보다 사업 목적에 따라서 각 부처별 소관업무의 일부로 간주되어 업무가 분장되기 때문이다.

한국에서 시행되고 있는 장애인의 소득보장영역은 직접소득보장과 간접소득보장으로 구분할 수 있으며, 직접소득보장에 속하는 공공부조와 사회수당은 보건복지부에서 관할 중인 사회보험의 세부 항목으로 국민연금은 보건복지부 그리고 산업재해보상보험은 고용노동부 산하 근로복지공단에서 담당하고 있다. 간접소득보장은 사업별 특성에 따라서 보건복지부, 국세청, 지식경제부, 민간기관 등에서 지원을 담당하고 있으며, 특히, 2005년에 24개 장애인복지사업이 지방으로 이양되면서 지방자치단체가 직접 책임을 지고 추진해야 할 사업이 증가하게 되었다. 고용보장에 속하는 사업은 보건복지부와 고용노동부에서 책임을 맡고 추진하고 있는데, 보건복지부는 장애인의 복지일자리 사업과 중증장애인을 주 대상으로 하는 직업재활사업을 그리고 고용노동부는 산하에 한국장애인고용공단을 두고 장애인고용지원제도와 사업주 지원제도 등 장애인 고용정책을 주요 사업으로 추진하고 있다. 그리고 각종 장애인의 의료보장정책은 보건복지부에서 전담하고 있으며, 교육보장정책과 관련해서는 장애아동보육사업은 보건복지

서 '소득보장정책(income maintenance and income support)', '고용서비스 정책(employment provision)', '자립지원서비스 정책(assitance with ADLS and promotion of independent living)'의 3개 영역으로 나누었다(윤상용·이민경, 2010: 118~120). 2008년에 발표된 '장애인정책발전 5개년계획'에서는 장애인복지서비스분야를 '복지'분야(장애등록, 소득보장, 보건의료, 기초주거, 활동보조), '교육문화'분야(보육·교육), '경제활동'분야(고용, 직업재활), '사회참여'분야(차별금지, 이동지원, 정보환경)의 4개 영역으로 구분했다.

〈표 12〉 한국 장애인복지제도와 서비스 영역

영역		내용	관할부처
소득보장	직접소득보장	○ 사회보험: 국민연금, 산재보험 ○ 공공부조: 국민기초생활보장 ○ 사회수당: 장애수당, 장애아동수당, 장애연금	○ 보건복지부 ○ 고용노동부 　(근로복지공단)
	간접소득보장	○ 장애인 자립 자금 대여, 장애인용 LPG 연료 세금인상액 지원 　(2010.6.31일까지 지원) 등	○ 보건복지부
		○ 승용자동차에 대한 특별소비세 면제, 승용자동차 LPG 연료 사용 허용, 차량 구매 시 도시철도채권 구입 면제, 소득세 인적 공제, 장애인 의료비 공제 등	○ 국세청 ○ 지식경제부
		○ 장애인용 차량에 대한 등록세·취득세·자동차세 면제, 고궁, 능원, 국·공립박물관 및 미술관, 국·공립공원, 공영주차장 주차 요금 감면 등	○ 지방자치단체
		○ 철도·도시철도 요금 감면, 전화요금 할인, 시·청각 장애인 TV 수신료 면제, 공동주택 특별 분양 알선, 항공·연안여객선요금 할인, 전기요금할인 등	○ 민간기관
고용보장	직업재활	○ 장애인 직업재활시설 운영 ○ 장애인 복지일자리사업 ○ 장애인 행정도우미사업 ○ 중증장애인 직업재활 지원사업 ○ 장애인 생산품 판매시설(공판장) 운영, 장애인 직업재활 기금 사업 수행기관 운영	○ 보건복지부 ○ 고용노동부(한국장애인고용공단)
	고용정책	○ 장애인의무고용제도 ○ 사업주 지원제도(고용장려금, 고용지원자금 융자, 작업보조기기 및 장비 무상지원, 고용관리비용 지원, 재택근무 지원) ○ 취업지원서비스: 보조공학기기 지원 ○ 장애인지원: 자영업창업자금 융자, 영업장소 전대지원 ○ 근로자 복지지원: 자동차 구입자금 융자, 직업생활안정자금 융자	○ 고용노동부(한국장애인고용공단)
의료보장		○ 장애인 재활보조기구 무료교부 ○ 장애인의료비 지원 등	○ 보건복지부
교육보장		○ 장애아동 무상보육 ○ 장애인자녀 교육비 지원 ○ 특수교육	○ 보건복지부 ○ 교육부
장애인복지서비스		○ 장애인활동 지원제도 ○ 장애아가족양육 지원사업 ○ 장애아동 재활치료사업	○ 보건복지부

부에서 그리고 특수교육과 관련한 사업은 교육과학기술부에서 담당하고 있다. 그 외 장애인 활동보조사업, 장애아가족양육지원사업 등 복지서비스 사업은 보건복지부에서 추진하고 있다.

2) 장애인복지정책과 서비스 현황

정책과 서비스 현황 부문에서는 앞서 기술한 다양한 장애인복지정책과 서비스 중에서 현재 보건복지부에서 관할하고 있는 주요 서비스들을 중심으로 살펴보고자 한다.

(1) 소득보장

가. 장애수당: 「장애인복지법」 제49조에 의하면 장애수당은 장애인의 장애 정도와 경제적 수준을 고려하여 장애로 인한 추가적 비용을 보전(補塡)해주고자 하는, 즉 소득 결핍에 대한 보전기능으로서 소득활동 능력이 전혀 없거나 있지만 소득이 매우 적은 사람들을 대상으로 한 소득보전에 목적이 있다. 그러므로 장애수당은 모든 장애인에게 지급되지 않고 장애로 인해 소득활동능력 부족하고 소득이 적거나 없는 대상에게만 지급된다(권선진, 2009: 262).

장애수당은 1990년 18세 이상의 저소득 성인 장애인들 중에서 1급 지체장애인과 정신지체장애인들에게 '생계보조수당'의 명목으로 월 2만 원씩 지급하면서 시작되었다. 1992년도에는 시각장애인으로 그 대상을 확대했고, 1994년도부터 1999년 「국민기초생활보장법」이 제정된 이후 2001년까지 월 4만 5,000원을 지급했다. 2005년도에는 장애수당의 지급대상자를 「국민기초생활보장법」에서 규정한 생계급여를 받는 모든 대상자를 중증과 경증으로 나누어 중증에는 월 6만 원, 경증에는 월 2만 원을 지급했다. 그후 2007년도에는 대상자를 차상위계층까지 확대하고 지급액도 큰 폭으로 인상하여 2010년 6월까지 지급대상과 금액을 동일하게 유지해왔다. 이후 2010년 7월 1일 「장애인연금법」이 시행됨으로써 중증장애수당 대상자의 대다수가 장애연금으로 흡수되었으며, 현재는 경증장애인을 대상으로 한 장애수당만 시행되고 있다(<표 13>).

나. 장애아동수당: 「장애인복지법」에 따르면 장애아동수당은 장애로 인한 추가적 비용을 보전하기 위한 목적으로 보호자의 경제적 생활수준 및 장애아동의 장애 정도를 고려하여 지급되는 추가적 비용보전 수당이다. 장애아동수당은 1999년 개정된 「장애인복지법」에 '장애아동부양수당'이라는 명칭으로 '보호수당'과 함께 처음 도입되었다.

〈표 13〉 장애수당의 변천과정

(단위: 원)

연도	대상	급여액
1990	저소득 중증·중복장애인 생계보조수당 지급 (등록장애인 중 1급 지체장애 및 정신지체)	20,000
1992	장애등록 1급 지체장애, 정신지체, 시각장애	20,000
1994	등록장애인 중 생계보호대상 중증장애인(1·2급, 3급 중복장애인)	45,000
2002	「국민기초생활보장법」상의 생계급여 수급자 중 중증장애인 (1·2급, 3급 중복장애인)	50,000
2004	「국민기초생활보장법」상의 생계급여 수급자 중 중증장애인 (1·2급, 3급 중복장애인)	60,000
2005	장애수당 지급대상자 확대(「국민기초생활보장법」상의 생계급여 수급자 중 중증장애인 → 「국민기초생활보장법」상의 일반수급자인 전체 등록장애인)	중증 60,000 경증 20,000
2006	「국민기초생활보장법」상의 일반수급자인 전체 등록장애인	중증 70,000 경증 20,000
2007	장애수당 지급대상자 확대 및 지급액 인상 (기초수급자 → 기초수급자 + 차상위계층)	기초수급자 중증 130,000 차상위 중증 120,000 기초수급자 경증 30,000 차상위 경증 30,000
2010 ~현재	경증장애수당(장애등급 3급~6급)	기초수급자 경증 30,000 차상위 경증 30,000 보장시설수급자 20,000

자료: 보건복지부(2010a, 2012a).

이후 2007년 4월 개정된 「장애인복지법」에 따라 '장애아동부양수당'은 현재 '장애아동수당'으로 바뀌게 되었다. 1999년에 도입되었음에도 불구하고 처음 수당이 지급되기 시작한 것은 3년이 지난 2002년부터다. 최초 지급 당시 그 대상은 「국민기초생활보장법」상의 수급자 가구로 18세 미만의 1급 중증장애아동이 있는 가정에 월 4만 5,000원을 지급했다. 이후 동일한 대상자에게 2004년도에는 월 5만 원, 2006년도에는 월 7만 원을 지급했다. 2007년에는 지급대상자를 차상위계층까지 확대하여 기초수급자 중증 월 20만 원, 차상위 중증 월 15만 원, 기초 및 차상위 경증 월 10만 원, 보장시설 중증 월 7만 원, 보장시설 경증 월 2만 원을 지급했으며 2012년 현재까지 그 대상과 금액은 변화없이 그대로 유지되고 있다.

  다. **장애인연금**: 장애인연금제도는 2010년 4월 제정된 「장애인연금법」에 따라서 장

〈그림 1〉 장애인연금 장애등급 심사 절차

신청
주소지 읍·면사무소 및 동 주민센터에 신청

자산조사
특별자치도·시·군·구에서 신청자 소득과 재산조사

장애등급심사
국민연금공단에서 장애등급심사

지급결정
대상자 기준에 부합할 경우 지급결정

결과 통지 및 지급
신청일이 속한 월부터 매월 정기적으로 입금

애로 인하여 생활이 어려운 중증장애인의 생활안정지원과 복지증진 등을 도모하기 위한 목적으로 같은 해 7월부터 시행되고 있다. 대상은 만 18세 이상 「장애인복지법」에 따라 등록된 장애인으로 장애등급이 1·2급의 중증장애인과 3급 중복장애인으로 장애인 본인과 배우자의 소득과 재산을 합산한 금액(소득인정액)이 정부에서 제시한 선정기준액 이하인 자가 해당된다.

장애인연금의 급여유형은 '기초급여'와 '부가급여'가 있다. '기초급여'는 근로능력의 상실 또는 현저한 감소로 인해 줄어드는 소득을 보전해주기 위해 지급하는 급여로 소득보장 성격을 띠고 있다. 기초급여는 국민연금 가입자의 최근 3년간 월 평균소득(A값)의 5%를 기준으로 2010년 4월에서 2011년 3월까지는 9만 원을 이후 2012년 3월까지는 9만 1,200원을 지급했으며, 2012년 4월부터 2013년 3월까지는 9만 4,000원을 지급하고 있다. 그러나 65세 이상의 기초노령연금 수급자에게는 기초급여가 지급되지 않는다. '부가급여'는 장애로 인해 발생하는 추가 비용의 전부 또는 일부를 보전해 주기 위한 목적의 급여로 추가 지출비용 보전성격의 연금이며, 기초생활수급자는 월 6만 원, 차상위계층에게는 월 5만 원을 지급하고 있으며, 65세 이상 기초생활수급자에게는 월 15만 원, 차상위계층에게는 12만 원(5만 원), 그리고 차상위 초과계층에게도 월 2만 원을 지급하고 있다.

특히 장애인연금은 「장애인연금법」이 시행된 시점인 2010년 7월 1일을 기준으로 장애수당을 받고 있는 중증장애인은 별도의 신청이나 장애등급 심사 없이 연금을 받을 수 있다. 다만 장애유형별 주기적 재판정 대상자인 경우에는 재판정 시기가 도래할 때에 장애등급 심사를 다시 받아야 하며, 재판정 절차는 <그림 1>과 같다.

(2) 고용보장

가. 장애인직업재활시설 운영: 장애인직업재활시설은 장애인이 자신의 능력과 적성에 맞는 직업생활을 통해 인간다운 생활을 할 수 있도록 장애인직업재활과 관련 제반 서비스들(보호고용, 직업상담, 직업능력평가, 직업적응훈련, 직업훈련, 작업활동, 취업알선, 취업후 지도 등) 그리고 취업기회를 제공하여 장애인의 자활·자립을 도모하기 위한 목적으로 설립된 기관이다. 이 시설은 '1986년 자립작업장 설치운영계획'에 의해 전국에 22개의 보호작업장이 설치되면서 본격화되었다. 직업재활시설은 근로작업시설, 보호작업시설, 작업활동시설, 직업훈련시설의 네 가지 유형으로 운영되어오다가 2007년에 개정된 「장애인복지법」에서 직업재활시설을 일반 작업환경에서 일하기 어려운 장애인이 특별히 준비된 작업환경에서 직업훈련을 받거나 직업생활을 할 수 있도록 하는 시설로 재규정함에 따라, 시설 유형도 장애인 '보호작업장'과 '근로사업장'으로 개편하고 기존 네 가지 유형의 시설들을 위의 두 가지 유형으로 편입하는 작업이 계속 추진되고 있다.

'보호작업장'은 직업능력이 낮은 장애인에게 직업적응능력 및 직무기능 향상훈련 등 직업재활훈련 프로그램을 제공하고, 보호가 가능한 조건에서 근로의 기회를 제공함은 물론 이에 상응하는 노동의 대가로 임금을 지급한다. 또한 장애인 근로사업장이나 그밖의 경쟁적인 고용시장으로 옮겨갈 수 있도록 돕는 역할도 병행하고 있다. '근로사업장'은 직업능력은 있으나 이동 및 접근성이나 사회적 제약 등으로 취업이 어려운 장애인에게 근로의 기회를 제공하고, 최저임금 이상의 임금을 지급함은 물론 경쟁적인 고용시장으로 옮겨 갈 수 있도록 돕는 역할을 하는 시설이다. 장애인 직업재활시설의 개편에 따른 주요 내용은 <표 14>와 같다.

나. 장애인일자리사업: 장애인일자리사업은 2007년도부터 일반 노동시장에서 취업이 어려운 장애인에게 일자리를 제공하여 장애인의 사회참여와 경제적 자립을 도모하고자 시행되고 있다. 주요 사업으로는 '장애인복지일자리', '장애인행정도우미', '시각장

〈표 14〉 장애인직업재활시설 유형개편 내용

구분	개편 전		개편 후	
근로자 직업능력 향상	- 직업능력개발훈련 등 운영체계 흡	⇒	- 직업능력개발훈련 기간 명시 등 목표 명확화	
보호고용 기능강화	- 유상적 임금과 관련 없는 프로그램 운영 - 단순 교육프로그램 중심 운영	⇒	- 유상적 임금을 제공하는 근로자 육성 * 보호작업장: 작업활동 프로그램 운영 * 근로사업장: 보호·작업활동 프로그램 운영	
직원배치 기준강화	- 평균시설당 4명 지원 * 근로작업시설 편중 보호작업시설 이하는 원장과 직업훈련교사 2~3명	⇒	- 평균 시설당 11명 지원근거 마련 * 보호작업장과 근로사업장의 배치기준 유사(보호작업장 사무원, 간호사, 영양사, 생산 및 판매관리기사, 시설관리기사, 조리원, 위생원 추가)	
임금지급 기준완화	- 보호작업시설: 근로장애인 2/3 이상 최저임금의 50% 이상 지급 - 근로작업시설: 근로장애인 2/3 이상 최저임금 이상 지급	⇒	- 보호작업장: 근로장애인 2/3 이상 최저임금의 40% 지급노력(1인 평균 최저임금 30% 이상 지급 노력) - 근로사업장: 근로장애인 2/3 이상 최저임금 지급노력(1인 평균 최저임금 80% 이상 지급 노력)	
상위 시설로 전이 사례 미흡	<유형개편 전>		<유형개편 후>	자체 프로그램을 통한 시설 내 전이 및 일반고용 전이 기능 강화
	일반고용 미약		일반고용 확대	
	근로작업시설 33개소(8.8%)		근로사업장	
	보호작업시설 225개소(60.0%)		보호작업장	
	작업활동시설 103개소(27.5%)			
	직업훈련시설 14개소(3.7%)		작업활동·직업훈련 0%	

자료: 보건복지부(2010a).

애인안마사파견사업'이 있다. 사업주체는 정부와 지방자치단체 등이며, 장애유형 및 정도에 맞는 적합한 직종을 발굴하여 보급하고 있으며, 2012년 현재 사업별 참여대상, 업무배치장소와 급여 등 주요 내용은 <표 15>와 같다.

다. 중증장애인 직업재활지원사업: 중증장애인 직업재활지원사업은 2008년부터 보건복지부 일반회계예산으로 편성하여 중증장애인의 직업능력 개발 및 역량강화를 통해 사회참여기회를 확대하고 중증장애인의 삶의 질을 향상시키기 위해 시행되고 있다. 지원고용 대상자는 만 15세 이상의 중증장애인으로 지원내용은 훈련수당, 사업주보조금, 직무보조수당 등으로 구성되어 있다. 2012년도 현재 이 사업을 수행하고 있는 기관은 중증장애인을 대상으로 지원고용을 실시하고 있으나 사업지원을 받지 못하고 있는 장애인복지관, 직업재활시설 및 장애인단체 등으로 시설현황은 <표 16>과 같이 186개

〈표 15〉 장애인일자리사업별 주요 내용

구분		대상	업무	보수
장애인 복지 일자리	일반형	취업이 어려운 중증장애인	지역사회관공서, 사회복지시설, 사회적 기업 등에 배치	○ 월 259,000원
	특수교육 복지연계형	특수교육기관 졸업예정자 (고등학교 3학년 재학생) 및 전공과 재학생	지역사회관공서, 사회복지시설 등에 배치	○ 월 259,000원
장애인 행정 도우미	일반형	만 18세 이상	지방자치단체(사회복지, 장애인복지 등 업무)와 산하 공공기관(행정보조 업무) 배치	○ 월 877,000원
	전담보조형	장애인 중 행정능력이 있는 장애인	시군구 장애인일자리사업 업무 전담지원	○ 월 877,000원

자료: 보건복지부(2012c).

〈표 16〉 중증장애인 직업재활지원사업 수행기관 현황

(단위: 개소, 명)

구분	사업수행기관	전문인력
직업재활센터	34	131
직업평가센터	6	24
장애인단체	32	64
직업재활시설	79	115
직업적응훈련기관	10	12
직업능력개발훈련기관	15	14
직업재활프로그램수행기관	10	27
총계	186	387

자료: 보건복지부 홈페이지. http://www.mw.go.kr.

소의 사업 수행기관에 직업재활 전문인력 347명을 지원하고 있다.

수행기관별 주요 사업을 살펴보면, 직업재활센터는 직업지도, 직업적응훈련, 지원고용, 취업알선 및 적응지도 업무를 수행하고 있고 직업평가센터는 직업능력평가 업무, 장애인단체는 직업지도와 취업알선 및 적응지도의 업무, 직업훈련시설·보호작업시설·작업활동시설은 중증장애인의 직업적응훈련 업무, 마지막으로 직업재활프로그램수행기관은 중증장애인의 직업능력개발훈련(안마수련원) 업무 등의 사업을 수행하고 있다.

(3) 의료보장

보건복지부에서 담당하고 주요 의료보장사업은 '장애인 보조기구 교부', '장애인 의료비 지원' 등으로 구분된다. '장애인 보조기구 교부' 사업은 생활이 어려운 저소득 장애인에게 장애인보조기구를 교부함으로써 이들의 생활능력 향상 및 복지증진을 도모하기 위한 목적으로 1982년 영세장애인에게 보장구 교부사업을 실시하면서 본격화되었다. 1997년부터는 의료보험급여를 보장구에도 적용하고, 1999년 10월부터는 일상생활의 편의증진을 도모하는 생활용품, 보험급여가 되지 않는 보장구, 2004년부터는 욕창방지용매트, 음향신호기 리모컨 등을 교부했다. 2012년 장애인보조기구 무료교부 대상자는 「장애인복지법」에 따라 등록한 지체·뇌병변·시각·청각·심장장애인으로 「국민기초생활보장법」상의 수급자 및 차상위계층이다. 이들 중 교부 우선순위는 장애등급이 상위인자, 「국민기초생활보장법」상 수급자, 1가구에 2인 이상의 장애인이 거주하는 자, 재가장애인, 당해 사업으로 교부받은 지 더 오래된 자 등이다.

'장애인 의료비 지원'사업은 생활이 어려운 저소득 장애인에게 의료비를 지원하여 생활안정 및 의료보장을 실현하고자 1989년 「장애인복지법」의 제정과 더불어 의료비 부담이 어렵다고 판단되는 장애인에게 장애 정도와 경제적 부담능력 등을 고려해 의료에 소요되는 비용을 지급하면서 시작되었다. 이후 의료비 지원은 '제1차 장애인복지발전 5개년계획'(1998~2002)과 '제2차 장애인복지발전 5개년계획'(2003~2007)에 의해

〈표 17〉 장애인의료보장사업

사업명	지원 대상	지원내용
장애인 보조기구 교부	○「국민기초생활보장법」상의 수급자 및 차상위계층으로서 등록 장애인중 교부품목자(지체·뇌병변·시각·청각·심장장애인)	○ 욕창방지용 방석 및 커버 ○ 음향신호기의 리모콘, 음성탁상시계, 음성인식기, 시력확대 및 각도조절용구 ○ 휴대용 무선신호기, 진동시계와 음성증폭기 ○ 자세보조용구, 보행보조차, 식사보조기구와 기립보조기구
장애인 의료비 지원	○「의료급여법」에 의한 의료급여 2종 수급권자인 장애인 ○ 차상위 의료급여 2종 수급권자였던 만성질환자, 18세 미만 아동	○ 1차 의료급여기관 진료: 원내 직접조제시 본인부담금 1,500원 중 750원 지원, 그 외의 경우에는 본인부담금 1,000원 중 750원 지원 ○ 2·3차 의료급여기관과 국·공립결핵병원진료: 의료급여비용 총액의 본인부담 진료비 15%(차상위 14%, 암환자 5%, 입원 10% 등) 전액 지원 단, 본인부담금 식대 20%는 미 지원 ○ 의료(요양)급여 적용 보장구 구입 시 상한액 범위 내에서 본인부담금(15%) 전액

자료: 보건복지부(2012a).

의료급여 수급권자 의료비 지원 및 본인부담금 지원사업이 확대되었고 또한 희귀난치성 질환자에 대한 의료비 지원과 청각장애아동 인공와우수술비 지원사업으로 확대되었다. 2012년도 지원대상은 「의료급여법」에 의한 의료급여 2종 수급권자인 등록장애인과 2009년 4월 1일부터 건강보험의 차상위 본인부담 경감대상자로 전환된 차상위 의료급여 2종 수급권자였던 만성질환자, 18세 미만 등록 장애아동이 주요 대상이며, 이들에게 지원되는 의료비 지원은 <표 17>의 지원내용과 같이 1차 의료급여기관 진료와 2·3차 의료급여기관 등의 진료에 따라서 달리 적용된다.

(4) 교육보장

가. 장애아 무상보육: 장애아동 대상 보육사업은 종전의 「아동복지법」하의 탁아사업에서 보호를 교육과 통합한 보육사업으로 확대 발전했다. 2005년 12월 「영·유아 보육법」의 개정에 따라 이 법 제28조에 근거한 보육의 우선제공대상으로 이 법 시행규칙에 장애등급이 1·2급인 자, 2·3급 정신지체인 또는 발달장애(자폐증)인으로써 다른 장애가 중복된 자로 보육대상자에 장애아동을 명시함으로써 장애아동이 보육대상이 된 근거가 되었다. 2012년 기준으로 대상 장애범주는 「장애인복지법」상의 15개 장애유형이 모두 해당된다. 장애아 무상보육료사업의 세부 지원대상과 기준 그리고 지원내용은 <표 18>과 같다.

나. 장애인 자녀교육비 지원사업: 장애인 자녀교육비 지원사업은 비장애인에 대해 상대적으로 교육비용이 많이 드는 저소득 장애인가구의 교육여건을 개선하고자 1992년부터 저소득층 장애인의 자녀 또는 장애아동에게 교육비를 지급하면서 시작되었다. 1995년에는 그 대상을 저소득 장애인가구 자녀 실업계 고교생 학비지원으로 확대했으며, 2008년도부터는 교육비 지원대상을 가구의 범위, 소득 및 재산의 범위, 조사방법 등 「국민기초생활보장법」에 의한 기초수급자 선정기준을 적용했지만 부양의무자 기준은

〈표 18〉 장애아동 무상보육료지원기준

대상	기준	지원내용
미취학 장애아동 (0세~만 12세)	○ 보호자 소득수준과 상관없음 ○ 장애인등록증 소지자(만 6세~만 12세) 또는 의사의 장애진단서(만 5세 이하) 제출자	○ 지원단가(가구소득수준과 무관) - 종일반: 월 394,000원 - 방과 후: 월 197,000원

자료: 보건복지부(2012a).

〈표 19〉 장애인 자녀교육비 지원사업 내용

(단위: 원)

구분	1인	2인	3인	4인	5인	6인	7인
소득 인정액	719,360 이하	1,224,856 이하	1,584,534 이하	1,944,215 이하	2,303,575 이하	2,663,575 이하	3,023,254 이하
대상	o 1~3급 장애인 초등학생, 중학생, 고등학생 본인 o 1~3급 장애인의 초등학생, 중학생, 고등학생 자녀						
지원 내용	o 고등학생의 입학금 및 수업료 전액 o 고등학생의 교과서대 119,200원(연1회) o 초·중학생의 부교재비 36,000원(연1회) o 중학생, 고등학생의 학용품비 49,500원(1학기 24,750원, 2학기 24,750원으로 연2회)						

주: 8인 이상 가구는 1인 증가시마다 359,680원씩 증가.
자료: 보건복지부(2012a).

적용하지 않고 장애인이 속한 개별 가구의 소득인정액만으로 장애인 자녀교육비 수급 여부를 판단하고 있다.

2012년도 장애인 자녀교육비 지원사업의 내용은 〈표 19〉와 같이 주 대상은 소득인 정액 최저생계비 130% 이하인 가구의 1~3급 장애인 초·중·고등학생 또는 1~3급 장 애인의 중·고등학생 자녀이며, 지원내용으로는 고등학생의 경우 입학금과 수업료가 전 액 면제되고 그 외 교과서대와 부교재비 등에 대해서 일정금액을 지원하고 있다.

(5) 장애인복지서비스

가. 장애인 활동지원제도: 장애인 활동지원제도는 신체적·정신적 이유로 원활한 일상 생활과 사회활동에 어려움을 겪고 있는 장애인의 자립생활과 사회참여를 증진시키고 자 하는 목적으로 2007년 4월부터 시행되었던 종전의 '장애인 활동보조 지원사업'에 방문목욕과 방문간호 등 일종의 요양서비스가 추가되어 '장애인 활동지원제도'라는 명 칭으로 2011년 11월부터 시행되고 있다.

이 사업의 전신인 장애인 활동보조 지원사업은 2007년 제도 도입 당시 만 6세 이상 만 65세 미만의 장애등급 1급의 등록 장애인으로 소득과 관계없이 누구나 신청가능하 고 제공시간결정을 위한 등급심사를 통해 매월 최저 20시간에서 최고 80시간을 제공 했다. 2008년에는 제공시간을 10시간 늘려 월 최저 30시간에서 최고 90시간을 제공했 고 이와는 별도로 독거특례지원 대상자지원을 신설하여 2·3·4등급 독거장애인에게는 20시간을 1등급 독거장애인에게는 30시간을 추가 지원했다. 이후 2009년에는 본인부

〈표 20〉 활동보조지원사업과 장애인활동지원제도의 비교

구분	활동보조지원사업 (2007.4~2011.9)	장애인활동지원제도 (2011.10~현재)
신청 자격	○ 만 6~65세 미만 1급 장애인	○ 만 6~65세 미만 1급 장애인
장애등급 심사	○ 신규 신청자는 모두 심사	○ 신규 신청자 심사 - 다만 와상상태 등 심사 제외
대상자 선정	○ (방문조사) 보건소 방문간호사 ○ (선정) 특별자치도·시·군·구	○ (방문조사) 국민연금공단 직원 ○ (심의) 특별자치도·시·군·구 수급 자격 심의위원회 - 직장·학교 생활 등 복지욕구 고려 추가 선정 가능 ○ (선정) 특별자치도·시·군·구
긴급 활동지원	○ 없음	○ 수급자 선정 전에 돌볼 가족이 없는 경우 등 긴급한 경우에 수급자 선정 전 신속하게 활동지원급여 제공
급여 내용	○ 활동보조(신체활동, 가사활동, 이동보조 등)	○ 활동보조, 방문목욕, 방문간호
급여량	○ 활동지원등급에 따라 지원 - 1등급 80만 원(100시간) - 2등급 64만 원(80시간) - 3등급 48만 원(60시간) - 4등급 32만 원(40시간) ○ 독거특례: 64만 원, 16만 원	○ 기본급여(활동지원등급별 지원) - 1등급 86만 원(103시간) - 2등급 69만 원(83시간) - 3등급 52만 원(63시간) - 4등급 35만 원(42시간) ○ 추가 급여 - 독거: 최중증 664천 원(80시간) 　　　　 중증 166천 원(20시간) - 출산 664천 원(80시간) - 자립준비 166천 원(20시간) - 취약가구, 학교·직장 생활 83천 원(10시간)
본인 부담금	○ 기초: 무료 ○ 차상위: 2만 원 ○ 차상위 초과: 소득수준에 따라 4~8만 원	○ 기초: 무료 ○ 차상위: 2만 원 ○ 차상위 초과: (소득수준에 따라) - 기본급여액의 6~15%(6/9/12/15%) 　* 상한: 국민연금 A값의 5%(11년 91,200원) - 추가급여액의 2~5%(2/3/4/5%)
제공 인력	○ 활동보조인(교육 수료자) ○ 활동보조인 교육기관: 시도 지정	○ 활동보조인(교육 수료자), 요양보호사, 방문간호사 등 ○ 활동보조인 교육기관: 시도 지정

자료: 보건복지부(2011).

담금을 수급자와 차상위계층, 그리고 그 외 대상으로 나누어 차등 부과했으며, 제공시간도 특례대상자를 두어 최고 월 180시간을 제공했다. 2010년에는 본인부담금 지급방식이 2009년도보다 세분화하고 차상위계층에 대한 소득심사기준은 전국 가구 평균소

득을 기준으로 하고 부담액도 최저 4만 원에서 최고 8만 원으로 인상했다. 제공시간도 2009년과 비교하여 특례대상을 제외한 1등급에서 4등급 대상자들에게 10시간을 늘려 제공하고 있다. 제공되는 서비스는 신변처리지원(목욕, 대소변, 식사보조 등), 가사지원(쇼핑, 청소, 양육보조 등), 일상생활지원(금전관리, 일정관리 등), 커뮤니케이션 보조(낭독보조, 대필보조 등), 이동보조(안내도우미, 학교 등·하교 지원, 직장 출·퇴근 지원, 야외·문화 활동지원 등)로 구성되어 있다. 기존의 장애인활동보조지원사업과 장애인활동지원제도를 비교하면 <표 20>과 같다.

나. 발달재활서비스(장애아동 재활치료사업): 발달재활서비스는 장애아동을 양육하고 있는 가족의 높은 재활치료비용으로 인한 경제적 부담을 경감시키고 성장기 장애아동의 정신적·감각적 기능향상과 행동발달을 위한 적절한 재활치료서비스 지원과 정보제공을 목적으로 2008년도 '장애아동 재활치료사업'이라는 명칭으로 94개 시·군·구에서 간헐적으로 시행되던 것을 2009년 2월 1일 보건복지부가 전국사업으로 확대하면서 본격화되었다. 이후 이 사업은 2011년 12월에 제정된 「장애아동복지지원법」의 시행으로 인해 발달재활서비스로 명칭이 바뀌었다.

대상은 만 18세 미만의 장애아동으로 재가장애아동과 시설입소아동이 모두 해당되며, 장애유형은 뇌병변, 지적, 자폐성, 청각, 언어, 시각장애의 6개 유형으로 한정하고 있다. 제공되는 서비스로 언어·청능치료, 미술·음악치료, 행동·놀이·심리운동치료 등 재활치료서비스와 장애 조기 발견, 중재를 위한 부모상담서비스가 있다.

이 사업이 전국적으로 실시될 당시인 2009년도 대상자 선정 소득기준은 전국 가구 평균소득 70% 이하로 규정했다. 그러나 2012년에는 차상위 초과 전국 가구 평균소득

〈표 21〉 바우처지원액 및 본인부담금

소득수준	총 구매력		바우처 지원액		본인부담금
기초생활수급자(다형)			월 22만 원		면제
차상위 계층(가형)	월 22만 원	=	월 20만 원	+	2만 원
차상위 계층 초과~전국 가구 평균소득 50% 이하(나형)			월 18만 원		4만 원
전국 가구 평균소득 50% 초과 ~100% 이하(라형)			월 16만 원		6만 원

자료: 보건복지부(2012d).

〈표 22〉 2012년 장애아가족 양육지원사업 주요 내용

구분		주요 내용
돌봄 서비스	대상	○ 만 18세 미만 자폐성·지적·뇌병변 장애아 등 모든 중증 장애아와 생계·주거를 같이하는 가정 ○ 소득기준: 전국 가구 평균소득 100% 이하
	지원 시간	○ 1가정당 연 320시간 범위 내(특별한 경우 연장 가능) ＊특별한 경우: 한부모가정, 조손가정, 장애부모가정, 다자녀(자녀3인 이상)가정, 출산모가정, 맞벌이가정, 양육자 질병 및 사고로 인한 입원 가정 등
	서비스 내용	○ 양육자의 질병, 사회활동 등 일시적 돌봄서비스 필요 시 장애아동 보호 및 휴식지원 ○ 아동의 가정 또는 돌보미 가정에서 돌봄서비스 제공
휴식 지원 프로 그램	대상	○ 만 18세 미만 모든 장애아 가족으로 돌봄서비스 비해당가정 참여가능(단, 돌봄서비스 받는 가정은 우선 지원)(가급적 돌봄서비스 대상가정 50% 이상에 휴식지원프로그램 제공)
	서비스 내용	○ 장애아가족 문화·체육프로그램, 가족 캠프 등 ○ 장애아가족 상담, 생활지도, 자조모임, 가족치료상담, 가족교육프로그램(부모교육, 비형제자매교육, 가족관계개선 등), 휴식박람회 등

자료: 보건복지부(2012d).

100% 이하로 소득기준을 확대했고 소득에 따라 본인부담금과 바우처지원액을 차등적용하고 있다. 2012년 대상자 기준을 살펴보면 <표 21>과 같이 기초생활수급자(다형)는 전액 바우처로 지급하고 본인부담금은 면제이다. 반면에 차상위계층(가형), 전국가구 평균소득 50% 이하(나형), 전국가구 평균소득 100% 이하(라형) 등 소득수준이 올라갈수록 최저 2만 원에서 최고 6만 원을 본인이 부담하도록 하고 있다.

　다. 장애아가족 양육지원사업: 장애아가족 아동양육지원사업은 상시적인 돌봄이 요구되는 장애아가정의 돌봄 부담 경감을 통한 가족안정성 강화와 지역사회 내 자원봉사자 등을 돌보미로 활용함으로써 이웃과 함께하는 가족 돌봄 문화정착과 장애아동에 대한 사회적 인식전환을 목적으로 개발되었다. 시행 초기인 2007년에는 여성가족부에서 담당했으며, 정부조직개편과 함께 2008년부터 보건복지부에서 담당하고 있다. 이 사업은 「건강가정기본법」 제25조(가족부양의 지원) 제2항인 "국가 및 지방자치단체는 질환이나 장애로 가족 내 수발을 요하는 가족구성원이 있는 가정을 적극 지원하며, 보호시설을 이용할 수 있도록 전문보호시설을 확대하여야 한다"는 규정에 근거를 두고 있다.

제공 서비스는 <표 22>와 같이 '돌봄서비스'와 '휴식지원프로그램' 두 가지 유형이다. 돌봄서비스를 희망할 경우에는 정부에서 제시한 소득기준을 충족해야 한다. 2009년까지 소득기준은 도시근로자 월평균소득 100% 이내를 기준으로 삼고 판별근거는 국민건강보험납부액을 기준으로 했다. 그러나 2010년에는 소득기준을 전국 가구 평균소득 100% 이하로 하고, 대상가정 선정 시 주요 고려항목인 아동의 장애유형과 관련하여 이 사업의 대상에 적합한지 여부를 판단하기 위한 새로운 기준으로 「장애인고용촉진 및 직업재활법」에 근거한 중증 장애아동을 판단기준의 기타요건으로 2010년 사업부터 추가함으로써 장애유형에 따른 대상가정 선정과정에서의 혼란을 막고자 했다. 돌봄 시간은 1가정당 연간 320시간 이내로 제공된다.

휴식지원프로그램은 돌봄서비스의 선정기준과는 별개로 만 18세 미만의 장애아동을 둔 가정은 누구나 신청할 수 있다. 2010년 현재 전국 17개 시·도의 16개 기관5)에서 이 사업을 수행하고 있다.

5. 전망과 과제

향후 한국 장애인 복지환경은 두 가지 측면에서 변화를 예측할 수 있다. 첫 번째는 장애인 인구와 관련되어 그 수는 지속적으로 증가할 것이라는 데 있다. 특히 한국은 세계에서 유례를 찾아볼 수 없을 정도로 빠른 속도로 고령사회로 진입해가는 중에 있다. 고령사회로 진입은 후천적인 노인장애인 인구의 증가를 함께 불러올 것이다. 이와 더불어 2000년도 장애유형의 확대로 장애인 인구가 급증했듯이, 장애인의 개념을 사회적 모델에 입각하여 새롭게 규정해야 한다는 학계와 장애인단체들의 요구를 받아들일 경우 여러 신규 장애유형이 등장할 것은 자명은 사실이며, 이와 동시에 신규 영역에 해당되는 장애인도 증가할 것이다. 그 결과 장애인 인구 비율도 현재 5% 수준에서 세

---

5) 건강가정지원센터 5개소(포항, 여수, 천안, 익산, 울산), 장애인복지관 3개소(부산장애인종합복지관, 광주엠마우스복지관, 강원도장애인종합복지관), 장애인단체 8개소(서울특별시 정신지체애호협회, 대구광역시 장애인부모회, 인천장애인부모회, 대전장애인부모회, 경기도장애인부모회, 한국장애인부모회 충북지회, 경상남도장애인부모회, 제주장애인부모회)에서 이 사업을 위탁받아 수행하고 있다.

계보건기구(WHO)에서 추정하는 전체인구 대비 10% 이상이라는 기준에 머지않아 근접하게 될 것이다. 두 번째는 장애인 인권의식과 권리추구 방식의 변화이다. 한국은 2007년「국제장애인권리협약」의 비준과「장애인 차별금지 및 권리구제 등에 관한 법률」을 제정했고 2011년도에는 장애인 부모들의 숙원 중 하나인「장애아동복지지원법」을 제정했다. 이 법들은 장애인과 그 부모와 가족들, 즉 당사자들이 자신들의 권리를 찾고자 정부와의 지속적인 대립과 투쟁과정 속에서 얻어낸 결과물이다. 2007년도에 비준한 국제장애인권리협약과 관련하여, 최근에는 정부의 적극적인 실천을 담보하기 위한「장애인권리협약」의 선택의정서 비준에 대한 요구가 장애인 단체들을 중심으로 한 시민단체에서 활발하게 전개되고 있다. 그와 동시에 장애인 당사자주의 운동에 입각한 정치에 장애인 대표들이 직접 정치에 참여하여 자신들의 정책의견을 관철시키는 빈도도 점차 높아지고 있다. 이와 같은 상황들로 판단하건대, 향후 권리증진의 주체로써 장애인들의 활동은 지금보다 훨씬 활기를 띄게 될 것이다.

이에, 한국 장애인복지서비스는 증가하는 장애인인구에 대비함은 물론 장애인 권리를 강화하고 이들의 사회참여를 증진시킬 수 있는 방향으로 제도적 변화를 이끌어나가야 할 것이다. 변화하는 장애인복지환경에 대비한 한국 장애인복지서비스의 제도적 실천과제를 몇 가지 제언하면 다음과 같다.

첫째, 장애인의 의료보장과 관련해, 향후 지속적으로 증가하는 장애인 인구에 대비하고 장기적인 돌봄이 필요한 장애인들을 위한 별도의 장애인 장기요양서비스가 도입되어야 할 것이다. 정부에서는 2011년 장애인 활동보조지원사업과 장기요양서비스를 통합한「장애인활동지원법」을 제정했다. 하지만 이 법안은 기존의 장애인활동보조지원사업에 일부요양서비스를 접목시킨 임시적 대책에 불과하다. 이로 인해 장애인활동지원제도는 종전 장애인 활동보조지원사업에서 추구하는 사회참여와 요양서비스의 목적인 요양부담 등 서비스 특성에 부합하는 목적을 달성하는 데 많은 한계를 드러내고 있다. 이에, 두 개의 사업을 분리하여 각 사업별 본연의 목적을 달성할 수 있는 제도적 보완이 필요하다.

둘째, 장애인의 소득보장은 저소득장애인에게 국한된 선별주의적인 소득보장정책에서 사회수당으로써 보편적 소득보장으로 정책적 변화를 꾀해야 할 것이다. 특히 2010년 7월 1일부터 실시되고 있는 중증장애인 대상의 장애연금제도는 급여수준에서 기존 장애수당급여액과 별반 차이가 없는 반면에, 신청절차가 복잡하고 까다로워 장애인들의 비판을 받고 있다. 이에, 장애연금 지급액을 현실화하고 해당 장애인들이 쉽게 접근

가능한 방향으로 제도가 개선되어야 한다. 그 외에도 「장애인복지법」에 명시되어 있지만 그동안 지급된 적이 없는 장애아동보호수당을 실시하고, 장애인의 개별적 특성을 고려하지 않고 일괄적으로 동일하게 지급하고 있는 장애수당의 지급방식을 장애인의 신체적 기능과 보호필요 정도, 그리고 장애유형에 따른 추가비용 정도 등 개별적 특성을 고려한 개별 차등급여방식으로 전환 등도 함께 모색되어야 할 것이다.

셋째, 장애인 고용보장과 중증장애인의 고용확대를 위해서 장애인의 의무고용사업장과 의무 고용률을 확대함은 물론 장애인의 개별적 욕구와 사업체에서 필요로 하는 기술을 습득할 수 있는 교육기회의 확대 그리고 근로지원인 파견을 통한 중증장애인의 고용유지를 안정화할 수 있는 대책이 필요하다. 교육보장을 위해서는 장애인의 낮은 교육수준을 제고하기 위한 저소득층 장애인과 그 가족에 대한 교육비지원 확대와 장애아동 보육서비스를 강화하고 통합교육을 지향할 수 있는 인프라 확충도 선행되어야 한다.

마지막으로 장애인의 권리 증진과 자립생활 촉진을 위한 정책과 장애인의 생애주기에 입각한 수요자 중심의 복지를 강화하고 개별 장애인뿐만 아니라 그 가족을 위한 가족지원정책도 함께 모색되어야 한다.

참고문헌

교육과학기술부·행정안전부·문화체육관광부·보건복지가족부 등. 2008. 「장애인정책발전 5개년 계획」.

국가인권위원회. 2007. 「장애인권리협약 해설집」.

권선진. 2009. 『장애인복지론』. 청목출판사.

김성천·권오형·최복천·심석순·신현욱. 2009. 「가족중심의 장애아동 통합지원 체계구축연구」. 한국장애인개발원.

김성희·변용찬·손창균·이연희·이민경·이송희·강동욱·권선진·오혜경·윤상용·이선우. 2011. 『2011년 장애인실태조사』. 한국보건사회연구원.

김용득. 2004. 「한국 장애인복지 변천과 대안 담론 모색」. ≪한국장애인복지학≫, vol.1,

146~178쪽.

남찬섭. 2009. 「중대한 전환국면에 서 있는 한국의 장애인정책」. ≪복지동향≫, 4~11쪽.

변용찬·김성희·김영미·심석순·윤상용·이병화·최미영. 2007. 「저소득 장애인 선정기준연구」. 한국장애인복지진흥회·한국보건사회연구원.

보건복지가족부. 2009. 『2009 보건복지가족통계연보』. 보건복지가족부.

보건복지부. 2010a. 『2010년 장애인복지사업안내』.

_____. 2010b. 『2010 장애인 활동보조지원사업안내』.

_____. 2011. 『2011년 장애인활동지원 사업안내』.

_____. 2012a. 『2012년 장애인복지사업안내 제1권, 제2권』.

_____. 2012b. 『2012년도 장애인연금사업안내: 장애수당 및 장애아동수당 포함』.

_____. 2012c. 『2012년 장애인일자리사업안내』.

_____. 2012d. 『2012년 장애아동 가족지원사업 안내』.

손광훈. 2007. 『장애인복지론』. 학현사.

윤상용·이민경. 2010. 「지난 30년간(1981~2010년) 보건복지부 소관 장애인복지예산 분석: 규모의 적절성과 패러다임 변화에 대한 논의를 중심으로」. ≪재활복지≫, 14(2), 115~140쪽.

이채식·이은영·이형열·김재익·전영록. 2009. 『장애인복지론』. 창지사.

임종호·이영미·이은미. 2010. 『장애인복지론』. 학지사.

정무성·양희택·노승현. 2009. 『장애인복지론』. 학현사.

조흥식. 2006. 『한국장애인복지 50년사』. 한국장애인 재활협회.

통계청. 2011. 『한국통계연감』.

한국보건사회연구원. 2011. 「2011년 장애인실태조사」.

한국장애인개발원. 2008. 『2008 장애인백서』.

한국장애인재활협회. 2006. 『한국장애인복지 50년사』. 한국장애인재활협회.

Racino, J. A. 1999. *Policy, program evaluation, and research in disability: Community support for all*. NY: the Haworth Press. p.12.

인터넷 자료

법제처. http://www.law.go.kr.

보건복지부. http://www.mw.go.kr.

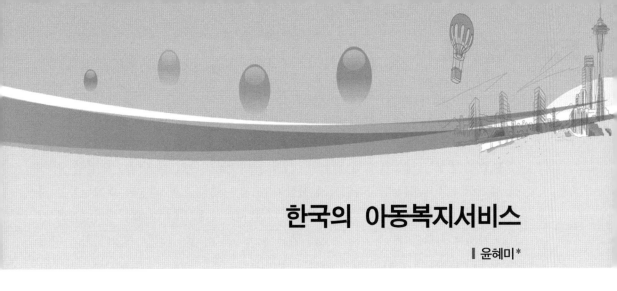

한국의 아동복지서비스

❚ 윤혜미*

1. 아동복지의 개념

1) 아동복지 개념과 목적

아동복지는 아동이 독립적으로 생활할 수 있을 때까지 적절하게 보호·양육하고 교육하여 바람직한 사회인으로 기능할 수 있도록 하는 정부와 민간의 노력과 활동을 말한다. 「아동복지법」에 근거한 '0세~18세'라는 연령규정은 18세까지는 한 개인이 독립적인 생활을 할 수 있는 기본능력을 갖추었다고 보기에는 미흡하다는 사회적 합의를 보여주는 것이며, 이 동안의 보호와 양육의 일차적 책임은 부모와 가족에 있다는 것이 일반적 의견이다. 그러나 현대사회에서 나타나는 결혼의 불안정성, 이에 따른 다양한 가족유형의 등장, 맞벌이 가족의 증가, 빈부격차의 심화 등으로 인해 아동의 양육환경은 점차 악화되고 있는 반면, 산업화와 정보화의 진전은 아동의 심리적·사회적·경제적 독립에 더 오랜 준비기간과 더 많은 투자를 요구하고 있다. 이러한 경향은 아동의 신체적·심리적·사회적 발달과 능력개발이 가족의 사회경제적 현실에 따라 크게 좌우되는 결과를 가져와 아동의 삶의 질에 격차를 낳게 한다. 또, 날로 증가하는 아동양육 부

---

* 충북대학교 아동복지학과 교수.

담과 자녀의 미래의 삶에 대한 불확실성 증가는 젊은 부부로 하여금 출산을 망설이게
하는 결과를 가져와 유례없는 저출산현상(2009년 1.09명)을 초래하기도 했다.

이 같은 현상은 아동에 대한 인식의 전환을 불러와, 아동이 한 가족의 혈연적 '자녀'
를 넘어서서 지역사회와 국가의 공동자산이며 그 사회의 미래 비전과 직결된다는 자
각을 이끌어내게 되었고 이는 아동복지에 대한 사회적 관심의 증가와 패러다임의 전
환을 가져오게 되었다. 즉, 아동보호와 양육은 가족뿐 아니라 지역사회와 국가가 공유
하는 집단적 책임이라는 인식이 확산된 것이다.

아동복지에 대한 학자들의 다양한 정의들은 가족의 기능을 보충하는 잔여적 개념에
서부터 사회체계 및 독립된 사회제도로서의 개념까지 포함하고 있다. 길(Gil, 1995)은
가족이 정상적인 아동보호와 사회화 기능을 수행할 수 없을 때 국가와 사회제도가 후
원하고 승인하며 직접 실천하는 구체적이고 명백한 정책과 서비스의 총체라고 아동복
지를 정의했다. 다운스 등(Downs et al., 2003)은 아동복지의 기능을 첫째, 심각한 아동문
제가 발견되는 아동과 가정에 대한 직접적 서비스 제공, 둘째는 모든 아동의 생활을
개선하기 위해 사회복지정책에 대해 영향을 미치는 것으로 보고 있다. 이러한 정의는
아동복지란 부모가 부모역할 수행에 어려움을 겪고 있는 상황에서 부모를 지지·보완·
대리하거나 이와 관련된 사회제도를 수정하거나 새로운 제도를 조직함으로써 아동과
가족의 상황을 향상시키는 것이라고 한 카두신(Kadushin, 2002)의 정의와 일관된다. 시간
이 흐르고 사회가 발전함에 따라 아동복지의 대상과 기능이 점차 확대되고 있는데, 최
근에는 아동의 삶의 질 향상이 개인의 복지적 상태에 머무르지 않고 사회 전체의 잠재
적 성장 동력이 된다는 사고가 확산되면서 사후적 문제해결보다 예방정책으로, 그리고
서비스 제공자 중심에서 소비자 중심의 맞춤형 서비스 개발로 관심이 옮겨가고 있다.

2) 아동복지의 법률적 기반

한국의 아동복지정책과 서비스는 통합법으로서의 「아동복지법」에 기반을 두고 있
다. 1961년 제정된 「아동복리법」이 1981년 대대적인 개정작업을 거쳐 「아동복지법」으
로 재탄생하면서 아동복지를 조망하는 국가의 시각도 응급구호적·선별적인 것에서 보
편적인 것으로 바뀌었다. 「아동복지법」은 18세 미만을 아동복지의 대상으로 규정하고
있는데, 이 연령대는 1990년대 도입되기 시작한 청소년복지 관련법이 지정하고 있는
대상 연령대와 상당부분 중복된다. 「아동복지법」이 종합법적 체계를 가지고 있는 데

비해 청소년복지 관련법은 기본법, 보호법, 지원법의 세 가지 형태를 가지고 있으면서 각기 대상 연령대의 차이를 보여준다. 1987년 제정된 「청소년육성법」의 수정인 「청소년기본법」(1991 제정)과 「청소년복지지원법」(2004년 제정)은 9세~24세를 대상으로 지정하고 있고, 「청소년보호법」(1997 제정)과 「청소년의 성보호에 관한 법률」(2000년 제정)은 19세 미만을 대상으로 한다고 규정하고 있어 0~18세를 대상으로 하는 아동복지법과 대상이 중복되는 것이다. 그 결과 통념상 그동안 「아동복지법」에 근거한 아동정책은 보호대상아동에 대한 보호와 지원 위주이고 청소년 관련 법률에 근거한 청소년정책은 청소년 전반을 대상으로 한 육성활동 위주인 것으로 이해되어왔으나 '육성'과 '복지'가 대상에 따라 구분될 수 있는 것인지는 논란의 대상이다.

아동복지와 관련된 기타 법률로는 「영유아보육법」, 「입양촉진 및 절차에 관한 특례법」과 「실종아동 등의 보호 및 지원에 관한 법률」이 있다. 「영유아보육법」은 여성의 경제활동 증가와 가족구조의 핵가족화 가속화 등으로 보육수요가 급격히 증가함에 따라 1970년대 산발적으로 실시되어온 '탁아사업'과 1980년대 '새마을 유아원'의 기능을 통합하여 1991년 제정되면서 '탁아'라는 용어를 보호와 교육이라는 의미의 '보육'으로 대체했다. 이후 2011년 12월까지 총 15차례의 법률개정과 시설확충을 통해 사업의 규모가 확대되어왔으며 2004년 개정안을 통해 보육의 보편성, 아동의 보육받을 권리 및 보육에 대한 국가와 사회의 책임이 명문화되었다. 보육정책조정위원회와 육아정책개발원의 설치를 통해 보육은 출산장려라는 인구정책적 성격과 아동복지 및 여성노동력의 확보라는 다중적 특성으로 예산 규모가 가장 큰 아동복지사업이며 2013년부터는 보육시설을 이용하는 모든 아동의 보육비용이 지급되고 가정에서 보육하는 아동에게는 양육수당이 지급되는 등 보편성과 공공성이 확대되었다.

입양에 관한 법률은 1950년대 한국전쟁으로 인한 국외입양이 「아동복리법」에 따라 시작된 이래 1980년대에 와서야 「입양촉진 및 절차에 관한 특례법」으로 특별법의 형태로 체계를 갖추게 되었다. 이 법은 아동의 국내입양을 촉진하는 데 초점을 두었으며 2008년 개정을 통해 독신가정도 입양이 가능하도록 했으며 아동과 입양부모의 연령차도 60세 이하로 하는 등 양친될 자의 자격을 크게 완화했고 2009년 중앙입양정보원을 설치하여 입양아동에 관한 정보를 체계적으로 관리하도록 했다.

「실종아동 등의 보호와 지원에 관한 법률」은 기·미아에 대한 체계적 보호와 가족지원을 위한 것으로 2008년 제정되었으며 국가가 실종아동 등의 발생예방, 조속한 발견·복귀와 복귀 후 사회생활의 적응을 지원할 책임이 있음을 규정하고 있다. 구체적으로는 실종아동 등을 위한 정책 수립 및 시행, 실종아동 등과 관련된 실태조사 및 연구, 실종아동 등의 발생예방을 위한 연구·교육 및 홍보, 데이터베이스의 구축·운영, 실종아동 등의 가족지원과 실종아동 등의 복귀 후 적응을 위한 상담 및 치료서비스 제공이 그 내용으로, 유전자 정보 분석 등 과학기술의 도입 및 경찰과 협동체계를 구축하게 함으로써 실종아동의 가정 복귀에 도움이 되도록 했다.

국내법은 아니지만 국내법과 같은 효력을 가지고 있으면서 아동복지의 주요한 기준이 되고 있는 법이 있는데 이는 1989년 UN에서 제정한 「아동권리에 관한 국제협약」이다. 한국은 1990년 이 협약을 비준하여 1991년 12월 20일부터 협약당사국이 되었다. 3장 54개조로 구성된 「아동권리에 관한 국제협약」은 아동의 복지와 보호의 권리, 발달의 권리, 참여권리, 그리고 차별받지 않을 권리(Brandon, Schofield, and Trinder, 1998)의 네 가지 권리를 협약당사국들이 자국의 아동복지정책과 서비스의 기준으로 채택하도록 하고, 매 4년마다 국가와 민간보고서를 제출하게 하고 있다.

아동복지와 관련된 법률체계는 「아동복지법」을 기본으로 하면서 「영유아보육법」과 입양과 실종아동찾아주기를 위한 개별 법률로 이루어져 있음을 살펴보았다. 그런데 아동정책의 방향이 선별주의에서 보편주의로, 사후적 접근에서 예방적 접근으로 옮아가면서, 또 앞서 기술한 「아동권리에 관한 국제협약」의 기준에 미치지 못하는 아동복지 영역들이 지적되면서 현재의 「아동복지법」이 가지고 있는 여러 가지 한계가 표출된바, 2011년 8월 「아동복지법」이 개정되어 2012년 8월부터 시행되었다. 개정법은 위탁가정의 기준을 마련하고 아동종합실태조사의 법적 근거를 제공하며, 아동학대 신고의무자에 대한 교육내용 등을 규정하고 자립지원계획의 수립·시행에 관한 사항과 자산형성지원사업의 대상선정 및 관리에 관한 사항을 규정하고 있다.

2. 아동복지의 발달

현대 국가 출범 이후 한국 아동복지의 발달을 살펴보는 것은 급변하는 21세기 아동 양육환경에서 아동복지의 미래를 조망할 수 있다는 점에서 의의가 있는 작업이다. <그림 1>은 한국사회 아동복지 발달과정을 특징에 따라 나타낸 것이다.

첫째, 사회구호단계는 전쟁 직후부터 1950년대 말까지로 고아, 미아, 기아에 대한 응급구호적 성격의 업무가 주를 이루던 시기로서, 국가의 역할은 실종되고 민간과 해외

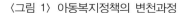

〈그림 1〉 아동복지정책의 변천과정

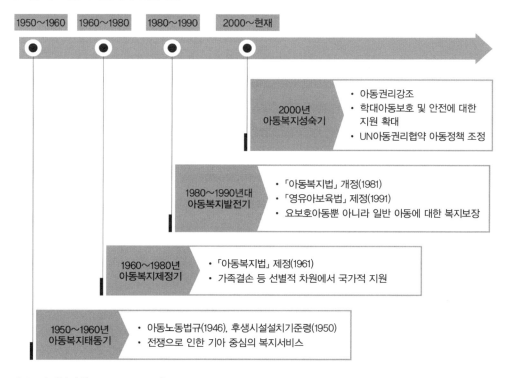

자료: 보건복지부(2012, 2011a: 168).

원조에 의한 아동양육시설 위주이며 빈곤아동구호 중심의 단계였다고 할 수 있다. 둘째, 1960년부터 1970년대 말까지는 현재 「아동복지법」의 모태가 되는 「아동복리법」의 1961년 제정을 필두로 「모자보건법」, 「입양특례법」 등 아동복지 관련법이 차례로 제정·공포되어 보호대상아동에 대한 국가책임 원칙이 법제화되었다. 그러나 여전히 선별주의 원칙에 입각한 잔여적 형태의 아동복지에 머물렀다. 셋째, 1980년부터 1990년 말까지는 1981년의 「아동복지법」 개정을 필두로 하여 1991년의 영유아보육사업 등 아동복지의 기조를 선별주의에서 보편주의로 그 지향점을 전환하게 된다. 넷째, 2000년대로 들어서면 보편주의적 기조가 보다 명확해지면서 보호대상아동에 대한 서비스와 함께 아동의 권리, 아동안전 등을 강화하게 되면서 아동복지를 미래 성장동력에 대한 사회투자로 인식을 전환하는 정책들이 등장하고 있다. 아동용품에 대한 안전기준 도입이라든지, 드림스타트, 교육복지우선투자지역사업, 지역아동센터를 비롯한 방과 후 보호체계의 도입, 아동발달지원바우처와 디딤씨앗통장제도 등은 이러한 인식전환의 산물이라고 할 수 있다.

3. 대상자 현황과 문제

1) 대상자 현황

「아동복지법」이 명시한 아동복지의 대상은 0~18세 아동이다. 아동복지발달단계에서 살펴본 바와 같이 시기에 따라 아동복지대상자가 부모가 보호하지 못하거나 부모가 없는 보호대상아동에 한정된 적도 있었으나 1980년대 이후 아동복지의 대상은 전체아동을 지향하고 있으며, 1991년 아동권리협약 비준으로 한국에 살고 있는 난민이나 불법체류자 등의 아동도 '차별금지'의 원칙에 따라 아동복지의 수급권을 가지고 있다고 해석된다. 법이 규정한 아동복지대상자인 0~18세 인구는 인구의 49%로 거의 절반을 차지했던 1970년대 이후 감소추세를 보여주고 있는데 2012년에는 아동인구비율이 전체 인구의 20.6%에 그쳐 향후 심각한 노동력 부족을 예고하고 있다.

<표 1>이 18세의 법률상 아동복지대상을 보여준다면, <표 2>는 이 연령인구 중에서 국가와 지자체의 아동복지사업의 우선적 대상이 되는 전통적인 요보호아동 인구의 발생과 보호내용을 보여준다. 비록 법적으로 아동복지가 보편주의를 지향한다고는 하나 일부사업을 제외하고는 대부분의 아동복지사업은 아직도 부모가 없거나 역할을 기대하기 어려운 요보호아동과 빈곤아동, 장애아동 등 욕구의 심각성과 크기에 따라 우선적으로 복지수급권이 보장되는 선별성이 적용되고 있는 것도 사실인 것이다.

<표 2>를 보면 보호대상아동 발생 유형에서 과거의 주요 유형이었던 기아나 비행,

〈표 1〉 아동인구 및 구성비

(단위: 명, %)

연도	총인구	0~18세 미만	구성비
1970	32,241	15,811	49.0
1980	38,124	15,683	41.1
1990	42,869	13,568	31.7
2000	47,008	12,077	27.5
2012	48,875	10,276	20.6

자료: 보건복지부(2009c: 346) 재구성.

〈표 2〉 보호대상아동 발생유형과 보호내용

구분	계	발생유형					보호내용					
		기아	미혼모 아동	미아	비행 가출 부랑아	빈곤 실직 학대 등	시설보호			위탁 보호	입양	소년소 녀가장
							아동 시설	장애아	공동생 활가정			
2000	7,760	1,270	2,938	144	3,363	–	4,453	–	–	1,406	1,337	564
2005	9,420	429	2,638	63	1,413	4,877	4,818	48	1	2,322	1,873	407
2006	9,034	230	3,022	55	802	4,925	4,313	53	-	3,101	1,459	308
2008	9,284	202	2,349	151	706	5,876	4,258	39	667	2,838	1,304	178
2011	7,483	218	2,515	81	741	3,928	3,128	32	612	2,350	1,253	128

자료: 보건복지부(2012a).

가출, 부랑아의 비율은 급격히 줄어들었으나 빈곤, 실직, 학대 등의 유형이 신설된 후 이 유형이 꾸준히 증가하고 있음을 알 수 있다. 비단 이 유형뿐 아니라 기·미아나 미혼모 아동 등의 유형도 빈곤이 기저에 있다는 점을 가정하면 아동빈곤의 문제가 여전히 악화되고 있다고 추정할 수 있다. 2011년 대부분의 분류에서 보호대상아동 수가 감소한 것은 출산력 저하로 인한 아동인구의 감소와도 관계가 있을 것으로 보인다.

보호대상아동에 대한 보호내용은 시설보호보다는 가정위탁보호나 입양으로 변화하고 있음이 관찰된다. 물론 1995년에 비해 2000년 이후 시설보호유형이 늘어난 것은 적어도 2005~2006년의 경우에는 그 이전에 분류되지 않았던 빈곤, 실직, 학대로 인한 아동의 일시적 보호가 시설에서 이루어지고 있기 때문이라고 볼 수 있으며 소년소녀가장 수가 급격한 감소를 보이는 것은 이들이 가정위탁보호로 편입되고 있는 추세와 무관하지 않다. 2006년과 비교하여 2008년에 공동생활가정보호가 급격히 늘어난 것은 이 기간에 가정위탁보호가 감소한 것과 관계가 있다. 소년소녀가장세대가 대리양육이나 친인척양육 등 가정위탁으로 전환된 경우를 제외한 일반가정위탁의 수가 감소하고 일반가정위탁의 대상의 큰 부분을 차지했던 학대와 방임피해 아동, 장애아동이 공동생활가정보호로 보호체계가 변화한 것이다. 일반적인 저출산 경향과 피임법의 보급에도 불구하고 미혼모의 아동으로 공식적 보호체계에 편입되는 아동 수가 줄어들지 않는 것은 앞으로 더욱 심도 있는 분석과 대응책이 필요함을 말해준다. 미아의 수가 급속히 감소하는 것은 「실종아동 등의 보호와 지원에 관한 법률」의 통과에 따라 전산화 작업과 DNA 분석 등을 통해 발생 초기에 부모에게 돌아가는 확률이 높아진 것과 관련이 있다고 할 것이다. 실종아동전문기관에 따르면 2009년 발생한 9,240명의 실종아동 중

99.9%가 보호자에게 인계되었다(보건복지백서, 2009).

정리해보면 아동문제의 발생유형과 보호내용의 변화는 미세하게나마 감지되고 있으나 여전히 아동복지에서 빈곤은 가장 큰 과제이다. 정부는 가정해체 등에 따라 빈곤아동이 증가 추세에 있어 공식적 보호체계에 편입되지 않은 아동까지 포함하면 최저생계비 이하의 빈곤아동이 약 100만 명이 될 것으로 추정하고 있다. 이들 요보호아동에 대한 보호도 공동생활가정이나 가정위탁보호가 증가하고는 있으나 시설보호가 절대다수여서 양육시설을 가능한 한 가정에 가깝게 형태와 기능을 보완하여야 할 필요가 있다.

2) 아동복지문제

(1) 빈곤아동의 생존과 발달지원

한국의 아동복지에서 가장 첨예한 관심문제는 빈곤아동의 증가이다. 아동빈곤율은 국가 전체 중위소득 50% 이하인 아동가구 비율로 정의되는데 한국의 경우 이 집단이 14.57%로 추정되며 절대빈곤율은 약 7.8%에 달하는 것으로 보고되었다(보건복지부, 2009). 아동빈곤율의 증가는 1997년 외환위기의 여파로 아동빈곤이 증가한 이래 꾸준한 비율을 유지하고 있다. 경제는 1997년 수준을 회복하여 2012년 GNP 2만 달러를 바라보고 있으나 당시 해체된 가정 아동의 가정복귀는 미완의 상태에 있다. 기타 경제지표에 비해 고용지표는 더딘 회복을 보이고 있으며 이로 인한 부모의 빈곤은 오랜 기간 자녀와의 분리를 기정사실화한 것이다. 더욱이 사회 전체적으로도 외환위기 극복을 위해 도입한 신자유주의 경제는 소득의 양극화와 고용의 불안정을, 그리고 가족과 자녀에 대한 한국사회의 가치관 변화는 결혼의 불안정성을 가져와 근로빈곤가족, 한부모가족을 양산함으로써 아동빈곤율이 상승하는 데 일조했다고 평가되고 있다.

아동빈곤은 아동에게 신체적·인지적·정서적·사회적 측에서 부정적 발달산물을 가져오며(구인회 등, 2006; 임세희, 2007; 임세희·이봉주, 2009) 학습부진과 학교부적응(이중섭·이용교, 2009)뿐 아니라 비행으로도 이어질 수 있다고 여러 선행연구들이 밝히고 있다. 이는 생활고에 시달리는 부모들이 아동의 학습이나 교육에 시간과 노력을 투자하기 어려워, 의도하지 않은 생계형 방임이나 학대가 발생하기 쉽고, 빈곤아동이 거주하고 등교하는 주거지역의 환경이 열악하여 비행이나 범죄의 피해자나 비행에 가담하기 쉬운 조건이 되기 때문이다. 이처럼 아동기의 빈곤은 아동의 성장발달을 저해하여 학업부진으로 인한 학교부적응을 겪고 이로 인해 학교를 이탈(중퇴)하기 쉬우며, 나아가 낮은 임금의 비정규직 근로자로 고용불안을 안고 살아가며, 결과적으로 자녀의 양육과 교육이 다시금 부실해지는 빈곤의 대물림으로 이어지기 쉽다. 문제는 이러한 상황에 처한 아동의 수가 줄어들지 않고 있으며, 상황의 극복이 단시간 내에 이루어지리라고 기대하기 어렵기 때문에 더욱 적극적이고 예방적인 아동복지정책이 강력히 요구된다.

그동안 빈곤아동을 위한 복지적 개입은 국민기초생활보장제도를 통해 아동이 있는 빈곤가구에 대해 교육비와 의료비 등을 지원하고 양육시설이나 가정위탁보호, 공동생활가정, 입양 등의 서비스를 통해 가족의 보호가 불가능한 아동에게 사회적 보호를 제공하는 데 중점을 두어왔다. 문제는 이러한 지원이 소수의 극빈계층이나 부모가 없거나 가족기능이 상실된 아동에게만 제공되었으며 그 수준 역시 최저생활에 머물러 아동의 발달이나 잠재력 성장을 기대하기 어려웠고, 이러한 지원수준으로는 빈곤탈피를 기대하기 어렵다는 점이었다. 또한 아동빈곤이 고아나, 특정 경제사회계층 아동에게서만 발견되던 과거와 달리 고용의 유연화와 세계적인 경기 악화로 인한 저임금 및 증가하는 이혼 등, 누구에게나 닥칠 수 있는 새로운 사회적 위험(new social risk)이 상존하면서 일반가정의 아동이 빈곤에서 자유롭다고 말하기 어렵게 되었다.

이제 아동빈곤은 상존하는 잠재적 위협이 되고 있으므로 이에 대응하는 아동복지적 노력도 보다 보편적인 기반에서 생존과 발달 및 보호와 육성을 동시에 지원할 수 있는 종합적인 서비스로 구체화되어야 한다. 최근 정부가 시범사업과 함께 사업확대를 계획하고 있는 '드림스타트'나 사회복지공동모금회의 지원사업인 영유아통합지원사업 '시소와 그네', 그리고 아동발달계좌 등이 한 예가 될 것이다. 이 사업들의 특징은 통합적이라는 점, 조기개입이라는 점, 그리고 예방적이면서 대상을 보다 넓게 가져가고 있다는 점, 또한 접근차원에서 아동과 가족을 동시에 지원하며 장기적이고 개입의 욕구에 따른 차별화된 사례관리를 주요 접근방법으로 삼고 있다는 점 등이 기존의 아동복지 서비스와 차별화된다.

(2) 아동의 안전보장과 보호체계 강화

최근의 한국사회는 맞벌이 가정이 규범화되는 추세에 따라 아동의 양육환경이 더욱 불안정해지고 있다. 사회가 복잡해지고 지역사회의 감시기능이 약화되면서 아동이 아동약취, 아동에 대한 성폭력 등 범죄에 노출되는 경우가 늘고 있으며 범죄 피해자가 되지 않는다 하더라도 부모의 지도감독이 없는 상태에서 인터넷을 통한 게임중독, 음란물 중독, 유해사이트 접속에 인한 부정적 영향 등 책임 있는 성인이 없는 환경이 가져오는 문제에 대한 경각심이 높아지고 있다. 즉, 근로빈곤계층뿐 아니라 일반 맞벌이 핵가족에게도 영유아기 자녀와 학령기 자녀의 방과 후 보호는 심각한 문제로 대두되었다. 14세 미만 아동의 안전사고 사망자 수는 1998년 1,664건에서 2002년 1,269건, 2006년 645건, 2010년에는 387건으로 크게 줄어들기는 했으나(보건복지부, 2009b), 연령별로는 387명 중 4세 이하 영유아가 168명이나 되는 점, 영유아 사망원인으로 교통사고가 67명으로 40%나 되는 점 등은 아동양육에서 안전이 여전히 확보되지 못했음을 알 수 있다.

그뿐만 아니라 아동에 대한 학대와 방임도 지속적으로 그 사례 수가 늘고 있으며 만성화하는 경향을 보이는 것이 현실이다. 아동보호전문기관이 발족하여 서비스를 시작한지 만 10년이 지났으나 여전히 학대와 방임은 중요한 아동복지문제로 자리잡고 있다. 아동학대의 원인은 생태학적 시각에서 설명되고 있는데, 부모의 개인적 성격특질에 더하여 아동발달과 양육지식의 부족이나 실직, 질병, 가족 관계 갈등, 경제적 곤란에서 오는 스트레스 등 크고 작은 많은 요인들이 복합적으로 작용하여 발생한다. 또 가해자가 제3자가 아닌 부모라는 점 때문에 발견이 늦어져 아동의 피해가 누적되며 회복이 쉽지 않다. 더욱이 생계형 방임과 같은 경우에는 관련 기관의 가족지지와 아동에 대한 보호적 지원이 반영구적으로 요구되는 경우가 많아 재발률이 높다. 문제는 아동학대와 방임을 예방하기 위해서는 다양한 지역사회 자원을 이용한 지속가능한 아동의 보호체계가 필요하다는 것이고, 학대와 방임 피해아동의 치료에도 지속적인 지역사회의 보호체계 가동이 요구된다는 것이다.

(3) 아동복지의 아동육성측면 강화

한국아동복지가 직면하고 있는 또 다른 문제는 아동복지 패러다임 변화에 따른 실천현장의 적응이다. 위에서 살펴본 것처럼 요보호아동 구호 중심의 잔여적 아동복지가 보편적·예방적 아동복지로 옮아가면서 공급자 중심이 아닌 수요자 중심의 맞춤형 서비스에 대한 필요성이 제기되었다. 또한 사회투자적 아동복지는 어느 한 단계의 문제 해결 중심이라기보다 대상아동의 잠재력 실현을 위한 역량강화가 중심이 되어야 하며 이는 서비스가 생애지속형으로 연계 조정되어야 함을 시사한다. 즉, 예방적이며 통합적인 조기개입서비스를 필두로 아동의 생애 전반에 대한 지속적이고 균형된 서비스 설계와 전문적 서비스 제공이 강조되게 되었고, 이는 현재 아동복지서비스에서 결여된

'육성' 측면의 강화를 말한다.

아동복지는 여느 대상과 달리 정책대상인 아동이 끊임없는 변화와 발달과정에 있는 존재여서 욕구의 내용과 수준도 발달단계에 따라 변화하며 이 시기의 지원 여부가 아동의 전생애에 미치는 영향이 다른 어떤 인구대상보다도 결정적이라는 측면에서 서비스 전달체계의 안정성과 전문성이 중요하다. 발달단계별 맞춤형 서비스는 필연적으로 사례관리와 전문성이라는 실천적 이슈와 연결된다. 복합적 문제를 지닌 아동이 처한 생물학적·신체적·심리적·사회적 취약성은 아동복지관이나 학교 등 어느 한 영역에서 해결되기 어렵고, 어느 한 단계에서 해결되는 것도 아니어서 장·단기적 계획에 근거하여 필요한 서비스를 구체화하고 이를 제공할 수 있는 자원을 연계하여 아동의 발달단계에 적합한 서비스 제공 계획을 세워야 하는 것이다. 아동복지의 전문성 논의는 새로운 것이 아니지만 2009년 아동·청소년영역 통합 논의에서 특히 쟁점화되었다. 청소년영역에서는 청소년지도사·청소년상담사 제도가 확립되어 구체적 전문영역을 주장하는데 반해 사회복지사가 유일한 자격요건인 아동영역에서는 노인이나 장애인, 또는 여성 등 다른 인구집단과 다른 어떤 전문성을 가지고 있는지에 대한 공방이 있었던 만큼 사회복지사들이 아동복지분야에서 가지고 있는 전문성을 재확인하고 이를 인증받기 위한 제도적, 실천적 노력이 필요하다.

3. 아동복지제도와 서비스 현황

1) 생존과 발달 지원서비스

(1) 결식아동 급식

급식은 빈곤뿐 아니라 가족기능의 결손으로 결식 우려가 있는 아동에게 시행되고 있다. 2003년까지는 교육인적자원부를 통해 빈곤아동에게 학교에서 점심을 급식하는 정도였으나 저녁과 아침식사를 거르는 아동도 많을 뿐만 아니라 학령 전 아동의 결식이 심각하다는 실태보고에 따라 방학기간과 개학 중의 아침과 저녁식사 및 학령 전 아동의 급식을 보건복지부가 지방자치단체를 통해 제공하고 있다. 급식은 사회복지관, 민간이나 종교단체 급식소의 프로그램과 병행하거나 일반음식점 이용, 도시락, 주부식 배달 등의 형태로 제공되고 있으며 2005년 급식사업이 지방정부로 이양되었다. 2011

〈표 3〉 사업주체 및 지원방법별 급식지원내역

지원구분		사업주체	지원방법	재원부담
취학 아동	학기 중 중식	교육과학기술부	학교급식비감면	시도교육비 특별회계
	학기 중 토·공휴일 중식	보건복지부 (지자체)	단체급식소, 일반음식점, 도시락, 주부식식품권	지방비, 분권교부세
	방학 중 중식			
	연중 조·석식			
미취학아동 조·중·석식				

자료: 보건복지부(2009c: 358).

년 현재 총 47만 1,961명의 아동이 급식을 지원받고 있다(<표 3>).

급식서비스의 관건은 이유를 불문하고 성장기의 아동이 세끼 식사를 하지 못하는 일이 없도록, 균형된 영양식을 제공한다는 의미에서 생존권 보장의 가장 기본적인 한 형태라고 할 수 있을 것이다. 교육과학기술부와 보건복지부로 이원화된 사업주체, 지방재정의 열악성 및 이로 인한 전달체계의 문제점은 급식서비스의 상징적 의미를 퇴색시키기에 충분하므로 서비스 효과를 높이기 위한 노력이 요구된다.

(2) 아동시설보호

2011년 현재 아동복지시설 현황은 <표 4>와 같다.

가. 양육시설보호

양육시설은 부모의 보호를 이탈한, 또는 부모가 일시적으로 양육권을 유보한 아동에 대한 사회적 보호의 형태 중 가장 강도가 높은 접근이지만 한국에서는 가정위탁보호나 공동가정 등 가정형 보호에 비해 여전히 가장 많은 아동을 보호하고 있고 가장 오랜 역사를 가지고 있는 중요한 아동복지서비스이다. 2011년 현재 총 242개의 양육시설이 있으며 25%가 서울과 경기도 일원에 집중되어 있다. 양육시설의 앞으로의 과제는 보호아동의 감소에 따른 시설기능 재고이다. 지역사회의 주요 복지자원으로 양육시설

〈표 4〉 2011년 아동시설 현황

구분	계	양육	직업 훈련	보호 치료	자립 지원	일시 보호	종합 시설	그룹홈
시설 수	280	242	1	10	12	12	3	460
입소인원	16,523	15,313	16	724	126	2,401	620	2,241

이 상담, 일시보호, 급식, 방과 후 보호, 각종 교육 훈련 프로그램 운영 등 지역사회 아동을 위한 기능을 개발하여 운영함으로써 지역사회의 종합아동복지서비스 시설로 운영될 수 있도록 추진해야 할 것이다.

나. 공동생활가정(그룹홈)

공동생활가정은 가정보호원칙에 따라 기존의 시설보호를 탈피하고 가정보호형태의 지역사회 중심 아동보호형태로 논의되고 있으며 단기보호, 장기보호, 치료보호의 세 가지 형태가 있다. 단기보호란 경제적 위기 또는 부부의 갈등이나 별거, 수감 및 아동학대 등으로 인해 보호자 또는 친·인척이 함께 거주할 수 없는 아동을 보호하는 것이며 장기보호란 기존의 소년소녀가정 또는 시설에서 보호 중인 아동 및 장기보호가 필요한 아동에 대한 서비스이다. 치료보호는 시설보호에 적응하지 못하거나 약간의 정서적 문제 등으로 인해 시설보호에 적합하지 않은 아동을 보호하는 것이다. 공동생활가정당 보호아동 수는 5인을 표준으로 하되 7인 이내이며 전담인력 2인의 지원비용으로 연 3,595만 6,000원을 지원하며 세대당 월 관리비로 23만 원을 지원한다.

다. 가정위탁보호

가정위탁보호서비스는 17개 시도 가정위탁지원센터를 통해 보호가 필요한 18세 미만의 아동(18세 이상인 경우에도 고등학교 재학 중인 아동은 포함)을 제3자의 가정에서 일정한 기간 동안 보호양육하는 제도이다. 대상아동은 시·군·구에서 부모의 질병, 가출, 실직, 수감, 사망 그 밖의 사유로 인하여 보호가 필요하다고 인정한 아동이나 아동학대로 인해 격리 보호가 필요한 아동이며 학대피해 아동은 우선적으로 선정된다. 가정위탁의 유형에는 대리양육 가정위탁(친조부모, 외조부모에 의한 양육), 친·인척 가정위탁(친조부모, 외조부모를 제외한 친인척에 의한 양육)과 일반 가정위탁(일반인에 의한 가정위탁)의 세 가지가 있으며 위탁가정과 아동을 매칭할 때에는 대리양육이나 친인척 가정위탁의 가능성을 일반 가정위탁보다 우선시하여 검토한다. <표 5>는 가정위탁현황을 보여준다.

가정위탁아동으로 지정되면 부양능력 있는 부양의무자가 존재하는 경우에도 실질적인 가족관계가 단절된 것으로 보아「국민기초생활보장법」에 의한 생계·의료·교육비를 지원받게 되는데, 특히 부모로부터 학대받은 아동의 경우 부양능력 있는 부양의무자가 있어도 부양을 거부하거나 기피하는 것으로 시장·군수·구청장이 인정하여 기초생활수급자로 보호하도록 되어 있다. 위탁보호가정에게는 아동 1인당 월 7만 원 이상의 양육

〈표 5〉 가정위탁현황

연도	계		대리양육		친인척위탁		일반위탁	
	세대수	아동 수	세대수	아동 수	세대수	아동 수	세대수	아동 수
2005	8816	12,562	5,078	7,552	2,966	4,007	772	1,003
2007	11,622	16,200	6,975	10,112	3,651	4,850	996	1,238
2009	12,170	16,608	7,809	10,947	3,438	4,503	923	1,158
2011	11,630	15,486	7,463	10,205	3,351	4,260	816	1,021

자료: 보건복지부(2009c: 349).

보조금을 지원하는데 아동의 양육 관련 물리적, 정서적, 신체적 비용을 생각할 때 현실성이 없다는 지적이 있으나 현재까지는 지방정부의 재정능력에 좌우되고 있다.

양육지원비 외에 가정위탁보호에서는 위탁아동이 후유장해가 있거나, 입원·통원할 경우 의료비 등의 지원이 부족하다는 것과 상해 시 책임문제가 지속적으로 제기되어온바, 2007년부터 가정위탁아동 1인당 연간 10만 원 이내의 상해보험료를 지원하게 되었다. 또 대상아동이 가능한 한 혈연관계에서 보호를 받을 수 있는 기회를 늘리기 위해 국토교통부와 합의하여 대리양육·친인척 위탁 가정에 전세자금을 지원하도록 했다.

이외에 긴급아동양육제도를 실시하고 있는데 이 제도의 목적은 기존의 요보호아동의 범주에 속하지 않지만 부모의 이혼, 별거·가출, 부부간 심화된 불화, 신용불량 등으로 가정 내 아동양육이 곤란한 경우에 발생되는 아동문제를 해결하려는 것으로 시설보호 등 긴급보호를 실시하여 아동을 보호하려는 제도이다. 보호자나 부양의무자, 이웃 등이 긴급보호를 신청하면 아동복지시설 입소 및 국민기초생활보장 긴급급여를 실시(1개월)토록 하고 국민기초생활수급자 선정기준 적합 여부를 조사하여 가정위탁보호 및 시설(공동생활가정) 입소조치를 하도록 한 것이다.

라. 입양

입양은 요보호아동에게 법적, 사회적 과정을 거쳐 가정을 마련해주는 서비스로서 「입양촉진 및 절차에 관한 특례법」에 의거하고 있으며 국내입양과 국외입양으로 나누어진다. 한국전쟁 이후부터 시작된 국외입양건수는 오랫동안 국내입양건수를 크게 초과해왔으나 2006년을 기점으로 차차 국내입양이 늘고 있다. 저출산과 피임의 발달 등 입양대상아동 발생이 전반적으로 감소했고 국내입양 활성화를 위한 꾸준한 인식전환 활동이 이어져 온 덕분이라고 할 수 있는데, 입양아동양육수당의 신설,[1] 입양부모자격

〈표 6〉 국내외 입양현황의 변화추이

구분	2001	2003	2005	2007	2009	2011
계	4,206	3,851	3,562	2,652	2,439	2,464
국내	1,770	1,564	1,461	1,388	1,314	1,548
국외	2,463	2,287	2,101	1,264	1,125	916

자료: 보건복지부(2012a).

완화,[2] 공무원에 대한 입양휴가제, 그리고 2007년 도입된 '국내입양우선추진제' 시행[3] 이 이러한 노력의 일환이다. 대상아동에게 공평한 입양기회를 부여하기 위한 입양대상 아동통합관리시스템을 운영하고 있으며 2006년에 마련된 「국내입양 활성화 종합대책」 에 따라 '중앙입양정보센터'가 설립되었다.

입양서비스에서 눈에 띄는 또 다른 중요한 변화는 입양방법과 대상인데, 국내입양에 서는 아직 비밀입양이 우세하지만 공개입양이 점차 증가하면서 신생아기를 지난 아동 이 가정을 발견할 수 있는 기회가 늘고 있으며, 친양자제도가 도입되고, 여아의 입양이 남아입양을 능가하는 등 입양문화가 변화하고 있음을 확인할 수 있다. 이러한 입양문 화의 변화는 입양아동의 권리와 생부모의 권리의식에도 점진적 변화를 가져올 것으로 생각된다. 반면 한국입양제도의 남은 과제로는 장애아동의 국내입양, 국가 간 입양 아 동의 권리보호와 관련된 '헤이그협약'에 가입하지 못하고 있는 문제나, 해외입양인에 대한 사후서비스 지원(한국어 교육 적응과 문화교육, 체류쉼터 지원, 원가족 찾기와 고충상담 등) 강화문제, 그리고 자녀를 기르고자 하는 미혼모에 대한 지원부족 등이 있다.

마. 보육서비스

1991년 「영유아보육법」 제정 이후 여성의 경제활동이 꾸준히 증가하고 유아의 건전

---

1) 2009년 현재 13세 미만 아동을 입양한 국내 1,463가정 1,534명(입양가정의 90%)에게 1인당 월 10만 원씩 지급하고, 입양수수료를 전액 정부가 부담하고 있다. 또한 장애아동의 입양을 촉진하 기 위해 장애아동입양양육보조금 지원을 115명에서 146명으로 증원하고 양육보조금을 월 52만 5,000원에서 55만 1,000원으로 인상했으며 연간 의료비 지원도 240만 원에서 252만 원으로 인상 했다.
2) 그동안 25세 이상이면서 50세 미만이어야 했던 입양부모의 자격을 60세 미만으로 확대하고 기 존의 자녀 수와 혼인조항을 삭제하여 독신자도 입양이 가능하도록 했다.
3) 아동 인수 후 5개월간 국내입양만을 추진하도록 함.

〈표 7〉 보육사업발달과정

연도	정책 주요 변화내용
1987	노동부 「남녀고용평등법」에 의한 직장탁아제 도입
1991	「영유아보육법」 제정
2004	제1차 육아지원정책(육아부담 경감, 1년 육아휴직제, 평가인증제 도입, 보육교사국가 자격제도 시행)
2005	제2차 육아지원정책(표준보육료·교육비 산정, 영아기본보조금 제도 도입)
2006	새싹플랜: 공보육강화(국공립보육시설 확충, 보육아동 확충, 차등보육료를 평균소득 130%까지 확대)
2006.8	새로마지 플랜: 저출산해소(국공립 30%로 확대, 영아기본보조금 도입, 차등보육료 확대, 만 5세 무상보육 확대, 아동수당 도입 검토)
2008	「영유아보육법」 개정(양육수당, 보육전자바우처제도 근거 마련)
2009	아이사랑플랜(보육료 전액지원 확대, 보육시설 미이용 아동 양육지원, 보육전자바우처 제도 도입 등)
2012	0~2세 아동 무상보육. 만 5세아 누리과정
2013	0~5세 보육시설이용 아동 무상보육/ 가정양육아동에게 양육수당 지급

한 보호와 교육 욕구가 증가하면서 보육서비스는 단일 아동복지정책으로는 가장 예산 규모가 크고 2011년 현재 보육재정은 6조 5,923억 원으로 GDP의 0.53%에 달하는 중요한 아동정책이다. 사업의 주체도 1991년 보건복지부에서 2004년 여성가족부로, 2008년 다시 보건복지가족부(2010년 보건복지부로 명칭이 다시 변경되어 현재에 이름)로 변경되었으며 저출산에 대처하는 주력사업으로서 2008년 이후 정책의 초점이 수요자 중심으로 전환하고 있다. 특히 수요자 중심 보육서비스의 핵심 중 하나는 그동안 보조금형식으로 어린이집에 지급하던 정부지원보육료를 이용권(전자바우처) 형태로 부모에게 지급하여 직접 보육료(정부지원금+부모부담금)를 결제하도록 하여 어린이집의 행정업무를 간소화하고 보육통합정보서비스를 통해 부모와 어린이집 간의 소통을 강화한 것으로 평가받고 있다. <표 7>은 보육사업의 발달과정을 보여준다.

보육사업은 한국사회의 저출산·고령화 경향과 맞물려 아동복지정책으로서의 기본적 성격과 함께 출산율 제고, 여성노동력 활용 등을 위한 인구 및 노동정책으로서의 성격을 함께 가지고 있어 행정적으로는 '보육정책'으로 따로 분리되어 수행되고 있다. 보육사업의 기본초점 역시 보육시설 확충 등 제도 기반마련→ 공보육 및 보육의 질 향상→ 수요자 중심 보육서비스→ 보편적 무상보육으로 변화발전하고 있다. 보육현황을 살펴보면 전국의 보육시설은 2011년 현재 총 3만 9,842개로서 국공립 2,116개, 법인

〈표 8〉 보육시설 이용 아동 및 미이용 아동 현황

(단위: 명)

| 구분 | 전체영유아 수 | | 시설이용아동수 | | | |
| | | | 보육시설 | | 유치원 | |
	2009	2013.1.	2009	2011	2009	2011
총계	2,691,497	2,803,491	1,148,674	1,348,729	536,668	564,834
0세	443,017	460,119	107,525	146,666	-	-
1세	443,528	469,704	198,831	249,787	-	-
2세	444,718	465,665	268,038	342,879	-	-
3세	437,813	445,007	227,966	272,034	100,406	133,986
4세	447,843	464,886	193,934	182,999	185,195	196,602
5세	474,578	498,110	152,380	137,349	251,067	233,724

자료: 보건복지부(2009), 보육실태조사, 보건복지통계연보(2011); 보건복지부(2010, 2011), 보육통계; 통계청·KOSIS(2008, 2013), 연령별 추계인구.

1,462개, 민간시설 1만 5,004개, 가정 2만 722개, 부모협동 89개와 직장시설 449개가 있다(보건복지부, 2011a). <표 8>은 2009년 대비 2011년 12월 말 현재 보육시설 이용 아동 현황을 보여준다.

공보육과 보육의 질 향상을 위한 정부지원은 영유아보육료 지원, 보육시설종사자 인건비 지원, 보육교사 보수교육 제도화 및 평가인증제도 도입에 따른 지원으로 이루어져 있다. 특히 2013년부터는 0~5세의 보육시설을 이용하지 않는 모든 아동에게도 양육수당 지급이 결정되었다. <표 9>는 2013년 보육서비스 내역을 보여주고 있다.

영유아보육료 지원 외, 정부는 보육시설종사자 인건비와 대체교사 및 농어촌 보육교사 특별근무수당을 지원한다. 보육시설 평가인증제는 보육시설과 재정의 증가에 비해

〈표 9〉 2013년도 보육료 및 양육수당 전 계층 지원내용

(단위: 만 원)

구분	만 0~2세	만 3~4세	만 5세
보육료(시설이용 시)	만 0세: 39.4 만 1세: 34.7 만 2세: 28.6	만 3세: 22 만 4세: 22	만 5세: 22
양육수당(가정양육 시)	12개월 미만: 20 24개월 미만: 15 35개월 미만: 10	만 3세: 10 만 4세: 10	만 5세: 10

자료: 보건복지부(2013) 보도자료.

보육서비스의 질이 사회적 기대에 미달한다는 지적에 따라 국가 차원의 보육시설 질 관리 시스템을 구축하기 위해 2004년 법적 근거를 마련하고 통과한 시설에 대해 인증서와 인증현판을 발급하는 한편 재정지원을 연계하고 있다.

(3) 빈곤의 대물림 예방 관련 서비스

사회투자적 아동복지정책으로 위기 취약 아동에 대한 공평한 출발 기회를 보장하고 안전한 사회환경 기반을 조성하기 위한 정책을 통해 빈곤이 세대 간 세습되는 것을 예방하고자 했다.

가. 아동발달계좌

아동발달계좌(CDA: Child Development Account)는 빈곤 요보호아동이 18세에 이르러 사회진출을 할 때 경제활동에 소요되는 초기비용 마련을 위한 자산형성을 지원하는 제도로서 2007년에 도입되었으며 2009년 1월부터 '디딤씨앗통장'으로 명칭을 변경했다. 아동이 보호자나 후원자의 후원으로 50만 원 이내의 금액을 매월 적립하면 지방자치단체나 중앙정부가 매칭펀드의 형식으로 매월 3만 원 이내의 금액을 만 17세까지 지원하는 것이다. 대상아동은 가정위탁보호아동, 소년소녀가정아동, 공동생활가정 아동, 장애인시설의 아동으로 2007년에는 2만 5,740명이 일차적 지원대상이 되었으며 2010년 6월 말까지 총 가입대상 4만 3,145명 가운데 3만 7,444명(87.0%)이 가입했으며 1인당 월평균 저축액은 2만 9,645원에 이른다.

나. 드림스타트

보건복지부는 선진국의 빈곤아동에 대한 통합적 조기개입 모델을 한국에서도 실행하기로 하고 아동의 초기발달단계에서부터 교육과 보육, 보건의 통합적 서비스를 제공하는 '드림스타트' 사업을 2007년부터 시범 실시했다. 기존 아동복지서비스가 문제발생 후 문제해결을 중심으로 개입하는 사후관리서비스에 치중되어 있다면 드림스타트 사업은 빈곤아동이라는 잠정적 위험집단을 선정하고 이들의 신체적·정서적·사회적 능력 등 전인적 발달을 지원하는 새로운 형태의 사전예방적·통합적 서비스이다. 이 사업은 아동의 태아기부터 보건, 보육과 교육이 연계되는 통합적이고 장기적으로 접근하는 조기개입서비스라는 점에서 다른 서비스들보다 진일보한 것으로 볼 수 있다.

서비스 대상아동은 0세(임산부)~만 12세의 저소득 아동 및 가정으로, 지역의 해당연령대 아동과 그 가족에 대한 욕구조사를 통해 선정하며 지역사회 보건복지자원과 협력해 파트너십을 구축하여 건강, 복지, 보육 등 맞춤형 통합서비스를 연계한다.[4] 2007년 16개 시범지역을 시작으로 2011년에는 131개 지역에서 아동 4만 4,651명을 대상으로 시행되고 있다. 이 사업은 적극적이고 예방적인 복지투자로서 빈곤 세습의 고리를 단절하고 인적자본을 축적한다는 점에서 의미가 있다.

다. 아동 방과 후 돌봄서비스

여성의 경제활동 참여율이 50%를 넘어서면서 맞벌이 가구 형태가 크게 증가한 바, 아동기 자녀를 돌보는 보호노동이 상품화하게 되고 이를 구매하지 못하는 가정의 아동은 생계형 방임을 겪게 되는 결과가 나타나고 있다. 이는 아동의 안전과 발달지원을 위한 보호 대상과 기간의 확대에 대한 사회적 요구를 불러일으켜, 아동의 방과 후 보호서비스에 대한 관심이 크게 증가했다. 방과 후 보호는 일차적으로 아동을 어른의 보호 하에 둠으로써 안전을 보장하고 지도감독을 통해 일탈에 노출되지 않도록 하며, 저소득층 아동에게 보충학습, 적성교육, 급식, 상담과 문화적 지원을 통해 아동의 발달욕구를 채워주어, 사회통합에 기여한다.

보건복지부는 민간이 운영하던 공부방을 지역아동센터로 전환하여 위기취약아동에게 방과 후 보호 및 교육지원을 제공하고 있는데, 지역아동센터는 주로 유아기부터 고등학교 재학생까지의 아동을 대상으로 개인이나 법인 등 민간이 운영하고 있으며 2011년 현재 전국 3,985개소의 지역아동센터가 중앙정부로부터 운영을 지원받고 있다. 지역아동센터는 지역사회 아동의 보호·교육, 건전한 놀이와 오락의 제공, 보호자와 지역사회의 연계 등 아동의 건전육성을 위해 종합적인 아동복지서비스를 제공한다는 목적을 가지고 있다. 특히 빈곤아동이나 맞벌이, 부모 이혼이나 별거, 한부모가정 등 위기아동을 지역 내에서 보호하려는 시도로서 지역사회 안에서 아동의 권리를 보장하고 안전한 보호 및 급식지원으로 결식을 예방하는 데 일차적 목표를 두고 있으면서 동시에 아동의 학습능력 제고, 학교부적응 해소, 일상생활지도, 학교생활의 유지 및 적응력 강화 등을 포함한 교육적 기능과 아동의 심리적·정서적 안정 및 건강한 신체발달 기능

---

4) 연계서비스 내용에는 기본서비스(통합사례관리), 필수서비스(건강검진 및 예방, 정신건강, 기초학습, 사회정서, 산전·산후관리, 부모교육), 선택서비스(건강관리, 치료지원, 학습지원, 문화체험, 양육지원 등)가 있다.

〈표 10〉 2011년 연령별 지역아동센터 이용 아동 현황

(단위: 명)

계	미취학	초등 저학년	초등 고학년	중학생	고교생	탈학교 등
104,982	4,578	37,407	42,324	17,374	3,014	285

자료: 보건복지부(2011a).

을 강화한다는 정서적 서비스도 목적으로 한다. 또, 문화적으로 소외되어 있는 아동에 대해 문화체험 및 다양한 문화경험의 장을 제공하고 지역사회자원 확보, 발굴 및 지원 강화, 지역사회 내 아동문제에 대한 사전 예방적 기능 및 사후 연계 등 지역사회연계 기능이 있는 것으로 기획되었다.

특히 지역아동센터가 현존하는 아동복지서비스기관 중 지역사회 밀착력이 가장 높고 개소 수도 최다임을 생각하면, 최근 늘고 있는 지역 내 빈곤·학대·방임 가정, 한부모·조손·소년소녀 가정, 맞벌이·이혼 가정의 아동과 결혼이민자 가정의 아동 등을 적극적으로 발굴·보호하여 결과적으로 아동방임의 예방기능을 할 수 있도록 지원할 필요가 있다.

(3) 아동의 안전과 보호
가. 아동학대와 방임 예방

아동권리와 관련된 또 다른 주요한 아동복지문제는 학대와 방임이다. 2000년의 「아동복지법」 개정을 통해 아동학대와 방임 피해아동에 대한 보호와 가해자 처벌이 가능해졌고 시도별 1개소에 그쳤던 실무기관 '아동학대예방기관'도 2012년 중앙과 지방아동보호전문기관 20개, 지역아동보호전문기관 24개로 총 45개로 늘어났다.[5] 서비스 인력과 기관도 늘었지만 학대와 방임 피해아동의 수는 더 큰 폭으로 증가하고 있으며 피해아동과 가정의 욕구도 다양하고 상이하여, 현재의 인력과 시설은 양에서도, 그리고 서비스 내용에서도 여전히 결핍상태를 면치 못하고 있다. <표 11>은 아동보호전문기관에 신고된 학대 및 방임 피해 아동의 경향 및 아동보호전문기관 수이다.

---

5) 종전에 아동보호전문기관의 명칭을 '아동학대예방센터'로 사용했으나, 「아동복지법」상 공식 명칭인 '아동보호전문기관'으로 통일했고 '지역아동보호전문기관'은 피학대아동을 신속하게 보호하고자 지역 접근성을 고려하여 설치된 것으로, 종전 소규모 아동학대예방센터에서 명칭 변경된 것이다.

〈표 11〉2001-2009년 학대 및 방임 피해 아동수(명)와 기관수 단위

(단위: 명, 개)

구분	계	신체학대	정서학대	성학대	방임	유기	중복학대	기관수
2001	2,105	476	114	86	672	26	623	18
2003	2,921	347	207	134	965	113	1,155	20
2005	4,633	423	512	206	1,635	147	1,710	39
2007	5,581	473	589	266	2,107	59	2,087	44
2009	5,685	388	778	274	2,025	32	2,238	45
2011	6,058	466	909	226	1,783	53	2,621	45

자료: 중앙아동보호전문기관·보건복지부(2012). 「2011 전국아동학대현황」, 재구성.

아동학대사례 중 중복학대를 제외한 단일 학대유형으로는 방임이 가장 많았고 정서학대 → 신체학대 → 성학대 → 유기의 순으로 나타났다. 특히 신고된 1~3세 아동의 50%가 방임으로 나타나 발달단계상 매우 심각한 장기적 영향을 가져올 것으로 우려된다. 아동학대행위자는 부모가 전체 학대피해아동 보호사례의 83.3%를 차지했고 타인이 8.2%, 친인척 6.8%의 순으로 나타났다.

학대피해아동에 대한 아동보호서비스는 아동보호전문기관(1개 중앙아동보호전문기관, 44개 거점 및 지역아동보호전문기관)이 피해접수 → 가정조사 → 사례판정 → 서비스계획과 제공 → 종결 → 사후관리의 전체과정을 맡고 있으며 피해아동에 대한 개입과 가정지원뿐 아니라 예방교육도 담당하고 있다. 학대피해아동 수의 증가에 비해 연계가능한 지역사회 자원의 부족과 전문가 부족, 법원— 검·경찰 — 보육과 교육기관 — 의료기관 — 복지기관의 체계적 연계부족이 누적되고 있다. 학대유형별로 차별화된 서비스를 하지 못하고 있는데, 대부분의 서비스가 상담 및 교육차원이고 치료서비스의 전문성과 지속성 확보가 어려운 점, 재발방지를 위한 가해자 상담과 교육이 어려운 점, 그리고 신고의무자의 신고율이 상대적으로 낮은 점 등에 개선이 요구되고 있다. 격리보호되는 아동의 보호가 전문위탁가정의 부족으로 인해 시설보호 중심으로 이루어지고 기간이 장기화되어 원가정 복귀가 어려운 점 등도 중요한 문제이다.

나. 실종아동보호사업

실종아동문제는 아동에게는 부모와의 예기치 않은 격리로 인해 극도의 불안감과 스트레스를 가져오고 지우기 힘든 심리적 충격이며, 부모에게도 일상생활의 중단과 죄책감, 우울 등의 심리적·경제적 어려움을 가져와 가정이 해체되는 등의 사회문제가 될

수 있다. 이에 따라 국가차원의 대책으로 2005년 「실종아동 등의 보호 및 지원에 관한 법률」이 제정되어 실종아동과 실종 장애인의 발생을 예방하고 신속한 가정복귀를 도모하기 위한 제도적 기틀이 마련되었다. 2008년 아동범죄 예방 및 안전대책 마련을 위해 「아동·여성보호종합대책」을 수립했는데 여기에는 시도별 실종 아동 장애인 일시보호센터를 지정하여 보호창구를 일원화하고 아동복지시설, 보육시설, 유치원 초·중·고등학교 대상 실종예방교육을 보급했다.

다. 아동안전사고예방

아동의 안전사고는 이를 예방해야 할 성인의 부주의나 국가정책 미흡에 의해 발생하는데 사망이나 중상을 입을 가능성이 높아 아동의 성장발달에 심각한 영향을 끼치고, 가족도 위기를 맞게 된다. 아동의 안전은 그동안 부모의 사적인 책임으로 여겨져 효율성 있는 접근이 어려웠으나 유엔의 「아동권리협약」 비준 이후 아동의 안전문제가 지적되었고 OECD 국가들(평균 10만 명당 5.3명)에 비해서도 10만 명당 안전사고 사망자 비율이 상대적으로 높아(2003년 10.6명), 2003년 '어린이안전종합대책'이 수립되었다.

이 대책은 시행 후 5년간 어린이 안전사고 사망자 수를 매년 10%씩 낮추어 1/2수준으로 감축하는 것을 목표로 했다. 교통사고, 물놀이 사고, 추락사고 등의 안전사고는 줄어들었으나 사회변화에 따른 놀이공간의 축소, 인터넷, 생계형 방임아동의 증가 및 인스턴트 식품의 증가 등 새로운 위협요인들이 늘고 있다. 이외에 정부는 유괴 등 아동범죄예방을 위해 아동보호구역 내 CCTV 설치를 위한 근거로 「아동복지법」을 개정하여 2009년 6월부터 시행하고 있다.

4. 전망과 과제

위에서 살펴본 한국의 아동복지 현황에 따른 문제점은 다음과 같다.

첫째, 정책대상자로서의 아동에 대한 인식 부족과 이에 따른 정책과 행정의 일관성 부족이다. 한국에서 아동은 정책대상으로서의 존재가 모호하다. 영유아는 원칙적으로는 아동복지에 속하지만 저출산시대의 주요 정책 포커스가 되었고, 청소년은 육성 또는 문제행동 해결을 위한 정책대상인 데 비해 연령적으로는 유아와 청소년을 대부분 포함하는 아동은 기초생활보장으로 대표되는 빈곤정책 대상에 가족의 일원으로 종속

되어 있을 뿐 육성을 포함한 포괄적 정책의 대상이 되지 못하고 있다. 이는 보육, 아동, 청소년으로 구분된 법체계 및 보건복지부와 여성가족부로 나뉘어진 행정 및 서비스전달체계에도 크게 책임이 있다.

둘째, 아동의 발달주기에 따른 생애지속형 정책개발 결여이다. 아동기는 인간의 삶의 주기 가운데에서도 가장 급격한 심신의 변화가 일어나는 시기로서 각각의 발달단계에 맞는 적절한 발달과업 지원이 매우 중요하다. 이 단계들은 서로 밀접히 연계되어 있으면서 누적적·불가역적 특성을 가지고 있기 때문에 서비스가 생애지속적으로 연계되어야 한다. 현재 아동복지서비스는 보육과 아동복지, 청소년복지가 각기 독립적으로 진행되면서 중복과 누락의 문제를 발생시키는 동시에 아동 개인으로서는 서비스 전달의 파편화로 인해 성과가 제대로 관리되지 못하고 있다.

셋째, 보편적·예방적 아동복지정책 부족 및 서비스의 수준 문제이다. 21세기에 들어선 한국사회 아동복지의 패러다임 변화는 어느 정도 분명하게 눈에 띄는데, 아동에 대한 사회투자적 시각을 도입함으로써 빈곤의 대물림을 방지하기 위한 보다 보편적이고 예방적인 성격의 서비스들을 창출해내고 있는 것이다. 그러나 빈곤아동에 대한 교육·보건·복지의 통합적 서비스를 문제발생예방의 차원에서 제공하는 각종 스타트 사업이나 방과 후 돌봄 사업들은 분명 과거의 요보호아동에 대한 사후개입적 성격의 사업들과는 차별화되지만 아직 사업의 확산이 미미하며 성과관리가 취약하다. 그뿐만 아니라 요보호아동에 대한 각종 서비스도 여전히 열악하여 서비스 성과를 기대할 수 있는 수준에 미치지 못하고 있다. 가정위탁서비스에서 다양한 위탁가정의 개발이 부족한 점, 위탁가정에 대한 보상적 지원이 비현실적으로 낮은 점, 자립 연령에 달한 시설이나 가정위탁보호 또는 공동생활가정 아동에 대한 자립지원금이나 시책이 미비한 점, 자녀를 양육하고자 하는 미혼부모에 대한 지원이 형식적인 점, 학대나 방임 피해아동에 대한 지원이 응급적이고 일시적인 점 등 개선의 여지가 산재해 있다.

넷째, 아동권리보장 원칙 실현의 미비인데, 이는 특히 「아동권리협약」 비준국으로서의 아동권리실현 이행 책무와도 관련이 깊다. 생존권·발달권·보호권·참여권의 4가지 아동권리는 모든 아동정책과 서비스의 기본 원칙으로 등장하는 데 반해 헤이그 협약 미가입, 아동권리 모니터링제도의 미비, 국가 수준의 아동실태조사의 결여, 불법체류자와 난민 아동의 권리 보장을 위한 세부적 지침 마련, 참여권 실행 미비 등의 문제가 개선되어야 한다.

다섯째, 아동복지예산의 취약성인데 이는 2010년 정부예산에 대한 아동복지예산의 비중이 0.06%에 불과하다는 점이나 전체복지예산 대비 아동복지예산이 2001년 0.99%에서 2010년 0.80%로 오히려 감소했다는 상황에서(보건복지부, 2010) 잘 나타난다. 이는 유사한 저출산 현상으로 아동인구의 감소를 겪고 있는 일본의 아동복지예산이 2001년에 비해 2010년에 2.38배 증가했고 연평균 약 15%의 증가율을 나타낸 것과 비교해보면 한국에서 아동복지의 표류를 짐작하게 한다(김상미, 2010).

2012년도 보건복지예산에서 중앙정부의 인구대상별 복지지출을 보면 영유아(6세 미만)은 총 3조 원으로 1인당 100만 원이며, 아동은(0~18세) 총액이 2,000억 원으로 1인당 2만 원, 영유아를 제외하면 3만 원이 된다(보건복지부, 2012). 즉, 보육사업비를 제외한 1인당 아동복지비용은 1인당 68만 원인 노인이나, 1인당 36만 원인 장애인에 비해 매우 미흡함을 알 수 있다.

이러한 문제점은 역으로 한국아동복지의 과제에 시사점을 제공하기도 한다. 급변하는 현대사회의 가족과 자녀에 대한 인식의 변화와 개인의 역할변화는 아동성장의 사회환경이 갑자기 크게 달라지기는 어려울 것임을 짐작하게 하고, 이에 따라 아동의 사회적 보호에 대한 욕구가 보다 다양화되고 심화되리라는 것을 시사하고 있다. 또한 한국의 아동복지가 한국이라는 지역사회의 특수성에만 기반하는 것이 아니라 전 지구적인 보다 광범위하고 보편적인 가치에 기반하여 글로벌한 기준을 갖추어야 할 것임을 강력히 시사하고 있다.

참고문헌

보건복지부. 2009a. 「아동청소년종합실태조사」.

_____. 2009b. 『보건복지통계연보』.

_____. 2009c. 『보건복지백서』.

_____. 2009d. 「보육실태조사」.

_____. 2010a. 「연도별 일반회계 변동추이」.

_____. 2010b. 「보육통계」.

_____. 2011a. 『보건복지백서』.

_____. 2011b. 「연도별 일반회계 변동추이」.

_____. 2011c. 「보육통계」.

_____. 2012a. 『2011 보건복지통계연보』.

_____. 2012b. 「보육통계」.

_____. 2012c, 「2012년도 보건복지부 소관 예산 및 기금운용계획 개요」.

구인회·정익중·박현선. 2006. 「빈곤이 아동의 학업성취에 미치는 영향. 아동과 권리」. ≪한국아동권리학회≫, 10(3).

김상미. 2010. 「한일 아동복지예산 비교분석: 2001~2010년을 중심으로」. 한국아동복지학회 2010 추계학술대회 자료집.

이중섭·이용교. 2009. 「부모의 교육수준이 자녀의 학업성취수준에 영향을 미치는 경로」. ≪한국가족복지학≫, 26, 159~191쪽.

임세희. 2007. 「장기빈곤이 아동의 학업성취에 미치는 영향: 부모-자녀관계를 중심으로」. ≪사회복지연구≫, 34(2), 55~78쪽.

임세희·이봉주. 2009. 「최저기준 미달 주거가 아동의 학업성취에 미치는 영향」. ≪사회복지연구≫, 40(3), 243~265쪽.

통계청. 2013. 「사회통계조사보고서」.

한국보건사회연구원. 2008. 「보건복지예산 현황과 전망 2008: 통계편」.

Brandon, M., G. Schofield,, and L. Trinder. 1998. _Social Work with Children_. New York: MacMillan Press.

Downs, S. W., E. Moore, E. J. McFadden, and L. Costin. 2003. _Child Welfare and Family Services: Policies and Practice_(7th Edition). New York: Allyn and Bacon Pub. co.

Gil, A. 1995. _Systemic Treatment of Families Who Abuse_(Jossey Bass Social and Behavioral Science Series). San Fransisco: Jossey-Bass Publishing Co.

Kadushin, A. 2002. _Supervision in Social Work_. New York: Columbia University Press.

국가통계포털 www.kosis.kr/

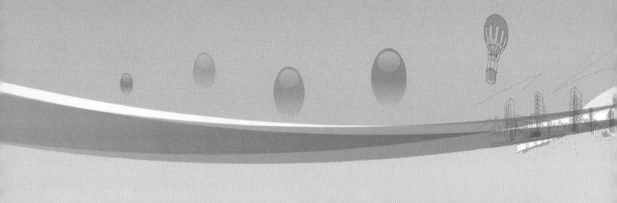

한국의 청소년복지서비스

| 엄명용*

청소년복지는 아동복지와 긴밀한 관계를 갖고 시행되어왔다. 아동의 정의와 청소년의 정의에 겹치는 부분이 존재하기 때문에 이 두 분야를 구분한다는 것이 사실상 어려운 점이 있었기 때문이다. 청소년복지는 때로는 아동복지에 포함되어, 때로는 아동복지와 분리되어 실시되어 오기도 했다. 2008년에서 2009년도에는 아동, 청소년으로 이원화되어 편제되었던 법률체계를 출생에서 자립까지 하나의 정책 틀 안에서 추진한다는 기본이념을 전제로 이를 포괄하는 모법으로 종전의「청소년기본법」과「아동복지법」중 기본법적 성격의 내용을 통합하여「아동·청소년기본법」으로 개정하기로 하여 청소년복지와 아동복지가 통합되는 듯했다. 하지만 2010년 1월「정부조직법」개정으로 인해 아동복지와 청소년복지는 정부 내 각기 다른 부처[1]에 의해 추진되고 있다. 아동복지에서 아동은 주로 보호의 대상으로 다루어지는 반면 청소년복지에서 청소년은 독립생활로 전이를 준비하는 과정에 있는 것으로 다뤄지는 측면이 강하다. 청소년기는 인간의 생애주기 중 아동기와 성인기 사이에 위치해 있는 생의 중요한 한 부분인 동시에, 의존적인 아동기에서 벗어나 독립되고 개별화된 생활로의 전이를 준비하는 시기이기

---

* 성균관대학교 사회복지학과 교수.
1) 아동복지는 보건복지부, 청소년복지는 여성가족부에서 주로 관장한다.

도 하다. 따라서 인생 주기의 한 부분에서 누릴 수 있는 기본적인 삶의 질과 권리가 청소년에게 우선적으로 보장될 필요가 있다. 아울러 성인기를 준비할 수 있는 여건들도 보장되어야 할 것이다. 청소년이 정상적인 삶을 영위하는 데 기본적으로 필요한 여건의 마련을 통해 청소년을 보호함과 아울러 나아가 성인기를 준비할 수 있는 제반 여건을 조성하기 위해 국가와 사회가 사회적·경제적 노력을 기울이는 것이 바로 청소년복지이다. 우리 사회에서 청소년복지 목적 달성을 위해 어떤 노력을 기울이고 있는지 살펴보고 향후 과제를 제시해본다.

1. 청소년복지의 개념 및 기반

1) 청소년복지의 개념

청소년복지는 청소년의 복지를 위한 종합적인 정책 및 실천 체계라 할 수 있다. 따라서 청소년복지의 개념을 정의하기 위해서는 청소년에 대한 정의가 우선되어야 할 것이다. 한국의 법체계 속에서 청소년은 아동의 개념과 혼재되어 다양한 연령대로 정의되고 있다.[2] 대표적으로 「아동복지법」에서는 18세 미만의 자를 아동으로 정의하는 반면, 「청소년기본법」에서는 만 9세 이상 24세 이하인 자를 청소년으로 정의한다. 법체계에 아동복지와 청소년복지의 개념 정의가 명확하게 드러나 있지 않아 복지 체계 내에서 아동과 청소년을 구별하는 것은 쉽지 않다. 이러한 이유로 종전에는 아동복지

---

[2] 청소년 육성정책의 기본 사항을 규정하고 있는 「청소년기본법」은 만 9세 이상 24세 이하를, 「청소년복지지원법」도 「청소년기본법」에 준해 만 9세 이상 24세 이하를 청소년으로 정의하고 있다. 한편 청소년을 각종 유해 물질 및 환경으로부터 보호하기 위해 제정된 「청소년보호법」과 아동·청소년을 성범죄로부터 보호하고 아동·청소년이 건강한 사회구성원으로 성장할 수 있도록 하기 위해 제정된 「아동·청소년의 성보호에 관한 법률」, 반사회적인 소년에 대한 특별조치 내용을 담고 있는 「소년법」에서는 만 19세 미만을 청소년, 또는 소년으로 정의한다. 이에 따라 청소년 관련 각종 단속법규에서도 청소년 보호연령은 만 19세 미만으로 통일되었다. 개인으로서의 법적 권리에 관한 내용을 담고 있는 「민법」에서는 "만 20세로 성년이 된다"고 정의하고 있어 만 19세 이하를 미성년으로 보고 있다. 청소년복지와 밀접히 관련되어 있는 「아동복지법」에서는 만 18세 미만의 자를 아동으로 정의해 아동복지의 대상에 통념상의 아동과 청소년을 모두 포함하고 있다.

분야에 청소년이 포함되어 있다가 1991년 「청소년기본법」이 제정되면서 '청소년복지'라는 용어가 학계에 명시적·공식적으로 등장하기 시작했고 대학 교과과정에서도 청소년복지라는 독립된 분야가 생겨났다.

청소년복지분야가 독립적으로 존재함에도 불구하고 청소년복지의 대상으로 다뤄야 할 청소년의 연령대에 대한 합의는 없는 상태이다. 다만 청소년기의 생리적·정서적·사회적 특성[3]으로 볼 때 아동은 초등학교 시기, 즉 12세까지로 볼 수 있고(서울대교육연구소, 1998), 청소년은 아동·청년과 구별되는 용어로서 대략 중학생 이상 대학생 미만의 나이에 해당하는 사람이라 할 수 있다. 이것을 연령으로 계산하면 대략 만 12세에서 만 18~19세까지의 나이가 청소년에 해당된다. 비행이나 청소년범죄와 관련된 자료들의 대부분은 12세 이상 19세 미만인 자들을 청소년으로 간주하고 있다. 이러한 관점들을 종합해 여기서는 청소년을 12세 이상 19세 미만인 자로 잠정 정의하기로 한다.

「청소년기본법」에서 '청소년복지'는 "청소년이 정상적인 삶을 영위할 수 있는 기본적인 여건을 조성하고 조화롭게 성장·발달할 수 있도록 제공되는 사회적·경제적 지원"(제3조 4호)으로 정의되고 있다. 이를 통해 알 수 있는 것은 첫째, 청소년복지의 대상은 특별히 지원을 필요로 하는 청소년뿐만 아니라 일반 청소년을 포함한다는 것이다. 둘째, 청소년복지는 현 상태의 청소년기 삶의 질을 보장하는 여건을 조성하는 것뿐만 아니라 미래의 삶을 준비하는 데 필요한 사회적·경제적 지원을 제공하는 것이라는 점이다. 따라서 청소년복지의 목적은 일반 청소년과 특별지원 청소년 모두에게 다양한 복지서비스를 제공해 청소년의 다양한 욕구를 충족시키고 아울러 이들을 각종 유해환경 및 문제로부터 보호함으로써 복지의 증진을 도모하는 데 있다. 이렇듯 현재 한국의 「아동복지법」[4]과 「청소년기본법」 등에서 천명하고 있는 청소년복지는 전체 청소년을 대상으로 하는 보편주의 원칙 위에 서 있다. 하지만 실질적으로는 빈곤 청소년, 미혼모 청소년, 한부모가정 청소년, 가출 청소년, 시설보호 청소년 등 사회적 보호를 필요로 하는 청소년을 대상으로 하는 선별주의 원칙에 의해 주로 실시되고 있다고 할 수 있다

---

3) 신체적으로는 남녀의 특징을 두드러지게 하는 2차 성징과 함께 급격한 신체 발달이 일어난다. 정서적으로는 불안하여 감정의 기복이 심하고 쉽게 흥분하며 지나치게 남을 의식하는 경향이 있다. 사회적으로는 부모로부터 독립하여 개별화되려는 경향과 함께 또래집단에 몰입하게 된다.
4) 이 법은 아동이 건강하게 출생해 행복하고 안전하게 자라나도록 그 복지를 보장함을 목적으로 한다(「아동복지법」, 제1조).

(김명수, 2006).

2) 청소년복지의 기반

청소년복지의 기본 틀과 청소년복지사업은 청소년복지 관련법에 그 기반을 두고 있다. 기본적으로 청소년복지 관련법은 전체 청소년의 삶의 질 향상 및 건전 육성과 관련된 법규범과 문제를 가진 청소년에 대한 특별 지원 및 보호의 제공과 관련된 법규범을 모두 포함한다. 이 장에서는 특별지원을 필요로 하는 청소년들에 대한 서비스가 청소년복지의 실질적 활동이라는 점을 전제해 특별지원 청소년과 관련된 법규범들만을 청소년복지 관련법으로 간주하고자 한다. 한국 청소년복지의 기반이 되는 청소년복지 관련법에는 「청소년기본법」(1991.12.31), 「청소년보호법」(1997.7.1), 「아동·청소년의 성보호에 관한 법률」(2010.4.15), 「청소년복지지원법」(2004.12.31) 등이 있다.

「청소년기본법」은 "청소년의 권리 및 책임과 가정·사회·국가 및 지방자치단체의 청소년에 대한 책임을 정하고 청소년육성정책에 관한 기본적인 사항을 규정"(제1조)하기 위해 제정되었다. 이 법은 "청소년이 사회구성원으로서 정당한 대우와 권익을 보장받음과 아울러 스스로 생각하고 자유롭게 활동할 수 있도록 하며 보다 나은 삶을 누리고 유해한 환경으로부터 보호될 수 있도록 함으로써 국가와 사회가 필요로 하는 건전한 민주시민으로 자랄 수 있도록 함"(제2조 1항)을 그 기본 이념으로 하고 있다. 「청소년기본법」의 목적과 기본 이념을 통해 알 수 있듯이 이 법은 사회구성원인 청소년 모두의 사회적 권익보장과 유해환경으로부터의 보호 그리고 건전한 시민으로서의 성장을 추구하고 있다. 따라서 특별지원이 필요한 청소년은 물론 일반 청소년의 복지 향상, 보호, 활동 진흥 및 육성 등을 위한 기본 구조를 제시한다. 이 법은 청소년 육성에 관해 다른 법률에 우선해 적용하기로 되어 있어 문자 그대로 청소년 육성, 보호, 활동 진흥 등에 관한 기본법이다.

「청소년기본법」의 내용 중에서 협의의 청소년복지와 관련된 내용을 살펴보면 다음과 같다. 먼저 「청소년기본법」 제3조 제4호에서는 '청소년복지'를, 제5호에서는 '청소년보호'[5]의 의미를 정의하고 있다. 이 법 제49조는 '청소년복지의 향상을 위한 활동',[6]

---

5) '청소년보호'라 함은 청소년의 건전한 성장에 유해한 물질·물건·장소·행위 등 각종 청소년유해환경을 규제하거나 청소년의 접촉 또는 접근을 제한하는 것을 말한다.

제52조는 '청소년유해환경의 규제 활동' 등에 관한 내용[7]을 포함하고 있다.

「청소년보호법」은 "청소년에게 유해한 매체물과 약물 등이 청소년에게 유통되는 것과 청소년이 유해한 업소에 출입하는 것 등을 규제하고, 청소년을 청소년폭력·학대 등 청소년유해행위를 포함한 각종 유해한 환경으로부터 보호·구제함으로써 청소년이 건전한 인격체로 성장할 수 있도록 함을 목적(제1조)"으로 제정된 법이다. 여성가족부장관 소속하에 설치된 청소년보호위원회는 유해환경으로부터 청소년을 보호하기 위한 청소년유해매체물, 청소년유해약물, 청소년유해물건, 청소년유해업소 등을 심의하고 결정한다. 이 밖에 청소년보호를 위한 가정의 역할과 책임, 사회의 책임, 국가 및 지방자치단체의 책임 등을 명시하고 있다.

「아동·청소년의 성보호에 관한 법률」은 "아동·청소년대상 성범죄의 처벌과 절차에 관한 특례를 규정하고 피해청소년을 위한 구제 및 지원절차를 마련하며 아동·청소년대상 성범죄자를 체계적으로 관리함으로써 아동·청소년을 성범죄로부터 보호하고 아동·청소년이 건강한 사회구성원으로 성장할 수 있도록 함을 목적으로"(제1조) 제정되었다. 이 법은 아동·청소년대상 성범죄의 처벌과 절차에 관한 특례(제2장), 아동·청소년대상 성범죄의 신고·응급조치와 지원(제3장), 아동·청소년의 선도보호 등(제4장), 아동·청소년대상 성범죄로 유죄판결이 확정된 자의 신상정보 등록 및 열람과 취업제한 등(제5장)에 관한 내용을 규정하고 있다.

「청소년복지지원법」은 「청소년기본법」 제49조 제4항의 규정에 따라 청소년복지 증진에 관한 사항을 정하기 위한 목적으로 제정되었다(제1조). 이 법은 사회복지서비스를 특별히 필요로 하는 청소년을 '특별지원 청소년'[8]으로 정의하고 있으며, 청소년복지

---

6) ① 국가는 청소년들의 의식·태도·생활 등에 관한 사항을 정기적으로 조사하고, 이를 개선하기 위해 청소년의 복지향상정책을 수립·시행해야 한다. ② 국가 및 지방자치단체는 기초생활의 보장, 직업재활훈련, 청소년활동지원 등의 시책을 추진함에 있어서 정신적·신체적·경제적·사회적으로 특별한 지원을 필요로 하는 청소년에 대해 우선적으로 배려해야 한다. ③ 국가 및 지방자치단체는 청소년의 삶의 질을 향상하기 위해 구체적인 시책을 마련해야 한다. ④ 제1항 내지 제3항의 규정에 관하여는 따로 법률로 정한다.

7) ① 국가 및 지방자치단체는 청소년에게 유해한 매체물과 약물 등이 유통되지 아니하도록 해야 한다. ② 국가 및 지방자치단체는 청소년이 유해한 업소에 출입하거나 고용되지 아니하도록 해야 한다. ③ 국가 및 지방자치단체는 청소년을 폭력·학대·성매매 등 유해한 행위로부터 보호·구제해야 한다. ④ 제1항 내지 제3항의 규정에 의한 청소년에게 유해한 매체물·약물·업소·행위 등의 규제에 관하여는 따로 법률로 정한다.

8) '특별지원 청소년'이라 함은 가정 문제가 있거나 학업 수행 또는 사회 적응에 어려움을 겪는 등

증진을 위한 노력으로서 '청소년의 우대 등'(제2장), '청소년의 건강보장'(제3장), '지역
사회청소년 통합체계 등'(제4장), '위기청소년 지원'(제5장), '교육적 선도'(제6장), '청소
년복지 지원기관'(제7장), '청소년복지 시설'(제8장) 등의 내용을 담고 있다. 특별지원 청
소년 지원을 위한 방안의 하나인 청소년쉼터의 설치와 운영에 관한 사항도 이 법 속에
규정되어 있다.

개략적으로 청소년복지는 이상의 법체계들이 규정하고 있는 내용을 바탕으로 실천
된다. 하지만 앞으로 살펴볼 내용을 통해 알 수 있듯이 각 중앙 부처별로 행해지는 여
러 청소년복지 관련 사업들은 각 부처 나름대로 갖고 있는 정책 의지 및 안에 따라 다
양한 형태로 이뤄지고 있다.

2. 청소년복지의 발달과정

1) 행정조직의 변천

청소년복지의 발달 과정은 청소년복지 업무를 관장하는 정부 조직의 변화와 이에
맞물려 진행된 청소년복지 관련 법제도의 정비 과정을 추적해봄으로써 알 수 있다. 청
소년복지라는 업무 영역이 구별되기 시작한 것은 최근 몇 년 사이의 일이다. 지금까지
청소년복지는 국가의 청소년정책이라는 보다 큰 틀 속에서 다루어져 왔으며 정부의
청소년정책 조직은 현재까지 주관부서 이관, 부처 통폐합, 기구 명칭 변경 등의 변화를
거쳐왔다. 정부 수립 이후 1964년까지 청소년정책은 정부 차원의 종합·조정체제를 갖
추지 못한 채 각 부처별 기능에 따라 산발적으로 수행되고 있었다. 따라서 부처 간 협
조·조정 및 일관성 있는 업무 수행이 어려워 청소년정책 수행에 많은 문제를 안고 있
었다. 이에 따라 국가적 차원에서 청소년 관련 정책의 방향 제시, 종합·조정 등의 기능
을 갖는 청소년대책기구의 설치 필요성이 제기되어 1964년 9월 11일 대통령령 제1932
호로 내무부장관을 위원장으로 하는 '청소년보호대책위원회'가 설치되었다. 이후 의도
되었던 종합·조정 기능이 미흡하다고 판단, 1977년 8월 27일 대통령령 제8670호로 청

조화롭고 건강한 성장과 생활에 필요한 여건을 갖추지 못한 청소년을 말한다(제2조 4호).

소년대책위원회 규정을 제정·공포해 '청소년보호대책위원회'를 해체하고 청소년의 선도 및 보호 관련 종합 대책을 심의하는 중앙기구로 국무총리를 위원장으로 하는 '청소년대책위원회'를 설치했다. '청소년대책위원회'는 1977~1984년까지의 '청소년대책관련사업추진계획', 1985~1987년까지의 '청소년종합대책세부추진계획', 1988~1990년까지의 '청소년육성종합계획' 등을 마련하면서 종합적이고 장기적인 청소년정책 계획의 기본 틀을 제공했다.

정부의 청소년업무 최초 전담조직은 1988년 당시 체육부에 독립된 부서로 설치되었던 청소년국이다. 청소년국은 청소년 관련 최초의 종합법률인 「청소년육성법」이 1987년에 제정되어 1988년부터 시행되면서 이를 실천하기 위해 만든 부서였다. 청소년국은 1991년 체육청소년부 청소년정책조정실로 확대·개편되었고, 1993년 3월에는 정부조직의 통합에 따라 문화체육부 청소년정책실로 변화되었다. 1997년 3월 유해환경으로부터 청소년을 보호하기 위해 청소년유해매체물·유해약물에 대한 유통규제와 단속, 유해업소의 청소년 출입·고용금지를 주요 내용으로 하는 「청소년보호법」이 제정되면서 이를 시행할 청소년보호위원회가 1997년 7월 문화체육부에 설치되었다. 1998년 2월 조직 개편에서 청소년정책실은 청소년국으로 되어 문화관광부에 존치되었고, 청소년보호위원회는 국무총리실로 소속이 변경되어 활동했다.

청소년 중앙행정조직이 문화관광부와 청소년보호위원회로 이원화되면서 체계적·종합적 청소년정책 수행이 곤란했고 각 부처에 산재한 청소년정책 총괄 및 조정 역할을 하기가 어려웠다. 또한 새로운 정책 환경 변화에 대한 대처 능력도 부족했다. 이를 해결하기 위해 2004년 12월 17일 정부혁신지방분권위원회는 육성 및 보호라는 정부의 청소년 기능을 통합·관리할 국무총리소속 청소년위원회를 설립하기 위한 추진단을 구성·운영해 2005년 3월 24일에 합의제 행정기관인 청소년위원회 설치를 위한 관계 법률(「청소년기본법」, 「청소년보호법」, 「정부조직법」)을 개정·공포했다. 이와 같은 과정을 거쳐 2005년 문화관광부 청소년국과 청소년보호위원회가 통합되어 청소년위원회가 탄생했으며, 2006년 3월 「청소년기본법」의 개정에 의해 국가청소년위원회로 명칭을 변경했다. 이후 국가청소년위원회는 일원화된 청소년정책 행정 조정체계로서 청소년정책의 총괄·조정 및 영역 확장을 위해 노력해왔다. 그러나 2008년 3월 정부조직개편으로 국가청소년위원회는 해체되고 종전 보건복지부 아동정책, 여성부 보육정책, 국가청소년위원회의 청소년정책을 통합하여 보건복지가족부 아동청소년정책실로 업무가 개편되었다. 그러다가 2010년 1월의 「정부조직법」 개정으로 청소년의 육성·보호 기능은 여

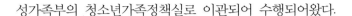

성가족부의 청소년가족정책실로 이관되어 수행되어왔다.

2) 관련 법률의 변천

청소년복지 관련 행정체계의 변천 과정에서 청소년복지 관련 각종 법령이 제정되었다. 청소년 관련 법제의 변천을 통해 청소년복지의 발달 과정을 추적해볼 수 있다. 이용교(1994)는 청소년복지 관련 주요 법제의 변화에 중점을 두어 청소년복지 발달 과정을 3단계로 나누었다. 제1기는 맹아기로서 해방 후부터 「미성년자보호법」과 「아동복리법」이 제정된 1961년까지이다. 이 시기는 청소년복지와 아동복지 영역의 분화가 없었을 뿐만 아니라 「조선구호령」(1944) 등 일제하의 제도를 답습하거나 임시적인 각종 행정지침에 의해 긴급구호 위주의 활동을 해오던 시기다. 제2기는 청소년복지 도입기로 1962년부터 「청소년육성법」이 제정된 1987년까지다. 제3기는 1988년부터 시작되는 청소년복지의 전개기이다.

김희순(2003: 111~122)은 청소년육성 관련법의 제·개정을 중심으로 청소년복지의 발달과정을 크게 4단계로 구분했다. 제1기(1948~1986)는 청소년 관련법이 제정되지 못한 시기로 청소년정책 자체가 부재한 시기이다. 제2기(1987~1993)는 「청소년육성법」이 제정된 시기로 청소년정책에 대한 포괄적인 정책의 마련과 함께 정부의 청소년정책 활동이 본격적으로 시작된 시기이다. 제3기(1994~1998)는 「청소년보호법」이 제정된 시기로 청소년정책의 실용화가 시도된 시기이다. 제4기(1998~)는 청소년육성 5개년계획이 본격화된 시기로 청소년에 대한 정부의 정책이 내실화된 시기이다.

고숙희 등(2006: 16~17)은 청소년 관련 법제의 변천을 중심으로 청소년복지의 발전기를 5단계로 나누었다. 제1기(1948~1986)는 청소년정책에 관련된 법제적 근거가 부족한 시기로서 경제개발계획 추진이 국가의 우선 과제로 자리 잡아 청소년에 대한 사회적 관심이 크게 부각되지 못하던 단계이다. 제2기(1987~1990)는 한국 최초의 청소년 관련 법률이면서 청소년정책의 근간인 「청소년육성법」이 제정·발효된 시기다. 이 법은 청소년정책의 목적, 청소년, 청소년시설, 청소년단체 등에 대한 개념적 정의를 담고 있는 다소 추상적·선언적 규정으로서 실제로 청소년정책의 수립·추진을 위한 법적 근거로서의 실효성에는 다소 문제가 있는 것으로 평가받고 있다. 제3기(1991~1992)는 종전의 「청소년육성법」의 전면 개정을 통해 「청소년기본법」이 제정된 시기다. 「청소년기본법」 제정에 앞서 청소년기본계획이 수립되어 청소년정책을 과거의 청소년보호에서 청소년

〈표 1〉 청소년복지의 발달과정과 그에 따른 특성

구분	특징	관련 법제
제1기 (1948~1986)	◦ 청소년 관련 법적 근거 부족	◦「청소년육성법」제정 이전
제2기 (1987~1990)	◦ 한국 최초의 청소년 관련 법률인 「청소년육성법」이 의원입법으로 제정됨 ◦ '청소년육성종합계획'(1988~1990) 마련됨	◦「청소년육성법」제정(1987)
제3기 (1991~1992)	◦ 한국청소년 10개년기본계획수립(1992~2001) ◦ 청소년보호 정책에서 청소년육성정책으로 전환	◦ 청소년기본계획 시작 ◦「청소년기본법」제정(1991)
제4기 (1993~1997)	◦ 한국청소년 10개년기본계획을 현실적으로 보완해 청소년육성 5개년기본계획으로 전환(청소년육성 및 선도·보호 교화 위주의 청소년 정책)	◦ 제1차 청소년육성 5개년 기본계획(1993~1997) 추진 ◦「청소년보호법」제정(1997)
제5기 (1998~2002)	◦ 동반자적 청소년 지위 부여 ◦ 소수 문제 청소년 보호 위주에서 다수 청소년 육성 정책 시도 ◦ 청소년을 정책 대상에서 정책 파트너, 참여주체로 인식	◦ 제2차 청소년육성 5개년 기본계획(1998~2002) 추진 ◦「청소년성보호법」제정(2000) ◦ 청소년헌장 제정(1998)
제6기 (2003~2007)	◦ 세대통합 지향 ◦ 복지확대/참여·인권의 지속 강조 ◦ 행정체계의 일원화로 청소년정책기반 마련 ◦ 청소년정책의 총괄조정 및 영역확장 노력	◦ 제3차 청소년육성 5개년 기본계획(2003~2007) 추진 ◦「청소년복지지원법」제정(2004)
제7기 (2008~2012)	◦ 청소년 활동기반 보강 ◦ 청소년복지와 인권향상 ◦ 청소년 친화적 환경조성 ◦ 추진체계 강화(각 부처 및 지방자치 단체의 청소년 관련 정책에 대한 총괄·조정 기능과 민간영역을 아우르는 지역사회 연계 강화) ◦ 아동 정책과 청소년 정책 통합 추진 ◦ 보편적·통합적 청소년 정책 추진	◦ 제4차 청소년육성 5개년 기본계획(2008~2012) 추진 ◦ 국가청소년위원회 폐지 ◦ 보건복지가족부 청소년정책실 → 여성가족부 청소년가족정책실(청소년정책관)
제8기 (2013~2017)	◦ 선제적·실질적 청소년 정책 ◦ 포괄적·균형적 청소년 정책 ◦ 청소년의 다양한 역량 강화 ◦ 청소년 복지 및 자립 지원 ◦ 청소년 참여 및 권리 증진 ◦ 추진체계 강화(범부처 정책 총괄·조정 기능강화, 청소년 지원인프라 보강)	◦ 제5차 청소년육성 5개년 기본계획(2012~2017) 추진

육성으로 전환하려는 노력이 있었다. 청소년기본계획은 청소년활동 부문, 청소년복지 부문, 청소년교류 부문, 법제보강 부문, 청소년 재정의 확충 등 정부의 청소년정책 실현 의지를 담고 있다. 제4기(1993~1997)는 비현실성이 노출된 종래의 한국청소년 10개년기본계획을 청소년육성 5개년기본계획으로 전환한 시기다. 제5기(1998~)는 제2차 청소년육성 5개년기본계획이 추진된 시기다. 제2차 청소년육성 5개년기본계획은 원칙적으로 종래의 제1차 기본계획의 연장선상에서 청소년의 권리보장과 자율참여의 확대를 강조했다.

지금까지 여러 연구자들이 제시한 청소년복지정책의 발달 단계를 참고해 청소년정책의 발달 과정을 <표 1>에서 보는 바와 같이 8단계로 제시해보았다.

<표 1>을 살펴보면 제6기에 「청소년복지지원법」이 제정됨으로써 "청소년의 복지 향상을 위한 정책을 실시할 책임을 국가가 진다"는 헌법 제34조 제4항의 내용을 법률로 구현하려는 의지가 비로소 표출된 셈이다. 이 법은 청소년의 조화로운 성장과 정상적인 생활에 필요한 기초적인 여건이 미비해 사회적·경제적으로 특별한 지원을 필요로 하는 청소년 등에 대해 기초적인 생활지원·학업지원·의료지원·직업훈련지원·청소년활동지원 등을 제공하고 교육적 선도가 필요한 비행 청소년, 가출 청소년, 범죄 청소년 등에 대해서는 상담과 교육·자원봉사·수련·체육·단체 활동 등 다양한 복지서비스를 제공해 청소년이 조화롭게 성장·발달할 수 있도록 제도화하고 있다. 특별지원 청소년은 「국민기초생활보장법」 등 복지와 관련된 다른 법률에 의해 지원을 받고 있지 않은 자들로서 정해진 기간(기본적으로 1년, 최대 3년까지) 내에 생계, 학업, 직업훈련 등에 필요한 최소한의 지원을 받는다는 점에서 일정 조건이 해소될 때까지 지속적인 보호를 받는 「국민기초생활보장법」에 의한 생활보호대상자와 차이가 있다. 특별지원 청소년에 포함되는 청소년들은 ① 보호자가 없거나, 실질적으로 보호자의 보호를 받지 못하는 청소년, ② 고등학교 이하의 학업을 중단한 자로서 앞의 ①의 내용에 해당되지 않는 청소년, ③ 교육적 선도 대상자 중에서 비행예방을 위해 지원이 필요한 자로서 앞의 ①의 내용에 해당되지 않는 청소년 중에서 선정된다. 특별지원 청소년에 선정되기 위해서는 9세 이상 18세 이하의 청소년이어야 하며, 청소년이 속한 가구의 소득 인정액이 일정액 이내에 있어야 한다. 이후 내용은 청소년복지 발달 단계상 제6기(2003~2007)와 제7기(2008년 이후)에서 이뤄진 청소년복지 내용을 중심으로 한다. 제8기(2013~2017)는 향후 제5차 청소년육성 5개년계획 하에 진행될 내용에 해당된다.

3. 청소년복지의 전달체계

1) 공공 전달체계

청소년복지서비스 전달체계란 청소년복지 관련법에 나타난 내용과 청소년육성 5개년기본계획에 포함되어 있는 청소년복지정책을 구체적인 청소년복지서비스로 전환해 서비스를 필요로 하는 청소년에게 전달하는 조직, 경로 및 인력이라 할 수 있다. 청소년복지 전달체계는 일반 사회복지서비스 전달체계와 마찬가지로 공공 전달체계와 민간 전달체계로 구분될 수 있다. 공공 전달체계는 국민의 세금에 의해 운영되는 중앙 및 지방정부와 공공기관의 위계적 체계망을 의미하고 민간 전달체계는 민간단체가 직접 관리·운영하는 것으로서 청소년복지 관련 기관, 단체 및 시설, 개인 등 수평적인 체계 망을 의미한다.

공공전달체계는 법에 의해 그 역할과 임무가 정해져 있다. 「청소년기본법」은 국가 및 지방자치단체가 청소년활동의 지원, 청소년복지의 증진 및 청소년보호의 수행에 필요한 법적·제도적 장치를 마련해 시행하도록 명시하고 있다(제8조 1항). 그뿐만 아니라 이에 필요한 여건 조성과 필요한 재원의 안정적 확보를 위한 시책을 수립·실시하도록 하고 있다(제8조 3항). 이 법에서는 또한 국가 및 지방자치단체가 청소년의 삶의 질을 향상하기 위해 구체적인 청소년복지 시책을 마련하도록 되어 있다(제49조 3항). 이러한 국가 및 지방자치단체의 법적 의무를 조정·통합하고, 협력을 유도하는 국가의 청소년 업무 전담조직이 국무총리 산하 국가청소년위원회이었다. 국가청소년위원회는 앞서 언급했듯이 종전에 문화관광부에서 관할하던 청소년육성정책 관련 업무와 국무총리 소속 청소년보호위원회에서 관할하던 청소년보호 및 유해환경 규제 업무 등 이원화되어 있던 청소년 관련 업무를 통합하여 관장하기 위해 정부의 조직개편에 의해 2005년 4월 27일 설치된 기관이다. 국가청소년위원회는 관계행정기관의 장과 협의해 청소년 육성정책을 총괄·조정하는 역할을 수행해왔다.

또한 관계기관의 공무원 등으로 구성되는 청소년정책 관계기관 협의회를 두고 청소년정책에 관한 관계기관 간의 연계·조정과 상호 협력을 도모했다. 이명박 정부 초기에는 당시 보건복지가족부장관 산하 청소년보호위원회와 보건복지가족부 내 아동청소년정책실이 종래 국가청소년위원회가 담당해왔던 업무를 통합 수행했다. 그러다가 2010년 1월 18일 「정부조직법」 개정에 따라 청소년의 육성·보호기능은 여성가족부 청소년

〈표 2〉 여성가족부 청소년정책관 산하 부서의 주요 기능

청소년 정책과	청소년정책에 관한 중장기 기본계획의 수립 및 조정 중앙부처 및 지방자치단체 청소년정책의 협의·조정 총괄 청소년정책 관련 법령의 관리·운영 관계기관 청소년정책의 평가 및 지원에 관한 사항 청소년정책 관련 조사·연구 및 제도개선/백서 등의 발간 청소년 관련 기관·단체 종사자의 교육·훈련
청소년 활동진흥과	청소년활동진흥, 역량개발 및 국제교류에 관한 계획의 수립·시행 한국청소년활동진흥원 및 지방청소년활동진흥센터의 설치·운영 지원 청소년수련 프로그램·사업의 개발·보급 및 평가 청소년 자원봉사 활동에 관한 사항 청소년지도사의 자격검정·연수 및 활동 지원 청소년 방과 후 아카데미, 청소년공부방 등 방과 후 활동프로그램의 개발·지원 소외계층 청소년의 해외연수 지원에 관한 사항
청소년 자립지원과	청소년복지에 관한 정책의 총괄 및 계획의 수립·시행 청소년복지 관련 법령의 관리·운영 청소년복지서비스의 조사·연구 및 통계에 관한 사항 청소년복지시설의 운영·지원 및 청소년복지·지원업무 종사자의 교육·훈련 청소년상담사의 자격검정·연수 등에 관한 사항 취약계층 청소년, 가출 청소년, 북한이탈 청소년 및 다문화가정 청소년 자립지원과 보호 청소년비행·폭력 등의 예방 및 선도
청소년 보호과	청소년보호 관련 업무 총괄 및 계획 수립·시행 청소년보호위원회의 운영에 관한 사항 청소년보호에 관한 관계 부처 간 조정·실태조사 및 연구개발 청소년 유해업소, 유해약물·물건, 유해행위 등 개선·단속·점검, 유해성 여부 심의 및 결정 청소년 유해약물 남용 및 중독 청소년에 대한 예방·치료·재활
청소년 매체환경과	청소년 유해매체환경 개선에 관한 기본계획 수립·시행 청소년 유해매체물에 대한 조사·연구 및 법·제도 개선 청소년 유해매체물에 대한 감시·단속 등의 대책 수립 및 시행 청소년 유해매체환경으로부터 청소년을 보호하기 위한 교육 및 홍보 청소년 대상 인터넷게임 제공시간 제한제도 등의 운영 및 평가 청소년 인터넷 중독 등 매체물 역기능 피해의 예방·치료 및 재활 지원

가족정책실 내 청소년정책관으로 이관되어 수행되게 되었다. 청소년정책관은 5개의 과를 두고 있는데 각 과가 수행하는 상세한 업무는 여성가족부 홈페이지(www.mogef.go.kr)에 잘 나타나 있다. 과별 주요 기능을 개략적으로 제시하면 <표 2>의 내용과 같다.

한국에서 청소년 관련 정책을 직·간접적으로 다루는 정부부처는 총 27개에 이르며

〈표 3〉 부처별 청소년 관련 업무 현황

부처명	주요 업무내용	주요 담당부서
방송통신 위원회	가정 내 언어 인성교육 관련 공익광고, 캠페인, 정보통신망 상의 언어폭력 제재 강화, '아름다운 인터넷 세상 만들기' 운동, 인터넷 윤리교육, 청소년보호 유해 매체 심의시스템 구축, 청소년연예인 방송활동 가이드라인 개발·운영	방송진흥기획과, 네트워크윤리팀
국가보훈처	나라사랑 연수교육, 청소년 보훈캠프, 독립군 체험학교	나라사랑교육과
공정거래 위원회	계약서에 청소년 연예인 성보호 조항 등 신설	약관심사과
국민권익 위원회	청렴교육 연구학교 및 참여 프로그램 운영	청렴교육과
교육부	저소득층 청소년 지원 및 복지서비스 확대, 다문화 특별학급 및 대안학교 설치 운영, 위기 학생에 대한 진단-상담-치료의 원스톱지원서비스, 가출예방교육, 온라인위기상담, 학업중단 이전 숙려기간을 두어 Wee센터 등의 상담 의무화, 특수교육보조원 배치사업, 인터넷 중독 조기발견 및 상담치료 지원강화, 음주·흡연·유해업소에 대한 사회적 관리체계 강화, 가·피해 학생 치유프로그램 운영, 학교 성폭력 예방교육 프로그램 개발·보급, 단위학교 학교폭력 대응 체제 구축, 학교폭력 가·피해 학생 조기 회복 및 학교 적응 지원 등	특수교육과, 학교건강안전과, 교육복지과 학교폭력근절팀 진로교육과 등
고용노동부	청소년 고용 사업장 지도·점검 강화 및 국민인식제고, 청년 미취업자에 중소기업 등 인턴 기회 제공, 청소년워크넷 운영, 취업 희망 고교 졸업예정자 대상 직업교육 확대, 취약계층 청소년에 대한 통합적 취업 지원 프로그램 제공 등	청년고용기획과, 한국잡월드설립추진단 고용차별개선과, 청년고용기획과 인적자원개발과 등
국방부	청소년 안보체험활동 지원	문화정책과
행정안전부 (안전행정부)	자원봉사서비스 및 정보 통합제공, 청소년 자원봉사 내실화, '아름누리 지킴이' 동아리 구성 운영, 인터넷중독 대응센터 확충, 자원봉사자들이 지정된 장소에 어린이들과 함께 보행 안전한 등교 지도	민간협력과, 정보문화과, 정보자원정책과, 안전개선과 등
보건복지부	지역아동센터 운영, 드림스타트센터, 아동발달지원계좌 서비스, 시설보호 및 시설퇴소 아동 '자립지원 표준화 프로그램' 운영, 장애청소년가족의 양육지원 강화, 청소년건강행태 온라인조사, 정신보건서비스 현황 파악, 맞춤형 사례관리, 옴부즈퍼슨 활동 지원	아동권리과, 장애인자립기반과, 아동복지정책과, 건강정책과, 정신건강정책과, 질병관리본부 등
지식경제부	기술꿈나무 육성사업, 한국청소년디자인 전람회, 임베디드 SW공모대전(주니어 부문), 테크로드 첼린저(청소년 산업 기술 체험 프로그램)	산업기술기반팀, 디자인브랜드과, 산업기술정책과 등
문화체육	전국장애학생 체육대회, 장애청소년 생활체육활동 지원, 초	체육진흥과,

관광부	등학교 특수학교 스포츠강사 배치 지원, 다문화가정을 위한 동화구연 컨텐츠 제작, 문화바우처, 스포츠바우처, 여행바우처, 학교·지역사회기반 게임과몰입 예방 및 해소, 청소년 저작권 교실, 학생선수 권익보호, 청소년 기본권 보호 인식 확산 등	장애인문화체육과, 체육정책과, 영상콘텐츠산업과, 문화여가정책과, 관광정책과, 저작권정책과 등.
환경부	청소년 체험 활동 프로그램 개발·보급	녹색협력과
여성가족부	건강가정지원센터 운영 지원사업 관련 부모교육 활성화, 청소년 예비부모교육 실시, 청소년(상담)지원센터와 건강가정지원센터 간 협력 강화, 지역사회 청소년 사회안전망(CYS-Net) 확대·강화, 방과 후 돌봄서비스 강화 및 서비스 간 연계·조정, 취약계층 청소년 자립지원 강화, 가출 청소년 보호·지원 강화, 소년원 출원 청소년 교육적 선도 및 자립 지원, 청소년 한부모 상담·교육·자립지원 강화, 저소득층 청소년 지원 및 복지서비스 확대, 취약·소외계층 청소년 지원 강화, 청소년 건강증진을 위한 종합적 대책 추진, 청소년 정신건강 및 자살예방 대책 추진, 유엔아동권리협약 이행 추진체계 마련, (시·도)청소년활동진흥센터 및 한국청소년상담원 지역 연계기반 구축(시·도), 청소년활동진흥센터 지역 연계기반 구축, (시·군·구)청소년정책지역협의회 설치·운영, 지자체별 '지방청소년육성위원회' 활성화 등	청소년정책과, 청소년활동진흥과, 청소년자립지원과, 청소년보호과, 청소년매체환경과, 가족정책과, 가족지원과, 다문화가족정책과, 권익정책과, 권익지원과, 아동청소년성보호과.
통일부	탈북청소년 중고교 편입학 지원 및 대학 등록금 지원 강화, 탈북청소년 진로 및 자립지원 강화, 탈북청소년 학교 운영 지원	하나원 교육기획과, 정착지원과
법무부 (대검찰청 포함)	위기·비행 초기단계 청소년의 보호자 대상 교육, 청소년안전망 내 유관기관의 연계 활성화, 소년원학생 건전한 사회복귀 지원, 보호관찰 청소년의 건전한 사회복귀 지원, 성범죄 피해 청소년 2차 피해 방지, 보호관찰·수강명령 등을 받은 청소년에 대한 재범방지교육 강화, 신상정보 공개, 성폭력 가해 청소년에 대한 치료프로그램, 학교폭력 가해 청소년 대상 대안교육 등	소년과, 보호관찰과, 보호법제과, 형사2과(대검찰청)
외교통상부	대학생 외교통상부 워크샵, 외교부 견학 프로그램, 한·미, 한·중 청소년 교류, 한·일 대학생 교류, 국제협력특강, 세계 한인청소년대학생 모국연수 등	한국국제협력단홍보실, 외교안보연구원, 한국국제협력단 ODA 교육원, 한국국제교류재단, 재외동포재단, 정책홍보담당관실 등
국토교통부	학교 교육과 연계한 다양한 체험활동 마련, 아동복지시설 퇴소자 전세주택 지원, 성범죄자 공동주택 취업제한 강화	주거복지기획과, 주택건설공급과 등

농림축산 식품부	녹색농촌체험마을 조성, 농어업인 영유아 양육지원, 농촌 출신 대학생 학자금 융자 등	농어촌사회과
특허청	발명교육 활성화	창의발명교육과
농촌진흥청	4-H 회원 농촌체험활동 프로그램 활성화 지원	지도정책과
산림청	청소년 산림체험·교육 강화	산림휴양문화과
문화재청	고궁 청소년문화학교, 청소년대상 문화프로그램 운영, 청소년문화재지킴이단 등	정책총괄과, 궁능문화재과, 국립고궁박물관(전시홍보과), 활용정책과, 국립문화재연구소
경찰청	CCTV 설치 및 실시간 모니터링, 명예경찰소년단 운영, 성폭력피해아동 조사 시 전문가 참여제, 아동안전지킴이 운영, 소년범 조사 시 전문가 참여제 등	여성청소년과, 생활안전과
중소기업청	종소기업 체험학습, 청소년비즈쿨 지원사업	인력지원과, 창업진흥과
소방방재청	직업체험활동 및 진로상담 프로그램 확대, 소방안전체험관 운영, 청소년수련시설 소방안전점검 실시, 자율안전관리 의식제고 교육·홍보 등	119생활안전팀, 소방제도과
식품의약품 안전처	청소년 건강증진을 위한 종합적 대책 추진, 어린이 식품안전보호구역 강화, 어린이 기호식품 안전관리 강화 등	영양정책과
계	25개 부처	

자료: 여성가족부(2010).

이들을 통해 수행되는 사업은 237개에 이른다(여성가족부, 2012). <표 3>은 중앙 각 부처의 청소년 관련 주요 업무내용을 나타낸다. 이처럼 청소년 관련 업무가 중앙 각 부처에 분산되어 있는 이유는 청소년복지 관련 업무가 분리·독립된 전문 부서에 의해 실시되는 것이 아니라 각 부처의 소관 업무의 일부로 다루어지기 때문이다.

지금까지 청소년복지 관련 공공서비스는 주로 국가청소년위원회와 보건복지부에 의해 설계되어 행정자치부 산하의 시·도, 시·군·구, 읍·면·동을 통해 서비스를 필요로 하는 청소년들에게 전달되어왔다. 하지만 현재는 여성가족부가 청소년 복지 관련 업무를 주관함에 따라 이 부처의 설계에 의해 안전행정부 산하의 각 자치단체를 통해 서비스가 전달되고 있다. 각 부처의 고유 조직을 이용한 서비스 전달도 이뤄지고 있다. 대표적인 예 중 하나가 교육부에서 실시하고 있는 교육복지우선지원사업이다. 이 사업의 추진을 위해 교육부는 해당지역의 교육청에 전담부서를 두고 학교와 지역사회 청소년복지 관련 단체 및 기관들 사이의 연계를 활성화해 청소년들에게 필요한 서비스가 지

〈표 4〉 시·도 청소년 관련 행정조직 현황(2012 현재)

시·도	담당실국	청소년분야 담당
서울	여성가족정책실	아동청소년담당관
부산	여성가족정책관	아동청소년담당관
대구	사회복지여성국	여성청소년가족과
인천	여성가족국	아동청소년과
광주	여성청소년가족정책관	여성청소년가족정책관
대전	보건복지여성국	여성가족청소년과
울산	복지여성국	여성가족청소년과
경기	여성가족국	아동청소년과
강원	보건복지여성국	여성청소년가족과
충북	여성정책관	여성정책관
충남	여성가족정책관	여성가족정책관
전북	복지여성보건국	여성청소년과
전남	보건복지여성국	여성가족과
경북	보건복지여성국	여성청소년가족과
세종	행정복지국	사회복지과
경남	여성가족정책관	여성가족정책관
제주	보건복지여성국	복지청소년과

자료: 여성가족부(2012).

역사회 자원을 통해 지역 청소년들에게 직접 전달되도록 하고 있다. 이 사업은 도시 빈곤아동 및 청소년을 위해 교육·문화·복지의 종합적 지원체계를 구축하고, 이를 바탕으로 학교가 중심이 되어 지역사회에서 빈곤 아동에 대한 교육기회가 보장될 수 있도록 하고 있다.

　〈표 4〉는 2012년 현재 시·도 청소년 관련 행정조직의 현황을 나타낸다. 〈표 4〉에서 볼 수 있는 바와 같이 16개 시·도의 청소년 관련 행정은 다양한 명칭의 부서에 의해 추진되고 있다. 16개 시·도 중 11개 시·도가 청소년 업무를 통합 수행하며, 나머지 5개 시·도에서는 청소년 업무가 다른 부서에 편제되어 있다. 각 시·도 및 시장·군수·구청장(자치구의 구청장에 한함)의 소속하에는 지방청소년육성위원회를 두고 청소년육성에 관한 지방자치단체의 주요 시책을 심의하게 되어 있다(「청소년기본법」 제11조). 지방청소년육성위원회의 구성, 조직 및 운영 등에 관해 필요한 사항은 조례로 정하는데 현재 부산, 대구, 광주, 대전, 전북, 제주는 지방청소년육성위원회가 심의기구로, 서울, 인천, 울산, 강원, 충북, 충남, 경북, 경남은 자문기구로 운영되고 있고, 경기와 전남은 자문기

구와 심의기구의 역할을 겸하고 있다.

이상에서 살펴본 바와 같이 한국의 청소년복지 업무는 중앙정부 차원에서는 행정체계가 일원화되어 있지 않고 분산되어 있으며 지방정부 차원에서는 청소년복지 업무를 전문적이고 구체적으로 추진할 조직과 인력을 확보하지 못하고 있다. 중앙 부처 간 유기적인 협력과 업무 조정의 미약은 업무의 일관성과 통합성을 약화시키고 있으며 그에 따른 업무상 중복은 비능률과 혼란을 초래하고 있다(김명수, 2006: 182). 또한 최일선의 청소년복지업무 담당을 위한 인력과 조직이 없어 청소년복지행정이 다른 행정업무와 혼재되어 이루어지고 있는 실정이다.

청소년정책에 관계되는 중앙 부처 간 연계·조정·상호 협력을 위해 「청소년기본법」 제10조 규정에 따라 국가청소년위원회 산하에 설치되었던 것이 '청소년정책 관계기관 협의회'였다. 이 청소년정책 관계기관 협의회는 둘 이상의 행정기관에 관련되는 청소년정책의 조정에 관한 사항과 여러 부처가 협력하여 추진해야 하는 청소년정책에 관한 사항을 협의하는 기구였다. 2005년 6월에 최초 협의회가 개최되어, 2005년에 총 2회, 2006년 8월 현재까지 총 3회의 관계기관 협의회가 개최되었으며 논의된 주요 안건은 관계부처 합동으로 '사이버상 청소년보호종합대책의 수립'에 관한 논의, '폭력 없는 사회만들기 국민운동' 구성계획 협의, 각 부처의 청소년성보호대책에 대한 점검 및 청소년 약물예방사업 추진기관 일원화에 관한 논의 등이었다(국가청소년위원회, 2007).

(1) 전달체계의 정비: 한국청소년활동진흥원의 설치

청소년 활동 현장과 정책을 총괄 지원하고 청소년을 육성하기 위해 기존의 한국청소년수련원과 한국청소년진흥센터를 통합하여 2010년 8월에 한국청소년활동진흥원이 설립되었다. 이 기관은 청소년활동정책의 중앙 전담기관으로서 중추적인 기능을 담당하기 위해 「청소년활동진흥법」(제6조)에 기반하여 설립된 공공기관이다. 주요 사업으로는 청소년종합정보서비스(www.all4youth.net) 망을 활용하여 청소년의 체험활동 활성화와 청소년 활동프로그램의 개발·보급·평가 및 시범운영과 청소년육성에 필요한 정보를 종합적으로 관리하고 제공하고 있다. 또한 국가자격증인 청소년지도사(1급, 2급, 3급) 자격관리 업무 및 연수를 담당하고 있다. 이 밖에 청소년자원봉사 포털사이트(http://dovol.youth.go.kr)의 운영을 통해 청소년자원봉사 프로그램의 안내 및 신청을 받아 연결하고 있으며 봉사활동 후의 경험담을 소개함으로써 청소년자원봉사 활동의 활성화를 꾀하고 있다. 아울러 지역 단위에 설치된 '청소년활동진흥센터'의 허브 기능을 담당하고 있다.

(2) 전달체계의 정비: 한국청소년상담복지개발원

2012년 「청소년복지지원법」의 개정에 따라 기존의 한국청소년상담원이 2012년 8월 한국청소년상담복지개발원으로 그 명칭이 변경되었다. 여기서는 청소년문제의 해결과 예방에 도움이 되는 청소년상담·복지 관련 정책의 중·장기 연구개발을 수행하고 있다. 아울러 청소년 상담기법의 연구 및 상담자료의 제작·보급을 하고 있으며 국가자격인 청소년상담사 자격검정 및 연수를 담당하고 있다. 또한 위기에 처한 청소년을 신속하게 돕기 위해 지역 내 경찰, 학교, 청소년 관련 시설들과 연계하여 원스톱으로 지원하는 지역사회통합지원체계(CYS-Net)를 운영 및 지원하고 지역 청소년상담지원센터에 대한 지도 및 지원을 담당하고 있다. 아울러 청소년 대상 온라인 사이버상담센터 운영을 통해 개인, 집단 등 전문 상담을 실시하고 있으며 취약계층 청소년들에게 자립의지를 심어주고 학교복귀, 진로 및 취업을 지원하는 자립지원 사업을 실시하고 있다.

2) 청소년정책 실천 인력

청소년정책 관련 전문인력은 광의의 청소년복지와 관련된 사업을 수행하기 위해 요구되는 자격을 갖춘 사람을 의미하며 청소년정책 영역에서는 청소년지도자로 불린다. 청소년지도자에는 「청소년보호법」에 의한 청소년지도사 및 청소년상담사와 청소년시설, 청소년단체, 청소년 관련 기관에서 청소년육성 및 지도업무에 종사하는 사람들[9]이 포함된다. 청소년지도사는 국가공인자격으로서 1993년부터 배출되기 시작해 2011년까지 1급 청소년지도사 1,462명, 2급 청소년지도사 1만 7,143명, 3급 청소년지도사 8,225명 등 총 2만 6,830명의 자격증 소지자가 활동하고 있다(여성가족부, 2012). 자격은 1, 2, 3급으로 구분되며[10] 청소년 관련 분야의 경력·기타 자격을 갖춘 자로서 자격 검정에 합격하고 소정의 연수를 마친 자에게 부여된다. 2008년 1월부터는 2급 자격기준 중 대학졸업(예정)자 또는 이와 동등 이상의 학력이 있는 자로서 2급 청소년지도사 자격검정

---

[9] 여기에 사회복지사가 포함됨.

[10] 청소년지도사 자격 및 자격시험과 관련된 자세한 사항은 한국산업인력공단 Q-net 청소년지도사 홈페이지(http://www.q-net.or.kr/site/jidosa)를 참고하기 바람.

〈표 5〉 청소년시설의 청소년지도사 배치기준

배치대상	배치기준
청소년수련관	◦ 1급 청소년지도사 1인, 2급 청소년지도사 1인, 3급 청소년지도사 2인 이상 ◦ 수용정원이 500인을 초과하는 경우 500인을 초과하는 250인마다 1급, 2급 또는 3급 청소년지도사 중 1인 이상을 추가
청소년수련원	◦ 2급 청소년지도사 및 3급 청소년지도사를 각각 1인 이상 ◦ 수용정원이 500인을 초과하는 경우 1급 청소년지도사 1인 이상과 500인을 초과하는 250인마다 1급, 2급 또는 3급 청소년지도사 중 1인 이상을 추가
유스호스텔	◦ 청소년지도사를 1인 이상 두되, 숙박정원이 500인을 초과하는 경우 2급 청소년지도사 1인 이상을 추가
청소년야영장	◦ 청소년지도사를 1인 이상 둠. 다만 다른 시설의 청소년지도사를 둔 때에는 별도로 두지 아니할 수 있음. 이용의 편의만 제공하는 경우 청소년지도사를 두지 아니할 수 있음
청소년문화의집	◦ 청소년지도사를 1인 이상 둠
청소년특화시설	◦ 2급 청소년지도사 및 3급 청소년지도사를 각각 1인 이상

자료: 여성가족부(2012).

에 필요한 과목 모두를 전공과목으로 이수한 자와 3급 지도사의 경우 전문대학 졸업 (예정)자 또는 이와 동등 이상의 학력이 있는 자로서 3급 청소년지도사 자격검정에 필요한 과목 모두를 전공과목으로 이수한 자는 해당 급수의 청소년지도사 자격검정 필기시험을 면제한다. 청소년지도사 양성은 여성가족부가 주최하고 한국산업인력공단 주관으로 자격검정을 실시하고, 소정의 의무연수 및 자격증교부는 한국청소년활동진흥원에서 수행하며, 자격증을 받은 청소년지도사는 청소년수련시설 및 청소년단체에 배치·활용되게 된다. 청소년지도사는 청소년수련활동(프로그램 및 사업)을 전담해 학생, 근로, 복무, 무직청소년 등 전체 청소년의 신체단련, 정서함양, 자연체험, 예절수양, 사회봉사, 전통문화활동 등을 지도한다. 청소년지도사의 자질향상을 위해 2013년도부터 정기적으로 보수교육을 실시하기로 하고 「청소년기본법」을 개정했으며 2013년 3월 1일부터 시행된다. 「청소년기본법」에 따라 청소년시설과 단체에는 일정한 기준에 의거해 청소년지도사를 배치하게 되어 있는데 그 배치기준은 〈표 5〉의 내용과 같다.

청소년상담사 역시 국가자격증으로서 「청소년기본법」 제22조 1항에 의거 청소년상담 관련 분야의 상담실무 경력 및 기타 자격을 갖춘 자로서 검정에 합격하고 연수 100시간을 이수한 자에게 여성가족부장관이 부여한다. 2003년부터 2011년까지 총 9회의 청소년상담사 자격검정[11]이 있었으며 청소년상담사 1급 275명, 2급 1,773명, 3급 2,757명 등 총 8,805명의 청소년상담사가 배출되었다(여성가족부, 2012). 청소년상담사 양성은 여성가족부의 주관으로 한국청소년상담복지개발원과 한국산업인력공단에 위탁해 자격검정을 실시하고 자격검정에 합격한 자에 대해서는 실무능력 향상을 위해 소정의 의무연수를 실시하며 이후 지역청소년상담센터와 청소년쉼터 등의 청소년시설에 배치·활용된다. 청소년상담사는 국가 차원의 청소년상담 관련 기관인 한국청소년상담원, 지역청소년상담실, 소년원, 소년분류심사원, 사회복지관, 아동상담소와 초·중·고 일선 학교 및 대학의 상담실, 각종 청소년 관련 시설 및 청소년업무지원부서 등에서 청소년 상담업무에 종사한다. 「청소년기본법」에 따라 시·도 청소년상담센터에는 1급 청소년 상담사 또는 2급 청소년상담사 3인 이상을 두고, 3급 청소년상담사 1인 이상을 배치해야 하며, 시·군·구 청소년지원센터에는 2급 청소년상담사 또는 3급 청소년상담사 1인 이상을 배치하도록 되어 있다. 「청소년복지지원법」 제32조에 따른 청소년쉼터에는 청소년상담사 1인 이상을 두도록 되어 있다. 2005년에는 전국 10개 중학교에 청소년상담사가 상주하는 학교청소년상담사제도가 시범 운영된 바 있다. 청소년상담사 자격증 취득 후 전문가로서의 직무수행능력과 윤리성 유지, 자질 향상을 위해 2013년부터 「청소년기본법」 제24조의 2에 따라 정기적으로 보수교육을 받도록 되어 있다.

3) 국가의 청소년정책 재정 현황

청소년정책을 위한 재원은 청소년시설 확충 및 여건조성, 청소년보호사업 실시 등을 위한 국고예산, 시·군·구 및 읍·면·동의 청소년시설 건립과 개보수 등을 위한 국가균형발전특별회계, 청소년프로그램사업 지원 등을 위한 청소년육성기금으로 나뉜다. 2012년도 청소년정책 예산은 총 1,470억 원으로 일반회계 약 474억 원, 청소년육성기금 약 580억 원, 광역지역발전특별회계 415억 원으로 구성되어 있다. <표 6>은 1995년부터 2012년까지의 연도별 청소년 예산액 변화를 나타낸다. 부서의 변동에 따라 예산 내역별 예산액에 변화가 있음을 볼 수 있다.

일반예산은 청소년수련시설 확충 지원, 청소년단체 지원, 청소년 국제교류사업, 청소년 스페이스캠프 조성 등의 사업에 사용되고, 청소년육성기금은 청소년 사회적응 지

---

11) 청소년상담사 자격검정 과목과 방법에 대한 자세한 사항은 한국청소년상담원 홈페이지 내 청소년상담원 안내사항(http://www.youthcounselor.or.kr/)을 참고하기 바람.

<표 6> 연도별 청소년 예산

(단위: 백만 원)

구분	여성가족부 청소년정책관실	보건복지부 아동청소년정책실	문화부 청소년국		청소년보호위원회	국가청소년위원회	청소년육성기금		광특회계(균특)	예비비	계
			일반회계	농특회계	일반회계	일반회계	육성자금	시설융자			
1995	-	-	28,098	2,000	-	-	4,309	10,000	13,654	-	58,061
2000	-	-	25,954	1,000	4,111	-	10,814	12,350	26,525	-	80,754
2003	-	-	25,084	-	7,077	-	13,979	7,000	36,607	-	89,747
2004	-	-	23,149	-	8,817	-	41,610	6,000	30,248	-	109,824
2005	-	-	10,872	-	9,950	-	52,436	6,000	37,643	8,138	125,039
2006	-	-	-	-	-	19,825	67,727	4,500	45,442	321	137,815
2007	-	-	-	-	-	35,388	74,812		43,128	-	153,328
2008	-	116,433	-	-	-	-	75,182		39.251	-	230,866
2009	-	182,641	-	-	-	-	81,741*		36,522	-	300,904
2010	20,885	-	-	-	-	-	90,652		34,215	-	145,752
2011	21,671	-	-	-	-	-	73,491		49,417	-	144,579
2012	47,435	-	-	-	-	-	58,088		41,477	-	147,000

주: 증진기금 34억 6,300만 원 포함. 여성가족부 아동청소년성보호과 청소년예산은 제외됨.
자료: 여성가족부(2012.12).

원, 청소년 건전활동 지원, 청소년수련시설 활성화 등 청소년 프로그램 사업 등에 사용되며 국가균형발전특별회계는 청소년시설 건립 및 개보수, 청소년 야간공부방 운영에 사용된다.

4. 청소년복지서비스 현황

청소년복지서비스는 여러 가지 다양한 경로를 통해 전달되고 있다. 여기서는 먼저 청소년시설을 통해 공급되는 서비스의 형태들을 소개한 후 개별적으로 제공되는 주요 서비스 내용들을 소개하고자 한다.

〈그림 1〉 청소년 시설

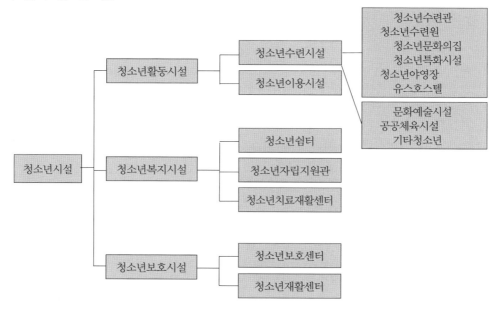

1) 시설 보호

청소년 관련 전반적 정책의 실천을 위한 공간으로는 다양한 청소년시설이 있어 여기서 청소년을 위한 다양한 활동과 서비스가 제공된다. 청소년시설은 크게 청소년활동시설, 청소년복지시설, 청소년보호시설로 분류된다. 청소년활동시설은 수련활동, 교류활동, 문화활동을 위한 공간으로서 2011년 12월 현재 전국에 738개의 청소년수련시설과 청소년이용시설이 있다. 청소년복지시설은 청소년이 정상적인 삶을 영위할 수 있는 기본 여건을 조성하고 조화롭게 성장·발달할 수 있도록 사회적·경제적 지원을 제공하는 시설이다. 가출 청소년쉼터, 청소년공부방, 청소년선도시설, 「아동복지법」에 의한 아동복지시설 등이 여기에 포함된다. 청소년보호시설은 청소년을 각종 청소년유해환경으로부터 보호하기 위한 시설이다. 청소년보호센터와 청소년재활센터가 여기에 속한다. 다양한 시설의 구분을 위해 <그림 1>과 같은 시설의 분류체계를 제시했다.

<그림 1>에 나타난 다양한 청소년시설에서 다양한 내용의 서비스가 제공되고 있지만 이 글에서는 여러 청소년시설 중에서 청소년복지시설과 청소년보호시설의 현황을 선별적으로 소개한 후 이들 시설에서 제공되는 서비스의 내용만을 살펴보고자 한다.

(1) 청소년복지시설

가. 청소년쉼터(가출청소년보호시설)

청소년복지시설 중 '가출청소년쉼터'는 「청소년복지지원법」에 의해 설치·운영되고 있으며 가출청소년의 일시보호 및 숙식제공, 가출청소년의 상담·선도·수련활동, 가출청소년의 학업 및 직업훈련 지원활동, 청소년의 가출 예방을 위한 거리상담 활동 등을 담당한다. 청소년쉼터에는 원래 9~24세의 청소년이 입소할 수 있으나 실제적으로는 20세 미만의 미성년자들이 입소해 있다. 보호기간은 6개월 이하의 일시보호를 원칙으로 24시간 개방한다. 2005년에는 가출 및 위기청소년의 욕구와 특성에 따라 청소년 쉼터를 일시쉼터(드롭인센터, 24시간), 단기쉼터(청소년쉼터, 3개월), 중·장기쉼터(2년)로 구분했다. 가출청소년쉼터는 1992년 시범사업 운영의 일환으로 서울 YMCA 청소년쉼터가 열린 이래 1996년 이후 광역시 중심으로 확산되기 시작했으며 2012년 현재 국가와 지방자치단체의 지원을 받는 쉼터가 92개에 이르고 있다(여성가족부, 2012).

나. 청소년자립지원관

2012년도 「청소년복지지원법」 전부개정에 따라 제31조(청소년복지시설의 종류) 규정에 의해 새로 정의된 청소년복지시설의 한 유형으로서 일정 기간 청소년쉼터의 지원을 받았는데도 가정·학교·사회로 복귀하여 생활할 수 없는 청소년에게 자립하여 생활할 수 있는 능력과 여건을 갖추도록 지원하는 시설이다(「청소년복지지원법」 제31조 2호). 2012년 현재 경기, 대전, 인천 등 일부 지역에서 민간과 지자체에 의해 소규모로 운영되고 있는데 향후 시설이 확대 운영될 예정이다(여성가족부, 2012).

다. 청소년치료재활센터

2012년도 「청소년복지지원법」 전부개정에 따라 제31조 규정에 의해 새로 정의된 청소년복지시설의 한 유형으로서 학습·정서·행동상의 장애를 가진 청소년을 대상으로 정상적인 성장과 생활을 할 수 있도록 해당 청소년에게 적합한 치료·교육 및 재활을 종합적으로 지원하는 거주형 시설이다(「청소년복지지원법」 제31조 3호). 2012년 12월에 정서적·행동적 장애로 어려움을 겪는 청소년에게 종합적·전문적 치료·재활서비스를 한 장소에서 제공하는 거주형 기관인 국립중앙청소년디딤돌센터가 개원했다. 여기에는 인터넷게임 중독, 학대 및 학교폭력 피해, 학교부적응 등으로 인해 우울증, 불안장애, 주의력결핍과잉행동장애 등 정서적·행동적 장애를 가진 청소년(만 9~18세)이 들어갈 수 있는데 이곳에 들어온 청소년에게는 상담·치료, 보호, 자립지도, 교육서비스 등이 종합적으로 제공된다(여성가족부, 2012).

(2) 청소년보호시설(청소년보호센터)

「청소년보호법」(1999년 일부개정, 제33조 제2항)에서 설치를 명시하고 있는 청소년보호센터인 청소년보호종합지원센터는 가정이나 학교에서 학대와 폭력을 당한 청소년, 가출청소년, 성범죄 피해청소년, 근로현장에서 적절한 보호를 받지 못하는 청소년, 약물남용 청소년 등 위기청소년에 대한 통합적인 서비스를 제공해왔다. 이 서비스는 이른바 원스톱(one-stop)서비스로서 이곳에 도움을 요청하는 청소년들에게 지역별로 활동하는 시민단체, 경찰, 행정당국 간 협력을 통해 통합적인 서비스를 제공했다. 2004년도에는 가출청소년과 성매매 구조 청소년 등 위기청소년들의 긴급구조와 일시보호를 위한 드롭인센터(Drop-in-center)를 개설했다. 처음에는 서울지역에서만 부분적으로 운영되었으나 2005년부터는 부산, 광주, 경기, 경남 등으로 확대되었다. 청소년보호센터와 청소년재활센터는 2011년 「청소년보호법」 전면개정에 따라 청소년유해환경으로부터 청소년을 보호하고 피해 청소년의 치료와 재활을 지원하기 위해 '청소년보호·재활센터'를 설치·운영할 수 있다는 조항(제35조 1항)으로 개정되었다.

2) 가정보호

아동복지의 제1차 방어선은 가정이다. 「아동복지법」 제3조 제2항에서도 아동의 원만한 발달과 성장을 위해서는 가정환경 속에서 건강하고 행복하게 자라나야 할 것을 명시하고 있다. 하지만 여러 가지 사정으로 인해 자신의 가정에서 생활할 수 없는 아동을 위해서는 사회가 개입하고 있다. 개입방법으로는 입양, 가정위탁, 공동생활가정(그룹홈) 보호, 소년·소녀 가정 아동보호 등이 있다. 이와 관련된 내용은 아동복지에서 별도로 다뤄질 것이므로 이 글에서는 생략한다.

3) 취약계층 청소년 지원

(1) 청소년 방과 후 아카데미

청소년 방과 후 아카데미는 국가청소년위원회 출범(2005.4)과 함께 4대 핵심 주요 정책과제 중 하나로 2005년 시범사업을 거쳐 2006년부터 본격적으로 운영되었다. 이 사업은 학교수업 후 혼자서 시간을 보내는 저소득·맞벌이·한부모 가정의 청소년들에게 청소년수련시설(청소년수련관, 청소년문화의 집, 공공청소년공부방, 청소년단체시설 등)을 활용해 학습능력을 배양하고 다양한 체험활동과 특기적성 계발활동 및 급식·건강관리·상담 등 종합적인 지원을 제공하는 사업이다. 이 사업은 오후 3시부터 10시까지 학생당 평균 4~5시간씩 운영되며 프로그램은 기본공통과정(숙제지도, 보충학습 등), 전문선택과정(문화·예술·스포츠 활동 등을 통한 창의성 계발), 특별지원과정(부모 간담회, 가족 캠프, 부모교육 등), 생활지원(급식, 건강관리, 상담, 생활일정관리, 안전귀가 등) 등으로 구성된다. 이 서비스는 중앙정부와 지방정부 및 학교와 가정·지역사회가 연계하여 공교육을 보완하는 기능을 하고 있다. 이 사업은 여성가족부와 지방자치단체가 공동 운영하고 있으며 2008년 185개소가 운영되다가 2009년 178개소, 2010년 161개소로 잠시 축소운영되었으나 2011년 다시 200개소로 대폭 확대 운영되었다. 운영방식에 있어서는 2005년 시범실시(46개소) 이후 2006년 지자체 보조사업으로 전환(국비 50%)되어 지자체 매칭펀드방식으로 운영되다가 2009년 청소년육성기금에서 일반회계로 전환되었다. 2011년 현재 국고 154억 원의 예산이 투입되었으며 서울의 경우 30%, 다른 지역의 경우 50%가 국비에서 지원되었다(여성가족부, 2012). 아울러 「청소년기본법」 제48조의 2(청소년 방과 후 활동의 지원)가 2011년 5월에 신설됨으로써 청소년 방과 후 활동지원에 대한 법적 근거가 마련되었다. 이 조항 제1항에서는 "국가와 지방자치단체는 학교의 정규교육으로 보호할 수 없는 시간 동안 청소년의 전인적 성장발달을 지원하기 위해 다양한 교육 및 활동프로그램 등을 제공하는 종합적인 지원 방안을 마련하여야 한다"고 규정하고 있다.

(2) 지역사회 청소년통합지원체계(CYS-Net)

양극화로 인한 가정해체, 가정 내 갈등으로 인한 가출, 학교부적응, 학업중단, 친구관계에서의 소외 등 복합적인 문제를 안고 있는 위기청소년들이 우리 사회에서 급증하고 있다. 이러한 위기청소년들의 다양한 욕구 충족과 상담, 긴급구조, 보호·지원, 자활, 활동 장려 등의 기능을 체계적으로 통합하는 역할을 수행하기 위한 지역사회 기반 통합적 지원체계 구축 노력이 지역사회 청소년안전망(Community Youth Safety-Net: CYS-Net) 구축 사업이다. CYS-Net사업은 지역사회 청소년 관련 기관 간의 네트워킹을 통해 위기청소년에 대한 전화상담, 구조, 보호, 치료, 자립, 학습 등의 서비스를 제공함으로써 위기청소년의 건강한 성장과 생활역량을 강화하는 데 초점을 두고 있다. CYS-Net 구축의 일환으로 2005년에는 2개 시(부산, 광주)에 청소년종합지원센터가 설치되었고, 2개 도(경기, 경남)에서는 기존의 청소년종합상담센터가 청소년상담과 아울러 위기청소년의 긴급구조, 일시보호, 자활 등의 통합기능을 수행했다. 또한 「청소년기본법」의 개정(2005.12.29)에 의해 한국청소년상담원이 위기청소년 총괄지원기능을 수행하도록 했으며, 시·도 및 시·군·구 청소년(종합)상담센터는 청소년에 대한 상담, 긴급구조, 자활, 치료 등의 기능을 수행하게 되었다. 2006년도에는 국가청소년위원회에서 전국 16개 시·도 청소년종합상담센터를 청소년상담지원센터로 확대·개편해 청소년상담뿐만 아니라 위기청소년에 대한 긴급구조, 일시보호, 치료·자활 등 통합지원기능을 수행하도록 하고 있다. 2009년 전국 16개 시·도 및 81개 시·군·구의 청소년(상담)지원센터를 중심으로 9만 8,020명의 위기청소년에게 71만 5,589회의 맞춤형 서비스를 제공·연계했다(여성가족부, 2010). 2011년에는 전국 16개 시·도 및 150개 시·군·구의 청소년상담지원센터를 중심으로 14만 5,376명의 위기 청소년에게 1,77만 3,892회의 맞춤형서비스를 제공·연계했으며, 2013년까지 전국 244개 지역(시·도 16개, 시·군·구 228개)에 확대 구축하는 것을 목표로 추진 중이다(여성가족부, 2012). 한편 2012년 2월에 「청소년복지지원법」이 전면 개정됨에 따라 이 법 제9조(지역사회 청소년통합지원체계의 구축·운영)의 1항과 2항에서 각각 "① 지방자치단체의 장은 관할구역의 위기청소년을 조기에 발견하여 보호하고, 청소년복지 및 「청소년기본법」 제3조 제5호에 따른 청소년보호를 효율적으로 수행하기 위해 지방자치단체, 공공기관, 「청소년기본법」 제3조 제8호에 따른 청소년단체 등이 협력하여 업무를 수행하는 지역사회 청소년통합지원체계(이하 '통합지원체계'라 한다)를 구축·운영하여야 한다." "② 국가는 통합지원체계의 구축·운영을 지원하여야 한다"라고 명시함으로써 지역사회통합지원체계(CYS-NET) 구축의 법적 기준이 마련되었다.

(3) 청소년동반자(YC) 프로그램

청소년동반자(Youth Companion)는 사회안전망에서 이탈할 가능성이 있거나 이미 이탈한 위기청소년들과 유기적인 관계를 형성해 위기청소년의 입장에서 지역사회 자원을 현장에서 함께 찾고 연계하며 청소년의 삶을 지원하는 전문인력이다. 위기청소년의 경우 자신의 문제를 해결하는 데 필요한 정보의 부족과 함께 자신에게 도움을 주는 전문가에 대한 신뢰부족으로 실질적인 도움을 받지 못하는 경향이 있었다. 청소년동반자는 청소년이 있는 곳에 직접 찾아가서 위기에 처한 청소년을 지원해주는 역할을 수행한다. 2008년 말 현재 전국 16개 시·도에서 실행되고 있다. 청소년동반자 프로그램의 다섯 가지 특성은 ① 다중체계적 관점, ② 개인별 맞춤형 통합적 서비스, ③ 찾아가는 서비스, ④ 현장 중심의 직접적 개입, ⑤ 개입 효과의 지속적 평가를 통한 개입 전략의 정교화라 할 수 있다(국가청소년위원회, 2007c). 이와 같은 특성을 바탕으로 청소년동반자는 위기청소년을 발견하고 평가하며 개입한 후, 사후 관리의 네 단계 과정을 거치게 되며, 이 과정을 통해 궁극적으로는 위기청소년들을 사회안전망 내로 포섭하는 것이 프로그램의 목표다. 2005년도에는 시범사업으로 청소년동반자 223명이 위기청소년 1,592명에게 각종 상담, 심리적·정서적 지지, 자활지원, 학습·진로 지도, 문화체험 등을 제공했다(국가청소년위원회, 2007a). 2009년도에는 추경예산을 통해 800명의 동반자가 추가 선발되어 시·도 및 시·군·구 센터에서 약 1,270명의 청소년 동반자 자원을 통해 위기청소년에게 서비스를 제공했다(여성가족부, 2010). 이후 2010년도, 2011년도에는 본예산에 반영되어 880명의 동반자가 활동했다(여성가족부, 2012). 여성가족부의 2011년 연구결과에 의하면 동반자 프로그램 참여자가 비참여자에 비해 재범률이 낮은 것으로 나타났다(여성가족부, 2012).

(4) 비행청소년

한국에서 청소년 비행은 형벌 법령을 어긴 행위에 해당하는 소년범죄와 법에는 어긋나지 않지만 사회의 윤리와 규범상 청소년으로 바람직하지 않은 행위를 모두 포함한다. 한국 「소년법」 제4조에서는 소년부의 보호사건으로 다루어져야 하는 대상을 세 가지로 분류하고 있다. 첫째는 죄를 범한 소년,[12] 둘째 형벌 법령에 저촉되는 행위를 한 10세 이상 14세 미만인 소년, 셋째 다음 각 사항에 해당하는 사유가 있고 그의 성격이나 환경에 비추어 앞으로 형벌 법령에 저촉되는 행위를 할 우려가 있는 10세 이상인 소년, 즉 ① 집단적으로 몰려다니며 주위 사람들에게 불안감을 조성하는 성벽이 있는 것, ② 정당한 이유 없이 가출하는 것, ③ 술을 마시고 소란을 피우거나 유해환경에 접하는 성벽이 있는 것 등이다.

2009년도 가출청소년의 수는 2008년(1만 5,337명)에 비해 219명 감소한 1만 5,118명이었다. 이 중 남자가 5,253명(34.7%), 여자가 9,865명(65.3%)으로 여자 청소년의 가출이

---

12) 20세 미만인 자를 의미함.

많았다(경찰청, 2010). 2010년에는 가출청소년의 숫자가 다시 1만 9,445명으로 증가했는데 이 중 남자가 6,657명, 여자가 1만 2,788명으로 여자 청소년의 가출이 남자 청소년 가출의 거의 두 배에 달했다(경찰청, 2011). 한편 2012년 「청소년복지지원법」개정으로 인해 가출청소년 지원에 대한 법적 근거가 마련되었다. 이 법 제16조(청소년 가출 예방 및 보호·지원) ①항에서는 "여성가족부장관 또는 지방자치단체의 장은 청소년의 가출을 예방하고 가출한 청소년의 가정·사회 복귀를 돕기 위해 상담, 제31조 제1호에 따른 청소년쉼터의 설치·운영, 청소년쉼터 퇴소 청소년에 대한 사후지원 등 필요한 지원을 하여야 한다"고 밝히고 있으며 ②항에서는, "보호자는 청소년의 가출을 예방하기 위해 노력하여야 하며, 가출한 청소년의 가정·사회 복귀를 위한 국가 및 지방자치단체 등의 노력에 적극 협조하여야 한다"고 되어 있다.

우리 사회의 전체 범죄는 2006년에 약간 감소한 것을 제외하면 매년 증가 추세를 보였는데, 소년범죄는 2005년에는 총 범죄 대비 3.4%를 기록한 후 계속 증가하여 2008년에는 5.5%까지 증가했다가 2009년에는 감소하여 4.5%, 2011년에는 4.4%를 차지했다(여성가족부, 2010, 2012). 전체 마약류 사범은 2005년 이후 2007년까지 계속 증가했다가 2008년 다소 감소하는 경향을 보이다가 2009년(11,875건) 잠시 증가했다가 2010년부터는 다시 감소한 데 반해(2010년: 9,732건; 2011년: 9,174건) 청소년 마약범죄는 2006년까지 29명으로 증가했다가 다소 감소했으나(2007년 17명, 2008년 19명), 2009년도에 82명으로 급격하게 증가했다(여성가족부, 2010, 2012). 2010년에는 소폭 감소했고(35건), 2011년에는 다시 소폭 증가(41건)했다(여성가족부, 2012).

비행청소년 중에서 죄질이 극히 불량해 선도, 교육이 불가능하다고 판단되는 범법소년에 대해서만 형사 처분하고 개선 가능성이 있는 범법소년에 대해서는 선도, 보호 측면에서 교육적인 처우를 하고 있다. 비행청소년의 처리기관은 경찰, 검찰, 법원, 분류심사원 등이다. 이 중에서 일반학교 부적응학생에 대한 특별교육을 실시하고 있는 곳이 분류심사원이다. 분류심사원은 「소년법」제18조 제1항 제3호의 규정에 의해 가정법원 또는 지방법원 소년부에서 위탁한 소년을 수용·보호하고 이들의 자질과 비행원인을 진단해 어떠한 처분이 적합한가를 분류·심사하는 법무부 소속 기관이다. 분류심사원은 2002년부터 각 시·도 교육청으로부터 「초중등교육법 시행령」제31조 제3항(학생의 징계 등)에 의한 중·고등학생 특별교육 이수기관으로 지정되어 일반학교 부적응학생에 대한 특별교육을 실시하고 있다. 특별교육은 진로·성격 등 심리검사, 심성훈련, 체험교육 등 1~5일 과정의 프로그램을 운영하고 있다. 교육과정을 이수한 학생에게는 특별교육수료증이 수여된다. 교육결과는 해당 학교와 학부모에게 통보되어 학생 생활 지도와 자녀지도의 자료로 활용하게 하고 있다.

(5) 디딤씨앗통장(CDA)사업

빈곤층 아동의 자립의지를 북돋우기 위해 2007년 4월부터 아동발달지원계좌(Child Development Account)사업이 시행되고 있다. 2009년 1월부터 아동발달계좌는 일반국민에게 디딤씨앗통장이라는 이름으로 불리고 있다. 이 통장은 도움이 필요한 시설보호·가정위탁·소년소녀가정·공동생활가정·장애인시설 아동에게 전달된다. 아동을 위해 민간이 후원 또는 기부액만큼 국가가 월 3만 원 한도 내에서 매칭하여 적립하는 형태로서 통장에 대한 후원금이 3만 원일 경우 국가가 매칭하는 3만 원이 더해져서 6만 원이 적립되는 방식이다. 이렇게 적립된 금액은 학자금, 취업훈련, 주거 마련 등을 위한 목적으로만 사용된다. 이 제도는 만 18세 이후 시설을 떠나서 스스로 독립해 살아가야 할 아이들이 자립의 기초를 마련하도록 하기 위한 것이다. 2011년부터는 위에서 언급한 특수 조건하 아동에 더하여 기초생활수급가정의 아동 일부가 대상에 포함되었다. 0~17세까지의 아동이 가입할 수 있다. 2009년도에 가입대상 아동 4만 3,143명 중 3만 6,469명이 가입했고(가입률 84.5%), 2010년에는 4만 2,030명의 가입대상자 중 4만 829명이 가입했으며(가입률 97.1%), 2011년에는 4만 5,088명의 가입대상자 중 4만 2,985명이 가입했다(가입률 95.3%)(보건복지부, 2012).

(6) 학교폭력

학교 현장에서 발생되고 있는 폭력은 「학교폭력예방 및 대책에 관한 법률」 제2조에서 정의하고 있는 바와 같이, "학교 내외에서 학생을 대상으로 발생한 상해, 폭행, 감금, 협박, 약취·유인, 명예훼손·모욕, 공갈, 강요·강제적인 심부름 및 성폭력, 따돌림, 사이버 따돌림, 정보통신망을 이용한 음란·폭력 정보 등에 의하여 신체·정신 또는 재산상의 피해를 수반하는 행위"를 포괄한다. 최근 SNS의 활용이 확산됨에 따라 특히 여성 청소년들 사이에 사이버 따돌림[13] 현상이 확산되고 있어 향후 이로 인한 청소년들

---

13) 인터넷, 휴대전화 등 정보통신기기를 이용하여 학생들이 특정 학생들을 대상으로 지속적, 반복적으로 심리적 공격을 가하거나, 특정 학생과 관련된 개인정보 또는 허위사실을 유포하여 상대방이 고통을 느끼도록 하는 일체의 행위(「학교폭력예방 및 대책에 관한 법률」 제2조 1의 3).

의 피해가 확산될 것으로 전망된다.

학교폭력에 종합적으로 대처하기 위해 2012년 2월 정부합동으로 학교폭력근절종합 대책이 발표되었다. 그 이후 학교 내 폭력서클, 폭력문화, 왜곡된 또래문화 등을 조기에 탐색·대응하기 위한 일진경보제를 도입·운영하고, 학교폭력에 대해 교사, 학생, 학부모가 합동으로 대응하고 사전에 학교폭력을 예방할 수 있도록 하기 위한 학교폭력 매뉴얼 자료가 개발·보급되었으며 아울러 학교폭력 예방을 위한 가족관계 개선사업이 추진되고 있다(여성가족부, 2012).

학교폭력은 청소년의 안전을 위협하는 가장 큰 요인으로 간주되고 있는데 그 이유는 학교폭력 최초 발생 연령이 낮아지고 있고,[14] 중학생의 학교폭력 발생비율이 초등학교나 고등학교에 비해 상당히 높게 나타나고 있기 때문이다(학교폭력근절종합대책, 2012). 학교폭력 현황과 관련하여 청소년폭력예방재단(2013)이 발표한 바에 따르면 전국의 학생 9,174명을 대상으로 조사한 결과 2011년에 학교에서 폭력을 당한 학생이 조사대상자의 18.3%(약 1,678명)로서 2010년의 11.8%에 비해 55.1% 증가했다. 학교폭력 가해자도 2011년에는 조사대상자의 15.7%(약 1,440명)으로서 2010년의 11.4%에 비해 37.7% 증가했다. 이러한 결과는 학교폭력근절종합대책이 나오기 이전에 실시된 조사에 바탕을 두고 있어 2012 종합대책 시행 이후의 학교폭력발생률 변화를 보여주고 있지는 못하다. 2013년 초 현재 전국 중고등학교를 대상으로 학교폭력실태 전수조사를 실시하고 있지만, 학교에 따라 전체 학생 중 조사참여자가 차지하는 비율이 제각각이어서 전국 학생의 학교폭력실태가 정확히 파악되는 데는 시간이 소요될 것으로 보인다.

학교폭력근절종합대책의 내용을 요약하면 <표 7>과 같다.

학교폭력 현상 가운데 두드러지는 점은 대부분의 학생들이 학교폭력 현장에서 방관자의 역할을 하고 있다는 것이다. 청소년폭력예방재단(2012) 발표에 의하면 학교폭력을 목격하고도 신고하지 않은 학생이 전체의 86.75%(7,959명)를 차지했다. 신고하지 않은 이유 중 가장 큰 비율을 차지한 것은 "자신이 피해를 입을까봐"(33.6%)였고 "관심이 없어서"도 21.3%나 차지했다. 우리 학교 현장의 폭력 현상 중 또 하나의 특징은 그것이 일반화되어 있다는 것이다. 즉, 어떤 특정 가해자들에 의해 폭력이 발생하는 것이 아니

---

14) 피해학생 중 53.6%가 초등학교 때 최초로 학교폭력 피해 경험(학교폭력근절종합대책, 2012. 2.9). 청소년폭력예방재단(2012)에 의하면 처음 폭력을 당한 시기는 '초등 1~3학년'이 2010년 17%에서 지난해 26.5%로, '초등 4~6학년'이 같은 기간 35.9%에서 46.2%로 늘어남.

〈표 7〉 학교폭력근절 종합대책 요약내용

	내용
직접대책	◦ 학교장과 교사의 책임 및 역할 강화 ◦ 담임교사의 역할 강화 및 생활지도 여건 조성.
	◦ 학교폭력의 즉각 신고, 피해학생 우선보호·치유 지원, 가해학생에 대한 엄격 조치와 재활치료 ◦ 기존 교육부, 여성가족부, 경찰청이 각각 운영하던 학교폭력 신고전화를 경찰청 '117' 학교폭력센터로 통합하여 24시간 운영 ◦ 초등학교 4학년~고등학교 3학년 학생 대상 매년 학교폭력실태 전수조사 실시.
	◦ 예방교육의 확대 - 학교 내 또래 활동 지원 - 사소한 괴롭힘도 폭력임을 단계적으로 교육 - 인터넷과 SNS 서비스를 활용하여 학교폭력 예방 사이버 상담 지원
	◦ 학부모교육포털(www.parents.go.kr)을 통한 온라인 학부모교육 및 교육정보 제공 확대 ◦ 교사·학부모 간 소통 강화 및 학부모의 책무성 제공 위해 학기당 1회 이상 학교 설명회 개최, 단위학교에서 학기별 1회 이상 학부모·교사 간 개인 또는 그룹 상담 제공, 학부모 및 지역사회인사 중심으로 학교폭력 예방 교육기부 활성화 추진
근본대책	◦ 교육 전반에 인성교육 실천을 위해 3~5세 누리과정부터 질서, 나눔, 배려, 협력, 존중, 경로효친, 갈등 해결 등에 대한 실천행동 제시 및 습관화를 위한 교육과정 운영 ◦ 중학교 체육활동 확대 ◦ 학생의 인성발달 특기사항을 학생생활기록부에 기록하여 그 결과를 대학입학 전형에 반영 ◦ 시·도교육청 평가에 인성교육 실천 및 학교폭력 근절 노력 정도의 비중 확대
	◦ 가정과 사회의 역할 강화를 위해 '밥상머리 범국민 캠페인' 추진 및 가족 단위 또는 청소년 대상 프로그램 확대 ◦ 방송, 언론, 시민단체와 연계하여 가정과 사회의 참여 확대를 위한 홍보 및 캠페인 실시.
	◦ 폭력 및 정신건강 유해요소부로부터 학생을 보호하기 위해 게임 시작 후 2시간 경과 시 자동으로 게임이 종료되도록 하는 쿨링오프제(cooling off) 도입 추진 ◦ 게임 및 인터넷 중독 예방교육 강화

자료: 여성가족부(2012).

라 피해를 당한 학생이 가해자가 되는 순환적 사건이 일어나 누구나 다 잠재적 가해자, 잠재적 피해자가 될 수 있다는 것이다. 따라서 가해자들도 피해를 입은 경험이 있고, 그들도 나름대로의 고통을 갖고 있을 수 있다는 것이다. 가해자들이 모두 동일한 유형의 아동들이 아니라 어떤 가해자 아동은 외롭고, 힘들며, 가정과 학교에서 인정받지 못하고 따돌림을 당하며 나름의 돌파구를 찾고자 하는 아이들일 수 있다는 것이다. 이러한 일반적 폭력상황 속에서 누구나 가해자, 피해자가 될 수 있기 때문에 폭력에 연루된 아동들 사이에는 죄의식이 희박하고, 따라서 발각이 되더라도 운이 없어 발각되었다는 생각을 갖게 되는 것도 문제이다.

2004년 7월 30일부터 처음으로 시행되면서 몇 차례 일부수정을 거쳐왔던 「학교폭력 예방 및 대책에 관한 법률」이 학교폭력근절 종합대책의 내용을 반영하여 2012년 5월 1일부터 일부 수정되어 시행되었다. 학교폭력 예방 및 근절을 위한 7대 실천정책의 이행을 위해 2012년 5월 1일부터 학교폭력대책위원회는 기존 교육과학기술부 산하에서 국무총리 소속으로 옮겨져 격상되었다.

(7) 교육복지우선지원사업

2002년 제7차 인적자원개발회의에서는 교육적·문화적 조건이 상대적으로 열악한 도시 저소득지역의 교육복지대책을 수립하기로 관계부처 간에 합의를 했고, 그 결과 2002년 12월 '교육복지투자우선지역 지원사업' 최종계획이 발표되었다. 이 사업은 저소득층 학생 및 청소년의 학습결손 예방과 행동·정서·문화 치유를 통해 학력을 증진시키고, 건강한 신체 및 정서발달과 다양한 문화적 욕구를 충족시키며, 교육·문화·복지 수준 향상을 위해 가정－학교－지역사회 차원의 지원망을 구축하는 등 지역교육공동체 구현을 통한 취약계층의 삶의 질을 제고하기 위해 실시되었다.

교육복지투자우선지역 지원사업은 2003~2004년에는 서울 6개 지역과 부산 2개 지역에 위치한 총 79개교(유치원 34교, 초등학교 29교, 중학교 16교)를 대상으로 시범적으로 실시되었고, 이를 위해 238억 원이 지원되었다(국가청소년위원회, 2007a). 시범지역의 지정에는 국민기초생활보장수급자, 가구주 교육수준, 기초자치단체별 1인당 지방세 납부액 등이 반영되었다. 2005년에는 공모제를 도입하고 사업대상지역을 확대하여 기존의 8개 지역 외에 신규로 7개 지역을 추가 지정했으며 2006년에는 대상지역을 총 30개 지역으로 확대, 신규로 선정되는 사업의 기본 운영기간을 5년으로 결정하는 수준으로 확대되었다. 교육복지사업이 확대 실시되면서 사업대상지역은 인구 25만 명 이상의 중소도시도 포함되었고, 사업예산 특별교부금 209억 원이 지원되었다. 2008년 12월에는 모든 시지역을 대상으로, 40개 지역을 추가 지정하여 2010년 10월 현재 100개 지역, 538개교에 특별교부금 310억 원을 지원하여 운영했다(한국교육개발원, 2011). 2011년에는 특별교부금 1,188억 원에 대응투자 367억 원, 총 1,566억 원이 교육복지사업에 투입되었다(한국교육개발원, 2012).

2010년 말 「지방재정교부금법 시행령」과 「초중등교육법」 제54조의 개정을 통해 2011년에 교육복지투자우선지역 지원사업은 교육복지우선지원사업으로 전환되었다. 사업 전환과 함께 종래 지역 단위로 선정되던 대상학교 지정이 학교 단위로 바뀌어 개별학교도 지역사회와 연계하여 사업을 추진할 수 있게 되었다. 이에 따라 시지역뿐 아니라 읍면지역에서도 사업추진이 가능하게 되었다.

이 사업의 추진을 위해 교육부가 사업비를 확보하고 사업의 총괄 및 관리를 담당한다. 시도교육청은 시도 단위 연간 및 중장기 사업을 계획, 추진 및 평가를 담당한다. 이 과정에서 지방자치단체와 연계 및 협동을 모색한다. 교육지원청은 학교 중심의 지역 단위 교육복지사업을 계획하고 추진하는 데 이 과정에서도 지역사회와의 연계 및 협력을 도모한다. 사업학교에는 교육복지 전담부서를 두고 대상 학생의 발굴, 프로그램 개발, 지역사회 자원 연계 등을 위해 프로젝트조정자나 지역사회교육전문가 등의 민간전문인력과 협력하면서 사업을 추진해간다.

2011년에는 전국에 1,356개 초·중·고등학교를 사업학교로 지정하여 사업을 추진했으며 사업학교에 재학하는 전체학생 108만 6,434명 중 국민기초생활보장수급자 가정 학생 수는 7만 1,854명(6.6%)였다(한국교육개발원, 2012). 류방란 외(2012)에 의한 3년간 교육복지우선 지원사업의 종단효과분석에 의하면 사업학교는 비사업학교에 비해 교사의 효능감, 취약계층에 대한 학교장의 리더십, 동아리 참여율, 진로프로그램 참여, 멘토링프로그램 참여율 등에서 높게 나타났으며, 사업학교 기초수급 초등학생들이 비사업학교 학생들에 비해, 사회성, 자존감, 학교생활 적응, 어려움 극복 효능감 등에서 높은 수준을 보인 반면, 중학교에서는 별 차이를 나타내지 않았다. 이는 초기 개입의 필요성을 말해주고 있는 것이다.

5. 청소년 환경 변화와 청소년복지의 향후 과제

1) 청소년 환경의 변화

청소년과 관련한 우리 사회의 가장 큰 변화는 청소년 인구의 지속적인 감소이다. 저출산·고령화의 영향으로 9세에서 24세 사이의 청소년 인구가 전체 인구에서 차지하는 비율은 1980년 36.8%를 정점으로 지속적으로 감소해 2006년에는 22.5%로 감소했다(통계청, 2007). 2010년 현재, 청소년 인구(9~24세)는 1,029만 명으로 청소년인구 구성비가 21.1%로 낮아졌으며(여성가족부, 2010) 2012년 현재는 1,020만 명으로 청소년인구 구성비는 20.4%를 차지하고 있다(여성가족부, 2012). 통계청(2012)의 장래 인구추계에 의하면, 청소년인구구성비는 2015년에 19.0%, 2020년에 16.3%, 2030년에는 13.7%로 청소년인구가 갈수록 감소할 전망이다. 청소년인구의 감소는 청소년의 희소성을 의미하므로 미래의 성장 동력으로서의 청소년에 대한 사회의 관심과 투자의 증대를 요구한다고 할 수 있다.

　최근 우리 사회의 또 다른 변화 중 하나는 다문화가족 청소년의 증가 현상이다. 국제결혼가정 자녀, 외국인 근로자 자녀, 북한이탈 청소년 등의 숫자가 매년 크게 증가하고 있다. 국제결혼가정 자녀 재학생 수(초·중·고)는 2005년에 6,121명, 2006년에 7,998명, 2007년에 1만 3,445명, 2008년에 1만 8,778명, 2009년에 2만 4,745명으로 지속적인 증가를 보이고 있으며(통계청, 2010), 2011년 현재는 3만 6,726명이며, 이 중 어머니가 외국인인 학생 수는 3만 1,940명(87%)에 이르고 있다(통계청, 2011). 북한이탈 청소년(25세 이하) 입국자 수는 2001년까지 누적자 수가 1,043명이었으나 2008년 한 해에 입국한 숫자가 2,809명, 2009년에는 2,914명, 2010년에 2,401명, 2011년에는 2,706명이었다(여성가족부, 2012). 다문화가정 청소년의 경우 기초학력 미달이나 중도탈락 등 적응상의 어려움이 일반 청소년보다 매우 높은 것으로 나타났다. 다문화가족 청소년의 숫자 증가와 교육 부실의 추세는 앞으로도 지속될 것으로 판단되는데 이는 국제결혼 건수가 계속해서 증가하고 있기 때문이다. 국제결혼은 2001년 1만 5,234건에서 2006년 3만 9,690건으로 증가했으며, 2006년 현재 한국인의 전체 결혼 건수 중 11.9%가 국제결혼이며 그중 70% 이상이 한국인 남성과 외국인 여성과의 혼인이었다(통계청, 2007). 2008년에는 국제결혼 건수가 3만 6,204건에 이르렀는데 이는 한국 전체 결혼 대비 국제결혼 비율이 1990년 1.2%에서 2008년에 11.0%로 늘어났음을 의미한다(김승권 외, 2009). 즉, 국민 10명 중 1명 이상이 국제결혼을 하고 있는 것이다. 2011년 현재 전체 결혼 건수는 32만 9,087인 가운데 국제결혼 건수는 2만 9,762로써 전체 국내 결혼 중 국제결혼이 차지하는 비율이 9.04%를 차지했다(통계청, 2011). 증가하는 다문화가족 청소년에 대한 우리 사회의 정책적 배려가 향후 더욱 절실해질 전망이다. 북한이탈 청소년 또한 입국과정에서 겪은 심리적·정서적 충격에 따른 신체적·정신적 건강상 문제로 많은 수가 외상 후 스트레스증후군을 겪고 있는 것으로 보고되고 있다(여성가족부, 2010). 그 외에도 남북한 간 문화적 차이, 학습의 단절, 나이 차이로 인한 동급생 간 관계 부적응 등으로 인해 한국 내 학교생활 적응에 많은 어려움을 안고 중도탈락하는 경우가 일반 청소년에 비해 훨씬 높은 것으로 보고되고 있다(여성가족부, 2010). 이들에 대한 교육적 측면과 사회적 측면에서 지속적인 관심과 배려가 필요한 상황이다.

청소년복지를 위협하는 현상의 또 다른 측면은 사회적 양극화가 지난 몇 년간 크게 진행되어 취약·위기 청소년의 숫자가 증가하고 있다는 것이다. 경제적 파탄으로 인한 이혼의 숫자가 늘어났고 부모의 가출로 조손가정의 숫자 또한 증가했다. 이러한 사회현상은 가정의 보호기능을 점차 약화시키고 있으며 이로 인해 가출청소년의 숫자 또한 증가하는 추세다. 가족 간 소득격차는 교육격차로 이어져 취약계층 청소년들이 빈곤을 대물림할 가능성이 높아지고 있다. 이러한 취약계층 청소년의 증가는 청소년의 성장과 사회참여를 강조하는 청소년정책 가운데서도 복지서비스의 보장과 확대를 우선적으로 해결할 것을 요구한다.

2) 청소년복지의 향후 과제

청소년 대상의 다양한 복지서비스가 여성가족부를 비롯한 여러 부처의 주관하에 민간자원과 합동을 통해 제공되고 있다. 하지만 이러한 다양한 서비스들이 아동복지와 구별 없이 아동복지의 연장선 위에서 제공되고 있는 것으로 보인다. 청소년은 아동과 다른 신체적, 심리적, 사회적, 문화적, 경제적 경험을 하면서 성인기로 이동하는 과정에 있다. 따라서 청소년복지의 향후 과제는 아동복지와 구별되는 청소년복지의 정체성을 확립하고 청소년복지서비스의 방향을 정하는 것일 것이다.

청소년은 지금까지의 전통적 규범과 가치, 또는 문화로부터 한 발 더 나가 나름대로의 삶을 창조·개척하려는 특성을 갖고 있다. 따라서 청소년복지 실천에서 청소년의 가치와 인식 틀을 존중하는 실천방법이 개발·보급되어야 할 것이다. 이와 관련하여 김선애(2010)는 임파워먼트, 구성주의적 사회복지실천, 그리고 옹호 등의 적용·실천을 제안했다. 임파워먼트는 청소년의 자기결정권을 존중해주면서 청소년 자신이 자기와 자기를 둘러싼 상황을 스스로 통제할 수 있는 힘을 갖도록 여건을 조성하고, 교육하고, 도와주는 과정이다. 구성주의적 사회복지실천은 청소년의 실재와 청소년의 문제를 이해하기 위해서는 청소년의 관점 안으로 들어가서 청소년의 주관을 반영한 문제나 현상의 재구성 작업을 의미한다. 청소년은 성인들이 인지하고 규정하는 객관적인 세계 속에서 살기보다는 자신들이 경험하고 구성한 역동적인 현실 안에서 살고 있다(김선애,

2010). 따라서 이들의 문제를 이해하고 그 문제 해결에 개입하기 위해서는 관찰과 측정과 같은 객관적 척도나 수단에 의해서가 아니라 청소년들이 사용하는 언어와 대화(고미영, 2009)에 주목해야 할 것이다. 옹호는 청소년의 권익을 옹호하는 실천활동을 의미한다. 청소년복지 관련자들은 권익옹호와 관련된 기술을 익혀 실천해야 할 것이다. 그리하여 청소년 관련 정책의 입안 및 결정과정, 각종 청소년 관련 프로그램의 실행에 있어 청소년들의 권익이 옹호될 수 있도록 해야 할 것이다. 이때 청소년들이 전자 메일, 서신, 정책입안자나 행정가 대상 면담 요청 및 건의사항 전달 등 다양한 의사소통 방법을 통해 청소년과 함께 권익옹호 활동에 참여할 수 있는 전략을 마련해야 할 것이다(엄명용 외, 2005). 이러한 옹호 활동은 청소년 권익과 관련하여 지속적으로 청소년을 교육하는 활동까지 포함한다. 즉, 청소년 자신들이 자신의 복지권리를 이해하고 이러한 권리가 부당하게 침해받았을 때 이에 대해 정당한 요구를 할 수 있는 방법 등을 교육시켜야 할 것이다.

한편 가장 우선적으로 개입해야 할 청소년문제 영역을 확인하여 청소년복지정책의 우선순위를 정할 필요가 있을 것이다. 한국청소년정책연구원(2012)이 학부모와 청소년 표본 약 2,000명을 대상으로 실시한 조사에 의하면 가장 시급한 개입을 요하는 청소년 문제로, ① 학교폭력 근절, ② 가출·폭력·학업중단·성매매 등 위기청소년 지원, ③ 경제적으로 어려운 청소년 지원, ④ 인터넷 중독 등 청소년 정신건강 문제 예방 및 치료, ⑤ 청소년 일자리 개발 및 직업역량 강화, ⑥ 다양한 청소년활동 기회 제공, ⑦ 주5일제 수업에 따른 토요·방과 후 활동지원 순으로 나타났다.

학교폭력의 심각성은 최근 학교폭력 피해자가 잇달아 자살한 사실에서 드러나고 있다. 학교폭력문제 해결을 최우선으로 하면서 나머지 문제들에 대한 해결을 위해 청소년복지 관계 부처들이 협동으로 대책을 수립·시행해야 할 필요가 있다. 또한 최근 청소년 자살 사건의 빈번한 발생에서 나타나듯 청소년의 정신건강이 위협받고 있는 상황에서 정신건강문제 및 예방에 더욱 많은 예산이 투입될 필요가 있다.

다양한 청소년 관련 서비스의 제공이 앞서 언급한 맥락과 체제 안에서 조화롭게 이루어지기 위해서는 정부 간, 중앙정부와 지방정부, 정부와 민간, 민간 간 협력체계를 구축함으로써 정책집행 및 수립의 자율성과 효율성을 제고해야 할 것이다. 특히 정부 부처 간에는 업무의 중복을 피하기 위해 청소년정책 및 업무의 총괄 및 조정이 필요한데 각 부처에서 청소년 업무를 조정하고자 할 경우에는 주무 부처인 여성가족부와 협의를 거치는 방안을 강구할 필요가 있다. 또한 부처 간 업무조정 및 상호 협력체계 마련을 위해서는 '청소년정책관계기관협의회'를 '청소년정책조정위원회'로 강화하여 청소년복지정책 관련 우선순위를 검토하고 조정할 필요가 있다(한국청소년정책연구원, 2012).

참고문헌

고미영. 2007. 「사회복지실천에서의 임파워먼트 접근에 대한 구성주의적 이해와 적용」. ≪상황과 복지≫, 23, 131~161쪽.

고숙희·김영희·서동희·김유리. 2006. 『21세기 사회변화와 청소년정책의 중요성』. 한국청소년개발원.

경찰청. 2010. 『경찰백서』.

경찰청. 2011. 『경찰백서』.

교육인적자원부. 2007. 『2007년 특수교육실태조사서』.

국가청소년위원회. 2007a. 『2006 청소년백서』.

_____. 2007b. 『청소년 희망세상 비전 2030』. 국가청소년위원회 정책총괄팀.

_____. 2007c. 『청소년동반자 프로그램의 운영실태 및 개선방안 연구』. 국가청소년위원회.

김명수. 2006. 「한국 청소년복지정책 결정요인에 관한 연구」. ≪복지행정논총≫, 16(2), 169~198쪽.

김선애. 2010. 「청소년복지의 실천적 정립을 위한 고찰-아동복지실천과의 비교를 통한 청소년의 개발적 복지접근을 중심으로」. ≪청소년복지연구≫, 12(4), 279~299쪽.

김승권·김유경·조애정·김혜련·이혜경·설동훈·정기선·심인선. 2009. 『2009년 전국다문화가족실태조사 연구』. 서울: 보건복지가족부, 법무부, 여성부, 한국보건사회연구원.

김현용 외. 1997. 『현대사회와 아동: 아동복지의 시각에서』. 소화.

김희순. 2003. 「청소년정책과 행정, 그 틈을 위해 필요한 노력」. ≪청소년문화포럼≫, 7, 108~156쪽.

류방란·김준엽·송혜정·김진경·김도희. 2012. 「교육복지우선지원사업 종단적 효과 분석 연구(3차년도)(CR2012-31)」. 한국교육개발원.

보건복지부. 2012. 『보건복지부성과자료집』.

서울대교육연구소 1998. 『교육학대백과사전』. 하우동설.

엄명용·김용석·노충래. 2005. 『사회복지실천기술의 이해』. 서울: 학지사.

여성가족부. 2009. 『아동·청소년백서』.

_____. 2010. 『청소년백서』.

_____. 2012. 『청소년백서』.

이용교. 1994. 「한국 청소년정책의 형성과정에 관한 연구」. 중앙대 대학원 박사학위논문.

청소년폭력예방재단. 2013. 「전국 학교폭력실태 조사 발표」.

통계청. 1999. 「1999년 생활시간조사보고서」.

_____. 2004. 「2004년 생활시간조사보고서」.

_____. 2007. 「사회통계조사보고서」.

_____. 2010. KOSIS.

_____. 2011. KOSIS.

_____. 2012. 「장래인구추계」.

학교폭력근절종합대책, 2012. 관계부처합동.

한국교육개발원, 2012. 「2011년도 교육복지우선지원사업 현황」.

한국청소년쉼터협의회. 2007. 「가출청소년 및 청소년쉼터 실태조사」. 한국청소년쉼터협의회.

한국청소년정책연구원. 2007. 「제4차 청소년정책기본계획 수립 연구」. 한국청소년정책연구원.

한국청소년정책연구원. 2012. 「NYPI 청소년정책 리포트」 합본호.

한국교육개발원. 2011. 「2011년 교육복지우선지원사업 발전 방안」. 한국교육개발원. http://
eduzone.kedi.re.kr/.

한국의 가족복지서비스

❚ 김성천*

세계화와 양극화의 물결 속에서 21세기를 기점으로 한국의 가족은 급변하고 다양한 어려움에 처했다. 소가족화와 독신 가구의 증가, 결혼관의 변화로 인한 만혼과 저출산 문제의 심화, 이혼의 증가로 인한 한부모가족과 조손가족의 증가, 그리고 새터민가족, 국제결혼가족, 이주노동자가족 등의 다문화가족의 증가 및 가출팸과 사이버가족 등의 등장 등 한국의 가족은 다양화되고 있다. 이러한 현상은 사회의 급격한 변화에 따른 새로운 사회구조에 적응하고자 하는 자연스러운 결과이기도 하나 이러한 변화들이 한 편으로는 사회의 존립을 위협하는 사회문제로 인식되기도 하고, 차별과 갈등의 문제를 야기하고 문화적 지체 등의 다양한 문제를 야기시킨다고 평가되기도 한다(여성가족부, 2010). 이 장에서는 이렇게 쟁점이 되며 급변하는 한국의 가족과 가족의 복지 욕구 및 문제를 진단하고 이에 대응하는 가족복지제도를 분석하고자 한다.

1. 가족복지의 개념

가족복지의 개념 정의에 대해 많은 학자들이 공통적으로 지적하는 것은 가족을 하

---

* 중앙대학교 사회복지학부 교수.

나의 사회적 단위로 보고, 집단으로서의 성격을 지닌 '가족의 전체성(family as a whole)'을 고려한 대책이라는 점이다(최경석 외, 2005; 김성천, 2007; Kamerman and Kahn, 1978; Feldman and Scherz, 1968; 山崎美貴子, 1976). 가족의 전체성을 대상으로 한다는 것은 가족복지가 가족구성원의 개별욕구보다는 한 단위로서의 가족이 지니는 가족기능과 가족관계와 상호작용의 증진을 돕는다는 것을 의미한다. 따라서 아동양육이나 노인부양 및 돌봄, 부부관계의 증진, 가족의 생계 지원 등 가족의 생존과 사회적응을 돕는 것이 가족복지의 주요 내용이 되고, 체계로서의 특성(Goldenberg and Goldenberg, 2000)을 지닌 가족집단이 서비스의 대상이 됨을 의미한다.

그러나 최근 가족복지정책의 대상은 가족주의(familialism)보다 개인주의를 반영하여 개인 중심의 서비스를 중시하는 경향을 보이고 있다(이진숙 외, 2010). 이는 근대화가 가족 중심이 아니라 개인 중심적인 정책을 추진하고 있기 때문이고, 가족의 다원화를 인정하면서 개인들의 선택을 존중해준 결과라고 생각한다.

한국의 가족복지 근거법인 「건강가정기본법」에서는 건강가정지원의 목적과 정의(제1조, 제3조 4항, 제23조)에서 가족의 부양, 양육, 보호, 교육 등의 가정기능을 대상으로 함으로써 한 단위로서의 가족(가정)과 그 기능을 대상으로 하고 있음을 알 수 있다. 또한 제21조의 가정에 대한 지원에서는 가족구성원의 정신적·신체적 건강지원, 소득보장 등 경제생활의 안정, 안정된 주거생활, 태아검진 및 출산·양육의 지원, 직장과 가정의 양립, 음란물·유흥가·폭력 등 위해환경으로부터의 보호, 가정폭력으로부터의 보호, 가정친화적 사회분위기의 조성 등의 서비스를 제시하고 있음으로써 가족복지의 대상이 개별가족 구성원이 아니라 한 단위로서의 가족과 가족의 기능을 주 대상으로 하고 있음을 알 수 있다. 그러나 한편으로는 「건강가족기본법」의 이념(제2조)에서 "가정은 개인의 기본적인 욕구를 충족시키고……"라고 규정함으로써 가족의 전체성에 매몰될 수 있는 개인의 욕구를 간과해서는 안 된다는 가치를 제시함으로써 가족의 전체성으로 인한 문제를 견제할 수 있는 근거를 만들어놓고 있다고 볼 수 있다. 그럼에도 불구하고 이혼을 부정적인 시각에서 보고 있고, 한부모 가족, 이혼가족을 가족해체라고 표현하고 있는 점을 볼 때 이 법은 기본적으로 가족구성원의 욕구 충족보다는 특정 가족을 지향하는 한 단위로서의 가족을 대상으로 하는 가족정책을 우선시한다고 볼 수 있다.

2. 한국 가족의 변화와 문제

1) 가족구조의 변화 1)

(1) 소가족화: 평균 가구원 수는 2.69명, 주된 가구 유형은 2인 가구로 변경

2010년 현재 핵가족 비율은 61.6%로 2005년(65.0%)보다 3.4% 감소한 것으로 나타났으나 저출산 현상의 지속으로 핵가족보다 가족 규모가 축소되고 가족의 세대구성이 단순화되는 현상이 심화되어 소가족화 현상이 증대되었다. 부부가족은 8.3%(1980)에서 17.5%(2010)로 증가했고, 특히 1인 가족은 4.8%(1980), 20.0%(2005)에서 23.9%(2010)으로 급증했다. 이렇게 1세대 가구는 증가한 반면, 2세대 이상 가구는 감소하여 가구 분화가 계속 진행되고 있다. 1세대 가구는 2005년 16.2%에서 2010년 17.5%로 1.3% 늘어난 반면, 주된 세대 유형인 2세대 가구는 55.4%에서 51.3%로 4.1% 감소한 것으로 나타났다.

〈표 1〉 세대수별 가구 분포

(단위: %)

연도	총가구	1세대 가구	2세대 가구	3세대 가구	4세대 이상 가구	1인 가구	비혈연 가구	한부모 가구
1980	100.0	8.3	68.5	16.5	0.5	4.8	1.5	7.1
1990	100.0	10.7	66.3	12.2	0.3	9.0	1.5	6.4
2000	100.0	14.2	60.8	8.2	0.2	15.5	1.1	7.8
2005	100.0	16.2	55.4	6.9	0.2	20.0	1.4	8.6
2010	100.0	17.5	51.3	6.1	0.1	23.9	1.2	9.2

자료: 통계청(2010b).

소규모 가족이 선호되고 아동양육이 부담으로 작용함에 따라 이상적인 자녀 수에 대한 규범과 실제 합계출산율이 급격히 감소하는 현상이 생기고 있다. 평균가구원 수는 5.0명(1975)에서 2.69명(2010)으로 감소했고, 1990년 이후 가장 주된 유형의 가구는 4인 가구였으나 2010년에는 2인 가구가 가장 주된 유형으로 등장하게 되었다.

---

1) 별도의 주가 없는 2절과 3절의 통계자료는 주로 여성가족부의 『함께 가는 가족 2010』에서 인용했다.

2) 가족형태의 다양화

(1) 이중부양자 가족의 증가

고학력화와 노동시장의 유연성 제고에 따른 여성의 경제활동 참여 증가로 맞벌이 가족이 증가했다. 여성의 경제활동 참가율은 41.9%(1985)에서 48.3%(2010)로, 특히 기혼 여성은 40.0%(1985)에서 49%(2005)로 증가했으며, 맞벌이가족도 27.4%(1990)에서 35.4% (2000)로 증가했다.

〈표 2〉 여성의 경제활동 참가율

(단위: 천 명, %)

연도	15세 이상 인구	경제활동 인구	참가율	남자	여자	실업자	실업률
1980	24,463	14,431	59.0	76.4	42.8	748	5.2
1990	30,887	18,539	60.0	74.0	47.0	454	2.4
2000	36,186	22,134	61.2	74.4	48.8	979	4.4
2005	38,281	23,763	62.1	74.7	50.2	892	3.8
2010	40,803	24,538	60.1	72.5	48.3	853	3.5

자료: 통계청(2010a).

(2) 이혼과 재혼 및 한부모가족의 증가

이혼율은 2000년도 초반에 급증하다 후반 들어서 그 증가율이 둔화되었다. 이혼율이 높아짐에 따라 재혼가족도 크게 증가했다. 전체 혼인 중 재혼 비율이 13.4%(1995)에서 25.2%(2005)로 증가했으며, 남녀 모두 재혼인 경우도 6.4%(1995)에서 14.7%(2005)로 증가했다.

이혼 증가로 한부모가족이 급증했다. 외환위기로 인한 경제문제 때문에 한부모가족

〈표 3〉 이혼율

(단위: 천 건, %)

연도	2000	2003	2005	2008	2009
혼인 건수	343	305	316	330	310
이혼 건수	200	167	128	117	124
혼인/이혼율	0.58	0.55	0.41	0.35	0.40
조이혼율	-	3.4	2.6	2.4	2.5

자료: 통계청(2009). 혼인통계, 이혼통계.

〈표 4〉 성별 한부모가족 현황

(단위: %, 천 명)

연도	계	모자가족	부자가족	모자가족 비율
1995	960	788	172	82.1
2000	1,124	904	220	80.4
2005	1,370	1,083	287	79.1
2010	1,594	1,247	347	78.2

자료: 통계청(각 연도). 인구주택총조사보고서.

이 증가했고 이들 가정의 빈곤의 심화로 빈곤의 대물림 및 사회양극화가 우려된다. 한부모가구 수는 88만 9,000가구(1990)에서 159만 4,000가구(2010)로 늘어났으며 한부모가족 중 이혼에 의한 가구 비율은 9.6%(1990)에서 21.9%(2000)으로 증가했다. 또한 한부모가족의 아동빈곤율 역시 16.7%(2000)에서 27.7%(2002)로 높아져 일반가구보다 3배 정도 높은 것으로 나타났다.

(3) 조손가족의 증가

이혼의 과정에서 부모가 자녀를 키우지 않겠다는 결정을 내리거나 부모의 별거로 인해 조부모가 손자손녀를 맡아서 돌보는 조손가족이 늘어나고 있다. 2005년 통계청 「인구주택 총조사」에 따르면 조손가족은 2000년에 4만 5,000가구에서 2005년에는 5만 8,101가구(0.36%)로 1만 가구 이상이 늘어난 것으로 나타났다.

(4) 다문화가구는 총 38만 7,000가구로 전체 가구의 2.2%를 차지

세계화로 국제 인구이동의 증가에 따라 한국인의 아시아계 여성과의 국제결혼이 급

〈표 5〉 국제결혼율

(단위: 명, %)

연도	결혼건수	국제결혼		외국인 아내		외국인 남편	
		건수	구성비	건수	구성비	건수	구성비
1990	399,312	4,710	1.2	619	0.2	4,091	1.0
1995	398,484	13,494	3.4	10,365	2.6	3,129	0.8
2000	334,030	12,319	3.7	7,304	2.2	5,015	1.5
2004	310,944	35,447	11.4	25,594	8.2	9,853	3.2
2009	309,759	33,300	10.7	25,142	8.1	8,158	2.6

자료: 통계청(2010a).

증하면서 결혼이민자가족이 증가했다. 특히 산업화·도시화 과정에서 나타난 농촌지역의 기능 축소로 국내에서 배우자를 찾기 어려운 농림어업종사자의 국제결혼이 늘었다. 2005년 국제결혼은 총결혼 건수의 13.6%를 차지했으며, 농림어업종사자의 경우 그 비율이 35.9%에 이르렀다. 다문화가구는 38만 7,000가구로 한국 총 1,757만 4,000가구의 2.2%를 차지하고 있는 것으로 나타났다(통계청, 2010).

2) 가족기능의 변화

(1) 재생산 기능의 약화

한국의 합계출산율은 4.54명(1970)에서 1.08명(2005)로 줄어 미국의 2.0명(2003), 프랑스 1.9명(2003), 스웨덴 1.7명(2003), OECD 평균 1.56명(2003)에 비교했을 때 세계 최저수준을 보이고 있다. 1983년 합계출산율이 인구대체수준 이하로 하락한 이후 20년간 저출산현상이 지속되면서 지난 2005년 1.08명으로 최저치를 기록한 이후 2008년 1.19명, 2011년 1.24명 등으로 조금씩 증가하고 있으나 OECD 회원국 가운데는 최하위권에 머무르고 있다. 이러한 현상은 소득의 양극화 심화 및 고용 불안정, 양육·교육비 부담, 개인 중심의 가치관, 여성의 취업증가 등으로 결혼과 출산의 기피 현상이 심각하기 때문이다.

또한 고령화가 급격하게 진행되어 2000년 고령화사회(7%)가 되었으며, 2010년 조사에 따르면, 65세 이상 고령인구는 545만 명으로 전체인구의 11%가 넘는다. 2020년경에는 노인인구비율이 14.4%에 달해 고령사회로, 2026년경엔 20%를 넘어 초고령사회에 도달할 것으로 예측되고 있다. 이렇게 한국은 세계에서 가장 빠르게 고령화되고 있는 나라다. 또한 노인 빈곤율과 자살률은 OECD 국가 중 1위를 기록하고 있다. 특히

〈표 6〉 합계출산율

구분		1998	2000	2005	2008	2011
출생아 수(천 명)		635	635	435	466	471
	증감(천 명)	-34	20	-38	-27	1
	증감률(%)	-5.0	3.3	-8.0	-5.5	0.2
조출생률(인구 천 명당 명)		13.6	13.3	8.9	9.4	9.4
합계출산율(명)		1.45	1.47	1.08	1.19	1.24

자료: 보건복지가족부(2009.2.26.). 보도자료; 통계청(2011). 보도자료.

독거노인의 자살률은 일반 노인의 자살률의 3배에 달한다(≪조선일보≫, 2011.8.23.). 이러한 인구변화가 특히 문제가 되는 것은 노인인구 대비 생산인구가 급감함으로써 생산인구 감소 및 소비수요 격감으로 경제성장의 잠재력이 상실되고 국민 부담이 증대한다는 점이다. 예로 2005년에는 8.2명의 생산인구가 1인의 노인을 부양했지만 2020년에는 4.6명, 2050년에는 1.4명이 1인의 노인을 부양하는 구조로 바뀌게 될 것으로 전망된다.

(2) 양육 및 교육 기능의 약화

전통적으로 가족은 애정의 기능이나 양육의 기능과 같은 고유한 기능 이외에도 생산과 소비 기능을 비롯해 교육, 보호, 휴식, 오락, 종교 등의 다양한 기능을 담당하고 있었다. 그러나 산업화가 발달하면서 가족이 담당했던 대부분의 기능은 다양한 사회적 주체에 의해 대체되기 시작했다. 특히 가족의 양육기능과 보호기능은 급격히 약화되었으며, 경제적인 기능을 제외하고는 휴식이나 오락 등과 같은 정서적인 기능 또한 점차 약화되고 있다(여성가족부, 2005).

자녀 수의 감소로 인하여 가족의 자녀 양육·교육에 대한 관심은 높아졌으나, 사회의 다원화·전문화, 아동양육과 돌봄의 시간 부족 등으로 가족의 자녀 양육 및 교육기능은 현저히 약화되었다. 교육기간 연장 및 과다한 사교육으로 자녀 양육·교육이 가족에게 큰 부담이 되어 자녀기피 현상으로 나타났다.

(3) 경제부양기능과 돌봄기능의 약화

가족복지의 기능이 약화되었다. 그간 가족은 사회안전망이 미비한 가운데 사회복지 기능을 대신 수행해왔으나 외환위기 이후 특히 소득보장기능이 크게 약화되었다. 가족에서 부모가 생계부양을 하는 비중이 58.2%(1998)에서 53.3%(2002)로 하락했다.

여성의 취업증가와 핵가족화에 따라 돌봄기능에 공백이 발생했다. 저출산, 만혼·이혼이 증가했고, 고령화 등 인구학적 변화와 세대 간 부양의식의 약화로 가족돌봄체계의 불안정 현상이 가속화되었다. 반면에 가족이 수행해왔던 전통적 기능 중에서 점점 더 강화된 가족기능은 소비의 기능, 애정적 기능, 정서적 기능 등을 들 수 있다.

3) 가족 가치관의 변화

(1) 개인 중심 가치관의 확산

한국 전통적인 가족 가치관은 유교주의에 입각한 가족주의(familism)와 효 사상에 기반하고 있다. 전통사회에서 개인보다는 가족의 이익을 우선하는 집단주의 윤리가 지배적이었으므로 개인만의 이익추구는 죄악시되었고, 개인의 독립성과 자율성은 극도로 제한되었다. 그러나 개인 임금에 기초한 산업화는 필연적으로 개인주의를 발전시켰고 이로 인해 집단으로서 가족을 중시하는 가족주의는 약화되고 있다.

가족과 관련된 가치관의 가장 큰 변화는 결혼에 대한 가치관과 자녀에 대한 가치관에서 나타난다. 과거와 달리 결혼을 반드시 거쳐야 하는 필수적인 관문으로 생각하는 경우는 줄고 있다. 통계청(2006a)의 조사에 의하면 미혼 남자의 경우 10명 중 7명 정도가 결혼에 적극적인 생각을 가진 반면에 미혼 여자는 5명 정도인 것으로 나타났다.

(2) 전통적 성역할 가치관의 변화

가족이 외형상 양성평등의 부부 중심, 소가족화로 빠르게 변화하는 반면 여전히 가부장적 가치관이 유지되는 지체를 보이고 있다. 부계 중심의 '대잇기' 의식이 크게 약화되고, 권위주의적 부부관계에서 수평적 관계로 바뀌어 평등한 가정생활로 변화했다. 한편 맞벌이 부부가 증가함에도 가정의 전통적 성역할은 크게 변화되지 않는 등 지체 현상을 보이고 있다.

이와 같이 한국 가족의 가치관은 유교적 권위주의에 입각한 가족주의에서 민주주의에 입각한 개인주의로 변화하고 있지만 아직도 전통적 가치관이 강하게 남아 있어서 전통적·현대적·탈현대적 요소가 동시대에 공존하고 있다는 점이 특징이다. 장경섭(2001)은 한국의 가족 이념을 유교주의적·도구주의적·서정주의적·개인주의적 가족이념이 공존하는 것으로 파악하며 이러한 이질적인 가족개념이 세대, 학력, 지역, 성별 등에 따라 복잡한 분포를 보이며 나타난다고 보았다.

3. 한국 가족복지의 발달과정

1) 정부 관련부서의 발달과정

한국의 가족복지를 담당했던 정부부서의 발달과정은 <그림 1>과 같다(여성가족부 2012). 전담부서는 사회부 부녀국에서 시작되어 보건사회부 소속으로 편재되었다가 2005년에 여성가족부로 이관되었고, 2008년에 다시 보건복지부, 2010년부터 지금까지 여성가족부에 존치되고 있다.

2) 가족복지 관련법의 발달과정

현 여성가족부의 가족정책국 소관 법령을 입법 연도순으로 제시하면 <표 7>과 같다. 이 법과 가족정책국 소속의 법은 아니지만 가족과 관련된 주요 법들을 소개하면 다음과 같다.

여성가족부의 가족정책 소관 법률은 「건강가정기본법」(2004.2.9. 제정). 「가족친화 사회환경의 조성 촉진에 관한 법률」(2007.12.14. 제정), 「건전가정의례의 정착 및 지원에 관한 법률」(1999.2.8. 제정), 「결혼중개업의 관리에 관한 법률」(2007.12.14. 제정), 「다문화가족지원법」(2008.3.21. 제정), 「한부모가족지원법」(1989.4.1. 제정) 등을 들 수 있다. 가족복지와 관련된 주요 법을 살펴보면 다음과 같다.

(1) 「건강가정기본법」

한국에서 가족을 하나의 전체적 단위로 고려하여 지원하기 위해 마련된 법이 「건강가정지원법」이다. 「건강가정기본법」에서는 법 제3조에서 가족에 관한 법적 개념을 정의해 놓고 있다. 먼저 '가족'이란 혼인·혈연·입양으로 이루어진 사회의 기본 단위(1항)이며, '가정'이란 가족구성원이 생계 또는 주거를 함께 하는 생활공동체로서 구성원의 일상적인 부양·양육·보호·교육 등이 이루어지는 생활 단위(2항)이다. '건강가정'이란 가족구성원의 욕구가 충족되고 인간다운 삶이 보장되는 가정을 의미한다(3항). 이어 가족복지 대책의 핵심이라 할 수 있는 '건강가정사업'이란 건강가정을 저해하는 문제(가정문제)의 발생을 예방하고 해결하기 위한 여러 가지 조치와 가족의 부양·양육·보호·교육 등의 가정기능을 강화하기 위한 사업(4항)으로 정의하고 있다.

〈그림 1〉 가족복지를 담당했던 정부부서의 발달과정

〈시기〉	〈담당기구〉	〈주요 내용〉
1948	사회부 부녀국	○ 여성복지 업부의 일환으로 추진
1963	보건사회부 부녀아동국	○ 부녀국을 부녀아동국으로 개칭
1989	보건사회부 부녀아동국	○ 저소득 모부자 가정과 취약계층 여성에 대한 지원을 내용으로 하는 「모부자복지법」 제정
1990	보건사회부 가정복지심의관	○ 가정복지국과 사회국을 통합하여 사회복지정책실 신설 ○ 사회복지정책실 내 가정복지심의관으로 수행
2001	보건복지부 가정복지심의관	○ 가족복지 업무 중 가정폭력, 성폭력 업무 여성부 이관
2003	보건사회부 인구가정심의관	○ 가족복지심의관에서 인구가정심의관으로 전담부서 명칭 변경
2004	보건사회부 인구가정심의관	○ 가족정책에 관한 기본법으로 「건강가정기본법」 제정(2004.2) ○ 가족에 대한 지원사업으로 지방건강가정지원센터 사업 시작(2004.6) ○ 정부혁신지방분권위에서 가족업무의 기능 조정안 보고
2005	여성가족부 가족정책국	○ 가족업무의 여성가족부 이관(1국 3과, 2005.6) ○ 제1차 건강가정기본계획(2006~2010) '함께 가는 가족 2010 발표(2006.11)
2007	여성가족부 가족정책국	○ 결혼이민자 가족 지원 확대를 위해 가족통합팀 신설(1국 4과, 2007.11) ○ 「다문화가족지원법」, 「결혼중개업의 관리에 관한 법률」, 「가족친화사회환경조성 촉진에 관한 법률」 제정
2008	보건복지가족부 아동청소년가족정책실 가족정책관	○ 가족정책 업무 보건복지가족부 이관(1관 3과)
2010	여성가족부 아동청소년가족정책실 가족정책관	○ 여성가족부 출범, 가족업무 이관(1관 3과)
2012	여성가족부 아동청소년가족정책실 가족정책관	○ 다문화가족과 직제변경(1관 4과)

〈표 7〉 가족복지와 관련된 주요 법

법령명	제정일 (개정일)	제정경위·핵심 내용	최근개정
1 「한부모가족 지원법」	1989.4.1. (2012.2.1.)	○ 한부모가족이 자립 자활할 수 있도록 생계, 교육 등 건강하고 문화적인 생활 을 영위할 수 있도록 지원	○ 자녀양육비 가이드 라인 마련 등
2 「건전가정의 례의 정착 및 지원에 관한 법률」	1999.2.8. (2012.2.1.)	○ 건전한 가정의례활동에 대한 지원 등을 통하여 허례허식을 일소하고 건전한 사 회기풍을 진작	○ 여성가족부장관의 명예가정의례지도원 위촉 권한 삭제 (지자체 이양)
3 「건강가정기 본법」	2004.2.9. (2011.9.15.)	○ 건강한 가정을 구현하기 위해 가정 중 심의 통합적 복지서비스 체계를 확립할 수 있는 행정적·제도적 기틀을 마련	○ 위원회 폐지 및 아 이돌봄 지원사업 법 적 근거 마련
4 「가족친화 사 회환경 조성 촉진에 관한 법률」	2007.12.14. (2012.2.1.)	○ 저출산 고령화와 여성의 경제활동 참여 증가 등 사회환경 변화에 따라 가정생활 과 직장생활을 조화롭게 병행할 수 있도 록 가족친화적 환경의 정착 지원	○ 가족친화 기본계획 연도별 시행계획 시 군구로 확대 시행
5 「결혼중개업 의 관리에 관 한 법률」	2007.12.14. (2012.2.1.)	○ 국제결혼 증가에 따른 인신매매성 위장 결혼, 사기결혼, 허위정보 제공에 따른 피해 예방	○ 만 18세 미만 결혼 중개 및 집단맞선 금지, 1억 원 이상 자본금요건 신설 등
6 「다문화가족 지원법」	2008.3.21. (2012.2.1.)	○ 다문화가족 구성원의 사회통합과 안정 적인 가족생활을 지원하기 위한 다양한 정책의 법적 근거를 마련하여 체계적으 로 다문화가족 지원정책 추진	○ 지자체 담당 기구 및 공무원 배치 ○ 국가·지자체의 다 문화가족지원센터 설치 근거 마련 등
7 「아이돌봄 지원법」	2012.2.1. (2012.8.2.)	○ 가정내 양육지원을 위한 아이돌봄서비 스 법적 근거 마련 ○ 아이돌봄서비스 직무, 자격, 서비스 제 공기관 설치 등 근거 마련	제정

제정과정에서부터 「건강가정기본법」에 명시되어 있는 '가족'의 정체성은 몇 가지 점에서 논란이 되어왔다. 첫째, 가족에 대한 정의가 정상가족(the family) 중심의 가족관으로 협소하게 내려짐으로써 다양하게 등장하는 가족유형들을 '비정상가족'이나 '문제가족', '해체가족'으로 접근하고 있다는 비판이 제기되고 있다. 둘째, '가족의 기능'을 부양, 양육, 보호, 교육 등으로 '명시'함으로써 '보살핌'기능을 가족의 기능으로 분명히 하고 있다. 이는 부양과 양육의 책임이 1차적으로 '가족'에 있음을 강조하는 것으로서 이러한 기능을 수행하지 못하는 가족은 '건강하지 못한 가족'이라는 낙인을 부여할 수

〈표 8〉 건강가정사업의 내용

사업종류	구체적인 내용
가정의 기능 지원(제21조)	- 가족기능 지원: 가족구성원의 정신적·신체적 건강지원, 소득보장 등 경제생활 안정, 안정된 주거생활, 태아검진 및 출산·양육지원, 직장과 가정의 양립, 음란물·유흥가·폭력 등 위해환경으로부터의 보호, 가정폭력으로부터의 보호, 가정친화적 사회분위기의 조성. - 취업여성의 모성보호 및 부성보호를 위한 유급휴가시책 확산 노력. - 모·부자가정, 노인단독가정, 장애인가정, 미혼모가정, 공동생활가정, 자활공동체 등 사회적 보호를 필요로 하는 가정 지원.
자녀양육지원 강화(제22조)	- 보육 및 방과 후 서비스, 양성평등한 육아휴직제 활용 적극 확대. - 가사노동가치에 대한 사회인식 제고 및 관련 법·제도와 가족정책에 반영.
가족 단위 복지증진(제23조)	- 사회보장제도 운용과 관련하여 보험료의 산정·부과, 급여 등을 운용함에 있어 가족을 지지하는 시책을 개발·추진. - 경제·사회, 교육·문화, 체육, 지역사회개발 등 각 분야의 제도·정책 및 사업을 수립·추진함에 있어 가족 우대 방안 강구.
가족건강증진 (제24조)	- 영·유아, 아동, 청소년, 중·장년 등 생애주기에 따르는 가족구성원의 종합적인 건강증진대책을 마련.
가족부양의 지원(제25조)	- 영·유아 혹은 노인 등 부양지원을 요하는 가족구성원이 있는 가정에 대해 부양부담을 완화하기 위한 시책 강구. - 질환이나 장애로 가족 내 수발을 요하는 가족구성원이 있는 가정을 적극 지원, 보호시설을 이용할 수 있도록 전문보호시설을 확대. - 가족구성원 중 장기요양을 필요로 하는 질병이나 사고로 간병을 요할 경우 가족간호를 위한 휴가 등의 시책 마련.
민주적·양성평등한 가족관계 증진(제26조)	- 부부와 세대 간의 갈등 예방과 상담, 민주적이고 양성평등한 가족관계 증진을 위한 가족지원서비스 확대, 다양한 가족생활교육·부모교육·가족상담·평등가족홍보 등을 추진. - 가정폭력피해자와 피해자 가족에 대한 개입에 있어 전문가의 체계적인 개입과 서비스가 이루어지도록 노력.
가족 단위의 시민적 역할 증진(제27조)	- 가족이 시민으로서의 역할을 증진할 수 있는 기회와 서비스를 제공. - 가족 단위의 자원봉사참여가 확대되도록 노력.
가정생활문화의 발전(제28조)	- 건강가정의 생활문화 고취와 그에 대한 지원정책 수립(가족여가문화, 양성평등한 가족문화, 가족 단위 자원봉사활동, 건강한 의식주 생활문화, 합리적인 소비문화, 지역사회 공동체문화 등).
가정의례(제29조)	- 건전한 가정의례 확립과 지원정책 수립.
가정봉사원(제30조)	- 가정을 방문하여 가사·육아·산후조리·간병 등을 돕는 가정봉사원 지원.
이혼예방 및 이혼가정지원 (제31조)	- 이혼 전 상담을 받을 수 있게 하는 등 이혼조정을 내실화 - 자녀양육·재산·정서 등의 제반문제를 준비할 수 있도록 지원서비스 제공. - 이혼한 가족에 대하여 양육비에 대한 집행력의 실효성을 강화하고 그 적용대상 확대.

건강가정교육 (제32조)	- 결혼준비교육, 부모교육, 가족윤리교육, 가족가치실현과 가정생활 관련 교육.
자원봉사활동의 지원(제33조)	- 건강가정과 관련되는 자원봉사활동사업을 육성하고 장려
건강가정사업의 전담수행(제34조)	- 보건복지부, 시·도, 시·군·구는 건강가정사업에 관한 업무를 전담 수행.
건강가정지원센터 설치(제35조)	- 가정문제의 예방·상담 및 치료, 건강가정의 유지를 위한 프로그램의 개발, 가족문화운동의 전개, 가정 관련 정보 및 자료제공 등을 위해 중앙, 시·도 및 시·군·구에 건강가정지원센터 설치. - 건강가정사(관련분야에 대한 학식과 경험을 가진 전문가)를 둠.

있다. 셋째, '건강가정사업'에 대한 3항의 정의는 교육과 양육 그리고 사회적 약자에 대한 보호를 점차 사회와 국가가 책임져야 한다는 최근의 변화 방향과 배치될 수 있다는 점도 논란의 여지가 있다.

「건강가정기본법」에 따라 실시되는 '건강가정사업'의 구체적인 정책과 프로그램은 <표 8>에 제시된 바와 같다. 긍정적으로 보이는 점은 여성의 노동권과 모성권의 인정, 가사노동 가치의 인정과 양성평등 가치에 입각한 가정 운영의 강조, 가족과 지역사회 혹은 시민사회의 민주적인 관계의 성장발전 강조, 다른 사회보장정책에서의 가족 단위에 대한 고려 등을 명시적으로 언급했다는 점은 그 동안 '암묵적으로' 존재해왔던 가부장제에 입각한 성차별적 규범이나 제도를 변화의 대상으로 분명히 했다는 데 있다.

반대로 우려할 점도 있다.[2] 첫째, '기본법'의 특성상 구체적인 사업의 대상, 내용, 재원을 자세하게 다룰 수 없다는 한계가 있지만 다른 측면에서 보면 사업의 내용은 가족유형이나 기능만큼이나 다면적으로 구성될 수 있음을 의미하기도 한다. 이 법에서는 건강가정사업으로 비교적 폭넓고 유익한 내용을 담으려고 했음에도 불구하고, '가족'과 '가정'에 대한 사회적 차별이 담긴 개념을 명시적으로 정의함으로써, 결국 건강가정사업이 기능주의적인 관점에 입각한 전형적인 '가족가치(제7조, 부양·자녀양육·가사노동 등 가정생활의 운영의 공동참여와 상호존중과 신뢰)를 굳건히 하고 그 관점에 입각하여 '가족해체(제9조)'를 문제시하고 통제하려는 정책의도를 강하게 담게 되었다.

둘째, 이 법은 다른 관련 법들과의 관계설정이 중요하다. 앞서 언급했듯이 '가족복

---

2) 이 법에 입각해 집행된 정책들을 평가하기에는 시기적으로 이른 감이 있기 때문에 문제가 될 가능성을 지적하는 것으로 제한한다.

지'나 '가족'을 직접 대상으로 하지 않는다고 해도 모든 법이 가족에 영향을 주기 때문에 타 법률이나 제도의 관계와 이들이 실행과정에서 어떻게 호혜적 관계로 구성될 수 있는지에 대한 구도가 중요하다. 법에 명시되어 있는 '중앙건강가정정책위원회'는 이런 의미에서 매우 유의미한 기구이며 향후 활동이 매우 기대되는 기구이기도 하다. 하지만 현재의 법률적 관점에 입각하여 운영될 것으로 예상되는 위원회의 역할은 보다 강조되어야 한다.

(2) 「가족친화 사회환경의 조성 촉진에 관한 법률」(2007년 12월 14일 제정)

이 법률은 저출산 고령화와 여성의 경제활동 참여 증가 등 사회환경이 변화함에 따라 가정과 직장생활을 조화롭게 병행할 수 있는 사회적 분위기나 제도적 장치의 필요성으로 제정되었다. 법률의 시행으로 가족친화적인 사회환경 조성을 위한 종합적이고 체계적인 지원체계가 마련되었다고 볼 수 있다. 이 법률이 시행되기 전부터 가족친화환경에 대한 기업들의 자발적 참여를 위해 다양한 지원프로그램들을 운영해왔으나 이법률의 시행으로 가족친화제도 활성화를 위한 지원사업이 더욱 탄력을 받아 추진될 것으로 기대된다. 가족친화 인증기업으로 선정되기 위해선 탄력적 근무제도(시차출퇴근제, 재택근무제, 시간제 근무 등), 근로자 지원제도(근로자 건강·교육·상담 프로그램 등), 자녀의 출산·양육 및 교육지원 제도(배우자 출산휴가제, 육아 휴직제, 직장보육지원, 자녀 교육지원 프로그램 등), 부양가족 지원제도(부모 돌봄서비스, 가족간호휴직제) 등 다양한 가족친화제도를 시행해야 한다.

(3) 「한부모가족지원법」

한부모가족에 대한 법은 1989년의 「모자복지법」으로 출발했고, 2002년에 그 대상이 부자가족까지 확대된 「모부자복지법」으로 변경되었으며, 이후 65세 이상의 고령자와 손자녀로 구성된 조손가족까지 정책 대상으로 포괄하면서 2007년 10월 17일에 「한부모가족지원법」으로 개정되었다. 「한부모가족지원법」은 매우 제한적인 경제적 보조에 치중되었던 「모부자복지법」과 달리 한부모가족이 가지고 있는 복합적이고 다양한 문제에 대한 대책을 제시하기 위해 제정되었고, 한부모가족의 문제들이 가정해체, 아동유기 등으로 심화되어 사회적 부담의 증가로 연결되지 않도록 사전예방적 차원에서 국가의 다양한 지원이 가능토록 하기 위해 구상되었다. 그러나 이 법의 시행 이후에도 한부모가족은 아직까지 많은 문제에 당면하고 있다. 그 가장 중요한 이유는 현재 「한부모가족지원법」을 통해 지원받는 가족은 전체 한부모가족 약 150만 가구 중 50만 가구 정도에 불과하며 그마저도 여러 가지 이유로 인해 지원대상에서 제외되는 일이 빈번한 것이 실태이다.

(4) 「다문화가족지원법」

2008년 9월부터 시행된 이 법은 보건복지가족부장관령 하에 보건복지가족부장관과 법무부장관의 협의로 다문화가족을 지원할 수 있도록 명시하고 있다. 「다문화가족지원법」은 총16개 조항과 부칙으로 구성되어 있는데 주요 내용으로는 국가와 지방자치단체는 다문화 가족 구성원이 안정적인 가족생활을 영위할 수 있도록 필요한 제도와 여건을 조성하고 이를 위한 시책을 수립·시행해야 하며, 다문화가족에 대한 이해 증진, 결혼이민자에게 생활정보 및 교육지원, 평등한 가족관계의 유지를 위한 조치, 가정폭력 피해자에 대한 보호·지원, 산전·산후 건강관리 지원, 아동보육, 교육 다국어서비스 제공, 다문화가족지원업무 관련 공무원의 교육, 다문화가족 지원사업을 수행하는 민간단체 등의 지원업무 등을 수행해야 한다는 것이다. 보건복지부장관은 다문화가족의 현황 및 실태를 파악하고 다문화가족 지원을 위한 정책수립에 활용하기 위해 3년마다 다문화가족에 대한 실태조사를 시행하고 그 결과를 공표하여야 하며, 다문화가족지원정책의 시행을 위한 다문화가족지원센터를 지정해야 하고 권한의 위임과 위탁을 하도록 규정하고 있다. 이 밖에도 다문화가족서비스로는 정부와 지자체가 다문화 가족이 민주적이고 양성평등한 가족관계를 누릴 수 있도록 가족상담, 부부교육, 부모교육, 가족생활교육 등을 추진하고 문화의 차이 등을 고려한 전문서비스를 제공하도록 명시하고 있다. 또한 언어통역, 법률상담 및 행정지원 등도 필요한 경우에 제공할 수 있게 한다.

(5) 「남녀고용평등과 일·가정 양립 지원에 관한 법률」

여성근로자의 성차별을 방지하기 위해 1987년에 「남녀고용평등법」이 제정되었다. 그러나 이 법을 통해서도 자녀양육이라는 돌봄노동의 과제가 해결되지 않는 등의 문제점으로 인하여 2007년에 「남녀고용평등법」이 「남녀고용평등과 일·가정 양립 지원에 관한 법률」로 개정했다. 2008년에는 '제4차 남녀고용평등과 일·가정양립 기본계획'을 수립했다. 주요 내용은 여성역량 제고 및 일자리 확대, 일하는 여성 중심의 육아지원제 마련, 가정과 조화되는 근로제도 정착, 남녀차별이 없는 일터정착, 사회합의에 기반을 둔 고용 인프라 확충 등이다.

⑹ 「저출산·고령사회기본법」

이 법은 2005년 4월에 입법되어 9월 1일부터 시행되는 법(2012년 11월 24일 개정)으로써, 명칭 그대로 저출산과 인구 고령화 시대를 대비하여 국가적인 대응책을 마련하기 위해 제정된 법률이다. 이 법안에서 다룰 저출산정책의 내용은 국가와 지방자치단체의 인구정책 수립과 시행(제7조), 자녀가 차별받지 않고 성장할 수 있는 사회환경 및 가정과 직장의 양립가능한 사회환경 조성 등 자녀출산과 보육에 적절한 사회환경 조성(제8조), 모자보건 증진을 위한 정책수립(제9조), 자녀의 임신·출산·양육·교육에 필요한 경제적 부담 경감 지원(제10조)이 핵심이다. 고령사회정책의 내용은 고령자의 근로환경 조성 및 노후소득보장체계 마련(제11조), 국민의 건강증진 대책 마련 및 고령자를 위한 의료·요양시설과 인력확충(제12조), 주거를 포함한 생활환경과 안전보장(제13조), 여가·문화 및 사회활동 장려(제14조), 평생교육과 정보화를 위한 시책(제15조), 여성노인·장애노인·농어촌지역 노인 등 취약계층노인에 대한 고려(제16조), 민주적이고 평등한 가족관계 조성(제17조), 고령친화적 산업 육성(제19조) 등이 있다.

가족과 관련된 일반법은 한국사회의 과거와 현재의 가족 가치관을 기본 전제로 하고 있다. 법의 성격상 개정이 쉽지 않음에도 불구하고 일반법이 가족과 관련되어 양성평등적인 가족친화적 법률로 재고되어야 한다는 주장은 꾸준히 제기되어 왔으며 최근 제(개)정 법률에서는 이러한 변화가 부분적이긴 하지만 확인되고 있다. 중요한 점은 법을 제정하는 정치적 행위 못지않게 법을 제대로 집행하고 개혁할 수 있는 실천들이다. 가족복지정책 집행의 준거가 될 수 있는 일반법들이 변화하는 가족의 형태에 부응하여 어떻게 개선되는 것이 바람직하고 합리적인 것인지에 대한 연구와 실천이 중요한 과제로 남아 있다.

4. 가족복지의 정책과 서비스 현황[3]

여성가족부의 가족정책은 "빈틈없이 채워주는 가족지원서비스, 다문화가족의 정착

---

[3] 이 장의 주요 내용들은 여성가족부, 『여성·청소년·가족 희망으로 미래로. 정책자료집』(2013a)과 여성가족부 「주요 업무추진 현황」(2013b)에서 참고 발췌한 것이다.

과 사회통합"을 지향하고 있다(여성가족부, 2013b) 최근의 가족정책은 2008년 이명박 정부 출범 이후 개인과 가정의 전 생애에 걸친 삶의 질 제고에 중점을 두고 삶의 질을 중요시하는 정책환경 변화에 맞춰 제2차 '건강가정기본계획(2011~2015)'을 수립하고, 「건강가정기본법」을 개정(2011)하고, 「가족친화 사회환경 조성 촉진에 관한 법률」을 시행하는 등의 정책을 추진했다.

1) 가족지원정책

(1) 맞춤형 가족지원서비스 제공

「건강가정기본법」 개정을 통해 건강가정기본계획 수립의 주체를 중앙부처, 시·도에서 시·군·구까지 확대했다 '건강가정지원센터'에서는 지역주민의 특성을 고려한 맞춤형 가족지원서비스를 제공함으로 가족의 안정성 강화 및 가족관계를 증진했으며, 2008년 83개에서 2012년 149개로 확충했다.

(2) 가족친화환경 조성 및 가족가치 확산

「가족친화 사회환경 조성 촉진에 관한 법률」(2007)에 따라 '가족친화인증제'를 도입하여 2008년 14개소를 시작으로 2012년 157개 기업에 가족친화인증을 했으며 2012에는 가족친화경영 대상을 도입하여 기업의 인증제 참여 동기를 부여하는 등 가족친화적 환경조성의 기반을 마련했다. 아울러 퇴근 후 가족과 함께 보낼 수 있는 시간을 제도적으로 보장하기 위해 2009년부터 '가족사랑의 날'을 도입하여 현재 중앙부처 및 지자체, 공공기관, 가족친화 인증기업 등에서 매주 수요일을 '가족사랑의 날'로 운영하고 있으며, 민간기업으로도 정책을 확산시키고자 하는 노력을 하고 있다.

(3) 서민 중산층 맞벌이 가정의 아이돌봄지원 강화

'빈틈없이 채워주는 가족서비스'를 통해 서비스 강화를 위한 노력을 기울였다. 이를 위해 2006년부터 시범적으로 시행하던 '아이돌봄서비스'를 2009년에 전국적으로 확대했고 2010년 '영아 종일제 돌봄서비스'를 신규 도입해 2012년 「아이돌봄지원법」 제정(2012) 등으로 가정 내 양육을 지원할 수 있는 법적·제도적 기반을 강화했다. 2011년 신규사업으로 시행된 '가족품앗이 및 공동육아나눔터' 사업도 이웃 간 육아정보 및 육아물품을 공유할 수 있는 공간으로서 자리매김하고 있는 등 지역사회의 인적·물적 자원

네트워크를 효과적으로 연계하는 성과를 거두었다고 평하고 있다(여성가족부, 2013a).

(4) 취약 가족 요구에 맞는 맞춤형 서비스 제공

경제적 빈곤, 자녀양육 부담 및 사회적 위축 등의 이유로 안정적인 가족생활이 어려운 저소득 한부모 가정의 양육환경 개선사업을 추진하고, 만 6세 미만 아동에게 월 5만 원씩 지급되는 아동양육비 지원 대상을 2010년 만 8세 미만, 2012년 만 12세 미만까지 확대했다. 2012년에는 저소득 한부모 가정 중고생 자녀를 대상으로 학용품비를 신규로 지원했으며, 조손가정 및 25세 이상 미혼 한부모 가족의 만 5세 이하 자녀에게는 추가로 월 5만 원을 지급했다.

(5) 이혼 관련 위기가족 지원서비스 강화

이혼위기가족을 지원하는 서비스로 해당 가정의 안정적 양육환경 조성을 위해 양육비 결정 등에 대한 상담 교육서비스를 제공하고, 이혼위기가족 회복지원사업과 자녀양육비 소송 무료법률지원서비스를 제공하고 있다

2) 다문화가족지원정책

(1) 다문화가족 사회통합 기반구축

다문화사회의 급격한 도래에 대비하여 다문화가족정책 중장기계획 수립, 지원인프라 강화, 국제결혼 건전화 등 다문화가족의 안정적 정착과 사회통합을 도모하기 위해 노력했다. 다문화가족정책의 효율적 추진을 위해 2008년에 「다문화가족지원법」을 제정하고 2009년에는 국무총리를 위원장으로 하는 다문화가족정책위원회를 구성하는 등 다문화가족 지원을 위한 정책추진체계를 구축했다. 2010년에는 여성가족부, 교육과학기술부, 법무부 등 10개 부처가 참여하여 다문화가족정책기본계획(2010~2012)을 마련했다.

(2) 다문화가족 정착 및 자녀 양육 지원

다문화가족의 안정적 정착을 위해 한국어교육, 통·번역 지원 등 맞춤형 서비스를 확대했다. 한국어교육, 부모교육 등 다문화가족 방문 교육은 2008년 1만 8,000명에서 2011년 2만 4,000명으로 지원을 확대하고 2012년 9월 현재 2만 명을 지원 중이며,

2009년에는 일상생활, 의료, 법률 등 통·번역서비스를 신설하여 2009년 3만 6,000건에서 2011년 9만 3,000건으로 늘리는 등 맞춤형 서비스를 확대했다. 언어발달 진단·교육, 언어영재교실은 2009년 5,628명, 89명 지원에서 2011년 1만 2,320명, 5,083명 지원으로 확대했다.

(3) 국제결혼 지원

국제결혼 건전화를 위해 2008년 「결혼중개업의 관리에 관한 법률」 시행을 통해 국제결혼중개업 관리·감독을 강화하고, 2010년 '국제결혼 건전화 및 결혼이민자 인권보호 강화대책', 결혼 당사자 간 신상정보 제공 의무화 등 법령과 제도를 개선했다. 주요 결혼 상대국과의 협력도 강화하여 입국 전 현지 사전교육을 2008년부터 실시하고 베트남(2010년), 필리핀(2012년)과 정부 간 양해각서 체결 등 주요 국제결혼 상대국과의 협력도 강화했다.

5. 가족복지정책의 전망과 과제

가족은 사회환경과 문화의 변화에 민감하게 반응하나 제도의 특성상 변화에 대한 적응력은 약하기에 급변하는 현대사회에서 가족복지에 대한 욕구는 급증하고 이는 공적서비스에 대한 의존도를 높이고 있다. 가족복지정책은 혈연 중심의 전통적 가족주의에서 벗어나 다양한 가족형태를 인정하고 양성평등한 가족관계를 지향해야 할 것이다. 돌봄에 대한 양성평등적 접근이 필요하고 자녀양육에 대한 사회적 책임분담뿐만 아니라 노인보호에 대한 사회적 책임강화를 통해 가족의 부담을 경감시키는 것이 중요한 과제이다.

한국의 가족문제를 해결하기 위해 가장 우선적으로 선행되어야 할 과제는 가족복지 책임에 대한 사회연대적 분담체계 확립, 독신가구, 한부모가족, 다문화가족 등의 다양한 가족을 가족복지정책의 대상으로 포용하는 보편성 확립 그리고 가족관점과 성인지 관점의 결합 등을 통해 가족복지정책의 방향성을 재정립하는 일이다. 이를 기반으로 자녀양육에 대한 지원, 부모의 노동권과 양육권 보장, 노인부양에 대한 사회적 지원 등의 가족복지 프로그램 개발이 뒤따라야 할 것이다(이진숙, 2010). 또한 가족복지서비스 전달체계의 안정적인 구축을 서두를 필요가 있다. 정부 차원에서는 가족친화적 관점이 개별정책에 반영될 수 있도록 가족정책을 담당할 기구의 실질적인 운용을 서둘러야 하며, 공적·사적서비스 전달체계의 원활한 네트워크를 구축하도록 해야 한다.

한국의 가족복지서비스는 저소득층을 대상으로 하는 프로그램이 주를 이루고 있어 그 내용이나 범위가 매우 한정적이다. 저소득 빈곤가족의 경제적 안정이나 보건의료서비스 등 기초생활보장을 위한 제도와 프로그램을 중심으로 협소한 범위 내에서 운영되기 때문에 앞으로는 다양한 가족의 욕구를 반영하여 프로그램이 개발되어야 할 것이고 서비스의 질적 수준도 높여야 할 것이다. 특히 최근의 저출산, 인구고령화 문제와 긴밀한 순환적 인과관계를 형성하고 있는 자녀양육기능은 지금까지 여성을 주 대상으로 인식하던 모성보호와 보육정책이 이제 '사회적 모성보호'로 확대되고 관련 정책이 강화되어야 할 필요성을 드러내고 있다. 또한 가족의 노인부양 부담을 완화하기 위해서는 여성의 부양노동에 대한 사회적 가치인정, 노인부양과 가족보호의 역할을 병행할 수 있는 가족친화적 고용정책의 현실화, 여성전담의 노인부양방식을 벗어나 남성 및 가족구성원의 참여 증대를 통한 노인부양의 가족 간 역할 공유 등이 중심과제로 요구되고 있다.

참고문헌

김성천. 2007. 「한국 가족복지정책의 정체성」. 한국가족복지학회 추계 학술자료집.

보건복지가족부. 2009.2.26. 「보도자료」.

여성가족족부. 2005. 『2005 가족실태조사』.

_____. 2010. 『함께 가는 가족 2010』.

_____. 2012. 『가족정책』. 정책자료집.

_____. 2013a. 『여성·청소년·가족 희망으로 미래로』. 정책자료집.

_____. 2013b. 「주요 업무추진 현황」.

이진숙·신지연·윤나리. 2010. 『가족정책론』. 학지사.

장경섭. 2001. 「가족이념의 우발적 다원성」. ≪정신문화연구≫, 제24권 2호.

≪조선일보≫, 2011년. 8월 23일자.

최경석 외. 2006. 『한국가족복지의 이해』. 인간과 복지.

통계청 2006a. 『2005 가계수지 동향』.

_____. 2006b. 『2006년 사회통계조사 결과』.

_____. 2010a. 「경제활동인구조사: 성별경제활동인구총괄」.

_____. 2010b. 「인구주택 총조사보고서」.

_____. 각 연도 「인구주택총조사보고서」.

_____. 2011. 「보도자료」.

山崎美貴子. 1976. 「家族福祉の 對象領域と 機能」. 明治學院論總, ≪社會學社會福祉研究≫, 第45. 明治
    大學.

Goldenberg, I. and H. Goldenberg. 2000. *Family Therapy an Overview*, California: Pacific Grove,
    Brooks/Cole Press.

Kamerman, S. and A. Kahn(eds.). 1978. *Family Policy: Government and Families in 14 Countries*. New
    York: Columbia University Press.

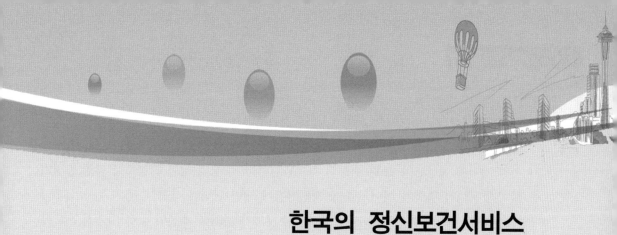

한국의 정신보건서비스

▌김혜성*

1. 서론

한국의 정신보건서비스는 정신질환이나 정신장애를 중심으로 성장해왔다. 한국사회의 정신건강 문제에 대한 우려가 적극적으로 제기되는 계기는 최근 몇 년간 나타난 높은 자살 사망률에 대한 경각심과 연관이 있다. 자살은 한 사회의 다양한 문제의 총합으로 이해되는 만큼 한국 사회의 높은 자살 사망률과 감소 추이를 보이지 않는 현상은 한국사회의 정신건강문제의 심각성을 보여주는 현상으로 보아야 한다. 정신질환이나 정신장애는 전문가를 중심으로 한 치료적 서비스가 중요하다. 전문가 중심, 치료 중심의 대응은 사후 대응의 성격이 강해 예방적 노력에 대한 관심이 간과될 수 있다. 정신건강문제는 조기 대응으로 예방 혹은 문제의 경감을 가져올 수 있다. 이러한 의미에서 지역사회를 중심으로 하는 예방적 서비스 확충은 한국사회의 정신보건서비스가 풀어야 할 과제라 하겠다. 한국사회의 경제적 규모는 세계적인 수준에 이르렀으나, 삶의 질의 주요 요소인 정신건강 수준은 매우 열악하다. 고위험군을 대상으로 하는 정신보건서비스의 확장은 눈에 띄게 이루어져 왔으나 여전히 지역사회 중심의 예방적 정신건

* 강남대학교 사회복지학부 교수.

강서비스 인프라는 취약한 것이 한국의 정신보건서비스의 현 주소이기도 하다. 개인 중심 가치관과 가족기능의 축소 등으로 현대 사회에서 정신건강 문제는 더욱 심화되어갈 것이라 예상된다. 또한 전통적 가치관인 성취 중심의 성공 관점에서 감성 중심의 사회적·문화적 변화가 이어지면서, 정신건강에 대한 관심과 욕구 수준은 높아지고 있다. 이러한 변화와 더불어 심각한 정신건강 문제가 범죄나 개인의 삶을 파괴적으로 몰아넣는 중독 문제에 이르기까지 다양한 양상으로 나타나고 있다. 미디어를 통해 지속적으로 보고되는 이웃이나 가족 간의 갈등이 살인으로 이어지는 분노범죄나 한국사회에 만연한 음주문제 등을 들 수 있다. 심각한 정신건강문제는 모든 연령층을 망라해서 나타나고 있다. 주의력결핍 과잉행동장애(attention deficit/hyperactivity disorder: ADHD)의 증가, 약물중독에서부터 게임중독, 도박중독, 스마트폰 중독까지 다양한 중독문제가 확장되고 있으며, 자살문제는 전 연령대에서 사망원인 중 높은 순위를 차지하고 있다. 특히 자살문제는 OECD 국가에서 최근 들어 감소추세를 보이는 것과 반대로 한국의 경우 자살 사망률이 좀처럼 감소 추이를 보이지 않고 있다. 자살로 인한 사망률은 지속적으로 증가추세를 보이다가 2006년에는 OECD국가 중 1위가 되었으며 8년째 1위를 유지하고 있다. 최근에는 미국 발 경제위기에 이어 세계적인 경제난을 경험하면서 다시 증가추세를 보였다. 한국의 자살문제는 한국사회의 사회적·문화적 배경과 연계하여 이해되어야 한다. 한국사회에 퍼지고 있는 자살문제는 빠른 경제적 성장의 이면에 한국사회에 뿌리내린 물질적 성공 우선주의를 대체할 수 있는 새로운 가치관의 부재와 실패할 경우 또 다른 기회를 제공하는 다양한 사회적 자원이 마련되지 못한 데에서 오는 것으로 보아야 한다. 여기에 노령화 현상도 또한 중요하게 고려해야 할 부분이다. 노령화에 따른 질병과 사회적 고립, 가족의 부양기능의 변화로 인한 가족지지체계의 상실 등이 노인인구의 정신건강문제와 자살문제를 심화시키는 것으로 보고된다.

1인 가구 증가라는 사회적 현상 역시 한국사회 구성원의 정신건강문제에서 주목해야 한다. 통계청이 발표한 '2010 인구주택총조사'에 의하면 1인 가구가 23.7%를 차지하고 있는 것으로 나타났다. 1인 가구는 실업과 빈곤, 가족원이나 타인과의 사회적 관계 두절, 자살이나 고독사와 같은 현상과 더불어 고려되어야 한다.

한국의 정신건강문제의 심각성은 실업이나 가족구조 변화와 같은 지지체계의 변화에서 개인의 고립으로 심화되어 가고 있다는 점과 다양한 사회문제와 긴밀하게 연관을 보이고 있어 이에 대한 총합적인 이해가 필요하다. 학교폭력으로 인한 청소년 자살, 청년 실업 문제와 연관된 자살, 다수의 사회구성원이 보고하는 높은 스트레스 수준, 아동에서부터 성인에 이르는 게임중독이나 도박 중독 문제, 지역사회에서 이웃 간 갈등이나 가족 간 갈등에서 발생하는 살해나 방화 등의 분노범죄는 정신건강 측면에서 반드시 조명되어야 한다. 이처럼 한국사회 정신건강 문제는 다양화와 심각화 현상을 동시에 경험하고 있다. 한국사회의 정신건강문제에 대한 접근을 정신보건영역에서는 어떻게 대응할 것인가는 원인규명, 개입전략, 그리고 예방책에까지 포괄적인 조명이 필요하며 다학제 간 개입이 활발하게 이루어져야 한다.

전반적인 정신건강문제에 대한 사회적 대응과 더불어 정신보건서비스의 주요 대상자인 정신장애인에 대한 이슈를 살펴볼 필요가 있다. 장애인 권리가 강조되고 이에 대한 정책과 법안이 시행되어 커다란 변화가 기대된다. 장애인의 인권과 자립이 주요 패러다임으로 대두되는데, 정신장애인의 특성을 반영한 정책과 실질적인 대책은 미흡한 실정이다.

이 글에서는 이상과 같은 한국의 정신보건서비스 문제에 대한 이해를 배경으로 한국의 정신보건영역 전반에 관한 현황과 관련 서비스에 대한 소개, 그리고 마지막으로 주요 이슈 등을 살펴보고자 한다.

2. 정신건강 및 정신장애에 대한 이해

정신건강문제는 조기에 발견하고 꾸준히 치료를 받으면 다수의 경우 경감되거나 회복된다. 정신질환이나 정신장애에 대한 막연한 두려움과 편견은 정신보건서비스 접근성을 감소시킬 뿐 아니라 정신건강의 어려움을 안고 살아가는 개인과 가족의 사회적 고립을 가져오고 삶의 질을 저하시키는 결과를 낳게 된다.

세계보건기구헌장에서는 건강에 대한 정의에서 신체적·정신적·사회적 면에서 성취되어야 한다는 내용을 담고 있다. 또한 국가는 그 사회구성원의 건강을 성취하는 데 필요한 자원을 제공할 책임이 있다고 명시하고 있다(WHO, 2006). 정신건강문제와 연계하여 해석하면, 국가가 필요한 자원을 제공하지 못할 때 발생하는 것이라는 시각을 반영하는 것이라 하겠다.

정신보건의 역사는 정신질환과 정신장애를 중심으로 발전해왔다. 그러나 현대사회에서 정신보건은 정신건강이라는 보다 포괄적인 범위에서 이해된다. 정신건강은 삶의 질을 가늠하는 총체적인 지표라는 개념으로 이해된다.

3. 정신보건 현황

1) 정신장애 현황

2011년도『정신질환실태 역학조사』에서는 정신질환 1년 유병률은 만 18세 이상 74세 이하 인구 중 16.0%로 매년 약 577만 명이 정신질환에 이환(罹患)되는 것으로 추정했다. 이 중 불안장애, 기분장애, 정신병적 장애의 1년 유병률은 10.8%(약 389만 명)이고, 알코올사용장애의 1년 유병률은 4.4%(약 158만 명)이 해당되는 것으로 나타났다. 알코올사용장애는 남성에게서 8.7% 유병률을 보여, 가장 높은 비율을 차지하는 것으로 나타났다. 불안장애 유병률은 여성에게서 9.8%로 나타나 가장 높은 비율을 차지하는 것으로 나타났다. 남성과 여성의 전체 유병률을 살펴보면, 각각 16.2%와 15.8%로 나타나 비슷한 수준을 보였다.

2) 정신장애인 등록

정신장애인 등록은 「장애인복지법」 제29조 제1항에 의거하여 장애인등록을 신청하게 된다. 등록신청을 받은 시장·군수·구청장은 「의료법」 제3조에 규정에 의한 의료기

〈표 1〉 정신장애 1년 유병률 및 추정환자

구분	남자		여자		전체	
	유병률(%)	추정환자수(명)	유병률(%)	추정환자수(명)	유병률(%)	추정환자수(명)
알코올사용장애	6.6	1,188,916	2.1	379,756	4.4	1,588,289
정신병적 장애	0.2	36,028	0.5	90,418	0.4	144,390
기분장애	2.3	414,319	4.9	886,096	3.6	1,299,509
불안장애	3.7	666,514	9.8	1,772,193	6.8	2,454,629
모든 정신장애*	16.2	2,918,249	15.8	2,857,208	16.0	5,775,597
모든 정신장애*니코틴사용장애 제외	11.5	2,071,597	15.5	2,802,958	13.5	4,873,160
모든 정신장애*니코틴/알코올 사용장애 제외	6.1	1,098,847	14.3	2,585,955	10.2	3,681,943

주: * 지난 일 년 사이에 한 번이라도 정신 장애를 앓은 적이 있는 대상자.
자료: 보건복지부(2012a). 『2011년 정신질환신태 역학조사』.

관 또는 「지역보건법」 제7조 및 제10조의 규정에 의한 보건소 및 보건지소 중 보건복지부장관이 정하는 장애유형별 해당 전문의가 있는 의료기관에 장애진단을 의뢰해야 한다. 장애진단을 의뢰받은 의료기관은 장애인의 장애상태를 진단한 후 진단서를 장애진단을 의뢰한 시장·군수·구청장에게 통보해야 한다.

2011년 12월 기준으로 9만 4,739명의 정신장애인이 등록한 것으로 보고된다. 2000년과 2005년도 실시된 장애인 실태조사에 의하면 2000년도에는 7만 1,797명이 등록했으나 2005년도에는 9만 1,253명이 등록한 것으로 보고된다. 정신장애인 등록 수는 증가하는 추세를 보이고 있으나 이러한 현상은 정신장애에 대한 사회적 인식이 변화하고 있는 것으로 볼 수 있다. 그러나 이를 정신장애에 대한 사회적 낙인이나 편견이 완화되어서 증가한 것으로 보기에는 좀 더 추이를 살피는 것이 필요하다.

3) 정신장애인 취업현황

정신장애는 사회적 관계와 스트레스에 취약한 특성을 보인다. 이러한 특성은 취업이나 취업유지의 어려움을 야기시켜, 경제적 활동에 제약을 가져온다. 정신장애의 특성에 대한 사회적 이해나 인식이 낮은 것도 정신장애인의 취업의 어려움에 영향을 미친다. 실제로 고용주가 정신장애에 대한 지식과 교육을 받은 경험이 있는 경우는 정신장애인 고용과 고용유지가 긍정적인 영향을 미치는 것으로 보고된다.

정신장애인의 취업은 장애 유형별로 살펴볼 때도 매우 낮은 수준으로 보고되는데, 다른 나라에서도 유사하게 나타나는 현상이기도 하다. <표 2>와 <표 3>에 한국의 장애인 취업 현황을 통하여 정신장애인의 실업률과 실업의 원인에 대한 정보를 제공했다.

(1) 정신장애인 취업실태

15세 이상의 취업 정신장애인 실업률은 22.42%로 다른 장애유형과 비교해보아도 높은 수준으로 나타났다. 15세 이상 인구 중 인구가 10만 명 이상인 장애유형별 취업자를 살펴보았을 때 가장 높은 비율로 취업하고 있는 장애인은 청각장애인으로 취업자의 경우 실업률이 4.88%에 그치는 것으로 나타났는데, 장애유형에 따라 실업률에서 차이가 크게 나타나는 것을 알 수 있다.

〈표 2〉 장애유형별 경제활동 현황

(단위: %, 명)

구분	15세 이상 인구	경제활동인구			비경제 활동인구	경제 활동 참가율	취업률	실업률	인구대비 취업자 비율
		계	취업	실업					
지체장애	1,319,279	626,577	579,872	46,705	692,702	47.49	92.55	7.45	43.95
뇌병변장애	305,310	39,641	34,372	5,269	265,669	12.98	86.71	13.29	11.26
시각장애	252,075	115,227	106,300	8,927	136,848	45.71	92.25	7.75	42.17
청각장애	275,728	109,388	104,049	5,339	166,340	39.67	95.12	4.88	37.74
언어장애	18,259	7,653	6,511	1,142	10,606	41.91	85.08	14.92	35.66
지적장애	122,862	30,991	27,807	3,184	91,871	25.22	89.73	10.27	22.63
자폐성장애	6,655	523	146	377	6,132	7.86	27.92	72.08	2.19
정신장애	103,893	14,887	11,549	3,338	89,006	14.33	77.58	22.42	11.12
신장장애	58,284	11,954	11,703	251	46,330	20.51	97.90	2.10	20.08
심장장애	16,041	8,360	7,575	785	7,681	52.12	90.61	9.39	47.22
호흡기장애	19,043	1,193	1,193	0	17,850	6.26	100.00	0.00	6.26
간장애	9,223	3,396	3,396	0	5,827	36.82	100.00	0.00	36.82
안면장애	2,355	1,113	842	271	1,242	47.26	75.65	24.35	35.75
장루요루장애	16,705	3,499	3,005	494	13,206	20.95	85.88	14.12	17.99
간질장애	14,572	3,184	3,184	0	11,388	21.85	100.00	0.00	21.85
계	2,540,284	977,586	901,504	76,082	1,562,698	38.48	92.22	7.78	35.49

자료: 보건복지부(2011b).

〈표 3〉 직장(일)을 원하지 않는 주된 이유(비경제활동인구)

(단위: %, 명)

구분	지체 장애	뇌병변 장애	시각 장애	청각 장애	언어 장애	지적 장애	자폐성 장애	정신 장애
회사에서 장애인을 안 받아줘서	2.3	1.4	4.1	1.3	6.9	4.1	0.0	4.2
임금이 너무 낮아서	0.9	20.7	1.0	0.9	0.0	0.0	0.0	0.4
적합한 직종이 없어서	22.4	12.0	19.7	18.3	21.9	22.0	7.0	23.4
작업환경(편의시설 등)이 열악해서	1.3	0.0	0.0	0.3	0.0	0.0	0.0	0.5
출퇴근이 힘들어서	0.4	0.6	0.1	0.0	0.0	0.2	1.2	0.3
심한 장애로 일하기 어려울 것 같아서	14.0	47.8	11.9	6.2	10.1	37.7	25.5	50.5
다른 질병 때문에	8.0	3.5	8.9	9.9	13.4	1.1	0.0	2.1
가사·육아문제 때문에	14.9	3.7	10.5	8.7	11.1	3.1	1.2	6.0
취업정보, 취업방법을 몰라서	0.9	0.7	0.5	0.0	0.5	0.9	2.2	0.6
일에 필요한 기술(능력)이 없어서	1.1	0.9	0.9	1.0	5.5	8.1	2.7	4.4
굳이 취업할 필요가 없어서	6.9	6.7	9.9	5.8	4.6	3.5	3.5	2.9

취업 이외의 준비 때문에(진학, 결혼 등)	0.0	0.0	0.1	0.0	0.5	0.0	0.9	0.3
재학 중이기 때문에	0.6	0.7	1.1	0.5	1.0	16.5	54.3	0.2
기타	1.1	0.6	0.4	2.1	2.6	0.9	1.4	1.4
계	100.0	100.0	100.0	100.0	100.0	100.0	100.0	100.0
전국 추정 수	598,894	188,231	127,921	122,287	9,760	82,657	3,690	76,196

자료: 보건복지부(2011b).

(2) 정신장애인 비경제활동인구의 특성

'직장(일)을 원하지 않는 주된 이유'에 대한 질문에 정신장애인의 경우 78.0%가 '장애로 인해 업무수행 어려움'이라고 응답했다. 전체적으로 볼 때, 현재 일을 하지 않거나 구직활동을 하지 않는 주된 이유로 가장 중요한 것은 '장애로 인해 업무수행 어려움'이 50.2%, '나이가 너무 어리거나 많아서'가 18.7%, '장애 이외의 질병, 사고로'가 15.6%로 나타났다. 정신장애인의 경우 장애가 취업의 장벽이 된다고 인식하는 경우가 절반 이상으로 이는 전체 장애인과 비교해볼 때 28%가량 더 높은 수준으로 나타났다.

4. 「정신보건법」

1) 「정신보건법」

「정신보건법」은 총 6장 59조와 부칙을 담고 있다. 제1조 목적에 이 법은 정신질환의 예방과 정신질환자의 의료 및 사회복귀에 관하여 필요한 사항을 규정함으로써 국민의 정신건강에 이바지함을 목적으로 한다고 명시하고 있다. 정신질환자에 대한 치료와 사회적 기능에 대한 관심에서 나아가 전 국민의 정신건강에 대해 개입하는 것을 요구하고 있음을 명시하고 있는 것이다. 각 장별 구성을 살펴보면 다음과 같다.

(1) 개요

제1장 총칙에서는 목적, 기본이념, 정의, 국가 등의 의무, 실태조사, 정신보건사업계획의 수립, 국민의 의무, 정신보건시설의 설치·운영자의 의무, 인권교육, 정신보건전문요원, 결격사유 등으로 명시하고 있다.

(2) 정신보건시설 및 정신보건 사업

제2장에서는 정신보건시설에서는 정신보건 시설에 유형에 따른 운영과 수행 기준에 대한 내용을 명시하고 있다.

(3) 보호 및 치료

제3장에서는 보호와 치료에서는 정신질환자의 보호의무자와 입원과 관련된 조항 등을 명시하고 있다.

(4) 정신질환자의 퇴원의 청구·심사 등

제4장에서는 정신질환자의 퇴원과정에 대한 심사 및 조치 등에 대한 내용을 명시하고 있다.

(5) 정신질환자의 권익보호 및 지원 등

정신질환자의 권익보호조치, 행동제한, 격리제한, 비용의 부담 등에 대한 내용을 명시하고 있다.

(6) 벌칙

제6장에서는 정신질환자에 대하여 부당한 행위를 한 경우 징역과 벌금 등 법적 제재에 대한 내용을 명시하고 있다.

2) 「정신건강증진법」 개정 주요 내용[1]

(1) 정신질환자 범위 축소(안 제3조)

「정신보건법」상 정신질환자의 범위를 정신질환으로 인하여 독립적으로 일상생활을 영위하는 데 중대한 제약이 있는 사람으로 축소하고, 외래치료로 일상생활이 가능한 경증 정신질환자를 가진 사람을 범위에서 제외.

---

1) 보건복지부자료(2013).

(2) 보험가입 관련 정신질환 이력 차별 금지 명문화(안 제57조)

정신질환을 사유로 한 「보험업법」상 보험 가입 차별 금지를 명문화.

(3) 생애주기별 정신질환 조기발견체계 구축(안 제 13조)

정신질환문제의 조기발견 및 만성화 방지를 위한 '생애주기별 정신질환 조기발견체계' 구축근거 조항 신설.

(4) 비자발적 입·퇴원 관련 제도 개선(안 제 36조)

보호의무자에 의한 비자발적 입원 요건을 강화하고 퇴원심사주기를 단축하여 강제입원 감소 및 조기 치료 유도.

(5) 정신건강증진의 장 신설(안 제10~제18조)

현행 「정신보건법」 명칭을 「정신건강증진법」으로 변경하고, 학교·직장에서의 정신건강 교육 의무화 및 '정신건강의 날' 지정 등을 내용으로 한 '정신건강증진 장' 신설.

(6) 정신건강증진 인프라 강화(안 제17조, 제18조)

'정신보건센터'를 '정신건강증진센터'로 개칭하여 지역중심의 정신건강서비스를 제공하는 핵심기관으로 육성하고, 정신건강 정책 연구 기능 강화를 위한 '국립정신건강연구기관' 설립근거 조항 마련.

3) 정신보건법 전부 개정법률안의 주요 내용과 관련된 이슈

「정신보건법」을 「정신건강증진법」으로 개명하고자 한 의의로 모든 국민의 정신건강증진 및 정신질환의 조기 대응이 효과적으로 수행될 수 있다는 점을 들고 있다. 그러나 이러한 변화를 가져오기 위해 고려되어야 할 주요 이슈들에 대하여 살펴보고자 한다.

(1) 정신질환 대응에서 정신건강 친화적 환경 조성까지 포함

개정안 제1조 목적에서 이법은 정신질환의 예방, 치료, 재활과 정신건강 친화적 환경 조성에 필요한 사항을 규정한다고 명시하고 있어, 이전의 의료 및 사회복귀에 대한 강조에서 정신건강과 관련된 환경까지 포함하고자 하나, 어디까지 포함하는 것인가에 대한 해석의 여지는 남겨두고 있다.

(2) 자발적 입원과 대상자에 대한 명시

개정안 제2조에 정신질환자에 대해서는 자신의 의지에 따른 입원을 우선적으로 고려하여야 한다고 명시하고 있다. 현행 법에서는 입원치료가 필요한 정신질환자는 항상 자발적 입원이 권장되어야 한다고 명시하고 있는 데 입원치료가 필요하다는 전문가적 판단이 기준이 되기 이전에 정신질환자 당사자의 의지를 우선적으로 고려해야 한다는 점은 서비스 이용자의 권리 존중의 가치를 반영하고 있다. 그러나 지역사회 기반 정신보건 서비스 인프라 확대가 선행되지 않고 정신질환자의 자의입원 의사를 우선적으로 고려한다는 명시는 선언적 명시에 그칠 우려가 여전히 존재한다.

(3) 정신질환자에 대한 정의

제3조에 '정신질환자'란 사고장애, 기분장애, 망상, 환각 등 정신질환으로 인하여 독립적으로 일상생활을 영위하는 데 중대한 제약이 있는 사람으로 명시하고 있다. 이는 현행법에서 '정신질환자'는 정신병·인격장애·알코올 및 약물중독 기타 비정신병적 정신장애를 가진 사람으로 명시하는 것에서 수정된 내용이다. 개정안은 정신질환의 범위를 축소화시키는 결과를 낳을 수 있다는 점에서 이에 대한 고려가 필요하다.

(4) 전문가 명칭에 대한 수정

개정안 제8조에 정신보건전문요원이 정신건강증진전문요원으로 변경되었다. 현행법에서 사용하고 있는 정신보건전문요원이라는 용어가 전문가에게 부여되는 용어로 적합성이 떨어지는 측면이 있다. 개정되는 법의 의의를 살리기 위해 전문가 명칭이 변경되어야 한다면 정신건강 영역에서 전문적 활동을 담당하게 되는 실무자의 특성을 반영한 명칭으로 변경되어야 할 것이다.

(5) 정신건강 문제의 조기 발견

개정안 제13조에서 정신건강문제의 조기발견을 명시하고 있다. 정신질환의 조기 발견은 개인과 가족의 어려움을 경감시키고 나아가 사회적 비용 부담을 감소시킬 수 있는 효과적인 전략이다. 그러나 이러한 전략이 선언에 그치지 않기 위해서는 조기 발견

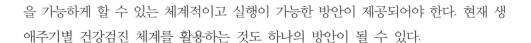
을 가능하게 할 수 있는 체계적이고 실행이 가능한 방안이 제공되어야 한다. 현재 생애주기별 건강검진 체계를 활용하는 것도 하나의 방안이 될 수 있다.

(6) 정신건강 증진사업 수행 기관

개정한 제14조에 학교, 사업장 등에서 정신건강 증신 사업 수행을 명시하고 있다. 초등학교, 중학교, 고등학교, 대학, 교육대학 등의 학교와 300인 이상 사업장, 경찰청, 경찰서, 소방본부, 소방서, 그리고 기타 정신건강 사업이 필요하다고 인정하여 대통령령으로 정하는 기관이나 단체를 명시하고 있다. 정신건강 문제에 대한 대응이 지역사회의 다양한 세팅에서 이루어진다는 점에서는 고무적이나 전문 인력 수급 문제가 확보되어야 할 것이다.

5. 정신보건사업

1) 주요 정신보건사업.

2008년도와 2009년도 정신보건사업의 주요 추진방향은 대체적으로 유사하다. 2009년도 비해 2009년도에 변화 내용은 정신보건법 개정 시행, 정신보건 종사자 대상으로 인권교육 실시, 정신보건전문요원 수련과정 규정 개정 등을 들 수 있다. 생명사랑 및 자살예방 사업이 구체화되어 추진되고 있는 점도 들 수 있다. 2010년도에는 「정신보건법 전부개정 법률안」이 국회에 제출되어 정신보건정책의 변화를 가져왔다. 2011년에는 「자살예방 및 생명존중 문화 조성을 위한 법률」 제정으로 자살문제에 대한 개입의 법적 근거를 갖게 된다.

2) 2012년도 정신보건사업 추진방향

다음은 2012년도 정신보건사업의 주요 내용을 정리한 것이다(보건복지부, 2012c)

(1) 정신질환에 대한 인식개선 및 정신질환자 권익증진
○ 정신보건시설의 정신질환자 인권보호 대책

〈표 4〉 2008~2012년도 정신보건사업 주요 내용

년도	사업 주요 내용
2008	·기본형과 모델형 정신보건센터를 표준형으로 통합하고 광역형을 신설(표준형 148개소, 광역형 3개소) ·아동·청소년정신보건사업 및 검진사업 강화(35개 정신보건센터에서 초·중·고 정신건강 검진사업실시) ·국가알코올종합대책 '파랑새플랜 2010' 추진 ·음주폐해 예방 및 알코올중독 상담·재활 지원(알코올상담센터 34개소 운영) ·생명사랑 및 자살예방사업 추진(자살예방종합대책 마련·발표) ·마약류중독자 치료보호 지원(2008.0.29. 식약청에서 업무 이관) ·국립서울병원의 국립정신건강연구원으로의 개편 계획수립·추진 ·「국민건강증진법」 개정 추진(금주구역 지정 등) ·인터넷중독폐해 예방 및 치료사업 추진 ·중앙 및 지방정신보건사업지원단 연계체계 강화 및 운영활성화 ·보건소 정신보건전문요원 양성사업 종료
2009	·「정신보건법」 시행령, 시행규칙 개정 시행(2009.3.22.) ·정신보건시설 설치·운영자, 종사자 인권교육 실시 ·정신보건전문요원의 수련과정 등에 관한 규정(고시) 개정 ·국가알코올종합대책 '파랑새플랜 2010' 추진 ·음주폐해 예방 및 알코올중독 상담·재활 지원(알코올상담센터 34개소 운영) ·「국민건강증진법 개정법률안」 국회제출(주류판매금지시설 등) ·정신보건센터 운영지원 총 156개소(표준형 153개소, 광역형 3개소) ·생명사랑 및 자살예방사업 추진(자살예방종합대책 실행계획 수립·시행, 인터넷 자살 유해정보 차단 및 집단자살예방대책 수립) ·인터넷중독 폐해예방 및 치료사업 부내 업무이관
2010	·「정신보건법 전부개정법률안」 국회 제출(2010.12.) ·정신보건센터 운영 지원(표준형 158개소, 광역형 5개소) ·생명사랑 및 자살예방사업 추진(자살예방종합대책 실행계획 수립·시행, 인터넷을 통한 자살 유해정보 유통 및 동반자살 차단을 위한 관련 부처 간 협력 강화) ·국가알코올종합대책 '파랑새플랜 2010' 평가 ·음주폐해 예방 및 알코올중독 상담·재활 지원(알코올상담센터 41개소 운영) ·마약류중독자 치료보호 가이드라인 제작·보급
2011	·정신보건센터 운영 지원(표준형 158개소, 광역형 6개소) ·알코올상담센터 43개소 운영 지원 ·아동청소년 정신보건사업 지원(42개소) ·정신질환실태 역학조사 실시 ·「자살예방 및 생명존중문화 조성을 위한 법률」 제정(2011.3.30) ·검찰의뢰 마약류중독자 치료보호 환자관리 가이드라인 마련·배포

자료: 보건복지부(2012c).

- 시·도 및 시·군·구 정신보건심의위원회의 기능 활성화
- 계속입원치료 표준심사지침 준수 및 퇴원율 증가
- 보호의무자에 의한 입원 시 동의의무자(2인) 확대
- 정신의료기관 기록보존의무 신설 및 환자의 알권리 강화

○ 정신질환자 인권침해 방지 및 권익보호

- 정신보건시설 설치·운영자, 종사자 대상 인권교육 실시(연 4시간 이상)
- 포괄적 행동제한의 금지 및 제한사유의 기록 의무
- 입원환자에 대한 격리를 제한하고, 그 시행방법 및 기록의무 준수
- 작업요법의 시간·장소 제한, 환자동의, 기록보존, 수입 금지 규정 철저 준수
- 정신질환의 인식개선 및 홍보를 위한 학회 및 민간단체 지원

(2) **지역사회 중심의 통합적인 정신보건서비스 제공**

○ 정신보건센터 확충 및 운영 지원

- 지역사회 내에서 정신질환자 예방 및 조기발견, 상담, 치료, 재활 및 사회복귀를 촉진할 수 있는 정신질환자 통합지원 관리체계 구축
- 표준형 및 광역형 정신보건센터 설치를 통해 지역사회 정신보건사업을 확대하고 질적 향상을 위한 기반 마련

○ 지역정신보건사업 실시

- 정신질환 조기발견·상담, 응급·단기입원, 치료, 주거·직업재활을 하는 지역사회 중심의 정신보건모델 수립

○ 자살예방대책 수립·시행

- 「자살예방 및 생명존중문화 조성을 위한 법률」 시행령, 시행규칙 제정
- 범부처 '자살예방 기본계획'(5개년) 수립 및 이에 따른 시행계획 수립
- 자살예방 실태조사 실시(2012년 사전조사, 2013년 본조사)
- 중앙자살예방센터 설치 및 운영
- (가칭)'생명존중재단' 설립을 통한 민간 중심의 생명존중 국민운동 추진
- 자살예방긴급전화(129번) 및 정신건강전화(1577-0199) 운영을 통한 정신건강증진 및 위기관리 도모
- 제2차 자살예방종합대책(2009~2013)에 따른 세부추진계획 시행

○ 사회복귀시설 확충 및 운영 지원

- 정신질환자를 정신의료기관 또는 정신요양시설에 입원(소)시키지 아니하고 사회 적응훈련, 작업훈련 등을 실시하여 조기에 사회에 복귀할 수 있도록 지원
- 사회복귀시설 재활, 사회적응 기능 강화
- 정신질환자의 사회복귀 활성화를 위해 사회복귀시설 확대방안 검토

○ 알코올중독자에 대한 치료·재활체계 강화
- 영화상영관, 지하철 내 동영상 통한 주류광고 규제강화
- 알코올의존자, 가족 및 지역주민에게 알코올중독 예방, 상담, 재활훈련 등의 서비스를 제공하여 사회에 복귀할 수 있도록 지원
- 알코올상담센터 확대(45개소) 및 상담·사례관리서비스 강화
- 음주운전, 음주폭력사범에 대한 치료명령의무화제도 도입 검토

○ 마약중독자에 대한 치료·보호지원 체계 강화
- 마약류중독자 치료보호지정기관 확대 운영 및 치료보호서비스 활성화
- 마약류중독자 치료보호 유관기관 간 협력체계 구축 및 연계 활성화
- 마약류중독자 자의 입원 확대를 위한 홍보 강화

(3) 아동·청소년 정신건강 조기검진 및 조기 중재
○ 아동·청소년들의 주요 정신건강문제를 조기에 발견하여 사례별로 맞춤형 사후관리서비스를 제공함으로써 청소년 건강증진 및 건강한 성장 도모
○ 교육부와 연계하여 아동·청소년 우울증, ADHD(주의력결핍 과잉행동장애) 등 선별검사 및 사례관리 확대
○ 학교, 보건소, 정신보건센터, 의료기관 등 상호연계 및 의뢰체계 구축
○ 고위험군 아동·청소년에 대한 낙인에 주의하여 지속적이고 포괄적인 서비스 제공

(4) 정신보건시설의 요양 및 치료 환경 대폭 개선
○ 정신요양시설 운영 내실화 및 여건 개선

(5) 정신보건사업 기반 구축
○ 정신보건서비스 전달 및 연계 체계 강화
○ 정신보건전문요원 양성사업
○ 중앙 및 지방 정신보건사업지원단 기능 활성화 및 연계체계 강화

3) 정신보건 예산

정신보건 예산은 소폭이나 증가 추세를 보이고 있다.

(1) 세부예산 내용

<표 5>와 <표 6>에 정신보건 세부 예산을 제시하였다.

〈표 5〉 정신의료기관 평가 예산 내용

정신의료 기관 평가	사업 내용	정신의료기관의 서비스 수준 격차 해소 및 양질의 정신의료서비스 제공을 위해 정신과 병상 있는 '병원급 이상 의료기관에 설치된 정신' 및 '정신과의원'에 대한 평가 실시 * 「정신보건법」 제18조 3 정신보건시설평가에 따른 법정평가(3년 주기)
	지원 내용	정신의료기관 평가: 2억 7,800만 원 * 1차년도 평가대상: 정신과 병상 있는 병원급 정신과(427개소) 및 정신과 의원(164개소) 주 30개소(의료기관평가 인증을 받은 기관은 평가인증으로 갈음함)

〈표 6〉 정신보건센터 운영 예산 내용

정신보건센터 운영	사업 내용	- 정신보건센터, 알코올상담센터를 통한 자살, 정신질환, 알코올중독 예방, 조기발견, 상담 및 치료·재활서비스 제공 - 「자살예방법」에 근거한 범정부적 차원의 자살예방 대책 마련 및 생명존중 사회·문화 환경 조성
	지원 내용	- 정신보건센터 운영(138 → 167개소): 120억 7,000만 원 → 208억 2,200만 원 ·광역형 정신보건센터(5 → 7개소, 개소당 7억 6,900만 원): 19억 9,200 → 26억 9,100만 원 ·표준형 정신보건센터(133 → 149개소, 개소당 1억 5,300만 원): 101억 4,800 → 113억 6,900만 원 ·시범모델 신규운영(11개소) 67억 6,300만 원 * 광역 정신보건센터(2개소, 개소당 16억 4,000만 원): 1,6억 4,000만 원 * 거점 정신보건센터(2개소, 개소당 16억 3,500만 원): 16억 3,500만 원 * 도시형 기초정신보건센터(4개소, 개소당 12억 1,500만 원): 24억 3,000만 원 * 농촌형 기초정신보건센터(3개소, 개소당 7억 500만 원): 10억 5,800만 원 -아동청소년정신보건(42 → 42개소, 개소당 5,000만 원): 10억 5,000 → 10억 5,000만 원 -알콜상담센터 운영(43 → 45개소, 개소당 135백만 원): 2,739 → 3,040백만 원 -노숙자 등 알코올중독자 사례관리(0 → 6개소): 0 → 300백만 원 -자살예방사업(구 생명존중정신건강증진): 1,435 → 1,800백만 원

자료: 보건복지부(2012d).

먼저 <표 5>에는 3년 주기로 수행되는 정신의료기관 평가 예산이 책정되어 있다. 정신의료기관 평가는 서비스 수준 격차의 해소와 양질의 서비스를 제공하고자 하는 목적을 두고 있다. 정신의료기관은 정신보건 전문요원 수련 기관으로 역할을 하고 있다. 이들 기관의 수준 격차는 정신보건 전문요원의 전문성에서 고른 수준을 달하는 데 장벽이 되기도 하다는 점에서 평가에 이은 기관 간 격차를 해소할 수 있는 지원 방안에 대한 예산이 고려되어야 할 것이다.

<표 6>을 살펴보면 예산은 증가되었으나 정신보건센터 증설에 따른 예산 증가임을 알 수 있다. 정신보건센터는 수적 증가를 보이나, 아동청소년 정신보건은 예산 변동이 없다는 점과 알콜상담센터운영, 노숙자 등 알코올중독자 사례관리와 관련된 예산은 낮은 비중을 차지하고 있음을 알 수 있다. 반면 사업 성격 중에서 자살예방사업이 증가된 것으로 나타나 정신보건센터에서의 자살예방 사업에 대한 비중이 높아지고 있음을 보여주고 있다.

6. 정신보건서비스 전달체계

1) 정신보건서비스 전달체계

국립정신건강연구원은 정신건강연구수행 및 임상연구센터 운영, 단기입원 및 사회복귀를 위한 기능수행, 지역주민 건강관리시설 제공 및 (준)종합병원 형태 운영, 여유부지 활용 종합의료행정타운 개발을 목적으로 설립 중인 시설이다.

정신보건시설은 「정신보건법」에 의하여 정신의료기관·정신질환자 사회복귀 시설 및 정신요양시설을 의미하는 것이다.

정신의료기관은 의원법에 의한 의료기관 중 주로 정신질환자의 진료를 행할 목적으로 제12조 제1항의 시설기준 등에 적합하게 설치된 병원과 의원 및 병원급 이상의 의료기관에 설치된 정신과를 말한다.

정신질환자 사회복귀시설은 「정신보건법」에 의하여 설치된 시설로서 정신질환자를 정신의료기관에 입원시키거나 정신요양시설에 입소시키지 아니하고 사회복귀 촉진을 위한 훈련을 행하는 시설을 말한다.

정신요양시설이라 함은 이 법에 의하며 설치된 시설로서 정신의료기관에서 의뢰된

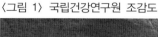

〈그림 1〉 국립건강연구원 조감도

자료: 국립서울병원. 알림마당-국립정신건강연구원설립(병원현대화 등) http://www.snmh.go.kr/

정신질환자와 만성정신질환자를 입소시켜 사회복귀촉진을 위한 훈련을 행하는 시설을 말한다.

정신보건센터는 지역주민과 정신질환자의 욕구에 적합한 예방·치료·재활서비스가 제공될 수 있도록 정신보건시설 간 연계 및 제공체계를 마련하고, 지역 내 정신질환자를 조기에 발견하여 등록관리, 상담·가정방문 등 사례관리, 주간재활, 직업재활서비스를 제공한다. 정신보건 교육, 정신질환 편견해소 홍보, 일반 지역주민을 위한 정신건강증진 및 정신질환예방 사업을 수행한다.

알코올상담센터는 알코올의존자와 가족에게 치료 및 재활서비스를 제공하여 사회복귀를 지원한다. 또한 지역사회의 건전한 음주문화 형성을 통해 지역사회주민들의 정신건강 증진을 목적으로 한다.

<그림 2>는 정신보건전달체계에 대한 전반적인 이해를 돕기 위한 자료이다.

2) 정신보건서비스 기관 현황

정신보건현장은 크게 정신의료기관, 정신요양 시설, 정신보건센터, 알코올 상담센터, 그리고 사회복귀 시설로 나눌 수 있다. <표 7>에 제시된 바와 같이 정신의료기관이 가장 많은 비중을 차지하고 있다, 그다음으로 정신보건센터, 사회복귀시설, 정신요양 시설, 알콜상담센터가 뒤를 잇고 있다. 정신보건서비스 기관 현황은 한국의 정신보건

〈그림 2〉 정신보건서비스 전달체계

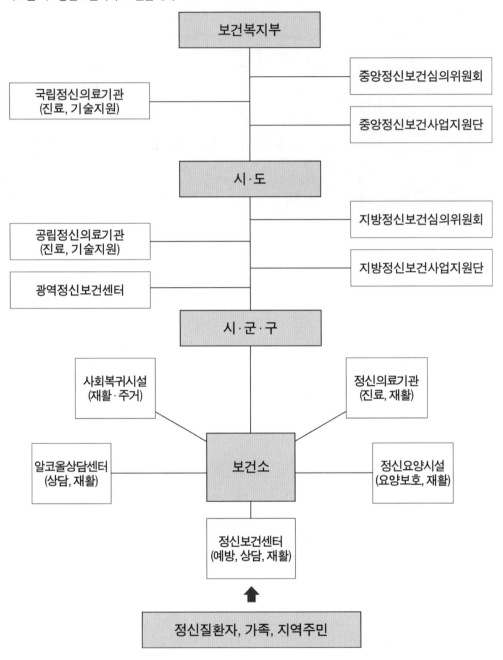

자료: 보건복지부(2012c).

〈표 7〉 정신보건 관련 기관 현황(2011년 12월 말)

구 분		기관수	주요 기능
계		1,718	
정신보건센터		164	- 지역사회 내 정신질환 예방, 정신질환자 발견·상담·진료·사회복귀 훈련 및 사례관리 - 정신보건시설 간 연계체계 구축 등 지역사회 정신보건사업 기획·조정 * 표준형 158(국비 133, 지방비 25), 광역형 6(국비 5, 지방비 1)
정신 의료기관	국공립	1,232	- 정신질환자 진료, 지역사회정신보건사업 지원
	민간	1,255	- 정신질환자 진료
정신요양시설		59	- 만성 정신질환자 대상 요양·보호
사회복귀시설		255	- 병원 또는 시설에서 치료·요양 후 사회복귀촉진을 위한 훈련 실시
알코올상담센터		43	- 알코올중독 예방, 중독자 상담·재활훈련

자료: 보건복지부(2012c).

서비스가 질환관리 중심임을 보여주고 있다.

3) 정신보건 인력 현황

「정신보건법」에서 명시하고 있는 정신보건전문요원은 '정신보건간호사', '정신보건임상심리사', 그리고 '정신보건사회복지사' 등이다. 정신보건간호사가 가장 많이 배출되는 것으로 나타났으며, 정신보건사회복지사는 그의 1/3 수준에 미치는 것으로 나타났다. 이는 정신보건서비스 영역이 여전히 의료 인력 중심으로 구성되고 있음을 말해주는 것이기도 하다. 정신보건서비스의 영역이 점차로 확대하고 있는 변환기인 현 시점에서 지역사회 활동 혹은 다양한 학제 간 협력을 활성화시킬 수 있는 인력 배출이 이루어져야 할 것이다.

〈표 8〉 정신보건전문요원 양성 현황

구분	계	정신보건간호사	정신보건임상심리사	정신보건사회복지사
계	9,947	6,178	1,549	2,220
1급	2,188	1,167	581	440
2급	7,759	5,011	968	1,780

자료: 보건복지부(2010b).

〈표 9〉 국가별 비자의 입원율

국가	연도	비자의 입원율(%)	국가	연도	비자의 입원율(%)
대한민국	2007	90.3	2008년 기준 88%		
스웨덴	1998	30.0	프랑스	1999	12.5
핀란드	2000	21.6	이탈리아	-	12.1
오스트리아	1999	18.0	아일랜드	1999	10.9
독일	2000	17.7	벨기에	1998	5.8
영국	1999	13.5	덴마크	2000	4.6
네덜란드	1999	13.2	포르투갈	2000	3.2

자료: 국가인권위원회(2009).

2010년 현재 정신보건전문요원 수련 기관은 전국 185개소이다. 정신보건전문요원 양성에서 수련과정에서 기관에 따라 편차가 많이 발생한다는 문제점이 제기되면서 수련기관의 질 관리를 위한 노력이 이루어지고 있다.

4) 정신보건시설서비스 이용 현황

『2010 보건복지통계연보』에 의하면, 2009년 12월 말 현재로 정신보건센터 등록 인원은 6만 8,227명으로 보고되었다. 사회복귀시설 입소·이용 월평균 인원은 5,947명으로 나타났다. 정신의료기관 및 정신요양시설 병상 입원 인원은 8만 4,489명으로 나타났다. 정신의료시설이나 요양시설 이용자 수는 9만 명 수준에는 미치지 못하나, 여전히 다수가 이용하고 있는 현실을 보여준다.

<표 9>는 국가별 비자의 입원율을 제시한 것이다. 표에 나타난 바와 같이 한국은 90.3%로 타 국가와 비교할 수 없을 정도의 높은 수준의 비자의 입원율을 보이는 것을 알 수 있다. 한국의 높은 비자의 입원율은 의료시설이나 요양시설 이용 시 비자발적인 경우가 대부분임을 말해주고 있다.

정신보건시설 중에서 정신의료시설 이용이 높게 나타나는 현실과 비자의 입원은 지역사회 내에서 다양한 정신보건서비스가 자리 잡지 못한 것이 주요 요인이다.

6. 정신보건서비스 이슈

1) 지역사회 중심의 통합적인 정신보건서비스

지역사회 중심 서비스 인프라 구축은 한국의 정신보건서비스에서 지속적인 과제였다. 정신장애인의 회복과정에서 지역사회에서 주류 사회구성원으로서 역할 수행과 삶을 꾸려가는 것이 중요하다. 이를 위해서는 무엇보다 지역사회 내에서 주거시설을 포함하여 다양한 재활 및 사회훈련 프로그램이 제공되어야 한다. 정신장애인 등록이 최근 들어 증가되고 있으나 여전히 다수의 서비스 대상자가 지역사회 내에서 치료나 재활서비스에서 소외된 채 방치되고 있다. 장애인복지정책에서 고용이 강조되고 지역사회 내 자립생활에 대한 노력이 활발해지고 있는데 정신장애인의 경우 장애 특성을 충분히 고려한 고용과 자립생활 지원이 지역사회 내에 정착되어야 할 것이다.

2) 인권 중심 서비스

정신장애에 대한 사회적 편견과 이로 인한 차별이나 불이익은 오래전부터 존재해왔다. 정신보건서비스에서 인권문제에 대한 높은 관심은 정신보건사업의 주요 내용 속에 인권침해방지와 권익보호를 위한 사업을 명시해놓는 것으로 반영되고 있다. 그러나 이러한 노력들은 정신보건시설이나 정신보건전문가를 주 대상으로 하고 있는데 인권 중심 서비스는 정신질환자 권익증진이나 보호와 같은 소극적인 개념에서 나아가 정신장애에 수반되는 특별한 욕구에 대한 서비스 권리 개념으로 변화되어야 한다. 정신질환이나 정신장애의 경우 치료를 받을 권리와 서비스 질 보장이 인권 중심 서비스에서 적극적으로 논의되고 실행 전략 또한 연구·개발되어야 할 것이다.

3) 한국 사회의 문화적 특수성과 정신건강문제

한국사회의 높은 자살률과 최근에 보고되는 분노범죄 현상은 한국사회의 좌절감이 극단적인 방법으로 표출되는 것으로 보아야 한다. 경제난으로 인하여 미래에 대한 불투명성과 중산층의 몰락을 경험하면서 현재의 좌절을 상쇄시킬 수 있는 낙관적인 조망이 어려운 현실을 말해주는 것이라 하겠다. 한국사회의 정신건강문제는 문화적 특수성을 기반으로 접근해야 하는데, 실질적으로 정신건강문제에 대한 사회적 관심이나 대응이 미흡한 여건에서 정신건강문제가 심각해지는 상황을 경험하고 있는 현실이라 이에 대한 적극적인 이해와 대응 전략이 모색되어야 한다. 예로 한국인이 취약한 우울증 유형과 자살문제와의 연관성에 대한 논의를 들 수 있다. 더불어 취약점보다 한국사회의 어떤 특성이 정신건강문제에 대응하는 데 장점으로 역할을 하는가에 대한 체계적인 연구가 필요하다. 기존의 연구에서 거론되는 미래에 대한 희망적인 조망이나 낙관적 관점 등과 같은 긍정적 관점은 정신장애인 회복이나 정신건강문제의 보호기능을 하는 것으로 보고되고 있다. 주로 서구에서 연구되어온 이러한 관점이 한국사회에서는 어떻게 작용하는지, 그리고 한국사회의 사회문화적 맥락에서는 이러한 관점이 어떻게 보호기능을 행사하는지에 대한 체계적인 연구를 통해 대안이 제시되어야 할 것이다.

4) 다양한 세팅에서의 정신보건서비스의 필요성

폭력이나 중독, 아동·청소년기에서부터 노인기까지 모든 발달단계에서 보이는 정신건강문제 확산 등의 현상은 이제 정신보건서비스가 다양한 세팅에서 적극적 역할을 수행해야 함을 보여준다. 기존의 정신보건서비스 세팅이 지역사회 내의 정신장애인을 중심으로 서비스를 수행해왔다면, 이제 다양한 지역사회 세팅에서 정신보건서비스가 제공될 수 있도록 인력구성이 변화될 필요가 있다. 이를 위해 무엇보다 전문적인 교육과 훈련을 통해 인력을 배출할 필요가 있다. 현행 정신보건사회복지사 제도는 정신질환이나 정신장애를 집중적으로 다루는 의료시설 중심으로 교육과 훈련을 제공하고 있는데, 지역사회 내의 정신보건서비스 확충을 위해 다양한 셋팅에서 요구되는 필요한 인력을 어떻게 양성시킬 것인가에 대한 과제를 안고 있다. 현재 정신보건사회복지사 협회에서 진행하고 있는 '중독전문가' 양성 교육은 정신보건서비스 세팅 이외에도 중독문제와 연관되어 서비스를 제공하는 세팅에서 활동할 인력을 배출하고자 하는 목적으로 진행되고 있다. 이러한 예는 현재 한국사회에서 시급한 개입이 요구되는 중독문제를 다룰 수 있는 전문가를 양성하여 관련 기관에 보급한다는 차원에서 시의적절한 노력이라고 할 수 있겠다. 이 외에도 지역사회에서 정신건강서비스가 요구되는 학교, 종합사회복지관, 아동학대전문기관, 생활시설, 교정시설 등 정신건강 문제로 어려움을 가지고 있는 대상자를 접할 수 있는 다양한 세팅에 필요한 정신보건서비스를 제공할 수 있도록 전문적 교육과 훈련이 제공되어야 할 것이다. 여기에서 집중적인 서비스가 제공되어야 할 경우는 정신보건센터나 의료시설에 연계하여 정신보건서비스 대상자가 적절한 시기에 발굴되고 서비스를 받을 수 있도록 다학제 간 협력이 정착되어야 할 것 이다.

참고문헌

고용노동부. 2012. 『2012 장애인통계』.

국가인권위원회. 2009. 『정신장애인 인권보호와 증진을 위한 국가보고서』.

김규수. 2004. 『정신보건사회사업 실천론』. 형설출판사.

보건복지부. 2010a. 『2010 보건복지통계연보』.

보건복지부. 2010b. 『정신보건전문요원제도 운영안내』.

보건복지부. 2011a. 『2011년도 보건복지부 소관 예산 및 기금 운용계획 개요』.

보건복지부. 2011b. 『2011 장애인 실태조사』.

보건복지부. 2012a. 『2012 보건복지통계연보』.

보건복지부. 2012b. 『2011 정신질환실태역학조사』.

보건복지부. 2012c. 『2012 정신보건사업안내』.

보건복지부. 2012d. 『2012년도 보건복지부 소관 예산 및 기금운용계획 개요』.

보건복지부. 2013. 5.21. 「정신질환자 범위 축소 및 보험차별 금지, 정신건강증진의 장 신설 등 법 패러다임 전환」. 보도자료.

통계청. 2010. 『2010 인구주택총조사』.

한국정신보건사회복지학회. 2010. 「정신장애인 인권실태와 대안」. 2010 추계 학술대회.

World Health Organization. 2006. "Constitution of the World Health Organization."

국립서울병원. 알림마당-국립정신건강연구원설립(병원현대화 등). http://www.snmh.go.kr/.

한국의 의료복지서비스

❚ 박소연*

1. 의료사회복지 개관

1) 의료사회복지의 정의

21세기의 한국은 지속적인 경제성장을 기초로 국민들의 생활수준은 향상된 반면 저출산과 고령화 등의 새롭고 다양한 사회문제를 경험하고 있다. 이러한 경제성장과 사회 환경의 변화과정 속에서 한국사회는 구성원들의 정신적·신체적 건강에 대한 사회적 관심과 이를 보장하기 위한 의료사회복지서비스에 대한 욕구가 증대되고 있다. 의료사회복지는 의료적 문제를 가지고 있는 사람들을 심리적·사회적·경제적인 측면에서 지원하는 사회복지의 영역 중 하나이다. 즉, 환자와 환자 가족들에게 이들이 필요로 하는 다양한 직간접적 사회복지서비스를 제공하며 건강한 삶을 영위하도록 지원한다.

의료복지서비스는 의료사회복지 안에서 제공되는 서비스를 총체적으로 일컫는 것으로 크게 의료시설 내에서의 환자를 위한 복지활동을 중심으로 정의하는 미시적 개념과 의료시설 내의 활동과 예방 그리고 제도 및 정책적 접근 등 의료 관련 사회복지를

* 경기대학교 사회복지학과 교수.

총망라한 거시적 개념 등으로 구분된다. 미시적 개념의 의료사회사업은 사회사업의 전문화된 한 분야로서 환자가 가능한 한 보건서비스를 가장 효과적으로 활용할 수 있도록 하기 위해 병원이나 진료소 혹은 기타의 의료기관에서 실시되는 개별사회사업과 집단사회사업의 실천을 포함하고 있으며 이는 환자의 질병과 치료에 영향을 주는 사회적·정서적 문제를 다루는 데 강조점을 두는 것을 특징으로 한다(Friedlander, 1968). 또한 김덕준(1976)은 의료사회사업은 의료팀의 일원인 사회사업가의 전문적인 입장에서 질병의 원인이 될 수도 있고 치료에 장애가 되는 심리사회적인 문제들을 해결하도록 도와주는 의료서비스라고 정의했다. 한편 김규수(1999)는 좀 더 포괄적 개념으로 의료사회사업은 질병의 예방과 건강증진 및 향상을 지향하는 의료복지를 목적으로 한 보건 및 의료 영역에서의 사회복지조사, 사회복지정책 및 행정 등의 방법을 통해 보건의료의 욕구 측정과 의료서비스 전달체계를 평가하고 그 개선과 활용을 용이하게 하며, 의료의 질 향상은 물론 의료보호와 의료부조의 확대와 질적 향상을 기여하는 데 참여하는 사회사업의 한 과정으로 정의하며 거시적 측면의 의료사회사업분야도 제시하고 있다(강흥구, 2007: 재인용). 또한 한인영 외(2006)는 의료사회복지는 질병에 대한 다각적인 접근을 바탕으로 질병을 가진 개인과 환경과의 상호관계에 초점을 두고 의료팀의 일원으로 환자 및 가족의 사회기능 향상을 위해 전문적 실천방법을 활용하여 질병의 예방, 치료 및 재활에 이르기까지 다양한 활동을 수행하는 사회복지의 한 전문분야라고 정의했다. 따라서 의료사회복지는 사회복지의 한 분야로 환자와 그의 가족들이 질병 치료과정에 잘 적응하도록 돕고, 이들이 지닌 다양한 문제와 욕구에 따라 의료기관 내에서 그리고 지역사회에서 필요한 자원을 연결해주는 등 질병의 치료 및 재활, 예방에 이르기까지 환자와 이들 가족의 심리사회적 문제의 해결을 위해 전문적으로 개입하는 직접적·간접적 과정으로 정의할 수 있다.

2) 의료사회복지의 기능

의료사회복지는 예방, 치료, 재활 등 일련의 의료서비스 전달과정 상에서 환자와 환자의 가족이 경험하는 심리적·사회적 욕구의 충족과 문제 해결을 통해 환자와 이들 가족의 지역사회로의 원활한 복귀를 지원하는 전반적인 과정이다. 구체적으로 의료사회복지사는 환자에게 제공되는 의료서비스에 대한 정보를 수집하고 환자의 환경과 상황들을 종합적으로 사정하여 직접 사회적 복귀를 돕거나 유관 지역사회기관들과의 협력

〈표 1〉 의료사회복지의 기능

의료사회복지 기능	의료사회복지 기능 중 사회복지사의 주요 담당기능
① 개인치료의 실천	① 질병, 신체적 장애 그리고 의료보호와 관련된 사회적 욕구와 문제를 다루는 것
② 의료제도 안에서의 프로그램 계획과 정책 형성과정에의 참여	② 다양한 전문분야 서비스의 통합부분으로서 여타 전문인력들과 협력하면서 실천하는 것
③ 지역사회 내에서의 사회 및 보건 프로그램의 개발 참여	② 다양한 전문분야 서비스의 통합부분으로서 여타 전문인력들과 협력하면서 실천하는 것
④ 전문인력에 대한 교육적 프로그램에 참여	③ 지역사회의 의료사회서비스를 조정하는 데 있어서의 의뢰, 연계기능이 가장 많은 부분을 차지
⑤ 사회조사를 통해 환자는 물론 지역주민의 치료와 건강증진을 꾀하는 것	③ 지역사회의 의료사회서비스를 조정하는 데 있어서의 의뢰, 연계기능이 가장 많은 부분을 차지

자료: 한인영 외(2006) 재인용.

체계 내의 전문시설로 의뢰한다. 이러한 사회조사 및 자원연계 과정을 통해 의료사회복지사는 환자의 개별적인 욕구를 이해하고 의료사회복지를 실천할 수 있다.

칼턴(Calton, 1984)이 주장한 의료사회복지의 주요 기능을 살펴보면 <표 1>과 같다.

이처럼 의료사회복지는 환자 개인의 신체적 건강에 국한하지 않고 지역사회 내에서 환자와 가족의 신체적·사회적·경제적·심리적 건강을 도모하고자 치료, 관리 및 예방을 총괄하는 종합적인 기능을 수행한다. 즉, 환자의 질병에 대한 치료뿐만 아니라 환자의 다양한 욕구를 충족시킬 수 있는 서비스를 개발하는 등 의료적 서비스와 사회적 서비스를 담당하며 유관 분야와의 다학제적 협력활동을 실천하여 입원에서부터 퇴원계획 그리고 그 후 지역사회 내에서 변화된 환경에 환자와 환자가족들이 적응하고 사회적으로 건강하게 복귀할 수 있도록 지원한다. 또한 의료사회복지는 환자와 이들 가족의 욕구를 파악하고, 빈곤한 환자를 대상으로는 경제적 지원을 하며, 퇴원계획을 논의하는 등의 (간접적) 기능과 더불어 질병예방교육 등 건강에 대한 지역사회 내 교육과 변화하는 사회에 맞는 개별 및 집단프로그램의 개발, 타 임상부서 및 동료 의료사회복지사들과의 정기적 사례회의 업무 등을 포괄한다.

3) 의료사회복지사의 역할

병원 등 의료조직은 사회복지 측면에서 보면 2차 세팅이므로 의료사회복지사는 의

〈표 2〉 의료사회사업가의 핵심직무와 집단별 표준직무

핵심직무	
심리적·사회적·정신적 문제해결 직무차원	1. 심리적·사회적 문제의 원인 조사 및 사정 2. 치료 계획에 의한 환자의 개별치료 3. 환자와 환자가족의 교육 4. 환자와 환자가족에게 질병에 대한 정보제공
경제적 문제해결 직무차원	5. 후원자(단체)연결 등을 통한 병원 외적 자원과 연결
지역사회자원과 연결 직무차원	6. 지역사회 자원과 연결
사회복귀 및 재활 문제해결 직무차원	7. 퇴원계획 상담
팀 접근 직무차원	8. 사례분석 평가
사회사업부서의 순수행정 직무차원	9. 보고서 및 업무일지의 기록 10. 사회사업부서의 운영에 관한 회의
교육 및 연구 조사 직무차원	11. 전문성 제고를 위한 교육 참여
대학부속병원 일반·재활의료 직무	
12. 내원객의 욕구에 의한 환자의 개별상담 13. 사회보장 및 법적 제도에 대한 정보제공과 지원 14. 지역사회의 새로운 자원개발 및 정보망 조성 15. 수집된 기존 지역사회의 자원체계에 대한 정보제공	
대학부속병원 정신의료 직무	
12. 사회보장 및 법적 제도에 대한 정보제공과 지원 13. 병원 내의 자원을 이용한 진료비 지원 14. 지역사회의 새로운 자원개발 및 정보망 조성 15. 수집된 기존 지역사회의 자원체계에 대한 정보제공	
종합/병/의원 일반·재활의료 직무	
12. 치료계획에 의한 환자의 가족치료 13. 수집된 기존 지역사회의 자원체계에 대한 정보제공 14. 질병에 의한 고위험 환자의 발견 15. 실습생 지도	
종합/병/의원 정신의료 직무	
12. 내원객의 욕구에 의한 환자의 가족상담 13. 집단활동 지도 14. 사회생활 훈련지도	

자료: 김기환 외(1997).

료조직의 변화에 보다 민첩하게 또한, 전문적으로 대응한다. 즉, 의료 환경, 사회 환경, 환자들의 인식 및 욕구, 질병구조 등의 변화에 따른 적절한 의료사회복지서비스를 제공해야 한다. 이를 위해서는 질병 등 환자의 신체에 나타나는 특징과 당면한 특수한 문제에 대한 위기개입능력 및 지식 등을 숙지하여 다른 팀과 협력 시 효과적인 정보교환이 가능하도록 한다. 또한 의료사회복지사는 환자와 그의 가족에게 심리적·사회적 문제에 대한 상담치료 및 해결방안 등을 고민하고 환자의 권익을 옹호하며 꾸준한 효과적인 치료를 위해 의사, 간호사 등 다른 의료서비스제공자와 함께 협력한다. 이에 의료사회복지서비스의 질적 수준의 향상과 효율성을 위해서 의료사회복지사의 명확하고 구체적인 역할이 규정되어야 하며 이는 <표 2>의료사회복지사의 직무표준화를 통해 알아볼 수 있다.

2. 의료사회복지의 역사적 전개

1) 의료사회복지의 구미역사

(1) 영국의 의료사회복지 역사

일반적으로 근대적 의료사회복지는 미국에서 시작되었다고 판단되나, 이에 앞서 의료사회복지와 관련한 활동을 영국에서 찾아볼 수 있다. 초기 의료사회복지적 개입은 빈곤한 환자와 그 가족에 대한 환경개선 및 변화를 위한 활동이었다. 14세기 초 종교집단에서 환자, 노인 및 장애인 등을 수용하고 보호하는 형태의 활동과 존 웨슬리(John Wesley, 1713~1791)가 런던에서 최초로 자선진료소를 개설하는 등 비조직적인 봉사를 통한 접근이 의료사회복지 활동의 기원이라고도 볼 수 있다. 18세기에는 빈곤한 환자와 가족들에게 경제적 원조뿐만 아니라 진료과정에서 생물학, 심리학, 사회적 측면에서 접근하여 통합적으로 이해하며 관리해야 한다는 인식으로 간호사들의 봉사활동이 있었다. 그 이후 19세기 후반 지역사회를 중심으로 빈곤한 환자를 위한 자선조직협회가 개설되어 우애방문원 또는 부녀봉사대라 불리면서 빈곤한 환자를 병원과 연계하는 활동을 했다. 이렇게 자선조직협회를 중심으로 지역사회의 환자 가정을 돌보고 환경개선 등을 교육하는 등 의료사회복지의 기반을 만들었다. 영국에서는 19세기에 정신병원에서 퇴원한 환자의 사후지도 및 보호를 목적으로 가정방문을 하여 가족 및 환자에게 서비스를 제공했다. 이것이 의료사회복지 및 정신보건사회사업의 기초적 활동이 되었다. 그러나 의료사회복지가 전문직으로 조직화된 것은 19세기 후반 런던에서 메리 스튜어트(Mary Stewart)가 영국 왕실시료병원에 사회사업가로 채용되면서부터라고 할 수 있다. 메리 스튜어트는 무분별한 무료진료를 막고 의료비를 지불할 수 없는 사람은 구빈법의 혜택을 받을 수 있도록 했으며, 위생교육, 환자의 색인카드 작성, 월례 집담회, 결핵환자의 가정교육 지도 등 의료관리에 대한 확신과 의료사회복지의 가치를 사람들에게 인식시키는 데 기여했다. 이후 병동에서도 의료사회복지서비스를 확장하여 많은 봉사자들과 함께 사회사업팀을 이루고 왕실 시료병원에서 실습도 실시했다.

(2) 미국의 의료사회복지 역사

미국의 의료사회복지는 19세기 중반부터 시행된 영국의 인보관운동에 자극을 받은 애덤스(Addams)가 1893년 최초의 어린이진료소를 개설하고, 그 후 1905년 매사추세츠 병원의 리처드 카보(Richard C. Cabot) 박사가 간호사인 가네트 펠튼(Garnet Pelton)을 사회사업가로 고용하여 의료사회사업을 제공한 시점을 그 출발점으로 볼 수 있다. 당시 환자의 질병에는 사회환경이 깊은 관계가 있다고 판단한 카보 박사는 펠튼과 함께 특히 결핵환자들이 적절한 치료를 받도록 했다. 그 후 카보 박사는 발병의 원인이 생리적인 부분에만 있지 않으며 신체적 상태와 심리적·사회적 요인이 모두 영향을 미친다고 생각하고, 사회사업가의 역할 및 필요성을 바탕으로 의사와 환자, 의사와 지역사회자원을 연계시키고 환자의 교육을 통해 치료과정을 협조하게 함으로써 적절한 치료를 할 수 있다고 주장했다. 이때를 기점으로 뉴욕 시와 볼티모어 시의 대형(종합) 병원들이 사회사업과를 설치했다.

1905년에서 1930년까지의 미국 의료사회복지는 병원을 중심으로 질병을 동반한 사회적 빈곤 구제, 환자의 신체적·심리적·사회적 조사의 필요성을 강조하는 한편, 간호 및 치료에 대한 제도적 장치에 관심을 두기 시작했다. 1919년 결성된 미국의료사회사업가협회는 기초지식을 발전시키고 실습을 주도하면서 전문직에 대한 기준에 따라 다방면의 사회문제를 해결하려고 노력했다. 이 시기에 1,000개 이상의 병원에서 의료사회복지서비스를 실시했다. 질병에 대한 환자의 인식, 질병 예방과 치료과정에서 환자와 가족의 심리사회적 및 경제적 측면의 고려, 그리고 퇴원 이후 사후지도 및 원조 등에 이르기까지 의료사회사업가는 의사와 환자 그리고 지역사회 사이에서 조정자 역할을 했다.

1930년대부터는 의료사회복지의 수요가 증가한 시기로 볼 수 있다. 세계 대공황으로 인한 직업상실, 우울증 등의 원인이 개인뿐 아니라 사회에도 있음을 파악하게 되고 개인의 정신상태나 감정과 신체적인 질병과의 연관성을 인식하게 되면서 공공영역에 사회복지사들이 고용되기 시작했다. 또한 1933년 「연방긴급구제법」과 1935년 「사회보장법」 등이 제정되는 등 의료사회복지 관련법이 증가하게 되면서 민간기관에서 시행하던 일들을 공공부문에서 담당하게 되었다. 1960년대에는 제2차 세계대전 이후 참전군인과 피해자들을 위한 집단사회사업이 발달했으며 재활의료서비스에 대한 관심도 증대되었다. 이처럼 건강과 심리적, 사회적 부분들의 연관성과 질병에 대한 환자와 가족의 대응방법, 질병에 대한 적응 등이 환경과 사회로부터 큰 영향을 받는다는 인식이 확산되면서 1961년 미국병원협회와 미국사회사업가협회(NASW)의 공동위원회에서는 ① 의료팀이 사회적·경제적·정서적 요인의 중요성을 이해하도록 돕고, ② 환자와 그의 가족들이 이러한 요소들을 이해하도록 도와 스스로 의료적 치료를 적극적으로 이용할 수 있게 하며, ③ 그들의 신체적·정서적 안녕을 증진시키고, ④ 병원에서 환자가 더 좋은 서비스를 제공받도록 돕는 것 등으로 의료사회복지의 기능을 확대했다.

　1970년대는 의료사회복지의 전문성이 확립된 시기로 볼 수 있다. 병원에서의 사회사업실천을 위해 행동수정, 분석치료, 자아심리치료, 위기개입, 가족치료 등과 같은 다양한 접근이 시도되었다. 아울러 가족계획, 태교, 성 삼담 등과 같은 예방적인 프로그램이 강조되었고, 병원에서는 응급실프로그램, 임종에 이르는 병이나 심한 정서적인 문제를 가진 환자나 그 가족에 대한 사회사업가의 역할이 대폭 증가했다(김규수, 1995; 한인영 외, 2006 재인용). 1972년 「사회보장법」의 개정에 기반한 전문직 기준 심의기구(Professional Standards Review Organization)의 발족은 사회사업분야의 적정성과 책임성을 강조하고 동료평가제도의 개발을 통해 서비스의 질을 강조하고 사회사업이라는 전문직의 신뢰를 재고하는 계기가 되었다. 또한 1973년 병원합동심의위원회(Joint Commission on Accreditation of Healthcare Organization)의 병원승인프로그램에 사회복지서비스가 추가되어 의료사회복지가 전문직으로서 자리매김하게 되었다. 1984년 포괄수가제[1](Diagnosis Related Groups)는 일반 환자뿐만 아니라 장기입원환자 그리고 문제 환자 등의 퇴원계획이 의료사회복지의 주요 기능으로 부상하며 의료사회복지사가 전문직으로서의 역할을 확대하는 계기가 되었다. 1980년대 의료비의 상승에 따라 매니지드 케어(managed

---

1) 포괄수가제는 의료서비스의 양과 질에 관계없이 질병군(또는 환자군)별로 미리 책정된 정액진료비를 의료제공자에게 지불하는 제도이다. 이는 일반 재화 및 서비스와 마찬가지로 의료제공자가 생산하는 최종 생산물(product of hospital)을 거래 단위로 파악하려는 것이다. 예를 들면 맹장염 혹은 백내장수술 등 일반적으로 보편화된 질병군에 대해 입원일 수, 주사 및 검사의 종류 및 회수 등과 같은 진료 내용에 관계없이 일정액의 진료비를 지급하는 것이다.

care)가 도입되면서 의료사회사업가들은 단기입원, 지역사회 중심의 치료 등 다양한 방법을 마련하게 되었다.

2) 한국의 의료사회복지 역사

구미 역사의 구빈원과 부녀봉사원처럼 한국의 경우 고려시대에 동서대비원·혜민국, 조선시대의 활인서 등의 기관들이 빈곤한 환자를 대상으로 의료구제사업을 실시하는 역할을 담당했다. 근대에는 1883년 세브란스병원에서 자원봉사활동이 시작되었고, 그후 1950년대 들어와서야 현대적인 의미의 의료사회복지가 발달했다. 구체적으로 유니테리언 봉사회는 1958년 한노병원과 세브란스 병원에서 결핵환자를 위한 물질적 원조를 했다. 그 후 1959년 국립중앙의료원과 원주기독병원, 1962년 국립정신병원, 가톨릭부속성모병원에서 의료사회복지가 시작되었다. 이 시기를 한국 의료사회복지의 시발점으로 볼 수 있다.

이후 1964년 세브란스병원, 1966년 동산의료원, 1968년 전주예수병원, 고려병원, 중앙대부속병원 등에서 의료사회사업 업무가 시작되었고, 1971년에는 한강성심병원, 안양정신병원, 혜동의원 정신과에서 사회사업 업무가 이루어졌다(김규수, 2008). 이 시기는 아직 법적인 근거가 마련되지 않은 상태에서 환자와 가족들, 지역사회 등 의료사회복지를 계몽활동처럼 실시했기 때문에 의료사회복지가 전문직 영역으로 인식되고 발전하는 데 어려움이 있었다.

1973년 대통령령 제6863호(「의료법」 시행령 제24조 2항 5호)[2]에 의해 종합병원에서 사회복지사의 채용규정이 명시되었고 같은 해에 '대한의료사회사업가협회'가 창립되어 의료사회복지사의 전문성과 권익을 뒷받침해주었다. 이후 몇 년에 걸쳐 전국 여러 곳의 종합병원[3]에서 의료사회사업이 시작되었다. 또한 1963년 의료보험제도의 실시 이후 1977년 의료보험제도의 확대실시로 정신의료사회복지의 활동에 대한 의료보험수가를 인정하여 정신과를 중심으로 신설, 확대되었다.[4] 의료보험제도의 실시로 인해 의료

---

[2] 종합병원에는 「사회복지사업법」의 규정에 의한 사회복지사업종사자 자격을 가진 자 중에서 환자의 갱생·재활과 사회복귀를 위한 상담 및 지도업무를 담당하는 요원을 1인 이상 둔다.

[3] 1974년: 이화여대부속병원, 서울기독병원, 고려대부속병원/ 1975년: 성분도병원/ 1976년: 가톨릭대부속산업재해병원, 서울백제병원/ 1977년: 대구파티마병원, 국립보훈병원.

〈표 3〉 한국 의료사회복지의 역사

연도	내용
1958	- 한노병원에서 결핵환자의 자원 도움으로 시작하여, 세브란스병원에서 결핵환자를 위한 전문 의료사회사업가 등장
1959~1962	- 국립중앙의료원, 원주기독병원, 국립정신병원, 가톨릭성모병원에서 의료사회사업 시작
1964~1971	- 정식으로 사회사업과나 사회사업실이 편성되면서 세브란스병원, 동산의료원, 전주예수병원, 고려병원, 중앙대부속병원, 한강성심병원, 안양정신병원, 혜동의원 정신과 등에서 사회사업 업무 실시
1973	- 대통령령 제6863호(현 「의료법」)에 의해 의료사회복지가 법적 명시 - 대한의료사회복지사협회 창립
1974~1976	- 이화여대부속병원, 서울기독병원, 고려대부속병원, 성분도병원, 가톨릭대부속산업재해병원, 서울백제병원 등에서 하나의 부서로서 의료사회사업 실시
1977	- 대구파티마병원, 국립보훈병원 등 의료사회사업 실시 - 의료보험제도의 확대 실시로 인한 정신의료사회복지 활동에 대한 의료보험수가 인정
1978~1983	- 부산한병원, 부산메리놀병원, 부산아동병원, 인제대부속부산백병원, 서울적십자병원, 영동세브란스병원, 목포성골롬반병원, 마산고려병원 등 전국에서 의료사회사업 실시
1981	- 종합병원에 대한 '병원표준화 심사제'를 실시했고 심사내용에 의료사회복지에 대한 평가부분 포함
1992	- 골수이식 기관 인정기준에 의료사회복지사의 참여 제도화
1994	- 재활의료사회사업 수가 인정
1995	- 의료기관서비스평가제도에서 의료사회사업서비스의 질 보장 강조 - 「정신보건법」 제정
1999	- 「장기 등 이식에 관한 법률 시행령」에 의료사회사업부분이 인정됨. - 의료사회복지사 수련제도
2000	- 대한의료사회복지사협회와 한국사회복지협회와 공동으로 수련·실습 슈퍼바이저 자격 제도 도입
2008	- 제1회 의료사회복지사자격시험

서비스의 수요와 공급의 증가는 제공되는 의료서비스의 질에 대한 관심을 촉발시켰는데, 이로 인해 1981년 의료서비스의 질적 향상과 의료사회복지서비스의 수행정도를 평가할 수 있는 '병원표준화 심사제'를 실시하게 되었다. 이 제도는 의료사회복지에 대한

---

4) 1978년: 부산 한병원/ 1979년: 부산 메리놀병원/ 1980년: 부산 아동병원 / 1982년: 인제대부속부산백병원/ 1983년: 서울적십자병원, 영동세브란스병원, 목포 성골롬반병원, 마산 고려병원

인식을 고양시키는 기폭제가 되었으며, 더욱 많은 의료기관에서 의료사회복지사를 적극적으로 채용하게 되는 계기를 제공했다.

1990년대 이후에는 중·대형병원의 대거 등장과 WTO 체제에 따른 의료기관 간의 경쟁체제 심화, 1992년 골수이식 기관 인정기준 도입, 1994년 재활의료사회사업 수가 인정, 1995년 의료서비스평가제 도입, 1999년 「장기 등 이식에 관한 법률」 시행령 등에 사회사업부분이 인정됨에 따라 보다 전문적인 서비스 제공의 기반을 마련하게 되었다 (강흥구, 2007). 초창기 행정적·사무적인 직무가 대부분이었던 의료사회복지서비스의 직무범위는 그 활동영역을 넓혀 장기이식분야, 호스피스분야, 환자의 신체기능손실 및 사후관리 등 전문적인 지식과 개입을 필요로 하는 직무로까지 확대된 것이다. 또한 대한의료사회복지사협회를 중심으로 의료사회복지사의 자격, 실습, 훈련, 유지 및 관리 등 전문 의료사회복지사의 양성과 서비스를 제공하기 위한 발판을 마련하고 발전을 모색하고 있다. 한국의 정신보건사회복지는 의료사회복지의 한 분야로서 1970년대에는 정신의료사회복지사들이 대한의료사회사업가협회에서 활동했으나 1993년 한국정신의료사회사업학회가 결성되면서 대한의료사회사업가협회에서 분리되었다. 이후 1995년 「정신보건법」이 제정되고 1997년에는 정신보건사회복지사협회가 결성되어 정신보건분야의 교육과 전문성 강화를 위해 활동하고 있다. 1999년부터 의료사회복지사 수련제도가 시작되어 2010년 현재 총 29개의 수련병원이 운영되고 있다(윤현숙 외, 2011). 2000년 11월부터는 의료사회복지 실습 슈퍼바이저와 수련 슈퍼바이저 자격증 준비를 위한 슈퍼바이저 교육제도가 운영되기 시작했고, 2008년에 제1회 의료사회복지사 자격시험이 한국사회복지사협회와 대한의료사회복지사협회에서 실시되었다. 한국 의료사회복지의 역사를 정리하면 <표 3>과 같다.

3. 한국의료사회복지의 정책과 서비스 현황

1) 의료전달체계와 의료사회복지서비스

한국은 1970년대 제4차 경제개발 5개년계획 수립 시 보건의료의 문제점에 대한 관심으로 '의료전달체계'가 논의되었으며 1989년 전국민의료보험이 확대 실시되면서부터 공식적으로 도입되었다. 이 당시의 보건의료분야의 문제점은 국민들의 건강에 대한 관심증가로 의료서비스에 대한 수요도 점점 증가했지만 수요를 충족시킬 만큼의 자원이 부족했고 수도권과 지방 간의 의료서비스의 수준과 의료기관 수 등 편차가 심했다. 또한 의료기관들은 대부분 민간이 소유하고 독립적으로 운영했기 때문에 과도한 경쟁으로 인해 유기적이고 협력적인 관계를 이룰 수 없었다. 이 때 부족한 의료자원의 확충 및 의료기관의 효율성 있는 운영과 의료서비스의 효율적인 제공 및 효과 등의 해결 방안으로 제안된 정책이 의료체계의 확립이다. 의료전달체계의 정의에 대해서 1980년대에 한국에서는 "국민 모두에게 동등한 수준의 의료를 동등한 접근성을 유지하면서 제공하고, 제한된 의료자원을 효율적으로 활용하여 국민의 건강증진을 도모하는 데에 중요한 의미를 갖는다"라고 해석했다. 모데스트(Modest, 1996)는 "개인이나 가족 그리고 지역사회가 건강을 증진, 유지 혹은 회복할 목적으로 진단, 치료와 예방적 조치 그리고 환자 교육을 포함하는 보건서비스, 장비, 인력, 시설 등을 조직화한 체계"라고 정의했다. 한달선(2005)은 사회의 구성원들이 요구하고 이용하는 의료서비스의 공급이라는 공동의 목표를 향해서 기능하고 있는 의료기관들을 주된 구성요소로 하는 사회체계로 이해할 수 있으며 의료공급체계가 이 체계에 대해 더 적절하게 표현한 것이라 언급했다. 이러한 의미로 이해할 수 있는 의료전달체계는 올바른 취지에서 도입된 정책임에도 불구하고 2000년대 초반부터 문제점 및 한계가 드러나기 시작했다. 의료기관은 의료제공체계 내에서의 역할, 즉 서비스의 내용 및 기능에 따라 1차·2차·3차 의료기관[5]으로 분류되는데 분류된 기관별로 차별적 진료가 이루어지지 않고 모든 의료 기관이 경쟁상대일뿐 협력체계가 되지 못하고 있다. 무엇보다, 1차 기관에 대한 불신과 최신 의료장비 및 의료서비스의 고급화 등에 대한 소비자(환자)의 선호가 1차 기관에서의 무

---

5) 장임원(1990)과 남은우(2002)에 따르면, 1차 의료기관: 주민들이 제일 먼저 접촉하여 예방과 치료가 통합된 포괄적인 보건의료서비스를 제공하는 시설로 고도로 전문화된 복잡한 인력과 기술을 필요로 하지 않는 것을 특징으로 한다. 2차 의료기관: 기본 4과 이상의 진료과목과 전문의를 갖추고 외래 및 입원환자 진료에 필요한 시설과 보조 인력을 갖춘 시설로 1차 의료기관에서 후송 의뢰된 외래 및 입원환자의 진료, 응급환자의 응급 및 입원진료를 담당하는 등 일반적인 질환에 대한 입원치료 및 외래에서의 전문 진료를 포함한다. 3차 의료기관: 모든 진료과목과 전문의를 갖추고 특수분야별 전문의 수준의 진료와 의학교육, 의학연구, 의료 인력의 훈련기능, 개원의 재교육 등을 수행할 수 있는 시설과 인력을 갖춘 시설로 고도의 전문화된 의료장비와 전문의료인력이 요구되는 서비스 제공한다.
* 시설 및 장비, 병상 규모 등에 따른 자세한 의료기관의 분류는 「의료법」(법률 제11141호)을 참고하고, 의료급여기관별 진료범위는 「의료급여법 시행규칙」(보건복지부령 제157호)을 참고

분별한 진료의뢰서의 발급을 요구하게 되면서 2차·3차 진료기관으로 환자들이 몰리게 되었다. 또한 현재 일반의보다 전문의의 비중이 비균형적으로 높은 편이며, 개원비용의 과중한 부담으로 인해 비용 산출을 목적으로 한 무분별한 진료가 시행되는 상황이다.

의료전달체계 안에서의 의료사회복지서비스를 살펴보면 다음과 같다.

의료복지서비스 실천에서의 1차 보호(primary care)는 앞서 의료전달체계에서 살펴보았던 1차 의료(primary care), 1차 예방(primary prevention)[6] 그리고 정부에서 주도하는 건강증진(Health Promotion)의 서비스가 이루어지는 곳을 모두를 일컫는 말이다. 1차 보호는 의료체계의 첫 단계로 공공건강기관, 민간의료시설, 외래클리닉, 건강유지조직 등과 같은 곳을 말한다. 신체적·정신적·사회적 건강에 대해 통합적이며 총체적으로 접근하여 질병예방 및 건강유지에 목적을 두고 있다. 1차 보호에서 사회복지사는 흡연, 비만, 당뇨병, 고혈압 등의 만성질환 문제와 알코올남용, 아동학대와 방임, 가정폭력, 노인학대, 청소년임신, 성병, 자살, 우울 등의 사회문제에 대해 민감하게 반응하여 적극적으로 개입해야 한다(Cowles, 2000). 또한 소홀히 다루어질 수 있는 정신과적 문제에 대해 초기개입을 통해 질병의 진행을 악화시키지 않도록 해야 한다. 지역사회 중심 기관에서의 스트레스 관리집단, 빈둥지(empty nest) 증후군 관리집단, 신체장애인 지지모임, 정신장애인 지지모임 등 교육 및 치료집단 운영을 통해 1차 진료기관에서의 의료사회복지는 국민의 건강수준 증진 및 높은 질의 의료복지서비스를 제공하는 역할을 실천할 수 있다.

2차 보호(secondary care)에서는 악화된 질병에 대해 치료 중심으로 진행되는 병원과 입원치료센터 등 의료전달체계에서의 2차·3차 기관에 해당되는 곳에서 의료복지서비스를 제공한다. 2차·3차 기관들은 다양한 교육수준 및 사회경제적 계층이 함께 일하는 집단으로, 병원이라는 특수한 조직에 대한 이해를 바탕으로 의료사회복지서비스는 진료와 행정운영, 이 두 분야의 통제 아래서 전문적으로 환자의 문제에 개입한다. 이에 2차 보호에서는 환자의 기능을 최적화할 수 있도록 특정 질환에 관한 상세한 지식뿐 아니라 각 질환으로 인해 야기되는 독특한 심리사회적 문제를 고찰하고 개입전략을 개발하는 것이 의료사회복지 실천의 추세가 되고 있다(한인영 외, 2006). 즉, 의료적 문제와 심리적·사회적 문제영역을 규명하고 환자의 기능유지 및 회복을 위해 적절한 개

6) 학교, 직장, 자조집단, 부모역할 훈련 등의 서비스를 제공하는 사회기관을 일컫는다.

입으로 의료복지서비스를 제공하고 있다. 또한 지역사회의 자원동원을 위해 최신정보를 탐색하고 수집하여 맞춤서비스를 제공하는 한편 수가제도의 변화 등으로 퇴원계획에 대한 의료사회복지의 역할비중이 높아지고 있다.

3차 보호(Tertiary care)는 의료서비스의 마지막 단계로 치유될 수 없는 질환 및 만성질환을 가진 클라이언트의 기능을 최대화하도록 원조하는 것이다. 3차 보호 기관에는 재활센터, 요양시설, 호스피스센터, 재가보호시설, 낮병원(Day Hospital) 등이 해당된다(Cowles, 2003). 이들 중 요양시설과 호스피스센터의 의료사회복지서비스에 대해 알아보면 다음과 같다. 요양시설은 생활습관에 따른 만성질환과 신체·정신장애인 등 가정에서 보호할 수 없고 병원에서의 의학적 치료 중심의 서비스가 도움되지 않을 때 이용하게 된다. 이곳에서의 의료사회복지서비스는 환자와 가족에 대한 심리적·사회적 사정 및 개입, 질병관리에 대한 교육, 지역사회의 자원연계 및 사회적 지지를 통한 자존감 회복과 사회적 기능 및 사회성을 유지시키는 서비스 등이 포함된다. 또한 환자의 권익옹호, 개인·집단 프로그램의 개발과 참여, 위기상황에 따른 개입이 이루어지고 있다. 호스피스시설은 임종 환자를 돌보는 시설로 말기질환 환자의 신체적 고통은 물론 환자와 가족들이 현실에 잘 적응하도록 하여 심리적 고통 및 우울의 정도를 경감시킬 수 있도록 돕는다. 더 나아가 죽음과 임종에 대한 이해를 바탕으로 환자와 가족들에게 필요한 상담을 실시하고 의료진과 환자가족들 간의 갈등해결과 협력을 위한 중재자 역할을 수행함으로서 의료사회복지서비스를 실천하고 있다.

2) 의료보장제도와 의료사회복지서비스

의료보장제도는 모든 국민들이 차별 없이 양질의 의료서비스를 제공받기 위한 국민의 권리를 위한 국가정책이다. 이러한 의료보장제도는 생활능력이 있는 국민과 저소득층을 구분하여 '건강보험제도'와 '의료급여제도'로 나누어 실시되고 있으며, 의료사회복지의 확대에 기여했다. 건강보험은 원래 1989년 전 국민을 대상으로 의료보험이 강제적용될 때에는 '의료보험'이라 불리었으며 2000년에 와서야 「국민의료보험법」이 「국민건강보험법」으로 개정되어 '건강보험'으로 개칭되었다. 의료보험이 전 국민을 대상으로 하게 되고 병원뿐만 아니라 약국에도 보험급여가 적용되면서 의료서비스를 이용하려는 수요가 급격히 증가했고 이에 맞춰 의료서비스를 제공하는 의료기관이 급증했다. 의료의 수요와 공급이 모두 증가한 상황에서 의료서비스에 대한 질적 관리의 필요성이 야기되었고 이에 '병원표준화 심사제도'가 실시되었다. 이 '병원표준화 심사제도'에 1983년부터 의료사회사업 부분이 포함되어 의료사회복지에 대한 인식이 증가하는 계기가 되었다. 한편 '의료급여'는 보험비를 부담하기 어려운 계층에게 국가가 의료비의 전부 또는 일부를 지원하는 형태의 제도이다. 의료급여 대상자들은 의료사회복지사가 의료기관에서 많이 만날 수 있는 환자군 중 하나이다. 이들 급여 대상자들은 개개인에게 맞는 맞춤 의료서비스가 제공되어야 치료의 효과를 볼 수 있는 만성퇴행성질환자, 정신질환자 등 의료사회복지서비스의 개입이 필요한 집단이다. 그러나 다른 의료보장제도보다 의료급여의 진료수가가 낮고 이에 대한 진료비 지불체계의 행정절차가 복잡하고 의료급여재정의 악화로 체불되는 경우가 늘어남에 따라 의료기관의 적극적인 서비스를 받기 어려운 실정이다.

이처럼 점차 의료비수가제도 변화에 따른 퇴원계획 및 지역사회 중심의 의료서비스 제공이 대두되면서 의료사회복지사의 역할이 더 중시되고 있다. 이에 의료사회복지사는 병원기반의 서비스를 중심으로 지역사회 자원을 연계하고 환자에게 보다 효율적이고 효과적인 서비스프로그램을 실시하여 원활한 치료서비스가 가능하도록 하는 조정자 역할을 수행하고 있다.

3) 의료사회복지 관련법 및 활동근거

다양한 질병과 심리적·사회적 문제를 가진 환자들에게 의료사회복지 활동의 전문성과 변화하는 시대에 맞는 양적·질적으로 발전된 서비스를 제공하기 위해서는 '의료사회복지'에 대한 법적 규정 및 제도가 그 바탕이 된다. 현재 한국 법에 명시되어 있는 의료사회복지 관련법 및 제도들을 살펴보면 다음과 같다.

「의료법」 시행규칙 제38조(의료인 등의 정원)
② 의료기관은 제1항의 의료인 외에 다음의 기준에 따라 필요한 인원을 두어야 한다.
  6. 종합병원에는 「사회복지사업법」에 따른 사회복지사 자격을 가진 자 중에서 환자의 갱생·재활과 사회복귀를 위한 상담 및 지도 업무를 담당하는 요원을 1명 이상 둔다.

「사회복지사업법」 제2조(정의)
이 법에서 사용하는 용어의 뜻은 다음과 같다.
  1. '사회복지사업'이란 다음 각 목의 법률에 따른 보호·선도(善導) 또는 복지에 관한 사업과 사회복지상담, 직업지원, 무료 숙박, 지역사회복지, 의료복지, 재가복지(在家福祉), 사회복지

관 운영, 정신질환자 및 한센병력자의 사회복귀에 관한 사업 등 각종 복지사업과 이와 관련된 자원봉사활동 및 복지시설의 운영 또는 지원을 목적으로 하는 사업을 말한다.

「장기 등 이식에 관한 법률 시행령」 제25조(이식의료기관의 지정기준)
법 제25조 제2항에 따라 이식의료기관으로 지정받으려는 의료기관이 갖추어야 할 시설·장비·인력 등은 별표 4와 같다. → 별표 4: 장기 등의 적출·이식을 위한 상담·연락 업무 등을 담당하는 간호사와 사회복지사를 각각 1명 이상 두어야 한다.

조혈모세포이식의 요양급여에 관한 기준 제3조(실시기관의 인력·시설 및 장비 등 기준)
① 실시기관에는 다음 각 호의 인력이 상근하여야 한다.
  3. 간호사, 사회복지사, 영양사, 조혈모세포의 냉동처리를 전담할 수 있는 전문인력 등 조혈모세포이식에 필요한 인력

「정신보건법」 제7조(정신보건전문요원)
① 보건복지부장관은 정신보건분야에 관한 전문지식과 기술을 갖추고 보건복지부령으로 정하는 수련기관에서 수련을 받은 자에게 정신보건전문요원의 자격증을 교부할 수 있다.
② 정신보건전문요원은 정신보건임상심리사·정신보건간호사 및 정신보건사회복지사로 한다.

사회복지사의 진료수가 기준

국민건강보험 요양급여 기준에 관한 규칙
제5조(요양급여의 적용기준 및 방법) ②항의 요양급여의 적용기준 및 방법에 관한 세부사항 '건강보험 행위 급여·비급여 목록 및 급여 상대가치점수' 제1편 제2부 제7장 이학요법료 제3절 전문재활치료료 급여기준 중 재활사회사업(사-128)에서는,
주: 1. 재활의학적 치료목적으로 사회복지사가 직접 실시한 경우에 한해 산정한다.
   2. 가: 개인력 조사(Individual History Taking)는 치료기간 중 1회만 산정한다.
   3. 나: 사회사업상담(Social Work Counselling),
     다: 가정방문(Home Visiting)은 각각 주 1회만 상정하되, 치료기간 중 2회 이내만 산정한다.
위와 같은 근거로 재활의학적 사회사업에 대한 수가를 인정받는다.

건강보험행위 급여·비급여 목록 및 급여상대가치점수
제1편 제2부 제8장 정신요법료 산정지침 (3)에서는 (2)에서 규정한 분류항목 이외는 정신건강의학과 전문의 지도하에 정신과, 정신건강의학과 전공의 또는 상근하는 전문가(정신간호사, 사회복지사 등)가 실시한 경우에도 산정할 수 있다. 다만 정신의학적 사회사업(아-11)은 사회복지사가 직접 실시한 경우에만 산정한다.
* (2)에서 규정 이외의 항목: 일반집단정신치료, 정신치료극, 작업 및 오락요법(음악, 서화, 조각, 운동, 작업 등), 정신의학적 재활용법, 정신의학적 응급처치
* 정신의학적 사회사업(아-11)은,
주: 1. 가: 개인력 조사(Individual History Taking)는 치료기간 중 1회만 산정한다.
   2. 나: 사회사업지도(Social Work Guidance)」,
     다: 사회조사(Social Investigation)」, 라: 가정방문(Home Visiting)은 각각 주 1회만 상정하되, 치료기간 중 2회 이내만 산정한다.

건강보험행위 급여·비급여 목록 및 급여상대가치점수

제1편 제2부 제14장 한방시술 및 처치료 제3절 한방 정신요법료 중 정신과적 개인력조사(허-102)에서는,

주: 1. 한방신경정신과 전문의(전속지도 전문의) 지도하에 한방신경정신과 전공의 또는 상근하는 전문가(정신간호사, 사회복지사 등)가 실시한 경우에도 한정할 수 있다.

2. 치료기간 중 1회만 산정한다.

위와 같은 근거로 한방 정신요법료에 대한 수가를 인정받는다.

요양병원 급여 목록 및 상대가치점수 제3편 제3부 요양병원 행위 급여목록·상대가치점수 및 산정지침. → (산정지침) 사. 필요인력 확보에 따른 별도 보상제 (1)에서는 직전 분기 당해 요양기관에 약사가 상근하고, 의무기록사, 방사선사, 임상병리사, 물리치료사, 사회복지사 중 상근자가 1명 이상인 직종이 4개 이상인 경우, 일당 1,710원을 별도 산정한다.

의료기관평가인증제도

이상에서처럼 한국의 의료사회복지 실천은 「의료법」 시행령에 의료사회복지사의 규정을 시작으로 제도화되었으나, 다른 근거에 의하면 의료 환경 내에서 사회복지에 대한 규정들은 대부분 권유하는 수준으로 명시되어 있다. 그러나 의료수준이 증가하고, 단순한 질병에 대한 치료가 아닌 심리적·사회적 문제를 다루어야 하는 상황이 증가됨에 따라 전인적인 치유의 개념으로 총체적인 의료서비스는 필수적이며 그런 차원에서 의료사회복지서비스의 역할은 더욱 확대될 필요가 있다.

4. 한국의 사회문제와 의료사회복지

근래 한국 대중매체에서 보도한 심각한 사안들은 알코올중독에 의한 조절기능의 저하로 인한 범죄들과 연속적으로 전국 각 지역에서 발생했던 성폭력 사건들, 연예인 또는 공인의 마약 혐의와 같은 강력범죄들과 정신질환 및 학교폭력 등으로 인한 자살 등 해결이 쉽지 않은 난해한 사회문제들이라 할 수 있다. 이는 현대사회에서 기술의 발달 등 외부환경의 위험에 대한 노출의 확대와 가족 및 사회구조의 변화로 인한 역할과 기능의 괴리 등으로 인해 개인의 소외감을 증대시키고, 사회연대감을 퇴색시키고 있다. 인터넷의 발달로 현실과 가상세계를 구별하지 못하는 등의 정신적 괴리 문제와 과도한 경쟁사회생활로 인한 높은 스트레스 및 사회부적응 문제들도 추가적인 신체적·심리

적·사회적인 문제를 야기시키고 있다. 이러한 여러 사회문제와 맞물려 의료사회복지의 기능 및 역할을 살펴보면 다음과 같다.

1) 의료보장제도에 대한 재정악화

헌법에 명시되어 있듯이 전 국민의 행복을 위한 국민건강증진 정책의 일환으로서 의료서비스가 확대되고 전 국민이 동등한 의료서비스의 혜택 등을 받기 위해서는 의료급여자들에 대한 의료서비스 문제점들이 개선되어야 한다. 의료급여비용은 2001년에 약 1.8조 원에서 2011년에 5.1조 원으로 증가했다.[7] 이러한 변화는 주로 의료급여 대상자 선정의 확대에 의한 것이다. 그러나 일반회계 증가율 대비 급격한 증가율을 보이고, 이로 인해[8] 의료급여재정이 그 밖의 보건복지분야의 재정을 잠식할 수 있다는 점은 새로운 대안 마련이 시급하다는 점을 경고한다고 하겠다. 이러한 의료급여제도의 불안정성은 진료수가 및 재정 악화 등의 어려움을 겪고 있는 의료기관과 의료서비스 제공자들의 의료급여자들에 대한 질 높은 의료서비스 제공을 가로막고 있다. 이는 의료비의 부담대비 효용이 크기 때문에 필요 이상으로 의료서비스를 받으려고 하는 소비자들의 자세와 행위별로 진료수가가 책정되는 제도의 특성이 조합되어 의료서비스의 과잉공급현상을 초래하였다고 해석될 수 있다. 의료서비스의 무분별한 이용을 완화하고 의료급여에 대한 재정을 원활하게 하는 방법으로는 우선 의료급여자들에 대해 철저한 사례관리를 하는 것이 필요하다. 또한, 의료서비스에 대한 교육 및 상담, 각종 정보제공 등 올바르게 이용하는 방법 및 자세 그리고 지역사회로의 건강한 적응에 대한 홍보 노력도 의료급여대상자들의 무분별한 서비스 이용을 줄이는 데 도움이 될 수 있을 것이다.

---

7) 연도별 의료급여 기관부담금 (단위: 십억 원)

연도	2004년	2005년	2006년	2007년	2008년	2009년	2010년	2011년
급여비	2,565	3,176	3,853	4,132	4,358	4,645	4,866	5,054

   자료: 국민건강보험공단(2011).

8) 한국보건사회연구원(2011)에 따르면 일반회계 증가율은 5~6%인 반면 의료급여재정 증가율은 10%를 초과하고 있어 일반회계로 재정을 충당하고 있는 의료급여제도의 지속가능성의 난관을 언급하고 있다.

〈표 4〉 질환별 유병률 추이

(단위: %)

		1998년	2001년	2005년	2007년	2008년	2009년	2010년
현재흡연율[1]	만 19세 이상(표준화)	35.1	30.2	28.8	25.3	27.7	27.2	27.5
연간음주자의 고위험음주율[2]	만 19세 이상(표준화)	-	-	14.9	16.1	19.8	17.1	17.2
비만유병률[3]	만 19세 이상(표준화)	26.0	29.2	31.3	31.7	30.7	31.3	30.8
고혈압유병률[4]	만 30세 이상(표준화)	29.9	28.6	28.0	24.6	26.3	26.4	26.9
당뇨병유병률[5]	만 30세 이상(표준화)	11.6	8.6	9.1	9.6	9.7	9.6	9.7

주: 1) 평생 담배 5갑(100개비) 이상 피웠고 현재 담배를 피우는 분율자의 비율.
   2) 연간음주자 중 1회 평균 음주량이 7잔 이상(여자 5잔)이며 주 2회 이상 음주하는 분율자의 비율.
   3) 체질량지수(kg/m^2) 25 이상인 분율자의 비율.
   4) 수축기혈압이 140㎜Hg 이상이거나 이완혈압이 90㎜Hg 이상 또는 고혈압 약물을 복용한 분율.
   5) 공복혈당이 126mg/dL 이상이거나 의사진단을 받았거나 혈당강하제 복용 또는 인슐린주사를 투여받고 있는 분율.
자료: 보건복지부(2013).

2) 만성질환자의 증가

노인인구의 증가와 생활변화에 따른 음주·흡연·비만·당뇨·고혈압 질병에 대한 예방과 관심뿐만 아니라 장기적 치료 및 보호에 대한 필요성이 증가하고 있는 추세이다. 이러한 질환들은 급작스러운 유병률 증가를 보이지 않지만 만성질환 사망률과 함께 본다면 관심이 필요한 상황이다. 의료기술 및 서비스의 월등한 발전과 웰빙에 대한 국민들의 관심이 점점 높아지면서 이러한 질환들의 유병률과 만성질환과 관련한 사망률은 과거와 비슷하거나 약간의 차이를 두고 줄어들고 있다. <표 4>는 질환별 유병률과 <표 5> 만성질환 사망률을 보여주고 있다.

<표 5>는 국가적으로 공공의료기관과 1차 의료기관의 기능을 향상시키는 것이 중요함을 다시 한번 상기시켜주고 있다. 이러한 기능향상을 통해 의료사회복지사들은 지역사회 내 환자집단과 위험집단뿐만 아니라 일반 시민들에게도 적극적인 만성질환의 예방과 교육을 실시할 수 있고, 서비스의 체감 정도를 높이면서 서비스의 중복 및 누락을 막아 시기적절한 의료서비스 및 복지서비스를 동시에 받을 수 있게 할 수 있다.

〈표 5〉 만성질환 사망률

(단위: 명/십만 명)

	2000년	2001년	2004년	2005년	2006년	2007년	2008년	2009년	2010년
악성신생물 (암)	121.4	122.9	132.6	133.8	134	137.5	139.5	140.5	144.4
당뇨병	22.6	23.8	24.2	24.2	23.7	22.9	20.7	19.6	20.7
고혈압성질환	8.9	10.2	10.4	9.3	9.4	11	9.6	9.6	9.6
심장질환	38.3	34	36.7	39.2	41.2	43.6	43.4	45.1	46.8
급성 심근경색증	17.1	16.9	19.2	20.9	21.6	21.6	19.3	19.0	18.9

자료: 통계청(2011).

또한 만성질환자들은 장기적인 치료를 필요로 하는 집단인 만큼 의료비의 부담을 경감시키기 위한 후원연결 및 지역사회 자원개발 등 자원연계뿐만 아니라 간병에 대한 육체적·심리적 부담을 가지고 있는 가족들에 대한 상담서비스를 함께 제공할 수 있다.

3) 강력범죄, 성폭력의 증가

성폭력은 개인의 성적 자율권을 침해하고 인간으로서의 존엄성을 유린하는 폭력 범죄로 성폭력 피해자로 하여금 극심한 고통을 겪게 할 뿐 아니라, 신체적 상해를 입히고 원치 않는 임신과 성병감염의 가능성을 증가시키는 한편, 우울증, 외상 후 스트레스, 자살시도 및 약물남용 등 후유증을 가져온다는 점에서 피해자의 신체적, 정신적 건강을 위협하는 결과를 초래한다. 이러한 점에서 성폭력피해자의 인권보호는 물론 의료적 보호를 위한 사회적 개입이 절실한 상황이며, 따라서 성폭력 피해자에 대한 의료적 지원이 주요한 사회적 관심사가 되고 있다(이명신·이계민, 2009). 성폭력 범죄발생[9]은 2003년 후부터 꾸준히 증가하여 2010년에는 2003년의 거의 두 배 수치인 1만 9,939건에 이르렀다. 성폭력의 피해자[10]는 남성보다 여성이 더 많고 아동부터 노인에 이르기

---

9) 강간(성폭력범 포함) 발생현황(2001년~2010년)

(단위: 건)

2001년	2002년	2003년	2004년	2005년	2006년	2007년	2008년	2009년	2010년
10,446	9,435	10,365	11,105	11,757	13,573	13,634	15,094	16,156	19,939

자료: 법무연수원(2012).

10) 2010년: 성폭력피해자의 성별현황: 남자(702명), 여자(17,858명)/ 2010년: 성폭력피해자의 연령

까지 연령대에 상관없이 강력범죄에 노출되어 있다. 이러한 성폭력범죄는 그 범죄의 흉악스러운 특성상 성폭력피해 후 즉각적인 의료처치 및 법의학적 증거확보를 필수적으로 해야 한다. 성폭력피해자들에게는 의료적 서비스를 통해 사건 후 피해를 최소한으로 줄이고 법의학적 서비스를 통해 성폭력범들을 기소할 수 있는 서비스와 정신적 충격에 대한 완화장치로써 심리상담서비스 등 다각도의 서비스들이 연계되어 제공되어야 한다. 전국에 329개의 성폭력피해자 전담의료기관과 여성폭력피해자를 위한 원스톱지원센터 총 17개소, 해바라기 여성·아동센터 9개소, 해바라기 아동센터 6개소 등의 기관이 성폭력피해자들을 위해 마련되었다. 성폭력피해자 전담의료기관에서는 성폭력 응급기구를 구비해두고 치료비 지원, 성병 및 감염성병 치료, 임신 여부, 정신질환치료 등을 전문적으로 진행하고 있다. 원스톱지원센터 및 해바라기센터에서는 상담-의료-수사-법률 지원 등 정책을 통해 진행하고 있으나 성폭력피해자들의 욕구에 비해 지원받는 서비스는 만족스럽지 못한 상황이다. 또한 의료서비스의 높은 수요로 인한 바쁜 일정과 생사 여부가 달린 응급환자들이 우선시 되는 병원의 현실에서 성폭력피해자들에 대한 역할 인식 및 수용적 태도가 부족한 상태이다. 이로 인해 성폭력피해자들은 2차 피해[11]를 입을 수도 있다. 따라서 그들을 위한 유기적이고 지속적인 서비스가 가능하도록 병원 내에서 의료분야와 사회복지분야의 전문적 지식을 동시에 사용하는 의료사회복지서비스와의 연계는 추후 외부 기관과의 서비스 협력에 도움이 된다. 변화하는 사회복지정책에 맞춰 피해자 보호 법률에 관한 지식을 정확히 알고 정당한 국가적 보조를 받도록 의료사회복지는 서비스 제공의 법적 근거를 토대로 실천되어야 한다. 특히 의료사회복지서비스는 피해사건에 대한 다른 사람과 장소에서의 반복적인 진술과 사회적 분위기로 자책할 수 있는 강압적인 외부환경 등에 대해서 울타리 역할을 해주고 있으며 퇴원 후 성폭력피해자들이 지역사회로 복귀할 수 있도록 연계하는 역할 또한 담당하고 있다.

현황: 20세 이하(6,963명), 50세 이하(10,558명), 60세 이상(1,039명).

* 성폭력범죄의 신고는 실제 발생률의 2.2~6.1%에 불과하여 발생 건수와의 오차가 있음.

11) 캠벨 외(Campbell et al., 2005)와 장규원(2011)에 따르면 성폭력피해자를 비난하거나 믿어주지 않는 등 의료진의 태도로 인해 피해자가 의료기관과의 접촉에서 겪게 되는 부정적 경험 또는 범죄사건 또는 범죄사건을 처리하는 과정에서 피해자가 정신적 또는 사회적으로 또 다른 상처를 입는 과정을 2차적 희생 또는 제2차 피해자화(Secondary victimization)라 했다.

4) 정신질환에 따른 문제 발생

최근 정신질환에 따른 사회문제가 심각한 실정이다. 정신질환에는 우울증, 조울증과 같은 기분장애와 공황장애 및 외상 후 스트레스와 같은 불안장애, 알코올 사용장애, 니코틴 사용장애, 도박·인터넷 중독, 섭식장애 등이 포함된다. 대부분의 정신질환 유병률은 과거에 비해 증가[12]하고 있으며 이는 극단적으로는 자살[13]에까지도 영향을 미치게 된다. 하지만 선진국에 비해서 한국에서 정신질환으로 인한 의료서비스를 받는 환자의 비율은 현저히 낮다.[14] 이는 부분적으로는 정신질환에 대한 부정적인 태도 및 사회적인 낙인이 정신질환을 가지고 있는 사람들의 치료 및 회복을 저해한다는 점을 실증하는 결과이기도 하다. 정신질환은 정신과적 문제에 따른 신체적인 질병도 동반하게 된다. 예를 들어 폭식과 거식증 등의 섭식장애, 음식섭취의 장애로 인해 신체에 영양이 공급되지 않고 심한 저체중이 되면 저혈압, 탈수, 골다공증, 백혈구 감소 등 신체적 합병증을 유발하고, 과식증일 경우 심혈관에 문제가 생길 수 있다. 알코올중독과 같은 경우에는 과다한 알코올 섭취로 인한 뇌 및 신경계에 손상을 줄 뿐만 아니라 간, 위, 영양실조, 심장질환 등 장기에 손상을 주게 된다. 또한 흡연으로 인해 발생될 수 있는 후두암, 구강암, 폐암 등은 흡연이 니코틴 중독 그 이상의 육체적 폐해를 유발할 수 있음을 보여준다. 이와 같이 정신질환의 대부분은 신체적인 증상을 동반하는 경우가 많으며, 따라서 장기적인 시간을 갖고 치료를 해야 하고 본인의 의지와 외부, 특히 가족의

---

12) 보건복지부(2012b)의 「2011년 정신질환실태역학조사」 결과에 따르면, 18세 이상 성인 중 최근 1년간 한 번 이상 정신질환을 경험한 사람은 전체 인구의 16.0%인 577만 명으로 추정하고 있다. 알코올과 니코틴 사용 장애를 제외하면 10명 중 1명(전체 인구의 10.2%)꼴로 최근 1년간 정신질환에 걸린 적이 있다. 1년 유병률은 2006년 8.3%에서 2011년 10.2%로 1.9% 증가한 것이다. 평생 한 번 이상 정신질환을 경험한 사람은 전체 인구의 27.6%로 성인 10명 중에 3명이고, 알코올과 니코틴 사용 장애를 제외하면 14.4%로 성인 6명 중 1명꼴로 이 역시 2006년에는 12.6%로 1.8% 증가했다.
13) 성인의 15.6%는 평생 한 번 이상 심각하게 자살에 대한 생각을 했으며 3.3%가 자살계획, 3.2%가 자살을 시도한 것으로 나타났으며 지난 1년간 자살시도자는 10만 8,000여 명으로 추산된다. 자살 생각을 한 경우의 57.0%, 자살계획을 한 경우의 73.7%, 자살시도를 한 경우의 75.3%에서 1개 이상의 정신장애를 경험한 것으로 나타났다.
14) 평생 정신질환 경험자 중 정신과 전문의 또는 기타 정신건강 전문가를 통한 상담·치료를 받은 비율은 15.3%에 불과하며 85% 정도가 정신의료서비스를 이용한 적이 없는 것으로 나타났다.
   * 한국 15.3%(2010년), 미국 39.2%(2010년), 호주 34.9%(2009년), 뉴질랜드 38.9%(2006년).

지지가 매우 중요하다. 그러므로 정신질환에 대한 치료는 전문적인 개입이 필요하며 이에 의료사회복지서비스는 의사, 간호사, 임상심리사 등과 함께 팀을 이루어 개별치료, 집단치료, 사례관리 등 다양한 방법으로 접근하고 있다. 정신질환은 환자 본인뿐만 아니라 가족들도 견디기 힘든 질병이다. 경제적인 부담과 함께 장기간 보호자로서 살아가야 한다는 압박감, 그리고 사생활 부족으로 인해서 소진되기 쉽다. 이에 의료사회복지사는 가족에 대한 개입을 통해 정신질환에 대한 교육 및 가족의 필요성과 가족들이 겪는 어려움에 대한 상담을 통해 가족과 함께 정신질환자의 회복 및 복귀를 돕는다.

5. 한국 의료사회복지의 전망과 과제

의료서비스는 점차 대상별, 질환별로 더 구체화하여 접근하는 추세이다. 이에 의료사회복지도 세분화되고 효과적인 의료복지서비스의 제공을 위해서, 의료서비스와 복지서비스의 조화 속에서 전문지식을 가지고 개입해야 한다. 의료기관에서 의료사회복지의 활동범위 및 분야의 확대를 위한 정책적 확립은 전반적인 서비스의 만족감을 높일 수 있으며 이는 각 개인의 신체적·심리적·사회적 건강증진을 위한 기반이라 할 수 있다.

먼저 의료전달체계가 올바른 방향으로 확립되기 위해서는, 모든 사람들이 동의할 수 있는 의사전달체계에 대한 개념 정의가 필요하며, 1·2·3차 기관들 간의 기능재정비 및 중·장기적으로 협력 가능한 정책을 구성해야 한다. 또한 수도권에 편중되어 있는 보건의료자원들을 분산시키고, 무분별한 의료서비스 수요를 막기 위한 주치의 서비스제도의 도입과 아울러 한 곳에 치우친 의료사회복지사의 활동무대를 확장하도록 노력해야 한다. 그동안 의료사회복지사들의 활동은 주로 2차 기관인 병원, 특히 대형병원을 중심으로 이루어졌다. 그러나 지역사회와 예방에 초점을 둔 의료체계의 전반적인 변화에 맞춰서 의료사회복지의 서비스도 변화가 요구된다. 2차 기관뿐만 아니라 1차기관인 의원 및 보건소 등에 사회복지사에 대한 제도적 규정을 마련하여 의료사회복지의 활동분야를 확대한다면 1차 기관에 대한 진료의 만족도를 높임으로써 상급기관에 환자들이 집중되는 현상을 막는 데 일조할 수 있을 것이다. 또한 정신의료분야에서도 초기부터 접근이 가능하게 하여 질병에 대한 빠른 인지를 통해 치료시기를 앞당길 수 있을 것이다. 그뿐만 아니라 정신질환 및 정신과적 치료에 대한 일반인의 편견을 줄이고 정신질환 치료에 대한 인식을 개선하는 데 기여할 수 있을 것이다. 특히 취약계층에 대한 보건진료가 적극적으로 이루어질 수 있도록 공공의료기관에서의 의료사회복지사 채용이 제도화된다면 의료사회복지서비스의 범국민적 제공의 기초가 될 것이다. 또한 3차 기관에 의료사회복지사를 배치함으로써 재활·요양·호스피스 등의 3차 기관 진료기능을 더욱 강화하고 1·2·3차 기관 간의 유기적인 협력관계 마련이 가능할 것이다.

둘째, 2012년 7월 1일부터 전국 병·의원에서 4개 진료과의 7개 질병군[15]을 대상으로 포괄수가제가 시행되고 있다. 포괄수가제는 범주화된 해당 질병군에 대해 환자의 입원과 의료서비스의 양(의료행위, 치료재료, 약제비용 등)에 상관없이 정해진 액수만큼의 진료비를 제3자 지불방식이 아닌 서비스제공자가 지불하는 것을 의미한다. 행위별수가제를 적용해온 한국에서 이러한 부분적인 포괄수가제의 도입은 대한의사협회와 정부 간의 대립을 야기했다. 7개 질병 중 어느 하나의 질환으로 입원한 환자의 경우, 수술과 관련된 진료뿐 아니라 수술로 인한 합병증이나 환자가 입원 당시 같이 앓고 있던 질병의 치료까지 포괄수가제에 포함되고, 환자가 모두 부담하던 몇몇 항목에 대해서는 20%만 부담하게 되면서 결과적으로 진료수가가 낮게 책정되기 때문에 의료기관과 의료서비스 제공자 입장에서는 포괄수가제의 시행을 반대했다. 의료기관 및 의료서비스 제공자의 입장은 결론적으로 환자들이 하향 표준화된 진료를 받게 된다는 것이다. 진료비가 미리 정해진 상태에서 이윤을 추구하는 의료서비스 제공자 입장에서는 원가절감을 위해 질이 낮은 의료기구 및 저가치료제를 사용하게 될 것이고, 조기 퇴원을 종용하는 등 결국 국민들이 받아야 할 의료서비스의 질이 떨어진다는 것이다. 반면 정부의 입장은 환자의 본인부담금이 줄어들고 건강보험 혜택이 확대되며, 입원 시 해당 질병의 치료에 대한 진료비를 미리 알게 되어 이에 미리 대비할 수 있고, 의료기관에서는 필요한 진료만 하게 되어 경영 효율을 높일 수 있고 진료비 청구와 계산이 간편해지며, 진료비심사로 인한 마찰을 줄일 수 있다는 것이다. 이렇듯 포괄수가제는 의료협회 측과 정부 측의 첨예한 대립상황 속에서 시행되고 있다. 포괄수가제의 도입 및 확대 실시 정책으로 인해 병원 내에서 의료사회복지의 주요 기능으로 퇴원계획이 부상하게 했다. 퇴원계획은 입원한 환자의 재입원을 방지하고 환자의 독립적인 복귀를 돕

---

15) 안과: 백내장수술(수정체 수술)/ 이비인후과: 편도수술 및 아데노이드 수술/ 외과: 항문수술(치질 등), 탈장수술(서혜 및 대퇴부), 맹장수술(충수절제술)/ 산부인과: 제왕절개분만, 자궁 및 자궁부속기(난소, 난관 등) 수술(악성종양 제외).

는다는 점에서 아주 중요한 시스템이다. 이러한 퇴원계획은 입원한 모든 환자에게 적용된다기보다 장기적인 치료가 필요한 만성질환자나 그리고 치료 후 사회복귀에 어려움이 있는 환자들을 대상으로 한다. 따라서 단순히 병원에서 치료를 마치고 나온다는 의미의 퇴원이 아니라 계획적인 퇴원준비가 필요하다. 퇴원계획[16]은 환자와 환자가족 모두에게 개입하는 것이 좋으며, 개입시기가 빠를수록 재원기간을 단축하고 환자와 가족들의 욕구를 조기에 파악함으로써 효과적으로 대처할 수 있다. 또한 의료사회복지사는 팀접근을 통해 각 팀원들과 정보를 교환하면서 진행하고 환자와 가족들이 퇴원계획에 직접 참여하여 스스로 결정하도록 하며 지역사회와의 자원연계 등이 필요할 경우 공식적인 의뢰를 통해 환자의 사회복귀에 도움이 되도록 한다. 이 밖에도 병원 측과 문제가 있을 경우 환자의 옹호자이자 대변인 역할을 하게 되지만 의료사회복지사가 속한 병원의 이미지와 경영 또한 고려해야 한다.

셋째, 저출산 및 고령화로 국민의료비 부담이 증가하는 상황에서 의료기술의 자체적인 발달과 더불어 IT, 나노, 바이오 등의 최첨단 분야와의 기술협력으로 변화하는 의료서비스공급체계에 맞는 의료복지서비스를 제공해야 한다. 높은 수준의 기술발전은 환자의 윤리 및 인간존엄성과 관련된 문제들이 발생할 수 있으므로 의료사회복지서비스 중심에 환자의 권익 및 존엄성을 두고 환자의 인권을 보호하고 대변해야 한다. 저출산으로 인한 국민의료비에 대한 부담은 의료재정에 큰 문제를 야기하고 있으며, 고령화, 생활습관의 서구화로 인한 만성질병 및 정신질환 유병율의 증가와 더불어 신종범죄에 대한 피해와 신종전염병 등이 증가하고 있다. 그러므로 질병의 특성에 따라 프로그램 개발과 의료비용 지원 및 재활, 복귀, 퇴원계획 등 지역사회로부터의 다양한 자원개발 및 협력을 통해 변화하는 시대에 맞춰 의료사회복지서비스를 제공해야 한다. 질병의 원인과 현상이 다양해짐에 따라 팀접근을 통한 개입이 더욱더 필요하며 특정한 질병을 가진 환자군에 대해서는 집단치료를 통해 전문성을 높이고 지지프로그램을 활용함으로써 치료의 효과를 높일 필요가 있다.

---

16) 이상진(1998)에 따르면 퇴원계획을 위한 의료사회복지사의 대표적인 활동에는 환자와 가족의 권익을 옹호하고 환자의 퇴원시기를 조정하고 환자보호를 위한 가족의 역할을 조성하며 재가보호가 어려운 경우 타 진료기관이나 복지시설로 의뢰한다. 경제적 문제가 있는 환자에겐 평가후 경제적 지원을 실시하며 보호장비 및 산재, 자동차보험 등에 관련한 정보를 제공한다. 그리고 기타 사회복지서비스를 연결한다.

넷째, 현대에 들어와서 가족의 기능이 저하되고 가족 구조가 해체됨에 따라 다양한 문제들이 대두되고 있다. 독거노인 수의 증가와 함께 노인학대로 인한 노인우울증은 그러한 사회문제 중의 하나이다. 특히 사회 부적응 및 소외감으로 인해 발생되는 부정적인 감정들, 인터넷의 발달로 인한 무분별한 정보흡수와 현실세계와 가상세계의 혼돈은 보복을 이유로 저지르는 방화와 살인, 아동 및 여성 등의 사회적 약자들을 대상으로 하는 학대·폭력·성폭력·묻지마 범죄 등으로 표출되고 있다. 이에 의료사회복지서비스는 범죄피해자들을 위한 즉각적인 치료서비스 제공 및 법적 대응조치와 법의학적 증거수집, 지역사회와의 협력을 통해 그들의 신변안전을 확보하는 한편, 이들이 안전하게 지역사회로 복귀하는 데 초점을 둔다. 더 나아가 지역사회 내 교육을 통해 다양한 원인으로 발병되는 정신질환의 예방에 힘쓰고, 가해자치료프로그램의 개발 및 실행에 적극적으로 참여할 필요가 있다.

다섯째, 의료사회복지의 활성화 및 전문성을 높이기 위해서는 의료사회복지의 활동범위 및 진료활동에 대한 수가 등 법적 근거를 확대하고 강력히 규정하는 것이 필요하다. 의료사회복지사의 의무적인 고용을 법적으로 규정함으로써 의료사회복지서비스를 확대해야 한다. 이를 위해서는 의료의 공공성 확보 측면에서 공공의료기관(보건소·국공립병원)의 선행이 요구된다. 환자의 입원과 진료방법 및 기간에 대해 병원 측에서는 경영 효율성을 고려할 수밖에 없는 상황인 만큼 의료기관 내에서 의료사회복지서비스의 확대는 질병치료에 대한 신체적·심리적 서비스의 조화로 치료의 효과와 속도를 높여 재원일 수를 줄이고 전반적인 병원의료서비스에 대한 만족도를 높일 수 있는 효과를 가져올 수 있다. 또한 의료·복지서비스 평가에 대한 활동에 의료사회복지사의 참여를 규정한다면 의료사회복지의 특수한 전문성을 인정하는 계기가 될 것이며 보다 심도 있는 평가 및 심사를 통한 발전이 가능하게 될 것이다.

마지막으로, 의료사회복지서비스의 전문성을 위해 의료사회복지사는 의학적인 지식은 물론 변화하는 정책정보에 대한 습득 및 환자의 권익을 위해 동원될 수 있는 법조항에 대한 지식과 지역사회 자원 발굴 및 연계, 팀 협력을 위한 조정자 및 환자의 조력자 등의 역할을 해야 한다. 이를 위해서 의료사회복지사들은 수련 및 전문교육을 통해 질적인 수준의 향상과 함께 고유의 전문성을 확립해 나가야 하며, 과거 자선활동에 기반한 부수적인 의료서비스가 아닌 전문적이고 필수적인 의료서비스의 제공을 위해 힘써야 한다.

참고문헌

강흥구. 2007. 『의료사회복지실천론』. 학현사.

강흥구. 2009. 「의료사회복지의 장기적 발전방향」. ≪사회과학논총≫, 제24집 제2호.

건강보험심사평가원. 2012. 『7개질병군포괄수가설명회』.

국민건강보험공단. 2011. 『2010년 의료급여통계』.

김계현·이정찬·김한나. 2011. 「의료기관 기능 재정립을 위한 제도적 개선방안 연구」. ≪국가정
　　책연구≫, 제25권 제4호.

김공현. 2003년 6월 9일. "한국 의료전달체계의 문제점과 개선방안". ≪병원신문≫.

김규수. 2008. 『의료사회복지실천론』. 형설출판사.

김기환·서진환·최선희. 1997. 「의료사회사업가의 직무표준화를 위한 연구」. ≪한국사회복지
　　학≫, 제33호.

김덕준. 1976. 「의료사회사업연구」. ≪사회복지연구≫, 제10집.

김창엽. 2000. 「DRG포괄수가제란」. ≪대한병원협회지≫, 제3호.

김창우·최은진. 2008. 「복지서비스 이용자의 건강증진 영향요인에 대한 분석」. ≪인문사회논총≫,
　　제15권.

남은우. 2002. 『병원관리학』. 신광.

법무연수원. 2012. 『2011년 범죄백서』.

보건복지부. 2011. 『2010년 국민건강통계』.

보건복지부. 2012a. 『2012년 건강보험급여비용』.

보건복지부. 2012b. 『2011년 정신질환실태역학조사』.

보건복지부. 2013. 『2012국민건강통계』.

손건익. 2010. 「의료전달체계 개선의 필요성과 추진방향」. 보건복지포럼.

안혜영. 2005. 「긴급지원과 보건복지콜센터」. 비판과 대안을 위한 사회복지학회 학술대회 발표
　　논문집.

엄명용·김성천·오혜경·윤혜미. 2011. 『사회복지실천의 이해』. 학지사.

오영호. 2011. 「2011년도 보건의료환경의 변화와 전망」. 보건복지포럼.

윤덕경·황정임·박복순·김태경. 2008. 「아동성폭력재범방지 및 아동보호대책」. 법무부·여성정책
　　연구원.

윤현수·김연옥·황숙연. 2011. 『의료사회복지실천론』. 나남.

의료기관평가인증원. 2011. 『중소병원용 규정사례집』.

이상진. 1998. 「장기재원 환자를 위한 퇴원계획 진행」. 대한의료사회복지사협회 월례집담회.

이명신·이계민. 2009. 「성폭력피해자를 위한 의료지원에 대한 전문가의견조사」. ≪한국사회복지학≫, 제61권 제1호.

장규원. 2011. 『피해자학 강의』. 살림.

장임원. 1990. 「의료소비자의 의료전달체계에 대한 반응」. ≪중앙의대지≫, 제15권 제2호.

조재국. 2010. 「의료전달체계의 발전방향과 정책과제」. 보건복지포럼.

최명민·현진희. 2006. 「의료사회복지사의 소진에 관한 질적연구」. ≪한국사회복지행정학≫, 8권 제1호(통권16호).

통계청. 2011. 『2010년 사망원인통계』.

한국보건사회연구원. 2011. 「의료급여제도의 내실화 방안」. ≪보건·복지 Issue and Focus≫, 제109호.

한달선. 2010. 「의료전달체계에 관한 정책의제의 재조명」. ≪보건행정학회≫, 제20권 제4호.

한달선. 2005. 『의료체계 탐색』. 한학문화.

한인영·최현미·장수미. 2006. 『의료사회복지실천론』. 학지사.

허경미. 2012. 「강력범 피해실태 및 피해자지원 정책방향 연구」. ≪한국공안행정학회≫, 제46권.

황숙연. 1994. 「만성질환자에 대한 의료사회사업가의 퇴원계획과정에 관한 연구」. 한국사회복지학회 학술대회자료집.

Beder, J. 2006. *Hospital social work: The interface of medicine and caring*. Routlege: New York.

Calton, T. 1984. *Clinical Social Work in Health Settings: A Guide to Professional Practice with Examplars*. New Work: Springer Publishing Company.

Campbell. R., D. Patterson, and L. F. Lichty. 2005. "The Effectiveness of Sexual Assault Nurse Examiner(SANE) Programs. A Review of Psychological, Medical, Legal, and Community Outcomes." *Trauma, Violence, and Abuse*, 6(4).

Cowles, L. A. F. 2000. *Social Work in the Health Field: A Care Perspective*. New York: The Haworth Press.

Cowles, L. A. F. 2003. *Social Work in the Health Field: A Care Perspective*(2nd). New York: The Haworth Social Work Practice Press.

Friedlander, W. A. 1968. *Introduce to Social Welfare*, Englewood Cliffs, NJ: Prentic-Hall.

Kearney, N. and C. Skehill. 2005. *Social work in Ireland: historical perspective*. Institute of Public

Administration.

Naomi, M., Teri T. 2004. *Dictionary of Public Health Promotion and Education: Terms and Concepts*. San Francisco: John Wiley and Sons Inc.

Ross, J. W. 1996. *Hospital social work. In Encyclopedia of social work*. Washington, DC: NASW Press.

U.S. Department of Labor. 2000. *Occupational Outlook Handbook*. ContemporaryBooks.

Zastrow, C. H. 2009. *Introduction to Social work and social welfare: Empowering people*(10th). Thomson.

건강보험심사평가원 http://www.hira.or.kr

대한의료사회복지사협회 http://www.kamsw.or.kr

보건복지부 http://www.mw.go.kr

통계청 http://kostat.go.kr/

법제처 http://www.moleg.go.kr

한국의 학교사회복지서비스

ㅣ윤철수*

1. 학교사회복지 개념

1) 학교사회복지의 정의

학교사회복지에 대한 정의는 시대와 학자의 관점에 따라 다양하다. 코스틴(Costin, 1981)은 학교사회복지를 "학교가 학생 개개인의 지적·사회적·정서적 욕구와 문제해결에 관심을 갖도록 도와주며, 이를 통해 모든 학생들이 학교에서 공평한 교육기회와 성취감을 제공받을 수 있도록 학교 현장에서 활동하는 전문적인 사회복지분야"라고 정의했다. 앨런-미어스(Allen-Meares, 2000)는 "아동 청소년들이 문제해결과 의사결정 능력, 즉 유능감을 습득하고 변화에 잘 적응해 계속적 학습에 대한 책임감을 받아들일 수 있도록 가르치고 학교의 중심 목적을 달성하는 것을 도와 학생들의 삶의 질을 높이는 것"이라고 했다. 전미사회사업협회(NASW Standards for School Social Work Services, 2002)에서는 "공교육체계에서 학교교육의 목적을 달성하는 것을 지원하고, 학생들이 학교에 잘 적응할 수 있도록 도와주며, 이를 위해 학교, 가족, 지역사회가 수행하는 노력을 조정하고 영향을 미치는 활동"이라고 정의하면서 학교, 가족, 지역사회 등의 노력과 조정

---

* 나사렛대학교 사회복지학부 교수.

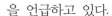

을 언급하고 있다.

한국 학자들의 정의를 살펴보면, 전재일 등(1997)은 "학교사회복지사가 사회복지 실천의 원리와 방법을 통해 학교, 가정, 지역사회의 자원체계를 조정, 활용하여 학생의 정상적인 생활에 장애가 되는 심리적·사회적 부적응을 조기에 발견, 예방, 치료하여 교육체계의 중요한 임무를 원활히 수행케 하는 데 필요한 서비스를 제공하는 사회복지 실천의 한 분야"라고 정의했다. 또한 한인영 등(1997)도 "학교를 실천 장소로 하여, 학생 – 가정 – 학교 – 지역사회의 역기능적 상호작용에 의해서 발생하는 학생의 심리적·사회적 문제를 예방하고 해결하며, 모든 학생이 자신의 잠재력과 능력을 최대로 발휘할 수 있는 교육환경을 제공하며, 이를 통해 학교가 교육의 본질적인 목적을 달성할 수 있도록 도와주는 교육기능의 한 부분이며 사회복지의 전문분야"로 정의내리고 있다. 그리고 윤철수 등(2006)은 "학교에서 학교사회복지사라는 전문가가 학생의 심리사회적 문제의 예방 및 해결을 통해 학교교육의 목적을 달성할 수 있도록 학생, 학교, 가족 및 지역사회를 대상으로 사회복지의 기술과 지식을 활용해 개입하는 활동"이라 정의하고 있다.

이상의 정의를 살펴보면 학교사회복지는 학생의 문제를 개인만의 문제가 아닌 환경과의 상호작용 문제로 보고, 이러한 심리적·사회적 문제들을 학생 – 학교 – 가정 – 지역사회의 연계를 통해 예방하고 해결하는 사회복지 실천과정을 말한다. 또한 모든 학생이 자신의 잠재력과 능력을 최대로 발휘할 수 있도록 최상의 교육환경과 공평한 교육기회를 제공해 궁극적으로는 교육의 본질적인 목적을 달성하고, 학생복지를 실현할 수 있도록 도와주는 교육기능의 한 부분이며 사회복지의 전문분야라고 말할 수 있다.[1]

2) 학교사회복지의 목적과 대상

(1) 학교사회복지의 목적(전재일, 2001)

가. 교육현장에서 나타나는 학생문제를 돕고, 국가와 사회가 바라는 건전한 인격을 형성하도록 신체적·정서적·사회적 활동에 걸친 전인교육에 기여함을 목적으로 한다.

---

1) 한국학교사회복지사협회 홈페이지(http://www.kassw.or.kr/).

나. 학생들이 어떤 일을 수행할 수 있는 능력, 계속되는 학습을 위한 준비성과 적응하고 변화할 수 있는 능력을 가질 수 있도록 도와주는 것을 목적으로 한다.

다. 사회복지의 목적이 클라이언트의 사회적 기능향상에 있으므로 학생들이 학교에 적응하고 학문적 성취를 이룰 수 있도록 돕는 것을 목적으로 한다.

라. 학교와 지역사회와의 연계협력체계 확립을 목적으로 한다.

따라서 학교사회복지의 목적은 지역사회와의 연계체계를 활용하여 학생들이 학교생활에 잘 적응해 교육목적을 달성할 수 있도록 돕는 것이다.

(2) 학교사회복지의 대상

학교사회복지의 대상은 개입 체계별로 학생, 학부모, 교사, 지역사회 등이 개입 대상이며, 이 중 학생체계는 개입의 시급성으로 1차적 대상과 전체 대상으로 나눌 수 있다.

가. **학생**: 초기 학교사회복지의 대상은 등교거부, 빈곤, 학교 폭력, 가출 등 학교생활에 문제를 가진 학생이 1차적 대상이었다. 그러나 학교사회복지의 필요성이 대두되면서 이제는 모든 학생이 개입대상이 되고 있다. 즉, 학교사회복지의 정의는 학생, 가족, 학교, 지역사회 등의 환경적 요소와 예방적 접근까지도 포함하여 정의되고 있으며, 학생의 학교생활 만족도를 높이기 위해 모든 학생을 대상으로 삼고 있다.

나. **학부모**: 학교사회복지사는 학생변화를 위해 학생에게 직접 개입함과 동시에 학부모에게도 개입해야 한다. 학부모와는 협력관계를 유지하면서 학부모 교육, 부모면담 및 가정방문 등을 통해 개입한다.

다. **교사**: 학생의 변화는 교사의 협력 없이는 어렵기 때문에 교사와 팀을 이루어서 접근해야 한다. 주로 교사들과 업무협의, 교사 연수 지원, 사례회의 및 학생복지위원회 참여 등등 교사를 대상으로 다양한 교육활동을 실시해야 한다.

라. **지역사회**: 학교가 속해 있는 지역사회, 학생이 거주하는 지역사회를 대상으로 개입해야 한다. 학교는 지역사회의 일부이면서 지역사회는 학교의 일부가 되기 때문이다. 지역사회는 학생과 가족에게 심리적·사회적·문화적으로 영향을 준다.

일반적으로 학교사회복지사의 개입대상은 교육의 4대 주체라고 할 수 있는 학생, 학부모, 교사, 지역사회 모두 개입해야 한다.

3) 학교사회복지사의 역할

(1) 한국 학교사회복지사의 역할

한국 학교사회복지사의 역할에 대해 김기환(1997)은 학생의 심리적·정서적 문제를 예방하고 해결하는 심리치료전문가의 역할, 빈곤가정이나 결손가정의 학생에게 심리치료 외에 사회복지서비스 제공자의 역할, 교직원이나 학부모들에게 학생 문제 예방 교육 및 활동의 역할, 학교가 지역사회에 기대하는 내용과 학교의 교육목적을 주민들에게 홍보하거나 반대로 지역사회의 욕구를 학교 당국에 전달하는 연계자의 역할, 학교 내외의 타 전문직과 협력해 학교 행정이나 교육행정이 학생을 위한 최선의 결정이 되도록 하는 역할 등 다섯 가지 역할을 해야 한다고 언급했다.

2012년 현재 한국학교사회복지사협회는 학교사회복지사의 역할로 9가지를 명시하고 있다.[2]

① 임상전문가: 학생을 위한 개별, 집단 상담 및 치료적 개입
② 교육자/자문가: 학습, 진로를 위한 정보의 제공, 사회성 기술, 학습전략, 의사소통 훈련 및 각종 예방을 위한 교육
③ 매개자/연계자: 학생과 가족에게 필요한 자원과 서비스 연결 및 정보 제공
④ 조정자/중재자: 학생과 가족에게 필요한 자원과 서비스 조정 및 최선의 방법으로 중재
⑤ 옹호자: 학생과 가족의 인권을 보장하기 위한 옹호활동
⑥ 자원개발자: 학생과 가족, 학교에 필요한 지역사회자원의 발굴 및 개발
⑦ 공조자/협력자: 교사를 비롯하여 다양한 전문가, 관련 기관과의 협력
⑧ 조사연구자: 실태조사 및 효과성 연구를 통한 효과적 복지서비스 제공
⑨ 정책 제언자: 학생복지 증진을 위해 다양한 수준에서의 정책 감사, 제언에 참여

한국 학교사회복지사의 직무실태와 관련된 논문(안정선·진혜경·윤철수, 2006)을 살펴보

[2] 한국학교사회복지사협회 홈페이지(www.kassw.or.kr).

〈그림 1〉 학교사회복지사의 역할

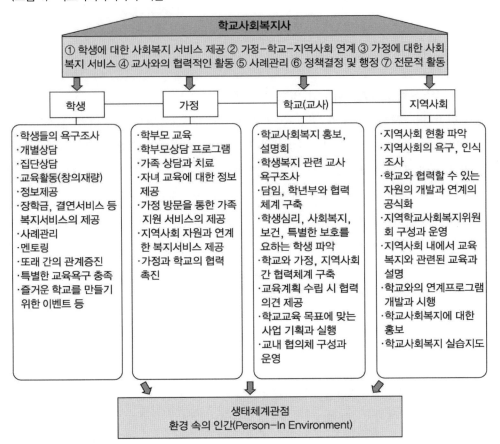

학교사회복지사

① 학생에 대한 사회복지 서비스 제공 ② 가정-학교-지역사회 연계 ③ 가정에 대한 사회복지 서비스 ④ 교사와의 협력적인 활동 ⑤ 사례관리 ⑥ 정책결정 및 행정 ⑦ 전문적 활동

학생	가정	학교(교사)	지역사회
·학생들의 욕구조사 ·개별상담 ·집단상담 ·교육활동(창의재량) ·정보제공 ·장학금, 결연서비스 등 복지서비스의 제공 ·사례관리 ·멘토링 ·또래 간의 관계증진 ·특별한 교육욕구 충족 ·즐거운 학교를 만들기 위한 이벤트 등	·학부모 교육 ·학부모상담 프로그램 ·가족 상담과 치료 ·자녀 교육에 대한 정보 제공 ·가정 방문을 통한 가족 지원 서비스의 제공 ·지역사회 자원과 연계한 복지서비스 제공 ·가정과 학교의 협력 촉진	·학교사회복지 홍보, 설명회 ·학생복지 관련 교사 욕구조사 ·담임, 학년부와 협력 체계 구축 ·학생심리, 사회복지, 보건, 특별한 보호를 요하는 학생 파악 ·학교와 가정, 지역사회 간 협력체계 구축 ·교육계획 수립 시 협력 의견 제공 ·학교교육 목표에 맞는 사업 기획과 실행 ·교내 협의체 구성과 운영	·지역사회 현황 파악 ·지역사회의 욕구, 인식 조사 ·학교와 협력할 수 있는 자원의 개발과 연계의 공식화 ·지역학교사회복지위원회 구성과 운영 ·지역사회 내에서 교육 복지와 관련된 교육과 설명 ·학교와의 연계프로그램 개발과 시행 ·학교사회복지에 대한 홍보 ·학교사회복지 실습지도

생태체계관점
환경 속의 인간(Person-In Environment)

면 학교사회복지직무는 개별개입, 집단개입, 가족개입, 학교지원, 지역사회개입, 일반 행정 업무 및 기타업무, 총 6개의 세부직무로 나눌 수 있다. 그중에서 현재 학교사회복지사들이 가장 많이 실천하는 직무는 개별개입으로 나타났고, 반면 가족개입과 학교지원직무는 낮은 비중으로 나타났다. '가족개입'과 '지역사회개입'은 현재 비중에 비해 높아져야 할 영역으로 나타났고 '일반 행정 및 기타업무의 비중'은 현재 비중에 비해 낮아져야 할 영역으로 조사되어 학교사회복지사들이 주로 행정 및 기타업무로 인해 가족과 지역사회 개입의 역할이 축소되고 있음을 알 수 있다.

2. 한국의 교육복지정책 현황분석[3]

한국 학교교육문제는 빈곤의 문제에서부터 비롯된다. 도시근로자 가구의 아동 빈곤율은 1999년 6.7%, 2000년 4.4%, 2005년 3.9%, 2010년 2.6%이며 아동의 상대 빈곤율은 2005년에는 7.9%, 2010년에는 5.8%로 다소 감소추세에 있다.

가정의 빈곤문제가 중요한 이유는 자녀의 교육문제를 발생시키기 때문이다. 즉, 가정의 경제수준에 따라 자녀에 대한 교육투자비용이 달라지고 자녀에게 투자되는 비용의 증가는 사교육비의 증가로 나타난다. 사교육비는 철저하게 부모의 경제적 능력에 따라 차별적으로 지출되고 있으며 소득 단계를 8단계로 나누었을 때 2011년 기준 100만 원 미만 소득가정의 1인당 사교육비 지출은 6만 8,000원인 데 비해, 월 소득 700만원 이상 가정에서 지출하는 사교육비는 44만 원으로 양자의 격차는 6.5배에 이른다.[4]

소득격차를 국가가 방치할 경우 빈곤한 아이들은 소득의 격차가 교육기회의 불평등으로 이어지고 그 결과 교육 결과의 격차로 나타나기 때문에 교육의 목적을 달성할 수 없게 된다.

소득격차에 따른 교육격차를 줄이기 위해 한국에서는 다양한 교육복지정책을 펼치고 있다. 다음은 현재 한국 정부에서 이루어지는 교육복지 정책의 현황이다.

1) 중학교 무상교육 대폭 강화

최근 세계 경제위기 및 국내 경기침체로 인해 학부모의 학비부담이 커지고 있는데 중학교의 경우 기초생활수급자 자녀를 제외한 학생들은 학교운영지원비를 납부해야 해서 무상의무교육의 취지에 맞지 않았다. 이에 국민생활 불편해소 추진과제 시행에 따라 2008년도 차상위 저소득층 자녀 학교운영지원비 지원계획을 수립(2008.7.31)[5]하여 2009년도부터 차상위 저소득층 자녀의 학비지원은 시도별 지역특성을 감안하여 자체

---

3) 이 내용은 2011년도 한국교육개발원의 용역과제인 「미래지향적 교육복지정책의 방향과 과제」의 내용 중 일부를 발췌하였음.
4) 김병권, "부모 소득에 따른 사교육비 격차 최대 6.5배", 《오마이뉴스》, 2012년 7월 10일자.
5) 「교육기본법」 제28조 (장학제도 등) ① 국가와 지방자치단체는 경제적 이유로 교육받기 곤란한 자를 위한 장학제도와 학비보조제도 등을 수립·실시하여야 한다.

〈표 1〉 아동의 빈곤율과 상대빈곤율

연도	아동 빈곤율(절대빈곤율)		아동 빈곤율(상대빈곤율)	
	도시근로자	전체가구 기준	도시근로자	전체가구 기준
2006	3.3	5.7	6.3	10.0
2007	2.9	5.7	6.5	10.6
2008	3.4	5.2	6.2	9.7
2009	3.1	4.8	6.3	8.8
2010	2.6	4.7	5.8	8.6

자료: 여성가족부(2012).

계획을 수립하고 시·도의 교육비 특별회계로 지원했다. 2012년까지 연차적으로 학교운영지원비 지원을 확대하여 모든 중학생이 혜택을 보고 있다.

'학교운영지원비' 지원 대상을 전체 중학생으로 확대함으로써 중학교 무상교육을 강화하고 저소득층의 교육 기회 확대 및 교육격차를 완화하려는 목적이 있다.

2) 저소득층 고교생 학비지원 확대

기초생활수급자의 고등학생 자녀에게는 수업료와 학교운영지원비를 지원하고 있으나, 차상위 계층에게는 수업료만 지원될 뿐 학교운영지원비는 지원되지 않아 저소득층 자녀 교육비 부담이 실질적인 교육기회 균등을 저해하고 있다는 지적에 따라 2008년 2학기부터 차상위 저소득층 고교생에 대해 학교운영지원비 지원을 실시하고 2009년도부터 기초생활수급자뿐만 아니라 차상위계층 고교생까지 학비를 전액 면제했다.

3) 수익자부담 교육경비 지원

저소득층, 상대빈곤층의 비중 증가와 교육비 부담 증대에 따라 공교육비 성격이 강한 수익자부담 교육경비(체험학습비, 특기적성교육비, 졸업앨범비, 수학여행비 등)를 학교 단위에서 발굴되는 저소득층 자녀에게도 지원할 수 있도록 해당 규모의 경비를 각 학교에 통합하여 지원했다.

법적 저소득층 외의 저소득층 학생6)의 기본교육비 및 급식비 지원과 저소득층 학생의 문화적 결손을 보완하기 위해 학교 내에서 다양한 문화체험활동을 기획하고 저소득층 학생들의 경비를 지원했으며, 학교 단위 지원대상 선정으로 사업 간 지원기준 불일치 문제를 해결코자 학교 단위에서 저소득층 학생들을 적극적으로 발굴하고, 법적 저소득층에 속하지 않는 경우, 학교 내 교육복지위원회(혹은 관련 기존 위원회)에서 심사하여 지원대상을 결정하고 사업 간 지원기준이 달라 지원하지 못하는 학생에 대해 학교 차원에서 지원 여부를 결정하여 지원토록 했다.

4) 저소득층·농산어촌학생 급식비 지원 확대

가정형편이 어려운 저소득층 자녀 및 농산어촌지역 학생들에게 학교급식비 지원을 확대하여 서민층의 교육비부담 경감과 성장기 학생들의 건전한 심신발달과 소외계층에 대한 교육복지를 증진했다.

우선 가정형편으로 학교급식비 납부가 어려운 저소득층 자녀와 차상위계층 자녀에게 급식비 지원을 확대하여, 2011년도에는 저소득층 대상학생의 90% 수준인 91만 명에게 학교급식비를 지원하도록 정책목표를 설정했고, 2012년까지 최저생계비 130% 이하 저소득층자녀(약 101만 명)에게 급식비 지원을 확대하고자 했다.

농어촌의 경우 2011년도에는 대상 학생의 75% 수준인 72만 명에게 급식비 전액을 지원하는 것으로 정책목표를 설정했고, 2012년까지 농어촌학생 96만 명에게 급식비 전액을 확대 지원하고자 했다.

5) 학업중단 청소년 지원

학업중단 청소년은 7만 2,000명(2009년 2월) 수준이며, 고등학교 학업중단 청소년은 매년 증가 추세이다.

학업중단의 주된 사유는 학습부진 및 교사·교우 관계 등에 따른 학교부적응과 가장의 실직, 가정해체 등에 따른 가사문제로 나타남에 따라, 학교차원의 전문적 지도·상담 역량 강화 및 학생안전통합시스템(Wee 프로젝트)[7]을 구축하여 학교, 교육청, 지역사회

---

6) 법적으로 인정받지 못하는 수준이지만 그 집단과 크게 다르지 않은 저소득층 학생이나 일시적인 가정환경의 변화로 어려운 상황에 있는 학생.
7) WEE: We + Emotion + Education

〈표 2〉 초·중·고등학교 학업중단 청소년 현황

(단위: 명, %)

연도	초등학교	중학교	고등학교			합계
			인문고	전문계고	계	
2006.2	18,403(0.46)	15,669(0.78)	10,166(0.81)	12,910(2.57)	23,076(1.31)	57,148(0.73)
2007.2	23,898(0.61)	18,968(0.91)	12,616(0.98)	15,314(3.10)	27,930(1.57)	70,796(0.90)
2008.2	20,450(0.55)	20,101(0.98)	15,477(1.15)	17,466(3.58)	32,943(1.73)	73,494(0.96)
2009.2	18,132(0.52)	19,681(0.98)	16,174(1.14)	18,099(3.76)	34,273(1.74)	72,086(0.96)

주: ( )는 전체학생 대비 해당학생의 비율.
자료: 한국교육개발원(2011).

〈표 3〉 학생안전통합시스템(Wee Project) 강화 계획

단계	주요 사업	2008	2009	2010	2011
1차 안전망 (Wee 클래스)	단위학교 내 학생상담 및 학교적응력 프로그램	530개	1,530개	2,530개	3,530개
2차 안전망 (Wee 센터)	교육청 내 전문가 배치로 상담 및 교육서비스 제공	31개소	80개소	130개소	180개소
3차 안전망 (Wee 스쿨)	교육청 차원 장기치료	-	-	2개 기관	10개 기관

자료: 한국교육개발원(2011).

가 협력하여 학교부적응학생이나 위기학생들에게 다양한 상담과 교육서비스를 제공하는 학생종합안전망을 구축했다.

또한 대안학교 확대 및 대안교육에 대한 지원 강화를 위해 국가 및 지방자치단체의 대안학교 시설 및 대지 장기임대 허용, 공립 대안학교 설립이 가능하도록 현재 학교법인, 사인(私人) 등으로 제한되어 있는 학교 설립주체를 지방자치단체까지 확대, 다양한 교육과정 운영이 가능하도록 교사정원의 1/3 이내에서 관련 분야 전문가를 산학겸임교사, 명예교사 등으로 임용 허용, 대안학교의 위탁교육기능 신설 등의 정책을 추진했다.

6) 다문화 및 탈북자 지원

다문화가정의 학생은 2011년 현재 약 3만 8,678명이 초중고등학교에 재학하고 있으며 농촌보다는 도시에 많이 살고 있다. 다수는 경제적·사회적으로 취약한 상황으로, 자녀의 경우, 학습부진, 학교 부적응 등을 경험함에 따라 다문화가정 학생의 역량 강화를

〈표 4〉 2011년 다문화가정 학생 수 현황

(단위: 명, %)

구분	학교급			도시/농촌		
	초	중	고	도시	농촌	계
한국출생	25,615	6,574	1,810	20,340	13,659	33,999
중도입국	1,592	624	324	2,053	487	2,540
외국인자녀	1,460	436	243	1,894	245	2,139
계	28,667	7,634	2,377	24,287	14,391	38,678
비율	74.1	19.7	6.2	62.8	37.2	100

자료: 여성가족부(2013).

〈표 5〉 탈북청소년 정규학교 재학생 수 및 2012년 재학현황

구분	2005	2006	2007	2008	2009	2010	2011	2012
학교재학생 (6~20세)	421	474	602	966	1,143	1,417	1,681	1,992

2012년 탈북청소년 정규학교 재학생 수				
정규학교			대안교육시설	계
초등학교	중학교	고등학교		
1,204	351	437	210	2,202
1,992				

자료: 여성가족부(2013).

통한 교육격차 해소, 일반인 등 사회 전체의 다문화 이해 제고, 다문화가정 학생 교육을 위한 지원 인프라 구축 등 다문화가정 학생에 대한 효과적인 교육 지원을 통해 언어적·문화적 격차를 해소하고 주류사회 구성원으로의 성장을 지원하는 정책을 추진했다.

또한 2005년 421명이었던 북한이탈학생이 2012년 현재 1,992명으로 급속히 증가하면서 학생 수 증가, 북한이탈학생의 중도탈락률 증가, 북한이탈학생의 심리적 상흔 및 정서적 문제의 치료 필요, 북한이탈학생들의 학력 인정의 간소화를 통해 학교교육에 대한 적응력 강화 등의 문제점이 제기되어 입국 초기 적응교육 지원, 정규학교 교육지원 강화, 민간교육시설 지원 강화 등의 정책을 추진하고 있다.

7) 농어촌 거주자 지원

농어촌 지역의 인구는 급격히 감소하여 전체 인구의 18%에 불과하며 특히 생산가능

〈표 6〉 시·도별 연중 돌봄학교 선정 현황 현황 및 사업예산

시도	군	면(읍)	학교 수					학생 수
			유	초	중	고	소계	
부산	1	3	5	5	-	-	10	1,236
대구	1	2	-	1	1	-	2	827
인천	2	5	-	6	3	-	9	831
울산	1	1	-	1	1	-	2	608
경기	4	7	-	11	4	-	15	1,963
강원	11	24	2	32	19	2	55	4,058
충북	9	28(1)	-	31	15	1	47	4,416
충남	9	17	13	21	10	-	44	3,262
전북	8	30	-	27	12	-	39	2,794
전남	17	28	-	27	20	-	47	4,882
경북	13	39(1)	4	39	31	3	77	5,298
경남	10	24	-	24	12	-	36	3,687
전국 합계	86	208(2)	24	225	128	6	383	33,862

년도	2009	2010	2011	계
특별교부금	298억 원	140억 원	188억 원	626억 원
지방대응	-	90억 원	90억 원	180억 원
소계	298억 원	230억 원	278억 원	806억 원

자료: 한국교육개발원(2011).

인구 감소로 고령화가 심각한 상황으로 학생 감소 및 학교의 소규모화로 인한 교육여건 악화, 도·농 간 학력격차 등 교육 문제가 이농의 주요 원인으로 대두됨에 따라 상대적으로 낙후된 농산어촌 지역의 교육여건을 개선하고 학생들의 교육기회를 보장하여 학교의 교육력을 강화하는 노력이 필요하다. 이에 농산어촌 연중 돌봄학교 지정·육성, 기숙형공립고 150교 선정, 농산어촌형 K-2학교 운영지원, 농산어촌 전원학교 운영지원 등의 사업이 추진되었다.

(1) 농산어촌 연중 돌봄학교 지정·육성

농산어촌 학생에게 365일 교육복지를 지원하기 위해 지역자원의 연계·지원이 가능한 면 소재 유·초·중·고등학교를 (가칭)연중 돌봄학교로 지정하여 육성하고, 농산어촌

〈그림 2〉 농어촌 학생 교육지원 모델

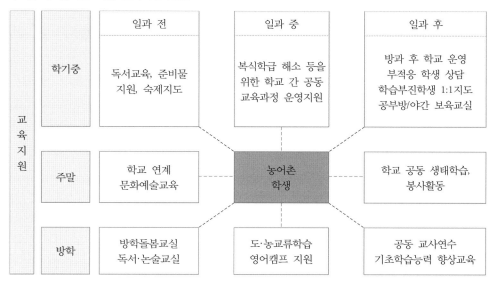

		일과 전	일과 중	일과 후
교육지원	학기중	독서교육, 준비물 지원, 숙제지도	복식학급 해소 등을 위한 학교 간 공동 교육과정 운영지원	방과 후 학교 운영 부적응 학생 상담 학습부진학생 1:1지도 공부방/야간 보육교실
	주말	학교 연계 문화예술교육	농어촌 학생	학교 공동 생태학습, 봉사활동
	방학	방학돌봄교실 독서·논술교실	도·농교류학습 영어캠프 지원	공동 교사연수 기초학습능력 향상교육

자료: 한국교육개발원(2011).

〈그림 3〉 농산어촌 전원학교 운영모델

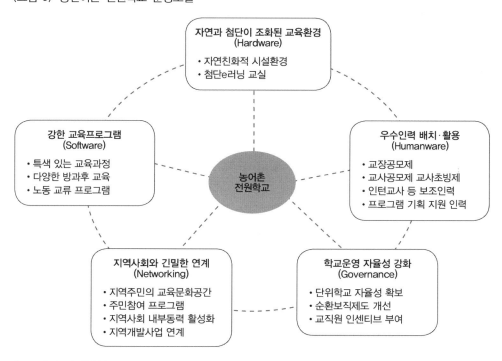

자료: 한국교육개발원(2011).

〈표 7〉 농산어촌 전원학교 지정 현황 및 사업예산

(단위: 억 원)

구분	경기	강원	충북	충남	전북	전남	경북	경남	제주	계
학교 수	22	15	9	24	22	31	23	22	2	146
초	16	10	5	14	12	18	16	11	2	91
중	6	5	4	10	10	13	7	11	-	55

연도	구분	2009	2010	2011	2012	2013	계
2009년	■ 첨단 e-러닝교실(110교×2억)	220					1,391
	■ 종합 지원학교(55교×15억)	570	513	88			
	■ 시설비 지원 학교(33교×7.5억)						
	■ 프로그램 지원 학교(22교×4.5억)						
2010년	■ 통합본교 프로그램 지원(30교×3천)			9	9	9	27
2011년	■ 중학교 교육프로그램 지원(30교×1억)			30	30	30	90
계		2,229	2,010	2,011	2,012	2,013	1,391

자료: 한국교육개발원(2011).

지역 여건 및 소규모 학교의 특성에 맞는 특성화 교육과정 및 기초학력증진 교육 프로그램의 개발·운영을 지원하여 교육력 향상을 위한 교육과정 내실화를 도모했다.

(2) 기숙형공립고 150교 선정

농산어촌 등 교육낙후지역에 2008년 기숙형공립고 82교를 선정하여 기숙사 시설비 3,173억 원 지원(학교당 평균 38억 원)했으며, 2009년에는 60교 내외 선정하고, 대상을 도농복합도시와 사립고로 확대했다. 또한 정규 및 방과 후 교육과정 운영프로그램 개발, 기숙형공립고 운영 매뉴얼 개발·보급, 각종 연수지원 등을 통하여 지역 교육경쟁력 강화를 유도했다.

(3) 농산어촌형 K-2학교 운영지원 및 농산어촌 전원학교 운영지원

유치원 및 초등학교 1·2학년으로 구성된 분교장 형태의 농산어촌 K-2학교 지정을 통하여 보육 및 교육활동의 연계 지원을 강화했다. 자연친화적 환경과 첨단 e-러닝시설을 바탕으로 특색 있는 교육프로그램 운영 등을 통해 학생이 돌아오는 농어촌 학교의 성공모델을 육성했다.

〈표 8〉 사업지역, 학교·학생 수 및 사업예산

구분	2003~2004년	2005년	2006년	2007년	2008년	2009년	2010년	2011년
지역	8지역 (서울 6, 부산 2)	15지역	30지역	60지역	60지역	100지역	100지역	100지역
도시 규모	-	광역시 이상	인구 25만 이상	인구 25만 이상	인구 25만 이상	모든 시	모든 시	모든 시
지원대상 선정기준	행정동별 국민기초생활수급자 가정 학생비율			기초생활 수급자 가정 학생 수 평균 70명 이상	지역 내 국민기초생활보장 수급자 가정과 법정 한부모 가정 학생 수 평균 70명 이상 혹은 전체 학생의 10% 이상			
학교 수	45교	82교	163교	322교	322교	679교	575교	1,356교
학생 수[1] (기초생활 수급자 수)	40,707명 (4,758명)	75,189명 (9,765명)	153,178명 16,719명	326,826명 35,110명[2]	304,464명 27,904명	490,081명 40,275명	452,467명 35,725명	1,086,434명 71,853명
지원액 (특교) (대응투자) (시도차체 지원)	238억 원 (238억 원) - -	160억 원 (110억 원) (50억 원) -	359억 원 (209억 원) (150억 원) -	642억 원 (374억 원) (268억 원) -	514억 원 (248억 원) (266억 원) -	866억 원 (504억 원) (282억 원) (80억 원)	810억 원 (310억 원) (417억 원) (83억 원)	1,188억 원 (보통교부금) 367억 원 (대응투자) 11억 원 (기타)

주: 1) 학생 수 현황은 각 년도 사업 평가 시점(10월 31일) 자료이며, 유치원 원아를 제외한 초·중·고등학생
에 한함.
　 2) 2007년에는 국민기초생활보장 수급자 가정 학생 수에 저소득 한부모 가정 학생 수가 포함되어 있음.
자료: 한국교육개발원(2011).

8) 도시저소득층 지원

　계층별 거주지 분화가 급격히 진행되면서 도시 내 지역 간 교육적·문화적 자원 및
교육성취 격차가 확대되고 상대적으로 교육적 여건이 취약한 도시 저소득층 거주지역
학생에 대한 집중 지원 필요성이 대두됨에 따라 저소득층이 밀집한 학교의 경우, 교육
복지투자우선지역 지원사업 대상으로 선정하여 지원했다.
　교육복지투자우선지역 지원사업은 학교가 중심이 되어 지역사회와 연계함으로써 통

합적 지원 체제를 구축하여, 교육의 기회, 과정, 결과에서 불리한 아동·청소년들이 취약성을 최대한 극복할 수 있도록 지원하는 사업으로서 국민기초생활보장 수급자 밀집지역을 선정, 교육청·학교에 전문인력을 배치하고, 학교 중심으로 취약계층 학생을 발굴하여 지역사회와 연계한 총체적 지원사업이다.

2003과 2004년 두 해 동안 시범사업을 실시하고 그 이후부터 사업지역을 점차로 확대해가며 발전하여 2011년에 현재 1,356개교에서, 보통교부금과 대응투자, 기타예산을 합쳐 약 1,566억 원의 예산으로 사업이 진행되고 있다.

9) 유아 및 장애인 지원

유아기 교육격차 해소 정책은 주로 교육기회 보장을 위한 저소득층 유아교육비 지원에서 더 나아가 유아학비지원확대 및 종일반 이용기회확대 정책을 추진했다. 유아학비지원확대를 위해 저소득층 만 3~4세 차등 지원에서 동일 지원으로 단계적인 확대와 만 5세 전원 무상교육 지역별·단계적 확대, 유아학비지원 전자카드제 및 전산시스템 구축 등의 정책을, 종일반 이용기회 확대를 위해 2010년부터 종일반 시설환경개선비 두 배로 증액, 종일반 여건 개선, 저소득층 밀집지역 종일반 우선 지원, 농어촌지역 유치원 거점화를 통한 종일반 공동운영 등이 진행되었다.

유·초·중등의 특수교육 기회가 양적으로 확대되었으나, 사교육비 부담이 크고 졸업생의 30%가 시설·가정으로 돌아가는 문제점을 해소하기 위해 「장애인 등에 대한 특수

〈표 9〉 항목별 특수교육 지원현황

(단위: 천 원, %)

	시도교육청 총교육예산[2]	특수교육 전체 예산[1]						
		인건비	학교급당 운영비	시설비	자산 취득비	연수비	기타	소계
계	42,768,953,920	854,125,711	466,219,992	228,614,796	19,640,972	8,969,278	45,976,939	1,623,547,688
비율[3]		52.6	28.7	14.1	1.2	0.6	2.8	3.8

주: 1) 2010년 시·도별 교육예산 대비 특수교육예산 기준임.
　　2) 시·도교육청 총예산 및 특수교육 예산은 국고, 지방비, 주민(기관 등) 부담수입 및 기타 재원 등을 포함한 총예산 기준임.
　　3) 비율은 연구자가 직접 산출함. 소계의 비율은 시도교육청 총교육예산 대비 특수교육 전체 예산의 비율임; 항목별 비율은 특수교육 전체 예산 대비 해당 항목의 비율임.
자료: 한국교육개발원(2011).

교육법」 및 '제3차 특수교육 발전 5개년계획(2008~2012)'에 따라 유치원 과정 의무교육 실시, 유치원 종일반 확대 운영, 일반학교 배치 특수교육 대상학생 지원 확대, 장애학생의 기초학력향상을 위한 체계적인 평가체계 구축, 방과 후 학교 및 방학프로그램 운영 활성화 등이 추진되었다.

이를 통해 2010년 기준으로 시·도교육청의 총 교육예산 대비 특수교육 전체 예산은 3.8% 수준으로 확대되었다. 항목별 특수교육 지원현황 중 특수교육 전체 예산 대비 가장 많은 비중을 차지하는 것은 인건비와 학교급별 운영비로 8,500억 이상(52%)과 4,600억 이상(28.7%)이 책정되었다.

한국정부는 학생들의 복지를 위해 교육복지정책을 시행하고 있으며 특히 교육복지우선지원사업과 위프로젝트에 학교사회복지사가 참여하고 있다.

3. 한국 학교사회복지의 발달과정

1) 년도별 발달과정

(1) 1990년대 이전: 외원기관의 사업, 현대 고등학교에서의 활동

한국의 학교사회복지의 효시는 1969대 후반 민간 외원기관인 캐나다 유니타리언봉사회(USCC)가 서울시 마포사회복지관에서 마포초등학교 학생들을 대상으로 벌인 활동이다(김선희, 1971; 김기환 외, 1997). 그러나 당시의 활동을 입증할 만한 기록이 남아 있지 않아 학교사회복지 역사 연구에 많은 아쉬움이 남는다. 이후 사회복지를 전공하고 영어교사로 근무하던 김혜래는 1986년부터 문제를 가진 학생들을 위해 교사들과의 팀 접근으로 사회복지서비스를 제공함으로써 학교사회복지서비스를 시도했다.

(2) 1990~2000년까지: 지역사회복지관사업, 교육부 학교사회사업 연구사업, 서울시교육청 생활지도 시범사업, 영등포여상, 한가람고등학교에서의 학교사회복지사 채용이 이루어짐

학교사회복지 활동은 민간기관과 개인에 의해서 실시되었다. 민간기관에서는 1993년 4월 은평종합사회복지관에서 김기환 교수(당시 연세대)의 지도로 한수정, 유영덕 두 사회복지사가 진행한 수색초등학교의 '꿈나무 교실' 프로그램이다. 꿈나무 교실은 사회복지관에서 학교생활에 문제가 있는 특수학급 아동 9명을 대상으로 실시한 주 1회 총 12회 진행한 집단지도 프로그램이었으며(은평종합사회복지관, 2002), 이것은 공식적인 최초의 학교사회복지 활동이라 할 수 있다. 이후 은평종합사회복지관은 학교 측의 요청과 협조를 얻어 다음 해인 1994년부터 1년간 꿈나무 교실을 운영했고, 1995년에는 일반학급 아동 중에서 학교생활에 적응하지 못하는 아동을 포함해 대상을 확대, 실시했다. 그 후 전국의 종합사회복지관들은 지역 학교와 연계해 학교사회복지 프로그램을 실시하게 되어 은평종합사회복지관은 한국 학교복지 발전에 중요한 기여를 하게 되었다. 1993년 8월 24일부터 1994년 7월 12일까지 윤철수(당시 숭실대학원생)는 서울화곡여상에서 주 1회, 1년간 실습을 하면서 학교에서 해결되기 어려운 문제를 지닌 학생들에게 사회복지 개입을 했다. 그 이후 숭실대 노혜련 교수 연구팀은 1996년 3월부터 1996년 12월까지 서울 동작중학교와 백석중학교 등 2곳에서 1년간 학교사회복지 활동과 연구를 수행했다. 동작중학교는 동작숭실종합복지관과 협력해 복지관 중심형의 학교사회복지로, 그리고 백석중학교는 학교상주형의 모형으로 김주미, 고혜영, 김남형, 이혜영, 김상곤 등이 1주일에 2일씩 학교에서 활동을 했다.

한편 문민정부 시절 보건복지부 산하 '국민복지기획단'은 1995년 정부로 하여금 학교사회사업의 제도화를 실시하도록 권고했고 교육부는 1997년 3월부터 1999년 2월까지 '학교사회사업 시범연구사업'을 실시하고 그 결과를 평가해 2000년 이후 제2차 시범사업을 운영하겠다는 계획을 발표했다. 그러나 교육부의 시범사업은 상담교사, 교육학 부전공 교사, 학부모 자원봉사자들에 의해 학생 중심의 프로그램만을 실시했으므로 실질적인 학교사회복지 활동이라 할 수 없었다. 교육부 시범사업은 서울무학여고, 대전충남중, 광주북성중, 대구제일여상 등 4개교에서 2년간 실시되었으나 무학여고를 제외한 다른 곳은 학교사회복지사가 고용되지 않았다.

한편 서울시교육청은 1997년 연구시범사업을 실시했다. 서울시교육청은 서울대학교 사회복지연구소에 용역 의뢰하여 서울광신고, 연북중, 영등포여상 등 3개교에서 연구시범사업을 진행했다.

시범연구 기간 중 1997년 7월 5일자 ≪한겨레신문≫ 12면에 영등포여상의 학교사회사업실이 소개되고, KBS 뉴스에 학교사회복지의 도입과 효과에 대해 보도되면서 전국에 학교사회복지가 본격적으로 소개되었다. 이후 영등포여상에서는 1998년 3월 1일부로 한국 최초로 학교사회복지사 3명을 고용했다. 1998년 당시는 외환위기의 상황에서 고용이 어려울 때였지만 영등포여상 전임 학교사회복지사로 윤철수, 영등포여상 파트타임 학교사회복지사로 김주미, 한가람고 파트타임 학교사회복지사로 이혜주가 고용되었다. 이렇듯 서울시교육청의 제1차 시범사업은 한국 최초로 공식적인 학교사회복지사를 탄생시켰으며 또한 서울시교육청 산하 지역청 상담센터 내에 사회복지사를 고용하게 되었다.

1999년 2월 학회와 당시 협회 준비위원회는 '제1회 대학원생을 위한 학교사회사업 기초 워크숍'을 영등포여상에서 처음 개최했다. 이때 전국에서 약 30여 명의 대학원생들이 약 40시간의 연수를 마쳤으며 그중 10명의 교육이수자들이 한가람고와 영등포여상에서 각각 5명씩 1년간 실습을 했다. 이들의 실습시간은 1주일에 2일씩 약 890여 시간이었고 이 두 학교에서는 전임 학교사회사업가 1명, 시간제 학교사회사업가 2명, 실습생 10명 등 모두 13명의 사회복지사들이 공식적으로 학교사회복지서비스를 학생들에게 제공했다.

2000년에 서울시교육청 생활지도 시범사업의 일환으로 학교사회복지를 활용한 시범사업이 부활되었으며 이때는 1997년도 시범사업 담당이었던 김성심 장학사가 다시 업무를 담당하면서 1997년보다 더 발전적이고 전문적으로 시범사업이 이루어지게 되었다. 2000년도에는 연구용역사업을 외부로 발주하지 않고 서울시교육청의 직접 사업으로 진행했으며, 대상 학교도 5개교로 확대했다.

(3) 2001~2011년까지: 서울시교육청 시범사업 및 종료, 교육부 학교사회복지시범사업, 교육부 보건복지부 학교사회복지공동사업, 사회복지공동모금회 기획사업, 과천시 학교사회복지사업 실시 및 지방자치단체의 학교사회복지사업운영, 교육복지우선지원사업이 실시됨.

2001년도에는 서울시교육청의 제3차 시범사업이 서울북공고, 삼성고, 경성여실고, 안천중, 성원중 등 5개교에서 실시되었다. 제3차 시범사업은 이제까지와는 달리 서울시교육청 본청 사업으로 이루어졌다. 이들은 5개교가 공동으로 진행하는 공동사업도 수행했으며 각종 발표회와 자료집 발간 등을 통해 학교사회사업의 우수성을 인정받을 수 있었다. 시범사업이 종료된 후 각 학교의 교장과 교사들, 학생들은 서울시교육청에 학교사회사업을 지속적으로 실시해줄 것을 강력하게 요구했다. 그 결과 제4차 시범사업이 2002년부터 2003년까지 2년으로 확대되었다. 제4차 시범사업에는 서초공고, 성덕여상, 도봉중, 연서중 등 4개교가 참여했다. 종전과 다른 것은 1년 단위가 아닌 2년 연속 연구시범사업이며, 사회복지사들은 서울시교육청에서 직접 선발해 단위학교에 추천하는 형식을 취했다. 제5차 시범사업 역시 2004년과 2005년 2년간 운영되고 있으며, 사업 명칭도 생활지도 시범사업이 아닌 학교사회사업 시범학교로 운영되었다. 제6차 시범사업은 2006년도에 구암중학교에서 2년간 사업을 끝으로 서울시교육청 시범사업은 마감되었다.

사회복지공동모금회는 2001년 학교사회사업 제도화의 정착을 목적으로 2002년부터 3개년계획으로 학교를 중심으로 학교사회복지 시범사업에 대한 지원을 전개했다. 그 내용은 전국 14개 학교에 사회복지사가 상주해 학교사회복지를 실천하며 3년간의 인건비와 프로그램 비용을 지원하고 학교사회복지의 효과성을 입증해 학교사회복지의 제도화를 이룬다는 것이었다. 이는 미국의 커먼웰스 펀드(Commonwealth Fund)가 학교에 학교사회사업가들을 파견해 학교사회사업의 제도화를 앞당기는 데 기여했던 일과 비슷한 시도라 할 수 있다.

사회복지공동모금회의 기획사업으로 은평중, 송파공고, 영신고, 해성여상, 안천중, 성원중, 청주양업고, 부천 소명여중, 청명중, 대전대성여중, 이리공고, 부산상고, 사직여중, 울산현대중 등에서 학교상주형 학교사회복지사가 근무하게 되었다. 학교사회복지 활동이 활발해지자 부산공동모금회에서도 2개교를 추가 운영하게 되어 서면중, 경성전자정보고 등에서도 활동하게 되었다.

이러한 중앙공동모금회의 영향으로 2003년 대전 공동모금회에서도 3개교를 실시하게 되어 성천초등학교, 어은중학교, 서대전여고 등이 각각 활동했다.

이들 학교사회복지사들은 교내에서 적극적인 홍보활동, 운영협의회의 구성, 관련 부서장과 교사와의 협의 의뢰체계의 확립과 교직원회의 참석 및 다양한 실천을 통해 학생들의 복지를 위해 활동할 수 있는 여건을 조성했을 뿐 아니라 학교사회사업실은 학교의 중요한 조직과 성원으로 자리매김하고 있다고 평가되었다(사회복지공동모금회, 2004). 사회복지공동모금회의 기획사업이 갖는 의미는 학교사회복지의 실천을 위한 안정적이고 지속적인 장(setting)을 마련해주었다는 점이며 중앙정부에서 학교사회복지 정책사업을 실시할 때 중요한 근거로서 의미가 있다.

교육인적자원부는 2003년도에 2년에 걸친 '교육복지투자우선지역 지원사업' 실시를 발표했다. 교육복지투자우선지역 지원사업은 제7차 및 제9차 인적자원개발회의에서 정부 관계 부처와 민간단체들이 교육·문화·복지가 연계된 도시 저소득지역에 대한 교육복지대책을 수립하기로 합의하고 2002년 광복절 대통령 경축사에서 도시 저소득지역의 교육환경 개선 추진을 발표하면서 알려지게 되었다. 이 사업은 사회경제지표를 바탕으로 교육복지의 사각지대인 도시 저소득지역 내 학교에서 학생들의 삶의 질을 제고하기 위해 해당 학생과 가정, 지역에 교육, 문화, 복지서비스를 제공하는 것이었다. 서울의 6개 지역 31개 초·중등학교, 부산의 2개 지역 12개 초·중등학교 등 모두 43개 교가 시범학교로 선정되었다. 이들 학교에는 '지역사회교육전문가'라는 전문가를 배치해 그들이 학교 내의 교육복지사업을 전담하면서 지역사회와의 연계망을 회복하고, 해당 학생들과 가족들에게 보다 전문적인 서비스를 제공하도록 했다. 학교에 투입된 지역사회전문가들의 80% 이상이 사회복지사이며 그들은 사회복지관 또는 학교 등에서 학교사회복지 사업을 수행해왔던 자들이었고, 이들의 임금, 근무 형태 등은 사회복지공동모금회에서 실시하는 기획사업의 기준이 반영됨으로써 교육복지사업에 큰 영향을 주었다.

교육인적자원부는 2004년 5월부터 2005년 4월까지 1년간 사회복지사를 활용하는 연구사업을 새로 시작했다. 이는 「초중등교육법」 제19조 2항이 개정되고 「학교폭력예방 및 대책에 관한 법률」이 제정되면서 학교에 전문상담교사를 두도록 되어 있으나 실제 배치에 상당한 시일이 걸릴 것으로 보아 다양한 전문가 집단을 활용하려는 의도로 시작된 이른바 제2차 교육인적자원부의 학교사회복지 시범사업이다. 이 사업은 요보호 학생, 부적응 학생 및 학교폭력의 상존 등 교육현장의 상황을 고려할 때 다양한 전문가 집단의 협력과 공동의 해결노력이 요구된다고 보고, 사회복지사들을 교육복지와 학교폭력 예방 등 종합적인 프로그램 운영에 활용하기 위한 것이다. 전국 시·도 교육청별로 초·중·고등학교 각 1개교씩 모두 48개 학교에 학교사회복지사들이 배치되었으며, 1개교당 연구 운영비로 2,000만 원씩 지급되었다. 재원은 지방재정특별교부금으로 충당되었다.

연구학교 운영 지침에 따르면, 연구학교 사업 기본원칙은 교육복지기반 증진과 학교폭력 예방, 학생 중심의 접근, 협력적 관계의 구축, 가정－학교－지역사회 네트워크 구축, 포괄적이고 통합적인 개입, 지역사회자원 활용 극대화 등을 제시하고 있다. 교육인적자원부는 연구학교들이 학교사회복지 실습을 원하는 학생들에게 실습의 기회를 제공할 수 있도록 권고하고 있으며, 방학 중에는 사회복지사들이 요보호, 결손가정 학생이나 급식지원 학생 등을 지도하도록 하고 있다. 이후 교육인적자원부는 2005년도에 종결되는 연구학교를 1년간 연장했고, 오히려 같은 해 5월에 전국 48개교에서 학교사회복지 시범학교를 추가로 운영하게 되어 2006년 연구학교는 전국 96개교였다. 2007년에는 교육인적자원부가 사업비를 제공하고 보건복지부가 학교사회복지사의 인건비

〈표 10〉 지방자치단체 및 위스타트 학교사회복지 현황

사업명	대상	사업내용	주체	재정 규모 외	사업근거
(지자체) 학교 사회 복지	학교부적응 학생 및 전교생	교육, 상담, 체험, 지역연계, 사례관리	과천	- 교당 730만 원 - 인건비 2,200만 원 - 과천청소년지원센터에서 직접 운영 - 8교(초 4, 중 2, 고 2)	과천시 청소년지원센터 설치 및 운영 조례
			용인	- 강남대 위탁운영에서 - 용인시 조례(2011.1.11)로 시청에서 관리함 - 연간 4,000만 원 - 6교(초 3, 중 3)	용인시 학교사회복지활성화 및 지원에 관한 조례
			수원	- 교당 3,500만 원 - 신규시설비 1,000만 원추가 - 조례제정(2010.10.11) - 10교(초 6, 중 4)	지방자치단체의 교육경비보조에 관한 규정
			군포 의왕	- 조례제정(2011.9월) - 7교(초 3, 중 4)	안양시 학교사회복지사업지원조례
			성남	- 조례제정 - 21개교(초 10, 중 11)	성남시 학교상담복지사업지원조례
드림 스타트	사업지역 거주 0~12세 저소득층 아동 및 임산부	빈곤아동, 가족 사례관리 및 맞춤형 통합서비스 지역자원과 연계	보건복지부 아동복지과	센터별 3억 원(총 96개 지역) 총 12개 학교사회복지사업운영 국비 100%(서울 제외)	
위 스타트	사업지역 거주 0~12세 저소득층 아동	보건, 복지, 교육(학교사회복지 파견) 관련 통합서비스 지원	경기도청 청소년과	마을별 2억 내외 (총 24개 지역 11개 학교사회복지사업 운영) 지자체 100%	

를 부담하는 교육인적자원부와 보건복지부 공동 시범사업이 전국 96개교에서 실시되었다. 이는 보건복지부가 학교사회복지사업에 최초로 참여한 의미 있는 사업이라 할 수 있다. 그러나 이 사업은 2008년도에 중단되었다.

2003년부터 과천에서 시작되어 2007년 용인, 2010년에는 성남시, 2011년에는 수원시, 2012년 현재 의왕시, 군포시에서도 학교사회복지사업을 실시하고 있다. 또한 2005년 경기도 위스타트, 드림스타트, 혁신학교 등에서 학교사회복지사업이 실시되고 있다.

〈표 11〉 교육복지우선지역지원사업 현황(2012.04.20. 현재)

지역명	학교 수				
	계 (유치원 제외)	유	초	중	고
서울	353	-	156	136	61
인천	109	19	50	59	-
대전	34	2	15	19	-
부산	124	-	56	68	-
대구	127	9	73	54	-
울산	15	9	7	8	-
광주	65	-	32	33	-
경기	71	-	37	34	-
강원	117	-	61	55	1
충북	52	-	25	27	-
충남	38	-	17	21	-
전북	126	1	57	68	1
전남	68	5	31	37	-
경북	93	4	54	38	1
경남	72	-	38	34	-
제주	25	3	14	11	-
계	1,489	52	723	702	64

자료: 한국학교사회복지사협회(2012).

2) 사업별 실시 현황

2012년 한국 학교사회복지사업은 재원, 운영주체에 따라 크게 지방자치단체사업, 교육복지우선지원사업, 위스타트사업 등으로 나눌 수 있는데 전체적으로 약 1,560여 개교에서 학교사회복지사업이 실시되고 있다.

(1) 지방자치단체 및 위스타트사업 현황

과천, 용인, 수원, 군포, 의왕, 성남시 등 지방자치단체에서는 자체 예산으로 학교사회복지사업을 실시하였다. 또한 경기도에서는 위스타트사업을 실시하면서 학교사회복지사업을 실시하였고, 드림스타트에서도 총 12개 학교사회복지사업을 운영하였다. 이처럼 국가와 지방자치단체에서 학교사회복지사업을 실시하는 이유는 그 필요성과 효

〈그림 5〉 전국 학교사회복지 관련 사업학교 시행 분포도

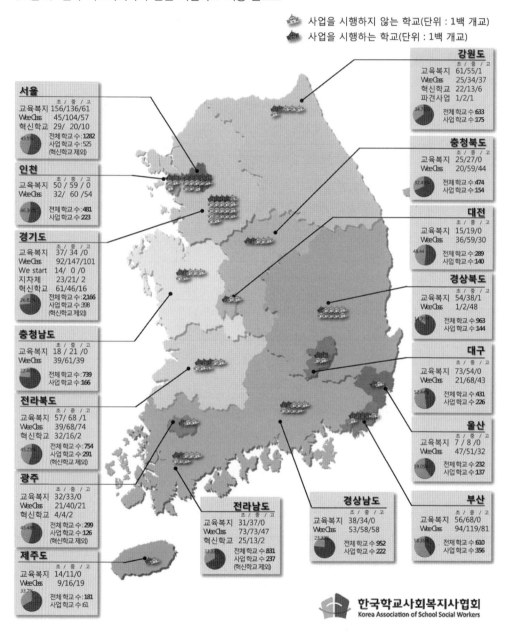

사업을 시행하지 않는 학교(단위 : 1백 개교)
사업을 시행하는 학교(단위 : 1백 개교)

강원도
초 / 중 / 고
교육복지 61/55/1
WeeClass 25/34/37
혁신학교 22/13/6
파견사업 1/2/1
34.7% 전체학교수 633
사업학교수 175

서울
초 / 중 / 고
교육복지 156/136/61
WeeClass 45/104/57
혁신학교 29/ 20/10
45.5% 전체학교수:1282
사업학교수:525
(혁신학교제외)

충청북도
초 / 중 / 고
교육복지 25/27/0
WeeClass 20/59/44
32.4% 전체학교수:474
사업학교수:154

인천
초 / 중 / 고
교육복지 50 / 59 / 0
WeeClass 32/ 60 /54
46.3% 전체학교수:481
사업학교수:223

대전
초 / 중 / 고
교육복지 15/19/0
WeeClass 36/59/30
48.44 전체학교수:289
사업학교수:140

경기도
초 / 중 / 고
교육복지 37/ 34 /0
WeeClass 92/147/101
We start 14/ 0 /0
지차체 23/21/ 2
혁신학교 61/46/16
26.8% 전체학교수:2,166
사업학교수:398
(혁신학교제외)

경상북도
초 / 중 / 고
교육복지 54/38/1
WeeClass 1/2/48
14.9% 전체학교수 963
사업학교수 144

충청남도
초 / 중 / 고
교육복지 18 / 21 /0
WeeClass 39/61/39
22.4% 전체학교수:739
사업학교수 166

대구
초 / 중 / 고
교육복지 73/54/0
WeeClass 21/68/43
52.4% 전체학교수 431
사업학교수 226

전라북도
초 / 중 / 고
교육복지 57/ 68 /1
WeeClass 39/68/74
혁신학교 32/16/2
45.2% 전체학교수:754
사업학교수:291
(혁신학교제외)

울산
초 / 중 / 고
교육복지 7 / 8 /0
WeeClass 47/51/32
59.0% 전체학교수 232
사업학교수 137

광주
초 / 중 / 고
교육복지 32/33/0
WeeClass 21/40/21
혁신학교 4/4/2
45.4% 전체학교수:299
사업학교수:126
(혁신학교제외)

전라남도
초 / 중 / 고
교육복지 31/37/0
WeeClass 73/73/47
혁신학교 25/13/2
33.3% 전체학교수 831
사업학교수 237
(혁신학교제외)

경상남도
초 / 중 / 고
교육복지 38/34/0
WeeClass 53/58/58
23.3% 전체학교수 952
사업학교수 222

부산
초 / 중 / 고
교육복지 56/68/0
WeeClass 94/119/81
58.3% 전체학교수 610
사업학교수 356

제주도
초 / 중 / 고
교육복지 14/11/0
WeeClass 9/16/19
33.7% 전체학교수:181
사업학교수:61

한국학교사회복지사협회
Korea Association of School Social Workers

자료: 한국학교사회복지사협회(2012).

과가 검증되었기 때문이다.

(2) 교육복지우선지원사업 현황

교육복지우선지원사업은 2012년 4월 20일 현재 한국학교사회복지사협회에서 집계한 바에 따르면 유치원을 제외하고 1,489개교에서 이루어지고 있다. 그 예산은 교육과학기술부에서 보통교부금으로 약 1,188억 원, 대응투자예산으로 367억 원, 기타 예산으로 11억 원으로 총 1,566억으로 사업을 진행하고 있다.

(3) 한국 학교사회복지사업 분포 현황

학교사회복지와 관련된 사업의 내용을 한국 전체 분포 현황을 살펴보면 <그림 5>와 같다.

5. 학교사회복지의 전망과 과제

한국 교육적 현안은 소득격차에 따른 교육불평등을 어떻게 해소할 것인가에 집중되어왔다. 교육불평등 해소에 중요한 대안으로 민간에서부터 시작된 학교사회복지가 활용되어왔고, 그 정책의 일환으로 교육복지우선지원사업이 크게 확대되었다. 앞으로 한국 사회적 문제로 소득격차문제가 심화될 것으로 예상하면서 학교사회복지의 확대 및 제도화는 도래할 것이다.

이러한 상황 속에서 한국 학교사회복지는 다음의 세 가지 특징을 가진다.

첫째, 민간 사회복지기관 및 사회복지학계에서 자발적으로 실시되었다. 학교사회복지 근거법령도 없이 10여 년이 지나도록 학교에 학교사회복지사가 활동하고 있는 것은 학교사회복지가 학생들의 학교생활 적응에 큰 도움을 주고 학생들의 복지향상에 크게 기여했다는 효과성을 인정받았다고 볼 수 있다.

둘째, 초기 학교사회복지사들의 열정과 헌신으로 학교사회복지 현장이 개척되었다. 학교사회복지사의 활동을 보장해줄 수 있는 관계 법령이 마련되지 못한 상황에서 초기 학교사회복지사들은 자원봉사자로 급여도 없이 일을 했다. 또한 정규직을 사임하고 근무조건이 열악한 학교사회복지사로 근무하는 등 초기 학교사회복지사들의 열정과 헌신은 오늘날 학교사회복지의 발전에 큰 밑거름이 되었다.

　세 번째 특징은 학교사회복지의 발전을 위해 한국학교사회복지사협회와 한국학교사회복지학회와의 긴밀한 협력을 들 수 있다. 사회복지사들의 헌신적인 노력이 성과를 거둘 수 있도록 학회의 뒷받침과 지원이 매우 큰 힘이 되었다. 특히 학교사회복지 제도화추진위원회, 각 정당 초청 공청회, 학교사회복지사 자격관리위원회 등 학회와 협회의 긴밀한 협력을 통해 내실을 다져왔다.

　이러한 특징을 중심으로 비록 법적인 근거가 없지만 한국 학교사회복지계는 발전을 거듭하고 있으며 학교나 교육청에서 근무하는 사회복지사들의 무기 계약직이 이루어지고 있다. 조만간 학교사회복지 법령의 제정과 이들의 정규직화가 예상되며 대한민국 학교사회복지의 전망은 희망적이라고 할 수 있다. 그러나 이러한 전망을 현실로 이루기 위해서는 다음과 같이 해결되어야 할 필수 과제가 있다.

1) 학생복지 증진을 위한 학교사회복지의 법제화

　약 10여 년 동안 학교사회복지사들은 훌륭한 성과를 이루었다. 그 결과 학교현장에서 학교사회복지사의 필요성과 전문성에 대해서는 인정하고 있으나 이들의 신분의 안정으로 이어지지는 못하고 있다. 왜냐하면 학교교원의 경우 관련 법에 근거해 임용과 임금이 결정되지만 학교사회복지사는 고용과 임금지원을 할 수 있는 근거법이 없기 때문이다.

　학교사회복지의 법적 근거의 부재는 학교사회복지사의 활동을 위축시켜 학교사회복지사의 공식적인 지위와 역할 부여를 어렵게 한다. 신분보장이 안 된 상태에서 산발적으로 이어지는 시범사업에 투입되다 보면, 적절한 대우를 받기도 어려울 뿐 아니라 학교사회복지사로서 지속적으로 근무하기도 어렵다.

　이러한 학교사회복지의 법제화는 다음의 전략을 가지고 추진할 필요가 있다.

　우선 학교체계의 주체인 교장, 교감 등 교육행정가, 교사, 학부모, 지역사회의 호응을 받아내 그들과 함께 일하면서 협력 관계를 잘 유지해야 하며, 학교사회복지가 교육적 목적 달성에 필수적이라는 인식을 확산시켜야 하고, 학생복지서비스는 서비스 전문가인 학교사회복지사가 주된 책임을 지되 교사를 비롯해 다양한 전문가팀이 함께 역할을 분담해가는 방법이 효과적임을 입증해야 한다. 즉, 학생 개인의 다양한 측면을 고려해 전문적으로 문제를 해결할 수 있는 다양한 전문가 집단(담임교사, 양호교사, 특수교사, 전문상담가, 학교사회복지사 등)의 협력적 해결 모델을 제시하는 것이 필요하다. 또한 학생복지를 위해 어떤 전문가팀이 필요한가에 대해서는 각 전문가의 집단이기주의가 학생들의 이익에 앞서지 못하도록 엄정한 사회진단과 사정의 필요성을 대사회적으로 강하게 제기해야 한다. 또 학생복지가 제대로 이루어지려면 가장 중심적인 위치에 있는 학교조직을 중심으로 가정과 지역사회 및 다른 청소년 관련 행정체계와의 연계를 구축할 수 있는 제도적 장치가 필요한데, 학교사회복지제도가 바로 그러한 기능을 수행한다는 점을 사회에 널리 홍보해야 하고, 성공사례를 지속적으로 발굴해야 한다.

그리고 법제화의 중요한 추진 전략으로는 「사회복지사업법」을 개정해 학교사회복지도 사회복지사업의 주요한 장으로 명문화되어야 하고, 한국사회복지사협회에서 추진하는 전문자격증에도 포함되어 「사회복지사업법」 내에 학교사회복지가 명시되어야 한다. 또한 교육인적자원부에서 추진하는 「교육복지기본법」과 그 시행령에도 교육복지를 담당하기 위한 전문인력으로 학교사회복지사가 명시되어야 하며 이를 근거로 각 학교에서 학교사회복지사를 고용해야 한다.

2) 전문가로서 학교사회복지사의 양성 및 관리 체계 마련

전문가로서 학교사회복지사가 양성되려면 철저한 자격관리체계가 마련되어야 한다. 이를 위해 첫째, 학교사회복지사로서의 정체성이 확립되어야 한다.

2012년 현재 학교에 사회복지사가 투입되어 활동하는 사업은 크게 지방자치단체 운영사업, 교육복지우선지원사업, 위스타트사업, 드림스타트사업 등 매우 다양하게 이루어지고 있다. 따라서 이들 학교사회복지사의 역할도 사업마다 다양할 수 있으며, 이에 따라 그들의 정체성도 혼돈되기 쉽다. 그러므로 어떠한 사업에서 근무하더라도 학교사회복지사로서의 역할과 정체성 확립이 필요하다.

둘째, 역량 있는 학교사회복지사가 양성되어야 한다. 학교사회복지사는 학교에서 학생, 교사, 학부모, 지역사회기관들과 협력해 일을 해야 한다. 따라서 학교사회복지사는 사회복지에 대한 전문가여야 하고, 교육과 지역사회에 대해 충분한 지식을 가지고 있어야 한다. 그러므로 학교사회복지사는 사회복지사 1급 자격증을 획득한 후 얻는 전문 사회복지사라 할 수 있다. 그러나 무엇보다도 중요한 것은 학교사회복지사는 사회복지에 대한 철학과 윤리, 교육에 대한 철학과 윤리를 모두 갖추어야 한다. 즉, 전문적인 지식도 중요하지만 학생교육에 참여하는 특성상 고도의 윤리의식과 교육적인 태도가 필요하다. 이를 위해 학교사회복지에 대한 충분한 지식과 경험, 많은 시간의 특화된 실습이 필요하다.

셋째, 철저한 학교사회복지사 자격관리 방안이 마련되어야 한다. 학교사회복지사의 수가 늘고 수요도 늘어나면서 학교사회복지사의 자질 문제, 학교사회복지사 자격제도의 관리 운영의 문제, 교육과정의 문제 등 학교사회복지사의 양성과 전문가적 자질 및 자격관리의 문제가 나타나고 있다. 이에 대한 고민과 논의도 충분히 해야 한다. 학교사회복지의 제도화는 법제화보다는 전문 학교사회복지사를 양성하고 관리하는 내부적 조건을 완비해야 하며 학생들에게 '매너리즘에 빠져 아무것도 안 하는 선생님'으로 인식되는 일은 막아야겠다. 따라서 보수교육방안, 자격유지 및 관리 방안이 한국학교사회복지사협회를 중심으로 마련되어야 한다.

3) 학생복지서비스 전달을 위한 행정체계 구축

학교사회복지사는 교사나 행정가가 아니라 학교 내 학생복지 전문가이다. 이를 위한 행정 및 서비스 전달체계가 확립되어야 한다. 학교사회복지사를 관리하는 관리자가 학교, 교육청, 교육부에 편재되어 있어야 관련 정책 및 업무가 이루어질 수 있다. 2003년부터 교육복지사업이 시작되면서 학생복지 증진을 위한 행정체계가 구축되었다. 지역교육청에 프로젝트 조정자, 시·도 교육청에 교육복지 사업 담당자, 교육인적자원부의 교육복지과 등의 행정 편재는 학생복지서비스 전달체계로서 충분하다고 본다. 따라서 학교사회복지의 제도화도 이러한 행정체계를 충분히 활용하는 것이 필요하다.

4) 재정 확보

각 초·중등학교에 학교사회복지사를 배치할 경우 소요되는 예산은 원칙적으로 정부의 교육예산에서 지원받도록 한다. 교육인적자원부 부담 원칙을 고수하되 보건복지부의 공동 부담도 고려해볼 수 있다. 취약계층학생이 원만한 교육을 받게 되고 그것을 통해 건전하게 자립할 수 있다면 향후 복지예산의 감소를 가져올 수 있으므로 복지문제의 예방에 대한 투자로 학교사회복지에 대한 예산지원을 요청할 수 있는 것이다. 아울러 사회복지공동모금회나 민간 복지재단 및 기관의 후원금을 받을 수 있도록 하는 것도 중요한 방안이다.

5) 다양한 전문가들과의 협력체계 구축

한국학교사회복지사협회와 학회는 학교사회복지 제도화를 위해 많은 노력을 하고 있으며 학교사회복지 자격제도 운영 및 자격관리위원회 활동, 학교사회복지법안 제정 운동 등을 활발히 하고 있다. 점차 학교교육에서 복지의 필요성이 정책적으로 강조되고 있는 현실에서, 학교사회복지의 제도화는 법제화에 달려 있다고 해도 과언이 아니며 이를 위해 법 제정의 노력을 경주해야 할 것이다.

또한 교원단체 및 학부모 단체들과의 협력 방안도 강구해야 한다. 각 단체별로의 이익과 손실을 따지기 전에 학생복지 증진이라는 대의적 명분을 중심으로 어떻게 협력할 것인가에 대해 합의점을 모색하는 것이 필요하다고 본다. 즉, 학생복지 증진을 중심으로 중요한 집단인 교사와 학부모들과의 협력체계를 구축해야 한다.

그리고 청소년 관련 단체들 및 지역사회복지관 등과도 협력 방안을 모색해야 한다. 각자의 장점과 특성을 중심으로 학생들이 학교 내의 복지증진과 학교 밖 지역사회 내에서의 안전과 복지 증진을 연계할 수 있는 협력 모델을 마련해 학생들의 통합적 복지 증진을 이룰 수 있도록 사회적 합의를 이끌어내는 것이 매우 중요하다.

이러한 과제가 해결된다면 학교사회복지의 법제화와 이를 바탕으로 하는 전문인력의 배치, 즉 제도화가 이루어질 것이다.

참고문헌

김선희. 1971. 「한국 학교사회사업의 현황과 업무활동에 관한 분석 연구」. 이화여자대학교 대학원 석사학위논문.

교육복지우선지원사업 중앙연구지원센터. 2012. 「2011년도 교육복지우선지원사업현황」. 한국교육개발원.

성민선 외. 2006. 『학교사회복지의 이론과 실제』. 학지사.

안정선·진혜경·윤철수. 2006. 「학교사회복지사의 직무분석과 직무표준안 개발」. ≪한국아동복지학회≫, 21호, 147~179쪽.

여성가족부. 2013. 『2012년 청소년백서』.

영등포여자상업고등학교. 1998, 1999. 「학교운영계획서」. 내부자료.

윤철수. 2004. 「학교사회복지사의 역할수행 과정과 의미: 현실기반이론 접근」. 가톨릭대학교 대학원 박사학위논문.

윤철수·진혜경·안정선. 2006. 『학교교육과 복지』. 양서원.

은평종합사회복지관. 2002. 『학교사회사업』.

전재일. 2001. 『학교사회사업』. 사회복지개발연구원.

한국교육개발원. 2011. 「미래지향적 교육복지정책 방향과 과제」.

한국학교사회복지사협회. 2012. 내부자료.

한인영 외. 1997. 『학교와 사회복지』. 학문사.

Allen-Mears, P. 2000. "Predicting the Future of School Social Work Practice in the New Millennium." *School Social Work in education*, Vol. 22.

Costin, L. B. 1981. *School Work in School: Historical Perspectives and Current Directions*, 8. University of Illinois at Urbana-Champaign.

NASW Standards for School Social Work Services. 2002. Washington, DC: NASW.

한국학교사회복지사협회 홈페이지, http://www.kassw.or.kr/

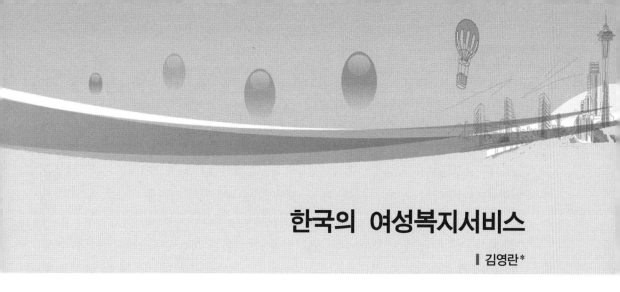

한국의 여성복지서비스

▍ 김영란*

1. 서론

21세기에 들어와서 그동안 우리 사회의 남녀역할의 기반이었던 '여성=가정적 역할, 남성=사회적 역할' 구도는 커다란 변화를 겪고 있다. 여성경제활동참가율은 1980년 42.8%에서 꾸준히 상승하여 1990년 47.0%, 2000년 48.6%, 2011년 49.7%에 이르고 있다. 특히 기혼여성의 경제활동 참여율을 보면 각각 40.0%, 46.8%, 48.7%, 49.3%로 증가추세에 있다(한국여성정책연구원, 2011). 여성의 경제활동 참여 증가는 여성의 사회적 지위 변화와 함께 노동시장 및 가족 등 전반적으로 사회구조의 변화를 가져왔다.

여성의 노동시장 참여는 여성으로 하여금 자녀의 임신, 출산 그리고 양육의 재생산 기능에 커다란 변화를 가져왔으며 그동안 가정에서 여성의 역할로 간주되어온 아동, 노인, 장애인 등에 대한 보살핌은 사회적 문제로 부상되고 있다. 또한 이혼, 사별, 유기, 배우자의 무능력 등으로 인한 여성가구주의 비율이 점차 증가하고 있어 기존의 부부와 미혼의 자녀로 구성된 핵가족구성에 변화를 가져오고 있다.

또한 여성에 대한 폭력인 성폭력, 가정폭력 그리고 성매매 피해여성의 증가는 인간의 존엄성을 근본적으로 훼손하는 행위로 여성인권문제로 부상했다. 이러한 일련의 변

---

* 숙명여자대학교 사회심리학과 교수.

화들로 인해 다양한 여성의 욕구가 사회적으로 표출되기 시작했고 이에 효과적으로 대처할 수 있는 복지적 접근이 요구되었다. 그동안 기존의 복지 또는 복지권(welfare rights)은 남성근로자를 대상으로 한 것으로 복지 관련법이나 제도에서 여성의 욕구를 적절하게 반영하지 못했다. 사회보험의 경우 그 수혜대상의 기준을 아내와 두 자녀가 있는 전일제 남성노동자를 기반으로 하고 있는(Esping-Andersen, 2000) 등 전반적으로 복지체계는 '남성=생계부양자(breadwinner), 여성=보살피는 자(caregiver)'를 기반으로 하고 있어 여성은 복지제도의 접근성과 급여권한에서 피부양자로서의 위치에 더 중점을 두고 있다.

한국에서 여성복지의 개념을 보면 한국여성개발원(1990)은 '여성복지란 여성이 국가와 사회로부터 인간의 존엄성과 인간다운 생활을 할 권리를 동등하게 보장받음으로써 여성의 건강, 재산, 행복의 조건들이 만족스러워지는 상태를 의미하며 동시에 적극적으로 가부장적 성차별주의와 그에 기초를 둔 법 및 기타 사회제도를 개선하는 등으로 이러한 상태를 실현하기 위한 모든 실천적 노력을 포함하는 개념'으로 사회 전반적인 성차별문제에 대한 인식을 기반으로 하고 있다. 여성과 관련된 복지란 첫째, 목적 면에서 여성의 생활보장이라는 복지권의 기본이념에 입각하여 여성의 행복을 유지하고자 하는 것이며 둘째, 주제 면에서 여성 개인을 포함한 사회구성원 전체가 되며 셋째, 대상 면에서 여성 전체가 되며 넷째, 수단 면에서 제도적, 정책적, 기술적 서비스 등 조직적인 제반활동이 되며 다섯째, 범위 면에서 사회복지의 한 분야가 되고 있다(김인숙, 2000).

실제 여성복지는 광의 및 협의의 두 개념으로 분류되어 적용되는데, 광의의 여성복지는 모든 여성을 대상으로 하는 사회복지, 특히 사회보장의 요소인 공공부조, 사회보험, 사회복지서비스에 의한 여성복지급여를 의미하나 가부장에 의한 성차별을 타파하고자 하는 여권론적 시각을 토대로 제도개선을 포함한다. 그런데 사회보장법에서 말하는 사회복지서비스는 국가, 지방자치단체 및 민간 부문의 도움을 필요로 하는 모든 국민에게 상담, 재활, 직업소개 및 지도, 사회복지시설의 이용 등을 제공하여 정상적인 사회생활을 가능하도록 제도적으로 지원하는 것이다. 이러한 사회복지서비스에 대한 정의를 기반으로 협의의 여성복지는 사회복지서비스에서 특별한 여성문제와 욕구를 가진 대상에 따라 저소득 한부모가족에 대한 생활보장, 성매매여성에 대한 자립자활대책, 미혼모 예방 및 보호대책, 근로여성에 대한 복지대책 등을 말하는 것으로 표적집단 여성(targeting group women)을 대상으로 한 전반적인 복지서비스를 말한다. 여성복지서비스와 관련된 법과 제도로는 모성보호제도, 「한부모가족지원법」, 「영유아보육법」, 「성폭력방지 및 피해자보호 등에 관한 법률」, 「가정폭력방지 및 피해자보호 등에 관한 법률」, 「성매매 피해여성 보호에 관한 법률」, 「다문화가족지원법」 등이 있다.

한국은 1990년대에 들어와서 사회복지정책에서 모성보호, 보육사업, 「남녀고용평등법」 등을 통한 남녀평등 및 여성의 특수한 욕구를 고려하기 시작했으며 관련 법을 구체적으로 실현하기 위한 기관으로 여성정책의 지원체계로서 2001년 여성부를 신설했다. 그런데 저출산, 고령화사회로 접어들면서 전통적 가족구조와 역할이 변화하고 가족해체 문제가 심각해짐에 따라 이를 예방하고 새롭게 형성되는 다양한 형태의 가족이 가족공동체로서의 역할을 할 수 있도록 지원하는 일이 요구되었다. 따라서 여성부가 수행하는 기능 이외에 통합적 가족정책을 수립하고 이를 지원하는 기능을 할 수 있도록 2005년 3월 여성가족부로 개편했다. 그 후 2008년 3월 「정부조직법」 개정으로 여성가족부는 여성부로 개편되었으며 그 후 2010년 다시 여성가족부로 재개편되었다. 보건복지가족부가 2010년 3월 19일부로 청소년·가족과 관련된 업무를 여성부에 이관하고 보건복지부로 명칭을 변경했고 여성부는 여성가족부가 되었다.

한국은 이러한 여성정책 지원기구의 확대를 통해 적극적인 여성복지서비스의 실현을 모색하고 있다. 특히 21세기에 들어와서 사회변화에 따른 여성의 삶에 많은 변화를 보이고 있다. 그러나 여성의 생애주기 변화, 교육 및 취업 등에 따른 여성생애주기의 남성화(the masculinization of women's life course) 등의 변화 등 여성의 삶의 변화에도 불구하고 사회복지체계는 여전히 성별분업을 기반으로 하고 있어 다양한 여성의 욕구를 실현하는 데 한계를 보이고 있다. 또한 한국사회에서 결혼이주여성의 증가에 따른 다문화가족의 증가는 새로운 형태의 여성문제를 가져오고 있다. 따라서 앞으로 여성뿐만 아니라 국가적 차원에서 여성복지에 대한 관심들이 사회복지 체계 내에서 어떻게 실현되는지에 대한 고찰은 중요한 과제이며 나아가 다양한 여성욕구를 실현하는 데 기반이 될 것이다.

이 글에서는 여성복지서비스에 대한 구체적 내용으로써 제2절에서는 한국여성의 삶변화를 살펴보고 제3절에서는 사회보장에서 사회복지서비스 중 여성복지서비스에 대한 정의 및 법과 제도의 변화를 고찰하고자 한다. 제4절에서는 여성복지서비스를 노동시장 부문, 여성인권 부문, 가족 부문 등 세 부문으로 나누어 각각의 현황을 고찰하고자 한다. 제5절에서는 앞으로 더 나은 여성복지서비스의 실현을 위한 과제를 모색한다.

2. 한국여성의 삶의 변화

1) 여성의 사회적 시간표 변화

한 사회에서 개인은 일생동안 출생과 함께 교육, 결혼, 취업 등 일정한 통과의례를 경험하게 된다. 그런데 이러한 통과의례는 개인적 시간과 역사적 시간이 교차하는 과정에서 변화하기도 한다. 따라서 개인의 삶은 사회적으로 구조화되고 사회구성원들에 의해 공통적으로 인식되는 사회적 시간표에 따라 짜인다. 사회적 시간표에는 새로운 역할을 담당하게 되는 시기의 순서가 나타나고 이 시기를 언제 지나는 것이 가장 적합한지에 대한 규범이 존재한다. 특히 개인에게 어느 선까지 교육을 받고 언제 결혼하고 아이를 낳고 일을 한다면 언제까지 일을 해야 할 것인가 등에 대한 특정한 규범을 제시해주는 사회적 시간이 있다(함인희, 2002: 224).

한국사회에서 여성의 사회적 시간표를 보면 <표 1>에서 보는 바와 같이, 1980년대의 경우 평균 교육 연수는 1985년 여성은 7.6년(남성 9.7년)이었고 대학진학률은 34.1%에 불과했다. 결혼과 출생의 경우 1987년 평균 초혼연령은 24.5세, 1985년 출생률은 2.82명이었다. 1988년 여성취업에 관한 태도를 보면 결혼 전까지 취업이 17.8%, 자녀성장 후 23.9% 그리고 가정에만 전념이 17.5%로 나타났다. 그리고 가정과 관계없이 취업을 하겠다는 여성은 24.6%였다. 실제 경제활동참가율은 1985년 41.9%였다. 1987년의 이혼 건수는 4만 2,375건이었으며, 1985년도 여성가구주의 비율은 15.7%이었다.[1]

그런데 2000년대에 들어오면 여성의 사회적 시간표에 커다란 변화가 일어났다. 평균 교육 연수는 2010년 여성은 10.9년(남성 12.4년)이었고 2010년 평균 초혼연령은 28.9세, 2011년 출생률은 1.24명이었다. 2011년 여성취업에 관한 태도를 보면 결혼 전까지 취업이 4.1%, 자녀성장 후 13.0% 그리고 가정에만 전념 6.3%로 나타났다. 가정과 관계없이 취업을 하겠다는 여성은 53.1%였으며 실제 경제활동참가율은 2011년 49.7%였다. 이 시기 2010년 이혼 건수는 11만 6,858건이었으며, 2011년 여성가구주의 비율은 25.9%이었다. 한 사회에서 통과의례인 일, 결혼, 자녀출산 그리고 죽음과 관련된 여성의 사회적 시간표는 1980년대를 거쳐 2000년대에 진입하면서 상당한 변화를 보이고

---

1) 이 연구에서 사용한 통계자료는 한국여성정책연구원의 「2011 한국의 성인지통계」에 의한 것임.

〈표 1〉 여성의 사회적 시간표 변화

	1980년대(1985년)	2000년대(2010년)
평균 교육 연수	7.6년	10.9년
대학진학률	34.1%	75.0%*
평균 초혼연령	24.5세(1987)	28.9세
출산율	2.82명	1.24명
평균수명	72.8세	84.0세
이혼 건수	42,375건(1987)	116,858건
여성가구주의 비율	15.7%	25.9%
경제활동참여율	41.9%	49.7%(2011)
취업에 대한 태도	- 결혼 전 취업 17.8% - 자녀성장 후 23.9% - 가정에 전념 17.5% - 가정과 무관 24.6%	- 결혼 전 취업 4.1% - 자녀성장 후 13.0% - 가정에 전념 6.3% - 가정과 무관 53.1%

주: 대학: 4년제 일반대학교, 교육대학, 산업대학 등.

있으며 여성가구주의 증가는 그동안 '남성=생계유지자, 여성= 보살피는 자'라는 성역할에 대한 이분법적 구조가 무너지고 있음을 보여주고 있다.

2) 여성의 사회적 위치에서 불균등한 변화

이와 같이 교육, 일, 취업, 결혼, 자녀출산 등에 대한 여성의 사회적 시간표는 남성의 사회적 시간표와 유사하게 변화되고 있음에도 불구하고 여성들은 일, 복지, 가족에서 양면적인 위치를 보여준다.

첫째, 여성의 노동시장에서의 지위 변화를 보면 2011년 여성의 경제활동참가율은 49.7%이며, 연령대별로 보면 40대 후반의 경우 1980년 57.3%에서 2011년 66.6%이며 50대 후반의 경우 46.2%에서 53.9%로 증가하고 있다. 교육기간과 관련하여 한국의 남녀대학 진학률은 1985년 남성은 38.3%, 여성은 34.1%의 진학률을 보였는데 2011년에 오면 남성 70.2%, 여성 75.0%로 역전되는 현상을 보이고 있다. 이와 같이 여성의 경제활동기간과 교육기간은 길어지고 있으며 여성의 생애주기는 남성화되는 양상을 보이고 있다.

그러나 여성의 교육분야에서의 성취는 노동시장의 성과로 이어지지 못하고 있다. 노동시장에서 여성은 정규직보다는 비정규직에 종사하는 비율이 높으며 임금은 남성의

<표 2> 종사상 지위별 취업자

(단위: 천 명, %)

		비임금근로자						임금근로자					
		고용주		자영자		무급가족		상용		임시		일용	
여성	1990	199	2.7	1,183	16.0	1,804	24.5	1,577	21.4	1,659	22.5	954	12.9
	2000	263	3.0	1,421	16.2	1,688	19.2	1,679	19.1	2,496	28.5	1,222	13.9
	2010	325	3.3	1,276	12.9	1,083	10.9	3,421	34.5	2,973	30.0	837	8.4
	2011	326	3.2	1,254	12.4	1,084	10.7	3,739	37.1	2,895	28.7	793	7.9
남성	1990	969	9.0	2,717	25.4	263	2.5	4,361	40.7	1,512	14.1	886	8.3
	2000	1,195	9.6	2,986	24.1	243	2.0	4,716	38.1	2,112	17.1	1,135	9.2
	2010	1,174	8.4	2,818	20.3	183	1.3	6,666	47.9	2,095	15.1	979	7.0
	2011	1,179	8.3	2,835	20.0	170	1.2	6,922	48.9	2,095	14.8	953	6.7

자료: 한국여성정책연구원(2012) 재인용.

61%에 불과하다. 이와 함께 다양한 사회적 위험에 대비할 수 있는 사회적 안전망도 취약하다. 전업주부로 있거나 무급종사자인 여성들도 사회보험에서 피부양자의 위치에 있기에 사회적 위험에 대해 안전지대에 있다고 볼 수는 없다. 즉, 현재 여성의 위치는 분야별로 불균등한 변화를 가져온다. 여성의 경제활동 참여 증가, 고학력여성의 증가, 전문직 참여 증가, 전통적인 남성 직업에 여성들의 진출 등과 함께 젠더평등을 위한 정책 마련 등 지위가 개선되고 있다. 여성들의 교육수준이 높아지면서 많은 여성들이 임금이 높은 전문직으로 진출한다. 그러나 직업구조의 상층에서 이루어지는 이런 발전은 빠르게 확대되는 저임금의 임시직, 파트타임 직으로 일하는 여성들의 증가로 인해 상쇄되고 있다. 여성들은 평가 절하된 여성적인 일, 불안정한 직업, 임금격차, 비정규직 종사뿐만 아니라 취약한 사회적 안전망으로 인해 남성에 비해 빈곤층에 편입될 가능성이 크다.

젠더와 일과 관련하여 여성의 위치를 보면 첫째, 여전히 직종분리, 비정규직 종사비율 증가, 임금격차를 보여준다. 2011년 현재 산업별 취업자 분포를 보면 여성근로자는 제조업(12.6%), 도소매업(16.0%), 숙박 및 음식점업(12.1%), 교육서비스업(11.3%), 보건 및 사회복지사업(10.5%) 등에 주로 분포하고 있으며, 상용직은 37.1%이며 무급가족 종사자가 10.7%인 반면 고용주는 3.2%에 불과하다. 특히 여성임금근로자 중 임시직은 28.7%로 남성의 14.8%에 비해 약 14% 낮은 비율을 보이고 있다<표 2> 참조). 비정규직의 경우 여성비정규직 비율은 42.8%이며 남성은 27.8%로 15%의 격차를 보이고 있으며 남녀의 차이는 2009년을 제외하고는 지속적으로 증가하고 있다<표 3> 참조).

〈표 3〉 비정규직 임금근로자

(단위: 천 명, %)

연도	임금근로자				비정규직				비정규직 비율			
	전체	여성	남성	남녀 차이	전체	여성	남성	남녀 차이	전체	여성	남성	남녀 차이
2002	14,030	5,772	8,258	2,486	3,513	1,649	1,864	215	25.0	28.6	22.6	-6.0
2003	14,149	5,866	8,283	2,417	4,606	2,320	2,286	-34	32.6	39.5	27.6	-11.9
2004	14,584	6,096	8,489	2,393	5,394	2,662	2,732	70	37.0	43.7	32.2	-11.5
2005	14,968	6,286	8,682	2,396	5,482	2,747	2,736	-11	36.6	43.7	31.5	-12.2
2006	15,351	6,442	8,909	2,467	5,457	2,752	2,705	-47	35.5	42.7	30.4	-12.3
2007	15,882	6,647	9,235	2,588	5,703	2,796	2,907	111	35.9	42.1	31.5	-10.6
2008	16,104	6,737	9,367	2,629	5,445	2,746	2,699	-47	33.8	40.8	28.8	-12.0
2009	16,479	6,964	9,515	2,551	5,754	3,073	2,681	-392	34.9	44.1	28.2	-16.0
2010	17,048	7,265	9,783	2,518	5,685	3,036	2,649	-387	33.3	41.8	27.1	-14.7
2011	17,510	7,476	10,034	2,558	5,994	3,203	2,791	-412	34.2	42.8	27.8	-15.0

주: 각 통계는 8월에 조사된 통계임.
자료: 한국여성정책연구원, GSIS DB. http://www.kwdi.re.kr

이와 같이 여성들이 제조업, 도소매업 등 단순기술직, 서비스직이나 비정규직에 종 사하는 것은 임금격차의 원인이 된다. 또한 여성이 자녀출산 및 양육을 위해 직장을 그만두고 다시 일자리를 얻는 과정에서 상대적으로 예전보다 지위가 낮고 고용안전성 이 떨어지는 곳에 취업하게 되는데 이 또한 여성의 임금수준에 영향을 미친다. 출산 전 안정적인 직업을 가진 여성들은 출산 후 보육시설 부족 및 고비용으로 직업을 포기 하고 자녀양육에 전념하게 되며 자녀가 취학연령이 되면 취업하고자 하나 상황이 달 라져 임시직 등 낮은 직업에 재취업하는 경향이 많은 것으로 나타났다.

또한 2010년 현재 산업별 월평균 임금 및 임금격차를 보면 전 산업에서 남성대비 63.9%이다. 2012년 12월에 발표한 경제협력개발기구(OECD)에 의하면 한국의 남녀임금 격차가 28개 회원국 중 1위로 가장 심한 것으로 나타났다. 한국의 남녀임금격차는 OECD 평균 15%의 2.6배에 이르며 2위인 일본의 71%와도 많은 차이를 보이고 있다. 남녀임금격차는 2000년 64%에서 10년 동안 거의 변화가 없는 것으로 그 원인으로 출 산 및 육아부담에 따른 경력단절과 재취업을 들고 있다(OECD, 2012). 성별임금격차가 커 지면 여성들의 삶의 질과 전 생애 걸친 생활 기회(life chance)에 심각한 결과를 가져온다.

특히 남녀임금격차는 자녀유무와 관련이 있는 것으로, OECD에 의하면 한국의 여성 근로자는 자녀가 없는 경우 남성임금의 87.2%를 받지만 자녀가 있는 경우 54.2% 수준

〈표 4〉 자녀유무에 따른 남성과의 임금격차

(단위: 원)

국가	무자녀 여성	유자녀 여성	격차
한국	174만	108만	66만
스페인	176만	172만	4만
이탈리아	191만	193만	-2만
OECD 평균	173만	143만	30만

주: 남성평균임금 200만 원 가정 시.
자료: ≪서울신문≫(2012.12.19.) 재인용.

으로 낮아졌다. 남성평균임금이 200만 원이라면 자녀가 없는 여성은 174만 원, 자녀가 있으면 108만으로 나타났다. 자녀유무에 따라 임금격차는 66만 원(33.0%)이다(〈표 4〉 참조). 이와 같이 어린 자녀의 유무에 따른 여성의 소득격차는 어머니격차(mother gap)로서 빈곤과 연결된다(Giddens, 2011: 768). 보살핌이 필요한 자녀가 있는 여성들에게 빈곤비율이 높으며 특히 가장인 경우 그러하다. 여성들은 적당한 임금의 일자리가 있어도 탁아비용 지불 등으로 인해 재정적으로 타격을 받는다. 따라서 여성이 시간제 일을 하고 수입이 줄고 경력뿐만 아니라 전일제근로자들이 받는 연금과 같은 복지혜택도 상실하게 되는 등 악순환은 계속된다. 여성 생애를 고려할 때 임금격차는 전체 소득에 뚜렷한 차이를 낳는다.

둘째, 기혼여성의 노동시장 참여가 증가함에 따라 일-가정 양립문제가 부상되고 있다. 한국은 제도적으로 육아휴직제도를 도입했고 1995년부터는 남녀근로자가 모두 육아휴직을 신청할 수 있도록 하였으며 여성근로자 300명 이상이나 전체근로자 500명 이상인 사업장에 의무적으로 직장보육시설을 설치하도록 되어 있다. 이는 일·가정양립 지원체제지원을 위한 것으로 맞벌이 가족의 지속적인 증가에 따른 것이다. 현재 민간 보육시설 제공률이 89%, 국공립보육시설 제공률이 5.5% 수준으로 민간보육시설 제공률이 훨씬 높다. 이용현황을 보면 국공립보육시설을 이용하는 비율이 10.9%, 민간보육시설 이용률이 77.62%이어서 여전히 민간서비스의 편중현상을 볼 수 있다(홍승아 외, 2009). 보육시설의 민영화는 가정에 부담을 주고 있어 기혼여성들의 직장유지에 어려움을 주고 있다. 또한 육아휴직을 장려하기 위해 육아휴직장려금 제도를 도입하고 공무원에 한해 간호휴가제를 도입하고 있으며 현재 근로여성의 모성보호를 위해 60일간 유급출산휴가, 임신 중의 경미한 근로로의 전환, 시간외근로 제한 등을 보장하고 있다. 그런데 이러한 정책은 그 강제성이 미약해서 실현을 보증하기 어려울 뿐만 아니라 한국의 노동시장 특성상 대기업에 고용된 정규직 여성노동자들에게만 그 수혜가 돌아가는 복지수급권의 차등화를 낳고 있다. 그러나 실제 육아휴직을 사용하는 비율은 그다지 높지 않으며 이와 관련된 비용으로 인해 육아휴직은 기업에서 여성고용을 기피하는 요인으로 작용하기도 한다. 여성의 취업과 관련하여 직장이나 가정이 거의 재편되지 않는 실정이다 보니 많은 여성들이 아이를 거의 낳지 않는 상황으로 이어지고 있다(사빈보지오-발리시 외, 2001; 주디스 로버, 2001).

따라서 기존의 성별분업인 '남성-직장, 여성-가정'에서 '남성-직장, 여성-직장과 가정'으로의 전환됨에 따라 여성의 역할이 오히려 가중되는 상황에 있다. 지금까지 여성들의 어머니 되기와 일하기에서 거의 해결된 것이 없다고 할 수 있다. 따라서 여성들의 교육기간 확대와 경제활동 참여로 인해 생애과정에서 남성화되는 면을 보이는 반면 여전히 가정일은 남성의 참여가 거의 없는 상태에서 여성이 담당하고 있어 오히려 일의 부담이 늘어나는 등 새로운 성별분업 현상을 보이고 있다.

셋째, 여성의 사회안전망(social safety net)은 남성에 비해 상대적으로 취약한 것으로 노동시장에서의 위치, 결혼상태 등과 연관되는 것이다. 국민연금 수급자 중 노령연금수급자의 경우 남성은 2000년 71.9%, 2005년 69.0%로 나타났으며 여성의 경우 2000년 28.1%에서 2005년 30%로 증가하고 있으나 남성에 비하면 낮은 수급률을 보이고 있다. 고용보험의 경우 2011년 여성의 고용보험 가입률은 38.2%로 남성(61.8%)에 비해 낮은 비율을 보이고 있다. 여성이 주로 제조업, 서비스업에 취업하는 것과 비정규직으로 많이 고용되는 것이 고용의 불안전성을 가져오고 있다. 그럼에도 사회안전망은 주로 정규직을 대상으로 하고 있어 대부분의 여성들은 사회보험에서 배제되는 등 취약한 사회안전망 속에 있게 된다.

넷째, 여성인권은 성폭력, 가정폭력, 그리고 성매매 등을 포괄하는 것으로 이는 인간의 존엄성을 근본적으로 훼손하는 행위들이다. '여성에 대한 폭력'의 정의는 1993년 12월 제85차 유엔총회에서 언급되었는데 <선언 1조>에서 공적 혹은 사적인 생활에서 여성에게 신체적, 성적, 심리적 피해나 고통을 야기한 혹은 야기할 가능성이 있는 젠더에 근거한 폭력행동을 의미하는 것으로 이 같은 행위에는 위협, 강요, 자의적인 자유박탈도 포함된다(이미정 외, 2008). 현재 한국은 여성폭력 피해자 지원과 관련하여 그 대상에 가정폭력, 성폭력, 성매매피해자를 포함한다. 성폭력발생 건수는 2002년 9,435건을 기록한 이래 지속적으로 증가하여 2008년 1만 5,094건으로 2002년에 비해 약 1.6배가 증가했다. 성매매여성의 경우 2002년 32만 9,218명에서 2007년 26만 9,707명으로 감소

추세를 보이나 성매매유형 중 인터넷 및 기타의 경우 성매매 여성은 7만 9,012명에서 11만 8,671명으로 크게 증가하고 있다.

이러한 여성의 상황은 사회적 지위변화에서 명암을 보여주는 것으로 삶의 안전과 관련하여 복지서비스를 더욱더 필요로 하고 있다고 할 수 있다.

3. 여성복지서비스: 법과 제도의 변화

1) 여성복지서비스의 내용 변화

국가의 여성복지에 대한 의지와 목표는 복지정책으로 명시되고 구체적으로 법이라는 형식을 갖추어 표현된다. 그리고 행정조직을 통해 제도라는 이름으로 여성복지서비스가 체계적으로 실천되는 것이라고 할 수 있다. 현재 여성복지서비스는 각종 서비스를 실천하는 데 여성만을 대상으로 하거나 여성부서에만 국한된 정책이 아니라 여성가족부를 중심으로 중앙정부 부처와 지방자치단체의 각 부서가 함께 수행해야 하는 특성이 있다.

한국에서 여성을 위한 복지는 사회복지제도의 전체적인 틀 안에서 매우 미미한 위치를 차지해왔다고 할 수 있다. 윤락여성, 미혼모 등의 요보호여성들을 대상으로 하는 제도적 접근이 이루어져 왔을 뿐 그 외의 여성들은 사회보험, 공공부조 등 사회복지제도 내에서 남성가구주의 피부양자로 규정되어왔다. 한국의 여성복지정책은 부녀복지사업을 중심으로 시작되었다. 1950년대 부녀복지정책은 미군정 시기에 설치된 부녀국을 기반으로 부녀 및 아동구호와 전쟁미망인 구호사업이 중심을 이루었다. 1960년대에는 윤락여성을 위한 선도사업으로 부녀직업보도소와 부녀상담소를 운영했고, 전쟁미망인을 위한 모자세대의 보호사업에 중점을 두었다. 1970년대 새마을운동의 일환으로 새마을 부녀회가 조직되어 농촌여성들의 소득증대사업과 생활개선에 치중했다.

1980년대부터는 경제개발과 더불어 무작정 상경하는 가출여성들을 대상으로 하는 직업보도프로그램이 활발해졌으며 미혼모의 증가와 함께 국가의 모자시설에 대한 지원 등이 이루어졌다. 한편 보호를 필요로 하는 여성들에게 주안점을 두면서도 일반여성의 능력개발과 능동적 사회참여 유도 및 건전가정 육성을 또 하나의 목표로 삼았다. 이러한 정책의 일환으로 1984년 한국여성개발원(현 한국여성정책연구원)이 설립되었고 여성문제에 관한 정부시책을 종합적·체계적으로 추진하기 위해 국무총리 산하에 여성정책심의위원회를 설치함으로써 여성문제의 정책화가 이루어지기 시작했다. 1987년에는 여성복지와 증진에 관한 규정들을 신설했고 이를 근거로 「남녀고용평등법」을 제정했다. 2008년도에는 '일 중심'에서 '가정과의 균형'을 중시하는 근로자들의 의식변화에 대응하고, 저출산·고령화 시대에 여성 인력의 경제활동 참여를 늘리기 위해 일·가정의 양립을 위한 정책을 강화하고, 이에 따라 법제명을 「남녀고용평등법」에서 「남녀고용평등과 일·가정 양립 지원에 관한 법률」로 변경했다.

1988년에는 정무 제2장관을 여성장관으로 기용하고 지방자치단체와 「남녀고용평등법」을 개정하여 남녀평등과 모성보호를 더욱 강화했고 「모자복지법」을 제정했다. 「모자복지법」은 1988년 12월 9일 여성 의원을 중심으로 하여 국회보건사회위원회에 제안했으며, 이 법안은 국회의 심의를 거쳐 1989년 4월 1일 제정되어 동년 7월 1일부터 시행되었다. 시대적 요구를 반영하여 보호대상인 모자가정을 확대한 부자가정에 대해서도 지원하도록 2002년 12월 18일 「모자복지법」을 「모·부자복지법」으로 변경했다. 「모·부자복지법」은 자녀의 양육비와 기본적인 생활비를 지급하는 것과 함께 다양한 민간지원시설을 통해 모·부자가정을 보호하고 자활을 돕는 것을 핵심 내용으로 한다. 그후 「모·부자복지법」은 「한부모가족지원법」으로 개정(2007년 10월17일 공포, 2008년 1월 18일 시행)되어 모·부자가정이란 용어가 한부모가족으로 변경되었다.

또한 「가족법」을 남녀평등하게 대폭 개정했고 1991년에는 「영유아보육법」이 제정되었다. 여성단체 등의 보육에 관한 독립된 입법 요청에 따라 1991년 의원입법으로 제정된 이후 「영유아보육법」은 보육정책의 근간이 되어왔다. 그러나 법 제정 10년이 지나면서 보육에 대한 정부의 참여확대와 보육서비스 수준 향상 요구가 높아지자 2004년에 「영유아보육법」의 전면 개정이 이루어졌다. 보육시설 평가인증제도를 도입함으로써 보육시설들의 서비스 수준을 관리하게 되었다. 또한 기존에 보육교사들을 자격인정에 준하여 관리하던 것을 자격제도를 도입하여 교사자격증을 발급하게 되었다. 이를 위해 2004년 10월 보육시설평가인증사무국이, 2005년 1월 보육교사자격관리사무국이 설치되었다. 2005년 12월에는 보육정책과 유아교육정책을 총괄 연구하는 육아정책개발센터(현 육아정책연구소, 2009년 기관명 개칭)가 설립되었다(유희정·김은설·유은영, 2006).

1990년대 후반에 사회변화에 따른 여성의 역할변화, 다양한 복지욕구 증대로 인해 부녀복지적 접근에서 여성 모두를 대상으로 하는 여성복지의 개념으로 전환되어야 한다는 인식이 확산되었다. 이와 함께 여성의 삶의 질에 대한 문제는 한 국가뿐만 아니

라 세계적인 현상으로 나타났으며 한 나라의 여성 지위 정도는 그 국가의 수준을 나타
내는 지표로서 역할을 하게 되었다. 1995년 9월 북경에서 개최한 제4차 세계여성대회
에서는 12개 주요 관심부분(빈곤, 교육·훈련, 건강, 여성에 대한 폭력, 경제, 권력 및 의사결
정, 인권, 제도적 장치, 미디어, 환경, 여아, 무력분쟁)의 전략목표와 행동계획으로 구성된
'북경행동강령'이 채택되었다. 이러한 강령을 국가별로 이행할 것을 요구했으며 그 후
여성단체를 통해 그 이행상황이 검토되고 있다. 따라서 각 국가는 이러한 '북경행동강
령'을 이행하기 위해 자국의 여성요구에 대한 구체적인 정책을 고려하기 시작했다. 이
러한 국제적 요구와 함께 국내에서 활발하게 전개되는 여성운동과 노동시장에서의 여
성인력의 필요성, 그리고 정치영역에서 여성유권자에 대한 인식 등 다양한 요인은 한
국에서 1995년 「여성발전기본법」 제정으로 이어졌다.

　정부장관(제2실)에 이어 1998년 대통령 직속 여성특별위원회가 구성되고, 「여성발전
기본법」에 의해 제1차 여성정책기본계획(1998~2002)이 설정되어 정부 각 부처 간에 유
기적 연계를 갖고 종합적인 여성발전을 추진했다. 이에 중앙정부뿐만 아니라 지방자치
단체에서도 기본계획에 따라 연도별 시행계획을 수립·시행하게 되었다(조흥식 외, 2007:
112). 「여성발전기본법」상의 정의에 따르면 여성정책은 남녀평등의 촉진, 여성의 사회
참여확대 및 복지증진에 관한 정책으로 ① 고용상의 남녀차별해소에 관한 정책 ② 여
성보건 및 여성보호에 관한 정책 ③ 보육시설에 관한 정책 ④ 저소득 모자가정의 여성,
미혼모, 가출여성 등 요보호여성 및 노인여성의 복지증진에 관한 정책 ⑤ 성폭력 및
가정폭력의 예방에 관한 정책 등 12개 과제를 그 내용으로 하고 있다. 이에 제1차 여
성정책기본계획(1998~2002)은 「여성발전기본법」을 법적 근거로 하여 국가의 여성정책
의 세부 과제를 총괄적으로 제시했다.

　2001년 1월 29일 「정부조직법」 개정으로 여성부가 신설되었는데, 이는 한국 최초의
여성정책 관련 정부중앙부처로 여성정책의 기획·종합, 남녀차별의 금지·구제 등 여성
의 지위향상을 위해 설치되었다. 여성부의 신설과 함께 「여성발전기본법」에 대한 개정
이 들어갔는데 그 이유는 여성부가 신설되었으나 여성정책이 각 부처에서 분산되어
시행되고 있는 만큼 여성정책의 효율적인 추진을 위해 국무총리 소속 아래 여성정책
조정회의를 설치하고 각 부처에 여성정책책임관을 지정·운영하도록 하는 등 현행 규
정의 미비점을 개선, 보완하고자 한 것이었다. 그 후 2002년 12월 「여성발전기본법」이
개정되었으며 2003년 3월부터 시행에 들어갔다. 개정된 주요 내용은 국가 및 지방자치
단체는 소관정책의 수립, 집행과정에서 당해 정책이 여성의 권익과 사회참여 등에 미

칠 영향을 미리 분석·평가하도록 했으며, 둘 이상의 행정기관에 관계되는 여성정책의
조정과 평가에 관한 사항 등과 같이 여성정책에 관한 주요 사항을 심의·조정하기 위해
국무총리 소속 아래 여성정책조정회를 설치하고 각 중앙 행정기관에는 여성정책을 효
율적으로 수립하고 시행하기 위해 소속공무원 중에서 여성 관련 업무를 수행하는 여
성정책책임관을 지정토록 했다.

또한 국가 및 지방자치단체는 비영리법인 또는 단체가 남녀평등을 촉진하고 여성의
발전을 도모하는 활동을 하고자 할 때 이에 필요한 지원을 할 수 있도록 했으며 여성
교육을 위한 시설을 설치·운영할 수 있을 뿐만 아니라 관련시설에 대해 경비의 일부
또는 전부를 보조할 수 있도록 했다. 이와 함께 제2차 여성정책기본계획(2003~2007)이
수립되었는데 이는 정부의 여성정책비전과 목표, 추진방향, 정책과제 등을 제시하고자
하는 것이다. 이 계획의 주요 내용은 '정책에서 양성평등관점 통합', '여성의 건강과 복
지향상', '남녀고용평등과 여성의 경제활동 참여제고', '여성에 대한 폭력 예방 및 인권
보호강화' 등이다(여성부, 2003).

제1차 및 제2차 기본계획 기간 동안 양성평등을 위한 법제도를 구축하고 성차별적
요소를 약화시켜 실질적 성평등의 기틀을 마련했다. 제3차 여성정책기본계획(2008~
2012)은 지난 10년간의 여성정책 성과와 새로운 정책 환경의 요구를 반영하여 지속가
능한 성평등사회를 위한 보다 적극적이고 다각적인 여성정책의 방향과 위상을 정립하
는 것에 의의를 두었다.

제3차 여성정책기본계획에서 추가되거나 보완된 내용은 이명박 정부 정책기조와 정
책 중요도를 고려한 기본계획 과제 분류 및 구조 전면 재편성이다. 정책과제를 5개 영
역에서 3개 영역으로 축소하여 '돌봄의 사회적 분담' 영역은 '여성인력활용' 영역의 하
위과제로, '국가 운영에 주도적 참여'와 '사회적 통합과 평등문화' 정책은 '성평등정책
추진기반 강화' 영역으로 통합했다. 또한 「경력단절 여성 등의 경제활동 촉진법」 제정
과 함께 전업주부 등 경력단절 여성의 취업 지원을 위해 여성부와 노동부가 공동협력
하여 전국에 '여성새로일하기센터'를 지정, 경력단절 여성에 대한 종합적인 직업훈련
사업을 추진하였다. 이와 같이 여성정책은 보육, 가족 등 여성의 사회활동 지원을 위한
정책들의 재구조화를 통해 과제명 및 전체 과제 설정 구조를 변경하고, 경력단절 여성
의 취업지원, 여성장애인 복지지원 등 일부 정책과제를 심화·발전시켰다. 예를 들어 믿
고 맡길 수 있는 보육환경 조성(보육전자바우처 도입 등), 여성과 아동에 대한 폭력 예방
및 근절(아동안전지킴이집 운영, 성범죄자 신상정보 인터넷 열람제도 도입) 등이다(여성가족부,

2008).

여성가족부는 여성정책의 기획·종합, 남녀차별의 금지 및 구제 등 여성의 지위와 권익향상뿐만 아니라 여성 인적자원의 성장 동력화를 통해 국가경쟁력 제고 및 양성평등사회의 구현이라는 중요한 역할을 담당하는 국가기구로 발전했다. 그 후 우리 사회는 저출산, 고령화사회로 접어들면서 다양한 형태의 가족 및 제문제를 지원하는 일이 시급하게 되었다.

2) 역대 정부별 여성복지서비스 관련 법과 제도의 개혁

한국은 1980년대 중반까지 여성을 저임금노동력으로 활용하고자 했을 뿐 여성의 사회적 지위와 관련하여 성불평등을 개선하려는 정책은 마련되어 있지 않았다. 이러한 국가의 정책에 대한 도전은 1980년대 민주화 운동과 더불어 진보적인 여성단체를 중심으로 시작되었다. 이들 여성단체는 1980년대 후반 이후 본격적으로 국가와의 관계 속에서 여성평등권 획득을 위해 노력했다. 1980년대 이후 역대 정부의 성 평등을 위한 법과 제도 개혁을 보면 첫째, 1987~1992년 민주화 이후 노태우 정부 시기 전후로 국가계획에 여성발전계획을 통합했으며 「남녀고용평등법」의 제정(1987)과 개정(1989), 「영유아보육법」(1991) 제정 등 여성노동자들의 노동시장 참여를 지원하는 정책 등에 중점을 두었다.

둘째, 1993~1997년 김영삼 정부는 권위주의 정부 아래서 거의 관심을 두지 않았던 여성정책부분에 기본방향을 세웠다. 1995년 「여성발전기본법」을 제정하여 체계적으로 여성 전반의 지위향상을 위한 제도적 틀을 마련했으며 여성공무원 채용목표제를 도입함으로써 적극적 조치(affirmative action)를 시행했다. 그리고 여성폭력과 관련된 「가정폭력방지법」을 제정했다.

셋째, 1998년 김대중 정부의 경우, 대통령 직속 여성특별위원회를 설치했고 2001년 정부부서의 하나인 여성부를 설치함으로써 여성정책의 집행권을 강화했다. 1999년 「남녀차별금지법」을 제정했으며, 5개 부처에 여성정책담당관을 두는 등 여성정책 관련 성인지적 접근이 이루어졌다. 정부의 국정과제 중에 여성채용목표제, 여성실업 대책마련 등 여성고용에 대한 구체적 대처방안을 마련했다. 또한 「정당법」을 개정하여 여성공천 30% 할당제를 실시하여 여성의 정치참여를 확대하는 기회를 제공했다.

넷째, 2004년 노무현 정부의 경우, 호주제 폐지(2005)와 함께 여성폭력과 관련하여 「성매매방지법」(2004)을 제정했다. 여성부를 여성가족부로 확대하고 성별영향평가제(2005) 및 성인지예산정책 제도(2008)를 도입함으로써 실질적으로 성인지적 평등정책의 기반을 마련했다.

다섯째, 2009년 이명박 정부의 경우, 주로 성폭력, 가정폭력 및 성매매 등 여성인권과 관련된 법 및 「일·가정양립 지원과 관련된 법」에 대한 개정이 이루어졌다. 「가정폭력방지 및 피해자보호 등에 관한 법률」 개정(2011)에서는 가정폭력사건에 대한 긴급임시조치권 및 피해자보호명령제 도입, 경찰의 현장출입, 조사근거 등을 마련하여 실효성 있는 가정폭력 피해자 구제정책을 마련했다. 「성폭력방지 및 피해자보호 등에 관한 법률」 개정(2011)의 경우 성폭력피해자 가족도 상담소나 보호시설에서 상담 및 치료지원을 받고 직업 및 직업훈련을 알선받을 수 있는 등 성폭력피해자 가족 구성원에 대한 보호지원이 강화되었고 2011년 12월에는 성폭력피해자에 대한 법률지원 근거 마련 등 제도개선이 되었다.

「성매매방지 및 피해자보호 등에 관한 법률」 개정(2011)으로 성매매실태조사에 성접대에 관한 사항을 포함하도록 하는 등 성접대 방지 등 접대문화 개선을 위한 실태파악이 가능하도록 했고 2011년 12월에는 식품접객업소 등 사업장에 성매매 방지 관련정보를 게시하도록 의무화했다.

일·가정양립지원과 관련하여 「남녀고용평등법」의 개정(2011)으로 20인 미만 사업장주 40시간제와 육아기 근로시간 단축 급여도입 등의 규정을 마련했다. 그리고 「한부모가족지원법」을 개정하여(2011) 한부모가족 아동양육, 교육비지원 확대 및 복지급여 지급을 의무화했다. 또한 2012년 12월 30일 0~5세의 영유아를 국가가 책임지는 무상보육 복지예산안이 국회를 통과함에 따라 2013년부터 만 0~5세 아동을 둔 가정은 소득계층과 상관없이 보육료나 양육수당을 지급받을 수 있게 되었다.

이러한 법의 변화과정 속에서 여성의 사회적 지위의 변화, 성평등의 변화를 파악할 수 있으며 법의 제정 및 개정은 한국에서 여성복지서비스의 위상을 파악하는 데 핵심요인이 된다.

4. 여성복지서비스의 현황

여성복지서비스는 여성을 주 대상으로 하는 사회복지서비스이다. 우리 사회에서 여성복지서비스의 주된 대상은 근로여성을 포함한 일반여성에서부터 저소득층 한부모가정, 성매매여성, 가정폭력 및 성폭력 피해여성, 장애인 여성 그리고 결혼이주여성까지 그 스펙트럼은 매우 넓다. 따라서 여성복지서비스는 노동 부문으로 근로여성을 위한 사회복지서비스, 여성인권 부문으로 가정폭력 및 성폭력 피해여성 및 성매매 피해여성을 위한 서비스, 가족 부문으로 저소득층 한부모가정 및 결혼이주여성 등 취약계층 여성을 위한 사회복지서비스 등 세 유형으로 나누어 설명할 수 있다.

2) 노동시장 부문: 근로여성을 위한 복지서비스

한국에서 여성을 위한 복지서비스는 모성보호제도 및 직장과 가정의 양립지원 등 크게 두 가지로 나누어 설명할 수 있다.

(1) 모성보호제도

근로여성을 위한 대표적인 복지제도가 모성보호제도이다. 모성보호제도란 여성의 생리, 임신, 출산, 수유, 육아와 관련하여 여성을 사회적으로 보호하는 제도를 말한다. 이 제도는 여성의 모성기능을 보호함으로써 임산부인 여성의 건강뿐만 아니라 태아와 출생아의 건강까지도 보호하는 것이다. 특히 근로여성의 모성 관련 규정들이 강조되고 있는데 모성보호와 관련된 보다 자세한 사항은 「근로기준법」, 「남녀고용평등법」과 「고용보험법」 등에 명시되어 있다

모성보호제도에는 생리휴가, 산전산후휴가, 수유시간, 유산휴가, 육아휴직, 직장보육시설 설치 등에 대한 내용이 들어있다. ① 생리휴가란 여성근로자가 생리휴가를 신청하지 않아도 사용자는 월 1일 유급휴가를 주어야 한다. ② 산전산후휴가란 임신 중인 근로자가 출산 전·후에 유급출산휴가를 사용하는 것을 말한다. 2001년 개정된 「고용보험법」에 의하면 여성근로자의 출산휴가는 이전의 60일에서 현재는 90일로 연장되었다. 연장된 30일분의 휴가급여는 고용보험과 정부재정에서 충당된다. ③ 수유시간은 생후 1년 미만의 영아가 있는 여성근로자가 원하는 경우 1일 2회 30분 이상의 유급수유 시간을 주는 것이다. ④ 육아휴직이란 생후 1년 미만의 영아가 있는 여성근로자나 그 배우자에게 양육을 위해 1년 이내의 휴직을 허용하는 것이다. 이 기간을 근속기간에 포함시켜 불리한 처우를 받지 못하도록 「남녀고용평등법」에 명시되어 있다. 여성뿐만 아니라 남편도 자녀양육을 위해 휴직할 수 있도록 하여 자녀양육의 책임을 부모 모두에

〈표 5〉 산전후휴가급여 지급현황

(단위: 명, 백만 원)

연도	인원	지급액
2009	70,560	178,477
2010	75,742	192,564
2011	90,290	232,915

게 부과하고 있다. ⑤ 직장보육시설 설치와 관련하여 「남녀고용평등법」에서는 사업주가 근로자의 취업을 지원하기 위해 수유, 탁아 등 육아에 필요한 직장보육시설을 설치하도록 하고 있다. 「영유아보육법 시행령」에서는 상시 여성근로자 300인 이상을 고용하고 있는 사업장에서는 직장보육시설을 설치해야 하는 등 직장에서 여성이 육아를 용이하게 할 수 있도록 지원해야 함을 명시하고 있다.

모성보호제도 중에서도 산전후휴가, 유사산휴가, 육아휴직, 배우자 출산휴가, 남편 육아휴직 등은 대표적인 제도이다. 이 중 가장 많이 활용되고 있는 산전후휴가와 육아휴직의 현황을 살펴보면 다음과 같다.

첫째, 산전후휴가제도는 1953년 「근로기준법」 제정 시부터 도입된 제도로 60일 산전후휴가 기간을 부여했으나 2001년 11월 「근로기준법」 개정시 90일로 연장되었다. 또한 2006년부터 종전 행정 해석으로 인정되던 유산, 사산휴가를 법제화하여 임신 16주 이후 유산 또는 사산한 여성근로자에게도 임신기간에 따라 30~90일간의 유산, 사산휴가를 부여하여 여성의 모성을 보호하고 있다.

정부는 출산으로 인한 여성근로자의 이직을 방지하고 사업주의 여성고용기피 요인을 해소하기 위해 산전후휴가급여를 지원하고 있다. 고용보험에 180일 이상 가입한 피보험자가 「근로기준법」에 의한 산전후휴가를 부여받은 경우 우선 지원대상기업 피보험자는 90일분, 그 외의 기업소속 피보험자는 30일분의 통상임금(상한액 월 135만 원 한도)이 지급된다. <표 5>에서 보면 산전후휴가를 이용한 인원은 2011년 9만 290명으로 전년대비 수급자는 19.2% 증가했으며 급여의 경우는 2011년 2,329억 1,500만 원으로 전년대비 21.0%가 증가했다.

둘째, 육아휴직제도는 1988년 「남녀고용평등법」 제정 시부터 도입된 제도로 근로자가 피고용자의 신분을 유지하면서 자녀의 양육을 위해 일정기간 휴직을 할 수 있는 제도로 근로자의 직장생활과 가정생활의 양립을 지원하기 위한 제도이다. 육아휴직제도는 몇 차례 제도개선을 거쳐 2010년 4월부터 만 6세 이하 초등학교 취학 전 자녀

〈그림 1〉 육아휴직자 현황

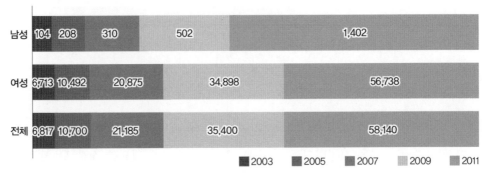

자료: 한국여성정책연구원(2011).

(2008.1.1. 이후 출생자)가 있는 근로자가 1년간 사용할 수 있다.[2]

　　〈그림 1〉에서 보듯이 육아휴직제도를 이용한 근로자의 수는 2003년 6,817명에서, 2009년 3만 5,400명, 2011년 5만 6,735명으로 증가했다. 이 중 여성은 2011년 육아휴직자 중 여성의 비율은 97.6%로 나타났다. 남성의 육아휴직의 경우, 초기 남성육아휴직자는 불과 2명에 불과했으나 2001년 법 개정 후 남성 육아휴직자의 수도 크게 늘어나고 있어 육아책임에 대한 인식의 변화를 보여준다. 2003년 남성의 육아휴직 사용자는 104명에서 2009년 502명, 2011년 1,402명으로 크게 증가했다. 그러나 육아휴직 사용자의 대부분은 여성으로 남성 육아휴직자는 전체 휴직자의 2~3%에 불과하다.

　　또한 육아휴직기간 동안 근로자의 소득을 보전하기 위해 고용보험에서 육아휴직급여를 지원받을 수 있다. 육아휴직급여는 육아휴직 개시일 전 고용보험 피보험단위기간이 통산하여 180일 이상이고, 육아휴직을 30일 이상 부여받은 경우에 최대 1년간 지급된다. 육아휴직급여는 2001년부터 정액제로 지급해왔는데 지원수준 상향조정 요구 등에 따라 2011년부터 육아휴직 근로자 통상임금의 40%(최고 100만 원)를 지급하고 있다. 육아휴직급여 지급현황을 보면 육아휴직자의 지속적인 증가에 따라 2011년 5만 8,137

---

2) 육아휴직 변천(「남녀고용평등과 일·가정 양립지원에 관한 법률」 개정)을 보면 ① 만 1세 미만 영아를 가진 여성근로자가 자녀가 만 1세까지 육아휴직 사용(1988.4.1.), ② 남성근로자도 육아휴직가능(여성을 대신해서만 신청가능, 1995.8.4.), ③ 만 1세 미만의 영아를 가진 근로자는 육아휴직 가능(2008.1.1. 이후 출생자녀부터 적용, 2006.3.1.), ④ 만 6세 이하 초등학교 취학 전 자녀를 가진 근로자는 육아휴직 가능(2010.2.4.) 등으로 초기 육아휴직 대상이 여성근로자에서 모든 근로자로 확대되고 있음을 알 수 있다.

〈표 6〉 육아휴직급여 지급현황

(단위: 명, 백만 원)

연도	계	여성	남성	지급액	비고
2009	35,400	34,898	502	139,724	월 50만 원
2010	41,732	40,913	819	178,121	월 50만 원
2011	58,137	56,735	1,402	276,260	월 통상 임금의 40%

명에게 2,762억 6,000만 원을 지급하여 2010년 대비 수급자는 39.3%, 지원액은 55.1% 증가했다(<표 6> 참조).[3]

또한 육아휴직 등 장려금(대체인력 채용 장려금)제도가 있는데 이 제도는 육아휴직 또는 육아기 근로시간 단축을 허용한 사업주의 노무비용 부담을 완화하고 휴직 및 근로시간단축 기간 중 대체인력을 채용한 사업주에게 장려금을 지급함으로써 육아휴직 등을 활성화하고 근로자의 고용안정을 도모하는 것을 목적으로 하는 것이다.

정부는 사업주가 고용보험 피보험자인 근로자에게 육아휴직(또는 육아기 근로시간단축)을 30일 이상 부여하고, 휴직종료 후 30일 이상 계속 고용했을 경우 근로자 1인당 월 20만 원을 육아휴직 등 장려금으로 지급하고 육아휴직 및 근로시간 단축기간에 신규대체인력을 30일 이상 채용하고 육아휴직자 복귀 후 30일 이상 고용할 경우에는 대체인력채용장려금 월 20~30만 원을 추가 지급하고 있다. 2011년도의 경우 1만 4,974명에 대해 242억 1,900만 원을 지원했으며 이중 대체인력 채용 장려금은 2,592명에 대해 62억 2,100만 원을 지급했다

셋째, 보육시설의 경우, 한국에서는 여성만을 주체적 대상으로 하는 여성복지정책은 「남녀고용평등법」을 제외하고는 거의 존재하지 않는다. 반면 여성을 모성의 측면에서 보는 정책에는 모자복지사업, 영유아보육사업 등이 있고 이 중 영유아보육사업은 특히 근로여성을 위한 대표적인 사회복지서비스라고 할 수 있다. 1980년대 말 기혼여성의

---

3) 근로자 육아휴직에 따른 사업주 지원제도는 고용보험 피보험자인 근로자에게 육아휴직을 30일 이상 허용하고 육아휴직이 끝난 후 30일 이상 계속 고용하는 사업주에게 육아휴직 근로자 1인당 월 20만 원을 지원하는 것이다. 육아휴직 시작일 전 30일이 되는 날(산전후휴가에 연이어 육아휴직 등을 시작하는 경우에는 시작일 전 30일이 되는 날)부터 대체인력을 신규로 30일 이상 채용하고, 육아휴직자 복귀 후 30일 이상 계속 고용한 경우 월 20~30만 원의 대체인력채용장려금을 추가 지원한다(자료: http://www.ei.go.kr).

〈표 7〉 보육시설 현황

(단위: 개소, %)

운영주체	2000		2004		2011	
보육시설 수	19,276	(100.0)	26,903	(100.0)	38,291	(100.0)
국·공립	1,295	(6.7)	1,394	(5.0)	2,116	(5.5)
민간	11,304	(58.6)	14,728	(54.7)	15,004	(39.2)
직장	204	(1.0)	243	(0.9)	449	(1.2)
가정	6,473	(33.6)	10,583	(39.3)	20,722	(54.1)

자료: 보건복지부 보육정책과, 「보육통계」(2009), 여성가족부(2012).

사회진출이 확대되면서 취업여성의 자녀양육 문제가 큰 사회적 이슈로 대두되었다. 1987년 제정된 「남녀고용평등법」에 의한 직장 탁아제도가 도입되고 1991년에는 「영유아보육법」이 제정되었으며 2004년도에 「영유아보육법」의 전면 개정이 이루어졌다.

　보육시설은 근로여성과 관련하여 특히 저소득층 및 맞벌이 가정 부모들이 안심하고 생업에 종사할 수 있도록 하는 데 중요한 요소이다. 보육시설은 국공립보육시설과 종일제 유치원, 방과 후 돌봄교실 등 다양한 형태가 있다.

　이러한 법 제정과 함께 최근 보육사업의 양적 증가는 괄목할 만하다. <표 7>에서 보는 바와 같이 2000년 보육시설 수는 1만 9,276개에서 2009년 3만 5,550개소로 약 2배 늘어났다. 그런데 현재 국공립보육시설은 2011년 말 현재 전체 시설 중 차지하는 비중이 5.5%이고 이용 아동도 14만 3,035명으로 이용 아동 수의 0.6%이다. 국공립보육시설은 2000년 6.7%에서 20011년 5.5%로 줄어든 데 비해 민간운영시설 및 가정위탁시설은 92.2%에서 93.3%로 늘어났다. 이와 같은 민간시설에 대한 과도한 의존의 보육형태는 아동 수에 비해 보육시설의 부족과 함께 보육의 사회적 책임을 약화시키는 요인이 된다.

　여성정책 가운데 가장 많은 예산이 투여되는 부분은 육아를 위한 보육비 지원이다. 저출산 추세에 따라 보육대상 아동은 2000년 이후 줄어들고 있지만, 여성부가 신설된 2000년 이후 보육시설은 계속 증가하여 보육대상 아동대비 보육시설 이용비율은 1990년 1.2%에서 2010년 44.6%로 43.4%p가 증가했다. 이는 보육대상 아동대비 50%에도 미치지 못하는 수치이다.

　그런데 보육과 관련하여 2013년부터는 만 0~5세 아동에 대한 무상보육을 전면적으로 실시하게 되었다. 2012년 12월 30일 2013년부터 만 0~5세 영·유아를 둔 가정은 소득계층과 관계없이 보육료와 양육수당을 지급받을 수 있게 되었다. 여기서 무상보육은 어린이집 보육료 또는 유치원 교육비를 지원하는 것이며 무상양육은 어린이집이나 유치원을 보내지 않고 집에서 키울 때 양육수당을 지원하는 것이다. 그런데 아동대비 보육시설의 수를 고려할 때 이러한 제도의 실현을 위해서는 더 많은 보육시설이 필요하다고 하겠다.

이와 함께 직장보육시설 설립 및 운영지원의 경우, 직장보육시설 설치와 관련하여 「남녀고용평등법」에서는 사업주가 근로자의 취업을 지원하기 위해 수유, 탁아 등 육아에 필요한 직장보육시설을 설치하도록 하고 있다. 「영유아보육법」 시행령에서는 상시 여성근로자 300인 이상 또는 상시 근로자 500인 이상을 고용하고 있는 사업주는 당해 사업장 소속근로자의 육아를 지원하기 위해 사업주 단독 또는 공동으로 사업장 내 또는 그에 준하는 인근지역과 사원주택 등 사업장 소속 근로자 밀집 거주지역에 수요, 탁아 등 육아에 필요한 보육시설을 설치, 운영하여야 한다.[4] 2011년 6월 현재 설치의무사업장은 564개소이다. 이 중에서 직장보육시설을 갖춘 사업장은 180개소(31.9%)에 불과하다. 그 외 보육수당 지급 사업장 수는 135개소(23.9%)이며 위탁보육사업장 40개소(7.1%)로 의무 이행사업장은 모두 355개소(62.9%)이다. 직장보육시설 설치의무 사업장임에도 불구하고 미이행 사업장은 209개소(37.1%)로 상당수의 직장이 보육시설을 갖추고 있지 않은 것으로 나타났다.

2) 여성인권 부문: 여성폭력 방지 및 피해자 지원

(1) 가정폭력, 성폭력, 성매매 관련 법과 제도의 변화

첫째, 가정폭력이란 가족구성원 등에 의해 신체적, 정신적, 재산상으로 피해를 입는 것을 말한다. 가족폭력과 관련하여 「가정폭력법」이 있으며 가정폭력 피해자는 경찰서, 상담소, 가정폭력 피해자 보호시설 등에서 보호를 받을 수 있다. 가정폭력의 유형은 첫째, 신체적 폭력으로 폭행, 구타, 흉기사용 등으로 신체에 피해를 입히는 경우 둘째, 언

---

[4] 한국의 직장보육시설은 1995년부터 근로자복지진흥기금 및 고용보험기금을 재원으로 공공직장보육시설 24개소(안산, 창원, 서울금천, 인천서구, 대전, 대구, 동해, 공양, 천안, 청주, 부산, 수원, 정읍, 경주, 부천, 군포, 조치원, 울산, 진해, 포항, 인천남동구, 제주, 군산, 고양)를 운영하고 있으며 2009년부터는 고용보험기금에서 재원을 통합, 운영하고 있다. 공공직장 보육시설은 모두 12시간 종일반으로 운영하고 있으며 보육시설의 규모와 보육수요에 따라 야간 보육, 방과 후 반 등도 운영하고 있다.

〈표 8〉 주요 제도개선 내용

법률	제도	내용
「가정폭력범죄의 처벌 등에 관한 특례법」	피해자 보호명령	피해자나 그 법정 대리인이 법원에서 피해자 또는 가정구성원의 주거 또는 점유하는 방실로부터의 퇴거 등 격리, 접근금지, 행위자의 친권행사 제한 등의 보호조치를 직접 시청할 수 있도록 하고 기간은 최대 2년으로 할 수 있도록 함
	긴급임시조치권	경찰이 신고를 받고 출동하여 가정폭력이 재발할 유려가 있고 긴급을 요하여 법원의 임시조치를 받을 수 없을 경우 사법경찰관이 직권 또는 피해자의 신청에 의해 긴급임시조치 실시
「가정폭력방지 및 피해자 등에 관한 법률」	현장 출입, 조사	가정폭력사건 신고를 받고 현장에 출동한 경찰이 피해자를 보호하기 위해 사건현장에 출입하여 폭력 피해상태, 피해자의 안전 여부 등을 조사 가능

어적, 정신적 폭력으로 폭언, 모욕, 공포조장, 외출금지 등으로 정신적인 피해를 입히는 경우 셋째, 경제적 폭력으로 수입을 강요하거나 생활비를 주지 않는 것 등 경제적으로 피해를 입히는 경우 등이 있다.

기정폭력의 경우, 2011년 「가정폭력범죄의 처벌 등에 관한 특례법」과 「가정폭력방지 및 피해자보호 등에 관한 법률」 개정으로 가정폭력 피해자의 방어권을 보장하고 신속한 구제를 추진할 수 있게 되었다. 가족폭력 관련 법에 대한 주요 개선 내용은 <표 8>과 같다.

2011년 현재 가정폭력 발생 및 검거현황을 보면 가족폭력 범죄 발생 현황은 2006년 1만 1,471건에서 2010년 7,359건, 2011년 6,848건으로 점차 감소추세에 있다(한국여성정책연구원, 2011).

둘째, 성폭력의 경우, 성폭력이란 상대방의 의사에 반해 성적으로 가해지는 모든 신체적, 언어적, 정신적 폭력을 의미한다. 강간, 강간미수, 성추행, 성희롱, 어린이 성폭행, 아내 강간 등도 포함된다. 성폭력은 피해자가 고소해야 범인이 처벌되나 강간, 강제추행의 경우 고소 없이도 범인이 처벌된다. 산부인과 진단 후 증거자료를 확보한다. 고소는 사건발생 1년 이내에 해야 한다. 1994년 제정된 「성폭력범죄의 처벌 및 피해자 보호 등에 관한 법률」은 그 동안 여러 차례에 걸쳐 개정되었는데 2011년 성폭력과 관련하여 개정된 법률의 주요 내용은 <표 9>와 같다.

성폭력 발생 상황을 보면 <표 10>에서 보는 바와 같이 2007년 발생신고건수는 1만 4,229건에서 2009년 1만 7,242건, 2011년 2만 1,912건으로 점차 증가하는 추세를 보이

〈표 9〉 주요 제도개선 내용

법률	내용
「성폭력범죄의 처벌 및 피해자 보호 등에 관한 법률」 개정	① 1년 중 1주간을 성폭력 추방기간으로 함 ② 3년마다 전국 성폭력 실태조사 ③ 성폭력피해자나 가족구성원에 대한 취학지원 ④ 성폭력피해자 보호시설의 인가제 전환(기존 신고제) ⑤ 보호시설 입소 피해자나 가구구성원의 생계비, 아동교육지원비, 아동양육비 등의 지원근거 마련 ⑥ 성폭력피해상담, 치료, 수사 등을 종합적으로 하기 위한 성폭력피해자 통합지원센터 설치, 운영근거 마련 * 통합지원센터: 원스톱지원센터, 해바라기 아동센터, 해바라기 여성아동센터 등 ⑦ 종사자에 대한 보수교육 실시 의무화 ⑧ 상담소, 보호시설 및 통합지원센터를 3년마다 평가

고 있다. 13세 미만 성폭력 발생 신고건수는 2007년 7.4%, 2009년 5.8%, 2011년 4.8%로 감소추세에 있는 것으로 나타났다.

셋째, 성매매는 영리를 목적으로 인간의 성을 사고파는 행위를 말한다. 성교행위에서부터 구강, 항문 등 신체 일부나 도구를 이용한 유사 성교행위까지 포함한다. 불법 성매매란 성매매행위 외에 성매매알선행위, 성매매를 위한 인신매매 행위, 성매매를 위해 사람을 모집하거나 직업으로 소개하는 행위 또한 불법으로 간주되는 행위이다.

2010년 성매매 실태조사에 따르면 한국에서 성매매에 종사하는 여성 수는 약 27만 명이다. 전체 여성인구의 약 1.07%가 성매매에 종사하는 셈이다. 성매매에 종사하는 여성의 숫자는 45개 지역에 산재한 성매매 밀집지역과 3만 5,000곳으로 추정되는 성매매알선업체 등을 기반으로 한 것으로 전업형 성매매업소(집결지)에서 일하는 숫자를 3,644명, 겸업형 성매매업소(단란주점 등)에 있는 여성을 약 14만 7,000명으로, 인터넷 성매매나 기타 방식의 성매매를 하는 여성을 약 11만 8,000명으로 추산한 것에 의한 것이다(여성가족부, 2010).

2) 여성폭력 피해자에 대한 지원

여성긴급전화 1366의 ONE-STOP 전화운영체계의 경우, 1997년에 제정된 「가정폭력방지 및 피해자보호 등에 관한 법률」에 근거하여 가정폭력, 성폭력피해자 및 성매매

〈표 10〉 전체 성폭력 발생 신고건수(비율은 전체신고건수 대비 비율)

(단위: 건수, %)

년도	발생신고 건수	13세 미만 성폭력 발생 신고 건수 및 비율	검거 건수	검거 인원
2007	14,229	1,054(7.4)	14,415	15,235
2008	15,970	1,207(7.6)	*****	*****
2009	17,242	1,007(5.8)	*****	*****
2010	20,375	1,179(5.8)	18,065	19,712
2011	21,912	1,054(4.8)	18,499	20,189

자료: 경찰청, 여성가족부(2012). 136쪽 재인용.

피해여성을 위한 여성긴급전화 1366을 운영하고 있다.

(1) 여성긴급전화 1366 센터

가정폭력, 성폭력, 성매매 피해 등으로 긴급한 구조, 보호 또는 상담을 필요로 하는 여성들이 언제라도 전화로 피해 상담을 받을 수 있도록 '여성긴급전화 1366센터'를 운영하고 있다. 이 전화서비스는 전국적으로 통일된 특수전화번호 1366을 사용하여 365일 24시간 운영하면서 여성폭력 피해자에 대해 1차 긴급상담, 서비스연계(의료기관, 상담기관, 법률구조기관, 보호시설 등) 등 위기개입 서비스를 제공하고 있다. 여성 관련 시설 위탁운영 14개소와 지방자치단체 직영 3개소 등 전국 16개 시·도에 각 1개소(경기도 2개소)씩 설치, 운영되고 있다. 1366센터는 핫라인을 통해 피해자에 대한 상담, 긴급피난 조치, 112, 119 등 관련 기관 연계서비스 및 네트워크 구축, 정보교류 및 지원공유를 위한 지역사회 차원의 DB 구축 등 여성폭력피해자 지원을 위한 긴급서비스를 제공하고 있다.

(2) 여성폭력피해자 원스톱지원센터

여성폭력 피해자 원스톱 지원센터는 가정폭력·성폭력·성매매 등 여성폭력 피해자에 대해 24시간 응급치료 및 상담, 의료, 법률, 수사 지원 등을 한 번에 제공하는 곳으로 2005년 8월 개소 이후 2011년 12월 말 현재 전국에 16개소가 운영 중이다.

(3) 상담소 및 보호시설

상담소 및 보호시설은 여성폭력 급증에 따라 피해자를 상담하고 보호함으로써 신체적·정신적 안정을 되찾고 사회복귀를 지원할 수 있도록 상담사업을 하고 있다. 가정폭력의 경우 2011년 전국 가정폭력상담소의 상담 건수를 보면 연간 전체 상담은 28만 8,751건으로 이 중 가정폭력 상담은 12만 6,240건이었다. 2011년 가정폭력범죄 발생 건수는 6,848건으로 가정폭력 상담 건수는 12만 6,240건의 5.4%에 불과했다. 성폭력의 경우, 2011년 전국 성폭력 상담소의 상담 건수를 보면 전체 상담은 12만 9,983건이며 이 중 성폭력 관련 상담은 6만 5,922건이었다. 그런데 2011년 경찰에 신고된 성폭력범죄 발생건수는 2만 1,848건으로 성폭력 상담 건수 12만 9,983건의 16.8%에 불과하다.

성매매 피해자에 대한 보호와 지원서비스의 경우 성매매피해 상담소 및 피해자 지원시설은 2004년 61개소에서 2011년 88개소로 증가했으며 자활지원센터, 그룹홈 등 인프라의 경우 의료·법률·직업훈련 지원은 2004년 1만 7,402건에서 2011년 3만 6,755 건으로 증가했다. 특히 성매매 피해자 특성을 고려한 긴급구조, 상담, 의료·법률지원, 심리치료, 진학, 취업지원, 일자리 제공 등의 맞춤형 서비스를 제공함으로써 성매매 피해여성의 탈성매매에 중요한 성과를 보이고 있다(원민경, 2012: 50).

3) 가족 부문: 취약계층여성을 위한 사회복지서비스

취약계층여성은 주로 저소득층 한부모가족, 빈곤여성가구, 그리고 최근에 결혼이주여성 증가에 따른 다문화가족이 취약계층 여성집단으로 편입되었다. 취약계층 여성들을 위한 사회복지서비스로 상담사업, 시설보호사업 그리고 이들 여성을 위한 사업 운영 등을 들 수 있다.

(1) 한부모가족 등 취약가정 지원

한부모가정(모부자가정)이란 어머니 혹은 아버지 한 사람과 18세 미만의 자녀로 이루어진 가정을 의미하며 이 가정을 대상으로 양육비, 학비, 복지자금대여, 임대주택 우선 입주 등의 혜택을 주는 제도이다. 국민기초생활보장제도 등과 같은 다른 제도와 중복 혜택을 받을 수 없다. 신청대상자는 한국 국적을 취득한 국민이어야 함을 전제로 하여 ① 남편과의 사별, 이혼 또는 남편으로부터 버림받거나 남편의 장애로 인해 생활능력을 상실한 경우, 남편이 가출 또는 남편의 가족으로 인해 본인이 가출한 경우, ② 본인의 한국 국적 유무와 상관없이 한국 국적의 18세 미만 자녀를 양육하는 경우, ③ 저소

〈그림 2〉 여성가구주 가구

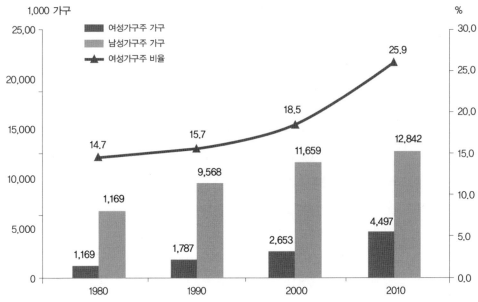

주: 가구주의 성별에 따른 가구 수며, 2011년부터는 장래인구추계임.
자료: 통계청, 「인구총조사」. 통계청, 「장래인구추계」; 한국여성정책연구원(2011) 재인용.

〈표 11〉 혼인상태별 여성가구주 분포

(단위: %)

년도	계	유배우	사별	이혼	미혼	여성가구주 비율
1985	100	22.7	52.2	4.3	20.7	15.7
1995	100	15.7	56.1	7.1	21.1	16.6
2005	100	17.9	44.1	14.4	23.2	21.9
2010	100	24.0	37.7	16.1	22.3	25.9

득층 등의 전제조건이 있다.

가족 안에서의 남녀관계를 보여주는 가구주 분포 역시 많은 변화가 일어나고 있음을 알 수 있다. <그림 2>에서 보는 것처럼 가구의 생계를 책임지는 여성가구주는 2000년 265만 3,000가구, 2010년 449만 7,000가구로 큰 폭으로 증가했다. <표 11>의 지표상으로 확인할 수 있는 여성가구주의 증가는 여성의 가구 안에서의 위치 변동을 의미한다. 특히 혼인상태별 여성가구주의 분포를 살펴보면, 예전과 달리 사별에 의한 여성가구주의 비율은 감소했으며, 유배우 안에서의 여성가구주의 증가나 이혼을 통한

〈표 12〉 시설종류와 보호기간

시설종류	대상	보호기간(연장)
모자보호시설	18세 미만의 모자가정	3년(2년)
모자임시보호시설	배우자의 폭력, 정신적 학대를 받는 모자가정	6개월(3개월)
모자자립시설	18세 미만 자녀가 있는 무주택모자가정, 모자보호시설 퇴소 후 자립이 부족한 가정	3년(2년)
미혼모시설	미혼모 임신여성, 출산 후 보호가 필요한 경우	6개월(6개월)
양육모 그룹홈	2세 미만의 영유아를 양육하는 미혼모	1년(1년)

증가는 남녀관계에서의 변화를 분명히 보여준다.

　여성가구주는 취업, 자녀양육, 가사노동 등 삼중고에 처하게 되며 대체로 빈곤층으로 편입될 가능성이 크다. 한국은 저소득층 한부모의 증가에 따라「한부모가족지원법」을 제정하여 다양한 지원을 하고 있다. 저소득 한부모가족 지원대상은 모 또는 부와 그에 의해 양육되는 만 18세 미만의 자녀(취학한 20세 미만의 자녀포함)로 이루어진 가정이다(여성가족부, 2007). 한부모가족 고등학생 자녀의 입학금 및 수업료 전액을 지급하고 6세 미만 아동이 있는 경우 아동 1인당 월 5만 원의 양육비를 지급한다. 한부모가족에게는 복지자금을 대여해주고 있는데 1인당 대여 한도액은 2,000만 원 이내이고 연리 3%의 고정금리로 5년 거치 5년 분할 상환하도록 하고 있다. 아울러 저소득 한부모가족은 영구임대주택에 우선입주 할 수 있고 무주택 저소득모자가정은 모자보호시설에 입소하여 생계지원을 받을 수 있다. <표 12>에서 보듯이 첫째, 모자보호시설의 경우, 생활이 어려운 저소득모자가정으로서 무주택자에 대해서 모자보호시설에 3~5년 동안 수용·보호하여 기본생계보호와 자립기반 조성에 힘쓰는 한편 생활상담교사로 하여금 정신적·심리적 갈등과 자녀양육 문제 및 직업훈련 등에 관해 상담지도하도록 하고 있고 퇴소자에게는 200만 원의 자립정착금을 지원하고 있다. 둘째, 모자 일시보호시설의 경우, 배우자가 있으나 배우자의 물리적·정신적 학대로 인해 아동의 건전한 양육 또는 모의 건강에 지장을 초래할 우려가 있을 경우 30일 이내에 일시적으로 보호하는 모자 일시보호시설이 광역시 이상 대도시에 1개소씩 설치·운영되고 있다.

　전국에 저소득 한부모를 위한 모자자립시설, 일시보호시설, 미혼모시설, 양육모 그룹홈 등이 총 85개 운영되고 있는데 입·퇴소는 시군구청 여성복지상담원과 상담 후 결정된다. 2012년 현재 한부모, 미혼모 등 취약계층 가족의 지원을 위해 청소년 한부모 아동양육비 및 학습비 지원, 자립지원수당을 신설했다. 저소득 한부모가정에 대한 지

〈표 13〉 혜택의 종류와 내용

혜택의 종류	내용
고등학생 학비지원	자녀가 고등학생일 경우, 입학금과 수업료지원
아동양육비	만 6세 미만의 자녀가 있는 경우 월 5만 원의 양육비 지원
복지자금대여	2,000만 원 이내에서 전세자금, 사업자금을 낮은 이자로 융자
영구임대주택입주	무주택자의 경우 영구임대주택 신청입주
보호시설 이용	무주택자 모자보호시설, 미혼모시설, 양육모그룹홈 이용지원

원의 종류와 내용은 <표 13>과 같다.

또한 저소득 한부모가정의 자립을 지원하기 위해 여성가장을 대상으로 실업자 취업훈련을 지원하고 있다. 취업훈련 대상은 이혼, 사별 등의 사유로 배우자가 없는 여성, 배우자가 가출, 행방불명, 장애, 질병, 군복무, 학교재학, 교도소 입소 등으로 인해 부양할 능력이 없다고 인정되는 여성, 배우자가 부양책임을 유기하고 있음이 명백한 여성, 미혼여성으로 부모가 모두 없거나 부모가 있더라도 모두 60세 이상이거나 부모가 근로능력이 없는 자 등을 훈련대상으로 하여 여성가장의 취업, 창업이 용이한 분야의 훈련과정(1년 이내)을 제공하고 훈련비, 훈련수당을 지원하고 있다.

(3) 결혼이주여성을 위한 사회복지서비스

1990년대 후반부터 이루어진 결혼이주여성의 증가는 한국사회에서 결혼형태의 하나로 부상하고 있으며 결혼이민자의 국적은 중국, 베트남, 필리핀 순이다(<표 14>). 거주인구 중 결혼이민자의 비율은 농촌지역에서 현저히 높다.

현재 결혼이주여성이 한국 남성과 결혼하여 자녀를 이룬 가정의 수는 점차 증대하고 있는데 다문화가정의 증가와 함께 학교에 재학 중인 자녀의 수가 증가하고 있다.[5] 2012년 9월에 발표한 국내학교에 재학 중인 다문화가정 자녀의 수는 4만 6,954명이었다. 이 숫자는 2006년 9,389명에서 5배가 늘어난 것으로 전체 학생 가운데 다문화가정

[5] 국제결혼, 이중문화가정, 서로 다른 인종 사이에서 태어난 자녀를 일컫는 혼혈인가족 등으로 불리던 국제결혼가족을 최근 들어 '다문화가족'이라 부르고 있다. '다문화가족'이라는 용어는 국제결혼이라는 용어가 내포한 내국인 간의 결혼과 외국인과의 결혼으로 구분하는 국적에 따른 차별성 대신 한 가족 내에 다양한 문화가 공존하고 있다는 의미로 해석할 수 있어 요즘에는 한국인 남성과 결혼한 이주여성 가족, 한국인 여성과 결혼한 이주남성 가족, 이주민가족(이주노동자, 유학생, 북한이탈주민 등)을 포함하여 그 범위를 확대하여 사용하고 있다.

〈표 14〉 국제결혼 이주여성 국적별 현황

(단위: 명)

계	중국 (한국계)	중국	베트남	필리핀	일본	캄보디아	몽골	태국	러시아	기타
188,580	53,546	53,159	41,693	11,874	9,877	4,404	2,798	2,741	1,331	7,157

자료: 행정안전부, 2011, 외국인주민 현황조사(2011. 1월 기준); 여성가족부(2011) 재인용.

학생이 차지하는 비율은 0.7%에 이르러, 2년 뒤에는 학생 100명 가운데 1명은 다문화 가정 자녀일 것으로 예상된다. 유형별로는 국제결혼 가정의 자녀가 94.4%로 절대다수를 차지했다. 순수한 외국인 가정 자녀는 5.6%였다. 학교급별로는 초등학생이 72.0%, 중학생이 20.5%, 고등학생이 7.5%로 초등학생 비율이 높지만, 중고생이 차지하는 비중이 점차 확산되는 추세로 나타났다. 부모의 출신 국적은 중국계가 33.8%, 일본 27.5%, 필리핀 16.1%, 베트남 7.3%이었다(≪한겨레신문≫, 2012.9.17).

이러한 상황을 고려하여 다문화가정의 여성 및 가족을 위한 사회복지서비스를 마련했다. 이러한 서비스는 2011년 10월 5일부터 시행된 「다문화가족지원법」에 의한 것으로 그 내용은 <표 15>와 같다.

첫째, 결혼이주여성 폭력피해 보호 및 지원의 경우, 2011년 한국인 남편과 외국인 부인으로 구성된 국제결혼 부부의 이혼은 8,349건으로 2010년 7,852건보다 497건(6.3%) 증가했다. 전체 이혼 중 국제결혼 부부의 이혼이 차지하는 비율은 10%로 2010년 9.6% 보다 0.4% 상승했다. 여성 결혼이민자의 이혼 및 별거사유는 성격 차이(28.1%), 경제적 무능력(19.7%), 학대와 폭력(13.7%), 외도 (12.7%)순이었다. 또한 결혼이주여성이 가정에서 겪는 부부폭력 발생률은 69.1%로 일반가정의 부부폭력 발생률 65.6%에 비해 3.5% 높게 나타났다. 따라서 이들 여성을 대상으로 이주여성긴급지원센터를 운영하고 있다. 이 센터는 이주여성을 위한 위기상담센터로 가정폭력 등 피해를 당한 이주여성을 위한 365일 24시간 모국어 상담 및 보호시설, 경찰, 병원 등 유관기관 연계 등을 수행하는 이주여성긴급지원센터 1577-1366을 2006년 11월부터 운영하고 있다. 지역센터로는 2009년 1월 수도권, 충청권, 전라권, 경상권 등 4개 권역별로 1개소씩 수원, 대전, 광주, 부산 4개 지역센터를 개소하고 2010년 7월에는 전북권, 경북권에 지역센터 2개소를 추가로 설치하여 폭력피해여성들을 위한 다양한 서비스를 제공하고 있다. 이 센터는 이주여성을 위한 전문상담원을 두고 위기상담, 국적, 체류문제 등과 같은 법률상담과 생활상담을 받을 수 있고 한국어 외에 10개국어(영어, 베트남어, 러시아어, 중국어, 태국어,

〈표 15〉「다문화가족지원법」

법률	내용
「다문화가족 지원법」	제8조 가정폭력 피해자에 대한 보호·지원 ① 국가와 지방자치단체는 「가정폭력방지 및 피해자보호 등에 관한 법률」에 따라 다문화가족 내 가정폭력을 예방하기 위해 노력하여야 한다. ② 국가와 지방자치단체는 가정폭력으로 피해를 입은 결혼이민자 등을 보호·지원할 수 있다. ③ 국가와 지방자치단체는 가정폭력의 피해를 입은 결혼이민자 등에 대한 보호 및 지원을 위해 외국어 통역서비스를 갖춘 가정폭력상담소 및 보호시설의 설치를 확대하도록 노력하여야 한다. ④ 국가와 지방자치단체는 결혼이민자 등이 가정폭력으로 혼인관계를 종료하는 경우 의사소통의 어려움과 법률체계 등에 관한 정보의 부족 등으로 불리한 입장에 놓이지 아니하도록 의견진술 및 사실확인 등에 있어서 언어통역, 법률상담 및 행정지원 등 필요한 서비스를 제공할 수 있다.

몽골어, 캄보디아어, 우즈베키스탄어, 일본어) 지원이 가능하며 상담방법은 전화, 방문, 온라인 등이 가능하다.

둘째, 이주여성 보호시설로서 이주여성 쉼터를 들 수 있는데 「가정폭력방지 및 피해자보호 등에 관한 법률」 제7조의 2항에 근거하여 이를 운영지원하고 있다. 이주여성쉼터에서는 가정폭력 등 피해이주여성과 동반아동을 안전하게 보호하고 상담, 의료, 법률, 출국 등을 지원하고 있으며 2008년 서울, 인천, 경기, 충남 등 4개소 쉼터의 운영을 지원하기 시작하여 2010년에는 시, 도별로 1개소씩 총 18개소 쉼터의 운영을 지원하고 있다.

2010년에는 폭력피해 이주여성의 주거지원을 위해 이주여성 그룹 홈을 운영하고 있으며 직업훈련 등을 통해 경제적 자립을 도모하고 보다 안정적인 환경 속에서 사회정착을 준비할 수 있도록 하기 위해 2010년 11월부터 서울지역에 이주여성 자활지원센터 1개소를 설치하여 운영하고 있다.

셋째, 이 외에도 긴급복지지원제도를 통해 결혼이주여성의 위기상황에 대해 지원하고 있다. 이 제도는 저소득층의 생계형 사고와 각종 위기상황에 효과적으로 대처하기 위해 만들어진 공공부조 중 하나로 대상자는 주 소득자의 사망, 중한 질병, 가족폭력 및 화재 등으로 생계유지 등이 어렵게 된 사람이다. 긴급지원 대상자로 선정되면 필요에 따라 생계비, 의료비, 주거비, 사회복지시설 이용, 동절기 연료비, 해산비 및 장제비 등을 지원받게 된다. 이민자 가운데 결혼이주여성만이 이 지원을 받을 수 있다.

5. 여성복지서비스의 과제

한 사회나 국가에서 사회복지란 기본적으로 모든 국민이 인간다운 생활을 할 수 있도록 최저생활을 보장하고 국민 개개인의 생활수준을 향상시킬 수 있는 제도와 여건을 형평에 맞게 효율적으로 조성하고 조화롭게 시행함으로써 복지사회를 실현하려는 것이다. 현대적 의미에서 사회복지는 사회경제적 평등의 실현과 사회성원의 생존권 보장이 포함된다. 그러나 이러한 정의에 따른 사회복지 실현에 있어 남녀가 다르게 적용되는 것이 오늘날의 사회복지 양상이라고 할 수 있다.

여성의 노동시장 참여가 증가함에 따라 생산적 역할과 재생산적 역할을 병행하는 여성의 수가 증가하고 있으며 노동시장의 유연화에 따른 여성고용의 불안정성 증가, 인구고령화에 따른 여성노인의 증가 및 빈곤화, 가족구조의 변화에 따른 여성가구주의 증가 및 빈곤화 등으로 인해 여성들은 남성에 비해 상대적으로 다양한 사회적 위험에 직면해 있다. 그러나 그동안 많은 변화에도 불구하고 사회복지는 여전히 기존의 가부장적 가족주의 이념과 노동시장의 성차별을 그대로 정책에 반영하고 있어 여성은 복지혜택에서 배제되거나 주변화되고 있다. 한 사회에서 남성과 여성은 동등한 구성원으로 존재해야 함에도 불구하고 실제로는 성불평등이 항존하고 있다.

현재 여성복지서비스는 근로여성, 가족 부문으로 저소득층 한부모가정, 결혼이주여성 등 취약계층 여성, 여성인권 부문으로 가정폭력·성폭력 그리고 성매매 피해여성 등을 위한 것으로 시설보호사업, 상담사업, 그리고 여성 자립을 지원하는 사업 등이 있다. 이들 여성을 대상으로 한 여성복지서비스가 각 여성집단의 욕구(need)를 반영한 여성복지서비스가 되기 위해서는 법과 제도 그리고 이를 구체화화는 과정에서 고려해야 할 부분이 있다.

첫째, 여성의 생애주기 변화, 새로운 욕구를 가진 여성집단의 출현 등을 고려한 여성복지서비스 체계의 패러다임 변화가 필요하다. 현재 여성들은 교육 및 취업, 결혼, 출산 등에 있어 기존의 생애주기와는 다른 양상을 보이고 있다. 특히 여성의 사회적 시간표가 남성과 유사한 형태를 보이는 등 여성의 삶에 상당한 변화가 있었다. 그러나 사회복지체계는 여전히 성별분업을 기반으로 하고 있어 변화된 여성의 욕구를 실현하는 데 한계를 보이고 있다. 그리고 결혼이주여성의 증가는 다문화가족이라는 새로운 가족형태를 가져왔다. 그런데 대체로 결혼이주여성은 가부장적 가족구조와 남성배우자와의 평균 17~18년 연령차이, 그리고 빈곤 등으로 인해 새로운 여성취약계층으로 편입되고 있다. 따라서 여성복지서비스는 여성의 삶의 변화 및 취약계층으로 부상되는 결혼이주여성 등에 의해 새롭게 부상되는 다양한 욕구를 고려한 서비스 체계로의 전환이 모색되어야 할 것이다.

둘째, 여성복지서비스로서 사회복지서비스의 경우 취약계층여성, 근로여성, 일반여성을 위한 서비스로 나누어진다. 여성복지서비스는 여성이 다양한 개별적 욕구의 충족을 위한 사회적 기제라고 할 수 있다. 현재 여성복지서비스는 잔여적인 요보호여성을 위한 대응으로부터 점차 그 대상과 영역을 확대하여 일반여성을 포함하는 등 발전과정에 있다고 하겠다. 그러나 여성복지서비스의 내용은 일반여성보다 요보호여성에 대한 지원에 치중해 있으며 서비스 이용자의 욕구나 다양성을 반영하거나 시대변화에 따르는 유연성 있는 내용의 서비스가 미흡할 뿐만 아니라 서비스가 질적·양적으로 부족하다. 일반여성을 대상으로 제공되는 여성회관을 제외하고는 요보호여성들을 위한 복지서비스가 대부분이며 시설의 부족과 함께 시설 내 수용인원의 부족이라는 이중적 비효율성을 보이고 있다. 앞으로 여성들의 다양성, 심각성, 복합성의 욕구들을 해결하기 위해 전문 서비스 프로그램 개발과 담당인력의 전문화가 이루어져야 한다.

셋째, 여성복지서비스 중 근로여성을 위한 모성보호제도와 관련하여 근로여성을 위한 모성보호가 구체적으로 실현될 수 있도록 제도를 보완해야 한다. 여성의 고용촉진 및 직업능력개발에서 임신, 출산여성 고용촉진 지원으로 기간제 등 비정규직 여성근로자가 출산하는 경우, 산전산후휴가에 따른 비용부담 및 업무공백 등으로 사업주가 당해 근로자와 재계약을 기피하는 등 임신출산이 고용불안요인으로 작용한다. 현재 산전후휴가 또는 임신 중에 계약기간이 만료되는 계약직(파견 포함) 근로자가 휴가, 임신 중 근로계약이 종료되는 경우 계약기간 종료 즉시 또는 출산 후 1년 이내에 1년 이상의 근로계약을 체결하는 경우 사업주에게 임신, 출산 후 계속고용지원금을 지원하여 임신, 출산여성의 고용불안을 완화하고 있다. 그러나 여성임금근로자 중 비정규직 비율은 42.8%(2011)로 남성(27.8%)에 비하면 상당히 높은 편이며 산전후휴가 및 육아휴직은 거의 정규직 여성에 해당되는 것으로 비정규직 여성은 이러한 법적 혜택에서 배제될 가능성이 크다. 따라서 여성의 고용촉진을 위해서는 여성근로자에 대한 모성보호에 대한 국가적 지원의 확대가 필요하다.

넷째, 여성복지를 위한 추진체계로서 행정조직의 경우 여성복지를 위한 발전계획들이 실효성을 갖기 위해서 정부 운영체계들과의 업무조정기능을 원활히 할 수 있는 제도적 장치가 마련되어야 한다. 성 주류화 정책에도 불구하고 개발계획을 비롯한 국가정책에서 여성문제는 여전히 부분적으로 제기되는 것에 그치고 오히려 여성의 업무량을 과중시켰으며, 여성문제는 여전히 특별정책으로 취급되고 있다는 비판을 부인하기는 어렵다. 여성가족부와 여성정책담당관의 업무체계가 연합하여 수행되는 제도적 연결이 필요하며 여성정책이 중앙정부 중심의 법적·제도적 개선에 치우쳐온 경향에서 탈피하여 지방자치단체와의 유기적인 운영방안을 마련하고 이에 따르는 예산의 확보가 요청된다.

참고문헌

고용노동부. 2009. 「여성과취업」.

기든스, 앤서니(A. Giddens). 2011. 『현대사회학』. 을유문화사.

김성천. 1991. "한국여성복지정책이 유형분석에 관한 연구". ≪여성연구≫, 30호.

김인숙 외. 2002. 『여성복지론』, 나남출판.

김양진. 2012.12.19. "자녀 있는 여성근로자 임금 무자녀 여성보다 33% 적어". ≪서울신문≫, 1면.

사빈보지오-발리시·미쉘 장카리나-푸르넬(Sabine Valici-bosio, Michelle Zancarini-Fournel). 2001.
　　　『저속과 과속의 부조화, 페미니즘』. 부키.

여성가족부. 2003. 『여성백서』.

＿＿＿. 2008. 「제3차 여성정책기본계획수정판」.

＿＿＿. 2011. 「2011년도 여성정책연차보고서」.

원민경. 2012. 「그간 성매매 정책의 성과 및 향후 대안 모색」. 성매매방지법 시행 8주년기념정책
　　　토론회 <성매매 피해여성의 법적 보호강화 방안> 발표자료. 한국여성인권진흥원.

유희정·김은설·유은영. 2006. 「육아지원기관의 공공성 제고 방안 연구」. 2006연구보고서. 육아정
　　　책개발센터.

이미정 외. 2008. 「여성폭력 관련 서비스개선방안: 가정폭력·성폭력 피해자 지원체계를 중심으
　　　로」. 한국여성정책연구원.

이성순. 2011. 「이민자의 인권과 복지, 의료제도의 이해」. 법무부 출입국·외국인정책본부.

조흥식 외. 2002. 『여성복지학』. 학지사.

로버, 주디스(Judith Lorber). 2001. 『젠더불평등: 페미니즘 이론과 정책』. 일신사.

전종휘. 2012.9.17. "다문화가정 학생수 5만 명 넘었다". ≪한겨레신문≫.

한국여성정책연구원. 2012. ≪여성가족 패널 브리프≫, 12호.

한국여성정책연구원 2011. 「2011 한국의 성인지 통계」.

함인희. 2002. 「베이붐 세대의 문화와 세대경험」. 『한국의 문화변용과 가치관』. 나남.

Esping-Andersen, A. 1990. *The Three Worlds of Welfare Capitalism*. Polity Press.

여성가족부 http://www.mogef.go.kr

한국여성정책연구원 GSIS DB http://www.kwdi.re.kr

통계청 http://www.kostat.go.kr

고용노동부 http://molab.go.kr

한울아카데미 1648

한국의 사회복지 2012-2013

ⓒ 한국복지연구원, 2014

엮 은 이 ｜ 한국복지연구원
펴 낸 이 ｜ 김종수
펴 낸 곳 ｜ 도서출판 한울
편집책임 ｜ 김현대
편집 ｜ 조수임

초판 1쇄 인쇄 ｜ 2014년 1월 15일
초판 1쇄 발행 ｜ 2014년 1월 20일

주 소 ｜ 413-756 경기도 파주시 광인사길 153 한울시소빌딩 3층
전 화 ｜ 031-955-0655
팩 스 ｜ 031-955-0656
홈페이지 ｜ www.hanulbooks.co.kr
등록번호 ｜ 제406-2003-000051호

Printed in Korea.
ISBN 978-89-460-5648-0 93330(양장)
      978-89-460-4810-2 93330(무선)

* 책값은 겉표지에 표시되어 있습니다.